全 世 界 无 产 者 ， 联 合 起 来 ！

列 宁 选 集

第 二 卷

中共中央 马克思　恩格斯　著作编译局编译
　　　　　列　宁　斯大林

人 民 出 版 社

编　辑　说　明

　　《列宁选集》是在马克思主义中国化、时代化、大众化事业不断推进的形势下，为适应广大读者学习和研究马克思列宁主义理论的需要而编辑的列宁著作精选本。1960 年，四卷本《列宁选集》第一版问世，译文选自《列宁全集》第一版。1972 年，我们对第一版篇目作了部分调整，对译文进行了校订，出版了《列宁选集》第二版。1990 年《列宁全集》第二版 60 卷全部出齐之后，我们充分利用全集的编译和研究成果，于 1995 年编辑出版了《列宁选集》第三版。

　　《列宁选集》第三版同第二版相比有较大调整，力求以更加合理的结构和精审的编目，完整准确地反映列宁思想的精华及其对马克思主义的理论贡献。为了推进新时期党的思想理论建设，帮助读者全面深刻地认识中国特色社会主义的理论渊源和科学内涵，提高运用科学理论分析和解决实际问题的能力，《列宁全集》第三版着重增选了反映列宁在理论和实践上创造性地探索社会主义建设规律和无产阶级政党建设规律的文献，同时还精选了列宁在各个历史时期关于马克思主义立场观点方法的著述。实践证明，《列宁选集》第三版的编辑思路是正确的，文献选录是精当的。这个版本对广大干部群众联系中国特色社会主义伟大实践学习马克思列宁主义基本理论起了重要作用，今天仍然是理论学习和理论研究的基础文本。

2009 年底,马克思主义理论研究和建设工程重点项目和标志性成果十卷本《马克思恩格斯文集》和五卷本《列宁专题文集》正式出版。为了保证经典著作译文的准确性和统一性,增强经典著作所附各种资料的系统性和科学性,我们对《列宁选集》第三版进行了修订,主要包括以下五个方面:一、对列宁著作中出现的马克思恩格斯著作的引文,根据《马克思恩格斯文集》的最新译文进行了统一,同时对未收入文集的引文,也按照文集的编译标准逐条进行了审核和修订;二、充分利用《列宁专题文集》的编辑和研究成果,对各卷编者说明进行了充实和完善,以更加准确简练的语言阐明列宁著作的时代背景、理论要旨和历史地位;三、认真审核各卷译文,对个别错漏加以补正,特别是对各类重要概念的译名进行了复核;四、依据新的研究成果对各卷注释和人名索引进行了审订和勘正,同时对涵盖整部选集内容的名目索引作了全面的修订和完善;五、增补了列宁生平大事年表。

本修订版保持《列宁选集》第三版的整体结构和各卷篇目,仍分为四卷:第一卷选辑 1894—1907 年的著作,第二卷选辑 1908—1916 年的著作,第三卷选辑 1917—1919 年的著作,第四卷选辑 1919—1923 年的著作。

本修订版每卷正文之前刊有本卷说明,正文之后附有注释和人名索引。第四卷还附有名目索引和列宁生平大事年表。

本修订版各卷著作的编排一般采用编年原则。在个别情况下,为了保持一部著作或一组文献的完整性和有机联系,编排顺序则作变通处理。每篇文献标题下括号内的写作或发表日期是编者加的;文献本身在开头已注明日期的,标题下不另列日期。1918年 2 月 14 日以前俄国通用俄历,以后改用公历,这两种历法所标日期,在1900年2月以前相差12天(如俄历为1日,公历为13日),从1900年3月起相差13天。编者加的日期,公历和俄历并用时,俄历在前,公历在后。在国外写的书信的日期均为公历。

本修订版各卷目录中凡标有星花★的标题,都是编者加的。引文中尖括号⟨　⟩内的文字和标点符号是列宁加的。编者为正文所加的脚注,均注明是编者注;凡未注明是编者注的脚注,为列宁的原注;凡注明是俄文版编者注的脚注,都是指《列宁全集》俄文第五版编者加的注。卷末注以一篇或一组文献为单位加注,重复出现的注共用一个注码。人名索引的条目按汉语拼音字母顺序排列,条头括号内用黑体字排印的是相关人物的真实姓名,未加黑体的则是笔名、别名、曾用名或绰号。

中共中央　马克思　恩格斯　著作编译局
　　　　　列　宁　斯大林
2012年5月

目　　录

第二卷说明

本卷选载列宁 1908 年至 1916 年即俄国斯托雷平反动时期、革命重新高涨时期以及第一次世界大战前半期的著作,共 37 篇。

俄国 1905—1907 年革命失败后,以斯托雷平为大臣会议主席的沙皇专制政府向革命人民猖狂反扑。俄国社会民主党的各级组织和党领导的革命团体遭到严重破坏。革命的失败使革命队伍中的一部分人在政治上发生动摇,甚至背叛。孟什维克的取消派就是典型代表。他们主张放弃党的革命纲领和策略,取消党的秘密组织和秘密工作,把完成民主革命的希望寄托于沙皇政府,列宁称之为"斯托雷平工党"。与此同时,布尔什维克内部则出现了形左实右的召回派。他们无视革命处于低潮的客观形势,仍照搬革命高潮时期的口号,要求召回党在杜马中的代表,停止党在一切合法和半合法团体中的工作,甚至主张立即举行武装起义,列宁称之为"来自上面的取消主义"。革命的失败也造成党内思想上的倒退和混乱。马赫主义、寻神说、造神说等唯心主义思潮泛滥,歪曲和攻击马克思主义成了时髦。

面对革命失败的严峻形势,列宁领导布尔什维克党坚决批判取消派和召回派的错误主张,认真总结革命的经验教训,为克服党内的政治危机和组织危机做了大量工作;他从客观实际出发制定了正确的斗争方针,指导党把合法斗争和秘密工作灵活地结合起来,稳步发展和不断壮大革命力量。列宁针对党内的思想混乱和国际修正主义的影响写了一系列重要著作,深刻揭示了修正主义的社会根源和阶级本质,全面阐述了马克思主义的思想精髓和发展特征,从而在斗争中捍卫和发展了马克思主义理论体系。列宁在致力于加强党的组织建设和思想建设的同时,还密切结合国际形势的新变化,特别是第一次世界大战爆发后出现的新情况和新问题,为适应革命实践的迫切需要而开展了创造性的理论研究。他深入研究了帝国主义时代的民族问题和殖民地问题,为布尔什维克党制定了正确解决民族问题和积极支持被压迫民族解放运动的科学纲领。他揭示了帝国主义战争的根源和实质,批判了第二国际领袖们背叛科学社会主义、坚持社会沙文主义的荒谬言论和行径,阐明了无产阶级政党对待帝国主义战争的态度和必须坚持的策略原则。他系统研究了资本主义发展到帝国主义阶段的新现象和新特征,创立了关于帝国主义的科学理论。列宁这一时期的理论研究成果丰富了马克思主义理论宝库。

卷首的《马克思主义和修正主义》一文是列宁系统批判国际修正主义思潮的重要文献。列宁在文中回顾了马克思主义创立以来60年的战斗历程,指出:马克思主义在其生命的途程中每走一步都得经过战斗,在战斗中变得愈加巩固,愈加坚强,愈加生气勃勃。列宁揭露了修正主义在哲学、政治经济学和政治领域对马克思主义基本原理的篡改和歪曲,概括了修正主义的基本特征,剖析了产生修正主义的阶级根源,指明修正主义是国际现象。列宁科学地预见到马克思主义对修正主义的思想斗争将是“无产阶级所进行的伟大革命战斗的序幕”(见本卷第9页)。

为了批判马赫主义等唯心主义哲学,揭露哲学修正主义对马克思主义的歪曲,在哲学上总结和概括 19 世纪末 20 世纪初自然科学的新成果,捍卫和发展马克思主义哲学,列宁进行了大量的科学研究工作。他于 1908 年写成《唯物主义和经验批判主义》这部哲学专著。列宁在这部著作中驳斥了俄国马赫主义对马克思主义的攻击,捍卫和发展了马克思主义哲学,阐明了马克思主义的科学世界观是辩证唯物主义和历史唯物主义,在总结当时革命斗争经验和自然科学新成就的基础上系统地阐述了辩证唯物主义和历史唯物主义的基本原理,特别是辩证唯物主义认识论的基本原理。列宁揭露了马赫主义在认识论问题上的唯心主义和不可知论实质,考察了物质和意识的辩证关系,揭示了物质和意识关系问题上唯物主义和唯心主义的根本区别,提出了辩证唯物主义认识论的三个重要结论。列宁还阐明了真理的客观性以及相对真理和绝对真理的辩证关系,论述了实践在认识论中的作用和地位,指出生活、实践的观点应该是认识论的首要的和基本的观点。列宁分析了"物理学"唯心主义产生的原因,指出这是由于一些自然科学家没有从形而上学唯物主义上升到辩证唯物主义。列宁用历史唯物主义基本原理批驳了唯心主义的"社会存在和社会意识同一论"和"社会唯能论",论证了辩证唯物主义和历史唯物主义是不可分割的整体。列宁还论述了唯物主义和唯心主义斗争的实质,阐明了哲学的党性原则。本版选集因篇幅所限,节选了这部著作的重要内容。

列宁把马克思主义哲学视为工人阶级认识和改造世界的伟大思想武器,一贯重视马克思主义哲学的研究和运用。1914 年爆发了世界帝国主义战争,国际工人运动发生了重大的分化改组,和平发展时期积累起来的机会主义转化为社会沙文主义。列宁认为,面对国际政治风云的变幻和错综复杂的矛盾,马克思主义者只有运用唯物辩证法才能对时代特征和国际形势的变化发展作出科学分析,才能为新历史环境下无产阶级革命指明斗争方向,制定正确的革命战略和策略。因此列宁在 1914—1915 年间用了不少时间和精力研究唯物辩证法,写了大量笔记。本卷选收了列宁写在《黑格尔〈逻辑学〉一书摘要》中的《辩证法的要素》这一重要笔记和他单独写的《谈谈辩证法问题》一文。列宁对辩证法的要素作了全面准确的概括,对于我们把握唯物辩证法的基本内容、研究唯物辩证法科学体系的内在逻辑结构具有重要指导意义。《谈谈辩证法问题》是列宁这一时期辩证法研究的简要总结,文中揭示了唯物辩证法的实质,分析了对立面的统一和斗争的辩证规律,论述了辩证发展观和形而上学发展观的根本区别,阐明了唯心主义的认识论根源和阶级根源。这些笔记反映了列宁为发展唯物辩证法这门科学所进行的创造性的探索,字里行间闪烁着深邃的哲学智慧的光芒。

为了捍卫马克思主义基本原理,反对修正主义的歪曲,为了向广大党员和工人群众宣传马克思主义,列宁在 1910—1914 年间写了《论马克思主义历史发展的几个特点》、《马克思学说的历史命运》、《马克思主义的三个来源和三个组成部分》、《卡尔·马克思》等著作。列宁在这些文章中概要介绍马克思的伟大一生和他的学说;阐明马克思主义是世界各国工人运动的理论和纲领,是完备而严密的科学世界观,而绝不是离开世界文明大道产生的一种故步自封、僵化不变的学说。列宁指出马克思主义是对德国古典哲学、英国古典经济学和法国空想社会主义的批判继承和发展,同时扼要地阐述了马克思主义哲学、政治经济学和科学社会主义的基本原理,回顾和总结了马克思主义在同工人运动的结合中、在同各种反动势力和错误思潮的斗争中得到广泛传播、不断获得新胜利的战斗历程。列宁着重阐明马克思主义具有革命性、科学性、开放性、创造性的特点,强调马克思主义不是死的教条,不是一成不变的学说,而是活的行动指南。

《论工人政党对宗教的态度》一文阐明了马克思主义的宗教观以及工人政党对待宗教和信教者的态度。列宁指出:工人政党的哲学世界观是以马克思主义为基础的,它坚持彻底的无神论,坚决反对一切宗教,"宗教是人民的鸦片"这句马克思的名言是马克思主义在宗教问题上的全部世界观的基石。宗教的产生、宗教信仰的存在有其社会根源,只有吸引最广大的无产阶级群众参加自觉的革命实践,才能把被压迫群众从宗教的压迫下解放出来,因此反对宗教的斗争应同旨在消灭产生宗教的社会根源的阶级运动联系起来,无神论的宣传应该服从党的基本任务。在对待宗教的态度问题上,应该坚持辩证唯物主义立场,反宗教的斗争不应当立足于抽象的、纯理论的、始终不变的宣传,而应当立足于当前实际上进行的、对广大群众教育最大最有效的阶级斗争。列宁驳斥了鼓吹在任何情况下都要对上帝宣战的无政府主义空谈,抵制了机会主义者对马克思主义宗教观的歪曲。列宁在这篇文章中还尖锐地批评了卢那察尔斯基等人宣扬的造神说,指出:社会民主党内的著作家提出"社会主义是宗教"这一论点,是离开社会主义而转到宗教的一种方式。列宁在《致阿·马·高尔基》的信中也批评了高尔基主张以造神说代替寻神说的错误观点。

沙皇俄国是一个幅员辽阔的多民族国家,俄罗斯民族居于压迫民族地位,被压迫的"异族人"占全国人口57%。专制制度的黑暗统治把俄国变成"各族人民的牢狱"。制定和贯彻符合俄国民族关系特点、符合无产阶级阶级斗争利益的民族纲领和政策,是无产阶级政党团结各族人民反对共同敌人——专制制度,完成民主革命和社会主义革命的必要条件。列宁在《关于民族问题的批评意见》、《论民族自决权》、《论大俄罗斯人的民族自豪感》等著作中,全面分析俄国的民族关系和民族问题的具体特点,对布尔什维克的民族纲领和民族政策作了科学论证。列宁首次揭示了资本主义时期民族关系发展的两种历史趋势:一是民族觉醒,反对一切民族压迫,建立民族国家;二是民族间的各种交往日益发展和频繁,民族隔阂逐渐消除,经济、政治、科学等领域的国际统一逐渐形成。列宁认为,这两种趋势都是资本主义的世界性规律,都是进步的。但是资本主义无法克服这两种趋势之间的矛盾。布尔什维克的民族纲领正是考虑到这两种趋势,一方面坚决维护民族平等,不容许任何民族特权存在;另一方面坚决维护国际主义原则,反对任何形式的资产阶级民族主义对无产阶级的毒害。列宁还精辟地阐明了民族自豪感即爱国主义同国际主义的一致性。

在存在压迫民族和被压迫民族的条件下,民族平等的核心是民族自决权问题。列宁认为,如果没有这种权利,压迫民族承认民族平等就仍然是假的。因此,他坚决维护民族自决权,批判"民族文化自治"的理论以及用各种借口否定民族自决权的错误观点,同时,他又强调指出,不允许把民族自决权问题同某一民族实行分离是否适宜的问题混淆起来;后一问题应当从整个社会发展的利益和争取社会主义的阶级斗争的利益出发,完全独立地逐个加以解决。

在《关于民族问题的批评意见》一文中,列宁还阐述了中央集权制和民族区域自治的问题,论证了集中制国家较之小民族国家的优越性。马克思主义者所主张的集中制是民主集中制而不是官僚主义的集中制。这种集中制不仅不排斥地方自治和民族区域自治,而且要求实行这种自治。

　　民族问题在帝国主义时代同殖民地问题密切相关。列宁的《社会主义革命和民族自决权（提纲）》是阐述殖民地问题的纲领性文献。他在提纲中指出，帝国主义时代最本质的现象是民族分为压迫民族和被压迫民族。压迫民族的无产阶级应当要求受本民族压迫的殖民地和民族有政治分离的自由，否则无产阶级国际主义就会始终是一句空话；被压迫民族的社会党人必须特别维护和实行被压迫民族工人与压迫民族工人的统一，否则就不可能成功地捍卫无产阶级的独立政策以及它同其他国家无产阶级的阶级团结。社会主义的目的不只是要消灭人类分为许多小国的现象，消灭一切民族隔绝状态，不只是要使各民族接近，而且要使各民族融合。但是，正如人类只有经过被压迫阶级专政的过渡时期才能导致阶级的消灭一样，人类只有经过所有被压迫民族完全解放的过渡时期，即他们有分离自由的过渡时期，才能导致各民族的必然融合。

　　在帝国主义时代，民族自决是否能够实现，民族解放战争是否可能发生和取胜，争取民主（包括民族自决权）的斗争会不会遮盖和妨碍社会主义革命，诸如此类的问题深深地困扰着某些甚至是革命的社会党人。列宁在《论尤尼乌斯的小册子》、《论面目全非的马克思主义和"帝国主义经济主义"》等著作中详尽地阐明了马克思主义者在这些问题上的立场，对罗莎·卢森堡的错误进行同志式的批评，对布尔什维克内部出现的以布哈林、皮达可夫等人为代表的帝国主义经济主义倾向作了深入的剖析和尖锐的批判。列宁特别注意他们在问题提法和论述中所犯的方法论错误，反复强调"马克思的辩证法要求对每一特殊的历史情况进行具体的分析"（见本卷第700页）。从背得烂熟的抽象概念出发，进行纯粹的逻辑推理，必然得出糊涂透顶的结论，把马克思主义歪曲得面目全非。针对新历史条件下的经济派否定争取政治民主的斗争、把它同社会主义革命对立起来的错误，列宁阐述了民主与社会主义的关系。他明确指出，"没有民主，就不可能有社会主义。"（见本卷第 782 页）无产阶级不通过争取民主的斗争为社会主义革命作好准备，就不能实行这个革命；胜利了的社会主义不实行充分的民主，就不能保持它所取得的胜利，不能引导人类走向国家的消亡。列宁在批判帝国主义经济主义的文章中还提出了每个民族走向社会主义都会有自己的特点的英明预断。他说，一切民族都将走向社会主义，这是不可避免的，但是一切民族的走法却不会完全一样，在民主的形式和无产阶级专政的形态上，在社会生活各方面的社会主义改造的速度上，每个民族都会有自己的特点。

列宁认为，殖民地、半殖民地的民族民主革命运动是世界无产阶级强大的同盟军。他以兴奋的心情密切关注中国和亚洲民族民主运动的兴起。在《中国的民主主义和民粹主义》、《亚洲的觉醒》、《落后的欧洲和先进的亚洲》等文章中，列宁高度评价中国辛亥革命，称颂亚洲各国兴起的民主革命运动，指出"亚洲的觉醒和欧洲先进无产阶级夺取政权斗争的开始，标志着 20 世纪初所开创的全世界历史的一个新阶段。"（见本卷第 316 页）列宁痛斥欧洲资产阶级为了金融经纪人和资本家的自私目的而支持亚洲的反动势力，指出亚洲革命人民有一切文明国家里的无产阶级做他们的可靠同盟者，无产阶级的胜利一定能使欧洲各国人民和亚洲各国人民都获得解放。列宁赞扬中国民主革命先行者孙中山具有革命民主主义的崇高精神和英雄气概，称孙中山的革命纲领是"带有建立共和制度要求的完整的民主主义"，反映了"真正伟大的人民的真正伟大的思想"（见本卷第 291 页）。在充分肯定孙中山纲领的反封建的进步性和彻底性的同时，列宁也指出其主观社会主义的空想成分。

俄国度过了三年的反动时期,革命运动开始复苏。为了迎接新的革命高潮,布尔什维克尽力克服取消派、托洛茨基派、前进派造成的党内危机。一方面,在组织上大力巩固和整顿党的组织,维护党在马克思主义基础上的统一;在机会主义派别不仅破坏党的统一而且自外于党的情况下,1912 年党的布拉格代表会议不得不果断地把机会主义分子清除出党。另一方面,为了贯彻适应新形势的革命的政治路线,必须同取消派宣扬的机会主义、改良主义作不妥协的斗争。这场斗争是同反对国际工人运动中日益泛滥的机会主义、改良主义思潮的斗争结合进行的。在《欧洲工人运动中的分歧》、《论自由主义的和马克思主义的阶级斗争概念》、《马克思主义和改良主义》等著作中,列宁对工人运动中背离马克思主义的两大流派——机会主义和无政府主义作了剖析,阐明了机会主义的阶级根源和思想根源,以及工人运动中产生策略分歧的主要原因。列宁揭露取消派对马克思主义的阶级斗争概念的阉割和歪曲,指出:只有当阶级斗争涉及政治中最本质的东西即国家政权时,才是充分发达的阶级斗争。列宁还阐明了改良与革命的关系,马克思主义者对待改良的态度以及在这个问题上同无政府主义者和改良主义者的区别。

资本主义发展到垄断资本主义,即帝国主义阶段,它固有的各种矛盾进一步扩大和激化;资本主义发展不平衡的规律使国际资本力量对比发生变化,原来的均势遭到破坏;争夺资源、争夺资本市场、重新瓜分世界的斗争愈演愈烈,1914 年 8 月终于爆发了第一次世界帝国主义大战。

如何看待这场战争的性质,社会党人对战争应持什么态度,要不要利用战争造成的革命形势加速无产阶级革命进程,这些问题成了俄国和国际工人运动中马克思主义和机会主义、无产阶级国际主义和社会沙文主义斗争的焦点。在收入本卷的《战争和俄国社会民主党》、《第二国际的破产》、《社会主义与战争》等著作中,列宁揭示了帝国主义战争的性质和根源,论述了这场战争的政治内容和经济目的,发展了马克思主义的战争理论;提出并论证了"变帝国主义战争为国内战争"等口号,阐明了无产阶级政党在战争条件下革命的行动路线;批判露骨的和隐蔽的社会沙文主义,特别是考茨基主义,清算第二国际机会主义领导的背叛行径,为联合各国左派力量、重建国际奠定了思想政治基础。

列宁很早就注意到了资本主义发展中的新现象。他在1895—1913 年写的一系列著作中曾揭示和分析了帝国主义时代所具有的某些特征。大战爆发后,为了说明这场战争的阶级性质和当时的世界政治,列宁集中精力对帝国主义作了深入全面系统的研究,撰写了《帝国主义是资本主义的最高阶段》这一名著,创立了马克思主义关于帝国主义的科学理论,丰富和发展了马克思主义经济学和科学社会主义学说。为了写这部专著,列宁查考了数百种文献资料,做了大量笔记。书中根据无可争辩的统计资料和各国学者的著作,对大战前全世界资本主义经济在其国际相互关系上的总的情况作了科学的说明。列宁根据马克思主义的基本原理,总结了《资本论》问世后半个世纪以来资本主义的新变化,指出资本主义已经发展到一个新的阶段——帝国主义阶段。他运用历史和逻辑统一的方法考察了资本主义垄断形成和发展的过程,把资本主义的新变化概括为五个基本特征,并在此基础上给帝国主义下了科学的定义:"帝国主义是发展到垄断组织和金融资本的统治已经确立、资本输出具有突出意义、国际托拉斯开始瓜分世界、一些最大的资本主义国家已经把世界全部领土瓜分完毕这一阶段的资本主义。"(见本卷第 651 页)列宁深入剖析了考茨基的帝国主义定义,批判了他把帝国主义的政治和经济割裂开来的错误以及他所提出的"超帝国主义"理论。列宁认为,帝国主义最深厚的经济基础是垄断,但这种垄断不是纯粹的垄断,而是同竞争混合和并存的垄断,在垄断条件下竞争会更激烈、更残酷。在帝国主义阶段,资本主义表现出特有的寄生性和腐朽性,但是,如果以为这种腐朽趋势排除了资本主义的迅速发展,那就错了。实际上,资本主义的发展在这一阶段比从前要快得多,只是发展更加不平衡。帝国主义发展存在两种趋势:迅速发展的趋势和停滞腐朽的趋势。通过对帝国主义经济特征和历史地位的分析,列宁揭示了帝国主义时代资本主义经济和政治发展不平衡的规律,指出"帝国主义是无产阶级社会革命的前夜"(见本卷第 582 页)。

列宁在《论欧洲联邦口号》中根据帝国主义时代资本主义经济和政治发展不平衡的规律,第一次提出了关于社会主义可能首先在少数甚至在单独一个资本主义国家内获得胜利的思想。列宁在新的历史条件下得出的这个结论,是对社会主义革命理论的划时代的新贡献。列宁在一年后写的《无产阶级革命的军事纲领》一文中进一步阐释了这一结论,指出"社会主义不能**在所有国家内**同时获得胜利。它将首先在一个或者几个国家内获得胜利"(见本卷第 722 页)。列宁在文中还批评了"废除武装"和"反对任何战争"的错误观点,指出任何战争都不过是政治通过另一种手段即暴力手段的继续。在帝国主义时代,不仅有帝国主义战争,还有进步的革命的民族战争、阶级斗争引起的国内战争,以及胜利了的无产阶级进行自卫以反对其他各国资产阶级的战争,因此,社会主义者不能不加区别地反对任何战争。列宁认为,革命阶级唯一可行的策略是武装无产阶级,以便战胜、剥夺资产阶级,并且解除其武装。无产阶级只有把资产阶级的武装解除以后,才能销毁一切武器而不背弃自己的世界历史任务。

本卷收录了列宁为纪念俄国伟大作家列夫·托尔斯泰、革命民主主义作家赫尔岑、法国工人诗人鲍狄埃写的文章。列宁在这些文章中运用马克思主义的立场、观点和方法,对这三位作家、诗人的作品和思想作了鞭辟入里的分析,对他们的历史地位作了实事求是的评价。

列宁为纪念托尔斯泰80寿辰写的《列夫·托尔斯泰是俄国革命的镜子》一文指出,托尔斯泰作为一个天才的艺术家,不仅创作了无与伦比的俄国生活的图画,而且创作了世界文学中第一流的作品。"如果我们看到的是一位真正伟大的艺术家,那么他在自己的作品中至少会反映出革命的某些本质的方面。"(见本卷第241页)列宁剖析了托尔斯泰观点中的矛盾:他一方面无情地批判资本主义的剥削,揭露政府的暴虐以及法庭和国家管理机关的滑稽剧,暴露财富的增加和文明的成就同工人群众的穷困和痛苦的加剧之间的深刻矛盾,另一方面却又疯狂地宣传"不用暴力抵抗邪恶";他以最清醒的现实主义撕下一切假面具,同时却鼓吹宗教,力求让有道德信念的神父代替有官职的神父。列宁认为,托尔斯泰观点中的矛盾是19世纪最后30多年俄国实际生活所处的矛盾条件的表现,是反映农民在俄国革命中的历史活动所处的矛盾条件的一面镜子,是俄国农民起义的弱点和缺陷的一面镜子。

列宁为纪念赫尔岑诞生一百周年而作的《纪念赫尔岑》一文,评述了赫尔岑的历史地位,指出他在为俄国革命作准备方面起了伟大的作用,在19世纪40年代的俄国达到了当时最伟大思想家的水平;他领会了黑格尔的辩证法,懂得辩证法是"革命的代数学";他超越了黑格尔,跟着费尔巴哈走向唯物主义;他已经走到

了辩证唯物主义跟前,但在历史唯物主义面前却停止了。19 世纪
60 年代,赫尔岑与巴枯宁无政府主义决裂,转向马克思所领导的
国际;他看到了革命人民的历史作用,就无畏地站到革命民主派方
面,进行反对沙皇制度的斗争,举起了革命的旗帜。列宁在文中揭
露了资产阶级对赫尔岑思想历程和革命精神的歪曲,强调无产阶
级应当通过纪念赫尔岑进一步认清革命理论的意义和革命实践的
方向。

《欧仁·鲍狄埃》是列宁为纪念法国工人诗人、巴黎公社委员
欧仁·鲍狄埃逝世二十五周年而作的。文章介绍了他革命战斗的
一生,称颂他是一位最伟大的用歌作为工具的宣传家,高度评价他
创作的《国际歌》的伟大意义,指出:"一个有觉悟的工人,不管他
来到哪个国家,不管命运把他抛到哪里,不管他怎样感到自己是异
邦人,言语不通,举目无亲,远离祖国,——他都可以凭《国际歌》
的熟悉的曲调,给自己找到同志和朋友。"(见本卷第 302 页)

本卷卷末节选了列宁 1916 年 11 月 30 日《致伊·费·阿尔曼
德》的信。列宁在信中提出了如何正确对待马克思主义原理的问
题。他写道:"马克思主义的全部精神,它的整个体系,要求人们
对每一个原理都要(α)历史地,(β)都要同其他原理联系起来,
(γ)都要同具体的历史经验联系起来加以考察。"(见本卷第 785
页)列宁一生中遇到新情况、新问题总要向马克思和恩格斯请教,
但他始终反对教条主义和实用主义的态度,始终强调必须坚持实
事求是的科学态度。这正是我们应该向列宁学习的马克思主义
学风。

马克思主义和修正主义[1]

（1908 年 4 月 3 日〔16 日〕以前）

有一句著名的格言说：几何公理要是触犯了人们的利益，那也一定会遭到反驳的。自然史理论触犯了神学的陈腐偏见，引起了并且直到现在还在引起最激烈的斗争。马克思的学说直接为教育和组织现代社会的先进阶级服务，指出这一阶级的任务，并且证明现代制度由于经济的发展必然要被新的制度所代替，因此这一学说在其生命的途程中每走一步都得经过战斗，也就不足为奇了。

官方教授按官方意图讲授资产阶级的科学和哲学，是为了愚弄那些出身于有产阶级的青年，为了"训练"他们去反对内外敌人，关于这种科学和哲学没有什么可说的。这种科学对马克思主义连听都不愿听，就宣布马克思主义已经被驳倒，已经被消灭。无论是借驳斥社会主义来猎取名利的青年学者，或者是死抱住各种陈腐"体系"的遗教不放的龙钟老朽，都同样卖力地攻击马克思。马克思主义的发展、马克思主义思想在工人阶级中的传播和扎根，必然使资产阶级对马克思主义的这种攻击更加频繁，更加剧烈，而马克思主义每次被官方的科学"消灭"之后，却愈加巩固，愈加坚强，愈加生气勃勃了。

就是在那些同工人阶级的斗争有联系而且主要在无产阶级中间流传的学说中，马克思主义也远远不是一下子就巩固了自己的地位的。马克思主义在它存在的头半个世纪中（从 19 世纪 40 年代起)一直在同那些与它根本敌对的理论进行斗争。在 40 年代前 5 年,马克思和恩格斯清算了站在哲学唯心主义立场上的激进青年黑格尔派[2]。40 年代末,在经济学说方面进行了反对蒲鲁东主义[3]的斗争。50 年代完成了这个斗争,批判了在狂风暴雨的 1848 年显露过头角的党派和学说。60 年代,斗争从一般的理论方面转移到更接近于直接工人运动的方面:从国际中清除巴枯宁主义[4]。70 年代初在德国名噪一时的是蒲鲁东主义者米尔柏格,70 年代末则是实证论者杜林。但是他们两人对无产阶级的影响都已经微不足道了。马克思主义已经绝对地战胜了工人运动中的其他一切意识形态。

到上一世纪 90 年代,这一胜利大体上完成了。甚至在蒲鲁东主义传统保持得最久的罗曼语各国[5],工人政党实际上也把自己的纲领和策略建立在马克思主义的基础上。重新恢复起来的国际工人运动组织,即定期举行的国际代表大会,几乎没有经过什么斗争就立即在一切重大问题方面都站到马克思主义立场上来了。但是,在马克思主义把一切比较完整的、同马克思主义相敌对的学说排挤出去以后,这些学说所表现的倾向就开始给自己另找出路。斗争的形式和起因改变了,但是斗争还在继续。马克思主义创立以后的第二个 50 年(从 19 世纪 90 年代起)一开始就是同马克思主义内部的一个反马克思主义派别进行斗争。

这个派别因前正统的马克思主义者伯恩施坦而得名,因为伯恩施坦叫嚣得最厉害,最完整地表达了对马克思学说的修正,对马克思学说的修改,即修正主义。甚至在俄国这样一个由于经济落后,由于被农奴制残余所蹂躏的农民占人口大多数而非马克思主义的社会主义自然会支持得最久的国家里,这个非马克思主义的社会主义也清清楚楚地在我们眼前转变成修正主义了。我们的社会民粹派无论在土地问题上（全部土地地方公有化的纲领），或者在纲领和策略的一般问题上，都不断地用对马克思学说的种种"修正"来代替他们的自成系统而同马克思主义根本敌对的旧体系的那些日益消亡、日趋没落的残余。

马克思主义以前的社会主义被击溃了。它已经不是站在自己独立的基地上而是站在马克思主义这一共同基地上，作为修正主义来继续斗争了。现在我们来看看修正主义的思想内容究竟怎样。

在哲学方面，修正主义跟在资产阶级教授的"科学"的屁股后面跑。教授们"回到康德那里去"，修正主义就跟在新康德主义者**6**后面蹒跚而行。教授们重复神父们已经说过一千遍的、反对哲学唯物主义的滥调，修正主义者就带着傲慢的微笑嘟哝着（同最新出版的手册一字不差），说唯物主义早已被"驳倒"了。教授们轻蔑地把黑格尔视做一条"死狗"①，耸肩鄙视辩证法，而自己却又宣扬一种比黑格尔唯心主义还要浅薄和庸俗一千倍的唯心主义；修正主义者就跟着他们爬到从哲学上把科学庸俗化的泥潭里面去，用"简单的"（和平静的）"演进"去代替"狡猾的"（和革命的）辩证法。教授们拿他们那些唯心主义的和"批判的"体系去适应占统治地位的中世纪"哲学"（即神学），以酬报官家给的俸禄，修正主义者就向他们靠拢，竭力把宗教变成"私人的事情"，不是对现代国家来说而是对先进阶级的政党来说的"私人的事情"。

对马克思学说的这种"修正"的真正的阶级意义是什么，这无须加以说明，因为这是不说自明的。我们仅仅指出，在国际社会民主党中，普列汉诺夫是从彻底的辩证唯物主义观点批判过修正主义者在这方面大肆散播的庸俗不堪的滥调的唯一马克思主义者。

---

① 参看《马克思恩格斯文集》2009 年人民出版社版第 5 卷第 22 页。——编者注

坚决地着重指出这一点现在尤其必要,因为现在有些人极其错误地企图以批判普列汉诺夫在策略上的机会主义为幌子来偷运陈腐反动的哲学垃圾①。

　　谈到政治经济学,首先应当指出,修正主义者在这一方面所作的"修正"更广泛详细得多,他们竭力用"经济发展的新材料"来影响公众。他们说,集中和大生产排挤小生产的过程,在农业方面根本没有发生,而在商业和工业方面也进行得极其缓慢。他们说,现在危机已经比较少见、比较微弱了,卡特尔和托拉斯大概会给资本提供根本消除危机的可能。他们说,资本主义正在走向崩溃的"崩溃论"是站不住脚的,因为阶级矛盾有减弱和缓和的趋势。最后他们说,就连马克思的价值理论也不妨按照柏姆-巴维克的观点来加以纠正。

　　在这些问题上同修正主义者的斗争,正像20年前恩格斯同杜林的论战一样,使国际社会主义运动的理论思想有了颇见成效的活跃。人们用事实和统计数字分析了修正主义者的论据,证明了修正主义者一贯地粉饰现代小生产。不仅在工业中,而且在农业中,**大生产**在技术方面和经营方面都比小生产占优势的事实,由无可辩驳的材料证实了。但是在农业中,商品生产的发展要弱得多,而现代的统计学家和经济学家通常都不大善于特别注意那些表明农业愈来愈卷入世界经济**交换**的农业专业部门(有时甚至是专门的作业)。在自然经济的废墟上,小生产是靠营养不断恶化,经常挨

---

① 见波格丹诺夫、巴扎罗夫等人合著的《关于马克思主义哲学的论丛》**7**。分析这本书不是本文的任务,我现在只声明一点:在最近的将来,我要写几篇论文或专门写一本小册子来说明,本文中关于新康德派修正主义者所说的**一切**,实质上也适用于这些"新的"新休谟派和新贝克莱派修正主义者。(见本卷第12—240页。——编者注)

饿,延长工作日,家畜质量及其饲养情况恶化,总之,是靠手工业生产用来对抗资本主义工场手工业的那些手段来维持的。科学和技术每前进一步,都必不可免地、毫不留情地破坏资本主义社会内的小生产的基础,而社会主义经济学的任务是研究这一过程所表现的往往是错综复杂的一切形式,是向小生产者证明,他们在资本主义制度下不可能支持下去,农民经济在资本主义制度下没有出路,农民必须接受无产者的观点。从学术上来说,修正主义者在这个问题上的毛病,是他们对一些片面抽出的事实作肤浅的概括,而没有把它们同整个资本主义制度联系起来看;从政治上来说,他们的毛病就是不管有意还是无意,势必号召农民或推动农民去接受业主的观点(即资产阶级的观点),而不是推动他们去接受革命无产者的观点。

在危机论和崩溃论方面,修正主义的情况更糟。只有在极短促的时间内,只有最近视的人,才会在几年的工业高涨和繁荣的影响下,想要改造马克思学说的原理。现实很快就向修正主义者表明,危机的时代并没有过去:在繁荣之后,接着就来了危机。各个危机的形式、次序和情景是改变了,但是危机仍然是资本主义制度的不可避免的组成部分。卡特尔和托拉斯把生产联合起来了,但是大家都看到,它们同时又使生产的无政府状态变本加厉,使无产阶级的生活更加没有保障,资本的压迫更加严重,从而使阶级矛盾尖锐到空前的程度。最新的巨型托拉斯恰恰特别清楚、特别广泛地表明资本主义正在走向崩溃,不管这是指一次次政治危机和经济危机,还是指整个资本主义制度的完全崩溃。不久前美国的金融危机,全欧洲失业人数惊人的增加,更不用说有许多迹象预示快要到来的工业危机,——这一切使大家都忘记了修正主义者不久以前的"理论",似乎连许多修正主义者自己也忘记了。但是这种知识分子的不坚定性给工人阶级的教训,是不应当忘记的。

关于价值理论,要说的只有一点,就是除了一些柏姆-巴维克式的异常模糊的暗示和叹息,修正主义者在这方面根本没有拿出什么东西来,所以对学术思想的发展也没有留下任何痕迹。

在政治方面,修正主义确实想修正马克思主义的基础,即阶级斗争学说。他们说,政治自由、民主和普选权正在消灭阶级斗争的根据,并且使《共产党宣言》里的工人没有祖国①这个旧原理变得不正确了。他们说,在民主制度下,既然是"多数人的意志"起支配作用,那就不能把国家看做阶级统治的机关,也不能拒绝同进步的社会改良派资产阶级实行联合去反对反动派。

毫无疑义,修正主义者的这些反对意见,是一个相当严整的观点体系,即大家早已知道的自由派资产阶级的观点体系。自由派总是说,资产阶级议会制度正在消灭阶级和阶级的划分,因为一切公民都毫无差别地拥有投票的权利,参与国家事务的权利。19世纪下半叶的全部欧洲史和20世纪初的全部俄国革命史,都很清楚地表明这种观点是多么荒谬。在"民主制的"资本主义的自由下,经济上的差别并没有缩小,而是日益扩大,日益加深。议会制度并没有消除最民主的资产阶级共和国作为阶级压迫机关的本质,而是不断暴露这种本质。议会制度有助于教育和组织比先前积极参加政治事变的人多得多的广大居民群众,但是这不会消除危机和政治革命,只会在这种革命发生时使国内战争达到最激烈的程度。1871年春天的巴黎事变和1905年冬天的俄国事变,已经再明显不过地表明这种激烈的情况是必然要到来的。法国资产阶级连一秒钟都没有犹豫,立刻就同全民族的敌人,同蹂躏其祖国的外国军队勾结起来

①　见《马克思恩格斯文集》2009年人民出版社版第2卷第50页。——编者注

镇压无产阶级运动。谁不懂得议会制度和资产阶级民主制度的不可避免的内在的辩证法会导致比先前更激烈地用群众的暴力去解决争执,那他就永远不能在这种议会制度的基地上去进行坚持原则的宣传鼓动工作,真正培养工人群众去胜利地参加这种"争执"。在西欧同社会改良主义自由派、在俄国革命中同自由主义改良派(立宪民主党[8])实行联合、妥协和联盟的经验,令人信服地表明这种妥协只能模糊群众的意识,因为这种妥协不是提高,而是降低群众斗争的真实意义,把正在斗争的人同最不能斗争、最动摇、最容易叛变的人拴在一起。法国的米勒兰主义[9]是在真正全国的广大范围内运用修正主义政治策略的最大尝试,它给修正主义作了一个使全世界无产阶级永远不会忘记的实际评价。

修正主义对社会主义运动的最终目的所抱的态度,是它的经济倾向和政治倾向的自然补充。"运动就是一切,最终目的算不了什么",伯恩施坦的这句风行一时的话,要比许多长篇大论更能表明修正主义的实质。临时应付,迁就眼前的事变,迁就微小的政治变动,忘记无产阶级的根本利益,忘记整个资本主义制度、整个资本主义演进的基本特点,为了实际的或假想的一时的利益而牺牲无产阶级的根本利益,——这就是修正主义的政策。从这一政策的实质可以清楚地知道这一政策可能采取各种各样的形式,而每一个稍微"新颖的"问题、每一次稍微出人意料和没有预见到的局势变动(即使这种变动只是在极小的程度上和最短的时期内改变了发展的基本路线),都不可避免地要引起某种形式的修正主义。

修正主义的不可避免,决定于它在现代社会中的阶级根源。修正主义是国际现象。每一个稍有见识、稍有头脑的社会主义者都丝毫不会怀疑:德国正统派和伯恩施坦派、法国盖得派[10]和饶勒斯派[11](现在尤其是布鲁斯派[12])、英国社会民主联盟[13]和独立工党[14]、比利时布鲁凯尔和王德威尔得、意大利整体派[15]和改良派、俄国布尔什维克和孟什维克的关系实质上到处都一样,虽然按所有这些国家的现状来说,民族条件和历史因素极不相同。当前国际社会主义运动内部的"分化",在世界上不同的国家里现在实质上已经是按**同一条**路线进行的,这表明比 30—40 年前有了一个巨大的进步,因为那时在不同的国家里相互斗争的是统一的国际社会主义运动内部的不同类型的倾向。现在在罗曼语各国出现的"革命工团主义"[16]这种"来自左面的修正主义"也趋附马克思主义,同时又对它加以"纠正":意大利的拉布里奥拉、法国的拉葛德尔总是不求助于过去被人误解的马克思学说,而求助于现在被人正确理解的马克思学说。

我们在这里不可能分析**这种**修正主义的思想内容,它还远不如机会主义的修正主义那样成熟,还没有国际化,还没有经受过同任何一国社会党的实际的大搏斗。因此,我们在这里只分析上述那种"来自右面的修正主义"。

为什么修正主义在资本主义社会中是不可避免的呢?为什么它的根源比民族特点的差别和资本主义发展程度的差别还要深呢?因为在任何资本主义国家里,在无产阶级身旁总是有广泛的小资产者阶层,即小业主阶层。资本主义过去是从小生产中产生的,现在也还在不断地从小生产中产生出来。资本主义必然要重新产生许多"中间阶层"(工厂附属物,如家庭劳动以及适应大工业如自行车工业和汽车工业的需要而散布在全国的小作坊等等)。这些新的小生产者同样必然要被重新抛入无产阶级的队伍。十分自然,小资产阶级世界观也就会不断渗入广大工人政党的队伍。十分自然,情况只能如此,而且一直到无产阶级革命发生急剧变化的时候还会如此,因为,那种认为必须在大多数人口"完全"无产阶级化以后才能实现无产阶级革命的想法,是极其错误的。目前我们往往只是在思想领域经历的事情,即同理论上修正马克思学说的人进行的争论,目前在实践上只是在工人运动某些局部问题上暴露出来的事情,即同修正主义者的策略分歧,以及由此而发生的分裂,在将来无产阶级革命发生时工人阶级还一定会在大得无可比拟的规模上再次经历到,因为无产阶级革命将使一切争论问题尖锐化,将把一切分歧都集中到对决定群众的行动有最直接意义的几点上,将迫使人们在斗争高潮中分清敌友,抛开坏的同盟者,以便给敌人以决定性的打击。

19世纪末革命马克思主义对修正主义的思想斗争,只是不顾小市民的种种动摇和弱点而向着本阶级事业的完全胜利迈进的无产阶级所进行的伟大革命战斗的序幕。

载于1908年圣彼得堡出版的
《卡尔·马克思(1818—1883)》
文集

选自《列宁全集》第2版第17卷
第11—19页

向报告人提十个问题¹⁷

(1908 年 5 月 15 日〔28 日〕以前)

1. 报告人是否承认马克思主义哲学是**辩证唯物主义**？

如果不承认，那么他为什么一次也不去分析恩格斯关于这一点的无数言论？

如果承认，那么为什么马赫主义者把他们对辩证唯物主义的"修正"叫做"马克思主义哲学"？

2. 报告人是否承认：恩格斯把哲学体系基本上分为**唯物主义和唯心主义**，把近代哲学中的休谟**路线**看做是介于两者之间、动摇于两者之间的中间派，称这条路线为"不可知论"并说康德主义是不可知论的变种？①

3. 报告人是否承认辩证唯物主义认识论的基础是承认外部世界及其在人脑中的反映？

4. 报告人是否承认恩格斯关于"自在之物"转化为"为我之物"的论断是正确的？②

5. 报告人是否承认恩格斯的"世界的真正的统一性在于它的物质性"（《**反杜林论**》1886 年第 2 版第 1 编第 4 节《世界模式论》

---

① 参看《马克思恩格斯文集》2009 年人民出版社版第 4 卷第 279—280 页。——编者注
② 参看《马克思恩格斯文集》2009 年人民出版社版第 3 卷第 506—508 页，第 4 卷第 280—282 页。——编者注

第 28 页)①这个论断是正确的?

6. 报告人是否承认恩格斯的"没有运动的物质和没有物质的运动一样,是不可想象的"(《反杜林论》1886 年第 2 版第 6 节《自然哲学。天体演化学,物理学,化学》第 45 页)②这个论断是正确的?

7. 报告人是否承认因果性、必然性、规律性等等观念是自然界、现实世界的规律在人脑中的反映? 或者恩格斯这样说(《反杜林论》第 3 节《先验主义》第 20—21 页和第 11 节《自由和必然》第 103—104 页)③是不正确的。

8. 报告人是否知道,马赫曾经表示他赞同内在论学派的首领舒佩的观点,甚至还把自己最后的一本主要哲学著作献给舒佩**18**? 马赫这样地附和**僧侣主义**的维护者、哲学上露骨的反动分子舒佩的露骨的唯心主义哲学,报告人怎样解释?

9. 报告人的昨天的同志(根据《论丛》**7**)、孟什维克尤什凯维奇今天(跟着拉赫美托夫)宣称波格丹诺夫是**唯心主义者19**,报告人为什么对这件"怪事"避而不谈? 报告人是否知道,彼得楚尔特在最近的一本著作**20**中把马赫的许多门徒列入**唯心主义者**?

10. 报告人是否确认这样的事实:马赫主义和布尔什维主义毫无共同之处;列宁不止一次地反对过马赫主义**21**;孟什维克尤什凯维奇和瓦连廷诺夫都是"纯粹的"经验批判主义者?

载于 1925 年《列宁文集》俄文版第 3 卷

选自《列宁全集》第 2 版第 18 卷第 1—2 页

---

① 见《马克思恩格斯文集》2009 年人民出版社版第 9 卷第 47 页。——编者注
② 同上书,第 64 页。——编者注
③ 同上书,第 37—39、120—121 页。——编者注

唯物主义和经验批判主义

对一种反动哲学的批判(节选)[22]

(1908 年 2—10 月)

第一版序言

许多想当马克思主义者的著作家,今年在我们这里对马克思主义哲学进行了真正的讨伐。不到半年就出版了四本书,这四本书主要是并且几乎完全是攻击辩证唯物主义的。其中,首先是1908 年在圣彼得堡出版的巴扎罗夫、波格丹诺夫、卢那察尔斯基、别尔曼、格尔方德、尤什凯维奇、苏沃洛夫的论文集《关于〈?应当说是:反对〉马克思主义哲学的论丛》[7],其次是尤什凯维奇的《唯物主义和批判实在论》、别尔曼的《从现代认识论来看辩证法》和瓦连廷诺夫的《马克思主义的哲学体系》。

所有这些人都不会不知道,马克思和恩格斯几十次地把自己的哲学观点叫做辩证唯物主义。然而所有这些因敌视辩证唯物主义而联合起来的人(尽管政治观点截然不同)在哲学上又自命为马克思主义者!别尔曼说,恩格斯的辩证法是"神秘主义"。恩格斯的观点"过时了",——巴扎罗夫随便一说,好像这是不言而喻的。唯物主义看来被我们的勇士们驳倒了,他们自豪地引证"现代认识论",引证"最新哲学"(或"最新实证论"),引证"现代自然科学的哲学",或者甚至引证"20世纪的自然科学的哲学"。我们的这些要把辩证唯物主义消灭的人,以所有这些所谓最新的学说为依据,竟肆无忌惮地谈起公开的信仰主义①来了(卢那察尔斯基最为明显,但决不只是他一个人![24]),可是到了要对马克思和恩格斯明确表态时,他们的全部勇气和对自己信念的任何尊重都立即消失了。在事实上,他们完全背弃了辩证唯物主义即马克思主义。在口头上,他们却百般狡辩,企图避开问题的实质,掩饰他们的背弃行为,用某一个唯物主义者来代替整个唯物主义,根本不去直接分析马克思和恩格斯的无数唯物主义言论。按照一位马克思主义者的公正说法,这真是"跪着造反"。这是典型的哲学上的修正主义,因为只有修正主义者违背马克思主义的基本观点,而又不敢或者是没有能力公开、直率、坚决、明确地"清算"被他们抛弃的观点,才获得了这种不好的名声。正统派在反对马克思的过时见解(例如梅林反对某些历史论点[25])时,总是把话说得非常明确、非常详细,从来没有人在这类论著中找到过一点模棱两可的地方。

不过,在《"关于"马克思主义哲学的论丛》中也有一句近似真理的话。那句话是卢那察尔斯基说的:"也许我们〈显然就是《论丛》的全体撰稿人〉错了,但我们是在探索。"(第161页)这句话的前半句包含着绝对真理,后半句包含着相对真理,这一点我将在本书中力求详尽地指出来。现在我只指出一点:如果我们的哲学家不是用马克思主义的名义,而是用几个"正在探索的"马克思主义者的名义讲话,那么,他们对自己和对马克思主义就显得尊重些了。

至于我自己,也是哲学上的一个"探索者"。这就是说,我在

---

① 信仰主义是一种以信仰代替知识或一般地赋予信仰以一定意义的学说。[23]

本书中给自己提出的任务是:探索那些在马克思主义的幌子下发表一种非常混乱、含糊而又反动的言论的人是在什么地方失足的。

作　者

1908 年 9 月

第二版序言

　　本版除了个别文字上的修改,和第一版没有什么不同。尽管这是一本和俄国"马赫主义者"进行论战的著作,可是我希望,它作为一本介绍马克思主义哲学即辩证唯物主义以及介绍从自然科学的最新发现中所得出的哲学结论的参考书,将有所裨益。至于亚·亚·波格丹诺夫的一些近作,我没有机会阅读,书末附载的弗·伊·涅夫斯基同志的文章提出了必要的意见[26]。弗·伊·涅夫斯基同志不仅是一位宣传家,而且特别是一位党校工作者,因此,他有充分的可能确信,亚·亚·波格丹诺夫在"无产阶级文化"[27]的幌子下贩运资产阶级的反动的观点。

尼·列宁

1920 年 9 月 2 日

代 绪 论

某些"马克思主义者"在 1908 年
和某些唯心主义者在 1710 年
是怎样驳斥唯物主义的

凡是多少读过一些哲学著作的人都应该知道,未必能找到一个不直接或间接地驳斥唯物主义的现代哲学(以及神学)教授。他们曾经一百次、一千次地宣告唯物主义已被驳倒,可是直到现在,他们还在一百零一次、一千零一次地继续驳斥它。我们的修正主义者全都在驳斥唯物主义,同时又装出一副样子,好像他们驳斥的本来只是唯物主义者普列汉诺夫,而不是唯物主义者恩格斯,不是唯物主义者费尔巴哈,不是约·狄慈根的唯物主义观点,并且他们是从"最新的""现代的"实证论²⁸、自然科学等等角度来驳斥唯物主义的。我不引证他们的话了,谁只要愿意,都可以从前面提到的著作中引证几百段话。我只提一提巴扎罗夫、波格丹诺夫、尤什凯维奇、瓦连廷诺夫、切尔诺夫①以及其他马赫主义者用来攻击唯物主义的那些论据。马赫主义者这个名词比较简短,而且在俄国的著作中已经通用,我将到处把它作为"经验批判主义者"的同义语来使用。恩斯特·马赫是现在最有名望的经验批判主义的代表,

---

① **维·切尔诺夫**《哲学和社会学论文集》1907 年莫斯科版。作者像巴扎罗夫之流一样,是阿芬那留斯的热诚的信徒和辩证唯物主义的敌人。

这在哲学著作中是公认的①;至于波格丹诺夫和尤什凯维奇同"纯粹的"马赫主义背离之处则完全是次要的,这一点将在后面说明。

这些人对我们说,唯物主义者承认某种不可想象的和不可认识的东西——"自在之物",即"经验之外的"、我们认识之外的物质。唯物主义者由于承认彼岸的、在"经验"和认识范围之外的某种东西而陷入了真正的神秘主义。当唯物主义者说什么物质作用于我们的感官而产生感觉的时候,他们是以"未知的东西"、"无"作为基础的,因为他们自己就声明我们的感觉是认识的唯一泉源。唯物主义者陷入了"康德主义"(普列汉诺夫就是这样,他承认"自在之物"即在我们意识之外的物的存在),他们把世界"二重化",宣扬"二元论",因为他们认为在现象后面还有自在之物,在直接的感觉材料后面还有某种其他的东西、某种物神、"偶像"、绝对者、"形而上学"的泉源、宗教的孪生兄弟(如巴扎罗夫所说的"神圣的物质")。

这就是上述那些著作家用各种不同的调子一再重复的马赫主义者反对唯物主义的论据。

为了考证这些论据是不是新颖的,它们是不是真的只反对一个"陷入康德主义"的俄国唯物主义者,我们来详细地引证一下一个老牌唯心主义者乔治·贝克莱的著作。由于马赫主义者不正确地陈述了马赫和贝克莱的关系以及贝克莱的哲学路线的实质,而我们在后面又不得不屡次提到贝克莱及其哲学流派,所以在这篇绪论中作这种历史考证就更有必要了。

---

① 例如,见**理查·赫尼格斯瓦尔德博士**《休谟关于外部世界的实在性的学说》1904 年柏林版第 26 页。

1710 年出版的乔治·贝克莱主教的一本以《人类知识原理》①为书名的著作,开头就是下面这一段论述:"每个观察人类认识的**客体**的人都看得清楚:这些客体或者是感官真正感知的观念(ideas),或者是我们观察人心的情感和活动而获得的观念,或者是借助于记忆和想象而形成的观念…… 凭着视觉,我获得光和色的观念,获得它们的强弱浓淡和不同种类的观念。凭着触觉,我感知硬和软、热和冷、运动和阻力…… 嗅觉使我闻到气味,味觉使我尝到滋味,听觉使我听到声音…… 人们观察到一些不同的观念彼此结合在一起,于是就用一个名称来标志它们,称它们为某物。例如,人们观察到一定的颜色、滋味、气味、形状、硬度结合在一起(to go together),就认为这是一个独特的东西,并用**苹果**这个名称标志它;另外一些观念的集合(collections of ideas)构成了石头、树木、书本以及诸如此类的感性实物……"(第 1 节)

这就是贝克莱那本著作的第 1 节的内容。我们必须记住,贝克莱是把"硬、软、热、冷、颜色、滋味、气味"等等作为他的哲学的基础的。在贝克莱看来,物是"观念的集合",而他所说的"观念"正是上面列举的那些质或感觉,而不是抽象的思想。

贝克莱继续说道,除了这些"观念或认识的客体"之外,还有一种感知它们的东西,即"心、精神、灵魂或**自我**"(第 2 节)。这位哲学家作出结论说,不言而喻,"观念"不能存在于感知它们的心之外。只要想一想"存在"这个词的意思就会确信这一点。"当我说我写字的桌子存在着,这就是说,我看到它而且感觉到它;如果

---

① **乔治·贝克莱**《人类知识原理》,《贝克莱全集》1871 年牛津版第 1 卷,**亚·弗雷泽**编,有俄译本。

我走出我的书房,我说桌子存在,意思是说,如果我在我的书房里,我可以感知它……" 贝克莱在他的著作的第 3 节里是这样说的,并且就在这里开始和那些被他称为唯物主义者的人论战(第18、19 节以及其他各节)。他说,我完全不能理解,怎么能撇开人对物的感知来谈物的绝对存在呢?存在就是被感知(their,即物的esse is percipi,第 3 节,——这是哲学史教科书中常常引用的贝克莱的一句名言)。"在人们中间奇怪地流行着这样一种见解:房屋、山岳、江河,一句话,一切感性实物都有一种自然的或实在的存在,这种存在不同于理性所感知的那种存在。"(第 4 节)贝克莱说,这个见解是一个"明显的矛盾"。"因为,上面所说的那些客体若不是我们凭感官感知的物,那究竟是什么呢?我们所感知的若不是我们自己的观念或感觉(ideas or sensations),那又是什么呢?认为任何观念、感觉或它们的组合能够不被感知而存在着,这岂不是非常荒谬吗?"(第 4 节)

贝克莱现在把观念的集合换成了**感觉的组合**这个在他看来是含义相同的说法,责备唯物主义者"荒谬",竟想更进一步去找出这种复合……即这种感觉的组合的某个泉源。在第 5 节里,他责备唯物主义者玩弄抽象,因为在贝克莱看来,把感觉和客体分开,就是空洞的抽象。他在第 5 节末尾说道:"事实上,客体和感觉是同一个东西(are the same thing),因而不能把一个从另一个中抽象出来。"(这句话在第 2 版里删掉了)贝克莱写道:"你们说,观念可以是那些存在于心外的、以一种无思维的实体形式存在的物的复写或反映(resemblances)。我回答说,观念只能和观念相像,不能和任何别的东西相像,一种颜色或形状只能和另一种颜色或形状相像,不能和任何别的东西相像…… 我要问,我们能不能感知这些设想的原物或外在物(我们的观念似乎是它们的影象或表象)

呢？如果能够，那就是说，它们是观念，我们没有向前跨进一步[1]；如果你们说不能，那么我就要找随便哪一位问一问，说颜色同某种看不见的东西相像，硬和软同某种不能触觉到的东西相像，等等，有没有意义。"（第8节）

读者可以看出，在关于物离开它们对我们的作用是否能够存在于我们之外这个问题上，巴扎罗夫用来反对普列汉诺夫的那些"论据"，和贝克莱用来反对他没有提名道姓的唯物主义者的那些论据没有丝毫差别。贝克莱认为，关于"物质或有形实体"的存在（第9节）的思想是如此"矛盾"，如此"荒谬"，实在用不着浪费时间去驳斥它。他说道："但是，由于物质存在这个教义（tenet）看来在哲学家们的心中已经根深蒂固，而且又引出这样多有害的结论，所以，我宁肯让人说我啰唆和讨厌，也不能对任何有助于彻底揭露和根除这种偏见的东西略而不谈。"（第9节）

我们马上就会看到贝克莱说的是些什么样的有害的结论。让我们首先把他用来反对唯物主义者的理论论据讲完吧。贝克莱在否定客体的"绝对"存在即物在人类认识之外的存在时，直截了当地说明他的敌人的观点是承认"自在之物"。在第24节里，贝克莱加上着重标记写道，他所驳斥的那种看法承认"**自在的感性客体**（objects in themselves）**或心外的感性客体的绝对存在**"（上引书第167—168页）。在这里，哲学观点的两条基本路线被直率、清楚、明确地描绘出来了。这一点是古典哲学著作家不同于当代"新"体系的制造者的地方。唯物主义承认"自在客体"或心外客

---

[1] 此处列宁引用的俄译文与原文英文有出入，英文为：we have gained our point。按英文可译为："我们达到了目的"，或"我们有道理"，或"我们取得了胜利"。——编者注

体,认为观念和感觉是这些客体的复写或反映。与此相反的学说（唯心主义）认为：客体不存在于"心外"；客体是"感觉的组合"。

这是在 1710 年即在伊曼努尔·康德诞生前 14 年写的,而我们的马赫主义者却根据所谓"最新的"哲学发现了：承认"自在之物",这是唯物主义受到康德主义的感染或歪曲的结果！马赫主义者的"新"发现,是他们对基本哲学派别的历史惊人无知的结果。

他们的其次一个"新"思想是："物质"或"实体"的概念是旧的非批判观点的残余。你们看到了没有,马赫和阿芬那留斯把哲学思想向前推进了,使分析更深刻了,把这些"绝对者"、"不变的实质"等等消除了。你们只要看一看贝克莱的著作,查考一下这类说法的出处,就会看得出这类说法不过是自命不凡的虚构。贝克莱十分肯定地说,物质是"nonentity"（不存在的实质,第 68 节）,物质是无（第 80 节）。贝克莱嘲笑唯物主义者说："如果你们愿意的话,你们可以在别人使用'无'这个词的意义上使用'物质'一词。"（上引书第 196—197 页）贝克莱说,起初人们相信颜色、气味等等"是确实存在的",后来抛弃了这种见解,承认它们只是依赖于我们的感觉而存在的。但是,那些旧的错误概念没有彻底消除;其残余就是"实体"这个概念（第 73 节）,也就是贝克莱主教在 1710 年彻底揭露的那种"偏见"（第 195 页）！1908 年在我们这里竟有这样一些滑稽人物,他们真的相信阿芬那留斯、彼得楚尔特和马赫之流,以为只是"最新的实证论"和"最新的自然科学"才彻底消除了这些"形而上学的"概念。

就是这些滑稽人物（波格丹诺夫也在内）硬要读者相信：正是新哲学说明了在老是遭到驳斥的唯物主义者的学说中存在着"世界二重化"的错误,因为他们谈论人的意识对存在于人的意识之外的物的某种"反映"。关于这个"二重化",上面提到的那些著作家们写下了无数动情的话。不知是由于健忘还是由于无知,他们没有补充说,这些新发现早在 1710 年就已经被发现了。

贝克莱写道:"我们对它们〈观念或物〉的认识被弄得异常模糊、异常混乱,而且由于设想感性客体有二重(twofold)存在,即一个是**心智的**或心内的存在,一个是**实在的**、心外的〈即意识之外的〉存在,因而陷入非常危险的谬误。"于是贝克莱嘲笑起那种认为能够思维不可想象的东西的"荒谬"见解来了!"荒谬"的根源当然在于区分"物"和"观念"(第 87 节),在于"设想有外部客体"。就是这个根源产生了对物神和偶像的信仰,这一点贝克莱在 1710 年就发现了,而波格丹诺夫在 1908 年又发现了。贝克莱说:"物质或未被感知的物体的存在不仅是无神论者和宿命论者的主要支柱,而且也是各色各样的偶像崇拜所依据的原则。"(第 94 节)

在这里,我们就接触到了从关于外部世界的存在的"荒谬"学说中得出的"有害"结论,这些结论使得贝克莱主教不仅从理论上驳斥这个学说,而且把这个学说的信奉者当做敌人大肆攻击。他说:"无神论的和反宗教的一切渎神体系是建立在物质学说或有形实体学说的基础上的…… 物质的实体对于各时代的无神论者是一个多么伟大的朋友,这是用不着说的。他们的一切怪异体系之依存于物质的实体,是如此明显、如此必要,以致一旦把这个基石抽掉,整个建筑物就一定倒塌。因此,我们不必特别注意无神论者的各个可怜宗派的荒谬学说。"(上引书第 92 节第 203—204 页)

"物质一旦被逐出自然界,就会带走很多怀疑论的和渎神的看法,带走无数的争论和纠缠不清的问题〈马赫在 19 世纪 70 年代发现的"思维经济原则"! 1876 年阿芬那留斯发现的"哲学——按照费力最小的原则对世界的思维"!〉,这些争论和问题使神学家和哲学家如坐针毡。物质使人类费了那么多无谓的劳动①,因此,即使我们提出来反驳物质的那些论据没有被认为是有充分说服力的(而我则认为它们是十分清楚的),我还是相信,真理、和平和宗教之友都有理由希望这些论据被认为是这样的。"(第96节)

贝克莱主教在直言不讳地议论,傻里傻气地议论! 现在,同样的一些主张把"物质""经济地"赶出哲学的思想却具有狡猾得多的、被"新"术语弄得更混乱得多的形式,使得幼稚的人把这些思想当做"最新的"哲学!

但是,贝克莱不只是直言不讳地说出他的哲学倾向,他也竭力掩盖他的哲学的唯心主义真面目,把它说成没有荒谬见解的并为"常识"所能接受的。他本能地保护自己,使他的哲学不被人责难为现在所谓的主观唯心主义和唯我论。他说,我们的哲学"没有使我们失去自然界中的任何一物"(第34节)。自然界依然存在着,实物和幻想的区别也依然存在着,不过"两者同样地都存在于意识中"。"我决不对我们通过感觉或思考能够认识到的任何一物的存在提出异议。我用眼睛看到的和用手摸到的那些物是存在的,是真实存在的,这一点我毫不怀疑。我们否定其存在的唯一的物,是**哲学家们**〈黑体是贝克莱用的〉叫做物质或有形实体的东西。否定它,不会给其余的人类带来任何损害;我敢说,没有它,他们任何时候都不会感到若有所失……　无神论者的确会需要这个徒有其名的幽灵来作为他们不信神的根据……"

这个思想在第37节里表达得更清楚。贝克莱在这一节里对于责难他的哲学取消了有形实体这一点回答道:"如果在通常的

---

① 此处列宁引用的俄译文与原文英文有出入,按英文应译为:"这些争论和问题使神学家和哲学家如坐针毡,使人类费了那么多无谓的劳动"。——编者注

（vulgar）意义上把**实体**这个词理解为广延性、硬度、重量之类感性的质的组合，那就不能责难我取消了有形实体。但是，如果从哲学的意义上来理解实体这个词，就是说把它理解为〈存在于〉意识之外的偶性或质的基础，那么，只要对于根本不存在、甚至在想象中也不存在的东西说得上取消的话，我就真的承认我取消了它。"

怪不得英国哲学家弗雷泽这个唯心主义者、贝克莱主义的信徒（他出版过贝克莱的著作并附上了自己写的注释），把贝克莱的学说叫做"自然实在论"（上引书第 X 页）。这个有趣的术语是一定要提出来的，因为它的确表现出贝克莱想冒充实在论的意图。在以后的叙述中，我们会多次碰到一些"最新的""实证论者"用另一种形式，用另一套字眼重复着同样的把戏或伪装。贝克莱没有否定实物的存在！贝克莱没有违反全人类的公意！贝克莱"只是"否定哲学家们的一种学说，即否定一种认识论，这种认识论认真地坚决地以承认外部世界及其在人们意识中的反映为其一切论断的基础。贝克莱没有否定过去和现在始终立足于（多半是不自觉地）这种唯物主义认识论之上的自然科学。我们在第 59 节里读到："根据我们关于各种观念在我们的意识中共存和相继出现的经验〈贝克莱——"纯粹经验"的哲学〉①……我们能够正确地判断：如果我们处在和现在所处的极不相同的环境中，我们会感觉到的〈或者说，我们会看到的〉是什么。这就是对自然界的认识。这种认识〈听呀！〉能够保持它的意义和可靠性，并同上面所说的完全一致。"

让我们把外部世界、自然界看做是神在我们心中所唤起的"感觉的组合"吧！承认这一点吧！不要在意识之外，在人之外去

---

① 弗雷泽在他的序言里坚决认为，贝克莱和洛克一样，都是"只诉诸经验"（第117页）。

探索这些感觉的"基础"吧！这样我将在我的唯心主义认识论的范围内承认**全部**自然科学，承认它的结论的全部意义和可靠性。为了我的结论有利于"和平和宗教"，我需要的正是这个范围，而且只是这个范围。这就是贝克莱的思想。这个正确地表达了唯心主义哲学的本质及其社会意义的思想，我们以后在谈到马赫主义对自然科学的态度时还会碰到。

现在我们要指出最新实证论者和批判实在论者帕·尤什凯维奇在 20 世纪从贝克莱主教那里剽窃来的另一个最新发现。这个发现就是"经验符号论"。亚·弗雷泽说，贝克莱的"心爱的理论"就是"普遍自然符号论"（上引书第 190 页）或"自然符号论"（Natural Symbolism）。如果这些话不是出现在 1871 年出版的书中，那么就会怀疑英国哲学家、信仰主义者弗雷泽是在剽窃现代数学家兼物理学家彭加勒和俄国"马克思主义者"尤什凯维奇！

贝克莱主教用如下的话说明了他的那个使弗雷泽狂喜的理论：

"观念的联系〈不要忘记，在贝克莱看来，观念和物是同一个东西〉不是表示**因果**关系，它只是表示记号或**符号**同所标志的物的关系。"（第 65 节）"由此可见，一些物，从促成或帮助产生结果的原因范畴方面去看（under the notion of a cause），是完全不可解释的，并且会把我们引入极大的荒谬，如果把它们只看做使我们获得知识的记号或符号，那它们就能够很自然地得到解释……"（第 66 节）当然，在贝克莱和弗雷泽看来，利用这些"经验符号"使我们获得知识的不是别人，而是神。在贝克莱的理论中，**符号论**在认识论上的意义就在于：符号论应当代替那种"妄想以有形的原因来说明物"的"学说"（第 66 节）。

在因果性问题上，在我们面前有两个哲学派别。一个"妄想以有形的原因来说明物"，显然它是和贝克莱主教所驳倒的"荒谬的""物质学说"有关的。另一个把"原因概念"归结为（神）用来"使我们获得知识"的"记号或符号"概念。在分析马赫主义和辩证唯物主义对这个问题的态度时，我们就会遇到这两个穿上了20世纪时装的派别。

其次，关于实在性问题还必须指出，贝克莱不承认物存在于意识之外，但却力图找出一个区别实在和虚假的标准。他在第 36 节中说道，人心所随意唤起的那些"观念""和人们通过感官感知的另一些观念比较起来，是模糊的、微弱的、不稳定的。后一类观念是按照自然界的一定规则或规律印入人们心中的，这类观念本身证明有一个比人心更有力更有智慧的心在起作用。人们说，这类观念比前一类观念有更多的**实在性**；这就是说，它们更明确、更有秩序、更清晰，它们不是感知它们的心所虚构的……" 在另一个地方（第84 节），贝克莱力图把实在的概念和许多人同时对同一些感觉的感知联系起来。例如，假定有人告诉我们说水变成了酒，如何解决这是否实在的问题呢？"如果所有在座的人都看到了酒，闻到了酒香，喝了酒，尝到了酒味，并感觉到喝酒以后的效果，那么在我看来，就不能怀疑这个酒的实在性了。"弗雷泽又加以解释："不同的人同时对同一些**感性**观念的感知，不同于个别人或单个人对**想象的东西**和情感的意识，这种感知在这里可看做对这类感性观念的**实在性**的验证。"

由此可见，不能把贝克莱的主观唯心主义理解为：似乎他忽视个人的知觉和集体的知觉之间的区别。恰恰相反，他企图靠这个区别来确立实在性的标准。贝克莱从神对人心的作用中引出"观念"，这样他就接近了客观唯心主义：世界不是我的表象，而是一个至高无上的精神原因的结果，这个精神原因既创造"自然规律",也创造那些把"比较实在的"观念和不大实在的观念区分开来的规律等等。

贝克莱在他的另一著作《希勒斯和斐洛诺斯的三篇对话》(1713年)中,力图用异常通俗的形式说明他的观点。他是这样说明他的学说和唯物主义学说的对立的:

"我也像你们〈唯物主义者〉一样肯定地说,既然外界有某种东西影响我们,我们就应该承认外界〈在我们之外〉存在着一种力量,一种属于和我们不同的存在物的力量。可是这个强有力的存在物究竟是什么,在这个问题上我们就有了分歧。我肯定说它是精神,你们则肯定说它是物质,或者是我所不知道的(我可以补充一句,也是你们所不知道的)第三种东西……"(上引书第335页)

弗雷泽评述道:"全部问题的关键就在这里。在唯物主义者看来,感性现象是由**物质实体**或某种谁也不知道的'第三种东西'引起的;在贝克莱看来,感性现象是由理性的意志引起的;在休谟和实证论者看来,感性现象的起源是绝对不知道的,我们只能按照习惯用归纳的方法把它们当做事实概括起来。"

在这里,英国的贝克莱主义者弗雷泽从他的彻底唯心主义的观点出发,接触到唯物主义者恩格斯非常清楚地说明了的最基本的哲学"路线"。恩格斯在他的《路德维希·费尔巴哈》一书中把哲学家分为"两大阵营":唯物主义者和唯心主义者。同弗雷泽比较起来,恩格斯注意了这两个派别的更发展、更多样、内容更丰富的理论,认为两个派别之间的基本差别就在于:在唯物主义者看来,自然界是第一性的,精神是第二性的;在唯心主义者看来则相反。恩格斯把休谟和康德的信徒放在这两者之间,称他们为**不可知论者**,因为他们否认认识世界的可能性,或者至少是否认彻底认识世界的可能性①。在《路·费尔巴哈》中,恩格斯只是对休谟的信徒(就是那些被弗雷泽称为"实证论者"而他们自己也喜欢以此自称的人)使用了不可知论者这个术语,而在《论历史唯物主义》一文中,恩格斯就直接讲到"**新康德主义的不可知论者**"②的观点,把新康德主义**6**看做不可知论的变种③。

在这里,我们不能详述恩格斯的这个非常正确而又深刻的论断(被马赫主义者不知羞耻地忽视了的论断)。这点我们以后再详细地谈。现在我们只指出这个马克思主义的术语,只指出两个极端即彻底的唯物主义者和彻底的唯心主义者对基本哲学派别的看法相吻合。为了举例说明这些派别(在以后的叙述中我们不得不常常提到它们),我们简略地讲一讲和贝克莱走着不同道路的18世纪大哲学家们的看法。

请看休谟在《人类理性研究》一书的怀疑论哲学那一章(第12章)中的论述:"人们为自然本能或偏见所驱使,喜欢相信自己的感觉;我们总是不加思索地,甚至在思索之前,就设想有一个外部世界(external universe),它不依赖于我们的知觉,而且即使在我们和其他一切有感觉的创造物都不存在了或被消灭了的时候,它也会存在着,这可以说是很明显的。连动物也为类似的见解所支配,在它们的一切意图、计划和行动中都保持着这种对外部客体的信仰……但是一切人的这种普遍的最初的见解很快就被最粗浅的(slightest)哲学摧毁了。这种哲学教导我们说:除映象或知觉之

---

① 见《马克思恩格斯文集》2009年人民出版社版第4卷第278—279页。——编者注
② 见《马克思恩格斯文集》2009年人民出版社版第3卷第507页。——编者注
③ **弗·恩格斯**《论历史唯物主义》,载于《新时代》杂志**29**第11年卷(1892—1893)第1册第1期第18页。德译文是恩格斯自己从英文译过来的。在《历史唯物主义》文集中的俄译文(1908年圣彼得堡版第167页)不精确。

外,任何东西都不能呈现于我们心中;感官只不过是这些映象输入进来的入口(inlets),它们不能在心和客体之间建立任何直接的关系(intercourse)。我们离桌子远一些,我们所看到的桌子好像就小一些。可是,不依赖我们而存在的实在的桌子并没有变化。因此,呈现于我们心中的只不过是桌子的映象(image)。这些显然是理性的指示。任何一个能思考的人从来都不会怀疑:当我们说'这张桌子'和'这棵树'的时候所指的那些东西(existences),不外是我们心中的知觉……　用什么论据可以证明:我们心中的知觉一定是由那些虽和这些知觉相似(如果这是可能的)然而又完全不同的外在物引起的,而不是由心本身的能力,或者是由某种看不见的、无人知道的精神的作用,或者是由我们更加无从知道的一种别的原因产生的呢?……　这个问题怎样才能解决呢?当然,也像其他一切类似的问题一样,由经验来解决。可是经验在这里却沉默了,而且也不能不沉默。我们心中从来只有知觉,而没有任何其他的东西,并且无论如何也不会获得有关知觉和客体的关系的任何经验。因此,设想有这种关系,是没有任何逻辑根据的。为了证明我们感觉的真实性而乞援于上帝的真实性,无疑是兜一个很出人意料的圈子……　我们如果怀疑外部世界,我们就失掉了可以用来证明那个上帝的存在的一切论据。"①

　　休谟在《人性论》第4篇第2章《对于感觉的怀疑论》中也讲了同样的话。"我们的知觉是我们的唯一对象。"(雷努维埃和毕雍的法译本,1878年版第281页)休谟所谓的怀疑论,是指不用物、精神等等的作用来说明感觉,即一方面不用外部世界的作用来说明知觉,另一方面不用神或未知的精神的作用来说明知觉。休

---

① 　**大卫·休谟**《人类理性研究》(论文集)1822年伦敦版第2卷第150—153页。

谟著作的法译本序言的作者、一个同马赫相近的派别的哲学家（我们在下面会看到）毕雍（F. Pillon）说得对：在休谟看来，主体和客体都是"各种不同知觉的群"，都是"意识的要素，印象、观念等等"；问题应当只在于"这些要素的类集和组合"①。同样地，英国的休谟主义者、"不可知论"这个确切名词的创造者赫胥黎，在他的一本论述休谟的书中也着重指出：休谟把"感觉"看做"原初的、不可分解的意识状态"，但是，在应当以客体对人的作用还是以心的创造力来说明感觉的起源这个问题上，休谟不是十分彻底的。"他〈休谟〉认为实在论和唯物主义是同样可能的假说。"②休谟没有超出感觉的范围。"红色和蓝色，玫瑰香，这些都是简单的知觉……　一朵红玫瑰给我们一种复杂的知觉（complex impression），这种复杂的知觉可以分解为红色、玫瑰香等等简单的知觉。"（同上，第64—65页）休谟既容许"唯物主义立场"，也容许"唯心主义立场"（第82页）："知觉的集合"可能是费希特的"自我"所产生的，也可能是某种实在的东西（real something）的"模写，甚至是符号"。赫胥黎是这样解释休谟的。

至于说到唯物主义者，请看百科全书派[30]的首领狄德罗对贝克莱的批评："那些只承认自身的存在和自身中交替出现的感觉的存在，而不承认其他任何东西的哲学家，叫做**唯心主义者**。这种怪诞的体系，在我看来，只有瞎子才会创造出来！这种体系虽然荒谬之至，可是最难驳倒，说起来真是人类智慧的耻辱、哲学的耻辱。"③狄德罗非常接近现代唯物主义的看法（认为单靠论据和三

---

① 《休谟的心理学。人性论……》，沙·雷努维埃和弗·毕雍合译，1878年巴黎版序言第X页。

② **托·赫胥黎**《休谟》1879年伦敦版第74页。

③ 《狄德罗全集》，J. 阿塞扎编，1875年巴黎版第1卷第304页。

段论法不足以驳倒唯心主义,这里的问题不在于理论上的论证),他指出唯心主义者贝克莱的前提和感觉论者孔狄亚克的前提的相似之处。在他看来,孔狄亚克本应驳斥贝克莱,以免从感觉是我们知识的唯一泉源这个观点中作出那种荒谬的结论来。

在《达兰贝尔和狄德罗的谈话》中,狄德罗这样叙述自己的哲学观点:"……假定钢琴有感觉能力和记忆,请你告诉我,难道它自己不会把你在它的键盘上弹出的曲调重弹一下吗?我们就是赋有感觉能力和记忆的乐器。我们的感官就是键盘,我们周围的自然界弹它,它自己也常常弹自己。依我看来,这就是和你我具有同样结构的钢琴中所发生的一切。"达兰贝尔回答说,这样的钢琴还要有获取食物和生出小钢琴的能力。狄德罗答辩道,这是毫无疑问的。就拿蛋来说吧。"就是这个蛋推翻了一切神学教义和地上的一切神庙。这个蛋是什么东西呢?在胚胎注入以前,它是一块没有感觉的东西。在胚胎注入以后,它又是什么东西呢?还是一块没有感觉的东西,因为这个胚胎也还只是一种呆滞的、混沌的液体。这块东西是怎样变成另一种组织,变成有感觉能力的,变成有生命的呢?依靠热。什么产生热呢?运动。"从蛋中孵出来的动物有你所有的一切情感,能做出你所做的一切动作。"你是不是要和笛卡儿一样断言,这是一架单纯的模仿机器?可是小孩们会笑你,而哲学家们会答复你说,如果这是一架机器,那么你也是同样的一架机器。如果你承认这些动物和你之间只有机体组织上的差异,那你就表明自己是有常识、有理智的,你是对的。但是人家会由此得出反对你的结论,就是:一种按照一定方式组成的呆滞的物质,浸染上另一种呆滞的物质,加上热和运动,就产生出感觉能力、生命、记忆、意识、情感和思维。"狄德罗接着说道,两者必居其一:或者设想蛋中有某种"隐藏的要素",它是在一定发育阶段上不知怎样地钻入蛋中的,它是否占据空间,它是物质的还是特意创造出来的,我们不知道。这种看法是违反常识的,会导致矛盾和荒谬。或者只好作出"一个能说明一切的简单假定,就是:感觉能力是物质的普遍特性或者是物质机体组织的产物"。达兰贝尔反驳说,这个假定是承认一种在本质上和物质不相容的质。狄德罗回答道:

"既然你不知道一切东西的本质,不知道物质的本质,也不知道感觉的本质,那你怎么会知道感觉能力在本质上是和物质不相容的呢?难道你更了解运动的本性、运动在某一物体中的存在、运动从一个物体向另一个物体的转移吗?"达兰贝尔:"虽然我既不知道感觉的本性,也不知道物质的本性,可是我看到感觉能力是一种单纯的、单一的、不可分的质,是一种和可分的主体或基质(suppôt)不相容的质。"狄德罗:"这是形而上学的、神学的胡扯!怎么?难道你没有看见物质的一切质,它的能被我们感觉到的一切形式,在本质上都是不可分的吗?不可入性是不能有多少之分的。圆的物体的一半是有的,但是不能有圆的一半……如果你是一个物理学家,当你看到一个结果产生出来的时候,你就会承认这个结果是产生出来的,虽然你还不能说明原因和结果的联系。如果你是遵循逻辑的,你就不要抛弃一个现有的并能说明一切的原因,而去提出另外一个不可了解的、和结果的联系更难理解的、造成无数困难而解决不了任何困难的原因。"达兰贝尔:"如果我抛弃这个原因呢?"狄德罗:"在宇宙中,在人身上,在动物身上,只有一个实体。手风琴是木制的,人是肉做的。黄雀是肉做的,音乐家是一种结构不同的肉做的;可是无论哪一个都有同一的起源、同一的构造,都有同一的机能和同一的目的。"达兰贝尔:"你的两架钢琴之间的声音的一致是怎样建立起来的呢?"狄德罗:"……有感觉能力的乐器或动物根据经验知道:在发出某种声音之后,就会有某种结果在它身外发生;别的像它一样有感觉的乐器或别的动物就会走近它或离开它,向它要什么或给它什么,伤害它或抚爱它。所有这些结果在它的记忆里和在别的动物的记忆里都同一定的声音联结着。请你注意,在人们的交往中,除了声音和动作,再没有什么别的。为了认识我的体系的全部力量,还请你注意,这个体系也遇到贝克莱为否认物体存在而提出的那个不可克服的困难。有过一个发疯的时刻,有感觉的钢琴以为它是世界上仅有的一架钢琴,宇宙的全部和谐都发生在它身上。"①

这是在 1769 年写的。我们的不长的历史考证就到此结束吧!在分析"最新实证论"的时候,我们还会不止一次地遇到"发疯的钢琴"和在人的内部发生的宇宙和谐。

现在我们只作出一个结论:"最新的"马赫主义者提出来反对唯物主义者的论据,没有一个,的确没有一个是贝克莱主教没有提出过的。

当做一个笑柄,我们提一提这些马赫主义者中间的一位瓦连廷诺夫。他模糊地觉得他的立场是错误的,便竭力把他和贝克莱的血缘关系的"痕迹掩盖起来",而又做得非常可笑。在他的著作的第 150 页上,我们读到:"……人们每当说到马赫时就拉上贝克莱,我们要问,是指的哪一个贝克莱呢?是那个一贯地自称为〈瓦连廷诺夫想说是被认为〉唯我论者的贝克莱呢,还是那个为神的直接降临和神意辩护的贝克莱?一般说来〈?〉,是那个攻击无神论的、谈论哲理的主教贝克莱呢,还是那个深思熟虑的分析家贝克莱?马赫同唯我论者和宗教形而上学说教者贝克莱的确没有任何共同之处。"瓦连廷诺夫糊涂了,他自己也弄不明白他为什么要维

---

① 《狄德罗全集》,J. 阿塞扎编,1875 年巴黎版第 2 卷第 114—118 页。

护"深思熟虑的分析家"、唯心主义者贝克莱而反对唯物主义者狄德罗。狄德罗把基本的哲学派别鲜明地对立起来。瓦连廷诺夫把它们混淆起来,同时还可笑地安慰我们,他写道:"马赫和贝克莱的唯心主义观点的'接近'即使是确实的,我们也不认为是哲学上的罪过。"(第149页)把哲学上的两个不可调和的基本派别混淆起来,这算什么"罪过"呢? 这正是马赫和阿芬那留斯的全部大睿大智。现在我们就来分析这种大睿大智。

第 一 章

经验批判主义的认识论和
辩证唯物主义的认识论(一)

1. 感觉和感觉的复合

马赫和阿芬那留斯在他们的早期哲学著作中,直言不讳地、简单明了地叙述了他们的认识论的基本前提。我们现在就来看看这些著作,至于这些著作家后来所作的修正和删改,则留到以后论述时再去分析。

马赫在 1872 年写道:"科学的任务只能是:(1)研究表象之间的联系的规律(心理学);(2)揭示感觉之间的联系的规律(物理学);(3)阐明感觉和表象之间的联系的规律(心理物理学)。"①这是十分清楚的。

物理学的对象是感觉之间的联系,而不是物或物体(我们的感觉就是它们的映象)之间的联系。1883 年,马赫在他的《力学》②一书中重复同样的思想:"感觉不是'物的符号',而'物'倒是具有相对稳定性的感觉复合的思想符号。世界的真正**要素**不是

---

① **恩·马赫**《功的守恒定律的历史和根源》(1871 年 11 月 15 日在波希米亚皇家科学学会上的讲演)1872 布拉格版第 57—58 页。
② 即《力学发展的历史评述》。——编者注

物(物体),而是颜色、声音、压力、空间、时间(即我们通常称为感觉的东西)。"①

关于"要素"这个名词,这个经过 12 年"思考"的成果,我们在下面再讲。现在我们要指出的是:马赫在这里直截了当地承认物或物体是感觉的复合,十分明确地把自己的哲学观点同一种相反的、认为感觉是物的"符号"(确切些说,物的映象或反映)的理论对立起来。这后一种理论就是**哲学唯物主义**。例如,唯物主义者弗里德里希·恩格斯,马克思的这位有名的合作者和马克思主义的奠基人,就经常毫无例外地在自己的著作中谈到物及其在思想上的模写或反映(Gedanken-Abbilder),不言而喻,这些思想上的模写不是由别的,而是由感觉产生的。看起来,凡谈论"马克思主义哲学"的人,尤其是**以**这种哲学的**名义**著书立说的人,都应当知道"马克思主义哲学"的这个基本观点。但是,我们的马赫主义者却造成了异乎寻常的混乱,因此我们不得不把众所周知的东西再重复一下。翻开《反杜林论》第 1 节,我们就可以读到:"……事物及其在思想上的反映……"②　或者翻开哲学编第 1 节,那里写道:"思维从什么地方获得这些原则〈指一切认识的基本原则〉呢? 从自身中吗? 不……　思维永远不能从自身中,而只能从外部世界中汲取和引出存在的形式。……　原则不是研究的出发点〈而在想做一个唯物主义者可又不能彻底贯彻唯物主义的杜林那里则相反〉,而是它的最终结果;这些原则不是被应用于自然界和人类历史,而是从它们中抽象出来的;不是自然界和人类去适应原则,而

---

① **恩·马赫**《力学发展的历史评述》1897 年莱比锡第 3 版第 473 页。
② **弗·恩格斯**《欧根·杜林先生在科学中实行的变革》1904 年斯图加特第 5 版第 6 页(见《马克思恩格斯文集》2009 年人民出版社版第 9 卷第 24 页。——编者注)。

是原则只有在符合自然界和历史的情况下才是正确的。这是对事物的唯一唯物主义的观点,而杜林先生的相反的观点是唯心主义的,它把事物完全头足倒置了,从思想中……来构造现实世界……"(同上,第21页)[①]我们再重复一遍:恩格斯到处都毫无例外地贯彻这个"唯一唯物主义的观点",只要看到杜林稍微从唯物主义退向唯心主义,就毫不留情地加以抨击。任何人只要略为留心地读一读《反杜林论》和《路德维希·费尔巴哈》,就会看到许许多多的例子,其中恩格斯讲到物及其在人的头脑中,在我们的意识、思维中的模写等等。恩格斯并没有说感觉或表象是物的"符号",因为彻底的唯物主义在这里应该用"映象"、画像或反映来代替"符号",关于这点我们将在适当的地方加以详尽的说明。我们现在谈的完全不是唯物主义的这种或那种说法,而是唯物主义和唯心主义的对立,哲学上两条基本**路线**的区别。从物到感觉和思想呢,还是从思想和感觉到物?恩格斯坚持第一条路线,即唯物主义的路线。马赫坚持第二条路线,即唯心主义的路线。任何狡辩、任何诡辩(我们还会遇到许许多多这样的狡辩和诡辩)都不能抹杀一个明显的无可争辩的事实:恩·马赫关于物即感觉的复合的学说,是主观唯心主义,是贝克莱主义的简单的重复。如果物体像马赫所说的是"感觉的复合",或者像贝克莱所说的是"感觉的组合",那么由此必然会得出一个结论:整个世界只不过是我的表象而已。从这个前提出发,除了自己以外,就不能承认别人的存在,这是最纯粹的唯我论。不管马赫、阿芬那留斯、彼得楚尔特之流怎样宣布他们同唯我论无关,但事实上,如果他们不陷入惊人的逻辑谬误,就不可能摆脱唯我论。为了更清楚地说明马赫主义哲学的这个基本要素,我们再从马赫的

---

① 参看《马克思恩格斯文集》2009年人民出版社版第9卷第37—38页。——编者注

著作中作一些引证。下面就是引自《感觉的分析》（科特利亚尔的俄译本,1907 年莫斯科斯基尔蒙特出版社版）的一个例证：

"我们面前有一个具有尖端 S 的物体。当我们碰到尖端,使它和我们的身体接触的时候,我们就感到刺痛。我们可以看见尖端,而不感觉刺痛。但是当我们感觉刺痛时,我们就会发现尖端。因此,看得见的尖端是一个恒定的核心,而刺痛是一种偶然现象,视情况不同,它可能和核心联系着,也可能不和核心联系着。由于类似现象的经常重复,最后人们习惯于把物体的**一切**特性看做是从这些恒定的核心中发出并通过我们身体的中介而传给**自我**的'作用';我们就把这些'作用'叫做'**感觉**'……"（第 20 页）

换句话说,人们"习惯于"坚持唯物主义的观点,把感觉看做物体、物、自然界作用于我们感官的结果。这个"习惯"对哲学唯心主义者是有害的（然而是整个人类和全部自然科学所具有的!）,马赫非常讨厌它,于是就去摧毁它：

"……但是,这些核心因此便失去它们的全部感性内容,成为赤裸裸的抽象符号了……"

最可敬的教授先生,这是陈词滥调啊! 这是在逐字逐句地重复贝克莱所说的物质是赤裸裸的抽象符号这句话啊! 实际上,赤裸裸的正是恩斯特·马赫,因为,他既然不承认客观的、不依赖于我们而存在的实在是"感性内容",那么在他那里就只剩下一个"赤裸裸的抽象的"**自我**,一个必须大写并加上着重标记的**自我**,也就是"一架发了疯的、以为世界上只有自己才存在的钢琴"。既然外部世界不是我们感觉的"感性内容",那么除了这个发表空洞"哲学"怪论的赤裸裸的**自我**以外,就什么也没有了。真是一个愚蠢的毫无结果的勾当!

"……因而,说世界仅仅由我们的感觉构成,这是正确的。但这样一来,我们所知道的也就**仅仅**是我们的感觉了,而关于那些核心以及它们之间的相互作用(这种相互作用的产物只是感觉)的假定,就是完全没有意义的和多余的了。这样的观点仅仅对**不彻底**的实在论或**不彻底**的批判主义来说才是好的。"

我们把马赫的"反形而上学的意见"的第6节全部抄下来了。这些话完全是从贝克莱那里剽窃来的。除"我们感觉到的仅仅是自己的感觉"这一点以外,没有丝毫创见,没有一点思想的闪光。从这里只能得出一个结论:"世界仅仅由**我的**感觉构成。"马赫用"我们的"这个字眼来代替"我的"这个字眼,是不合理的。就在这一个字眼上,马赫暴露出了他所谴责别人的那种"不彻底性"。因为,如果关于外部世界的"假定",关于针不依赖于我而存在以及我的身体和针尖之间发生相互作用的假定是"没有意义的",如果所有这些假定的确都是"没有意义的和多余的",那么关于别人是存在着的这一"假定"就首先是没有意义的和多余的了。存在的只是**自我**,而其余的一切人,也和整个外部世界一样,都属于没有意义的"核心"之列。从这个观点出发,就不能说"**我们的**"感觉了,可是马赫却这样说了,这只是表明他的惊人的不彻底性。这只是证明:他的哲学是连他本人也不相信的没有意义的空话。

下面的例子特别明显地说明马赫的不彻底性和思想混乱。就在《感觉的分析》的第11章第6节里,我们读到:"假使正当我感觉着什么东西的时候,我自己或别的什么人能用一切物理的和化学的方法来观察我的头脑,那就可以确定一定种类的感觉和有机体中所发生的哪些过程有联系……"(第197页)

好极了! 这不是说我们的感觉和整个有机体中、特别是我们头脑中所发生的一定过程有联系吗? 是的,马赫十分肯定地作出了这种"假定",因为从自然科学的观点出发,不作出这种"假定"是困难的。但是对不起,这正是我们这位哲学家宣布为多余的和没有意义的关于"核心以及它们之间的相互作用"的"假定"！经验批判主义者对我们说,物体是感觉的复合;马赫硬要我们相信,如果超出这一点,认为感觉是物体作用于我们感官的结果,那就是形而上学,就是没有意义的多余的假定等等,这和贝克莱如出一辙。但头脑是物体。就是说,头脑也不过是感觉的复合。结果是,我(**我**也无非是感觉的复合)依靠感觉的复合去感觉感觉的复合。多妙的哲学！先宣布感觉是"世界的真正要素",并在这上面建立"独出心裁的"贝克莱主义,然后又偷运相反的观点,说感觉是和有机体中的一定过程有联系的。这些"过程"是否跟"有机体"和外部世界之间的物质交换有联系呢？如果某一有机体的感觉不向该有机体提供关于这个外部世界的客观正确的表象,这种物质交换能够发生吗？

马赫没有给自己提出这些麻烦的问题,而是机械地把贝克莱主义的一些片断言论和自发地站在唯物主义认识论立场上的自然科学的见解掺杂在一起…… 马赫在同一节里写道:"有时候人们也提出'物质'(无机的)是否也有感觉的问题……" 这不是说**有机**物质具有感觉是不成问题了吗？这不是说感觉并非什么第一性的东西,而是物质的一种特性吗？马赫越过了贝克莱主义的一切荒谬之处！……他说:"从普通的、广泛流行的物理学观念出发,这个问题是十分自然的,因为按照这种物理学观念,物质是**直接的、无疑地存在着的实在的东西**,一切有机物和无机物都是由它构成的……"我们要好好记住马赫的这个确实有价值的自供:普通的、广泛流行的**物理学**观念认为物质是直接的实在,而且只有这种实在的一个变种(有机物质)才具有明显表现出来的感觉特性…… 马赫继续写道:"那么在这样的场合下,感觉应当是在物质所构成的大厦中不知怎么地突然产生的,或者应当是存在于所谓这个大厦的基础本身中。从**我们的**观点看来,这个问题根本是荒谬的。对我们来说,物质不是第一性的东西。这种第一性的东西只是**要素**(要素在某种确定的意义上叫做感觉)……"

这样说来,感觉是第一性的东西了,尽管它只和有机物质中的一定过程有"联系"!当马赫说这种荒唐话时,仿佛是在责难唯物主义("普通的、广泛流行的物理学观念"),说它没有解决感觉是从哪里"产生出来"的问题。这是信仰主义者及其喽啰们"驳斥"唯物主义的例证。难道有什么其他哲学观点能够在解决问题所需的材料还没有充分收集起来的时候就"解决"问题吗?马赫自己在同一节中不是也说过这样的话吗?他说:"当这个任务〈即解决"感觉在有机界里扩展的范围究竟有多大"的问题〉在任何一个特殊场合下都还没有得到解决时,要解决这个问题是不可能的。"

由此可见,唯物主义和"马赫主义"的区别,在这个问题上可以归结如下:唯物主义和自然科学完全一致,认为物质是第一性的东西,意识、思维、感觉是第二性的东西,因为以明显形式表现出来的感觉只和物质的高级形式(有机物质)有联系,而"在物质大厦本身的基础中"只能假定有一种和感觉相似的能力。例如,著名的德国自然科学家恩斯特·海克尔、英国生物学家劳埃德·摩根等人的假定就是这样,至于我们上面所讲的狄德罗的猜测就更不用说了。马赫主义坚持相反的、唯心主义的观点,于是就马上陷入荒谬之中。因为,第一,它不顾感觉只和按一定方式组成的物质的一定过程相联系这一事实,把感觉当做第一性的东西;第二,除了那个大写的**自我**之外,它假定存在着其他生物和其他"复合",这就破坏了物体是感觉的复合这一基本前提。

"要素"这个字眼被许多天真的人看成(我们以后会看到)一种新东西、一种发现,其实"要素"是一个什么也不能说明的术语,它只是把问题弄糊涂,只是造成一种假象,似乎问题已经解决或者向前推进了一步。这种假象所以虚妄,是因为:对于那种看来完全没有感觉的物质,跟那种由同样原子(或电子)构成但却具有明显表现出来的感觉能力的物质如何发生联系的问题,我们还需要研究再研究。唯物主义明确地把这个尚未解决的问题提出来,从而促进这一问题的解决,推动人们去作进一步的实验研究。马赫主义,即一种混乱的唯心主义,却用"要素"这个空洞的狡辩的辞令把问题弄糊涂,使它离开正确的途径。

下面的一段话引自马赫的最后一部带有综合性和结论性的哲学著作,这段话表明了这种唯心主义怪论的全部虚伪性。在《认识和谬误》中,我们读到:"用感觉即**心理**要素构成(aufzubauen)**任何物理**要素,是没有任何困难的,但不能设想(ist keine Möglichkeit abzusehen),任何**心理**体验怎么可以由现代物理学所使用的要素即质量和运动(处在仅仅对这门特殊科学有用的那种僵化状态——Starrheit——的要素)构成(darstellen)。"①

关于许多现代自然科学家的概念的僵化,关于他们的形而上学的(按马克思主义对这个词的理解,即反辩证法的)观点,恩格斯曾经不止一次十分明确地讲到过。我们在下面就会看到,马赫正是在这点上走入了歧途,因为他不懂得或者不知道相对主义和辩证法之间的关系。但是现在所说的不是这个问题。对于我们说来,重要的是要在这里指出:尽管马赫使用了混乱的、似乎是新的术语,但他的**唯心主义**表现得非常明显。你们看,由感觉即心理要素构成任何物理要素,是没有任何困难的!是的,这样的构成当然是没有困难的,因为这是纯粹字面上的构成,是偷运信仰主义的空

---

① **恩·马赫**《认识和谬误》1906 年第 2 版第 12 页注释。

洞的经院哲学。因此,马赫把他的著作献给内在论者,而最反动的哲学唯心主义的信徒内在论者又来拥抱马赫,这就不足为奇了。恩斯特·马赫的"最新实证论"只是迟了约 200 年,因为贝克莱早已充分地表明:"由感觉即心理要素"所能"构成"的不是别的,只是**唯我论**。至于说到唯物主义(马赫虽然没有直截了当和明确地把它叫做"敌人",然而在这里也把自己的观点和它对立起来),我们从狄德罗的例子中就已经看到唯物主义者的真正观点了。这种观点不在于从物质的运动中引出感觉或者把感觉归结为物质的运动,而在于承认感觉是运动着的物质的一种特性。恩格斯在这个问题上坚持狄德罗的观点。顺便提一下,恩格斯所以和"庸俗"唯物主义者福格特、毕希纳、摩莱肖特划清界限,就是因为他们迷惑于这样一种观点,似乎大脑分泌思想**正如**肝脏分泌胆汁一样。而经常把自己的观点和唯物主义对立起来的马赫,当然也会完全像其他一切御用哲学的御用教授一样,无视一切伟大的唯物主义者——狄德罗、费尔巴哈、马克思和恩格斯。

为了说明阿芬那留斯的最初的和基本的观点,我们要谈一谈 1876 年出版的他的第一部独立的哲学著作:《哲学——按照费力最小的原则对世界的思维》(《纯粹经验批判绪论》)。波格丹诺夫在他的《经验一元论》(1905 年第 2 版第 1 卷第 9 页注释)中说道:"在马赫的观点的发展中,哲学唯心主义是出发点,而阿芬那留斯的特点则在于他一开始就有实在论的色彩。"波格丹诺夫所以这样说,是因为他信了马赫的话,见《感觉的分析》俄译本第 288 页。但是波格丹诺夫枉然相信了马赫,他的论断也就完全违反了事实的真相。相反地,阿芬那留斯的唯心主义在上述 1876 年的著作中表现得非常明显,连阿芬那留斯本人在 1891 年也不得不承认这点。阿芬那留斯在《人的世界概念》的序言中说:"谁读了我的第一部有系统的著作《哲学——按照费力最小的原则对世界的思维》,谁马上就会推测到:我是企图首先从唯心主义的观点去阐明《纯粹经验批判》一书中的问题的"(《人的世界概念》1891 年版序言第 IX 页),但是"哲学唯心主义的无效",使我"怀疑我以前所走的道路的正确性"(第 X 页)。在哲学文献中,阿芬那留斯的这个唯心主义出发点是大家所公认的。从法国著作家中,我可以举出科韦拉尔特,他说阿芬那留斯在《绪论》①中的哲学观点是"一元论唯心主义"②;从德国著作家中,我可以举出阿芬那留斯的学生鲁道夫·维利,他说:"阿芬那留斯在青年时代,特别是在他的 1876 年的著作中,完全处在所谓认识论唯心主义的影响之下(ganz im Banne)。"③

　　如果否认阿芬那留斯的《绪论》中的唯心主义,那的确是可笑的,因为他在那里直言不讳地说:"**只有感觉才能被设想为存在着的东西**。"(德文第 2 版第 10 页和第 65 页,引文中的黑体都是我用的)阿芬那留斯自己就是这样来叙述他的著作第 116 节的内容的。这一节的全文如下:"存在着的东西(das Seiende)被认为是有感觉能力的实体;实体消失了〈你们看,设想"实体"不存在,设想什么外部世界都不存在,是"更经济些","费力更小些"!〉……而感觉依然存在。因此我们应当把存在着的东西设想为感觉,在它的基础中没有感觉以外的任何东西(nichts Empfindungsloses)。"

　　于是,感觉可以不要"实体"而存在,也就是说,思想可以不要头脑而存在!难道真的会有替这种无头脑的哲学作辩护的哲学家吗?有的,理查·阿芬那留斯教授就是其中的一个。关于这样的

---

① 即《纯粹经验批判绪论》。——编者注
② **弗·万科韦拉尔特**《经验批判主义》,载于 1907 年 2 月《新经院哲学评论》杂志**31**第 51 页。
③ **鲁道夫·维利**《反对学院智慧。哲学批判》1905 年慕尼黑版第 170 页。

辩护,尽管正常的人很难认真地去对待它,但我们却不能不稍微谈一谈。下面就是阿芬那留斯在同书第89—90节中的议论:

"……运动引起感觉这个论点,仅仅是以一种假象的经验为根据的。这种包括知觉这一行为在内的经验似乎就在于:感觉是由于传来的运动(刺激)并在其他物质条件(例如血液)的协助下而在某种实体(大脑)中产生的。尽管这个产生过程从来也没有人直接(selbst)体验过,但是为了使设想的经验成为各部分都是真实的经验,至少必须用经验的证据来证明:那种似乎由传来的运动在某一实体中所引起的感觉,不是早就以某种形式存在于这个实体中的;因此,只能把感觉的出现理解为传来的运动的一种创造作用。于是,只有证明在现在出现感觉的地方以前没有任何感觉,甚至没有最低级的感觉,才能确定这样一个事实,这个事实表示某种创造作用,因而同其余的全部经验相矛盾,并且根本改变其余的全部自然观(Naturanschauung)。但是任何经验都没有提供这样的证明,而且任何经验都不能提供这样的证明;相反地,实体在具有感觉之前的那种根本没有感觉的状态,只不过是一种假说而已。这样的假说不是使我们的认识简单明白,而是使我们的认识复杂模糊。

如果这种所谓的经验(即感觉似乎是通过传来的运动而在实体中**产生**的,而实体从这时起才开始具有感觉)在仔细的考察下原来只是假象的经验,那么,或许在残存的经验内容中还有足够的材料可以肯定感觉至少相对地起源于运动的条件,就是说,可以肯定现有的然而是潜伏的、或者最低级的、或者因其他原因而没有被我们意识到的感觉,由于传来的运动而解放出来了,或者上升了,或者被意识到了。然而,这一点残存的经验内容也只是一种假象。假使我们用一种理想的观察方法去探究从运动着的实体 A 中发出并经过一系列媒介中心而传达到有感觉能力的实体 B 的运动,那么我们至多能发现实体 B 中的感觉在接受传达到的运动的同时便发展或上升起来,但是我们不会发现这是**由于**运动而产生的……"

我们特意把阿芬那留斯驳斥唯物主义的这段话全部摘录下来,使读者可以看到"最新的"经验批判主义哲学在玩弄着多么可怜的诡辩。我们现在把唯心主义者阿芬那留斯的议论和波格丹诺夫的**唯物主义的**议论……比较一下,就算是对波格丹诺夫背叛唯物主义的一个惩罚吧!

在很久很久以前,整整 9 年以前,当波格丹诺夫一半是"自然科学的唯物主义者"(即绝大多数现代自然科学家自发地主张的唯物主义认识论的拥护者),只有一半被糊涂人奥斯特瓦尔德弄得糊里糊涂的时候,他写道:"从古代到现在,记述心理学一直把意识的事实分为三类:感觉和表象的领域、情感的领域以及冲动的领域…… 属于第一类的是外部世界或内部世界的现象在意识中如实出现的**映象**…… 这样的映象,如果是直接由与它相符合的外部现象经过外部感觉器官引起的,就叫做'感觉'。"①稍后几页写道:"感觉……在意识中的产生,是通过外部感觉器官传来的外部环境的某种刺激的结果。"(第 222 页)又写道:"感觉是意识生活的基础,是意识和外部世界的直接联系。"(第 240 页)"在感觉过程的每一步上,都发生着外部刺激力向意识事实的转化。"(第 133 页)甚至在 1905 年,当波格丹诺夫在奥斯特瓦尔德和马赫的善意的协助下,在哲学上已经从唯物主义观点转到唯心主义观点时,他(由于健忘!)还在《经验一元论》中写道:"大家知道,外部刺激力在神经末梢器官中变为'电报'形式的神经流,这种形式的神

---

① **亚·波格丹诺夫**《自然史观的基本要素》1899 年圣彼得堡版第 216 页。

经流虽然还没有得到充分的研究，但丝毫没有神秘性。这样的刺激力首先到达分布在神经节、脊髓、皮质下神经中枢等所谓'低级'中枢里面的神经原。"（1905 年第 2 版第 1 卷第 118 页）

　　任何一个没有被教授哲学弄糊涂的自然科学家，也和任何一个唯物主义者一样，都认为感觉的确是意识和外部世界的直接联系，是外部刺激力向意识事实的转化。这种转化每个人都看到过千百万次，而且的确到处都可以看得到。唯心主义哲学的诡辩就在于：它把感觉不是看做意识和外部世界的联系，而是看做隔离意识和外部世界的屏障、墙壁；不是看做同感觉相符合的外部现象的映象，而是看做"唯一存在的东西"。阿芬那留斯只是把这种早已被贝克莱主教用滥了的旧诡辩在形式上略微改变了一下。既然我们还不知道我们每分钟所看到的感觉和按一定方式组成的物质之间的联系的一切条件，因此我们承认只有感觉才是存在着的，阿芬那留斯的诡辩就是如此。

　　为了结束对经验批判主义的基本的唯心主义前提的评述，我们简略地提一下这一哲学流派在英国和法国的代表。关于英国人卡尔·毕尔生，马赫直言不讳地说："我和他的认识论的（erkenntniskritischen）观点在一切主要点上是一致的。"（《力学》上引版本第 IX 页）卡·毕尔生也表示他和马赫是一致的。[1] 在毕尔生看来，"实物"就是"感性知觉"（sense impressions）。他宣称，凡是承认在感性知觉之外有物的存在的，都是形而上学。毕尔生最坚决地攻击唯物主义（尽管他既不知道费尔巴哈，也不知道马克思和恩格斯）；他的论据与上面所分析过的没有什么差别。但是，毕尔生却一点也不想冒充唯物主义者（这是俄国马赫主义者的特长），

---

[1]　**卡尔·毕尔生**《科学入门》1900 年伦敦第 2 版第 326 页。

他如此地……不谨慎,竟不替自己的哲学想出"新的"称号,而直截了当地宣布他和马赫的观点都是"**唯心主义的**"(上引版本第326页)! 毕尔生认为自己的家谱是直接从贝克莱和休谟那里续来的。我们在下文中将不止一次地看到,毕尔生的哲学按其完整性和思考的周密性来说,大大地超过了马赫的哲学。

马赫特地表示自己是同法国物理学家皮·杜恒和昂利·彭加勒一致的①。关于这些著作家的特别混乱的和不彻底的哲学观点,我们在论新物理学的那一章中再讲。这里我们只须指出:彭加勒认为物是"感觉群"②,而杜恒也顺便说过类似的观点③。

现在我们来研究马赫和阿芬那留斯在承认他们的最初观点的唯心主义性质之后,又怎样在以后的著作中**修改**这些观点。

2."世界要素的发现"

苏黎世大学的讲师弗里德里希·阿德勒曾用这个标题写了一篇关于马赫的文章;他几乎是德国唯一想用马赫主义来补充马克思的著作家。④ 我们应当为这位天真的讲师说句公道话,他本想好心好意地帮马赫主义的忙,结果反而弄巧成拙。问题至少是提得明确而尖锐的:马赫是真的"发现了世界要素"吗? 如果是真

---

① 《感觉的分析》第4页。参看《认识和谬误》第2版序言。

② 昂利·**彭加勒**《科学的价值》1905年巴黎版,有俄译本,散见各处。

③ 参看皮·**杜恒**《物理学理论及其对象和构造》1906年巴黎版第6、10页。

④ 弗里德里希·**W. 阿德勒**《世界要素的发现(为庆祝恩·马赫七十寿辰而作)》,载于1908年2月《斗争》杂志**32**第5期,英译文载于1908年4月《国际社会主义评论》杂志**33**第10期。这位阿德勒的一篇文章**34**译成俄文,载于《历史唯物主义》文集。

的,那么,当然只有十分落后和无知的人才会直到现在还要当唯物主义者。或者,这个发现只是马赫对旧的哲学谬误的重复吗?

我们知道,1872 年的马赫和 1876 年的阿芬那留斯都抱着纯粹唯心主义的观点,在他们看来,世界就是我们的感觉。1883 年,马赫的《力学》出版了,他在第一版的序言中恰好引证了阿芬那留斯的《绪论》,对那些和自己的哲学"非常接近的"(sehr verwandte)思想表示欢迎。下面就是这本《力学》中关于要素的议论:"全部自然科学只能描写(nachbilden und vorbilden)我们通常称为**感觉**的那些**要素**的复合。这里所说的是这些要素的联系。A(热)和 B(火光)的联系属于**物理学**,A 和 N(神经)的联系属于生理学。这两种联系不是**单独**存在的,而是一起存在的。我们只能暂时撇开这种或那种联系。因此,连那些看来是纯粹力学的过程也总是生理学的过程。"(上引书德文版第 499 页)在《感觉的分析》里也有同样的议论:"……凡是把'感觉'、'感觉的复合'这两个名词和'要素'、'要素的复合'这两个名词同时并用,或是用前者来代替后者的地方,必须经常注意:**只有**在这种**联系**上〈即在 A、B、C 同K、L、M 的联系上,也就是说,在"通常称为物体的复合"同"我们称为我们身体的复合"的联系上〉,在这种关系上,在这种函数的依存关系上,要素才是**感觉**。在另一种函数的依存关系上,它们同时又是物理对象。"(俄译本第 23 页和第 17 页)"例如,当我们注意到颜色对照明颜色的光源(其他颜色、热、空间等)的依存关系时,颜色就是物理对象。但是,当我们注意到颜色对**视网膜**(要素 K、L、M……)**的依存关系**时,它就是**心理**对象、**感觉**。"(同上,第 24 页)

这样一来,世界要素的发现就在于:

(1)把一切存在的东西都说成是感觉;

（2）把感觉叫做要素；

（3）把要素分为物理的东西和心理的东西，后者依赖于人的神经，一般说依赖于人的机体，而前者不依赖于它们；

（4）把物理要素的联系和心理要素的联系说成不是彼此单独存在的；它们只是一起存在的；

（5）只能把这种或那种联系暂时撇开；

（6）把"新"理论说成是没有"片面性"的。①

这里的确没有片面性，然而却有彼此对立的哲学观点的杂乱混合。既然你们**只是**从感觉出发，那么你们用"要素"这个字眼就无法克服你们的唯心主义的"片面性"，而只是把问题弄糊涂，胆怯地躲开你们自己的理论。你们口头上在消除物理的东西和心理的东西之间的对立②、唯物主义（它认为自然界、物质是第一性的）和唯心主义（它认为精神、意识、感觉是第一性的）之间的对立，你们实际上又马上放弃自己的基本前提，重新恢复这种对立，偷偷地恢复这种对立！因为，如果要素是感觉，那么你们连一秒钟也没有权利认为"要素"是**不依赖于**我的神经、我的意识而存在的。既然你们承认这种不依赖于我的神经、我的感觉的物理对象，这种只是通过对我的视网膜的作用而产生感觉的物理对象，那么，你们就是可耻地离开你们的"片面的"唯心主义而转到"片面的"唯物主义的观点上来了！如果颜色仅仅在依存于视网膜时才是感觉（如自然科学迫使你们承认的那样），那么，这就是说，光线落

---

① 马赫在《感觉的分析》一书中说："人们通常把要素叫做感觉。但由于在感觉这个名称下已经有着一种片面的理论，所以我们宁肯简单地讲要素。"（第27—28页）

② "**自我**与世界的对立、感觉或现象与物的对立消失了，一切只归结为要素的结合。"（《感觉的分析》第21页）

到视网膜上才引起颜色的感觉；这就是说，在我们之外，不依赖于我们和我们的意识而存在着物质的运动，例如，存在着一定长度和一定速度的以太波，它们作用于视网膜，使人产生这种或那种颜色的感觉。自然科学也正是这样看的。它用存在于人的视网膜之外的、在人之外和不依赖于人的光波的不同长度来说明这种或那种颜色的不同感觉。这也就是唯物主义：物质作用于我们的感官而引起感觉。感觉依赖于大脑、神经、视网膜等等，也就是说，依赖于按一定方式组成的物质。物质的存在不依赖于感觉。物质是第一性的。感觉、思想、意识是按特殊方式组成的物质的高级产物。这就是一般唯物主义的观点，特别是马克思和恩格斯的观点。马赫和阿芬那留斯通过"要素"这个字眼**悄悄地**偷运唯物主义；这个字眼**似乎**可以把他们的理论从主观唯心主义的"片面性"中解脱出来，**似乎**可以容许他们承认心理的东西依赖于视网膜、神经等等，而物理的东西则不依赖于人的机体。事实上，玩弄"要素"这个字眼，当然是一种最可怜的诡辩；因为唯物主义者在读马赫和阿芬那留斯的著作时，马上就会提出一个问题："要素"是什么呢？以为造出一个新字眼就可以躲开哲学上的基本派别，那真是童稚之见。或者像一切经验批判主义者，如马赫、阿芬那留斯、彼得楚尔特①等等所说的那样，"要素"是**感觉**，那么，先生们，你们的哲学就是妄图用一个比较"客观的"术语来掩饰唯我论真面目的**唯心主义**。或者"要素"不是感觉，那么你们的这个"新"字眼就**根本没有什么意思**，这不过是讲些无聊的空话，装腔作势而已。

---

① 　**约瑟夫·彼得楚尔特**《纯粹经验哲学引论》1900 年莱比锡版第 1 卷第 113 页："所谓要素，就是感觉，即通常所谓的简单的不能再分解的知觉（Wahrnehmungen）。"

例如，拿彼得楚尔特来说吧，按俄国第一个也是最大的一个经验批判主义者弗·列谢维奇的评价，他是经验批判主义的权威①。他把要素规定为感觉，并在上述著作第 2 卷里说道："在'感觉是世界要素'这个命题中，必须防止把'感觉'这个词看做仅仅是指一种主观的、因而是虚无缥缈的、把通常的世界图景变为幻影（verflüchtigendes）的东西。"②

谁害什么病，谁就老谈这种病！彼得楚尔特感觉到：假使认为感觉是世界要素，那么世界就会"消散"（verflüchtigt sich），或者变成幻影。好心肠的彼得楚尔特以为只要附带声明一下，不要把感觉看做只是主观的东西，这样就可以解决问题了！难道这不是可笑的诡辩吗？难道事情会因为我们把感觉"看做"感觉或者竭力扩大这个词的含义而有所改变吗？难道人的感觉同具有正常机能的神经、视网膜、大脑等等相联系的事实，外部世界不依赖于我们感觉而存在的事实就会因此消失吗？如果你们不想用一些狡辩来支吾搪塞，如果你们真想"防止"主观主义和唯我论，那么你们首先应该防止你们哲学的唯心主义的基本前提；应该用唯物主义路线（从外部世界到感觉）来代替你们哲学的唯心主义路线（从感觉到外部世界）；应该抛弃"要素"这个空洞的、混乱的饰词，而干脆说颜色是物理对象作用于视网膜的结果，也就是说，感觉是物质作用于我们的感官的结果。

我们再拿阿芬那留斯来说吧。在"要素"的问题上，他的最后的（而且对于理解他的哲学大概也是最重要的）一本著作《关于心

① 弗·列谢维奇《什么是科学的〈应读做时髦的、教授的、折中主义的〉哲学?》1891 年圣彼得堡版第 229 页和第 247 页。
② 彼得楚尔特的书 1904 年莱比锡版第 2 卷第 329 页。

52

理学对象的概念的考察》①提供了最有价值的材料。作者在这里还列了一个非常"醒目的"图表(第 18 卷第 410 页),我们把它的主要部分抄录如下:

"要素、要素的复合:
一、物或属于物的东西……………………有形物。
二、思想或属于思想的东西
　　(Gedankenhaftes) ………………无形物、记忆和幻想。"

请把这个表同马赫在对"要素"作了一切说明之后所说的(《感觉的分析》第 33 页)"不是物体引起感觉,而是要素的复合(感觉的复合)构成物体"这句话对照一下。你们看,这就是克服了唯心主义和唯物主义的片面性的"世界要素的发现"! 起初他们硬要我们相信:"要素"是一种新东西,它同时既是物理的又是心理的东西,可是后来他们又偷偷地作了一点修正:用"最新实证论"关于物的要素和思想的要素的学说来代替粗陋的唯物主义对物质(物体、物)与心理的东西(感觉、记忆、幻想)的区分。阿德勒(弗里茨)并没有从"世界要素的发现"中得到多少好处!

1906 年波格丹诺夫在反驳普列汉诺夫时写道:"……我不能承认自己在哲学上是一个马赫主义者。在总的哲学观点上,我从马赫那里采纳的只有一点,即关于经验要素对'物理的东西'和'心理的东西'的中立性的观念、关于这两种特性仅仅依赖于经验的**联系**的观念。"(《经验一元论》1906 年圣彼得堡版第 3 卷第 XLI 页)这正如一个信教的人说:我不能承认自己是一个教徒,因为我从教徒那里采纳的"只有一点",即信仰上帝。波格丹诺夫从马赫

① 　理·阿芬那留斯《关于心理学对象的概念的考察》,载于《科学的哲学季刊》**35**第 18 卷(1894 年)和第 19 卷(1895 年)。

那里采纳的"只有一点",而这一点也就是马赫主义的**基本错误**,就是整个这种哲学的基本错误。波格丹诺夫自以为他和经验批判主义的差异有很重要的意义,但事实上这种差异完全是次要的,它没有超出马赫所赞成的以及赞成马赫的各个经验批判主义者之间的细小的、局部的、个别的差异的范围(关于这点下面再详细地谈)。因此,当波格丹诺夫看到别人把他同马赫主义者混为一谈而愤愤不平的时候,只是暴露出他不了解唯物主义同他自己和其他一切马赫主义者的共同点之间的**根本**差别。重要的不是波格丹诺夫如何发展或修改了马赫主义,或者把马赫主义如何弄糟了。重要的是他抛弃了唯物主义的观点,因而使自己不可避免地陷于混乱,走上唯心主义的歧途。

我们看到,波格丹诺夫在1899年的观点是正确的,当时他写道:"我直接看到的、在我面前的人的形象,就是感觉。"①波格丹诺夫没有花费精力去批判自己的这个旧观点。他盲目地相信马赫的话,并且跟着他重复说:经验的"要素"对于物理的东西和心理的东西是中立的。波格丹诺夫在《经验一元论》第1卷(第2版第90页)里写道:"正如最新实证哲学所阐明的那样,心理经验的要素和任何经验的要素都是同一的,因为它们是和物理经验的要素同一的。"又如他在1906年写道(第3卷第XX页):"至于说到'唯心主义',难道仅仅根据承认'物理经验'的要素跟'心理经验'的要素或基本感觉是同一的这一点(这简直是一个毋庸置疑的事实),就可以说这是唯心主义吗?"

波格丹诺夫在哲学上的一切厄运的真正根源,他和一切马赫主义者的共同的根源,就在这里。当他们承认"物理经验的要素"

———————————

① 《自然史观的基本要素》第216页,参看上面的引文。

(即物理的东西、外部世界、物质)和感觉是同一的时候,我们可以而且应该说这是唯心主义,因为这无非是贝克莱主义。这里连一点最新哲学、实证哲学或毋庸置疑的事实的影子也没有,这里只有陈旧不堪的唯心主义的诡辩。假使问一问波格丹诺夫,他怎样能够证明物理的东西和感觉同一这个"毋庸置疑的事实",那么你们连一个论据也听不到,你们只能听到唯心主义者的老调:我感觉到的仅仅是自己的感觉;"自我意识的陈述"(die Aussage des Selbst-bewußtseins——阿芬那留斯的《绪论》德文第 2 版第 93 节第 56 页);或者"在我们的经验中〈这个经验表明"我们是有感觉的实体"〉,感觉比实体性更为可靠"(同上,第 91 节第 55 页);如此等等。波格丹诺夫(相信了马赫)把反动的哲学谬论当做"毋庸置疑的事实",因为在实际上他没有举出而且也举不出一个事实来驳倒感觉是外部世界的映象的观点,即波格丹诺夫 1899 年所同意的并且至今仍为自然科学所同意的观点。物理学家马赫在他的哲学的谬误中完全离开了"现代自然科学",波格丹诺夫所没有注意到的这一重要情况,我们在以后还要详细地谈到。

促使波格丹诺夫如此迅速地从自然科学家的唯物主义跳到马赫的混乱的唯心主义去的情况之一,就是阿芬那留斯关于经验的依存系列和独立系列的学说(奥斯特瓦尔德的影响不算在内)。波格丹诺夫自己在《经验一元论》第 1 卷里这样叙述这个问题:"只要经验材料**依存于某个神经系统的状态**,它们就构成某个人的**心理世界**;只要经验材料**超出这种依存关系**,我们面前就出现**物理世界**。因此,阿芬那留斯称经验的这两个领域为经验的**依存系列**和**独立系列**。"(第 18 页)

糟糕的是,这种关于**独立**(即不依赖于人的感觉的)"**系列**"的学说,就是偷运唯物主义,从主张物体是感觉的复合,感觉和物理

"要素""同一"的哲学观点看来,这种偷运是非法的、放肆的、折中主义的。因为,你们既然承认光源和光波**不依赖于**人和人的意识而存在,承认颜色依赖于这些光波对视网膜的作用,那么你们实际上就持有唯物主义观点了,并且把唯心主义的一切"毋庸置疑的事实"连同一切"感觉的复合"、最新实证论所发现的要素以及诸如此类的胡说,**都彻底摧毁了。**

糟糕的是,波格丹诺夫(和所有的俄国马赫主义者一起)没有深刻研究马赫和阿芬那留斯的最初的唯心主义观点,没有认清他们的基本的唯心主义前提,因而也就忽略了他们后来想偷运唯物主义这一企图的非法性和折中性。但是,正如马赫和阿芬那留斯的最初的唯心主义在哲学文献中为大家所公认一样,后来经验批判主义力图转向唯物主义,也为大家所公认。我们上面引证过的法国著作家科韦拉尔特,在阿芬那留斯的《绪论》里看到"一元论唯心主义",在《纯粹经验批判》(1888—1890)里看到"绝对实在论",而在《人的世界概念》(1891)里看到"说明"这种转变的企图。应当指出:在这里,实在论这个术语是在与唯心主义相反的意义上使用的。我照恩格斯那样,在这个意义上**只**使用唯物主义这个词,并且认为这是唯一正确的术语,这特别是因为"实在论"这个词已经被实证论者和其他动摇于唯物主义和唯心主义之间的糊涂人玷污了。这里只要指出一点就够了,即科韦拉尔特所指的是下面这个毋庸置疑的事实:在《绪论》(1876)中,阿芬那留斯认为感觉是唯一的存在物,而把"实体"(按照"思维经济"的原则!)取消了;在《纯粹经验批判》中,物理的东西被看做是**独立系列**,而心理的东西(因而也包括感觉)被看做是依存系列。

阿芬那留斯的门徒鲁道夫·维利同样承认:阿芬那留斯在1876年"完全"是一个唯心主义者,后来他把这个学说同"素朴实在论"调和"(Ausgleich)起来(上引著作,同上),也就是说,同人类认为外部世界不依赖于我们意识而存在的这种自发的、不自觉的唯物主义观点"调和"起来。

《经验批判主义的创始人阿芬那留斯》一书的作者奥斯卡尔·艾瓦德说:这种哲学把互相矛盾的唯心主义的和"实在论的"(应当说:唯物主义的)要素(不是马赫主义者所说的要素,而是一般人所说的要素)结合于自身。例如:"绝对的〈考察〉会使素朴实在论永世长存;相对的〈考察〉会宣称绝无仅有的唯心主义永恒不变。"①阿芬那留斯所谓的绝对的考察,相当于马赫所说的我们身体之外的"要素"的联系,而相对的考察则相当于马赫所说的依存于我们身体的"要素"的联系。

但是在这方面使我们特别感到兴趣的是冯特的意见,他自己也像上述的大多数著作家一样,抱着混乱的唯心主义观点,可是他几乎比谁都更仔细地研究了经验批判主义。关于这点,帕·尤什凯维奇说了这样的话:"有趣的是,冯特认为经验批判主义是最新型的唯物主义的最科学形式"②,也就是说,是那类认为精神是肉体过程的机能的唯物主义者(再补充一句,即冯特称之为站在斯宾诺莎主义**36**和绝对唯物主义之间的人们③)的学说的最科学形式。

说威·冯特的意见非常有趣是对的,但在这里最"有趣的"还是尤什凯维奇先生对他所论述的哲学书籍和哲学论文的态度。这是我们的马赫主义者对待问题的态度的一个典型例子。果戈理小

---

① 奥斯卡尔·艾瓦德《经验批判主义的创始人理查·阿芬那留斯》1905年柏林版第66页。

② 帕·尤什凯维奇《唯物主义和批判实在论》1908年圣彼得堡版第15页。

③ 威·冯特《论素朴实在论和批判实在论》,载于1897年《哲学研究》杂志**37**第13卷第334页。

说中的彼特鲁什卡[38]常常读书,发现字母总会拼成词这一点是有趣的。尤什凯维奇先生读了冯特的书,发现冯特谴责阿芬那留斯搞唯物主义这一点是"有趣的"。如果冯特错了,为什么不驳斥呢?如果他没有错,为什么不说明唯物主义和经验批判主义的对立呢?尤什凯维奇先生发现唯心主义者冯特所说的话是"有趣的",可是这位马赫主义者认为把问题搞清楚则完全是浪费精力(大概是由于"思维经济"的原则)……

问题在于,尤什凯维奇只向读者说冯特谴责阿芬那留斯搞唯物主义,而闭口不谈冯特认为经验批判主义的一些方面是唯物主义,另一些方面是唯心主义,而二者之间的联系则是人为的,这样他就**完全歪曲了事实**。这位绅士或者是根本不懂得他所读的东西,或者是一心想通过冯特把自己吹嘘一番:瞧,连御用的教授们也认为我们不是什么糊涂人,而是唯物主义者。

冯特的上述论文是一本厚书(共 300 多页),它首先对内在论学派,然后对经验批判主义者作了极详尽的分析。为什么冯特把这两个学派联结在一起呢?因为他认为这两个学派是**近亲**,我们在下面将会看到,这个看法无疑是公正的,马赫、阿芬那留斯、彼得楚尔特和内在论者都赞同这个看法。冯特在上述论文第一部分里指出:内在论者是唯心主义者、主观主义者、信仰主义的信徒。这个看法,我们在下面会看到,也是完全公正的,不过冯特在说明这一看法时不必要地卖弄教授的博学,用了无用的微词妙语并加上多余的保留条件,这是因为冯特本人也是一个唯心主义者和信仰主义者。他责难内在论者,不是因为他们是唯心主义者和信仰主义的信徒,而是因为在他看来他们不正确地推论出这些大原则。往下,在论文的第二部分和第三部分里,冯特专门探讨经验批判主义。他在这里十分明确地指出:经验批判主义的一些非常重要的理论原理(对"经验"的理解和"原则同格",关于后者我们在下面再谈)和内在论者的主张是**一致的**(经验批判主义哲学和内在论哲学是一致的,冯特的论文第 382 页)。阿芬那留斯的其他理论原理是从唯物主义那里剽窃来的,所以整个讲来,经验批判主义是一种**"五花八门的混合物"**(bunte Mischung,上述论文第 57 页),其中"不同的组成部分是**彼此完全没有联系的**"(an sich einander völlig heterogen sind,第 56 页)。

　　冯特主要是把阿芬那留斯的**"独立的生命系列"**学说当做阿芬那留斯和马赫的混合物中的唯物主义成分。他说(上述论文第 64 页):如果你们从"C 系统"(极喜欢学究式地玩弄新名词的阿芬那留斯以此称呼人脑或整个神经系统)出发,如果你们认为心理的东西是大脑的机能,那么这个"C 系统"就是"形而上学的实体",而你们的学说就是唯物主义。必须指出,许多唯心主义者和一切不可知论者(康德主义者和休谟主义者包括在内)都骂唯物主义者是形而上学者,因为在他们看来,承认外部世界不依赖于人的意识而存在,就是超出经验的范围。关于形而上学这个术语以及为什么从马克思主义观点来看这个术语是完全错误的,我们将在适当的地方加以论述。现在我们认为重要的是指出:阿芬那留斯关于"独立"系列的主张(马赫也有同样的主张,不过用的字眼不同而已),根据哲学上不同党派即不同派别的哲学家的一致公认,恰恰是从**唯物主义那里剽窃来的**。如果你们从一切存在着的东西都是感觉或者物体是感觉的复合这点出发,那么你们不破坏你们的一切基本前提、"你们的"全部哲学,就不能得出以下的结论:**物理的东西不依赖于**我们的意识而存在,感觉是按一定方式组成的物质的**机能**。马赫和阿芬那留斯在他们的哲学中所以把唯心主义的基本前提和唯物主义的个别结论混在一起,这正是因为他们的理论是恩格斯以应有的鄙视称之为"折中主义残羹剩汁"①的典型②。

在马赫的最后一部哲学著作《认识和谬误》(1906 年第 2 版)中,这种折中主义特别触目。我们已经看到,马赫在那里宣称:"用感觉即心理要素构成任何物理要素,是没有任何困难的。"而在同书中我们又读到:"在 U〈= Umgrenzung,即"我们肉体的空间界限",第 8 页〉之外的依存关系,是最广义的物理学。"(第 4 节第 323 页)"要纯粹地获得(rein erhalten)这种依存关系,就必须尽可能地排除观察者的影响,即 U 之内的要素的影响。"(同上)是的,是的。起初山雀扬言要把大海烧干**39**,就是说,要用心理要素构成物理要素,而后来却说物理要素处在"我们肉体之内的"心理要素的界限之外! 多妙的哲学!

还有一个例子:"理想(vollkommenes)气体、理想液体、理想弹性体是不存在的。物理学家知道他的假说只是近似地符合事实,随意地把事实简单化;物理学家知道这个不能消除的偏差。"(第 30 节第 418 页)

这里所说的是什么样的偏差(Abweichung)呢? 是什么离开什么的偏差呢? 是思想(物理学理论)离开事实的偏差。那么思想、观念是什么呢? 观念是"感觉的痕迹"(第 9 页)。而事实是什

---

① 见《马克思恩格斯文集》2009 年人民出版社版第 4 卷第 266 页。——编者注

② 见 1888 年 2 月写的《路德维希·费尔巴哈》序言。恩格斯的这些话是针对整个德国教授哲学讲的。那些想当马克思主义者的马赫主义者,不能了解恩格斯的这一思想的意义和内容,他们有时用一种可怜的借口来掩饰自己,说"恩格斯还不知道马赫"(弗里茨·阿德勒的论文,见《**历史唯物主义**》**文集**第 370 页)。这种意见的根据是什么呢? 是根据恩格斯没有引证马赫和阿芬那留斯的话吗? 别的根据是没有的,而这个根据是毫无用处的。因为恩格斯在这里没有提到**任何一个**折中主义者的姓名,至于从 1876 年起就编辑出版"科学的"哲学季刊的阿芬那留斯,恩格斯未必不知道。

么呢？事实是"感觉的复合"。这样说来,感觉的痕迹离开感觉的复合的偏差是不能消除的。

　　这是什么意思呢？这就是说,马赫**忘记了**他自己的理论,他在开始谈论物理学的各种问题时,谈得干脆,不要唯心主义花招,就是说,唯物地谈论。一切"感觉的复合"和这全部贝克莱主义的奥秘都飞到九霄云外去了。物理学家的理论原来是在我们之外和不依赖于我们而存在的物体、液体、气体的反映,而且这个反映当然是近似的,可是把这种近似或简单化叫做"随意的",那是不正确的。在这里,**实际上马赫对感觉的看法**,恰恰和没有被贝克莱和休谟的弟子们"清洗过的"全部自然科学一样,也就是说,把感觉看**做外部世界的映象**。马赫自己的理论是主观唯心主义,可是当他需要客观性的因素时,就毫不客气地把相反的即唯物主义的认识论的前提放到自己的议论中去。哲学上的彻底的唯心主义者和彻底的反动分子爱德华·哈特曼,**同情马赫的反对唯物主义的斗争**,在说到马赫的哲学立场是"素朴实在论和绝对幻想主义的混合物(Nichtunterscheidung)"①时,他很接近真理。这个说法是正确的。关于物体是感觉的复合等等的学说,是绝对幻想主义,也就是唯我论,因为从这个观点出发,整个世界只不过是我的幻想。而我们在上面所引证的马赫的议论,也和他的其他许多片断的议论一样,是所谓的"素朴实在论",即不自觉地自发地从自然科学家那里接受过来的唯物主义认识论。

　　阿芬那留斯和追随他的教授们,企图用"原则同格"的理论来掩饰这种混合。我们马上就要考察这个理论,但我们先得把责难阿芬那留斯搞唯物主义的问题了结一下。尤什凯维奇先生只觉得

───────────

① 　爱德华·冯·哈特曼《现代物理学的世界观》1902 年莱比锡版第 219 页。

他所不了解的冯特的意见非常有趣,但却没有兴趣亲自去弄清楚或者不屑于告诉读者:阿芬那留斯的最亲近的弟子和继承者是怎样对待这个责难的。但是,如果我们关心马克思的哲学即唯物主义哲学如何对待经验批判主义的哲学,这一点对于弄清问题是必要的。此外,如果说马赫主义是一团糟的东西,是唯物主义和唯心主义的混合物,那么重要的是要知道,当御用的唯心主义者由于这个思潮对唯物主义作了让步而把它推开的时候,这个思潮究竟流向(如果可以这样说的话)什么地方。

阿芬那留斯的两个最道地的正统的弟子约·彼得楚尔特和弗·卡斯坦宁答复了冯特。彼得楚尔特高傲而愤懑地驳斥了那种诬蔑这位德国教授搞唯物主义的责难,并且引证了……你们猜,他引证了什么?……引证了阿芬那留斯的那部据说把实体概念消灭了的著作——《绪论》!多么方便的理论,既可以把纯粹唯心主义的著作同它联系起来,也可以把任意拿来的唯物主义前提同它联系起来!彼得楚尔特写道:阿芬那留斯的《纯粹经验批判》,当然和这个学说(即唯物主义)不矛盾,可是它和截然相反的、唯灵论的学说也不矛盾①。绝妙的辩护!这正是恩格斯所说的折中主义残羹剩汁。波格丹诺夫不肯承认自己是马赫主义者,而要别人承认他(**在哲学上**)是马克思主义者,却步了彼得楚尔特的后尘。他认为:"经验批判主义……无论和唯物主义,无论和唯灵论,无论和任何形而上学都没有关系"②,"真理……不在两个冲突着的派别〈唯物主义和唯灵论〉间的'中庸之道'中,而在二者之外"③。

---

① **约·彼得楚尔特**《纯粹经验哲学引论》第 1 卷第 351、352 页。
② 《经验一元论》第 2 版第 1 卷第 21 页。
③ 同上,第 93 页。

其实,波格丹诺夫认为是真理的东西,是一团糟的东西,是在唯物主义和唯心主义之间的动摇。

卡斯坦宁在反驳冯特时写道:他根本反对"塞进(Unterschiebung)唯物主义因素","这一因素是与纯粹经验批判完全不相容的"[①]。"经验批判主义,在对概念的内容的关系上,主要是($\chi\alpha\tau'\dot{\varepsilon}\xi o\chi\acute{\eta}\nu$)怀疑论。"这种对马赫主义的中立性的强调多少包含有一点真理:马赫和阿芬那留斯对他们最初的唯心主义的修正,完全可以归结为他们对唯物主义作了不彻底的让步。贝克莱的彻底的观点有时候被休谟的观点代替了。贝克莱认为外部世界就是我的感觉,休谟则把我的感觉之外是否有什么东西存在的问题取消了。而这个不可知论的观点注定要动摇于唯物主义和唯心主义之间。

3. 原则同格和"素朴实在论"

阿芬那留斯的原则同格说,是在他的《人的世界概念》和《考察》[②]这两本书中阐述的。后一著作写得较晚,阿芬那留斯在这部著作中强调指出:这里的讲法的确有些不同,但跟《纯粹经验批判》和《人的世界概念》里讲的没有什么不同,都是**一样的**(《考察》,载于 1894 年上引杂志第 137 页)。这个学说的本质,就是关于"**我们的自我**(des Ich)**和环境的不可分割的**(unauflösliche)**同格**"(即相互关联)的原理(第 146 页)。阿芬那留斯在这里又说:

---

① **弗·卡斯坦宁**《经验批判主义——兼答威·冯特的论文》,载于《科学的哲学季刊》第 22 年卷(1898)第 73 页和第 213 页。

② 即《关于心理学对象的概念的考察》。——编者注

"用哲学的话来讲,可以说是'**自我和非我**'"。前者和后者,我们的**自我**和环境,"**总是被我们一起发现的**(immer ein Zusammen-Vorgefundenes)"。"对见到的东西〈或我们所发现的东西: des Vorgefundenen〉的任何完全的描述,都不能只包括'环境'而没有某个**自我**(ohne ein Ich)(这个环境就是这个**自我**的环境),至少不能没有那个描述我们所发现的东西〈或见到的东西: das Vorgefundene〉的**自我**。"(第 146 页)这里**自我**叫做同格的**中心项**,环境叫做同格的**对立项**(Gegenglied)。(见《人的世界概念》1905年第 2 版第 83—84 页,第 148 节及以下各节)

阿芬那留斯妄想用这个学说来表示他承认所谓**素朴实在论**的全部价值,即一切不去思考自己以及环境、外部世界是否存在的人们的那种普通的、非哲学的、素朴的观点的全部价值。马赫表示自己和阿芬那留斯是一致的,同时又竭力把自己装扮成"素朴实在论"的保护人(《感觉的分析》第 39 页)。俄国的马赫主义者,没有一个例外,都相信马赫和阿芬那留斯,以为他们真的在保护"素朴实在论":承认**自我**,承认环境,你们还要什么呢?

为了弄清楚最高度的真实的**素朴性**究竟在谁一边,我们稍微讲得远一些。下面是某哲学家和一个读者的通俗对话:

"**读者**:物的体系应该是存在着的〈根据普通哲学的见解〉,意识应该是由物产生的。"

"**哲学家**:现在你是在随着职业哲学家说话……而不是根据普通常识和现实意识说话……

告诉我,并且在回答之前好好地想一想:是否有某个物不跟你对该物的意识在一起,或者说不通过对该物的意识而出现在你的心里或面前呢?……"

"**读者**:如果我好好地想一想,我应该同意你的意见。"

"**哲学家**：现在你是说自己的话了，说自己的实话和真心话了。切不可超出你自己的范围，切不可超出你所能理解〈或把握〉的东西。你所能理解的就是意识和〈黑体是哲学家用的〉物，物和意识；或者说得更确切些，不是二者中的哪一个，而是那种后来才分解为这二者的东西，那种绝对的主体-客体和客体-主体。"

这就是经验批判主义的原则同格的全部实质，就是最新实证论对"素朴实在论"的最新式的保护的全部实质！"不可分割的"同格的思想在这里叙述得十分清楚，并且正是从这样一种看法出发来叙述的：仿佛这是真正保护没有被"职业哲学家"卖弄聪明所歪曲的普通人的观点。但这段对话是从 **1801 年出版的主观唯心主义**的古典代表约翰·哥特利布·**费希特**的著作中引来的①。

在我们所考察的马赫和阿芬那留斯的学说中，除了重弹主观唯心主义的老调外，没有任何别的东西。他们妄想凌驾于唯物主义和唯心主义之上，取消从物**到**意识和从意识**到**物这两种观点之间的对立，这是换了新装的费希特主义的痴心妄想。费希特也以为：他把"自我"和"环境"、意识和物"不可分割地"联系起来了；他用人不能超出自己的范围这种说法把问题"解决了"。换句话说，这是在重复贝克莱的论据：我感觉到的仅仅是自己的感觉，我没有权利假定在我的感觉之外有"自在客体"。贝克莱在 1710 年，费希特在 1801 年，阿芬那留斯在 1891—1894 年所使用的不同表达方式，丝毫没有改变问题的本质，即主观唯心主义的基本哲学路线。世界是我的感觉；非**我**是由我们的**自我**来"设定"（创造、产生）的；物和意识是不可分割地联系着的；我们的**自我**和环境的不可分割的同格是

---

① **约翰·哥特利布·费希特**《向广大读者所作的有关最新哲学真正本质的明白报道——强使读者了解的一个尝试》1801 年柏林版第 178—180 页。

经验批判主义的原则同格，——所有这一切都是同一个论点，都是同样的破烂货色，只不过挂上了略加粉饰或重新油漆过的招牌而已。

援用那种似乎受到这类哲学保护的"素朴实在论"，是最不值钱的**诡辩**。任何没有进过疯人院或向唯心主义哲学家领教过的正常人的"素朴实在论"，都承认物、环境、世界是**不依赖于**我们的感觉、我们的意识、我们的**自我**和任何人而存在着。正是这个**经验**（不是马赫主义所理解的，而是一般人所理解的经验）使我们坚信，**不依赖于**我们而存在着的是其他的人，而不是我的高、低、黄、硬等等感觉的单纯复合。正是这个**经验**使我们深信，物、世界、环境是不依赖于我们而存在的。我们的感觉、我们的意识只是外部世界的**映象**；不言而喻，没有被反映者，就不能有反映，但是被反映者是不依赖于反映者而存在的。唯物主义**自觉地**把人类的"素朴的"信念作为自己的认识论的基础。

这样地评价"原则同格"，是不是由于唯物主义对马赫主义怀有偏见呢？完全不是。有一些哲学专家，他们对唯物主义没有任何偏袒，甚至还憎恨唯物主义和信奉某种唯心主义体系，但都一致认为阿芬那留斯之流的原则同格是主观唯心主义。例如，冯特（他的有趣的意见是为尤什凯维奇先生所不了解的）直截了当地说：根据阿芬那留斯的理论，似乎没有某个**自我**、观察者或描述者，就不可能有对我们见到的或发现的东西的完全的描述，这种理论就是"错误地把现实经验的内容和对这种内容的反思混为一谈"。冯特说，自然科学完全舍弃任何观察者。"这种舍弃所以可能，只是因为，关于必须在每一经验内容中看出〈hinzudenken，直译为：设想出〉感受着经验的个人这一观点，完全是没有经验根据的假定，是由于错误地把现实经验的内容和对这种内容的反思混为一谈而得出来的假定，而经验批判主义哲学和内在论哲学是一致地同意这个观点的。"(上引论文第382页)因为对阿芬那留斯表示热烈赞许(我们将在下面看到)的内在论者(舒佩、雷姆克、勒克列尔、舒伯特-索尔登),**恰恰**是从主体和客体有"不可分割的"联系这一思想出发的。而威·冯特在分析阿芬那留斯之前详细地指出:内在论哲学只不过是贝克莱主义的"变形";不管内在论者怎样否认和贝克莱的关系,但字面的差别实际上掩盖不了"哲学学说的更深刻的内容",即贝克莱主义或费希特主义①。

英国著作家诺曼·斯密斯在分析阿芬那留斯的《纯粹经验哲学》的时候,以更直率得多、更果断得多的方式说明了这个结论:

"大多数读过阿芬那留斯的《人的世界概念》一书的人,大概都会同意:不管他的批判〈对唯心主义的批判〉有多大的说服力,但他的实证成果却完全是虚幻的。如果我们试将阿芬那留斯的经验理论按照人们所要介绍的那样解释成真正实在论的(genuinely realistic)理论,那么这种理论就不能获得任何明确的说明:它的全部意义只在于否定那据说是它所反驳的主观主义。但是,当我们把阿芬那留斯的术语翻译成比较普通的话时,我们就会发现这套把戏的真正根源在什么地方。阿芬那留斯着重攻击那个对他本人的理论来说是致命的弱点〈即唯心主义的弱点〉,从而使人们不去注意他的立场的弱点。"②"在阿芬那留斯的全部议论中,'经验'(experience)这个术语的含糊不清很好地帮了他的忙。这个术语有

---

① 上引论文C节:《内在论哲学和贝克莱的唯心主义》第373、375页,参看第386页和第407页。关于从这一观点出发必然会陷入唯我论这点,见第381页。

② **诺曼·斯密斯**《阿芬那留斯的纯粹经验哲学》,载于1906年《思想》杂志**40**第15卷第27—28页。

时候指经验着的人①，有时候指被经验的东西；当说到我们的**自我**（of the self）的本性的时候，强调的是后一种含义。'经验'这个术语的这两种含义实际上是和他的绝对考察和相对考察的重要划分〈我在上面已经指出阿芬那留斯的这种划分的意义〉一致的；在他的哲学中，就是这两种观点事实上也没有调和起来。因为当他假定经验在观念上被思想所补充〈对环境的完全的描述在观念上被关于观察着的**自我**的思想所补充〉这一前提是合理的时候，他就不能把这一假定和他自己关于离开对我们的**自我**（to the self）的关系什么都不存在的论断结合起来。在观念上补充这种实在——这是我们在把物质的物体分解为我们感觉不到的要素时所得到的实在〈这里的要素是指自然科学所发现的物质的要素，如原子、电子等，而不是指马赫和阿芬那留斯所臆造的要素〉，或者是从关于人类出现以前的地球的描述中所得到的实在——严格说来，这不是补充经验，而是补充我们所经验的东西。这只是补充阿芬那留斯所认为是不可分割的同格的两项中的一项。这不仅把我们引向从来没有经验过的〈不曾是经验的对象的，has not been experienced〉东西，而且还把我们引向我们这样的生物永远也不能经验到的东西。但是'经验'这个术语的含糊不清，在这里正好帮了阿芬那留斯的忙。阿芬那留斯说，思想就像感性知觉一样是真正的（genuine）经验形态，这样他就回到了主观唯心主义的陈旧不堪的（time-worn）论据上，即思想和实在是不可分割的，因为实在只有在思想中才能被感知，而思想则以思想者的存在为前提。因此，阿芬那留斯的实证议论的最终结果，并不是什么独创地、精辟地恢

---

① 此处俄译文与英文有出入，英文为：Sometimes it means experiencing。英文 experiencing 不是指"经验着的人"，而是指"经验"、"体验"这种行为。——编者注

复实在论,而只是以最粗陋的(crudest)形式恢复主观唯心主义。"
(第29页)

完全重复着费希特错误的阿芬那留斯所要的把戏,在这里被精彩地揭穿了。只要我们一开始研究一定的具体问题,如关于地球**先于人、先于**任何有感觉的生物而存在的问题时,立刻就会发现:用"经验"这个字眼来消除唯物主义(斯密斯把它叫做实在论是枉然的)和唯心主义之间的对立的那种滥调,完全是神话。关于这一点我们马上就要加以详细的讨论。现在我们要指出:撕破阿芬那留斯及其伪"实在论"的假面具的,不仅有他的理论上的对手诺·斯密斯,而且还有曾经热烈欢迎《人的世界概念》的出版并认为它是**素朴实在论的确证**的内在论者威·舒佩①。问题在于:威·舒佩**完全赞同这样的**"实在论",即阿芬那留斯所伪造的唯物主义。他在给阿芬那留斯的信中写道,我一直希望和您 hochverehrter Herr College(最尊敬的同行先生)有同样的权利主张这样的"实在论",因为有人诬蔑我这个内在论者,似乎我是主观唯心主义者。"最尊敬的同行先生,我的思维概念……与您的'纯粹经验的理论'是非常合拍的(verträgt sich vortrefflich)。"(第384页)实际上只有我们的**自我**(das Ich,即抽象的、费希特的自我意识,离开头脑的思想)才给予"同格的两项以联系和不可分割性"。舒佩在给阿芬那留斯的信中写道:"您默默地把您想要排除的东西定为前提。"(第388页)很难说是谁在更有力地撕破卖弄玄虚的阿芬那留斯的假面具,——是直率地明确地反驳他的斯密斯呢,还是热烈赞扬他的最后一部著作的舒佩?哲学上威廉·舒佩的接吻,并不比政治上彼得·司徒卢威或缅施科

————————

① 见威·舒佩致理·阿芬那留斯的公开信,载于1893年《科学的哲学季刊》第17卷第364—388页。

夫先生的接吻好一些。

称赞马赫没有向唯物主义屈服的奥·艾瓦德,也以同样的方式讲到原则同格:"如果宣称中心项与对立项的相互关连是不能回避的认识论的必然性,那么,不管用怎样醒目的大字在招牌上标着'经验批判主义',这仍意味着抱有与绝对唯心主义毫无差别的观点〈绝对唯心主义这个术语是不正确的,应当说是主观唯心主义,因为,黑格尔的绝对唯心主义和没有人的地球、自然界、物理世界的存在是相容的,它认为自然界只是绝对观念的"异在"〉。相反地,如果不一贯坚持这个同格而承认对立项的独立性,那么,一切形而上学的可能性,特别是倒向超越的实在论一边的可能性就会立刻显现出来。"(上引著作第56—57页)

以艾瓦德为笔名的弗里德兰德先生把**唯物主义**叫做形而上学和超越的实在论。他本人拥护唯心主义的一个变种,因而完全赞同马赫主义者和康德主义者,认为唯物主义是形而上学,"是最粗野的彻头彻尾的形而上学"(第134页)。讲到唯物主义的"超越"和形而上学性,他和巴扎罗夫以及我们的一切马赫主义者的观点是一致的,关于这点我们以后还要专门论述。这里重要的是要再**一**次指出:这个想凌驾于唯心主义和唯物主义之上的伪学者的奢望**实际上**是怎样幻灭的,以及问题是怎样尖锐地不可调和地提出来的。"承认对立项的独立性",就意味着(如果把喜欢装腔作势的阿芬那留斯的矫揉造作的语言翻译成普通人的语言)承认自然界、外部世界是不依赖于人的意识和感觉的,而这就是唯物主义。把认识论建立在客体和人的感觉有不可分割的联系这一前提上("感觉的复合"=物体;"世界要素"在心理和物理方面是同一的;阿芬那留斯的原则同格等等),就必然会陷入唯心主义。这是一个简单的必然的真理,只要我们稍加注意,就容易透过阿芬那留斯、舒佩、艾瓦德和其他人的成堆晦涩难懂的、故意把问题弄模糊并使广大读者畏避哲学的、伪学者的术语,而发现这个真理。

　　阿芬那留斯的理论与"素朴实在论"的"调和",最后甚至引起了他的弟子们的怀疑。例如,鲁·维利说:对于所谓阿芬那留斯达到了"素朴实在论"这个流行的说法,我们必须有保留地去理解。"素朴实在论作为教条来说,无非是对存在于人之外的(außerpersön-liche)、可感触的自在之物的信仰。"①换句话说,在维利看来,真正同"素朴实在论"有着真实而非虚构的一致性的唯一的认识论,就是唯物主义! 当然,维利是反对唯物主义的。但是他不得不承认:阿芬那留斯在《人的世界概念》一书中,"用了一系列复杂的和部分是十分牵强的辅助概念和中介概念"(第171页)去恢复"经验"的统一、"自我"和环境的统一。《人的世界概念》这本著作是对阿芬那留斯的最初的唯心主义的一种反动,它"完全带有在合乎常识的素朴实在论和学院哲学的认识论唯心主义之间搞**调和**(eines Ausgleiches)的性质。但是,说到这样的调和能够恢复经验〈维利把它叫做 Grunderfahrung,即根本经验,又是一个新名词!〉的统一和完整,那我不敢断言"(第170页)。

　　真是一个有价值的自供! 阿芬那留斯的"经验"不能调和唯心主义和唯物主义。看来,维利否定经验的**学院哲学**,是为了用加倍混乱的"根本"经验的哲学来代替它……

---

①　**鲁·维利**《反对学院智慧》(即《反对学院智慧。哲学批判》。——编者注)第170页。

第 二 章

经验批判主义的认识论和
辩证唯物主义的认识论(二)

1. "自在之物"或维·切尔诺夫
对弗·恩格斯的驳斥

关于"自在之物",我们的马赫主义者写了好多东西,如果把它们收集在一起,真是堆积如山。"自在之物"对于波格丹诺夫和瓦连廷诺夫,巴扎罗夫和切尔诺夫,别尔曼和尤什凯维奇来说,真是个怪物。他们对"自在之物"用尽了"恶言秽语",使尽了冷嘲热讽。为了这个倒霉的"自在之物",他们究竟同谁战斗呢? 在这里,俄国的马赫主义哲学家就按政党分化了。一切想当马克思主义者的马赫主义者都攻击**普列汉诺夫的**"自在之物",谴责他糊涂和陷入康德主义,谴责他背弃恩格斯(关于前一个谴责,我们把它放到第四章里去讲;关于后一个谴责,我们就在这里谈)。民粹派分子、马克思主义的死敌、马赫主义者维·切尔诺夫先生,为了"自在之物"直接攻击**恩格斯**。

这一次,由于维克多·切尔诺夫先生公开地仇视马克思主义,因而他同在党派上是我们的同志而在哲学上是我们的反对派的那些人比较起来,是**较有原则的论敌**[41],承认这一点令人羞愧,可是隐瞒它却是罪过。因为只有**不干净的心地**(也许再加上对唯物主义的无知?)才会使那些想当马克思主义者的马赫主义者圆滑地撇开恩格斯,根本不理费尔巴哈,而专门围着普列汉诺夫兜圈子。这正是纠缠,正是无聊而又琐碎的吵闹,正是对恩格斯的学生吹毛求疵,而对老师的见解却胆怯地避免作直接分析。由于我们这个简略评述的任务是要指出马赫主义的反动性以及马克思和恩格斯的唯物主义的正确性,因此我们不谈那些想当马克思主义者的马赫主义者同普列汉诺夫的吵闹,而直接谈论经验批判主义者维·切尔诺夫先生所驳斥的恩格斯。在切尔诺夫的《哲学和社会学论文集》(1907 年莫斯科版,这本论文集中的文章除少数几篇之外,都是在 1900 年以前写的)里,有一篇题为《马克思主义和先验哲学》的文章,它一开始就企图把马克思和恩格斯对立起来,谴责恩格斯的学说是"素朴的独断的唯物主义",是"最粗陋的唯物的独断主义"(第 29、32 页)。维·切尔诺夫先生说,恩格斯反对康德的自在之物和休谟的哲学路线的议论就是"充分的"例证。我们就从这个议论谈起吧。

恩格斯在他的《路德维希·费尔巴哈》中宣布唯物主义和唯心主义是哲学上的基本派别。唯物主义认为自然界是第一性的,精神是第二性的,它把存在放在第一位,把思维放在第二位。唯心主义却相反。恩格斯把唯心主义和唯物主义的"各种学派"的哲学家所分成的"两大阵营"之间的这一根本区别提到首要地位,并且直截了当地谴责在别的意义上使用唯心主义和唯物主义这两个名词的那些人的"混乱"。

恩格斯说:"全部哲学的最高问题","全部哲学,特别是近代哲学的重大的基本问题"是"思维对存在、精神对自然界的关系问题"。恩格斯根据这个基本问题把哲学家划分为"两大阵营",接着他又指出,哲学的基本问题"还有另一个方面",这就是:"我们关于我们周围世界的思想对这个世界本身的关系是怎样的？我们的思维能不能认识现实世界？我们能不能在我们关于现实世界的表象和概念中正确地反映现实？"①

恩格斯说："绝大多数哲学家对这个问题都作了肯定的回答"，他在这里所指的不仅是所有的唯物主义者，而且也包括最彻底的唯心主义者，例如，绝对唯心主义者黑格尔。黑格尔认为现实世界是某种永恒的"绝对观念"的体现，而且人类精神在正确地认识现实世界的时候，就在现实世界中并通过现实世界认识"绝对观念"。

"但是，此外〈即除了唯物主义者和彻底的唯心主义者之外〉，还有其他一些哲学家否认认识世界的可能性，或者至少是否认彻底认识世界的可能性。在近代哲学家中，休谟和康德就属于这一类，而他们在哲学的发展上是起过很重要的作用的……"②

维·切尔诺夫先生在引了恩格斯的这些话之后，就拼命加以攻击。他给"康德"这个名词作了以下的注释：

"在1888年，把康德、特别是休谟这样的哲学家叫做'近代'哲学家，是相当奇怪的。在那个时候，听到柯亨、朗格、黎尔、拉斯、李普曼、戈林等人的名字更自然一些。看来，恩格斯在'近代'哲学方面不怎么行。"（第33页注释2）

维·切尔诺夫先生是始终如一的。不论在经济问题上还是在哲学问题上，他都跟屠格涅夫小说里的伏罗希洛夫**42**一样，简单地

---

① **弗·恩格斯**《路·费尔巴哈》德文第4版第15页（见《马克思恩格斯文集》2009年人民出版社版第4卷第277—278页。——编者注）。1905年日内瓦俄译本第12—13页。维·切尔诺夫先生把Spiegelbild译做"镜中的反映"，责怪普列汉诺夫**"以十分无力的方式"**表达恩格斯的理论，因为在他的俄译本里只说"反映"，而不说"镜中的反映"。这是吹毛求疵。Spiegelbild这个词在德文里也只是当做Abbild（反映、模写、映象。——编者注）来使用的。

② 见《马克思恩格斯文集》2009年人民出版社版第4卷第278—279页。——编者注

抬出一些"学者的"名字,一会儿用来消灭不学无术的考茨基①,一会儿用来消灭无知的恩格斯!但不幸的是,所有这些被切尔诺夫先生提到的权威,就是恩格斯在《路·费尔巴哈》的**同一页上**讲到的那些**新康德主义者**,恩格斯把他们看做是企图使早已被驳倒的康德和休谟学说的僵尸重新复活的理论上的**反动分子**。好样儿的切尔诺夫先生不懂得,恩格斯在自己的议论中所要驳斥的正是这些(在马赫主义看来是)权威的糊涂教授们!

　　恩格斯指出,黑格尔已经提出了反对休谟和康德的"决定性的"论据,费尔巴哈在这些论据上补充了一些与其说深刻不如说机智的见解,接着恩格斯继续说道:

　　"对这些以及其他一切哲学上的怪论〈或谬论,Schrullen〉的最令人信服的驳斥是实践,即实验和工业。既然我们自己能够制造出某一自然过程,按照它的条件把它生产出来,并使它为我们的目的服务,从而证明我们对这一过程的理解是正确的,那么康德的不可捉摸的〈或不可理解的,unfaßbaren——这个重要的词在普列汉诺夫的译文里和维·切尔诺夫先生的译文里都漏掉了〉'自在之物'就完结了。动植物体内所产生的化学物质,在有机化学开始把它们一一制造出来以前,一直是这种'自在之物';一旦把它们制造出来,'自在之物'就变成'为我之物'了,例如茜草的色素——茜素,我们已经不再从地里的茜草根中取得,而是用便宜得多、简单得多的方法从煤焦油里提炼出来了。"(上引书第16页)②

　　维·切尔诺夫先生引完这段议论,就完全控制不住自己了,他

---

① **弗·伊林**《土地问题》1908年圣彼得堡版第1册第195页(见《列宁全集》第2版第5卷第130页。——编者注)。

② 见《马克思恩格斯文集》2009年人民出版社版第4卷第279页。——编者注

要彻底消灭可怜的恩格斯。请听："可以'用便宜得多、简单得多的方法'从煤焦油里提炼出茜素[43]，这当然是任何新康德主义者都不会觉得奇怪的。但是，在提炼茜素的同时可以用同样便宜的方法从同样的煤焦油里提炼出对'自在之物'的驳斥，这真是个了不起的闻所未闻的发现，当然，这样看的不仅是新康德主义者。"

"显然，恩格斯知道了康德认为'自在之物'是不可认识的，于是他就把这个定理改成逆定理，断言一切未被认识的东西都是自在之物……"（第33页）

马赫主义者先生，请你听着，胡扯也要有个限度！你是在大庭广众面前歪曲上面引证的恩格斯的那段话，甚至你不懂得这儿说的是什么，就想去"捣毁"它！

第一，说恩格斯"提炼出对自在之物的驳斥"，这是不对的。恩格斯曾经直截了当地明确地说过：他驳斥**康德的不可捉摸的**（或不可认识的）自在之物。切尔诺夫先生把恩格斯关于物不依赖于我们的意识而存在的唯物主义观点搞乱了。第二，如果康德的定理说自在之物是不可认识的，那么"**逆**"定理应当说**不可认识的东西**是自在之物。切尔诺夫先生却用**未被认识的代替了**不可认识的，他不理解由于这样一代替，他又把恩格斯的唯物主义观点搞乱和歪曲了！

维·切尔诺夫先生被他自己所奉为指导者的那些御用哲学的反动分子弄得糊里糊涂，他**根本不了解**自己所引用的例子便大叫大嚷地反对恩格斯。我们不妨向这位马赫主义的代表说清楚，问题究竟在什么地方。

恩格斯直截了当地明确地说，他既反对休谟，又反对康德。但是休谟根本不谈什么"不可认识的自在之物"。那么这两个哲学家有什么共同之点呢？共同之点就是：他们**都把**"现象"和显现者、感觉和被感觉者、为我之物和"自在之物"**根本分开**。但是，休谟根本不愿意承认"自在之物",他认为关于"自在之物"的思想本身在哲学上就是不可容许的,是"形而上学"(像休谟主义者和康德主义者所说的那样)。而康德则承认"自在之物"的存在,不过宣称它是"不可认识的",它和现象有原则区别,它属于另一个根本不同的领域,即属于知识不能达到而信仰却能发现的"彼岸"(Jenseits)领域。

恩格斯的反驳的实质是什么呢?昨天我们不知道煤焦油里有茜素,今天我们知道了。试问,昨天煤焦油里有没有茜素呢?

当然有。对这点表示任何怀疑,就是嘲弄现代自然科学。

既然这样,那么由此就可以得出三个重要的认识论的结论:

(1)物是不依赖于我们的意识,不依赖于我们的感觉而在我们之外存在着的。因为,茜素昨天就存在于煤焦油中,这是无可怀疑的;同样,我们昨天关于这个存在还一无所知,我们还没有从这茜素方面得到任何感觉,这也是无可怀疑的。

(2)在现象和自在之物之间决没有而且也不可能有任何原则的差别。差别仅仅存在于已经认识的东西和尚未认识的东西之间。所谓二者之间有着特殊界限,所谓自在之物在现象的"彼岸"(康德),或者说可以而且应该用一种哲学屏障把我们同关于某一部分尚未认识但存在于我们之外的世界的问题隔离开来(休谟),——所有这些哲学的臆说都是废话、怪论(Schrulle)、狡辩、捏造。

(3)在认识论上和在科学的其他一切领域中一样,我们应该辩证地思考,也就是说,不要以为我们的认识是一成不变的,而要去分析怎样从**不知**到**知**,怎样从不完全的不确切的知到比较完全比较确切的知。

只要你们抱着人的认识是由不知发展起来的这一观点,你们就会看到:千百万个类似在煤焦油中发现茜素那样简单的例子,千百万次从科学技术史中以及从所有人和每个人的日常生活中得来的观察,都在向人表明"自在之物"转化为"为我之物";都在表明,当我们的感官受到来自外部的某些对象的刺激时,"现象"就产生,当某种障碍物使得我们所明明知道是存在着的对象不可能对我们的感官发生作用时,"现象"就消失。由此可以得出唯一的和不可避免的结论:对象、物、物体是在我们之外、不依赖于我们而存在着的,我们的感觉是外部世界的映象。这个结论是由一切人在生动的人类实践中作出来的,唯物主义自觉地把这个结论作为自己认识论的基础。与此相反的马赫的理论(物体是感觉的复合)是可鄙的唯心主义胡说。而切尔诺夫先生在他对恩格斯的"分析"中再一次暴露出他的伏罗希洛夫式的品质:恩格斯举的简单例子在他看来竟是"奇怪而又幼稚的"! 他认为只有学究的臆说才是哲学,他不能区别教授的折中主义和彻底的唯物主义认识论。

至于切尔诺夫先生往后的全部议论,我们没有可能,也没有必要去分析它们,因为它们都是同样狂妄的胡说(譬如他说:原子在唯物主义者看来是自在之物!)。我们只须指出一个和我们题目有关的(并且看来迷惑了某些人的)对马克思的议论:马克思似乎跟恩格斯不同。这里讲的是马克思关于费尔巴哈的提纲**第2条**以及普列汉诺夫对此岸性(Diesseitigkeit)这个词的译法。

下面就是提纲第2条:

"人的思维是否具有对象的真理性,这并不是一个理论的问题,而是一个实践的问题。人应该在实践中证明自己思维的真理性,即自己思维的现实性和力量,自己思维的此岸性。关于思维——离开实践的思维——的现实性或非现实性的争论,是一个纯粹经院哲学的问题。"①

---

① 参看《马克思恩格斯文集》2009年人民出版社版第1卷第500页。——编者注

普列汉诺夫不是译成"证明思维的此岸性"(直译),而是译成证明思维"不是停留在现象的此岸"。于是维·切尔诺夫先生就大叫大嚷地说:"恩格斯和马克思的矛盾被异常简单地排除了","结果马克思似乎和恩格斯一样,也肯定了自在之物的可知性和思维的彼岸性了"(上述著作第34页注释)。

请同这位每说一句话就增加好多糊涂思想的伏罗希洛夫打一次交道吧！维克多·切尔诺夫先生,如果你不知道一切唯物主义者都承认自在之物的可知性,这就是无知。维克多·切尔诺夫先生,如果你跳过这一条的**第一句**话,不想一想思维的"对象的真理性"(gegenständliche Wahrheit)**无非是**指思维所**真实**反映的对象(="自在之物")的**存在**,这就是无知或极端的马虎。维克多·切尔诺夫先生,如果你断言似乎可以从普列汉诺夫的转述(普列汉诺夫只是转述而不是翻译)中"得出结论说",马克思拥护思维的**彼岸性**,这也是无知。因为只有休谟主义者和康德主义者才使人的思维停留在"现象的此岸"。一切唯物主义者,其中包括贝克莱主教所攻击的17世纪的唯物主义者(见《代绪论》),都认为"现象"是"为我之物",或者是"自在客体"的**复写**。当然,那些想知道马克思的原文的人是不一定需要普列汉诺夫的自由转述的,但是必须细心推敲马克思的言论,而不应该伏罗希洛夫式地卖弄聪明。

有一种情况指出来是有意思的:我们发现一些自称社会主义者的人不愿意或不能够细心推敲马克思的《提纲》,而一些资产阶级著作家、哲学专家,有时候倒比较认真。我知道这样一个著作家,他研究费尔巴哈的哲学并且为此还探讨了马克思的《提纲》。这个著作家就是阿尔伯·莱维,他在自己写的有关费尔巴哈的著作的第2部分第3章里专门研究了费尔巴哈对马克思的影响①。我们不谈莱维是否在每一个地方都正确地解释费尔巴哈以及他如何用通常的资产阶级观点去批判马克思,我们只举出他对马克思的著名《提纲》的哲学内容的评价。关于提纲的第 1 条,阿·莱维说道:"一方面,马克思和一切以往的唯物主义以及费尔巴哈都承认,同我们关于物的表象相符合的是我们之外的实在的单独的(独立的,distincts)客体……"

读者可以看到,阿尔伯·莱维一下子就清楚了:承认我们表象与之"相符合的"我们之外的实在的客体,不仅是马克思主义的唯物主义的基本立场,而且是**任何唯物主义**、"**一切以往的**"唯物主义的基本立场。这种关于**整个**唯物主义的起码知识,只有俄国的马赫主义者才不知道。莱维继续说道:

"……另一方面,马克思认为遗憾的是:唯物主义曾经让唯心主义去评价能动力〈即人的实践〉的作用。""马克思认为:应该把这些能动力从唯心主义手中夺过来,也把它们引入唯物主义的体系,但是,当然必须把唯心主义不能承认的那种实在的和感性的特性给予这些能动力。所以马克思的思想是这样的:正像同我们表象相符合的是我们之外的实在的客体一样,同我们的现象的活动相符合的是我们之外的实在的活动、物的活动。从这个意义上来讲,人类不仅是通过理论认识而且还通过实践活动参加到绝对物中去;这样,整个人类活动就获得了一种使它可以同理论并驾齐驱的价值和尊严。革命的活动从此就获得形而上学的意义……"

阿·莱维是一个教授。而一个循规蹈矩的教授不会不骂唯物主义者是形而上学者。在唯心主义、休谟主义和康德主义的教授

---

① **阿尔伯·莱维**《费尔巴哈的哲学及其对德国著作界的影响》1904 年巴黎版第 249—338 页(费尔巴哈对马克思的影响);第 290—298 页(对《提纲》的分析)。

们看来,任何唯物主义都是"形而上学",因为它在现象(为我之物)之外还看到我们之外的实在;因此,当阿·莱维说马克思认为同人类的"现象的活动"相符合的是"物的活动",即人类的实践不仅具有(休谟主义和康德主义所谓的)现象的意义而且还具有客观实在的意义的时候,他的话在本质上是正确的。实践标准在马赫和马克思那里有着完全不同的意义,我们在适当地方(第6节)将详细地加以说明。"人类参加到绝对物中去",这就是说:人的认识反映绝对真理(见下面第5节),人类的实践检验我们的表象,确证其中与绝对真理相符合的东西。阿·莱维继续说道:

"……马克思谈到这点时,自然会遭到批驳。他承认自在之物是存在的,而我们的理论是人对自在之物的翻译。他就不能避开通常的反驳:究竟什么东西向你保证这种翻译是正确的呢?什么东西证明人的思想给你提供客观真理呢?对于这种反驳,马克思在提纲第2条中作了答复。"(第291页)

读者可以看到,阿·莱维一分钟也没有怀疑马克思承认自在之物的存在!

4. 有没有客观真理?

波格丹诺夫宣称:"在我看来,马克思主义包括对任何真理的绝对客观性的否定,对任何永恒真理的否定。"(《经验一元论》第3卷第 IV—V 页)什么叫**绝对客观性**呢?波格丹诺夫在同一个地方说,"永恒真理"就是"具有绝对意义的客观真理",他只同意承认"仅仅在某一时代范围内的客观真理"。

在这里显然是把下面两个问题搞混了:(1)有没有客观真理?就是说,在人的表象中能否有不依赖于主体、不依赖于人、不依赖于人类的内容？（2）如果有客观真理，那么表现客观真理的人的表象能否立即地、完全地、无条件地、绝对地表现它，或者只能近似地、相对地表现它？这第二个问题是关于绝对真理和相对真理的相互关系问题。

波格丹诺夫明确地、直截了当地回答了第二个问题，他根本否认绝对真理，并且因恩格斯承认绝对真理而非难恩格斯搞**折中主义**。关于亚·波格丹诺夫发现恩格斯搞折中主义这一点，我们在后面另行论述。现在我们来谈谈第一个问题。关于这个问题，波格丹诺夫虽然没有直接说到，但回答也是否定的。因为，否定人的某些表象中的相对性因素，可以不否定客观真理；但是否定绝对真理，就不可能不否定客观真理的存在。

稍后，波格丹诺夫在第 IX 页上写道："……别尔托夫所理解的客观真理的标准是没有的；真理是思想形式——人类经验的组织形式……"

这里和"别尔托夫的理解"毫无关系，因为这里谈的是哲学的基本问题中的一个问题，而根本不涉及别尔托夫。这和真理的**标准**也毫无关系，关于真理的标准要另行论述，不应该把这个问题和**有没有**客观真理的问题混为一谈。波格丹诺夫对后一问题的否定的回答是明显的：如果真理**只是**思想形式，那就是说，不会有不依赖于主体、不依赖于人类的真理了，因为除了人类的思想以外，我们和波格丹诺夫都不知道别的什么思想。从波格丹诺夫的后半句话来看，他的否定的回答就更加明显了：如果真理是人类经验的形式，那就是说，不会有不依赖于人类的真理，不会有客观真理了。

波格丹诺夫对客观真理的否定，就是不可知论和主观主义。这种否定的荒谬，即使从前面所举的一个自然科学真理的例子来看，也是显而易见的。自然科学关于地球存在于人类之前的论断是真理,对于这一点,自然科学是不容许怀疑的。这一点和唯物主义的认识论是完全符合的:被反映者不依赖于反映者而存在(外部世界不依赖于意识而存在)是唯物主义的基本前提。自然科学关于地球存在于人类之前的论断,是客观真理。自然科学的这个原理同马赫主义者的哲学以及他们的真理学说,是不可调和的:如果真理是人类经验的组织形式,那么地球存在于任何人类经验之**外**的论断就不可能是真理了。

但是不仅如此。如果真理只是人类经验的组织形式,那么天主教的教义也可以说是真理了。因为,天主教毫无疑问地是"人类经验的组织形式"。波格丹诺夫本人也感觉到了他的理论的这种惊人的谬误,我们来看看他怎样企图从他所陷入的泥坑中爬出来,倒是非常有趣的。

我们在《经验一元论》第 1 卷里读到:"客观性的基础应该是在集体经验的范围内。我们称之为客观的,是这样一些经验材料,它们对于我们和别人都具有同样的切身意义,不仅我们可以根据它们来毫无矛盾地组织自己的活动,而且我们深信,别人为了不陷于矛盾也应该以它们为根据。物理世界的客观性就在于:它不是对我一个人,而是对所有的人说来都是存在的〈不对! 它是**不依赖于**"所有的人"而存在的〉,并且我深信,它对于所有的人,就像对于我一样,具有同样确定的意义。物理系列的客观性就是它的**普遍意义**。"(第 25 页,黑体是波格丹诺夫用的)"我们在自己的经验中所遇见的那些物理物体的客观性,归根到底是确立在不同人的意见的相互验证和一致的基础上的。总之,物理世界是社会地一致起来的、社会地协调起来的经验,一句话,**是社会地组织起来的经验**。"(第 36 页,黑体是波格丹诺夫用的)

这是根本错误的唯心主义的定义;物理世界是不依赖于人类

和人类经验而存在的;在不可能有人类经验的任何"社会性"和任何"组织"的时候,物理世界就已经存在了,等等。关于这些我们不再重复了。现在我们从另一方面来揭穿马赫主义哲学:它给客观性下这样的定义,就会使宗教教义也适合这个定义了,因为宗教教义无疑地也具有"普遍意义"等等。再听一听波格丹诺夫往下说吧!"我们再一次提醒读者:'客观'经验决不是'社会'经验……社会经验远非都是社会地组织起来的,它总包含着各种各样的矛盾,因而它的某些部分和其他一些部分是不一致的。鬼神可以存在于某个民族或民族中某个集团(例如农民)的社会经验范围之内,但还不能因此就把它们包括在社会地组织起来的或客观的经验之内,因为它们和其余的集体经验不协调,并且不能列入这种经验的组织形式中,例如,因果性的链条中。"(第45页)

波格丹诺夫自己"不把"关于鬼神等等的社会经验"包括"在客观经验之内,我们当然是很高兴的。但是,以否定信仰主义的精神来作出的这种善意修正,丝毫没有改正波格丹诺夫的整个立场的根本错误。波格丹诺夫给客观性和物理世界所下的定义无疑是站不住脚的,因为宗教教义比科学学说具有更大的"普遍意义",人类的大部分至今还信奉宗教教义。天主教由于许多世纪的发展已经是"社会地组织起来、协调起来和一致起来的";它无可争辩地可以"列入""因果性的链条"中,因为宗教的产生不是无缘无故的,在现代条件下宗教得到人民群众的信奉,决不是偶然的,而哲学教授们迎合宗教的意旨,也是完全"合乎规律的"。如果说这种无疑具有普遍意义的和无疑高度组织起来的社会宗教的经验与科学的"经验""不协调",那么就是说,二者之间存在着原则的根本的差别,而波格丹诺夫在否认客观真理时却把这种差别抹杀了。无论波格丹诺夫怎样"修正",说信仰主义或僧侣主义是和科学不协调的,然而有一个事实毕竟是无可怀疑的,即波格丹诺夫对客观真理的否定是和信仰主义完全"协调"的。现代信仰主义决不否认科学;它只否认科学的"过分的奢望",即对客观真理的奢望。如果客观真理存在着(如唯物主义者所认为的那样),如果只有那在人类"经验"中反映外部世界的自然科学才能给我们提供客观真理,那么一切信仰主义就无条件地被否定了。如果没有客观真理,真理(也包括科学真理)只是人类经验的组织形式,那么,这就是承认僧侣主义的基本前提,替僧侣主义大开方便之门,为宗教经验的"组织形式"开拓地盘。

试问:这种对客观真理的否定,是出自不肯承认自己是马赫主义者的波格丹诺夫本人呢,还是出自马赫和阿芬那留斯的学说的基本原理?对这个问题的回答只能是后者。如果世界上只存在着感觉(1876年阿芬那留斯是这样说的),如果物体是感觉的复合(马赫在《感觉的分析》中是这样说的),那么就很明显,在我们面前的就是哲学主观主义,它不可避免地会导致对客观真理的否定。如果把感觉叫做"要素",这种"要素"在一种联系上构成物理的东西,在另一种联系上构成心理的东西,那么正如我们所看到的那样,经验批判主义的基本出发点并没有因此被否定,而只是被搞乱。阿芬那留斯和马赫都承认感觉是我们知识的泉源。因此,他们都抱着经验论(一切知识来自经验)或感觉论(一切知识来自感觉)的观点。但是,这种观点只会导致唯心主义和唯物主义这两个基本哲学派别之间的差别,而不会排除它们之间的差别,不管你们给这种观点套上什么"新"字眼("要素")的服饰。无论唯我论者即主观唯心主义者还是唯物主义者,都可以承认感觉是我们知识的泉源。贝克莱和狄德罗都渊源于洛克。认识论的第一个前提无疑地就是:感觉是我们知识的唯一泉源。马赫承认了第一个前提,但是搞乱了第二个重要前提:人通过感觉感知的是客观实在,或者说客观实在是人的感觉的泉源。从感觉出发,可以沿着主观主义的路线走向唯我论("物体是感觉的复合或组合"),也可以沿着客观主义的路线走向唯物主义(感觉是物体、外部世界的映象)。在第一种观点(不可知论,或者更进一步说,主观唯心主义)看来,客观真理是不会有的。在第二种观点(唯物主义)看来,承认客观真理是最要紧的。这个哲学上的老问题,即关于两种倾向的问题,或者说得更确切些,关于从经验论和感觉论的前提中得出两种可能的结论的问题,马赫并没有解决,也没有排除或超越,他只是玩弄"要素"这类名词,**把**问题**搞乱**。波格丹诺夫否定客观真理,这是整个马赫主义的必然结果,而不是离开马赫主义。

恩格斯在他的《路·费尔巴哈》中,把休谟和康德叫做"否认认识世界的可能性,或者至少是否认彻底认识世界的可能性"的哲学家。因而恩格斯提到首要地位的是休谟和康德的共同点,而不是他们的分歧点。同时他又指出:"对驳斥这一〈休谟的和康德的〉观点具有决定性的东西,黑格尔都已经说了。"(德文第4版第15—16页)①因此,指出黑格尔讲的下面一段话,在我看来不是没有意思的。黑格尔在宣称**唯物主义**是"彻底的经验论体系"时写道:"在经验论看来,外部东西(das Äußerliche)总是真实的;即使经验论容许某种超感觉的东西,那也否认这种超感觉的东西的可知性(soll doch eine Erkenntnis desselben (d. h. des Übersinnlichen) nicht statt finden können),经验论认为必须完全遵循属于知觉的东西(das der Wahrnehmung Angehörige)。而这个基本前提经过彻底的发展(Durchführung),便产生了后来所谓的**唯物主义**。在这种

---

① 参看《马克思恩格斯文集》2009年人民出版社版第4卷第279页。——编者注

唯物主义看来,物质本身是真实的客观的东西(das wahrhaft Objektive)。"①

一切知识来自经验、感觉、知觉。这是对的。但试问:"属于知觉"的,也就是说,作为知觉的泉源的是**客观实在**吗? 如果你回答说是,那你就是唯物主义者。如果你回答说不是,那你就是不彻底的,你不可避免地会陷入主观主义,陷入不可知论;不论你是否认自在之物的可知性和时间、空间、因果性的客观性(像康德那样),还是不容许关于自在之物的思想(像休谟那样),反正都一样。在这种情况下,你的经验论、经验哲学的不彻底性就在于:你否定经验中的客观内容,否定经验认识中的客观真理。

康德和休谟路线的维护者(马赫和阿芬那留斯包括在休谟路线的维护者之内,因为他们不是纯粹的贝克莱主义者)把我们唯物主义者叫做"形而上学者",因为我们承认我们在经验中感知的客观实在,承认我们感觉的客观的、不依赖于人的泉源。我们唯物主义者,继恩格斯之后,把康德主义者和休谟主义者叫做**不可知论者**,因为他们否定客观实在是我们感觉的泉源。不可知论者这个词来自希腊文:在希腊文里 α 是**不**的意思,**gnosis** 是**知**的意思。不可知论者说:**我不知道**是否有我们的感觉所反映、模写的客观实在;我宣布,要知道这点是不可能的(见上面恩格斯关于不可知论者的立场的叙述)。因此,不可知论者就否定客观真理,并且小市民式地、庸俗地、卑怯地容忍有关鬼神、天主教圣徒以及诸如此类东西的教义。马赫和阿芬那留斯自命不凡地提出"新"术语、所谓"新"观点,实际上却是糊涂地混乱地重复不可知论者的回答:一

---

① 黑格尔《哲学全书纲要》,《黑格尔全集》1843 年版第 6 卷第 83 页,参看第122 页。

方面,物体是感觉的复合(纯粹的主观主义、纯粹的贝克莱主义),另一方面,如果把感觉改名为要素,那就可以设想它们是不依赖于我们的感官而存在的!

马赫主义者喜欢唱这样一种高调:他们是完全相信我们感官的提示的哲学家,他们认为世界确实像显现在我们面前的那样,是充满着声音、颜色等等的,而唯物主义者认为世界是死的,世界没有声音和颜色,它本身和它的显现不同,等等。例如,约·彼得楚尔特在他的《纯粹经验哲学引论》和《从实证论观点来看世界问题》(1906)里面唱的都是这类高调。维克多·切尔诺夫先生对这一"新"思想称赞不已,他跟着彼得楚尔特喋喋不休地重复这种论调。其实,马赫主义者是主观主义者和不可知论者,因为他们**不充分**相信我们感官的提示,不彻底贯彻感觉论。他们不承认客观的、不依赖于人的实在是我们感觉的泉源。他们不把感觉看做是这个客观实在的正确摄影,因而直接和自然科学发生矛盾,为信仰主义大开方便之门。相反地,唯物主义者认为世界比它的显现更丰富、更生动、更多样化,因为科学每向前发展一步,就会发现它的新的方面。唯物主义者认为我们的感觉是唯一的和最终的客观实在的映象,所谓最终的,并不是说客观实在已经被彻底认识了,而是说除了它,没有而且也不能有别的客观实在。这种观点不仅坚决地堵塞了通向一切信仰主义的大门,而且也堵塞了通向教授的经院哲学的大门。这种经院哲学不是把客观实在看做我们感觉的泉源,而是用成套臆造的字眼来"推演出"客观的这一概念,认为客观的就是具有普遍意义的、社会地组织起来的,等等,它不能够而且也往往不愿意把客观真理和关于鬼神的教义分开。

马赫主义者对"独断主义者"即唯物主义者的"陈腐"观点轻蔑地耸耸肩膀,因为唯物主义者坚持着似乎已被"最新科学"和

"最新实证论"驳倒了的**物质**概念。关于物质构造的新物理学理论,我们将另行论述。但是,像马赫主义者那样把关于物质的某种构造的理论和认识论的范畴混淆起来,把关于物质的新类型(例如电子)的新特性问题和认识论的老问题,即关于我们知识的泉源、客观真理的存在等等问题混淆起来,这是完全不能容许的。有人对我们说,马赫"发现了世界要素":红、绿、硬、软、响、长等等。我们要问:当人看见红,感觉到硬等等的时候,人感知的是不是客观实在呢?这个老而又老的哲学问题被马赫搞乱了。如果你们认为人感知的不是客观实在,那么你们就必然和马赫一起陷入主观主义和不可知论,你们就理所当然地受到内在论者即哲学上的缅施科夫式人物的拥抱。如果你们认为人感知的是客观实在,那么就需要有一个关于这种客观实在的哲学概念,而这个概念很早很早以前就制定出来了,这个概念就是**物质**。物质是标志客观实在的哲学范畴,这种客观实在是人通过感觉感知的,它不依赖于我们的感觉而存在,为我们的感觉所复写、摄影、反映。因此,如果说这个概念会"陈腐",就是**小孩子的糊涂话**,就是无聊地重复时髦的**反动**哲学的论据。在两千年的哲学发展过程中,唯心主义和唯物主义的斗争难道会陈腐?哲学上柏拉图的和德谟克利特的倾向或路线的斗争难道会陈腐吗?宗教和科学的斗争难道会陈腐吗?否定客观真理和承认客观真理的斗争难道会陈腐吗?超感觉知识的维护者和反对者的斗争难道会陈腐吗?

接受或抛弃物质概念这一问题,是人对他的感官的提示是否相信的问题,是关于我们认识的泉源的问题。这一问题从一开始有哲学起就被提出来讨论了,教授小丑们可以千方百计地把这个问题改头换面,但是它正如视觉、触觉、听觉和嗅觉是否是人的认识的泉源这个问题一样,是不会陈腐的。认为我们的感觉是外部世界的映象;承认客观真理;坚持唯物主义认识论的观点,——这都是一回事。为了说明这一点,我只引证费尔巴哈以及两本哲学入门书里的话,以便读者可以看清楚,这是一个多么起码的问题。

路·费尔巴哈写道:"否认感觉是客观救世主的福音、通告(Verkündung),这多么无聊。"①你们可以看到,这是稀奇古怪的术语,然而却是一条十分鲜明的哲学路线:感觉给人揭示客观真理。"我的感觉是主观的,可是它的基础〈或原因,Grund〉是客观的。"(第195页)请把这句话同上面引证过的那段话比较一下,在那段话里费尔巴哈说过,唯物主义是从感性世界,即最终的(ausgemachte)客观真理出发的。

在弗兰克的《哲学辞典》②中,我们读到这样的话:感觉论是"把认识归于感觉,从感觉的经验中"引出我们的一切观念的学说。感觉论分为主观的感觉论(怀疑论**44**和贝克莱主义)、道德的感觉论(伊壁鸠鲁主义**45**)和客观的感觉论。"客观的感觉论是唯物主义,因为在唯物主义者看来,物质或物体是能够作用于我们感官(atteindre nos sens)的唯一客体。"

施韦格勒在他的《哲学史》中说:"既然感觉论断言只有依靠感官才能感知真理或存在物,那么只要〈指18世纪末的法国哲学〉客观地表述这个原理,我们就可以得出一个唯物主义的论点:只有感性的东西是存在着的;除了物质的存在,没有别的存在。"③

这就是写进教科书的一些起码的真理,而我们的马赫主义者却把它们忘记了。

---

① 《费尔巴哈全集》1866年版第10卷第194—195页。
② 《哲学辞典》1875年巴黎版。
③ 阿尔伯特·施韦格勒博士《哲学史纲要》第15版第194页。

5. 绝对真理和相对真理,或论亚·波格丹诺夫
所发现的恩格斯的折中主义

　　波格丹诺夫的这一发现写在 1906 年《经验一元论》第 3 卷的序言中。波格丹诺夫写道:"恩格斯在《反杜林论》里所说的意思,同我刚才所说明的真理相对性的意思**差不多**"(第 V 页),就是指否定一切永恒真理,"否定任何真理的绝对客观性"。"恩格斯的错误就在于不坚决果断,就在于他透过自己的全部讥讽言论,流露出对某些尽管是可怜的'永恒真理'的承认。"(第 VIII 页)"在这里,只有不彻底性才会容许像恩格斯所作的那些折中主义的保留……"(第 IX 页)现在我们来举出波格丹诺夫如何反驳恩格斯的折中主义的一个例子。为了向杜林说明,凡是奢望在历史科学中发现永恒真理的人会局限于哪些东西,会满足于哪些"陈词滥调"(Plattheiten),恩格斯在《反杜林论》(论"永恒真理"这一章)里说到"拿破仑死于 1821 年 5 月 5 日"。于是波格丹诺夫反驳恩格斯说:"这是什么'真理'啊? 它有什么'永恒的'呢? 确证对于我们这一代大概已经没有任何现实意义的个别关系,这不能作为任何活动的出发点,而且也不会引导我们到达任何地方。"(第 IX 页)他在第 VIII 页上还说:"难道'陈词滥调'可以叫做'真理'吗? 难道'陈词滥调'是真理吗? 真理就是经验的生动的组织形式。它在我们的活动中引导我们到达某个地方,它在生活斗争中提供支撑点。"

　　从这两段引文中可以很明显地看出:波格丹诺夫不是在反驳恩格斯,而是在**唱高调**。如果你不能断定"拿破仑死于 1821 年 5 月 5 日"这个命题是错误的或是不确切的,那么你就得承认它是

真理。如果你不能断定它在将来会被推翻,那么你就得承认这个真理是永恒的。把真理是"经验的生动的组织形式"这类词句叫做反驳,这就是用**一堆无聊的话**来冒充哲学。地球具有地质学所叙述的历史呢,还是在七天内被创造出来的[46]呢?难道能够用"引导"我们到达某个地方的"生动的"(这是什么意思?)真理等等词句来回避这个问题吗?难道关于地球历史和人类历史的知识"没有现实意义"吗?这只是波格丹诺夫用来掩饰他**退却**的冠冕堂皇的胡言乱语。因为,他在证明恩格斯对永恒真理的承认就是折中主义的时候,既没有推翻拿破仑确实死于1821年5月5日的事实,也没有驳倒那个认为这一**真理**将来会被推翻的见解是个荒谬见解的论点,而只是用响亮的词句来回避问题,这样的做法就是一种退却。

恩格斯所举的这个例子是非常浅显的,关于这类永恒的、绝对的、只有疯子才会怀疑的**真理**(正像恩格斯在举"巴黎在法国"这个例子时所说的),任何人都能轻而易举地想出几十个例子。为什么恩格斯在这里要讲到这些"陈词滥调"呢?因为他是要驳斥和嘲笑不会在绝对真理和相对真理的关系问题上应用辩证法的、独断的、形而上学的唯物主义者杜林。当一个唯物主义者,就要承认感官给我们揭示的客观真理。承认客观的即不依赖于人和人类的真理,也就是这样或那样地承认绝对真理。正是这个"这样或那样",就把形而上学唯物主义者杜林同辩证唯物主义者恩格斯区别开来了。在一般科学、特别是历史科学的最复杂的问题上,杜林到处滥用最后真理、终极真理、永恒真理这些字眼。恩格斯嘲笑了他,回答说:当然,永恒真理是有的,但是在简单的事物上用大字眼(gewaltige Worte)是不聪明的。为了向前推进唯物主义,必须停止对"永恒真理"这个字眼的庸俗的玩弄,必须善于辩证地提出和解决绝对真理和相对真理的关系问题。正是由于这个缘故,30 年前在杜林和恩格斯之间展开了斗争。而波格丹诺夫却假装"**没有看到**"恩格斯**在同一章中**对绝对真理和相对真理的问题所作的说明,波格丹诺夫由于恩格斯承认了对**一切**唯物主义来说都是最起码的论点,就想尽办法非难恩格斯搞"折中主义"。他这样做,只是再一次暴露了他无论对唯物主义还是对辩证法都绝对无知。

恩格斯在《反杜林论》中上述那章(第 1 编第 9 章)的开头写道:"我们却遇到了这样一个问题:人的认识的产物究竟能否具有至上的意义和无条件的真理权(Anspruch),如果能有,那么是哪些产物。"(德文第 5 版第 79 页)恩格斯对这个问题的解答如下:

"思维的至上性是在一系列非常不至上地思维着的人中实现的;拥有无条件的真理权的认识是在一系列相对的谬误中实现的;二者〈绝对真理的认识和至上的思维〉都只有通过人类生活的无限延续才能完全实现。

在这里,我们又遇到了在上面已经遇到过的矛盾:一方面,人的思维的性质必然被看做是绝对的,另一方面,人的思维又是在完全有限地思维着的个人中实现的。这个矛盾只有在至少对我们来说实际上是无止境的人类世代更迭中才能得到解决。从这个意义来说,人的思维是至上的,同样又是不至上的,它的认识能力是无限的,同样又是有限的。按它的本性〈或构造,Anlage〉、使命、可能和历史的终极目的来说,是至上的和无限的;按它的个别实现情况和每次的现实来说,又是不至上的和有限的。"(第 81 页)①

————————————

① 参看**维·切尔诺夫**的话,上引著作第 64 页及以下几页。马赫主义者切尔诺夫先生完全站在不愿意承认自己是马赫主义者的波格丹诺夫的立场上。他们的不同之处在于:波格丹诺夫竭力**掩饰**他和恩格斯的分歧,认为这是偶然的,等等;而切尔诺夫则觉得,这是既同唯物主义又同辩证法进行斗争的问题。

恩格斯继续说道:"永恒真理的情况也是一样。"①

这个论断,对于一切马赫主义者所强调的**相对主义**问题,即我们知识的相对性原则的问题,是极端重要的。马赫主义者**都**坚决认为他们是相对主义者,但是,俄国马赫主义者在重复德国人的话的时候,却害怕或不能直截了当地明白地提出相对主义和辩证法的关系问题。在波格丹诺夫(以及一切马赫主义者)看来,承认我们知识的相对性,就是根本**不**承认绝对真理。在恩格斯看来,绝对真理是由相对真理构成的。波格丹诺夫是相对主义者。恩格斯是辩证论者。下面是恩格斯在《反杜林论》同一章中讲的另一段同样重要的话:

"真理和谬误,正如一切在两极对立中运动的逻辑范畴一样,只是在非常有限的领域内才具有绝对的意义;这一点我们刚才已经看到了,即使是杜林先生,只要他稍微知道一点正是说明一切两极对立的不充分性的辩证法的初步知识〈辩证法的基本前提〉,他也会知道的。只要我们在上面指出的狭窄的领域之外应用真理和谬误的对立,这种对立就变成相对的,因而对精确的科学的表达方式来说就是无用的;但是,如果我们企图在这一领域之外把这种对立当做绝对有效的东西来应用,那我们就会完全遭到失败;对立的两极都向自己的对立面转化,真理变成谬误,谬误变成真理。"(第86页)②接着恩格斯举了波义耳定律(气体的体积同它所受的压力成反比)作为例子。这个定律所包含的"一粟真理"只有在一定界限内才是绝对真理。这个定律"只是近似的"真理。

---

① 见《马克思恩格斯文集》2009年人民出版社版第9卷第90—92页。——编者注
② 同上书,第96页。——编者注

　　因此,人类思维按其本性是能够给我们提供并且正在提供由相对真理的总和所构成的绝对真理的。科学发展的每一阶段,都在给绝对真理这一总和增添新的一粒,可是每一科学原理的真理的界限都是相对的,它随着知识的增加时而扩张、时而缩小。约·狄慈根在《漫游》①中说:"我们可以看到、听到、嗅到、触到绝对真理,无疑地也可以**认识**绝对真理,但它并不全部进入(geht nicht auf)认识中。"(第195页)"不言而喻,图像不能穷尽对象,画家落后于他的模特儿……　图像怎么能够和它的模特儿'一致'呢? 只是近似地一致。"(第197页)"我们只能相对地认识自然界和它的各个部分;因为每一个部分,虽然只是自然界的一个相对的部分,然而却具有绝对物的本性,具有认识所不可穷尽的自在的自然整体(des Naturganzen an sich)的本性……　我们究竟怎样知道在自然现象背后,在相对真理背后,存在着不完全显露在人面前的普遍的、无限的、绝对的自然呢? ……这种知识是从哪儿来的呢? 它是天赋的,是同意识一起为我们所秉赋的。"(第198页)最后这句话是狄慈根的不确切的说法之一,这些不确切的说法使得马克思在给库格曼的一封信中指出:狄慈根的观点中存在着混乱。② 只有抓住这类不正确的地方,才能谈论不同于辩证唯物主义的狄慈根的特殊哲学。但是狄慈根自己在**同一页**上就改正了,他说:"虽然我说,关于无限的、绝对的真理的知识是天赋的,它是独一无二的唯一的先于经验的知识,但是这种天赋知识还是由经验证实的。"(第198页)

　　从恩格斯和狄慈根的所有这些言论中可以清楚地看出:在辩

---

① 即《一个社会主义者在认识论领域中的漫游》。——编者注
② 参看《马克思恩格斯全集》第1版第32卷第567页。——编者注

证唯物主义看来,相对真理和绝对真理之间没有不可逾越的鸿沟。波格丹诺夫完全不懂得这点,他竟然说出了这样的话:"它〈旧唯物主义的世界观〉希望成为对于**事物本质的**绝对**客观的认识**〈黑体是波格丹诺夫用的〉,因而同任何意识形态的历史条件的制约性不能相容。"(《经验一元论》第3卷第IV页)从现代唯物主义即马克思主义的观点来看,我们的知识向客观的、绝对的真理接近的**界限**是受历史条件制约的,但是这个真理的存在**是无条件的**,我们向这个真理的接近也是无条件的。图画的轮廓是受历史条件制约的,而这幅图画描绘客观地存在着的模特儿,这是无条件的。在我们认识事物本质的过程中,我们什么时候和在什么条件下进到发现煤焦油中的茜素或发现原子中的电子,这是受历史条件制约的;然而,每一个这样的发现都意味着"绝对客观的认识"前进一步,这是无条件的。一句话,任何意识形态都是受历史条件制约的,可是,任何科学的意识形态(例如不同于宗教的意识形态)都和客观真理、绝对自然相符合,这是无条件的。你们会说:相对真理和绝对真理的这种区分是不确定的。我告诉你们:这种区分正是这样"不确定",以便阻止科学变为恶劣的教条,变为某种僵死的凝固不变的东西;但同时它又是这样"确定",以便最坚决果断地同信仰主义和不可知论划清界限,同哲学唯心主义以及休谟和康德的信徒们的诡辩划清界限。这里是有你们所没有看到的界限,而且由于你们没有看到这个界限,你们滚入了反动哲学的泥坑。这就是辩证唯物主义和相对主义的界限。

马赫、阿芬那留斯和彼得楚尔特宣称:我们是相对主义者。切尔诺夫先生和一些想当马克思主义者的俄国马赫主义者也随声附和地说:我们是相对主义者。是的,切尔诺夫先生和马赫主义者同志们,你们的错误正在这里。因为,把相对主义作为认识论的基础,就必然使自己不是陷入绝对怀疑论、不可知论和诡辩,就是陷入主观主义。作为认识论基础的相对主义,不仅承认我们知识的相对性,并且还否定任何为我们的相对认识所逐渐接近的、不依赖于人类而存在的、客观的准绳或模特儿。从赤裸裸的相对主义的观点出发,可以证明任何诡辩都是正确的,可以认为拿破仑是否死于1821年5月5日这件事是"有条件的",可以纯粹为了人或人类的"方便",在承认科学意识形态(它在一方面是"方便"的)的同时,又承认宗教意识形态(它在另一方面也是很"方便"的),等等。

辩证法,正如黑格尔早已说明的那样,**包含着**相对主义、否定、怀疑论的因素,可是它**并不归结为**相对主义。马克思和恩格斯的唯物主义辩证法无疑地包含着相对主义,可是它并不归结为相对主义,这就是说,它不是在否定客观真理的意义上,而是在我们的知识向客观真理接近的界限受历史条件制约的意义上,承认我们一切知识的相对性。

波格丹诺夫加上着重标记写道:"**彻底的马克思主义不承认**"像永恒真理"**这样的独断主义和静力学**"(《经验一元论》第3卷第IX页)。这是一句糊涂话。如果世界是永恒地运动着和发展着的物质(像马克思主义者所认为的那样),这种物质为不断发展着的人的意识所反映,那么这同"静力学"有什么关系呢? 这里谈的根本不是物的不变的本质,也不是不变的意识,而是反映自然界的意识和意识所反映的自然界之间的**符合**。在这个问题上,而且仅仅在这个问题上,"独断主义"这个术语具有特殊的、独特的哲学风味,它是唯心主义者和不可知论者在**反对**唯物主义者时所爱用的字眼,这一点我们从相当"老的"唯物主义者费尔巴哈举的例子中已经看到过了。总之,从臭名昭彰的"最新实证论"的观点出发对唯物主义所进行的一切反驳,都是陈词滥调。

6. 认识论中的实践标准

我们已经看到，马克思在 1845 年，恩格斯在 1888 年和 1892 年，都把实践标准作为唯物主义认识论的基础。[47] 马克思在关于费尔巴哈的提纲第 2 条里说：离开实践提出"人的思维是否具有对象的〈即客观的〉真理性"的问题，是经院哲学。恩格斯重复说：对康德和休谟的不可知论以及其他哲学怪论（Schrullen）的最有力的驳斥就是实践。他反驳不可知论者说："我们行动的结果证明我们的知觉符合（Übereinstimmung）所感知的事物的对象〈客观〉本性。"①

请把马赫关于实践标准的言论和上面的言论对比一下。"在日常的思维和谈话中，通常把**假象**、**错觉**同**现实**对立起来。把一支铅笔举在我们面前的空气中，我们看见它是直的；把它斜放在水里，我们看见它是弯的。在后一种情况下，人们说：'铅笔**好像是弯的，但实际上是直的。**'可是我们有什么理由把**一个事实**说成是现实，而把**另一个事实**贬斥为错觉呢？……当我们犯着在非常情况下仍然期待通常现象的到来这种自然错误时，那么我们的期待当然是会落空的。但事实在这点上是没有过失的。在这种情况下谈**错觉**，从实践的观点看来是有意义的，从科学的观点看来却是毫无意义的。世界是否真的存在着或者它只是我们的像梦一样的错觉，这个常常引起争论的问题，从科学的观点看来同样是毫无意义的。但是，就连最荒唐的梦也是一个事实，它同任何其他事实比较

---

① 参看《马克思恩格斯文集》2009 年人民出版社版第 1 卷第 500 页，第 4 卷第 279 页，第 3 卷第 507 页。——编者注

起来并不逊色。"(《感觉的分析》第18—19页)

真的,不仅荒唐的梦是事实,而且荒唐的哲学也是事实。只要知道了恩斯特·马赫的哲学,对这点就不可能有什么怀疑。马赫是一个登峰造极的诡辩论者,他把对人们的谬误、人类的种种"荒唐的梦"(如相信鬼神之类)的科学史的和心理学的研究,同真理和"荒唐"在认识论上的区分混淆起来了。这正好像一位经济学家说:西尼耳所谓资本家的全部利润是由工人的"最后一小时"的劳动所创造的理论[48]和马克思的理论同样都是事实,至于哪一种理论反映客观真理以及哪一种理论表现资产阶级的偏见和资产阶级教授们的卖身求荣的问题,从科学的观点看来是没有意义的。制革匠约·狄慈根认为科学的即唯物主义的认识论是"反对宗教信仰的万能武器"(《短篇哲学著作集》[49]第55页),而正式的教授恩斯特·马赫却认为,唯物主义认识论和主观唯心主义认识论的差别,"从科学的观点看来是没有意义的"!科学在唯物主义反对唯心主义和宗教的斗争中是无党性的,这不仅是马赫一个人所喜爱的思想,而且是现代所有的资产阶级教授们所喜爱的思想,这些教授,按照约·狄慈根的公正的说法,就是"用生造的唯心主义来愚弄人民的有学位的奴仆"(同上,第53页)。

恩·马赫把每个人用来区别错觉和现实的实践标准置于科学的界限、认识论的界限之外,这正是这种生造的教授唯心主义。马克思和恩格斯都说过,人类的实践证明唯物主义认识论的正确性,并且把那些想离开实践来解决认识论的基本问题的尝试称为"经院哲学"和"哲学怪论"。但马赫认为,实践是一回事,而认识论完全是另外一回事;人们可以把它们并列在一起,不用前者来制约后者。马赫在他的最后一本著作《认识和谬误》中说:"认识是生物学上有用的(förderndes)心理体验。"(德文第2版第115页)"只有成功才能把认识和谬误区别开来。"(第116页)"概念是物理学的作业假说。"(第143页)我们俄国的那些想当马克思主义者的马赫主义者,天真到了惊人的地步,他们竟把马赫的这些话当做他**接近马克思主义**的证明。但是,马赫在这里接近马克思主义,就像俾斯麦接近工人运动或叶夫洛吉主教接近民主主义一样。在马赫那里,这些论点**是**和他的唯心主义的认识论**并列在一起的**,但是它们并不决定在认识论上选择哪一条确定的路线。认识只有在它反映不以人为转移的客观真理时,才能成为生物学上有用的认识,成为对人的实践、生命的保存、种的保存有用的认识。在唯物主义者看来,人类实践的"成功"证明着我们的表象同我们所感知的事物的客观本性相符合。在唯我论者看来,"成功"是**我在实践中**所需要的一切,而实践是可以同认识论分开来考察的。马克思主义者说:如果把实践标准作为认识论的基础,那么我们就必然得出唯物主义。马赫说:就算实践是唯物主义的,但理论却完全是另外一回事。

马赫在《感觉的分析》中写道:"在实践方面,我们在从事某种活动时不能缺少**自我**这个观念,正如我们在伸手拿一个东西时不能缺少物体这个观念一样。在生理学方面,我们经常是一个利己主义者和唯物主义者,正如我们经常看到日出一样。但是在理论方面,我们决不应该坚持这种看法。"(第284—285页)

这里说到利己主义,真是牛头不对马嘴,因为它根本不是认识论的范畴。这里和表面看到的太阳环绕地球的运行也毫不相干,因为,我们用来作为认识论的标准的实践应当也包括天文学上的观察、发现等等的实践。剩下来的只是马赫的有价值的供状:人们在自己的实践中完全地唯一地以唯物主义的认识论为指导。至于在"理论方面"逃避唯物主义认识论的尝试,只不过是表现着马赫的学究式的经院哲学的倾向和生造的唯心主义的倾向罢了。

　　为了给不可知论和唯心主义扫清地盘,竭力想把实践作为一种在认识论上不值得研究的东西加以排除,这毫不新鲜,我们可以从下面一个德国古典哲学史上的例子看出。在康德与费希特之间有一个戈·恩·舒尔采(在哲学史上叫做舒尔采-埃奈西德穆)。他公开拥护哲学上的怀疑论路线,自称为休谟(以及古代哲学家皮浪和塞克斯都)的追随者。他坚决否认任何自在之物和客观认识的可能性,坚决要求我们不要超出"经验"、感觉之外,同时他也预见到了来自另一阵营的反驳:"既然怀疑论者在参加实际生活时承认客观对象的真实性是无可怀疑的,并且依据这点进行活动和承认真理的标准,那么他自己的这种行为就是对他的怀疑论的最好的和最明白的驳斥。"①舒尔采愤慨地回答说:"这类论据只是对于小民百姓(Pöbel)才是有用的"(第254页),因为"我的怀疑论并不涉及到日常生活的事情,而只是停留在哲学的范围之内"(第255页)。

　　主观唯心主义者费希特,同样也希望在唯心主义哲学的范围内给这样一种实在论留个地盘,"这种实在论是我们每个人、甚至最坚决的唯心主义者在行动时都不能回避的(sich aufdringt),也就是承认对象是完全不依赖于我们,在我们之外存在的"(《费希特全集》第1卷第455页)。

　　马赫的最新实证论并不比舒尔采和费希特高明多少! 作为一个笑柄,我们要指出:在这个问题上,巴扎罗夫还是以为除普列汉诺夫以外世界上再没有别人了,再没有比猫更凶的野兽了。巴扎罗夫嘲笑"普列汉诺夫的获生的跳跃的哲学"(《论丛》第69页)[50],的确,普列汉诺夫曾经写过这样拙劣的词句,说什么"信仰"外部世

━━━━━━━━━

① 　戈·恩·舒尔采《埃奈西德穆或关于耶拿的赖因霍尔德教授先生提出的基础哲学的原理》1792年版第253页。

界的存在就是"哲学的不可避免的获生的跳跃（salto vitale）"
（《〈路·费尔巴哈〉注释》第 111 页）。"信仰"这个字眼，是重复
休谟的，虽然加上了引号，但暴露了普列汉诺夫用语的混乱，这是
毫无疑问的。可是为什么要找普列汉诺夫呢？？为什么巴扎罗夫
不举其他的唯物主义者，哪怕是费尔巴哈呢？仅仅是因为他不知
道费尔巴哈吗？但无知并不是论据。费尔巴哈和马克思、恩格斯
一样，在认识论的基本问题上也向实践作了在舒尔采、费希特和马
赫看来是不能容许的"跳跃"。在批判唯心主义的时候，费尔巴哈
引证了费希特的一段典型的话来说明唯心主义的实质，这段话绝
妙地击中了整个马赫主义的要害。费希特写道："你所以认为物
是现实的，是存在于你之外的，只是因为你看到它们、听到它们、触
到它们。但是视、触、听都只是感觉……　你感觉的不是对象，而
只是你自己的感觉。"（《费尔巴哈全集》第 10 卷第 185 页）费尔巴
哈反驳说：人不是抽象的**自我**，他不是男人，就是女人，可以把世界
是否是感觉的问题同别人是我的感觉还是像我们在实践中的关系
所证明的那样不是我的感觉这一问题同等看待。"唯心主义的根本
错误就在于：它只是从理论的角度提出并解决世界的客观性或主观
性、现实性或非现实性的问题。"（同上，第 189 页）费尔巴哈把人类
实践的总和当做认识论的基础。他说：当然唯心主义者在实践中也
承认我们的**自我**和他人的**你**的实在性。不过在唯心主义者看来，
"这是一种只适合于生活而不适合于思辨的观点。但是，这种和
生活矛盾的思辨，把死的观点、脱离了肉体的灵魂的观点当做真理
的观点的思辨，是僵死的、虚伪的思辨"（第 192 页）。我们要**感
觉**，首先就得呼吸；没有空气，没有食物和饮料，我们就不能生存。

　　"愤怒的唯心主义者大叫大嚷地说：这样说来，在研究世界的
观念性或实在性的问题时要讨论饮食问题吗？多么卑下！在哲学

和神学的讲坛上竭力谩骂科学的唯物主义,而在公共餐桌上却醉心于最粗俗的唯物主义,这多么有失体统啊!"(第195页)费尔巴哈大声说:把主观感觉和客观世界同等看待,"就等于把遗精和生孩子同等看待"(第198页)。

这种评语虽然不十分文雅,却击中了宣称感性表象也就是存在于我们之外的现实的那些哲学家的要害。

生活、实践的观点,应该是认识论的首要的和基本的观点。这种观点必然会导致唯物主义,而把教授的经院哲学的无数臆说一脚踢开。当然,在这里不要忘记:实践标准实质上决不能**完全地**证实或驳倒人类的任何表象。这个标准也是这样的"不确定",以便不让人的知识变成"绝对",同时它又是这样的确定,以便同唯心主义和不可知论的一切变种进行无情的斗争。如果我们的实践所证实的是唯一的、最终的、客观的真理,那么,因此就得承认:坚持唯物主义观点的科学的道路是走向这种真理的唯一的道路。例如,波格丹诺夫同意承认马克思的货币流通理论只是在"我们的时代"才具有客观真理性,而把那种认为这个理论具有"超历史的客观的"真理性的见解叫做"独断主义"(《经验一元论》第3卷第VII页)。这又是一个糊涂观点。这个理论和实践的符合,是不能被将来任何情况所改变的,原因很简单,正如拿破仑死于1821年5月5日这个真理**是永恒的**一样。但是,实践标准即**一切**资本主义国家近几十年来的发展进程所证明为客观真理的,是马克思的**整个**社会经济理论,而不是其中的某一部分、某一表述等等,因此很明显,在这里说什么马克思主义者的"独断主义",就是向资产阶级经济学作不可宽恕的让步。从马克思的理论是客观真理这一为马克思主义者所同意的见解出发,所能得出的唯一结论就是:**沿着**马克思的理论的**道路**前进,我们将愈来愈接近客观真理(但决不会穷尽它）；而**沿着任何其他的道路**前进，除了混乱和谬误之外，我们什么也得不到。

第 三 章

辩证唯物主义的认识论和
经验批判主义的认识论(三)

1. 什么是物质? 什么是经验?

　　唯心主义者,不可知论者,其中也包括马赫主义者,经常拿第一个问题追问唯物主义者,唯物主义者经常拿第二个问题追问马赫主义者。我们来分析一下这是怎么一回事。

　　关于物质的问题,阿芬那留斯说道:

　　"在清洗过的'完全经验'内部没有'物理的东西',即没有形而上学地绝对地理解的'物质',因为这样理解的'物质'只是一种抽象,也就是一切中心项都被抽象掉的对立项的总和。正如在原则同格中,也就是说,在'完全经验'中,没有中心项的对立项是不可设想的(undenkbar)一样,形而上学地绝对地理解的'物质'是完全没有意义的东西(Unding)。"(《关于心理学对象的概念的考察》,载于上述杂志第 2 页第 119 节)

　　从这段莫名其妙的话中可以看出一点:阿芬那留斯把物理的东西或物质叫做绝对物和形而上学,因为根据他的原则同格(或者用新的说法:"完全经验")的理论,对立项和中心项是分不开的,环境和**自我**是分不开的,**非我**和**自我**是分不开的(如约·哥·

费希特所说的）。这种理论是改头换面的主观唯心主义,关于这一点我们已在有关地方说过了。阿芬那留斯对"物质"的抨击的性质十分明显:唯心主义者否认物理的东西的存在是不以心理为转移的,所以不接受哲学给这种存在制定的概念。至于物质是"物理的东西"（即人最熟悉的、直接感知的东西,除了疯人院里的疯子,谁也不会怀疑它的存在）,这一点阿芬那留斯并不否认,他只是要求接受**"他的"**关于环境和**自我**有不可分割的联系的理论。

马赫把这个思想表达得比较简单,没有用哲学上的遁词饰语:"我们称之为物质的东西,只是**要素**（"感觉"）的一定的有规律的联系。"（《感觉的分析》第 265 页）马赫以为,他提出这样一个论断,就会使普通的世界观发生"根本的变革"。其实这是用"要素"这个字眼掩盖了真面目的老朽不堪的主观唯心主义。

最后,疯狂地攻击唯物主义的英国马赫主义者毕尔生说道:"从科学的观点来看,不能反对把某些比较恒久的感性知觉群加以分类,把它们集合在一起而称之为物质。这样我们就很接近约·斯·穆勒的定义:物质是感觉的恒久可能性。但是这样的物质定义完全不同于如下的定义:物质是运动着的东西。"（《科学入门》1900 年第 2 版第 249 页）这里没有用"要素"这块遮羞布,唯心主义者直接向不可知论者伸出了手。

读者可以看到,经验批判主义的创始人的这一切论述,完全是在思维对存在、感觉对物理东西的关系这个认识论的老问题上兜圈子。要有俄国马赫主义者的无比天真才能在这里看到某种和"最新自然科学"或"最新实证论"多少有点关系的东西。所有我们提到的哲学家都是用唯心主义的基本哲学路线代替唯物主义的基本哲学路线（从存在到思维、从物质到感觉）,只是有的质直明言,有的吞吞吐吐。他们否认物质,也就是否认我们感觉的外部的、客观的泉源,否认和我们感觉相符合的客观实在,这是大家早已熟知的他们对认识论问题的解答。相反地,对唯心主义者和不可知论者所否定的那条哲学路线的承认,是以如下的定义表达的:物质是作用于我们的感官而引起感觉的东西;物质是我们通过感觉感知的客观实在,等等。

　　波格丹诺夫胆怯地避开恩格斯,装做只跟别尔托夫争辩,对上述定义表示愤慨,因为,你们要知道,这类定义"原来是简单地重复"(《经验一元论》第 3 卷第 XVI 页)下面的"公式"(我们的"马克思主义者"忘记了加上:**恩格斯**的公式):对哲学上的一个派别说来,物质是第一性的,精神是第二性的;对另一个派别说来,则恰恰相反。所有的俄国马赫主义者都喜出望外地重复波格丹诺夫的"驳斥"!可是这些人稍微想一想就会明白,对于认识论的这两个根本概念,除了指出它们之中哪一个是第一性的,不可能,实质上不可能再下别的定义。下"定义"是什么意思呢?这首先就是把某一个概念放在另一个更广泛的概念里。例如,当我下定义说驴是动物的时候,我是把"驴"这个概念放在更广泛的概念里。现在试问,在认识论所能使用的概念中,有没有比存在和思维、物质和感觉、物理的东西和心理的东西这些概念更广泛的概念呢?没有。这是些极为广泛的、最为广泛的概念,其实(如果撇开**术语上经常**可能发生的变化)认识论直到现在还没有超出它们。只有欺诈或极端愚蠢才会要求给这两个极其广泛的概念"系列"下一个不是"简单地重复"二者之中哪一个是第一性的"定义"。就拿上面所引的三种关于物质的论断来说吧!这三种论断归结起来是什么意思呢?归结起来就是:这些哲学家是从心理的东西或**自我**到物理的东西或环境,也就是从中心项到对立项,或者从感觉到物质,或者从感性知觉到物质。实际上,阿芬那留斯、马赫和毕尔生除了表明他们的哲学路线的**倾向**以外，能不能给这些基本概念下什么别的"定义"呢？对于什么是**自我**，什么是感觉，什么是感性知觉，他们是不是能下别的定义，能下什么更特别的定义呢？只要清楚地提出问题就可以了解，当马赫主义者要求唯物主义者给物质下的定义不再重复物质、自然界、存在、物理的东西是第一性的，而精神、意识、感觉、心理的东西是第二性的时候，他们是在说些多么荒唐绝顶的话。

顺便说一下，马克思和恩格斯的天才也表现在：他们蔑视学究式地玩弄新奇的名词、古怪的术语、狡猾的"主义"，而直截了当地说，哲学上有唯物主义路线和唯心主义路线，在两者之间有各式各样的不可知论。劳神费力寻找哲学上的"新"观点，正如劳神费力创造"新"价值论、"新"地租论等等一样，是精神上贫乏的表现。

关于阿芬那留斯，他的门徒卡斯坦宁说，他在一次私人谈话中表示："我既不知道物理的东西，也不知道心理的东西，只知道第三种东西。"有一位著作家指出，阿芬那留斯没有提出这个第三种东西的概念。彼得楚尔特回答说："我们知道他为什么不能提出这样的概念。因为第三种东西没有对立概念〈Gegenbegriff，相关概念〉…… 什么是第三种东西这个问题提得不合逻辑。"（《纯粹经验哲学引论》第 2 卷第 329 页）不可能给这个概念下定义，这一点彼得楚尔特是懂得的。但是他不懂得，援用"第三种东西"不过是一种狡辩，因为我们每个人都知道什么是物理的东西，什么是心理的东西，可是目前谁也不知道什么是"第三种东西"。阿芬那留斯只是用这种狡辩掩盖痕迹，**事实上他在宣称自我**是第一性的（中心项），自然界（环境）是第二性的（对立项）。

当然，就是物质和意识的对立，也只是在非常有限的范围内才有绝对的意义，在这里，仅仅在承认什么是第一性的和什么是第二性的这个认识论的基本问题的范围内才有绝对的意义。超出这个范围,这种对立无疑是相对的。

　　现在我们来看一看在经验批判主义哲学里是怎样使用"经验"一词的。《纯粹经验批判》一书的第1节叙述了如下的"假设":"我们环境的任何构成部分都和个人处在这样一种关系中:如果前者呈现,那么后者就申述自己的经验,说某某东西是我从经验中知道的,某某东西是经验;或说某某东西是从经验中产生的,是依赖于经验的。"(俄译本第1页)这样,经验还是由**自我**和环境这两个概念来确定的,可是关于二者有"不可分割的"联系的"学说"暂时收藏起来了。再往下读:"纯粹经验的综合概念","就是作为这样一种申述的经验的综合概念,在这种申述的所有构成部分中,只有我们环境的构成部分才是这种申述的前提"(第1—2页)。如果认为环境是不依赖于人的"申述"或"言表"而存在着的,那么就有可能唯物地解释经验了!"纯粹经验的分析概念","就是作为这样一种申述的经验的分析概念,在这种申述中没有掺入任何非经验的东西,因而这种申述本身不外就是经验"(第2页)。经验就是经验。竟有人把这种冒牌学者的胡说当做真正的深奥思想!

　　必须再补充几点:阿芬那留斯在《纯粹经验批判》第2卷里把"经验"看做是**心理的东西**的一种"特殊状态";他把经验分为物的价值(sachhafte Werte)和思想的价值(gedankhafte Werte);"广义的经验"包含思想的价值;"完全经验"被视为和原则同格是同一的(《考察》)。一句话,"想怎么说,就怎么说"。"经验"掩盖哲学上的唯物主义路线和唯心主义路线,使二者的混同神圣化。我们的马赫主义者轻信地把"纯粹经验"当做真的,可是在哲学著作中,各种派别的代表都一致指出阿芬那留斯滥用这个概念。阿·黎尔写道:"什么是纯粹经验,在阿芬那留斯的书中仍然是含糊不清的。他说'纯粹经验是一种没有掺入任何非经验的东西的经验',这显然是在兜圈子。"(《系统哲学》1907年莱比锡版第102页)冯特写道,阿芬那留斯的纯粹经验有时是指任何一种幻想,有时是指具有"物性"的言表(《哲学研究》杂志第13卷第92—93页)。阿芬那留斯把经验这个概念**扩大了**(第382页)。科韦拉尔特写道:"整个这种哲学的意义取决于经验和纯粹经验这两个术语的精确定义。阿芬那留斯没有下这样的精确定义。"(《新经院哲学评论》杂志1907年2月号第61页)诺曼·斯密斯说道:阿芬那留斯在反唯心主义的幌子下偷运唯心主义的时候,"经验这个术语的含糊不清很好地帮了他的忙"(《思想》杂志第15卷第29页)。

"我郑重声明,我的哲学的真谛和灵魂在于:人除了经验以外什么也没有;人所要获得的一切,只有通过经验才能获得……"这岂不是一位狂热的纯粹经验的哲学家吗?讲这段话的人是主观唯心主义者约·哥·费希特(《向广大读者所作的有关最新哲学真正本质的明白报道》第12页)。我们从哲学史中知道,对经验概念的解释,使古典的唯物主义者和古典的唯心主义者划分开来了。目前,各式各样的教授哲学都以侈谈"经验"来掩饰它们的反动性。一切内在论者都援用经验。马赫在他的《认识和谬误》一书第2版序言里对威·耶鲁萨伦姆教授的一本书称赞不已。在那本书中我们读到:"承认神的原初存在,和任何经验都不矛盾。"(《批判的唯心主义和纯粹的逻辑》第222页)

我们只能怜惜那些相信阿芬那留斯之流的人,他们以为靠"经验"一词就可以超越唯物主义和唯心主义的"陈旧"差别。瓦连廷诺夫和尤什凯维奇责备同纯粹马赫主义略有分歧的波格丹诺夫滥用了"经验"一词,这些先生在这里只是暴露出自己的无知。波格丹诺夫在这一点上"没有过错",因为他**只是**盲目地接受了马赫和阿芬那留斯的糊涂观念。当他说"意识和直接心理经验是同一概念"(《经验一元论》第 2 卷第 53 页),物质"不是经验",而是"引出一切已知物的未知物"(《经验一元论》第 3 卷第 XIII 页),这时候他是在**唯心地**解释经验。当然,他不是第一个①但也不是最后一个用"经验"这个字眼来建立唯心主义体系的人。当他驳斥反动的哲学家们,说那些想超出经验界限的尝试事实上"只会导致空洞的抽象和矛盾的映象,而这些抽象和映象的一切要素毕竟是从经验中取得的"(第 1 卷第 48 页),这时候他把在人之外、不依赖于人的意识而存在的东西同人的意识的空洞抽象对立起来,就是说,他是在唯物地解释经验。

完全同样地,马赫以唯心主义为出发点(物体是感觉或"要素"的复合),却常常不由自主地对"经验"一词作唯物主义的解释。他在《力学》一书(1897 年德文第 3 版第 14 页)中说道:"不要从自身中推究哲理(nicht aus uns herausphilosophieren),而要从经验中推究。"在这里,他把经验同从自身中推究哲理对立起来,就是说,他把经验解释为某种客观的、人从外界得到的东西,他是在唯物地解释经验。还有一个例子:"我们在自然界里观察到的东西,虽然我们还不理解,还没有加以分析,但是已经印入我们的表象,以后这些表象在最一般、最稳定的(stärksten)特征上模仿(nachahmen)自然过程。这种经验就成为永远在我们手边的财宝(Schatz)……"(同上,第27 页)在这里自然界被看做是第一性的,感觉和经验被看做是派生的。如果马赫在认识论的基本问题上始终坚持这种观点,他就会使人类摆脱许多愚蠢的唯心主义的"复合"。第三个例子:"思

---

① 在英国,贝尔福特·巴克斯同志老早就这样做了。不久以前,一位评论巴克斯的著作《实在的根源》的法国评论家辛辣地对他说:"经验不过是意识的代用语",你就公开地做一个唯心主义者吧!(1907 年《哲学评论》杂志**51** 第 10 期第 399 页)

想和经验的密切结合创立了现代自然科学。经验产生思想。思想经过进一步的精炼，又来和经验相比较"，等等（《认识和谬误》第200页）。马赫的特殊"哲学"在这里被抛弃了，这位作者自发地转到唯物地看待经验的自然科学家的普通观点上去了。

总结：马赫主义者用来建立自己体系的"经验"一词，老早就在掩盖各种唯心主义体系了，现在它又被阿芬那留斯之流用来为由唯心主义立场转到唯物主义立场或由唯物主义立场转到唯心主义立场的折中主义效劳了。这个概念的各种不同的"定义"，只是表现着被恩格斯十分鲜明地揭示出的哲学上的两条基本路线。

2. 普列汉诺夫对"经验"概念的错误理解

普列汉诺夫在给《路·费尔巴哈》（1905 年版）写的序言第Ⅹ—Ⅺ页上说道：

"一位德国著作家说，在经验批判主义看来，**经验**只是研究的对象，决不是认识的手段。如果真是这样，那么把经验批判主义和唯物主义对立起来就没有意义了，关于经验批判主义负有代替唯物主义的使命的议论也就是十分空洞无谓的了。"

这全是糊涂思想。

阿芬那留斯的最"正统的"继承者之一弗·卡斯坦宁在一篇关于经验批判主义的文章（给冯特的答复）中说道："从《纯粹经验批判》一书来看，经验不是认识的手段，而只是研究的对象。"①照普列汉诺夫的说法，把弗·卡斯坦宁的观点和唯物主义对立起来就没有意义了！

---

① 《科学的哲学季刊》第 22 年卷（1898）第 45 页。

　　弗·卡斯坦宁几乎逐字逐句地转述阿芬那留斯的话。阿芬那留斯在他的《考察》一书中,坚决把自己对经验的理解同"占统治地位的、实质上完全是形而上学的认识论"对经验的看法对立起来;他认为经验是我们见到的东西,是我们发现的东西(das Vorge-fundene),后者认为经验是"认识的手段"(上引书第401页)。彼得楚尔特在他的《纯粹经验哲学引论》(第1卷第170页)中也跟随阿芬那留斯说同样的话。照普列汉诺夫的说法,把卡斯坦宁、阿芬那留斯和彼得楚尔特的观点同唯物主义对立起来就没有意义了! 不是普列汉诺夫没有"读完"卡斯坦宁及其同伴的著作,就是他从第三手引用了"一位德国著作家"的话。

　　最著名的经验批判主义者们的这个为普列汉诺夫所不了解的论断究竟是什么意思呢? 卡斯坦宁本来想说:阿芬那留斯在他的《纯粹经验批判》一书中把经验,即一切"人的言表",当做研究的**对象**。卡斯坦宁说(上引论文,第50页):阿芬那留斯不是在这里研究这些言表是不是实在的,或者它们是否和**幽灵**有关系;他只是把人的各式各样的言表,**不论是唯心主义的还是唯物主义的**,都聚集起来,加以系统化,从形式上进行分类(第53页),而没有深入问题的本质。卡斯坦宁称**这种观点**"主要是怀疑论"(第213页),他是完全正确的。卡斯坦宁还在这篇文章里保护他的亲爱的老师,驳斥了冯特说他的老师是唯物主义者那个可耻的(在一位德国教授看来)责难。哪里,我们算是什么唯物主义者! ——这就是卡斯坦宁反驳的用意,——即使我们谈到"经验",那也决不是指通常所说的那种导致或者可能导致唯物主义的经验,而是指我们所研究的、人们当做经验"说出"的一切东西。卡斯坦宁和阿芬那留斯认为把经验看做认识的手段的观点是唯物主义观点(这也许是最平常的,然而如同我们从费希特的例子中所看到的,这毕竟是不对的)。阿芬那留斯同那种不理会嵌入说和同格说而坚决认为脑是思想器官的"占统治地位的""形而上学"划清界限。阿芬那留斯认为我们所发现的东西或见到的东西(das Vorgefundene)正是**自我**和环境的不可分割的联系。这种看法导致对"经验"作混乱的唯心主义的解释。

总之,在"经验"这个字眼下,毫无疑问,既可隐藏哲学上的唯物主义路线,也可隐藏唯心主义路线,同样既可隐藏休谟主义路线,也可隐藏康德主义路线,但是不论把经验规定为研究的对象①,还是规定为认识的手段,都还没有解决这方面的任何问题。而卡斯坦宁专门对冯特的驳斥,同经验批判主义和唯物主义的对立问题毫无关系。

作为一个笑柄,我们要指出,波格丹诺夫和瓦连廷诺夫在这个问题上给普列汉诺夫的答复表现了同样的无知。波格丹诺夫说:"还不十分明白"(第3卷第 XI 页),"经验批判主义者的事情是弄清楚这种说法和接受或不接受条件"。多么有利的立场:我并不是马赫主义者,所以我没有义务去弄清楚某一个阿芬那留斯或卡斯坦宁所说的经验是什么意思! 波格丹诺夫想利用马赫主义(以及马赫主义关于"经验"的糊涂观念),可是他不愿意对这种糊涂观念负责。

"纯粹的"经验批判主义者瓦连廷诺夫抄下了普列汉诺夫的那一段话,并且当众跳起了康康舞[52],他讥笑普列汉诺夫没有说出作者的名字,没有说明问题的所在(上引书第108—109 页)。但是这位经验批判主义哲学家自己对于问题的本质**一个字**也没有回

---

① 也许普列汉诺夫以为卡斯坦宁说的是"不依赖于认识而存在的认识对象",而不是"研究的对象"? 如果是这样,这倒的确是唯物主义。但是,不论卡斯坦宁,或者任何一个熟悉经验批判主义的人,都没有说过而且也不可能说出这样的话。

答,虽然他承认曾把普列汉诺夫的那段话"至少反复读了三遍"
(显然,他什么也不了解)。瞧,这就是马赫主义者!

3. 自然界中的因果性和必然性

因果性问题对于确定任何一种最新"主义"的哲学路线都具
有特别重要的意义,因此我们应当稍微详细地谈谈这个问题。

我们先从唯物主义认识论对这个问题的说明谈起。路·费尔
巴哈的观点,在前面提到的他对鲁·海姆的反驳中讲得特别清楚。

"海姆说,'在他(费尔巴哈)的著作中,自然界和人类理性是
完全分开的,它们之间有一条双方都不能逾越的鸿沟'。海姆是
根据我的《宗教的本质》第48节提出这个谴责的。我在这一节中
说过:'自然界只有通过自然界本身才能被理解;自然界的必然性
不是人类的或逻辑的必然性,也不是形而上学的或数学的必然性;
自然界是唯一的这样一种存在物,对于它是不应当,也不能够运用
任何人类尺度的,尽管为了使自然界能够为我们理解,我们也拿自
然现象同类似的人类现象相比,甚至把人类的用语和概念(如秩
序、目的、规律等)用于自然界,而且按照我们语言的性质也必须
把它们用于自然界。'这是什么意思呢? 是不是我想说,自然界中
没有任何秩序,比方说,秋去可以夏来,春去可以冬来,冬去可以秋
来呢? 是不是我想说,自然界中没有目的,比方说,肺和空气之间,
光和眼睛之间,声音和耳朵之间没有任何适应呢? 是不是我想说,
自然界中没有规律,比方说,地球时而按椭圆形运转,时而按圆形
运转,时而一年环绕太阳一周,时而一刻钟环绕太阳一周呢? 这是
多么荒谬啊! 我在这段话里究竟想说什么呢? 无非是把属于自然
界的东西同属于人的东西区别开来;在这段话里没有说自然界中

任何真实的东西都跟秩序、目的、规律这些词和观念不相符合,这段话只是否认思想和存在是同一的,否认秩序等等之存在于自然界就像存在于人的头脑或感觉中一样。秩序、目的、规律不外是一些词,人用这些词把自然界的事物翻译成**自己的**语言,以便了解这些事物;这些词不是没有意义的,不是没有客观内容的(nicht sinn-d. h. gegenstandlose Worte);但是,我还是应当把原文和译文区别开来。人理解秩序、目的、规律这些词是有些随意的。

有神论根据自然界的秩序、合目的性、规律性的偶然性**公然**断定它们是任意产生的,断定有一个和自然界不同的存在物,这个存在物把秩序、合目的性、规律性加给本身(an sich)就是混乱的(dissolute)、没有任何规定性的自然界。有神论者的理性……是和自然界相矛盾的理性,是绝对不了解自然界本质的理性。有神论者的理性把自然界分成两个存在物,一个是物质的,另一个是形式的或精神的。"(《费尔巴哈全集》1903 年版第 7 卷第 518—520 页)

由此可见,费尔巴哈承认自然界的客观规律性,承认被人类的秩序、规律等等观念仅仅近似正确地反映着的客观因果性。费尔巴哈承认自然界的客观规律性,同他承认我们意识所反映的外部世界、对象、物体、物的客观实在性是分不开的。费尔巴哈的观点是彻底的唯物主义观点。而所有其他的观点,说得更确切些,因果性问题上的另外一条哲学路线,即否认自然界的客观规律性、因果性、必然性,被费尔巴哈公允地列为信仰主义的派别。因为事实上很明显,因果性问题上的主观主义路线,即不从外部客观世界中而从意识、理性、逻辑等等中引出自然界的秩序和必然性,不仅把人类理性和自然界分离开来,不仅把前者和后者对立起来,并且把自然界作为理性的**一部分**,而不是把理性看做自然界的一小部分。因果性问题上的主观主义路线就是哲学唯心主义(无论是休谟的还是康德的因果论,都是它的变种),也就是或多或少减弱了的、冲淡了的信仰主义。承认自然界的客观规律性和这个规律性在人脑中的近似正确的反映,就是唯物主义。

至于说到恩格斯,如果我没有弄错,他当时用不着专门在因果性问题上以他的唯物主义观点去反对其他派别。对他来说没有这种必要,因为他在关于整个外部世界的客观实在性这个更根本的问题上已经十分明确地同一切不可知论者划清了界限。但是,谁要是稍微认真地读过恩格斯的哲学著作,就一定会明白,恩格斯不容许对自然界的客观规律性、因果性、必然性的存在有丝毫怀疑。我们只要举几个例子就够了。恩格斯在《反杜林论》第1章里说道:"为了认识这些细节〈或世界现象总画面的个别方面〉,我们不得不把它们从自然的(natürlich)或历史的联系中抽出来,从它们的特性、它们的特殊的原因和结果等等方面来分别加以研究。"(第5—6页)这种自然联系即自然现象的联系是客观存在着的,这是很明显的。恩格斯特别强调用辩证观点来看原因和结果:"原因和结果这两个概念,只有应用于个别场合时才有其本来的意义;可是,只要我们把这种个别的场合放到它同宇宙的总联系中来考察,这两个概念就交汇起来,融合在普遍相互作用的看法中,而在这种相互作用中,原因和结果经常交换位置;在此时或此地是结果,在彼时或彼地就成了原因,反之亦然。"(第8页)因此,人的因果概念总是把自然现象的客观联系稍许简单化了,只是近似地反映这种联系,人为地把一个统一的世界过程的某些方面孤立起来。恩格斯说,如果我们注意到思维和意识是"人脑的产物,而人本身是自然界的产物",那么我们发现思维规律和自然规律相符合,就是完全可以理解的。很明显,"归根到底也是自然界产物的人脑的产物,并不同自然界的其他联系(Naturzusammenhang)相矛盾,而是相适应的"(第22页)①。世界现象的自然的、客观的联系是存在着的,这是毫无疑问的。恩格斯经常讲到"自然界的规律"、"自然界的必然性"(Naturnotwendigkeiten),他认为没有必要特别解释这些众所周知的唯物主义原理。

在《路德维希·费尔巴哈》里,我们同样可以读到:"外部世界和人类思维的运动的一般规律在本质上是同一的,但是在表现上是不同的,这是因为人的头脑可以自觉地应用这些规律,而在自然界中这些规律是不自觉地、以外部必然性的形式、在无穷无尽的表面的偶然性中实现的,而且到现在为止在人类历史上多半也是如此。"(第38页)恩格斯责备旧的自然哲学"用观念的、幻想的联系来代替尚未知道的现实的联系〈自然现象的〉"(第42页)②。十分明显,恩格斯承认自然界的客观规律性、因果性、必然性,同时着重指出我们人类用某些概念对这个规律性所作的近似的反映具有相对性。

在讲到约·狄慈根的时候,我们首先应当从我们的马赫主义者歪曲事实的无数例子中举出一个例子。《"关于"马克思主义哲学的论丛》的作者之一格尔方德先生告诉我们:"狄慈根的世界观的基本点可以归结为如下论点:'……(9)我们加给物的因果依存关系实际上并不包含在物本身中'。"(第248页)**这完全是胡说。**格尔方德先生本人的见解是唯物主义和不可知论的真正杂烩。他**肆意歪曲**约·狄慈根的观点。的确,从约·狄慈根那里可以找出不少糊涂观念、不确切之处和错误,这些东西使马赫主义者称快,使一切唯物主义者不能不承认约·狄慈根是一位不十分彻底的哲

---

① 见《马克思恩格斯文集》2009年人民出版社版第9卷第23、25、38—39页。——编者注
② 见《马克思恩格斯文集》2009年人民出版社版第4卷第298、300—301页。——编者注

学家。但是,硬说唯物主义者约·狄慈根根本否认唯物主义的因果观,这也只有格尔方德之流,只有俄国的马赫主义者们才干得出来。

约·狄慈根在他的著作《人脑活动的本质》(1903年德文版)中说道:"客观的科学的认识,不是通过信仰或思辨,而是通过经验,通过归纳去寻找自己的原因,不是在经验之前而是在经验之后去寻找原因。自然科学不是在现象之外或现象之后,而是在现象之中或通过现象去寻找原因。"(第94—95页)"原因是思维能力的产物。然而它们不是思维能力的纯粹产物,而是由思维能力和感性材料结合起来产生的。感性材料给这样产生的原因提供客观存在。正如我们要求真理是客观现象的真理一样,我们也要求原因是现实的,要求它是某个客观结果的原因。"(第98—99页)"物的原因就是物的联系。"(第100页)

由此可见,格尔方德先生提出的论断**是和实际情况截然相反的**。约·狄慈根所阐述的唯物主义世界观承认"物本身中"含有"因果依存性"。为了制造马赫主义的杂烩,格尔方德先生需要把因果性问题上的唯物主义路线和唯心主义路线混淆起来。

我们现在就来谈谈这第二条路线。

阿芬那留斯在他的第一部著作《哲学——按照费力最小的原则对世界的思维》中清楚地说明了他的哲学在这个问题上的出发点。我们在第81节里读到:"我们既然感觉不到〈没有在经验中认识到:erfahren〉某种引起运动的力量,也就感觉不到任何运动的**必然性……** 我们所感觉到(erfahren)的一切,始终只是一个现象跟着一个现象。"这是最纯粹的休谟观点:感觉、经验丝毫没有告诉我们任何必然性。断言(根据"思维经济"的原则)感觉是唯一存在的哲学家,不能得出任何别的结论。我们往下读到:"既然**因**

果性的观念要求力量和必然性或强制作为决定结果的不可分割的组成部分,所以因果性的观念也就和它们一起完蛋。"(第82节)
"必然性是表示期待结果的或然率的程度。"(第83节,论题)

这是因果性问题上的十分明确的主观主义。只要稍微彻底一点,那么,不承认客观实在是我们感觉的泉源,就不能得出别的结论。

拿马赫来说吧! 我们在关于"因果性和说明"的专门一章(《热学原理》1900年第2版第432—439页)中读到:"休谟〈对因果性概念〉的批判仍然有效。"康德和休谟对因果性问题的解答是各不相同的(其他哲学家,马赫不予理会!);"我们赞成"休谟的解答。"除了**逻辑的**必然性〈黑体是马赫用的〉,任何其他的必然性,例如物理的必然性,都是不存在的。"这正是费尔巴哈十分坚决地反对的一种观点。马赫从来没有想到要否认他和休谟的血缘关系。只有俄国的马赫主义者们才会断言休谟的不可知论同马克思和恩格斯的唯物主义是"可以结合的"。我们在马赫的《力学》里读到:"在自然界中,既没有原因,也没有结果。"(1897年第3版第474页)"我不止一次地说过:因果律的一切形式都是从主观意向(Trieben)中产生的;对自然界说来,并没有同这些形式相适应的必然性。"(第495页)

在这里应当指出,我们的俄国马赫主义者幼稚得惊人,他们用关于因果律的这种或那种说法的问题来代替关于因果律的一切论断上的唯物主义趋向或唯心主义趋向的问题。他们相信了德国的经验批判主义教授们,以为只要说"函数关系",那就是"最新实证论"的发现,那就会摆脱类似"必然性"、"规律"等等说法的"拜物教"。当然,这纯粹是无稽之谈,冯特完全有理由嘲笑这种一点也没有改变问题实质的**字眼更换**(上引论文,载于《哲学研究》第383

页和第 388 页)。马赫自己也说到因果律的"一切形式",并在《认识和谬误》(第 2 版第 278 页)中作了一个很明白的声明:只有在**能够用可测的**量来表达研究的结果时,函数概念才能够更精确地表达"要素的依存性",但是这甚至在化学那样的科学中也只能够部分地做到。大概,在我们那些轻信教授们发现的马赫主义者看来,费尔巴哈(不必说恩格斯了)不知道秩序、规律性等等概念在一定条件下可以用数学上规定的函数关系来表达!

划分哲学派别的真正重要的认识论问题,并不在于我们对因果联系的记述精确到什么程度,这些记述是否能用精确的数学公式来表达,而在于:我们对这些联系的认识的泉源是自然界的客观规律性,还是我们心的特性即心所固有的认识某些先验真理等等的能力。正是这个问题把唯物主义者费尔巴哈、马克思、恩格斯同不可知论者(休谟主义者)阿芬那留斯、马赫断然分开了。

马赫(如果责备他始终如一,那就错了)在他的著作的一些地方常常"忘记"他同休谟的一致,"忘记"他的主观主义的因果论,而"只是"以一个自然科学家的态度,也就是说以自发的唯物主义观点谈论问题。例如,我们在《力学》中读到:"自然界教导我们在自然现象中发现均一性。"(法译本第 182 页)如果我们在自然现象中**发现**均一性,那是不是说这个均一性是客观地、在我们心之外存在着呢? 不是的。关于自然界的均一性这个问题,马赫却说出这样一些话:"推动我们把那些只观察了一半的事实在思想中加以充实的力量,是联想。这种力量由于不断重复而加强起来。于是我们就觉得它是一种不依赖于我们的意志和个别事实的力量,是一种既指导思想**也**〈黑体是马赫用的〉指导事实并且作为支配二者的**规律**而使它们相互符合的力量。至于我们认为自己能借助于这种规律而作出预言,这仅仅〈!〉证明我们环境的充分的均一

性,但决不证明我们的预言实现的**必然性**。"(《热学》①第383页)

这样说来,可以而且应当**在**环境即自然界的均一性**以外**去寻找某种必然性! 到哪儿去寻找,这是唯心主义哲学的秘密,这种哲学害怕承认人的认识能力不过是对自然界的反映。马赫在他的最后一部著作《认识和谬误》里甚至断定自然规律是"对期待的限制"(第2版第450页及以下各页)! 唯我论又显形了。

我们来看看这个哲学派别的其他著作家的立场。英国人卡尔·毕尔生以他特有的明确性表示:"科学的规律与其说是外部世界的事实,不如说是人心的产物。"(《科学入门》第2版第36页)"凡是把自然界说成人的主宰(sovereign)的诗人和唯物主义者,都太健忘了:他们为之惊叹的自然现象的秩序和复杂性,最低限度也像人本身的记忆和思想一样,是人的认识能力的产物。"(第185页)"自然规律的广括性质应当归功于人心的独创性。"(同上)第3章第4节这样写道:"**人是自然规律的创造者**。""人把规律给予自然界这一说法要比自然界把规律给予人这一相反的说法有意义得多",虽然这位尊贵的教授痛苦地承认,这后一种(唯物主义的)观点,"不幸现在太流行了"(第87页)。第4章是论述因果性问题的,其中第11节表述了毕尔生的**论点**:"**必然性属于概念的世界,不属于知觉的世界**。"应当指出,对毕尔生说来,知觉或感性印象"也就是"存在于我们之外的现实。"在一定知觉系列不断重复时具有的均一性中,即在知觉的常规中,没有任何内在必然性;可是知觉常规的存在是思维者存在的必要条件。因此,必然性包含在思维者的本性中,而不包含在知觉本身中;必然性是认识能力的产物。"(第139页)

---

① 即《热学原理》。——编者注

我们的这位马赫主义者(恩·马赫"本人"曾一再表示和他完全一致)就这样顺利地达到了纯粹康德主义的唯心主义:人把规律给予自然界,而不是自然界把规律给予人! 问题不在于重复康德的先验性学说,因为这一点所决定的不是哲学上的唯心主义路线,而是这条路线的一个特殊说法。问题在于:理性、思维、意识在这里是第一性的,自然界是第二性的。理性并非自然界的一小部分、它的最高产物之一、它的过程的反映,而自然界倒是理性的一小部分。理性便这样自然而然地从普通的、单纯的、谁都知道的人的理性扩张成像约·狄慈根所说的"无限的"、神秘的、神的理性。"人把规律给予自然界"这个康德主义-马赫主义的公式是信仰主义的公式。如果我们的马赫主义者在恩格斯的书中读到唯物主义的基本特征是把自然界而不是把精神当做第一性,因而就非常惊异,这只是表明他们在分辨真正重要的哲学派别同教授们的故弄玄虚、咬文嚼字方面无能到了什么地步。

约·彼得楚尔特在他的两卷集著作中阐述和发挥了阿芬那留斯的理论,他可以说是反动的马赫主义经院哲学的最好的典范。他郑重其事地说:"直到今天,在休谟死后的 150 年,实体性和因果性仍旧麻痹着思维的勇气。"(《纯粹经验哲学引论》第 1 卷第 31 页)当然,唯我论者比任何人都"更有勇气",他们发现了没有有机物质的感觉、没有头脑的思想、没有客观规律性的自然界! "我们还没有提到的关于因果性的最后一个说法,即事件的必然性或**自然界的必然性**,在自身中包含着一种模糊的神秘的东西"——"拜物教"、"拟人观"等等的观念(第 32 页和第 34 页)。可怜的神秘主义者费尔巴哈、马克思和恩格斯! 他们一直在谈论着自然界的必然性,而且还把休谟路线的拥护者叫做理论上的反动派……　彼得楚尔特是超出一切"拟人观"的。他发现了伟大的"**一义性规律**",这个规律消除了一切模糊性、一切"拜物教"的痕迹,如此等等。就以力的平行四边形为例(第35页)。我们不能"证明"它,应当承认它是"经验的事实"。我们不能假定物体受到同样的撞击而有各种不同的运动。"我们不能容许自然界的这种不规定性和任意性;我们应当向它要求规定性和规律性。"(第35页)是的,是的! 我们向自然界要求规律性。资产阶级向它的教授们要求反动性。"我们的思维向自然界要求规定性,而自然界总是服从这个要求的,我们甚至可以看出在某种意义上它不得不服从这个要求。"(第36页)当物体在 AB 线上受到撞击时,为什么它向 C 运动,而不向 D 或 F 等等方向运动呢?

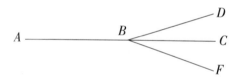

"为什么自然界不从无数其他可能的方向中选择一个方向呢?"(第37页)因为这些方向是"多义的",而约瑟夫·彼得楚尔特的伟大的经验批判主义的发现要求**一义性**。

"经验批判主义者们"以诸如此类不可名状的谬论充塞着好几十页篇幅!

"……我们一再指出,我们的原理不是从个别经验的总和中汲取力量的,相反地,我们要求自然界承认它(seine Geltung)。事实上,这个原理在还没有成为规律之前,对我们来说就已经是我们对待现实的原则即公设了。它可以说是先验地、不依赖于任何个别经验而发生作用的。乍看起来,纯粹经验哲学不应当宣传先验的真理,从而回到最空洞的形而上学去。但它所说的先验只是逻辑的先验,不是心理的先验,也不是形而上学的先验。"(第40页)当然,如果把先验叫做逻辑的先验,那么这种观念的一切反动性就会因此而消失,并且它会上升到"最新实证论"的高峰!

约·彼得楚尔特接着教训我们说:不可能有心理现象的一义规定性,因为幻想的作用、伟大发明家的意义等等在这里造成了例外,而自然规律或精神规律是不容许有"任何例外"的(第65页)。我们面前是一位十足的形而上学者,他对偶然和必然之间的差别的相对性一无所知。

彼得楚尔特继续说:也许人们会引用历史事件的或诗歌中人物性格发展的动因来反驳我吧?"如果我们仔细看一看,我们就会看到并没有这样的一义性。对任何一个历史事件或任何一出戏剧,我们都可以设想,其中的人物在同样的心理条件下会有不同的行动。"(第73页)"不但在心理的领域中没有一义性,而且我们有理由**要求**在现实中也没有一义性〈黑体是彼得楚尔特用的〉。我们的学说就是这样提高到……**公设**的地位……即提高到任何以前的经验的必要条件的地位、**逻辑的先验**的地位。"(黑体是彼得楚尔特用的,第76页)

彼得楚尔特在他的《引论》①两卷集和1906年出版的小册子《从实证论观点来看世界问题》中继续使用这个"逻辑的先验"。②我们看到的是卓越的经验批判主义者的第二个例子。他不露声色地滚到康德主义那边,并用换汤不换药的办法宣扬最反动的学说。

---

① 即《纯粹经验哲学引论》。——编者注
② **约·彼得楚尔特**《从实证论观点来看世界问题》1906年莱比锡版第130页:"即使从经验论的观点来看,也可以有逻辑的先验,因为对于我们环境的经验的〈erfahrungsmäßig,在经验中感知的〉恒久性来说,因果性是逻辑的先验。"

这并不是偶然的,因为马赫和阿芬那留斯的因果说根本就是唯心主义的谎话,这是无论用多么响亮的有关"实证论"的词句也掩盖不了的。休谟和康德在因果论上的差别是次要的、不可知论者之间的差别,他们在基本点上是一致的:他们都否认自然界的客观规律性。这就注定他们必然得出某些唯心主义的结论。比起约·彼得楚尔特稍微有点"良心"的经验批判主义者鲁道夫·维利,由于自己和内在论者有血缘关系而感到羞惭,例如,他不同意彼得楚尔特的全部"一义性"理论,认为它除了"逻辑的形式主义",什么也没有提供。然而鲁·维利是否因为摒弃了彼得楚尔特就使自己的立场有所改进呢?一点也没有。因为他摒弃康德的不可知论,完全是为了拥护休谟的不可知论。他写道:"我们从休谟的时代起就早已知道'必然性'不是'超越的',而是纯粹逻辑的标记(Merkmal),或者像我很乐意说的并且我已经说过的,是纯粹语言上的(sprachlich)标记。"(鲁·维利《反对学院智慧》1905年慕尼黑版第91页;参看第173、175页)

不可知论者把我们对必然性的唯物主义观点叫做"超越的"观点,因为从维利并不反对而只是加以清洗的康德主义和休谟主义的"学院智慧"来看,凡是承认我们在经验中感知的客观实在,都是非法的"超越"。

在属于我们所研究的哲学派别的法国著作家中,昂利·彭加勒这位伟大的物理学家和渺小的哲学家常常误入同一条不可知论的道路。帕·尤什凯维奇当然把他的错误宣称为最新实证论的最新成就。这种实证论"最新"到这样的程度,以至还需要加上一个新"论":经验符号论。在彭加勒看来(在论新物理学的一章中将会谈到他的全部见解),自然规律是人为了"**方便**"而创造的符号、约定。"唯一真正的客观实在是世界的内部和谐",并且彭加勒把具有普遍意义的、大多数人或所有的人都承认的东西叫做客观的东西①,也就是说,他像一切马赫主义者一样纯粹主观主义地取消客观真理,而关于"和谐"是不是存在于**我们之外**的问题,他断然说:"毫无疑问,不是。"十分明显,新术语一点也没有改变不可知论的陈旧不堪的哲学路线,因为彭加勒的"独创的"理论的本质就是否认(虽然他远不彻底)自然界的客观实在性和客观规律性。因此,很自然,和那些把旧错误的新说法当做最新发现的俄国马赫主义者不同,德国康德主义者欢迎这样的观点,认为这是在哲学的根本问题上转到他们一边,转到不可知论一边。我们在康德主义者菲力浦·弗兰克的著作中读到:"法国数学家昂利·彭加勒维护这样的观点:理论自然科学的许多最一般的原理(惯性定律、能量守恒定律等等),往往很难说它们的起源是经验的还是先验的,实际上,它们既不属于前者,也不属于后者,纯粹是一些以人的意愿为转移的约定的前提。"这位康德主义者喜不自胜地说:"这样一来,最新自然哲学就出乎意料地复活了批判唯心主义的基本思想,那就是:经验只不过充实人生来就有的框架而已……"②

我们举这个例子是要让读者清楚地知道我们的尤什凯维奇之流天真到了什么程度。他们把一种什么"符号论"当做真正的**新货色**,可是稍微有点学识的哲学家们却直截了当地说:这是转到批判唯心主义的观点上去了！因为这种观点的实质并不一定在于重复康德的说法,而是在于承认康德和休谟**共同**的基本思想:否认自然界的客观规律性,**从主体**、从人的意识中而不是从自然界中引出某些"经验的条件",引出某些原则、公设、前提。恩格斯说得对,实质

① **昂利·彭加勒**《科学的价值》1905年巴黎版第7、9页,有俄译本。
② 1907年《自然哲学年鉴》**53**第6卷第443、447页。

不在于一个哲学家归附于唯物主义或唯心主义的许多学派中的哪一派，而在于他把自然界、外部世界、运动着的物质看做第一性的呢，还是把精神、理性、意识等等看做第一性的。[①]

有学识的康德主义者埃·路加对马赫主义在这个问题上不同于其他哲学路线的特征也提出了评述。在因果性问题上，"马赫完全附和休谟"[②]。"保·福尔克曼从自然过程的必然性中引出思维的必然性。这个观点承认必然性的事实，它同马赫相反而和康德一致；但是福尔克曼又和康德相反，认为必然性的泉源不是在思维中，而是在自然过程中。"（第424页）

保·福尔克曼是一位物理学家，写过许多有关认识论问题的著作。他也像极大多数自然科学家一样，倾向于唯物主义——虽然是一种不彻底的、怯懦的、含糊的唯物主义。承认自然界的必然性，并从其中引出思维的必然性，这是唯物主义。从思维中引出必然性、因果性、规律性等等，这是唯心主义。上述引文中唯一不确切的地方，是认为马赫对一切必然性一概否定。我们已经看到，无论是马赫，或者是坚决离开唯物主义而不可避免地滚向唯心主义的整个经验批判主义派别，都不是这样的。

关于俄国马赫主义者，我们还要专门说几句话。他们想当马克思主义者，他们都"读过"恩格斯坚决把唯物主义和休谟的派别区分开来的论述，他们不会不从马赫本人或任何一个稍许熟悉马赫哲学的人那里听说马赫和阿芬那留斯是遵循休谟路线的，但是他们在因果性问题上对休谟主义和唯物主义都尽量**一声**不响！支配他们的

---

① 参看《马克思恩格斯文集》2009年人民出版社版第4卷第277—278页。——编者注

② **埃·路加**《认识问题和马赫的〈感觉的分析〉》，载于《康德研究》杂志**54**第8卷第409页。

是十足的糊涂思想。举几个例子来说吧！帕·尤什凯维奇先生宣扬"新"经验符号论。无论是"所谓纯粹经验的材料,如蓝色、坚硬等感觉",或者是"所谓纯粹理性的创造,如契玛拉[55]或象棋游戏",都是"经验符号"(《论丛》第179页)。"认识是充满了经验符号的,它在发展中走向愈来愈高度符号化的经验符号。""所谓自然规律……就是这些经验符号。"(同上)"所谓真正的实在、自在的存在,就是我们知识所力求达到的那个无限大的〈尤什凯维奇先生真是一个非常博学的人!〉终极的符号体系。"(第188页)"作为我们认识的基础的""知觉流"是"非理性的"、"非逻辑的"(第187、194页)。能量"就像时间、空间、质量以及其他自然科学的基本概念一样,不能说是物、实体:能量是常数,是经验符号,它像其他经验符号一样,暂时地满足人要把理性、逻各斯导入非理性的知觉流这个基本要求"(第209页)。

我们面前是一个穿着用斑驳陆离、刺人眼目的"最新"术语做成的小丑服装的主观唯心主义者。在他看来,外部世界、自然界和自然规律都是我们认识的符号。知觉流是没有理性、秩序、规律性的,是我们的认识把理性导入其中的。天体是人类认识的符号,地球也在其内。尽管自然科学教导我们说,地球在人类和有机物质可能出现以前就早已存在了,而我们却把这一切都改了[56]！行星运动的秩序是**我们**给予的,是我们认识的产物。当尤什凯维奇先生感到人类理性被这种哲学扩张为自然界的创造主、缔造者时,便在理性旁边写上"**逻各斯**",即抽象的理性——这不是一般的理性,而是特殊的理性;这不是人脑的机能,而是一种先于任何头脑而存在的东西、一种神灵的东西。"最新实证论"的最新成就,就是费尔巴哈早已揭露过的那个陈旧的信仰主义公式。

我们来看一下亚·波格丹诺夫吧！1899年,当他还是一个半唯物主义者，由于受到一位很有名的化学家但也是很糊涂的哲学家威廉·奥斯特瓦尔德的影响而刚刚开始动摇时，他写道："现象的普遍因果联系，是人类认识的最终的也是最好的产物；它是普遍的规律，它是那些（用一个哲学家的话来说）由人类理性加给自然界的规律中的最高的规律。"（《自然史观的基本要素》第41页）

天晓得波格丹诺夫的这段话那时候是从谁那里引来的。但是事实上，这位"马克思主义者"轻信地加以复述的"一个哲学家的话"就是**康德**的话。这真是一件不愉快的事情！更不愉快的是：这甚至不能"单纯"用奥斯特瓦尔德的影响来解释。

1904年，波格丹诺夫已经丢开了自然科学的唯物主义和奥斯特瓦尔德，他写道："……现代实证论认为因果律仅仅是从认识上把许多现象联结成连续系列的一种方法，仅仅是使经验协调的一种形式。"（《社会心理学》第207页）这种现代实证论就是否认存在于一切"认识"和一切人以前和以外的自然界的客观必然性的不可知论，关于这一点，波格丹诺夫或者是一无所知，或者是知而不言。他完全相信德国教授们称为"现代实证论"的东西。最后，在1905年，当波格丹诺夫经过了上述几个阶段和经验批判主义阶段而处在"经验一元论"阶段时，他写道："规律决不属于经验的范围……规律不是在经验中得出的，而是思维创造出来用以组织经验、和谐地把经验协调成严整的统一体的一种手段。"（《经验一元论》第1卷第40页）"规律是认识的抽象；正如心理学的规律很少具有心理性质一样，物理学的规律很少具有物理性质。"（同上）

这么说来，秋去冬来，冬去春来的规律不是我们在经验中得出的，而是思维创造出来的一种用以组织、协调、调合的手段……波格丹诺夫同志，组织、协调、调合什么和什么啊？

"经验一元论之所以能成立，只是因为认识积极地协调经验，排除经验的无数矛盾,为经验创造普遍的组织形式,以派生的、有秩序的关系世界代替原始的、混乱的要素世界。"(第57页)这是不对的。似乎认识能够"创造"普遍的形式,能够以秩序代替原始的混乱等等,这种思想是唯心主义哲学的思想。世界是物质的有规律的运动,而我们的认识是自然界的最高产物,只能**反映**这个规律性。

总结:我们的马赫主义者盲目地相信"最新的"反动教授们,重复着康德和休谟在因果性问题上的不可知论的错误,他们既看不到这些学说同马克思主义即唯物主义处于怎样的绝对矛盾中,也看不到这些学说怎样沿着斜坡滚向唯心主义。

4. "思维经济原则"和"世界的统一性"问题

"马赫、阿芬那留斯和其他许多人用来作为认识论基础的'费力最小'原则……无疑是认识论中的'马克思主义'倾向。"

弗·巴扎罗夫在《论丛》第69页中就是这样讲的。

马克思的学说中有"经济"。马赫的学说中也有"经济"。二者之间有丝毫联系吗,这真的是"无疑"的吗?

正如我们所看到的,阿芬那留斯的著作《哲学——按照费力最小的原则对世界的思维》(1876)是这样运用这个"原则"的:为了"思维经济",宣布**只有感觉**才是存在的。也是为了思维经济,宣布因果性和"实体"(教授先生们"为了显示自己了不起"[57],喜欢用这个名词来代替更确切明白的名词:物质)"都被废弃了",也就是说,感觉成了没有物证的感觉,思想成了没有头脑的思想。这种十足的谬论是企图在新的伪装下偷运**主观唯心主义**。这部关于声名狼藉的"思维经济"问题的**主要**著作正具有**这种**性质,这一点正如我们所看到的,在哲学文献上**已被公认**。如果我们的马赫主义者没有看出藏在"新"幌子下的主观唯心主义,这倒是怪事。

马赫在《感觉的分析》(俄译本第49页)里还引证过他在1872年就这个问题所写的著作。我们知道,这部著作也贯穿着**纯粹**主观主义的观点,把世界归结为感觉。可见,把这个著名"原则"引入哲学的这两部主要著作都贯穿着唯心主义! 为什么这样说呢? 因为,如果真的把思维经济原则当做"认识论的**基础**",那么这个原则只能导致主观唯心主义,不能导致其他**任何东西**。只要我们把这样荒谬的概念搬入**认识论**,那么不用说,"设想"只有我和我的感觉存在着,是最"经济"不过的了。

"设想"原子是不可分的"经济些"呢,还是"设想"原子是由正电子和负电子构成的"经济些"? 设想俄国资产阶级革命是自由派进行的"经济些"呢,还是设想它是反对自由派的"经济些"? 只要提出问题,就可以看出**在这里**使用"思维经济"这个范畴是荒谬的、主观主义的。人的思维在**正确地**反映客观真理的时候才是"经济的",而实践、实验、工业是衡量这个正确性的标准。只有在否认客观实在,即否认马克思主义**基础**的情况下,才会一本正经地谈论认识论中的思维经济!

如果看一看马赫的晚期著作,我们就会发现,他对这个著名原则的**说明**往往是等于对这个原则的完全否定。例如,马赫在《热学》里又重谈他心爱的关于科学的"经济本性"的思想(德文第2版第366页)。但是,他立即就补充说,我们不是为经济而经济(第366页;第391页重述):"科学经济的目的是提供一幅尽可能全面的……静止的……世界图景"(第366页)。既然这样,那么"经济原则"不仅被排除于认识论的基础之外,而且实际上完全被排除于认识论之外。说科学的目的是提供一幅正确的(这同静止毫无关系)世界图景,这就是重复唯物主义的论点。这样说,就是承认世界对于我们的认识来说是客观实在,模特儿对于画像来说是客观实在。**就此**看来,思维的**经济性**只不过是一个用来代替正确性的笨拙的极其可笑的**字眼**。马赫在这里,像平常一样,又弄糊涂了,而马赫主义者模仿并推崇糊涂思想!

在《认识和谬误》一书的《研究方法的实例》一章中,我们读到:

"'全面而又极简单的记述'(基尔霍夫,1874 年);'对真实事物的经济描写'(马赫,1872 年);'思维和存在的符合以及各种思想过程的相互符合'(格拉斯曼,1844 年),——这一切都大同小异地表达同一个思想。"

这难道不是典型的糊涂思想吗? 竟把"思维经济"(马赫在1872 年从中推出**只有**感觉是存在着的,后来他自己也不得不承认这是唯心主义的观点)同数学家格拉斯曼关于思维和**存在**必然相符合这一纯粹唯物主义的见解**相提并论**! 竟把"思维经济"同对**客观实在**(对它的存在基尔霍夫从未想到要怀疑)的极简单的**记述**相提并论!

这样运用"思维经济"原则不过是马赫的可笑的哲学动摇的一个范例。如果除掉那些怪话或错误(lapsus),"思维经济原则"的唯心主义性质就是确定无疑的了。例如,康德主义者赫尼格斯瓦尔德在和马赫的哲学进行论战时,就**欢迎**马赫的"经济原则",认为它**接近于**"康德主义的思想领域"(理查·赫尼格斯瓦尔德博士《马赫哲学批判》1903 年柏林版第 27 页)。事实上,如果不承认我们通过感觉感知的客观实在,那么"经济原则"不是**从主体中**得出的,又是从哪里得出的呢? 感觉当然不包含任何"经济"。这就是说,思维提供一种在感觉中所没有的东西! 这就是说,"经济原则"不是从经验(=感觉)中得出的,而是先于一切经验的,它像康德的范畴一样,构成经验的逻辑条件。赫尼格斯瓦尔德从《感觉的分析》一书中引用了下面一段话："我们可以按照我们本身的肉体均衡和精神均衡,推论出自然界中所发生的过程的均衡、一义规定性和同类性。"(俄译本第281页)的确,这种论点的主观唯心主义性质,马赫跟谈论先验主义的彼得楚尔特的相近,都是毋庸置疑的。

唯心主义者冯特根据这个"思维经济原则",很恰当地把马赫叫做"翻了一个面的康德"(《系统哲学》1907年莱比锡版第128页)。在康德那里是先验和经验。在马赫那里则是经验和先验,因为思维经济原则在马赫那里实质上是先验的(第130页)。联系(Verknüpfung)或者存在于物中,作为"自然界的客观规律(这是马赫坚决否认的),或者是主观的记述原则"(第130页)。经济原则在马赫那里是主观的,并且作为一个可以有各种意义的目的论原则,不知道是从何处降到世上(kommt wie aus der Pistole geschossen)(第131页)。你们看,哲学术语的专家们并不像我们的马赫主义者那样天真,凭空就肯相信一个"新"名词可以消除主观主义和客观主义、唯心主义和唯物主义之间的对立。

最后,我们再提一下英国哲学家詹姆斯·华德。他干脆自称是唯灵论的一元论者。他不同马赫争论,相反地,我们将在下面看到,他利用物理学上的整个马赫主义思潮来反对唯物主义。他明确地说,"简便标准"在马赫那里"主要是主观的东西,而不是客观的东西"(《自然主义和不可知论》第3版第1卷第82页)。

思维经济原则作为认识论的基础,很合德国康德主义者和英国唯灵论者的心意,对于这一点,只要看过上述的一切,就不会觉得奇怪了。至于那些想当马克思主义者的人使唯物主义者马克思的政治经济学和马赫的认识论经济学靠拢起来,这纯粹是滑稽的事情。

在这里略谈一下"世界的统一性"问题是适宜的。在这个问题上,帕·尤什凯维奇先生千百次明显地表现出了我们的马赫主义者所造成的那种极端混乱。恩格斯在《反杜林论》里反驳杜林从思维的统一性中推论出世界的统一性时说道:"世界的真正的统一性在于它的物质性,而这种物质性不是由魔术师的三两句话所证明的,而是由哲学和自然科学的长期的和持续的发展所证明的。"(第31页)[1]尤什凯维奇先生引用了这一段话并"加以反驳":"这里首先不明白的是:'世界的统一性在于它的物质性'这个说法究竟是什么意思。"(上引书第52页)

这不是挺有意思吗? 这个人公开乱谈马克思主义的哲学,为的是声明自己"不明白"唯物主义的最基本的原理! 恩格斯以杜林为例指出:稍微彻底一点的哲学,都会或者从思维中推论出世界的统一性——那样它就毫无力量反对唯灵论和信仰主义(《反杜林论》第30页)[2],它的论据也必然会是些骗人的话;或者从存在于我们之外的、在认识论上早就叫做物质的并为自然科学研究的客观实在中推论出世界的统一性。跟一个"不明白"这种事情的人进行认真的讨论是毫无益处的,因为他在这里说"不明白",是为了用骗人的话来回避对恩格斯的十分清楚的唯物主义原理作实质性的答复,同时他重复纯粹杜林式的谬论,说什么"关于存在的原则同类性和联系性的基本公设"(尤什凯维奇,上引书第51页),说什么公设就是"原理","如果认为原理是从经验中推出来的,那就不确切了,因为只有把原理作为研究的基础,才可能有科学的经验"(同上)。这完全是胡说八道,因为这个人只要对印出来的文字稍加重视,就会看出下述思想一般说来具有**唯心主义**性

---

[1]　见《马克思恩格斯文集》2009 年人民出版社版第 9 卷第 47 页。——编者注
[2]　同上书,第 45—46 页。——编者注

质,具体说来具有**康德主义**性质,这个思想就是:似乎有这样的原理,它们不是从经验中得出的,而且没有它们就不可能有经验。从各种书籍中找来的、和唯物主义者狄慈根的一些明显错误拼凑在一起的连篇累牍的空话,这就是尤什凯维奇先生们的"哲学"。

我们最好看一看一位严肃的经验批判主义者约瑟夫·彼得楚尔特关于世界统一性问题的论断。他的《引论》第 2 卷第 29 节的题目是:《对认识领域中统一(einheitlich)的追求。一切事物的一义性的公设》。下面是他的几段典型的论断:"……只有在**统一性**中找得到这样的自然目的,任何思维都超不出这个目的,所以,如果思维估计到有关领域内的一切事实,那么它就能在这个目的内达到安定。"(第 79 页)"……自然界决不总是适应**统一性**的要求,这是毫无疑问的。虽然如此,目前自然界在许多场合下已在满足**安定**的要求,这也是毫无疑问的。并且根据我们过去的一切研究来看,应当认为极可能的是:将来自然界在一切场合下都会满足这个要求。因此,把实际的精神状态描述为对稳定状态的追求要比描述为对统一性的追求更为确切…… 稳定状态的原则更深邃一些…… 海克尔建议把原始生物界同植物界和动物界并列,这是一种不适当的解决办法,因为这个建议造成两种新困难来代替以前的一种困难。以前是植物和动物之间的界限有疑问,而现在既不能把原始生物同植物截然区分开,又不能把它们同动物截然区分开……很明显,这种状态不是最终的(endgültig)状态。无论如何必须消除概念的这种**模棱两可性**,如果没有别的办法,最后即使采用专家经服从多数的表决而取得一致意见的方法也行。"(第 80—81 页)

看来已经够了吧? 经验批判主义者彼得楚尔特**丝毫也**不比杜林好,这是很明显的。但是对于论敌也应当公正:彼得楚尔特至少具有科学良心,他在每部著作中都**毅然决然地**批驳唯物主义这个哲学派别。至少他没有卑贱到冒充唯物主义和声明"不明白"基本哲学派别起码差别的地步。

5. 空间和时间

唯物主义既然承认客观实在即运动着的物质不依赖于我们的意识而存在,也就必然要承认时间和空间的客观实在性。这首先就和康德主义不同。康德主义在这个问题上是站在唯心主义方面的,它认为时间和空间不是客观实在,而是人的直观形式。派别极不相同的著作家、稍微彻底一些的思想家都非常清楚地认识到两条基本哲学路线在这个问题上也有根本的分歧。我们先从唯物主义者谈起。

费尔巴哈说道:"空间和时间不是现象的简单形式,而是存在的……根本条件(Wesensbedingungen)。"(《费尔巴哈全集》第 2 卷第 332 页)费尔巴哈承认我们通过感觉认识到的感性世界是客观实在,自然也就否认现象论(如马赫会自称的)或不可知论(如恩格斯所说的)的时空观。正如物或物体不是简单的现象,不是感觉的复合,而是作用于我们感官的客观实在一样,空间和时间也不是现象的简单形式,而是存在的客观实在形式。世界上除了运动着的物质,什么也没有,而运动着的物质只能在空间和时间中运动。人类的时空观念是相对的,但绝对真理是由这些相对的观念构成的;这些相对的观念在发展中走向绝对真理,接近绝对真理。正如关于物质的构造和运动形式的科学知识的可变性并没有推翻外部世界的客观实在性一样,人类的时空观念的可变性也没有推翻空间和时间的客观实在性。

恩格斯在揭露不彻底的糊涂的唯物主义者杜林时,抓住他的地方正是:他只谈时间**概念**的变化(这对于**各种极不相同的**哲学派别中多少有些名气的现代哲学家来说是无可争辩的问题),**躲躲闪闪地**不明确回答下面的问题:空间或时间是实在的还是观念的?我们的相对的时空观念是不是**接近存在的客观实在形式**?或者它们只是发展着的、组织起来的、协调起来的和如此等等的人类思想的产物?这就是而且唯有这才是真正划分根本哲学派别的认识论基本问题。恩格斯写道:"什么概念在杜林先生的脑子里变化着,这和我们毫不相干。这里所说的,不是时间**概念**,而是杜林先生决不可能这样轻易地〈就是说用概念的可变性这类词句〉摆脱掉的**现实的**时间。"(《反杜林论》德文第 5 版第 41 页)①

　　看来,这非常清楚,就连尤什凯维奇先生们也都能了解问题的本质吧?恩格斯提出了大家公认的、一切唯物主义者都十分明了的关于时间的**现实性**即客观实在性的原理来反对杜林。他说,光凭谈论时空**概念**的变化是**回避不了**直接承认或否认这个原理的。这并不是说,恩格斯否认对我们的时空概念的变化和发展进行研究的必要性和科学意义,而是说,我们要彻底解决认识论问题,即关于整个人类知识的泉源和意义的问题。多少有些见识的哲学唯心主义者(恩格斯在说到唯心主义者的时候,指的是古典哲学的天才的彻底的唯心主义者)容易承认我们的时空概念是发展的,例如,认为发展着的时空概念接近于绝对的时空观念等等,但他仍然是唯心主义者。如果不坚决地、明确地承认我们的发展着的时空概念**反映着**客观实在的时间和空间,不承认它们在这里也和在一般场合一样接近客观真理,那么就不可能把敌视一切信仰主义和一切唯心主义的哲学观点坚持到底。

----

① 　见《马克思恩格斯文集》2009 年人民出版社版第 9 卷第 56 页。——编者注

恩格斯教训杜林说:"一切存在的基本形式是空间和时间,时间以外的存在像空间以外的存在一样,是非常荒诞的事情。"(同上)①

为什么恩格斯要在前半句话里几乎一字不差地重复费尔巴哈的话,而在后半句话里提起费尔巴哈同有神论这种非常荒诞的事情所进行的卓有成效的斗争呢? 因为,从恩格斯这本著作的同一章里可以看到,要是杜林不时而依恃世界的"终极原因",时而依恃"第一次推动"(恩格斯说,这是神这个概念的另一种说法),他就不能够使自己的哲学自圆其说。也许,杜林想当一个唯物主义者和无神论者的诚意并不亚于我们那些想当马克思主义者的马赫主义者,可是他**没有能够**把那种确实可以使唯心主义和有神论的荒诞事情失去任何立足之地的哲学观点贯彻到底。既然杜林不承认,至少不是明确地承认(因为杜林在这个问题上动摇和糊涂)时间和空间的客观实在性,他也就不是偶然地而是必然地沿着斜坡一直滚到"终极原因"和"第一次推动"中去,因为他使自己失去了防止超出时间和空间界限的客观标准。既然时间和空间**只是概**念,那么创造它们的人类就有权利**超出它们的界限**,资产阶级教授们就有权利由于保卫这种超越的合法性、由于直接或间接地维护中世纪的"荒诞事情"而从反动政府领取薪金了。

恩格斯曾经向杜林指出,否认时间和空间的客观实在性,在理论上就是糊涂的哲学思想,在实践上就是向信仰主义投降或对它束手无策。

现在看一看"最新实证论"有关这个问题的"学说"吧! 在马赫的著作里,我们读到:"空间和时间是感觉系列的调整了的⟨或

---

① 见《马克思恩格斯文集》2009 年人民出版社版第 9 卷第 56 页。——编者注

者协调了的，wohlgeordnete〉体系。"(《力学》德文第3版第498页)这是很明显的唯心主义谬论，它是从物体是感觉的复合这个学说中必然产生出来的。不是具有感觉的人存在于空间和时间中，而是空间和时间存在于人里面，依赖于人，为人所产生。这就是从马赫的著作中得出的结论。马赫感到自己在滚向唯心主义，于是就"抗拒"，提出一大堆保留条件，并且像杜林一样把问题淹没在关于我们的时空概念的可变性、相对性等等冗长的议论中(着重参看《认识和谬误》)。但是，这没有挽救他，而且也挽救不了他，因为只有承认了空间和时间的客观实在性，才能真正克服在这个问题上的唯心主义立场。而这是马赫无论如何也不愿意干的。他根据相对主义的原则建立时间和空间的认识论，仅此而已。实质上，这样的构造只能导致主观唯心主义。这一点我们在谈到绝对真理和相对真理的时候就已经说明了。

马赫为了抵制从他的前提中必然得出的唯心主义结论，便反驳康德，坚持说空间概念起源于经验(《认识和谬误》德文第2版第350、385页)。但是，如果我们**没有**在经验中感知客观实在(像马赫告诫的那样)，那么这样反驳康德就一点也没有抛弃康德**和**马赫的共同的不可知论立场。如果空间概念是我们从经验中获得的，但**不是**我们以外的客观实在的反映，那么马赫的理论仍旧是唯心主义的。**在人和人的经验出现以前**，自然界就存在**于**以百万年计算的**时间中**，这一点就证明这种唯心主义理论是荒谬的。

马赫写道："在生理学方面，时间和空间是判定方位的感觉，它们同感性的感觉一起决定着生物学上合目的的适应反应的发出(Auslösung)。在物理学方面，时间和空间是物理要素的相互依存关系。"(同上，第434页)

相对主义者马赫只限于从各个方面考察时间**概念**！他也像杜

林一样踏步不前。如果说"要素"是感觉,那么物理要素的相互依存关系就不能存在于人以外、人出现以前、有机物质出现以前。如果说时间和空间的感觉能够使人具有生物学上合目的地判定方位的能力,那也只有在这些感觉反映了人以外的**客观实在**的条件下才能做到,因为,假如人的感觉没有使人对环境具有**客观的正确的**观念,人对环境就不能有生物学上的适应。关于空间和时间的学说是同对认识论的基本问题的解答密切联系着的。这个基本问题就是:我们的感觉是物体和物的映象呢,还是物体是我们的感觉的复合。马赫只是在这两种解答之间无所适从。

马赫说道,在现代物理学中保持着牛顿对绝对时间和绝对空间的观点(第442—444页),即对本来的时间和空间的观点。他接着说,这种观点在"我们"看来是毫无意义的(他显然没有想到世界上还有唯物主义者和唯物主义认识论)。但是**在实践中**这种观点是**无害的**(unschädlich)(第442页),因而它在长时期内没有受到批判。

关于唯物主义观点无害的这种天真说法,使马赫露出了马脚!首先,说唯心主义者"很久"没有批判这种观点,是不确实的;马赫简直无视唯心主义认识论和唯物主义认识论在这个问题上的斗争;他回避直截明了地叙述这两种观点。其次,马赫承认他所反驳的唯物主义观点是"无害"的,实质上也就是承认它们是正确的。因为不正确的东西怎么能够在许多世纪以来都是无害的呢? 马赫曾经向之递送秋波的实践标准到哪儿去了? 唯物主义关于时间和空间的客观实在性的观点之所以是"无害的",只是因为自然科学**没有超出**时间和空间的界限,即没有超出物质世界的界限,而把这件事让给反动哲学的教授们去做了。这种"无害"也就是正确。

"有害的"是马赫对空间和时间的唯心主义观点。因为,第一,它向信仰主义敞开了大门;第二,它**引诱**马赫本人作出反动的结论。例如,马赫在1872年写道:"不必去设想化学元素是在三维空间中的。"(《功的守恒定律》①第29页,第55页重述)这样做,就是"作茧自缚。正如没有任何必要从音调的一定高度上去设想纯粹思维的东西(das bloß Gedachte)一样,也没有任何必要从空间上即从可以看到和触摸到的东西上去设想纯粹思维的东西"(第27页)。"直到现在还没有建立起令人满意的电学理论,这也许是由于总想用三维空间的分子过程来说明电的现象的缘故。"(第30页)

根据马赫在1872年公开维护的那种直率的没有被搞乱的马赫主义观点,毋庸置疑地会作出如下的论断:如果人们感觉不到分子、原子,一句话,感觉不到化学元素,那么,这就是说化学元素是"纯粹思维的东西(das bloß Gedachte)"。既然如此,既然空间和时间没有客观实在的意义,那么很明显,大可不必**从空间上**去设想原子! 让物理学和化学以物质在其中运动的三维空间来"自缚"吧,——可是为了说明电,却可以在**非三维空间**中寻找它的元素!

尽管马赫在1906年重述过这个谬论(《认识和谬误》第2版第418页),我们的马赫主义者还是小心翼翼地回避了它。这是可以理解的,因为不这样,他们就必须直截了当地提出唯物主义和唯心主义对空间的看法问题,不能支吾搪塞,不能有任何"调和"这个对立的企图。同样可以理解的是,在70年代,当马赫还默默无闻,甚至"正统派的物理学家"都拒绝刊登他的论文的时候,内在论学派的首领之一安东·冯·勒克列尔就**不遗余力地**抓住马赫的**这个**论断,说它出色地否认了唯物主义,承认了唯心主义。因为,那时候勒克列尔还没有发明或者说还没有从舒佩、舒伯特-索

---

① 即《功的守恒定律的历史和根源》。——编者注

尔登或约·雷姆克那里剽窃到"内在论学派"这个"新的"称号,而是**坦率地**自称为**批判唯心主义者**①。这位信仰主义的毫不掩饰的维护者在自己的哲学著作中公开宣扬信仰主义,他一看到马赫的那些话,就立刻宣称马赫是个伟大的哲学家、"最好的革命者"(第252页);他这样做是完全对的。马赫的论断是从自然科学阵营向信仰主义阵营的转移。不论在1872年或在1906年,自然科学都曾经在三维空间中探求,而且现在还在探求和发现(至少**在摸索**)电的原子即电子。自然科学毫不怀疑它所研究的物质只存在于三维空间中,因而这个物质的粒子虽然小到我们不能看见,也"必定"存在于同一个三维空间中。从1872年起,30多年来科学在物质构造问题上获得了巨大的辉煌的成就,唯物主义对空间和时间的看法一直是"无害的",也就是说跟过去一样,和自然科学是一致的,而马赫之流所持的相反的看法却是对信仰主义的"有害的"投降。

马赫在他的《力学》里维护那些研究设想出来的n维空间问题的数学家,使他们不致于因为从他们的研究中得出"怪异的"结论而遭到谴责。这种维护无疑是完全正当的,但是请看一看马赫是站在什么样的**认识论**立场上维护他们的。马赫说道,现代数学提出了n维空间,即设想出来的空间这个十分重要而有用的问题,可是只有三维空间才是"现实的"(ein wirklicher Fall)(第3版第483—485页)。因此,"由于不知道把地狱安放在什么地方而感到为难的许多神学家"以及一些降神术者想从第四维空间得到好处,那是白费心思。(同上)

很好! 马赫不愿意加入神学家和降神术者的队伍。但是他在

---

① **安东·冯·勒克列尔**《从贝克莱和康德对认识的批判来看现代自然科学的实在论》1879年布拉格版。

自己的**认识论**中怎样和他们划清界限呢？他说,只有三维空间才是**现实的**！如果你不承认空间和时间具有客观实在性,那又怎么能防范神学家及其同伙呢？原来,当你需要摆脱降神术者的时候,你就采用不声不响地剽窃唯物主义的方法。因为,唯物主义者既然承认现实世界、我们感觉到的物质是**客观**实在,也就有权利由此得出结论说,任何超出时间和空间界限的人类臆想,不管它的目的怎样,**都不是现实的**。而你们呢,马赫主义者先生们,当你们和唯物主义进行斗争的时候,你们就否认"现实"具有客观实在性,可是当你们要同彻底的、毫无顾忌的、公开的唯心主义进行斗争的时候,你们又偷运这个客观实在性！如果在时间和空间的**相对的**概念里除了相对性之外没有任何东西,如果这些相对的概念所反映的客观(= 既不依存于单个人,也不依存于全人类)实在并不存在,那么为什么人类,为什么人类的大多数不能有时间和空间以外的存在物的概念呢？如果马赫有权**在**三维空间**以外**探求电的原子或一般原子,那么为什么人类的大多数无权**在**三维空间**以外**探求原子或道德基础呢？

马赫在同一本书中写道:"还没有过借助第四维来接生的产科大夫。"

绝妙的论据,但是,只有对那些认为实践是证实**客观**真理、证实我们感性世界的**客观**实在性的标准的人们来说,才是绝妙的论据。如果我们的感觉给我们提供不依赖于我们而存在的外部世界的客观真实的映象,那么这种援引产科大夫、援引整个人类实践的论据是适用的。但是这样一来,整个马赫主义这个哲学派别就毫不中用了。

马赫在提到自己 1872 年的著作时继续写道:"我希望没有人会用我在这个问题上所想、所说和所写的东西替任何鬼神之说辩护

（die Kosten einer Spukgeschichte bestreiten）。”

不能希望拿破仑不是死于 1821 年 5 月 5 日。当马赫主义已经为内在论者服务而且还在服务的时候，不能希望它不为“鬼神之说”服务！

我们将会在下面看到，马赫主义还不只是替内在论者服务。哲学唯心主义不过是隐蔽起来的、修饰过的鬼神之说。请看一看这个哲学流派的那些不大像德国经验批判主义代表那样矫饰的法国代表和英国代表吧！彭加勒说，时空概念是相对的，因而（对于非唯物主义者来说的确是“因而”）“不是自然界把它们〈这些概念〉给予〈或强加于，impose〉我们，而是我们把它们给予自然界，因为我们认为它们是方便的”（上引书第 6 页）。这不是证明德国康德主义者兴高采烈是有道理的吗？这不是证实了恩格斯的话吗？恩格斯说，彻底的哲学学说必须或者把自然界当做第一性的，或者把人的思维当做第一性的。

英国马赫主义者卡尔·毕尔生的见解是十分明确的。他说道：“我们不能断定空间和时间是实际存在的；它们不是存在于物中，而是存在于我们感知物的方式（our mode）中。”（上引书第 184 页）这是直率的毫不掩饰的唯心主义。“时间像空间一样，是人的认识能力这部大的分类机器用来整理（arranges）它的材料的方式〈plans，直译：方案〉之一。”（同上）卡·毕尔生照例是用确切明白的提纲形式叙述的最后结论如下：“空间和时间不是现象世界（phenomenal world）的实在性，而是我们感知物的方式〈样式，modes〉。它们既不是无限大的，也不是无限可分的，按其本质来说（essentially），它们是受我们知觉的内容限制的。”（第 191 页，关于空间和时间的第 5 章的结论）

唯物主义的这位认真而诚实的敌人毕尔生（我们再重复一遍，

马赫一再表示他和毕尔生完全一致,而毕尔生也坦率地说他和马赫一致)没有给自己的哲学另造特别的招牌,而是毫不隐讳地说出他的哲学路线渊源于两位古典哲学家:休谟和康德(第192页)!

如果说在俄国有一些天真的人相信马赫主义在空间和时间问题上提出了"新"的解答,那么在英国的文献里却可以看到,自然科学家和唯心主义哲学家对马赫主义者卡·毕尔生的态度一开始就十分明确。例如,请看生物学家劳埃德·摩根的批评:"自然科学本身认为现象世界是存在于观察者的心以外的,是不依赖于观察者的心的",而毕尔生教授则是站在"唯心主义立场上"的①。"依我看来,作为科学的自然科学有充分根据来说明空间和时间是纯粹客观的范畴。我认为,生物学家有权研究有机体在空间的分布,地质学家有权研究有机体在时间上的分布,而不必向读者解释,这里讲的只是感性知觉、积累起来的感性知觉、知觉的某些形式。也许这一切都是很好的,可是在物理学和生物学中却是不适当的。"(第304页)劳埃德·摩根是恩格斯叫做"羞羞答答的唯物主义"的那种不可知论的代表,不管这种哲学具有怎样的"调和"倾向,可是要把毕尔生的观点和自然科学调和起来毕竟是不可能的。另一位批评家说道,在毕尔生那里,"起初心存在于空间中,后来空间存在于心中"②。卡·毕尔生的拥护者莱尔(R.J.Ryle)回答道:"与康德的名字联系在一起的时空学说,是从贝克莱主教以来关于人类认识的唯心主义理论的最重要的肯定的成就,这是不容怀疑的。毕尔生的《科学入门》的最显著的特点之一就是:在这本书里,我们也许是第

---

① 1892年《自然科学》杂志**58**第1卷第300页。

② **J.麦·本特利**论毕尔生,载于1897年9月《哲学评论》杂志**59**第6卷第5期第523页。

一次在英国学者的著作里看到对康德学说的基本真理的完全承认，对康德学说所作的简短而明晰的说明……"①

可见，在英国，无论是马赫主义者自己，或者是自然科学家营垒中反对他们的人，或者是哲学专家营垒中拥护他们的人，都**丝毫没有怀疑**马赫关于时间和空间问题的学说具有唯心主义性质。"看不出"这一点的只有几个想当马克思主义者的俄国著作家。

例如，弗·巴扎罗夫在《论丛》第 67 页上写道："恩格斯的许多个别观点，比方说，他关于'纯粹的'空间和时间的观念，现在已经陈旧了。"

当然啦！唯物主义者恩格斯的观点陈旧了，而唯心主义者毕尔生和糊涂的唯心主义者马赫的观点是最新的！这里最可笑的是巴扎罗夫甚至毫不怀疑：对于空间和时间的看法，即对空间和时间的客观实在性的承认或否认，可以归入"**个别观点**"，而和这位著作家在下一句话里所说的"**世界观的出发点**"相对立。这就是恩格斯在谈到 19 世纪 80 年代德国哲学时常说的"折中主义残羹剩汁"的一个鲜明例子。因为，把马克思和恩格斯的唯物主义世界观的"出发点"同他们关于时间和空间的客观实在性的"个别观点"对立起来，就像把马克思的经济学说的"出发点"同他关于剩余价值的"个别观点"对立起来一样，是荒谬绝伦的。把恩格斯关于时间和空间的客观实在性的学说同他关于"自在之物"转化为"为我之物"的学说分开来，同他对客观真理和绝对真理的承认(就是承认我们通过感觉感知的客观实在)分开来，同他对自然界的客观规律性、因果性、必然性的承认分开来，这就等于把完整的哲学变为杂烩。巴扎罗夫像一切马赫主义者一样糊涂，他把人类的时空概念的可变性，即这些

① 雷·约·莱尔论毕尔生，载于 1892 年 8 月《自然科学》杂志第 6 期第 454 页。

概念的纯粹相对的性质,同下列事实的不变性混淆起来,这个事实就是:人和自然界只存在于时间和空间中,僧侣们所创造的、为人类中无知而又受压制的群众的臆想所支持的时间和空间以外的存在物,是一种病态的幻想,是哲学唯心主义的谬论,是不良社会制度的不良产物。关于物质的构造、食物的化学成分、原子和电子的科学学说会陈旧,并且正在日益陈旧;但是,人不能拿思想当饭吃、不能单靠精神恋爱生育孩子这一真理是不会陈旧的。否定时间和空间的客观实在性的哲学,正如否定上述真理一样,是荒诞的、内部腐朽的、虚伪的。唯心主义者和不可知论者的花招,正如伪君子鼓吹精神恋爱一样,整个说来是伪善的!

为了举例说明我们的时空概念的相对性同唯物主义和唯心主义两条路线在这个问题上的**绝对的**(在认识论范围内)对立二者之间的差别,我还要引证一位很老的而且是十足的"经验批判主义者"即休谟主义者舒尔采-埃奈西德穆在1792年写的一段有代表性的话:

"如果从我们之内的表象和思想的特性推论出'我们之外的物'的特性",那么,"空间和时间就是某种在我们以外的实在的东西、真实存在着的东西,因为只有在现存的(vorhandenen)空间中才能想象物体的存在,只有在现存的时间中才能想象变化的存在"。(上引书第100页)

一点也不错!休谟的追随者舒尔采虽然坚决地批驳唯物主义并且丝毫也不向它让步,但是他在1792年对空间和时间问题同我们以外的客观实在问题的关系所作的描述,正好和唯物主义者恩格斯在1894年对这种关系所作的描述相同(恩格斯在《反杜林论》的最后一篇序言上注明的日期是1894年5月23日)。这并不是说,100年来,我们的时空观念没有改变,没有收集到大量**有关**

这些观念的**发展**的新材料(伏罗希洛夫式的人物切尔诺夫和伏罗希洛夫式的人物瓦连廷诺夫在所谓驳斥恩格斯的时候所提到的材料);这是说,不管我们的马赫主义者卖弄什么"新"名称,唯物主义和不可知论这两条基本哲学路线之间的**相互关系**是不会改变的。

除了一些"新"名称,波格丹诺夫也没有给唯心主义和不可知论的旧哲学增添任何东西。当他重复赫林和马赫关于生理学空间和几何学空间的差别或者感性知觉的空间和抽象空间的差别的论述时(《经验一元论》第 1 卷第 26 页),他完全是在重复杜林的错误。人究竟怎样依靠各种感官感知空间,抽象的空间概念又怎样通过长期的历史发展从这些知觉中形成起来,这是一个问题;不依赖于人类的客观实在同人类的这些知觉和这些概念是否符合,这完全是另外一个问题。虽然后一个问题是唯一的哲学问题,但是波格丹诺夫由于对前一个问题进行了一大堆详细的研究而"看不出"这后一个问题,所以他不能明确地用恩格斯的唯物主义来反对马赫的糊涂观念。

时间像空间一样,"是各种人的经验的社会一致的形式"(同上,第 34 页),它们的"客观性"就在于"具有普遍意义"(同上)。

这完全是骗人的话。宗教也是具有普遍意义的,因为它表现出人类大多数的经验的社会一致。但是,任何客观实在都和宗教的教义(例如,关于地球的过去和世界的创造的教义)不相符合。科学学说认为,地球存在于任何社会性出现**以前**、人类出现**以前**、有机物质出现**以前**,存在于**一定的**时间内和**一定的**(对其他行星说来)空间内。客观实在和这种科学学说(虽然,像宗教发展的每一阶段是相对的一样,它在科学发展的每一阶段上也是相对的)**是相符合的**。在波格丹诺夫看来,空间和时间的各种形式适应人们的经验和人们的认识能力。事实上,恰好相反,我们的"经验"和我们的认识日益正确而深刻地**反映着客观的**空间和时间,并日益适应它们。

6. 自由和必然

阿·卢那察尔斯基在《论丛》第140—141页上引证了恩格斯在《反杜林论》里有关这个问题的论述,并且完全同意恩格斯在这部著作的"惊人的一页"①中对这个问题所作的"异常明晰确切的"评述。

这里的确有很多惊人的地方。而最"惊人的"是:无论阿·卢那察尔斯基,或者其他一群想当马克思主义者的马赫主义者,都"没有看出"恩格斯关于自由和必然的论述在认识论上的意义。他们读也读过,抄也抄过,可是什么都不了解。

恩格斯说:"黑格尔第一个正确地叙述了自由和必然之间的关系。在他看来,自由是对必然的认识。'必然只有**在它没有被理解时才是盲目的。**'自由不在于幻想中摆脱自然规律而独立,而在于认识这些规律,从而能够有计划地使自然规律为一定的目的服务。这无论对外部自然的规律,或对支配人本身的肉体存在和精神存在的规律来说,都是一样的。这两类规律,我们最多只能在观念中而不能在现实中把它们互相分开。因此,意志自由只是借助于对事物的认识来作出决定的能力。因此,人对一定问题的判断越是**自由**,这个判断的内容所具有的**必然性**就越大……   自由就在于根据对自然界的必然性(Naturnotwendigkeiten)的认识来支配我们自己和外部

---

① 卢那察尔斯基说:"……宗教经济学的惊人的一页。我这样说,不免会引起不信教的读者的微笑。"卢那察尔斯基同志,不管你的用意多么好,你对宗教的谄媚所引起的不是微笑,而是憎恶**60**。

自然……"(德文第 5 版第 112—113 页)①

　　我们来分析一下这一整段论述是以哪些认识论的前提为根据的。

　　第一,恩格斯在他的论述中一开始就承认自然规律、外部自然界的规律、自然界的必然性,就是说,承认马赫、阿芬那留斯、彼得楚尔特之流叫做"形而上学"的一切东西。如果卢那察尔斯基愿意好好地想一想恩格斯的"惊人的"论述,就不可能不看到唯物主义认识论同不可知论和唯心主义之间的基本区别,后二者否认自然界的规律性或者宣称它只是"逻辑的"等等。

　　第二,恩格斯没有生造自由和必然的"定义",即反动教授(如阿芬那留斯)和他们的门徒(如波格丹诺夫)所最感兴趣的那些经院式的定义。恩格斯一方面考察人的认识和意志,另一方面也考察自然界的必然性,他没有提出任何规定、任何定义,只是说,自然界的必然性是第一性的,而人的意志和意识是第二性的。后者不可避免地、必然地要适应前者;恩格斯认为这是不言而喻的,他无须多费唇舌来说明自己的观点。只有俄国的马赫主义者才会**埋怨恩格斯**给唯物主义所下的一般定义(自然界是第一性的,意识是第二性的;请回想波格丹诺夫在这一点上的"困惑莫解"!),同时又认为恩格斯对这个一般的基本的定义的**一次个别应用**是"惊人的",是"异常确切的"!

　　第三,恩格斯并不怀疑有"盲目的必然性"。他承认存在**尚未被人认识的必然性**。这从上面所引的那段话里可以看得再清楚不过了。但是从马赫主义者的观点看来,人怎么能够**知道**他所**不知道**的东西是存在的呢?怎么能够知道尚未被认识的必然性是存在的呢?

---

① 见《马克思恩格斯文集》2009 年人民出版社版第 9 卷第 120 页。——编者注

这难道不是"神秘主义",不是"形而上学",不是承认"物神"和"偶像",不是"康德主义的不可认识的自在之物"吗？如果马赫主义者细想一下,他们就不会看不出,恩格斯关于物的客观本性的可知性和关于"自在之物"转化为"为我之物"的论点,同他关于盲目的、尚未被认识的必然性的论点是**完全一致**的。每一个个别人的意识的发展和全人类的集体知识的发展在每一步上都向我们表明:尚未被认识的"自在之物"在转化为已被认识的"为我之物",盲目的、尚未被认识的必然性、"自在的必然性"在转化为已被认识的"为我的必然性"。从认识论上说,这两种转化完全没有什么差别,因为在这两种情况下,基本观点是一个,都是唯物主义观点,都承认外部世界的客观实在性和外部自然界的规律,并且认为这个世界和这些规律对人来说是完全可以认识的,但又是永远认识**不完**的。我们不知道气象中的自然界的必然性,所以就不可避免地成为气候的奴隶。但是,虽然**我们不知道**这个必然性,**我们却知道**它是存在的。这种知识是从什么地方得来的呢？它同物存在于我们的意识之外并且不以我们的意识为转移这种知识同出一源,就是说,从我们知识的发展中得来的。我们知识的发展千百万次地告诉每一个人,当对象作用于我们感官的时候,不知就变为知,相反地,当这种作用的可能性消失的时候,知就变为不知。

第四,在上面所引的论述中,恩格斯显然运用了哲学上"获生的跳跃"方法,就是说,作了从理论到实践的**跳跃**。我们的马赫主义者所追随的那些博学的(又是愚蠢的)哲学教授中间,从来没有一个人会容许自己作出这种对"纯科学"的代表说来是可耻的跳跃。对他们说来,要想尽办法狡猾地用文字来捏造"定义"的认识论是一回事,而实践却完全是另外一回事。对恩格斯说来,整个活生生的人类实践是深入到认识论本身之中的,它提供真理的**客观**标准。当我们不知道自然规律的时候,自然规律是在我们的认识之外独立地存在着并起着作用,使我们成为"盲目的必然性"的奴隶。一经我们认识了这种**不依赖于**我们的意志和我们的意识而起着作用的(如马克思千百次反复说过的那样)规律,我们就成为自然界的主人。在人类实践中表现出来的对自然界的统治是自然现象和自然过程在人脑中客观正确的反映的结果,它证明这一反映(在实践向我们表明的范围内)是客观的、绝对的、永恒的真理。

　　我们得出的结论是什么呢? 在恩格斯的论述中,每一步,几乎每一句话、每一个论点,都完全是而且纯粹是建立在辩证唯物主义的认识论上的,建立在正面驳斥马赫主义关于物体是感觉的复合、关于"要素"、关于"感性表象和存在于我们之外的现实一致"等等全部胡说的那些前提上的。马赫主义者对这些满不在乎,他们抛弃唯物主义,重复着(像别尔曼那样)关于辩证法的陈腐的混话,同时又热烈地欢迎辩证唯物主义的**一次**应用! 他们从折中主义残羹剩汁里获得自己的哲学,并且继续用这种东西款待读者。他们从马赫那里取出一点不可知论和唯心主义,再从马克思那里取出一点辩证唯物主义,把它们拼凑起来,于是含含糊糊地说这种杂烩是马克思主义的**发展**。他们认为,如果马赫、阿芬那留斯、彼得楚尔特以及他们的其他一切权威对黑格尔和马克思怎样解决这个问题(关于自由和必然)丝毫不了解,那纯粹是偶然的事情,那不过是他们没有读过某一本书的某一页罢了,决不是因为这些"权威"过去和现在对19世纪哲学的**真正的**进步完全无知,决不是因为他们过去和现在都是哲学上的蒙昧主义者。

　　请看这种蒙昧主义者之一、维也纳大学最正式的哲学教授恩斯特·马赫的论述:

　　"决定论的立场正确还是非决定论的立场正确,这是无法证明的。只有至善至美的科学或者证明其不可能有的科学才能解决这个问题。这里的问题是:我们在考察事物时使用(man heranbringt)什么样的前提,要看我们究竟把多大的主观成分(subjektives Gewicht)归于以往研究的成败。但是在进行研究时,每个思想家在理论上必然是一个决定论者。"(《认识和谬误》德文第 2 版第 282—283 页)

用心地把纯粹的理论同实践割裂开来,这难道不是蒙昧主义吗? 把决定论局限于"研究"的领域,而在道德、社会活动的领域中,在除开"研究"以外的其他一切领域中,问题则由"主观的"评定来解决,这难道不是蒙昧主义吗? 这位博学的学究说,我在书房里是一个决定论者;可是,关于哲学家要关心建立在决定论上的、包括理论和实践在内的完整的世界观这一点,却根本不谈。马赫之所以胡说,是因为他在理论上完全不明白自由和必然的关系问题。

"……任何一个新发现都暴露了我们知识的不足,都显示出至今尚未被看出的依赖性残余……"(第 283 页) 妙极了! 这个"残余"就是我们的认识日益深刻反映的"自在之物"吗? 完全不是这样:"……由此可见,在理论上维护极端的决定论的人,在实践上必定仍旧是一个非决定论者……"(第 283 页) 瞧,分配得多好①:理论是教授们的事,实践是神学家们的事! 或者:理论上是客观主义(即"羞羞答答的"唯物主义),实践上是"社会学中的主观方法"61。俄国的小市民思想家,民粹派,从列谢维奇到切尔诺夫,都同情这种庸俗的哲学,这是不足为奇的。至于那些想当马克思主义者的

---

① 马赫在《力学》中说道:"人们的宗教见解**纯属私人的事情**,只要他们不想强迫别人相信它们,不想把它们应用到属于其他领域的问题上去。"(法译本第 434 页)

人竟迷恋这类胡说,羞羞答答地掩饰马赫的特别荒谬的结论,这就是十分可悲的了。

但是在意志问题上,马赫没有停留在糊涂思想和不彻底的不可知论上,而是走得远多了…… 我们在《力学》一书中读到:"我们的饥饿感觉同硫酸对锌的亲和力本质上没有差别,我们的意志同石头对它的垫基的压力也没有多大差别。""这样〈就是说,抱这种观点〉就发现我们更接近自然界,而不需要把人分解成一堆不可理解的云雾似的原子,或者使世界成为精神结合物的体系。"(法译本第434页)这样一来,就不需要唯物主义("云雾似的原子"或电子,即承认物质世界的客观实在性)了,也不需要那种承认世界是精神的"异在"的唯心主义了。但是承认世界就是**意志**的唯心主义还是可以有的!我们不仅超出唯物主义,而且超出"某一位"黑格尔的唯心主义,但是我们可以向叔本华式的唯心主义打情骂俏!只要有人一提到马赫接近哲学唯心主义,我们的马赫主义者就装出一副无辜受辱的样子,可是又认为对这个棘手的问题最好来个默不做声。但实际上,在哲学文献中,很难找到一篇叙述马赫观点的文章不指出他倾向于意志的形而上学(Willens-metaphysik),即倾向于唯意志论的唯心主义。尤·鲍曼指出了这一点①,而对鲍曼进行驳斥的马赫主义者汉·克莱因佩特也没有反驳这一点,反而说,马赫当然"接近康德和贝克莱甚于接近在自然科学中占统治地位的形而上学经验论"(即自发的唯物主义;同上,第6卷第87页)。埃·贝歇尔也指出了这一点。他说,如果马赫在一些地方承认唯意志论的形而上学,在另一些地方又否认它,这只是证明他用语随便;事实上马赫无疑是接近于唯意志论的形

_____

① 1898年《系统哲学文库》**62**第4卷第2期第63页,关于马赫的哲学观点的论文。

而上学的①。路加也承认有这种形而上学(即唯心主义)和"现象学"(即不可知论)的混合物②。威·冯特也指出了这一点③。宇伯威格—海因策的近代哲学史教程也断定,马赫是一位"并非同唯意志论的唯心主义无关的"现象论者④。

　　总而言之,除了俄国马赫主义者,谁都很清楚马赫的折中主义和他的唯心主义倾向。

---

① **埃里希·贝歇尔**《恩·马赫的哲学观点》,载于 1905 年《哲学评论》杂志第 14 卷第 5 期第 536、546、547、548 页。

② **埃·路加**《认识问题和马赫的〈感觉的分析〉》,载于 1903 年《康德研究》杂志第 8 卷第 400 页。

③ 《系统哲学》1907 年莱比锡版第 131 页。

④ 《哲学史概论》1903 年柏林第 9 版第 4 卷第 250 页。

第 四 章

作为经验批判主义的战友和
继承者的哲学唯心主义者

到目前为止,我们对经验批判主义单独作了考察。现在我们应当看一看它的历史发展,看一看它同其他哲学派别的联系和相互关系。这里首先要提出的是马赫和阿芬那留斯对康德的关系问题。

1. 从左边和从右边对康德主义的批判

马赫和阿芬那留斯都是在 19 世纪 70 年代出现于哲学舞台的,当时德国教授中间的时髦口号是:"回到康德那里去!"这两位经验批判主义创始人在他们的哲学发展上正是从康德那里出发的。马赫写道:"我应当万分感激地承认,正是他的〈康德的〉批判唯心主义作了我的全部批判思维的出发点。但是我没有能够始终忠实于它。我很快又回到贝克莱的观点上来了",后来"又得出了和休谟的观点相近的观点……　现在我还是认为贝克莱和休谟是比康德彻底得多的思想家"。(《感觉的分析》第 292 页)

可见,马赫十分明确地承认:他是从康德开始的,以后走上了贝克莱和休谟的路线。再看一看阿芬那留斯吧。

阿芬那留斯在他的《〈纯粹经验批判〉绪论》(1876)一书的前言里就已指出:《纯粹经验批判》这几个字表明了他对康德的《纯粹理

性批判》的态度，"而且当然是"同康德"对立的态度"（1876 年版第 IV 页）。阿芬那留斯究竟在什么问题上和康德对立呢？在阿芬那留斯看来，康德没有充分地"清洗经验"。阿芬那留斯在他的《绪论》（第 56、72 节及其他许多节）里论述的就是这种"对经验的清洗"。阿芬那留斯要"清洗掉"康德的经验学说中的什么东西呢？首先是先验主义。他在第 56 节里说道："关于是否应当从经验的内容中排除'理性的先验概念'这种多余的东西，从而首先造成**纯粹经验**的问题，据我所知，是第一次在这里提出来的。"我们已经看到，阿芬那留斯就是这样"清洗掉"康德主义对必然性和因果性的承认的。

其次，阿芬那留斯要清洗掉康德主义对实体的承认（第 95 节），即对自在之物的承认，因为，在他看来，这个自在之物"不是存在于现实经验的材料中，而是由思维输送到这种材料中去的"。

现在我们可以看到：阿芬那留斯给自己的哲学路线所下的这一定义和马赫的定义是完全一致的，不同的只是在表达上过于矫揉造作。但是首先必须指出：阿芬那留斯说他在 1876 年**第一次**提出了"清洗经验"的问题，即清洗掉康德学说中的先验主义和对自在之物的承认的问题，**这是公然撒谎**。事实上，在德国古典哲学的发展过程中，在康德之后就立即出现了对康德主义的批判，这种批判和阿芬那留斯的批判正好是**同一方向**。在德国古典哲学里，代表这种方向的是休谟的不可知论的信徒舒尔采-埃奈西德穆和贝克莱主义即主观唯心主义的信徒约·哥·费希特。1792 年舒尔采-埃奈西德穆批判康德，**就是**因为康德承认先验主义（上引书第 56、141 页及其他许多页）和自在之物。舒尔采说道，我们这些怀疑论者或休谟的信徒摒弃超出"一切经验界限"的自在之物（第 57 页）。我们摒弃**客观的知识**（第 25 页）；我们否认空间和时间真实地存在于我们之外（第 100 页）；我们否认在经验中有必然性（第 112

页)、因果性、力,等等(第 113 页)。决不能认为它们具有"在我们表象以外的实在性"(第 114 页)。康德"独断地"证明先验性,他说,既然我们不能用别的方法来思维,那就是说先验的思维规律是存在的。舒尔采回答康德说:"这个论据在哲学上老早就被用来证明存在于我们表象以外的东西的客观本性了。"(第 141 页)这样推论下去,就会认为自在之物具有因果性(第 142 页)。"经验从来没有告诉过我们(wir erfahren niemals),客观对象作用于我们就产生表象。"康德也完全没有证明,为什么"必须承认这种存在于我们理性以外的东西就是不同于我们的感觉(Gemüt)的自在之物。感觉可以被设想为我们全部认识的**唯一**基础"(第 265 页)。康德的纯粹理性批判"把任何认识都开始于客观对象对我们感觉(Gemüt)器官的作用这一前提作为他的论断的基础,可是后来它又对这个前提的真理性和实在性提出异议"(第 266 页)。康德无论在哪一点上都没有驳倒唯心主义者贝克莱(第 268—272 页)。

由此可见,休谟主义者舒尔采摒弃康德关于自在之物的学说,认为它不彻底,对唯物主义作了让步,即对下述"独断主义"的论断作了让步:我们通过感觉感知的是客观实在,或者换句话说,我们的表象是由客观的(不依赖于我们意识的)对象作用于我们的感官而产生的。不可知论者舒尔采责备不可知论者康德,因为康德对自在之物的承认是和不可知论相矛盾的,并且会导向唯物主义。主观唯心主义者费希特也这样批判康德,不过更坚决些。他说:康德承认不依赖于我们的**自我**的自在之物,这是"**实在论**"(《费希特全集》第 1 卷第 483 页);康德"没有明确地"把"实在论"同"唯心主义"区别开来。费希特认为康德和康德主义者的惊人的不彻底性就在于他们承认自在之物是"客观实在的基础"(第 480 页),因此他们便陷入和批判唯心主义相矛盾的境地。费希特向那些用实在论解释康德的人大叫大嚷说："在你们那里,地在象上,象在地上。你们的自在之物只不过是思想而已,但却作用于我们的**自我**!"(第483页)

可见,阿芬那留斯以为他"第一次"从康德的"经验中清洗掉"先验主义和自在之物,从而创立了哲学上的"新"派别,那就大错而特错了。事实上他是在继续休谟和贝克莱、舒尔采-埃奈西德穆和约·哥·费希特的旧路线。阿芬那留斯以为他在全面地"清洗经验"。事实上他不过是**从不可知论中清洗掉康德主义**。他不是反对康德的不可知论(不可知论就是否认我们通过感觉感知的客观实在),而是**主张更纯粹的不可知论**,主张排除康德的那个和不可知论相矛盾的假定:自在之物是存在的,虽然它们是不可认识的、心智的、彼岸的;必然性和因果性是存在的,虽然它们是先验的,是存在于思维中而不是存在于客观现实中。他不像唯物主义者那样**从左边**同康德进行斗争,而是像怀疑论者和唯心主义者那样**从右边**同康德进行斗争。他自以为前进了,实际上他后退了,退到库诺·费舍在谈到舒尔采-埃奈西德穆时曾确切地表述过的批判康德的纲领上去了。费舍说:"剔除纯粹理性〈即先验主义〉的纯粹理性批判就是怀疑论。剔除自在之物的纯粹理性批判就是贝克莱的唯心主义。"(《近代哲学史》1869年德文版第5卷第115页)

现在我们接触到我国的整个"马赫狂"(即俄国马赫主义者向恩格斯和马克思的整个进攻)的最有趣的插曲之一。波格丹诺夫和巴扎罗夫、尤什凯维奇和瓦连廷诺夫用千百种调子吹嘘的他们的最新发现就是:普列汉诺夫作了一次"倒霉的尝试,想用妥协的、勉强可以认识的自在之物来调和恩格斯和康德的学说"(《论丛》第67页及其他许多页)。我们的马赫主义者的这个发现向我们暴露出,他们思想的极度混乱,他们对康德和德国古典哲学全部发展过程的惊人无知,真是达到无以复加的地步。

康德哲学的基本特征是调和唯物主义和唯心主义,使二者妥协,使不同的相互对立的哲学派别结合在一个体系中。当康德承认在我们之外有某种东西、某种自在之物同我们表象相符合的时候,他是唯物主义者;当康德宣称这个自在之物是不可认识的、超验的、彼岸的时候,他是唯心主义者。康德在承认经验、感觉是我们知识的唯一泉源时,他就把自己的哲学引向感觉论,并且通过感觉论,在一定的条件下又引向唯物主义。康德在承认空间、时间、因果性等等的先验性时,他就把自己的哲学引向唯心主义。由于康德的这种不彻底性,不论是彻底的唯物主义者,或是彻底的唯心主义者(以及"纯粹的"不可知论者即休谟主义者),都同他进行了无情的斗争。唯物主义者责备康德的唯心主义,驳斥他的体系的唯心主义特征,证明自在之物是可知的、此岸的,证明自在之物和现象之间没有原则的差别,证明不应当从先验的思维规律中而应当从客观现实中引出因果性等等。不可知论者和唯心主义者责备康德承认自在之物,认为这是向唯物主义,向"实在论"或"素朴实在论"让步。此外,不可知论者不仅抛弃了自在之物,也抛弃了先验主义,而唯心主义者则要求不仅从纯粹思想中彻底地引出先验的直观形式,而且彻底地引出整个世界(把人的思维扩张为抽象的**自我**或"绝对观念"、普遍**意志**等等)。我们的马赫主义者"没有发觉"他们是把那些从怀疑论和唯心主义的观点去批判康德的人们奉为自己的老师的,因而看见一些怪人**从完全相反的观点**去批判康德,驳斥康德体系中哪怕是一点点的不可知论(怀疑论)和唯心主义的因素,证明自在之物是客观实在的、完全可以认识的、此岸的,证明它同现象没有什么原则差别并且在人的个体意识和人类的集体意识发展的每一步上都在转化为现象,他们就悲观失望,不胜伤感。他们喊叫道:天呀！这是把唯物主义和康德主义生拉硬扯地混合起来了！

当我读到我们的马赫主义者要人家相信他们对康德的批判比某些老朽的唯物主义者彻底得多、坚决得多的时候,我总觉得好像普利什凯维奇走进了我们中间,他大喊大叫:我对立宪民主党人[8]的批判要比你们这些马克思主义者先生们彻底得多、坚决得多！当然啦,普利什凯维奇先生,政治上彻底的人能够而且永远会从完全相反的观点去批判立宪民主党人,可是毕竟不应该忘记:你们批判立宪民主党人,是因为他们是**过分的**民主派,而我们批判立宪民主党人,却是因为他们是**不够格的**民主派。马赫主义者批判康德,是因为他是过分的唯物主义者,而我们批判康德,却是因为他是不够格的唯物主义者。马赫主义者从右边批判康德,而我们从左边批判康德。

在德国古典哲学史上,休谟主义者舒尔采和主观唯心主义者费希特是前一种批判的典型。我们已经看到,他们极力排除康德主义的"实在论"因素。正如舒尔采和费希特批判康德本人那样,休谟主义的经验批判主义者和主观唯心主义的内在论者也批判了19世纪后半期的德国新康德主义者。休谟和贝克莱的那条路线用新词句略微改扮一下又出现了。马赫和阿芬那留斯谴责康德,不是因为他对自在之物的看法不够实在、不够唯物,而是因为他**承认**有自在之物;不是因为他拒绝从客观现实中引出自然界的因果性和必然性,而是因为他一般地承认任何因果性和必然性(也许纯粹"逻辑的"因果性和必然性除外)。内在论者和经验批判主义者的步调是一致的,他们也从休谟和贝克莱的观点去批判康德。例如,1879年勒克列尔就在他那本吹捧马赫是位卓绝的哲学家的著作中谴责康德的"不彻底性和对实在论的顺从(Connivenz)",这表现在"庸俗实在论的名词残渣（Residuum）"，即"**自在之物**"这个概念上（《……现代自然科学的实在论》①第9页）。"为了说得更厉害些"，勒克列尔把唯物主义叫做庸俗实在论。勒克列尔写道："我们认为应当把康德理论中一切倾向于庸俗实在论（realismus vulgaris）的组成部分都除掉，因为在唯心主义看来，它们是不彻底的，是杂种的（zwitterhaft）产物。"（第41页）康德学说中的"不彻底性和矛盾"是"因唯心主义的批判主义与实在论的独断主义的未被排除的残渣混合起来（Verquickung）"而产生的（第170页）。勒克列尔把唯物主义叫做实在论的独断主义。

　　另一位内在论者约翰奈斯·雷姆克谴责康德用自在之物在自己和贝克莱之间**筑起一个实在论的屏障**（约翰奈斯·雷姆克《世界是知觉和概念》1880年柏林版第9页）。"康德的哲学活动实质上具有论战的性质：他自己的哲学通过自在之物和德国的唯理论〈即和18世纪的旧信仰主义〉对立，通过纯粹的直观和英国的经验论对立。"（第25页）"我想把康德的自在之物比做一个安置在陷阱上面的活动机关，这个小东西看起来是不伤人的，是没有危险的，可是你一踩上去，就会意外地掉进**自在世界**的深渊。"（第27页）原来马赫和阿芬那留斯的战友内在论者不喜欢康德，是因为康德在某些方面接近唯物主义的"深渊"！

　　现在请看几个从左边批判康德的典型。费尔巴哈谴责康德，不是因为他的"实在论"，而是因为他的**唯心主义**；费尔巴哈把康德的体系叫做"经验论基础上的唯心主义"（《费尔巴哈全集》第2卷第296页）。

　　请看费尔巴哈对康德所作的特别重要的评论。"康德说：'如

---

① 即《从贝克莱和康德对认识的批判来看现代自然科学的实在论》。——编者注

果我们把我们感觉的对象看做是单纯的现象(我们应当这样看),那么这样我们就承认现象的基础是自在之物,虽然我们不知道自在之物本身是怎样构成的,只知道它的现象,就是说,只知道这个未知物影响(affiziert)我们感官的那个方式。所以,我们的理性由于承认现象的存在,也就承认自在之物的存在;就这一点而论,我们可以说,设想这种作为现象基础的本质,即纯粹想象的本质,不但是容许的,而且是必要的'……" 费尔巴哈从康德的文章中选出这样一段话来加以批判。康德在这一段话里认为自在之物不过是想象的物,即想象的本质,而不是实在。费尔巴哈说:"……因此,感觉的对象、经验的对象,对于理性来说是单纯的现象,而不是真理…… 要知道,想象的本质对理性来说并不是现实的客体!康德哲学是主体和客体、本质和实存、思维和存在之间的矛盾。在这里,本质归于理性,实存归于感觉。没有本质的实存〈即没有客观实在性的现象的实存〉是单纯的现象,即感性的物;没有实存的本质,是想象的本质、**本体**;我们可以而且应当想象它们,可是它们缺少实存——至少对我们来说缺少客观性;它们是自在之物,是真正的物,但是它们不是现实的物…… 使真理和现实分开,使现实和真理分开,这是多么矛盾啊!"(《费尔巴哈全集》第2卷第302—303页)费尔巴哈谴责康德,不是因为他承认自在之物,而是因为他不承认自在之物的现实性即客观实在性,因为他认为自在之物是单纯的思想、"想象的本质",而不是"具有实存的本质"即实在的、实际存在着的本质。费尔巴哈谴责康德,是因为他离开了唯物主义。

费尔巴哈在1858年3月26日给博林的信中写道:"康德哲学是一种矛盾,它不可避免地要走向费希特的唯心主义或感觉论";前一个结论"是属于过去的",后一个结论"是属于现在和将来的"

（上引格律恩的书第 2 卷第 49 页）。我们已经看到，费尔巴哈是维护客观的感觉论即唯物主义的。从康德那里再转到不可知论和唯心主义，转到休谟和贝克莱那里，即使在费尔巴哈看来，也无疑**是反动的**。费尔巴哈的热心的信徒阿尔布雷希特·劳接受了费尔巴哈的优点，也接受了费尔巴哈的那些被马克思、恩格斯克服了的缺点，他完全按照他的老师的精神去批判康德，说："康德哲学有二重性〈模棱两可性〉。它既是唯物主义，又是唯心主义。理解康德哲学实质的关键就在于它的这种二重性。作为一个唯物主义者或经验论者，康德不得不承认我们之外的物的存在（Wesenheit）。可是作为一个唯心主义者，他不能摆脱这种偏见：灵魂是某种和感性的物完全不同的东西。存在着现实的物和理解这些物的人的精神。这个精神究竟是怎样接近和它完全不同的物呢？康德托辞如下：精神具有某些先验的认识，借助这些认识，物必定像显现给精神那样地显现出来。因此，我们按照自己对物的理解去理解物，这是我们的创造。因为生存在我们身上的精神不外是神的精神，并且像神从无中创造出世界那样，人的精神也从物中创造出一种并非物本身所具有的东西。这样，康德便保证了现实的物作为'自在之物'而存在。康德需要灵魂，因为在他看来，灵魂不死是道德的公设。先生们〈这是劳对新康德主义者，特别是对伪造《唯物主义史》的糊涂人阿·朗格说的〉，'自在之物'是康德的唯心主义借以区别于贝克莱的唯心主义的东西，它架起了一座从唯心主义通向唯物主义的桥梁。这就是我对康德哲学的批判，谁能驳斥这个批判，就请驳斥吧…… 对唯物主义者说来，把先验的认识和'自在之物'区别开来完全是多余的，因为唯物主义者在任何地方都没有把自然界中的恒久联系割断，都没有把物质和精神看做彼此根本不同的东西，而是认为它们只不过是同一东西的两个方面，因此不需要用什么特别巧妙的方法来使精神接近物。"①

其次,我们看到,恩格斯谴责康德,是因为康德是不可知论者,而不是因为他离开了彻底的不可知论。恩格斯的学生拉法格在1900年曾这样反驳康德主义者(当时沙尔·拉波波特也在内):

"……在19世纪初期,我们的资产阶级结束了革命性的破坏事业之后,便开始否定他们的伏尔泰主义哲学。被夏多勃里昂涂上了(peinturlurait)浪漫主义色彩的天主教又行时了;百科全书派的宣传家们被罗伯斯比尔送上了断头台,而塞巴斯蒂安·梅尔西爱为了彻底击溃百科全书派的唯物主义则输入了康德的唯心主义。

在历史上将被称为资产阶级世纪的19世纪末期,知识分子企图借助康德哲学来粉碎马克思和恩格斯的唯物主义。这个反动的运动开始于德国——这样说并不是想冒犯我们那些想把全部荣誉都归于自己学派的创立者马隆的整体社会主义者。事实上,马隆本人属于赫希柏格、伯恩施坦以及杜林的其他门徒那一学派,这些人是在苏黎世开始对马克思主义进行改良的〈拉法格说的是上一世纪70年代后半期德国社会主义运动中有名的思想运动**63**〉。应当预料到:在饶勒斯、富尼埃以及我们的知识分子用熟了康德的术语以后,也会把康德呈献给我们的…… 当拉波波特硬说马克思认为'存在着观念和实在的同一性'的时候,他是错误的。首先,我们从来也不使用这样的形而上学用语。观念像客体一样,也是实在的,它是客体在头脑中的反映…… 为了使那些需要了解资产阶级哲学的同志们开开心(récréer),我想说明一下这个引起唯灵论思想家们如此浓厚兴趣的有名的问题究竟是怎么一回事。

---

① 阿尔布雷希特·劳《路德维希·费尔巴哈的哲学,现代自然科学和哲学批判》1882年莱比锡版第87—89页。

一个吃着香肠、每天收入5个法郎的工人很明白:他被老板掠夺,他吃的是猪肉;老板是强盗,香肠好吃而且对身体有营养。资产阶级的诡辩家(不管他叫皮浪也好,叫休谟或者康德也好,反正都一样)说道:完全不是这样,工人的这种看法是他个人的看法,也就是主观的看法;他可以有同样的理由认为,老板是他的恩人,香肠是由剁碎的肉皮做成的,因为他不可能认识**自在之物**……

问题提得不对,它的困难也就在这里……　为了认识客体,人首先必须检验他的感觉是不是欺骗他……　化学家向前迈进了一步,他们深入到物体内部,分析了物体,把物体分解为元素,然后作了相反的处理,即进行综合,用元素再组成物体。从人能够用这些元素制造出东西来供自己使用的那个时候起,正如恩格斯所说的,人就可以认为他认识了**自在之物**。如果基督教徒的上帝真的存在而且创造了世界,他所做的也不会多于这些。"①

我们引用这样长的一段话,是为了说明拉法格怎样理解恩格斯,以及他怎样从左边批判康德。他不是批判康德主义和休谟主义不同的那些方面,而是批判康德和休谟共同的那些方面;不是批判康德承认自在之物,而是批判康德对于自在之物的看法不够唯物。

最后,卡·考茨基在他的《伦理学》②里,也是从与休谟主义和贝克莱主义完全相反的观点去批判康德的。他这样来反对康德的认识论:"我看见绿的、红的、白的东西,这是根据我的视力。但是,绿的东西不同于红的东西,这证明在我以外存在着某种东西,证明物之间确实存在着差别……　一个个空间观念和时间观念向

---

① **保尔·拉法格**《马克思的唯物主义和康德的唯心主义》,载于1900年2月25日《社会主义者报》**64**。

② 即《伦理学和唯物史观》。——编者注

我表明的物本身之间的相互关系和差别……是外部世界的真实的相互关系和差别；它们不为我的认识能力的性质所决定……在这种情况下〈如果康德关于时间和空间的观念性的学说是正确的话〉，我们就一点也不能知道我们之外的世界，甚至不能知道它是存在着的。"（俄译本第33—34页）

可见，费尔巴哈、马克思、恩格斯的**整个学派**，从康德那里向左走，走向完全否定一切唯心主义和一切不可知论。而我们的马赫主义者却跟着哲学上的**反动**派别走，跟着以休谟主义和贝克莱主义的观点去批判康德的马赫和阿芬那留斯走。当然，跟哪一个思想反动的人走都可以，这是每个公民尤其是每个知识分子的神圣权利。但是，如果在哲学上同**马克思主义基础**已经彻底决裂的人，后来又开始支吾不清，颠倒是非，闪烁其词，硬说他们在哲学上"也是"马克思主义者，硬说他们和马克思"差不多"是一致的，只是对马克思学说稍稍作了"补充"，那么，这实在是令人十分厌恶的。

5. 亚·波格丹诺夫的"经验一元论"

波格丹诺夫关于自己写道："直到现在，我个人在著作界只知道一个经验一元论者，此人就是亚·波格丹诺夫。我倒很了解他，并且能够保证他的观点完全适合自然界对于精神是第一性的这一神圣的公式。这就是说，他把一切存在着的东西看做是发展的一根不断的链条，这根链条最底下的环节消失在要素的混沌世界里，而我们所知道的上面的环节是**人们的经验**〈黑体是波格丹诺夫用的〉，即心理经验和更高一层的物理经验，并且这种经验和从其中产生出来的认识都符合于通常称之为精神的东西。"（《经验一元论》第3卷第XII页）

波格丹诺夫在这里把我们所熟知的恩格斯的原理叫做"神圣的"公式来加以讥笑,但又巧妙地避开了恩格斯! 我们同恩格斯没有分歧,根本没有……

可是请大家更仔细地看一看波格丹诺夫自己对他的标榜一时的"经验一元论"和"代换说"所作的这段概述吧。波格丹诺夫把物理世界叫做**人们的经验**,宣称在发展的链条上,物理经验要比心理经验**更高一层**。这真是荒谬绝伦! 而这种荒谬正是一切唯心主义哲学所特有的。如果波格丹诺夫把这样的"体系"也归入唯物主义,说什么他也认为自然界是第一性的,精神是第二性的,那简直是滑稽。如果这样应用恩格斯的定义,那么连黑格尔也是唯物主义者了,因为,在黑格尔那里也是心理经验(名为绝对观念)在先,然后是"更高一层"的物理世界,即自然界,最后才是人的认识,人是通过自然界认识绝对观念的。任何一个唯心主义者也不会在这种含义上否认自然界的第一性,因为实际上这不是第一性,实际上自然界不是被看做**直接**存在的东西,不是被看做认识论的出发点。实际上还要**通过**"心理的东西"的**抽象概念**这一漫长的行程才转到自然界。不论这些抽象概念叫做绝对观念、普遍的**自**·**我**,还是叫做世界意志或其他等等,都一样。这些名称只是用来区分唯心主义**变种**的,而这些变种多得不可胜数。唯心主义的实质在于:把心理的东西作为最初的出发点;从心理的东西引出自然界,**然后再**从自然界引出普通的人的意识。因此,这种最初的"心理的东西"始终是把冲淡了的神学掩盖起来的**僵死的抽象概念**。例如,任何人都知道什么是人的**观念**,但是脱离了人的和在人出现以前的观念、抽象的观念、绝对观念,却是唯心主义者黑格尔的神学的虚构。任何人都知道什么是人的感觉,但是脱离了人的、在人出现以前的感觉,却是胡说、僵死的抽象概念、唯心主义的谬论。波格丹诺夫在编造下面的阶梯时炮制的正是这种唯心主义的谬论：

（1）"要素"的混沌世界（我们知道，要素这个名词除了**感觉**，不包含任何其他的人的概念）；

（2）人们的心理经验；

（3）人们的物理经验；

（4）"从这种经验中产生出来的认识"。

与人脱离的（人的）感觉是没有的。这就是说，第一层梯级是僵死的唯心主义的抽象概念。实质上，我们在这里看到的并不是大家所熟悉的、通常的**人的**感觉，而是某种臆造的、**不属于任何人的**感觉，**一般**感觉，神的感觉，正如在黑格尔那里通常的人的观念一旦与人和人脑分开就成了神的观念一样。

第一层梯级滚开吧。

第二层梯级也滚开吧。因为，任何人都不知道，自然科学也不知道物理的东西**以前的心理的东西**（而波格丹诺夫认为第二层梯级**先于**第三层梯级）。物理世界在心理的东西出现以前就已存在，心理的东西是最高形式的有机物质的最高产物。波格丹诺夫的第二层梯级也是僵死的抽象概念，是没有头脑的思想，是与人分开的人的理性。

只有完全抛弃前两层梯级，也只有这样，我们才能获得一幅真正同自然科学和唯物主义相符合的世界图景。这就是：（1）物理世界是**不依赖于**人的意识而存在的，它**在**人出现**以前**、**在任何**"人们的经验"产生**以前**早就存在；（2）心理的东西、意识等等是物质（即物理的东西）的最高产物，是叫做人脑的这样一块特别复杂的物质的机能。

波格丹诺夫写道："代换的领域是和物理现象的领域相合的；用不着以任何东西代换心理现象，因为它们是直接的复合。"（第

XXXIX 页）

这就是唯心主义,因为心理的东西,即意识、表象、感觉等等,被认为是**直接的东西**,而物理的东西是从其中引出来的,是代换它的。费希特说,世界是我们的**自我**所创造的**非我**。黑格尔说,世界是绝对观念。叔本华说,世界是意志。内在论者雷姆克说,世界是概念和表象。内在论者舒佩说,存在是意识。波格丹诺夫说,物理的东西是心理的东西的代换。只有瞎子才看不出这些不同的说法所包含的相同的唯心主义实质。

波格丹诺夫在《经验一元论》第 1 卷第 128—129 页写道:"让我们向自己提这样一个问题:什么是'生物',譬如说,什么是'人'?"他回答道:"'人'首先是'直接体验'的一定复合"。请注意"**首先**"二字!"**然后**,在经验的进一步发展中,'人'对自己和别人来说才是其他许多物理物体中的一个物理物体。"

这完全是胡说的"复合",它只适宜于推出灵魂不死或神的观念等等。人首先是直接体验的复合,而**在进一步发展中**才是物理物体!这就是说,有**脱离**了物理物体的、在物理物体出现**以前**的"直接体验"。真可惜,我们的正教中学还没有讲授这种卓绝的哲学;在那里,它的全部价值是会受到珍视的。

"……我们承认,物理自然界本身是那些具有直接性质的复合(其中也包括心理同格)**所派生的东西**〈黑体是波格丹诺夫用的〉;物理自然界是这种复合在其他的、与它们相似的、不过是最复杂类型的复合中(在生物的社会地组织起来的经验中)的反映。"(第 146 页)

凡是说物理自然界本身是派生的东西的哲学,就是最纯粹的僧侣主义哲学。它的这种性质决不会因为波格丹诺夫本人极力否认一切宗教而有所改变。杜林也是一个无神论者;他甚至提议在他的"共同社会的"制度里禁止宗教。尽管这样,恩格斯完全正确地指出,杜林的"体系"如果没有宗教便不能自圆其说。① 波格丹诺夫也完全是这样,不过有一个重大的差别:上面引的一段话不是偶然的自相矛盾,而是他的"经验一元论"和他的全部"代换说"的本质。如果自然界是派生的,那么不用说,它只是由某种比自然界更巨大、更丰富、更广阔、更有力的东西派生出来的,只是由某种存在着的东西派生出来的,因为要"派生"自然界,就必须有一个不依赖于自然界而存在的东西。这就是说,有某种存在于自然界**以外**、并且能**派生出**自然界的东西。用俄国话说,这种东西叫做神。唯心主义哲学家总是想方设法改变神这个名称,使它更抽象,更模糊,同时(为了显得更真实)更接近于"心理的东西",如"直接的复合"、无须证明的直接存在的东西。绝对观念,普遍精神,世界意志,心理的东西对物理的东西的"**普遍代换**",——这些都是同一个观念,只是说法不同而已。任何人都知道,而且自然科学也在研究,观念、精神、意志、心理的东西是进行正常活动的人脑的机能;把这种机能同按一定方式组成的物质分开,把这种机能变为普遍的抽象概念,用这个抽象概念"代换"整个物理自然界,这是哲学唯心主义的妄想,这是对自然科学的嘲弄。

唯物主义说,"生物的社会地组织起来的经验"是由物理自然界派生出来的,是物理自然界长期发展的结果,是从没有而且也不可能有社会性、组织性、经验和生物的那种状态的物理自然界中发展出来的。唯心主义说,物理自然界是由生物的这种经验派生出来的。唯心主义这样说,就是把自然界和神相提并论(如果不是使自然界隶属于神)。因为神无疑是由生物的社会地组织起来的

---

① 参看《马克思恩格斯文集》2009年人民出版社版第9卷第332—335页。——编者注

经验派生出来的。不管怎样考察波格丹诺夫的哲学,除了反动的混乱思想,它没有任何别的内容。

波格丹诺夫以为谈论社会地组织经验,就是"认识上的社会主义"(第 3 卷第 XXXIV 页)。这真是痴人说梦。如果这样解释社会主义,那么耶稣会士[65]也是"认识上的社会主义"的热诚的信徒了,因为他们的认识论的出发点,就是神这个"社会地组织起来的经验"。无疑地,天主教也是社会地组织起来的经验,不过它反映的不是客观真理(为波格丹诺夫所否定而为科学所反映的客观真理),而是一定的社会阶级利用人民的愚昧无知。

何必提耶稣会士呢! 我们在马赫所心爱的内在论者那里完全可以找到波格丹诺夫的"认识上的社会主义"。勒克列尔认为自然界是"人类"的意识(《……实在论》第 55 页),决不是个别人的意识。这种费希特主义的认识上的社会主义,你要多少,资产阶级的哲学家就可以给多少。舒佩也强调 das generische, das gattungsmäßige Moment des Bewusstseins(参看《科学的哲学季刊》第 17 卷第 379—380 页),即认识中共同的、类的要素。以为用人类的意识代替个人的意识,或者用社会地组织起来的经验代替一个人的经验,哲学唯心主义便会消失,这等于以为用股份公司代替一个资本家,资本主义便会消失一样。

我们俄国的马赫主义者尤什凯维奇和瓦连廷诺夫跟着唯物主义者拉赫美托夫说,波格丹诺夫是唯心主义者(同时又简直像流氓似地大骂拉赫美托夫)。但是他们不会想一想这种唯心主义是从哪里来的。在他们看来,波格丹诺夫是一个单独的现象,是一种偶然的情况,是个别的例子。这是不正确的。波格丹诺夫个人可以认为他发明了"独创的"体系,可是只要把他和上述的马赫的学生们比较一下,就可以看出这种看法的错误。波格丹诺夫和科内利乌斯之间的差别,比科内利乌斯和卡鲁斯之间的差别小得多。波格丹诺夫和卡鲁斯之间的差别,又比卡鲁斯和齐亨之间的差别小些(当然是从哲学体系方面来看,而不是从反动结论的自觉性方面来看),等等。波格丹诺夫不过是那种证明马赫主义向唯心主义发展的“社会地组织起来的经验”的表现之一。如果在波格丹诺夫的老师马赫的学说中没有贝克莱主义的……“要素”,世界上就不会出现波格丹诺夫(当然指的**仅仅**是哲学家的波格丹诺夫)。我想象不出对波格丹诺夫还有比下述做法更“可怕的报复”**66**:把他的《经验一元论》翻译成德文,并送给勒克列尔和舒伯特-索尔登、科内利乌斯和克莱因佩特、卡鲁斯和毕雍(雷努维埃的法国合作者和学生)去评论。马赫的这些人所共知的战友和部分地公开的追随者会用接吻来欢迎这个“代换说”,这恐怕会比他们的议论更能说明问题。

但是,如果把波格丹诺夫的哲学看做是已经完成的和一成不变的体系,也未必正确。从1899年到1908年这九年中间,波格丹诺夫在哲学中的漫游经过了四个阶段。最初他是一个“自然科学的”(即半自觉的、自发地忠于自然科学精神的)唯物主义者。《自然史观的基本要素》这本书就带有这个阶段的鲜明的痕迹。第二个阶段是上一世纪90年代末流行的奥斯特瓦尔德的“唯能论”的阶段,也就是在某些地方陷入唯心主义的混乱的不可知论的阶段。波格丹诺夫从奥斯特瓦尔德(奥斯特瓦尔德的《自然哲学讲演录》一书的封面题词是:“献给恩·马赫”)那里转向了马赫,也就是说他采用了像马赫的全部哲学一样不彻底的、糊涂的主观唯心主义的基本前提。第四个阶段是:企图清除马赫主义的若干矛盾,创立一种类似客观唯心主义的东西。“普遍代换说”表明波格丹诺夫从他的出发点起差不多转了一个180度的大弯。比起先前的几个阶段,波格丹诺夫哲学的这个阶段离辩证唯物主义更远还是更近呢？如果他停留在一个地方，当然是更远了。如果他继续顺着他九年来走的那条曲线前进，那么就更近了。现在他**只**需要认真地前进一步，就是说，只需要普遍抛弃他的普遍代换说，就可以重新转到唯物主义。因为，就像(si licet parva componere magnis！——如果可以以小比大的话)黑格尔的"绝对观念"把康德的唯心主义的一切矛盾和费希特主义的一切弱点集中起来一样，这个普遍代换说把不彻底的唯心主义的一切过失和彻底的主观唯心主义的一切弱点集中起来，编成了一条中国式的辫子。以前费尔巴哈**只要**认真地前进一步，就是说，只要普遍抛弃、完全根除绝对观念，即黑格尔的"代换"物理自然界的"心理的东西"，就可以重新转到唯物主义。费尔巴哈剪掉了哲学唯心主义的中国式的辫子，也就是说，他把自然界当做基础，而没有任何的"代换"。

过些时候我们就会看到马赫派的唯心主义的中国式的辫子是否还会长期留下去。

7. 对杜林的两种批判

我们还要指出马赫主义者对唯物主义的难于置信的歪曲中的一个特点。瓦连廷诺夫想用和毕希纳对比的方法来打垮马克思主义者。他不顾恩格斯已和毕希纳异常清楚地划清了界限，硬说毕希纳有许多同普列汉诺夫相似的地方。波格丹诺夫则从另一方面对待这个问题，仿佛他是在维护那种"不知何故常常被人们轻蔑地谈论的""自然科学家的唯物主义"(《经验一元论》第 3 卷第 X 页)。瓦连廷诺夫和波格丹诺夫在这里糊涂极了。马克思和恩格斯总是"轻蔑地谈论"不好的社会主义者，但是应当从中看出：他们的本意是要求正确的科学的社会主义学说，而不是要求从社会主义飞到资产阶级观点上去。马克思和恩格斯总是斥责**不好的**（而且主要是反辩证法的）唯物主义，但他们是从更高级、更发展的辩证**唯物主义**的观点，而不是从休谟主义或贝克莱主义的观点加以斥责的。马克思、恩格斯和狄慈根谈论不好的唯物主义者，是重视他们，希望纠正他们的错误；而对于休谟主义者和贝克莱主义者、马赫和阿芬那留斯，他们连谈都不谈，只给这**整个**派别下一个更轻蔑的评语。因此，我们的马赫主义者在提到霍尔巴赫一伙、毕希纳一伙等等时所做的无数鬼脸怪相，完全是想蒙蔽大家，掩盖整个马赫主义对一般唯物主义原理的背离，害怕直截了当地同恩格斯论争。

恩格斯在他的《路德维希·费尔巴哈》第 2 章的后面对 18 世纪的法国唯物主义以及毕希纳、福格特和摩莱肖特作了评论，没有比这说得更清楚的了。只要**不想**歪曲恩格斯，就**不可能**不了解他。恩格斯在这一章里阐明唯物主义的一切学派同唯心主义者的**整个营垒**、同一切康德主义者和休谟主义者的**基本**区别时说道：马克思和我是唯物主义者。恩格斯**责备费尔巴哈**有几分怯懦和轻率，这表现在：费尔巴哈在某些地方由于某个唯物主义学派的错误而摒弃了一般唯物主义。恩格斯说，费尔巴哈"不应该（durfte nicht）把这些巡回传教士〈毕希纳及其一伙〉的学说同一般唯物主义混淆起来"（第 21 页）①。只有那些由于背诵和迷信德国反动教授们的学说而失灵了的头脑，才会**不了解**恩格斯对费尔巴哈的**这种**责备的性质。

恩格斯异常明白地说，毕希纳及其一伙"丝毫没有越出他们的老师们〈即 18 世纪的唯物主义者〉的这个范围"而**前进一步**。恩格斯责备毕希纳一伙，就是因为这一点，而且**仅仅是因为这一点**；不是

---

① 见《马克思恩格斯文集》2009 年人民出版社版第 4 卷第 283 页。——编者注

因为他们的唯物主义（像不学无术之徒所想的那样），而是因为他们**没有推进**唯物主义，"**在进一步发展〈唯物主义的〉理论方面，他们实际上什么事也没有做**"。恩格斯责备毕希纳一伙，**仅仅**是因为这一点。就在这里，恩格斯**逐一地**列举了18世纪法国唯物主义者的**三**个基本的"局限性"（Beschränktheit）。马克思和恩格斯摆脱了这些局限性，可是毕希纳一伙没有摆脱得了。第一个局限性是：旧唯物主义者的观点是"机械的"，**这就是说**，他们"仅仅运用力学的尺度来衡量化学过程和有机过程"（第19页）。我们将在下一章里看到，由于不懂得恩格斯的这句话，某些人是怎样经过新物理学而陷入唯心主义的。恩格斯批驳**机械**唯物主义的原因，是和"最新"唯心主义（亦即马赫主义）派别的物理学家们责难它的原因不同的。第二个局限性是：旧唯物主义者观点的形而上学性，即他们的"**反辩证法的哲学思维方法**"。这个局限性完全为我们的马赫主义者和毕希纳一伙所共有，正如我们看到的，我们的马赫主义者对于恩格斯在认识论上应用辩证法（例如，绝对真理和相对真理）丝毫不理解。第三个局限性是："上半截"即在社会科学领域内保持着唯心主义，不懂得历史唯物主义。

恩格斯在列举并透彻地阐明了这三个"局限性"之后（第19——21页），**紧接着补充说**，毕希纳一伙并没有越出"**这个范围**"（über diese Schranken）。

只是因为这三点，**只是**在这个范围内，恩格斯批驳了18世纪的唯物主义，也批驳了毕希纳一伙的学说！在唯物主义的其余一切更基本的问题上（被马赫主义者歪曲了的），马克思和恩格斯同所有这些旧唯物主义者之间**没有而且也不可能有任何差别**。把这个十分清楚的问题弄得混乱不清的完全是俄国马赫主义者，因为在他们的西欧的导师和同道者看来，马赫一伙的路线和全体唯物主义者的路线之间的根本差异是有目共睹的。我们的马赫主义者需要把这个问题弄得混乱不清，以便把自己脱离马克思主义而转入资产阶级哲学阵营说成是对马克思主义的"小小修正"！

就拿杜林来说吧。很难想象有比恩格斯对他的评论更轻蔑的了。可是请看一看，**在恩格斯批判杜林的**同时，称赞马赫的"革命哲学"的**勒克列尔，是怎样批判同一个杜林的**。在勒克列尔看来，杜林是唯物主义的"**极左派**"，这派人"毫不掩饰地宣称感觉以及意识和理性的各种表现，都是动物机体的分泌物、机能、高级产物、总效果等"（《……实在论》1879 年版第 23—24 页）。

恩格斯是因为这一点批判杜林的吗？不是。在这一点上，他和杜林也像和其他一切唯物主义者一样，是**完全一致的**。他是从正相反的观点批判杜林的，是因为杜林的唯物主义不彻底，是因为杜林具有给信仰主义留下空子的唯心主义的奇思妙想。

"自然界本身在具有表象的生物之内起作用，也在它之外起作用，以便合乎规律地产生相互联系的观点，创造关于物的进程的必要知识。"勒克列尔引用了杜林的这几句话并疯狂地攻击这种观点的唯物主义，攻击这种唯物主义的"最粗陋的形而上学"、"自我欺骗"等等，等等（第 160 页和第 161—163 页）。

恩格斯是因为这一点批判杜林的吗？不是。他嘲笑任何的夸张，可是在承认意识所反映的自然界的客观规律性这一点上，**恩格斯和杜林**，也像和其他一切唯物主义者一样，**是完全一致的**。

"思维是其余一切现实的高级形态……""哲学的基本前提是：物质的现实世界独立存在于这个世界所产生的并认识这个世界的意识现象群之外，不同于这种意识现象群。"勒克列尔引用了杜林的这几句话以及杜林对康德等人的一连串抨击，责备杜林有"形而上学"（第 218—222 页），责备他承认"形而上学的教条"

等等。

恩格斯是因为这一点批判杜林的吗？不是。世界不依赖于意识而存在着,康德主义者、休谟主义者、贝克莱主义者等等对这个真理的任何背离都是错误的,——在这两点上,恩格斯和杜林,也像和其他一切唯物主义者一样,是完全一致的。如果恩格斯看到了勒克列尔和马赫是**从哪一方面**手携手地去批判杜林的,他就会用比他用在杜林身上的更加轻蔑**百倍**的话来骂这两个哲学上的反动分子！在勒克列尔看来,杜林是有害的实在论和唯物主义的化身(再参看《一元论的认识论概论》1882年版第45页)。马赫的老师和战友威·舒佩在1878年责备杜林的"荒谬的实在论"(Traumrealismus)①,以报复杜林给一切唯心主义者加上"荒谬的唯心主义"这个名称。在恩格斯看来,**恰恰相反**:杜林是一个**不够**坚定、明确、彻底的唯物主义者。

马克思、恩格斯和约·狄慈根出现于哲学舞台上,都是当唯物主义在所有先进知识分子中间、特别是在工人中间已经占居优势的时候。因此,马克思和恩格斯把自己的全部注意力集中于:不是重复旧的东西,而是认真地在理论上**发展**唯物主义,把唯物主义应用于历史,就是说,**修盖好**唯物主义哲学这所建筑物的**上层**,这是理所当然的。他们在认识论领域中**只限于**改正费尔巴哈的错误,讥笑唯物主义者杜林的庸俗,批判毕希纳的错误(参看约·狄慈根的著作),强调这些在工人中间影响广名声大的著作家所**特别**缺少的东西,即辩证法,这是理所当然的。马克思、恩格斯和约·狄慈根并不担心叫卖者在几十种出版物中所叫卖的那些唯物主义的起码真理,而是把全部注意力集中于:不让这些起码真理庸俗化、过于简单化,

① **威廉·舒佩博士**《认识论的逻辑》1878年波恩版第56页。

导致思想僵化("下半截是唯物主义,上半截是唯心主义"),导致忘却黑格尔的辩证法这个唯心主义体系的**宝贵**成果——毕希纳之流和杜林之流(以及勒克列尔、马赫、阿芬那留斯等等)一群雄鸡所不能从绝对唯心主义粪堆中啄出的这颗珍珠[67]。

只要稍微具体地想一想恩格斯和约·狄慈根的哲学著作产生时的这些历史条件,就会完全明白为什么他们**反对**把唯物主义的起码真理庸俗化,**甚于维护**这些真理。马克思和恩格斯反对把政治民主的基本要求庸俗化,也甚于维护这些要求。

只有哲学反动分子的门徒们才会"看不出"这种情况,才会向读者把事情说成似乎马克思和恩格斯不懂得做一个唯物主义者是怎么一回事。

第 五 章

最近的自然科学革命和
哲学唯心主义

一年前,《新时代》杂志(1906—1907 年第 52 期)登载了约瑟夫·狄奈-德涅斯的一篇题为《马克思主义和最近的自然科学革命》的论文。这篇论文的缺点在于:它忽视了从"新"物理学中得出的并且是我们现在特别感兴趣的认识论结论。但是,正是这个缺点使我们对这位作者的观点和结论特别感兴趣。像本书的作者一样,约瑟夫·狄奈-德涅斯所持的观点,就是我们的马赫主义者极其轻视的最"普通的马克思主义者"的观点。例如,尤什凯维奇先生写道:"自称为辩证唯物主义者的,通常是一般的、普通的马克思主义者。"(他的书[68]第 1 页)就是约·狄奈-德涅斯这样一个普通的马克思主义者,把自然科学特别是物理学中的最新发现(X 射线、柏克勒尔射线、镭[69]等等)直接同恩格斯的《反杜林论》作了比较。这种比较使他得出了什么样的结论呢? 约·狄奈-德涅斯写道:"在自然科学的各种极不相同的领域里都获得了新知识,所有这些新知识归结起来就是恩格斯想要提到首位的一点:在自然界中'没有任何不可调和的对立,没有任何强制规定的分界线和差别';既然在自然界中有对立和差别,那么它们的固定性和绝对性只是我们加到自然界中去的。"例如,人们发现了光和电只是同一自然力的表现。[70]化学亲和力归结为电的过程已日益成为可能。

不可破坏的、不可分解的化学元素被发现是可以破坏的、可以分解的,这样的化学元素的数目继续不断地增多,真好像是在跟世界的统一性开玩笑似的。镭元素已经能变成氦元素了。[71]"就像一切自然力都可以归结为一种力一样,一切自然物也可以归结为**一种物质**。"(黑体是约·狄奈-德涅斯用的)作者在援引一位著作家认为原子只是以太[72]的凝结这个见解时惊叹道:"多么辉煌地证实了恩格斯的名言:运动是物质的存在形式。""自然界的一切现象都是运动,它们之间的差别仅仅在于:我们人所感知的是这种运动的各种不同形式…… 事实正如恩格斯所说的那样。自然界完全和历史一样,是受辩证的运动规律支配的。"

另一方面,只要拿起马赫主义的著作或关于马赫主义的著作,就一定会看到,它们自命不凡地引证了新物理学,而这种新物理学据说把唯物主义驳倒了,云云。这些引证是不是有根据,那是另一个问题。但是,新物理学,确切些说,新物理学中的一定学派跟马赫主义和现代唯心主义哲学的其他变种有联系,这却是丝毫不容怀疑的。像普列汉诺夫那样,忽视这种联系来研究马赫主义,就是嘲弄辩证唯物主义的精神,也就是为了恩格斯的某个词句而牺牲恩格斯的方法。恩格斯直率地说:"甚至随着自然科学〈姑且不谈人类历史〉领域中每一个划时代的发现,唯物主义也必然要改变自己的形式。"(《路·费尔巴哈》德文版第 19 页)①因此,对恩格斯的唯物主义的"形式"的修正,对他的自然哲学论点的修正,不但不含有任何通常所理解的"修正主义的东西",相反地,这正是马克思主义所必然要求的。我们谴责马赫主义者的决不是这样的修改,而是他们的**纯粹修正主义的**手法:他们在批判唯物主义的**形**

---

① 见《马克思恩格斯文集》2009 年人民出版社版第 4 卷第 281 页。——编者注

式的幌子下改变唯物主义的**实质**,他们采纳反动的资产阶级哲学的基本论点,又毫不打算直接、公开、断然地反驳恩格斯在这个问题上所作的像"没有物质的运动……是不可想象的"(《反杜林论》第50页)①这样无疑是极端重要的论断。

不言而喻,在研究现代物理学家的一个学派和哲学唯心主义的复活的联系这一问题时,我们决不想涉及专门的物理学理论。我们感兴趣的只是从一些明确的论点和尽人皆知的发现中得出的认识论结论。这些认识论结论是很自然地得出的,以致许多物理学家都已经提到它们。不仅如此,在物理学家当中已经有了各种不同的派别,并且在这个基础上正在形成某些学派。因此,我们的任务仅限于清楚地说明:这些派别分歧的实质何在,它们和哲学基本路线的关系如何。

1. 现代物理学的危机

著名的法国物理学家昂利·彭加勒在他的《科学的价值》一书中说,物理学有发生"严重危机的迹象",并且专用一章来论述这个危机(第8章,参看第171页)。这个危机不只是"伟大的革命者——镭"推翻了能量守恒原理,而且"所有其他的原理也遭到危险"(第180页)。例如,拉瓦锡原理或质量守恒原理被物质的电子论推翻了。根据这种理论,原子是由一些带有正电或负电的极微小的粒子组成的,这些粒子叫做电子,它们"浸入我们称之为以太的介质中"。物理学家的实验提供出计算电子的运动速度及其质量(或者电子的质量对它的电荷的比例)的数据。电子的运

---

① 见《马克思恩格斯文集》2009年人民出版社版第9卷第64页。——编者注

动速度证明是可以和光速(每秒30万公里)相比较的,例如,它达到光速的$\frac{1}{3}$。在这样的条件下,根据首先克服电子本身的惯性、其次克服以太的惯性的必要,必须注意电子的双重质量。第一种质量将是电子的实在的或力学的质量,第二种质量将是"表现以太的惯性的电动力学的质量"。现在,第一种质量证明等于零。电子的全部质量,至少是负电子的全部质量,按其起源来说,完全是电动力学的质量。质量在消失。力学的基础被破坏。牛顿的原理即作用和反作用相等的原理被推翻,等等。**73**

彭加勒说,摆在我们面前的是物理学旧原理的"废墟",是"原理的普遍毁灭"。他同时声明说:不错,所有上述同原理有出入的地方都属于无穷小量——很可能有我们还不知道的对推翻旧定律起着相反作用的另外的无穷小量——而且镭也很稀少,但是不管怎样,"**怀疑时期**"已经到来了。我们已经看到作者从这个"怀疑时期"中得出的认识论结论:"不是自然界把空间和时间的概念①给予〈或强加于〉我们,而是我们把这些概念给予自然界";"凡不是思想的东西,都是纯粹的无"。这是唯心主义的结论。最基本的原理的被推翻证明(彭加勒的思想过程就是这样):这些原理不是什么自然界的复写、映象,不是人的意识之外的某种东西的模写,而是人的意识的产物。彭加勒没有彻底发挥这些结论,他对这个问题的哲学方面没有多大兴趣。法国的哲学问题著作家阿贝尔·莱伊在自己的《现代物理学家的物理学理论》(**Abel Rey**.《La théorie de la physique chez les physiciens contemporains》1907 年巴黎 F. 阿尔康出版社版)一书中非常详细地论述了这一方面。的

---

① 按彭加勒的原著,"时间和空间的概念"应为"时间和空间的框架(cadre)"。——编者注

确,作者本人是一个实证论者,就是说,是一个糊涂人和半马赫主义者,但是在这里,这一点甚至还有某些方便之处,因为不能怀疑他想"诽谤"我们的马赫主义者的偶像。在讲到概念的确切哲学定义,尤其是讲到唯物主义的时候,我们不能相信莱伊,因为他也是一个教授,作为一个教授,他对唯物主义者怀着无比轻蔑的态度(而且他以对唯物主义认识论极端无知著称)。不用说,对这样一些"科学大师"来说,什么马克思或恩格斯全不放在眼里。但是莱伊仔细地、一般讲来是诚实地引用了有关这个问题的非常丰富的文献,其中不仅有法国的,而且有英国的和德国的(特别是奥斯特瓦尔德和马赫的),所以我们将常常利用他的这部著作。

这位作者说:一般哲学家以及那些出于某种动机想全面批判科学的人,现在都特别注意物理学。"他们在讨论物理学知识的界限和价值的时候,实质上是在批判实证科学的合理性,批判认识客体的可能性。"(第 I—II 页)他们从"现代物理学的危机"中急于作出怀疑论的结论(第 14 页)。这个危机的实质究竟是什么呢?在 19 世纪前 60 多年中,物理学家们在一切根本问题上彼此是一致的。"他们相信对自然界的纯粹力学的解释;他们认为物理学只是比较复杂的力学,即分子力学。他们只是在把物理学归结为力学的方法问题上,在机械论的细节问题上有分歧。""现在,物理化学的科学展示给我们的景况看来是完全相反的。严重的分歧代替了从前的一致,而且这种分歧不是在细节上,而是在基本的、主导的思想上。如果说每一个学者都有自己的特殊倾向是言过其实,那么毕竟必须确认,像艺术一样,科学特别是物理学也有很多学派,它们的结论常常是分歧的,有时候简直是彼此敌对的……

由此可以看出,所谓现代物理学的危机的含意是什么和范围有多广。

直到 19 世纪中叶,传统物理学认为,只要使物理学延续下去就足以达到物质的形而上学。这种物理学使自己的理论具有了本体论的意义。这些理论完全是机械论的。传统机械论〈莱伊是在特殊意义上使用这个词的,他指的是把物理学归结为力学的观点的体系〉就这样超越经验结果,超出经验结果的范围,提供了对物质世界的**实在的**认识。这不是对经验的假定说法,而是教条……"(第 16 页)

我们在这里必须打断一下这位可敬的"实证论者"。很清楚,他是在给我们描述传统物理学的唯物主义哲学,可是又不愿意说出魔鬼(即唯物主义)的名字。在休谟主义者看来,唯物主义一定是形而上学、教条、超出经验范围的东西等等。休谟主义者莱伊不懂得唯物主义,所以对辩证法、对辩证唯物主义同恩格斯所说的形而上学唯物主义之间的区别也就一点不了解。因此,如对绝对真理和相对真理的相互关系,莱伊完全不明白。

"……19 世纪下半叶对传统机械论所作的批判破坏了机械论的这个本体论实在性的前提。在这种批判的基础上,确立了对物理学的一种哲学的看法,这种看法在 19 世纪末几乎成为哲学上的传统的看法。依据这种看法,科学不过是符号的公式,是作记号〈标记,repérage,创造记号、标志、符号〉的方法。由于这些作记号的方法因学派的不同而各异,于是人们很快就作出结论说:被作上记号的东西,只是人为了标记(为了符号化)而事先创造出来(façonné)的东西。科学成了爱好者的艺术品,成了功利主义者的艺术品。这些看法自然就被普遍解释为对科学的可能性的否定。只要不曲解科学二字的意义,那么,科学若是纯粹人造的作用于自然界的手段,若是单纯的功利主义的技术,它就没有权利被称为科学。说科学只能是人造的作用手段,而不能是任何别的东西,这就是否定真正的科学。

传统机械论的破产,确切些说,它所受到的批判,造成了如下的论点:科学也破产了。人们根据不可能原封不动地保持传统机械论这一点,断定不可能有科学。"(第16—17页)

于是作者提出了一个问题:"现代的物理学危机是科学发展中的一个暂时的外部的偶然事件呢,还是科学突然开倒车并且完全离开了它一向所走的道路?……"

"……如果在历史上实际起过解放者作用的那些物理化学科学在这样一次危机中遭到毁灭,如果这次危机使它们只具有在技术上有用的处方的价值,而使它们失去在认识自然界方面的一切意义,那么,无论在逻辑上或在思想史上都一定会发生根本的变革。物理学失去一切教育价值;物理学所代表的实证科学的精神成为虚伪的危险的精神。"科学所能提供的只是实用的处方,而不是真实的知识。"对实在的东西的认识,要用其他方法去寻求……要走另外一条道路,要把认为是被科学夺去了的东西归还给主观直觉,归还给对实在的神秘感觉,一句话,归还给神秘的东西。"(第19页)

作为一个实证论者,作者认为这样的观点是错误的,认为物理学的危机是暂时的。莱伊怎样清洗马赫、彭加勒及其伙伴们的这些结论,我们将在下面看到。现在我们只来查明"危机"的事实和它的意义。从我们引证的莱伊最后几句话里可以清楚地看出,是哪些反动分子利用了这种危机并使它尖锐化的。莱伊在他的著作的序言里直率地说:"19世纪末期的信仰主义的和反理智主义的运动"力图"以现代物理学的一般精神为依据"(第Ⅱ页)。在法国,凡是把信仰置于理性之上的人都被称为信仰主义者(来自拉丁文 fides,信仰)。否认理性的权力或要求的学说被称为反理智主义。因此,在哲学方面,"现代物理学的危机"的实质就在于:旧物理学认为自己的理论是"对物质世界的实在的认识",就是说,是对客观实在的反映。物理学中的新思潮认为理论只是供实践用的符号、记号、标记,就是说,它否定不依赖于我们的意识并为我们的意识所反映的客观实在的存在。如果莱伊使用正确的哲学用语,他就一定会这样说:为旧物理学自发地接受的唯物主义认识论被唯心主义的和不可知论的认识论代替了,不管唯心主义者和不可知论者的意愿如何,信仰主义利用了这种代替。

但是,莱伊并没有认为这种构成危机的代替似乎是所有的新物理学家反对所有的旧物理学家。他没有这样想。他指出,根据现代物理学家的认识论倾向,他们可分为三个学派:唯能论或概念论(conceptuelle——从纯概念一词来的)学派;绝大多数物理学家现在继续支持的机械论或新机械论学派;介于这两种学派之间的批判学派。马赫和杜恒属于第一个学派;昂利·彭加勒属于第三个学派;旧物理学家基尔霍夫、亥姆霍兹、汤姆生(开尔文勋爵)、麦克斯韦以及现代物理学家拉摩、洛仑茨等人属于第二个学派。这**两条**基本路线(因为第三条路线不是独立的路线,而是中间的路线)的实质何在,从莱伊下面的话中可以看出:

"传统机械论建立了物质世界的体系。"它的物质构造学说所根据的是"质上相同的和同一的元素",并且这些元素应当看做是"不变的、不可入的"等等。物理学"用**实在的**材料和**实在的**水泥建造了**实在的**建筑物。物理学家掌握了**物质的元素**、它们发生作用的**原因和方式**,以及它们发生作用的**实在的规律**"(第33—38页)。"这种对物理学的看法的改变主要在于:抛弃了理论的本体论价值而特别强调物理学的现象论的意义。"概念论的观点从事"纯粹的抽象","探求那种尽可能排除物质假说的、纯粹抽象的理论"。"能量的概念已成为新物理学的基础(substructure)。所以概念论物理学多半可以叫做**唯能论物理学**",虽然这个名称对于像马赫这样的概念论物理学的代表是不适合的(第46页)。

莱伊把唯能论和马赫主义混为一谈当然是不完全正确的,同样,硬说新机械论学派尽管同概念论者有着十分深刻的分歧,也会得出对物理学的现象论的看法(第48页),这也是不完全正确的。莱伊的"新"术语并没有把问题弄清楚,反而把问题弄模糊了。但是为了让读者知道"实证论者"对物理学危机的看法,我们又不能撇开"新"术语。就问题的实质来说,"新"学派和旧观点的对立,正像读者会深信的那样,是同前面援引过的克莱因佩特对亥姆霍兹的批判完全一致的。莱伊在转述不同物理学家的观点时,在自己的叙述中反映出那些物理学家的哲学观点是十分含糊、动摇不定的。现代物理学危机的**实质**就是:旧定律和基本原理被推翻,意识之外的客观实在被抛弃,这就是说,唯物主义被唯心主义和不可知论代替了。"物质消失了"这句话可以表达出在许多个别问题上的基本的、典型的困难,即造成这种危机的困难。现在我们就来谈一谈这个困难。

2."物质消失了"

在现代物理学家对最新发现的论述中,我们的确可以看到这样的话。例如,在路·乌尔维格的《科学的进化》一书中,论述物质的新理论那一章的标题是:《物质存在吗?》他在那一章里说道:"原子在非物质化,物质在消失。"①为了看看马赫主义者怎样轻易

---

① **路·乌尔维格**《科学的进化》1908年巴黎 A.科兰出版社版第63、87、88页。参看他的论文《物理学家关于物质的观念》,载于1908年《心理学年鉴》**74**。

地由此作出根本的哲学结论,我们且看一下瓦连廷诺夫吧。他写道:"对世界的科学说明'**只有**在唯物主义中'才能得到确实可靠的论据,这种说法不过是一种虚构,而且是一种荒谬的虚构。"(第67页)他把著名的意大利物理学家奥古斯托·里希当做这种荒谬虚构的破坏者举了出来,因为里希说:电子论"与其说是电的理论,不如说是物质的理论;新体系不过是用电代替了物质"(奥古斯托·里希《现代的物理现象理论》1905年莱比锡版第131页,有俄译本)。瓦连廷诺夫先生引用了这些话(第64页)后就大叫:

"为什么奥古斯托·里希竟敢这样侮辱神圣的物质呢?也许因为他是唯我论者、唯心主义者、资产阶级的批判主义者、某种经验一元论者、或者比这更坏的什么人吧?"

这种在瓦连廷诺夫先生看来是对唯物主义者的极端恶毒的谴责,正表明他在哲学唯物主义问题上十分幼稚无知。哲学唯心主义和"物质的消失"之间的**真正**联系何在,瓦连廷诺夫先生是绝对不了解的。他跟着现代物理学家所说的**那种**"物质的消失",同唯物主义和唯心主义在认识论上的区分没有关系。为了弄清楚这一点,我们举出一位最彻底的、最明显的马赫主义者卡尔·毕尔生来说吧。在他看来,物理世界是一些感性知觉群。他用下图来说明"我们对物理世界的认识模型",并声明,这个图没有注意大小的比例(《科学入门》第282页):

以太单位　最初的　化学原子　　　分子　　　粒子　　　物体
　　　　　原子　　　　　　　　(=♪)　　　(=∨)

卡·毕尔生为了使他的图简化,完全抛开了以太和电或正电子和负电子的比例关系问题。但是这并不重要。重要的是,毕尔生的唯心主义观点把"物体"当做感性知觉,至于这些物体由粒子构成,粒子由分子构成等等,涉及的是物理世界模型中的变化,而同物体是感觉的符号还是感觉是物体的映象这个问题丝毫无关。唯物主义和唯心主义是按照如何解答我们认识的**泉源**问题即认识(和一般"心理的东西")同**物理**世界的关系问题而区分开来的,至于物质的构造问题即原子和电子问题,那是一个只同这个"物理世界"有关的问题。当物理学家说"物质在消失"的时候,他们是想说,自然科学从来都是把它对物理世界的一切研究归结为物质、电、以太这三个终极的概念,而现在却**只**剩下后两个概念了,因为物质已经能够归结为电,原子已经能够解释为类似无限小的太阳系的东西,在这个无限小的太阳系中,负电子以一定的(正如我们所看到过的,极大的)速度环绕着正电子转动[75]。因此,物理世界可以归结为两三种元素(因为,正如物理学家贝拉所说的,正电子和负电子构成"两种在本质上不同的物质",——莱伊的上引著作第294—295页),而不是几十种元素。因此,自然科学正导向**"物质的统一"**(同上)①,这就是把很多人弄糊涂了的那些关于物质消失、电代替物质等等的言论的实际内容。"物质在消失"这句话的意思是说:至今我们认识物质所达到的那个界限正在消失,我们的知识正在深化;那些从前看来是绝对的、不变的、原本的物质

---

① 参看奥利弗·洛治《论电子》1906年巴黎版第159页:"物质的电的理论",即认为电是"基本实体"的学说,"差不多从理论上达到了哲学家一向追求的东西,即物质的统一"。并参看奥古斯托·里希《关于物质的构造》1908年莱比锡版;约·约·汤姆生《物质微粒论》1907年伦敦版;保·朗之万《电子物理学》,载于1905年《科学总评》杂志[76]第257—276页。

特性(不可入性、惯性、质量[77]等等)正在消失,现在它们显现出是相对的、仅为物质的某些状态所固有的。因为物质的**唯一**"特性"就是:它是**客观实在**,它存在于我们的意识之外。哲学唯物主义是同承认这个特性分不开的。

一般马赫主义和马赫主义新物理学的错误在于:它们忽视了哲学唯物主义的这个基础,忽视了形而上学唯物主义和辩证唯物主义的差别。承认某些不变的要素、"物的不变的实质"等等,并不是唯物主义,而是**形而上学的**即反辩证法的唯物主义。因此,约·狄慈根着重指出:"科学的对象是无穷无尽的",不仅无限大的东西,连"最小的原子"也是不可度量的、认识不完的、**不可穷尽的**,因为"自然界在它的各个部分中都是无始无终的"(《短篇哲学著作集》第229—230页)。因此,恩格斯举了在煤焦油中发现茜素的例子来批判**机械**唯物主义。为了从唯一正确的即辩证唯物主义的观点提出问题,我们要问:电子、以太**等等**,是不是作为客观实在而存在于人的意识之外呢?对这个问题,自然科学家一定会毫不踌躇地给予回答,并且总是回答说**是的**,正如他们毫不踌躇地承认自然界在人和有机物质出现以前就已存在一样。问题就这样得出了有利于唯物主义的解答,因为物质这个概念,正如我们已经讲过的,在认识论上指的只是不依赖于人的意识而存在并且为人的意识所反映的客观实在,而不是**任何别的东西**。

但是,辩证唯物主义坚持认为:任何关于物质构造及其特性的科学原理都具有近似的、相对的性质;自然界中没有绝对的界限;运动着的物质会从一种状态转化为在我们看来似乎和它不可调和的另一种状态;等等。不管没有重量的以太变成有重量的物质和有重量的物质变成没有重量的以太,从"常识"看来是多么稀奇;不管电子除了电磁的质量外再没有任何其他的质量,是多么"奇怪";不管力学的运动规律只适用于自然现象的一个领域并且服从于更深刻的电磁现象规律,是多么奇异,等等,——这一切不过是再一次**证实**了辩证唯物主义。新物理学陷入唯心主义,主要就是因为物理学家不懂得辩证法。他们反对形而上学(是恩格斯所说的形而上学,不是实证论者即休谟主义者所说的形而上学)的唯物主义,反对它的片面的"机械性",可是同时把小孩子和水一起从澡盆里泼出去了。他们在否定物质的至今已知的元素和特性的不变性时,竟滑到否定物质,即否定物理世界的客观实在性。他们在否定一些最重要的和基本的规律的绝对性质时,竟滑到否定自然界中的一切客观规律性,宣称自然规律是单纯的约定、"对期待的限制"、"逻辑的必然性"等等。他们在坚持我们知识的近似的、相对的性质时,竟滑到否定不依赖于认识并为这个认识所近似真实地、相对正确地反映的客体。诸如此类,不一而足。

波格丹诺夫在1899年关于"物的不变的实质"的议论,瓦连廷诺夫和尤什凯维奇关于"实体"的议论等等,也都是不懂得辩证法的结果。从恩格斯的观点看来,不变的只有一点,那就是:人的意识(在有人的意识的时候)反映着不依赖于它而存在和发展的外部世界。而空洞的教授哲学所描述的任何其他的"不变性"、任何其他的"实质"、任何"绝对的实体",在马克思和恩格斯看来,都是不存在的。物的"实质"或"实体"**也是**相对的;它们表现的只是人对客体的认识的深化。既然这种深化昨天还没有超过原子,今天还没有超过电子和以太,所以辩证唯物主义坚持认为,日益发展的人类科学在认识自然界上的这一切**里程碑**都具有暂时的、相对的、近似的性质。电子和原子一样,也**是不可穷尽的**,自然界是无限的,而且它无限地**存在着**。正是绝对地无条件地承认自然界**存在**于人的意识和感觉之外这一点,才把辩证唯物主义同相对主义的不可知论和唯心主义区别开来。

我们举两个例子来说明新物理学是怎样无意识地自发地动摇于辩证唯物主义和"现象论"之间的。辩证唯物主义始终是资产阶级学者所不懂得的,"现象论"不可避免地会得出主观主义的(进而会直接得出信仰主义的)结论。

正是那个奥古斯托·里希(瓦连廷诺夫先生**没有能够**就自己感兴趣的唯物主义问题向他请教),在他的一本书的绪论里写道:"电子或电原子究竟是什么东西,直到现在还是一个秘密;但是尽管这样,新理论大概注定会随着时间的推移而获得不小的哲学意义,因为它将会取得关于有重量物质的结构的崭新前提,并且力求把外部世界的一切现象归之于一个共同的起源。

"从现代的实证论和功利主义的倾向来看,这样的好处也许是不重要的。理论可以首先被认为是一种便于整理和排列事实的手段,是一种指导人们去进一步探索现象的手段。但是,如果说从前人们对人类精神的能力大概过于信任,把掌握万物的最终原因看得过于容易,那么现在却有一种陷入相反的错误的趋向。"(上引书第 3 页)

为什么里希在这里要跟实证论和功利主义的倾向划清界限呢?因为,他虽然看来没有任何一定的哲学观点,却自发地坚持外部世界的实在性,坚持承认新理论不仅仅是"方便的手段"(彭加勒),不仅仅是"经验符号"(尤什凯维奇),不仅仅是"经验的协调"(波格丹诺夫)和其他诸如此类的主观主义怪论,而是对客观实在的认识的更进一步。如果这位物理学家懂得**辩证**唯物主义,他对于同旧形而上学唯物主义相反的错误所下的判断,也许就会成为正确哲学的出发点。但是这些人所处的整个环境,使他们厌弃马克思和恩格斯,把他们投入庸俗的御用哲学的怀抱。

　　莱伊对辩证法也是一窍不通的。但是他也不得不确认,在现代物理学家中间有"机械论"(即唯物主义)传统的继承者。他说:走"机械论"这条路的,不只是基尔霍夫、赫兹、玻耳兹曼、麦克斯韦、亥姆霍兹和开尔文勋爵。"那些继洛仑茨和拉摩之后制定物质的电的理论,宣称质量是运动的函数而否认质量守恒的人,都是纯粹的机械论者,并且从某种观点看来,他们是任何人都比不了的机械论者,是机械论最新成就(l'aboutissant)的代表。**所有这些人都是机械论者,因为他们都以实在的运动为出发点。**"(黑体是莱伊用的,第290—291页)

　　"……如果洛仑茨、拉摩和朗之万(Langevin)的新假说被实验证实了,并且为物理学体系确立了十分稳固的基础,那么现代力学的定律依存于电磁学的定律就会是毫无疑问的;力学的定律就会成为特殊的情况,并且会被限制在严格规定的界限之内。质量守恒和我们的惯性原理就会只对物体的中等速度有效,所谓'中等的'这一术语是对我们的感觉和构成我们的普通经验的现象来说的。力学的全面改造就会成为必要的,因而作为一个体系的物理学的全面改造也会成为必要的了。

　　这是不是说放弃了机械论呢? 决不是。纯粹机械论的传统将会继续保存,机械论将会循着它的发展的正常道路前进。"(第295页)

　　"电子物理学虽然应该列入按总的精神来说是机械论的理论中,但是它力图把自己的体系加给整个物理学。虽然这种电子物理学的基本原理不是取自力学,而是取自电学的实验材料,可是按其精神却是机械论的。因为,(1)它使用**形象的**(figurés)、**物质的**元素来表示物理的性质及其规律;它是用知觉的术语表达的。(2)虽然它没有把物理现象看做力学现象的特殊情况,但是却把力学现象看做物理现象的特殊情况。因此,力学的规律依然和物理学的规律有着**直接的联系**;力学的概念依然是和物理化学的概念同属一类的概念。在传统的机械论中,这些概念是**比较缓慢的**运动的模写(calqués)。这种运动因为是唯一已知的并且可以直接观察的,所以就被看做是……一切可能有的运动的典型。**新的实验证明**,必须**扩大**我们关于可能有的运动的观念。传统力学依然是完整无缺的,但是它已经只能应用于比较缓慢的运动……对于高速度,则有另外一些运动规律。物质归结为电粒子,即原子的终极元素……(3)运动,空间中的位移,依然是物理学理论的唯一形象的(figuré)元素。(4)最后,对于物理学、对于物理学的方法、对于物理学的理论以及它们和经验的关系的看法,仍然和机械论的看法,和文艺复兴时代以来的物理学的理论是**绝对同一的**。从物理学的总的精神来看,这个见解比其他一切见解高出一筹。"(第46—47页)

我一大段一大段地全文摘录莱伊的文章,是因为,莱伊总是不敢提"唯物主义的形而上学",不这样引证就不能说明他的主张。但是不管莱伊和他所讲到的物理学家们怎样发誓不提唯物主义,然而力学是缓慢的实在运动的模写,新物理学是极迅速的实在运动的模写,毕竟还是不容置疑的。承认理论是模写,是客观实在的近似的复写,这就是唯物主义。当莱伊说在新物理学家中间有一种"对概念论〈马赫主义〉学派和唯能论学派的反动"的时候,当他把电子理论的物理学家们看做是这种反动的代表的时候(第46页),就最好不过地证实了下述事实:实质上,斗争是在唯物主义倾向和唯心主义倾向之间进行的。这是我们求之不得的。只是不要忘记,除了一切有学识的市侩们对唯物主义的一般偏见之外,在最杰出的理论家们身上也表现出对辩证法的完全无知。

3. 没有物质的运动可以想象吗？

哲学唯心主义利用新物理学或由新物理学得出唯心主义结论,这不是由于发现了新种类的物质和力、物质和运动,而是由于企图想象没有物质的运动。对这种企图,我们的马赫主义者不作实质性的分析。他们不愿理睬恩格斯的"没有物质的运动是**不可想象的**"①这一论断。约·狄慈根早在1869年就在他的《人脑活动的本质》一书中说出了与恩格斯相同的思想。不错,他还带着他所常有的那种想"调和"唯物主义和唯心主义的糊涂意图。我们暂且撇开这种意图不谈,因为这种意图在很大程度上是由于狄慈根同毕希纳的反辩证法的唯物主义进行论争而产生的。现在来看一看狄慈根本人对我们所关心的问题的说法吧。狄慈根说:"唯心主义者想要没有特殊的一般,没有物质的精神,没有物质的力,没有经验或没有材料的科学,没有相对的绝对。"(《人脑活动的本质》1903年版第108页)这样,狄慈根就把那种使运动和物质分离、使力和物质分离的意向同唯心主义联系起来,同那种使思想和大脑分离的意向并列起来。狄慈根接着说:"喜欢离开自己的归纳科学而转向哲学思辨的李比希,在唯心主义的意义上说道:力是不能看见的。"(第109页)"唯灵论者或唯心主义者**相信**力具有精神的即虚幻的、不可说明的本质。"(第110页)"力和物质的对立,正如唯心主义和唯物主义的对立一样,早已有之。"(第111页)"当然,没有物质的力是没有的,没有力的物质也是没有的。没有力的物质和没有物质的力都是无稽之谈。如果唯心主义自然

---

① 见《马克思恩格斯文集》2009年人民出版社版第9卷第64页。——编者注

科学家相信力是非物质的存在,那么在这一点上他们就不是自然科学家,而是……看到幽灵的人。"(第114页)

我们由此看到,40年前也有自然科学家认为没有物质的运动是可以想象的,而狄慈根说他们"在这一点上"是看到幽灵的人。哲学唯心主义同物质和运动的分离、同物质和力的脱离之间的联系究竟在什么地方呢?想象没有物质的运动实际上不是"更经济些"吗?

让我们设想这样一个彻底的唯心主义者,假定他抱有这样的观点:整个世界是我的感觉或我的表象等等(如果说的是"不属于任何人的"感觉或表象,那么因此改变的不过是哲学唯心主义的一个形式,而不是它的实质)。唯心主义者也不想否认世界是运动,就是说,是我的思想、表象、感觉的运动。至于**什么**在运动,唯心主义者拒绝回答,并认为这是荒谬的问题,因为只有我的感觉在交替变换,只有我的表象在消失和出现,仅此而已。在我之外什么也没有。"在运动着"——这就够了。再想象不出更"经济的"思维了。如果唯我论者把自己的观点贯彻到底,那么,任何证明、任何三段论法和任何定义都驳不倒他。

唯物主义者和唯心主义哲学信徒的基本区别在于:唯物主义者把感觉、知觉、表象,总之,把人的意识看做是客观实在的映象。世界是为我们的意识所反映的这个客观实在的运动。和表象、知觉等等的运动相符合的是在我之外的物质的运动。物质概念,除了表示我们通过感觉感知的客观实在之外,不表示任何其他东西。因此,使运动和物质分离,就等于使思维和客观实在分离,使我的感觉和外部世界分离,也就是转到唯心主义方面去。通常使用的否定物质和承认没有物质的运动的手法是:不提物质对思想的关系。事情被说成仿佛这种关系并不存在,而实际上这种关系正被偷运进来;议论开始时,这种关系是不说出来的,以后却以比较不易觉察的方式突然出现。

有人向我们说物质消失了,想由此作出认识论上的结论。我们要问,那么,思想还存在吗?如果它不存在,如果它随着物质的消失而消失了,如果表象和感觉随着脑髓和神经系统的消失而消失了,那就是说,一切都消失了,连作为某种"思想"(或者还说不上是一种思想)标本的你们的议论也消失了!如果它存在,如果设想思想(表象、感觉等等)并没有随着物质的消失而消失,那就是说,你们悄悄地转到哲学唯心主义观点上去了。那些为了"经济"而要想象没有物质的运动的人们向来就是这样,因为只要他们议论下去,他们就**默默地**承认了**在物质消失之后**思想还存在。而这就是说,一种非常简单的,或者说非常复杂的哲学唯心主义被当成基础了。如果公开地把问题归结为唯我论(**我**存在着,整个世界只是**我的**感觉),那就是非常简单的哲学唯心主义;如果用僵死的抽象概念,即用不属于任何人的思想、不属于任何人的表象、不属于任何人的感觉、一般的思想(绝对观念、普遍意志等等)、作为不确定的"要素"的感觉、代换整个物理自然界的"心理的东西"等等,来代替活人的思想、表象、感觉,那就是非常复杂的哲学唯心主义。哲学唯心主义的变种可能有 1 000 种色调,并且随时可以创造出第 1 001 种色调来。而这个第 1 001 种的小体系(例如,经验一元论)和其余体系的差别,对于它的创造者说来,也许是重要的。在唯物主义看来,这些差别完全是不重要的。重要的是出发点。重要的是:**想象**没有物质的运动的这种意图偷运着和物质分离的**思想**,而这就是哲学唯心主义。

因此,例如英国马赫主义者卡尔·毕尔生,一个最明显、最彻底、最厌恶支吾其词的马赫主义者,在他的著作专论"物质"的第 7

章开头一节就直截了当地用了一个很说明问题的标题:《**万物都在运动——但只在概念中运动**》(«All things move—but only in conception»)。他说:"对于知觉的领域说来,什么在运动以及它为什么运动,这是一个无聊的问题("it is idle to ask")。"(《科学入门》第 243 页)

因此,波格丹诺夫的哲学厄运其实在他认识马赫以前就开始了,就是说从他相信伟大的化学家和渺小的哲学家奥斯特瓦尔德的话,以为可以想象没有物质的运动的时候就开始了。谈一谈波格丹诺夫的哲学发展过程中的这个早已是陈迹的插曲是很适当的,尤其是因为在讲到哲学唯心主义和新物理学的某些派别的联系时,不能避而不谈奥斯特瓦尔德的"唯能论"。

波格丹诺夫在 1899 年写道:"我们已经说过,19 世纪没有完全解决关于'物的不变的实质'这一问题。这种实质以'物质'为名,甚至在本世纪最先进的思想家的世界观中,还起着显著的作用……"(《自然史观的基本要素》第 38 页)

我们说过,这是糊涂思想。这里是把承认外部世界的客观实在性,承认在我们意识之外存在着永恒运动着和永恒变化着的物质,同承认物的不变的实质混淆起来了。不能认为波格丹诺夫在 1899 年没有把马克思和恩格斯列入"先进的思想家"。但是,他显然不懂辩证唯物主义。

"……人们通常还是把自然过程区分为两个方面:物质和它的运动。不能说物质概念已经非常清楚了。对于什么是物质的问题,不容易提出令人满意的答复。有人给物质下定义,说是'感觉的原因',或'感觉的恒久可能性';但是,这里显然把物质和运动混淆起来了……"

很明显,波格丹诺夫的议论是不正确的。这不仅是因为他把唯物主义对感觉的客观泉源的承认（用感觉的原因这几个字含糊地表述的）同穆勒所谓物质是感觉的恒久**可能性**这个不可知论的定义混淆起来了。这里的根本错误是：作者刚要接触到感觉的客观泉源是否存在的问题时，却中途抛开这个问题，而跳到关于没有运动的物质是否存在的问题上去了。唯心主义者可以认为世界是我们感觉（即使是"社会地组织起来的"、高度"协调起来的"感觉）的**运动**；唯物主义者则认为世界是我们感觉的客观泉源的运动，即我们感觉的客观模型的运动。形而上学的即反辩证法的唯物主义者可以承认没有运动的物质的存在（即使是暂时的、在"第一次推动"之前的……存在）；辩证唯物主义者则不仅认为运动是物质的不可分离的特性，而且还批驳对运动的简单化的看法等等。

"……'物质是运动着的东西'，这样的定义也许是最精确的了；但是这正如我们说物质是句子的主语，'运动着'是句子的谓语一样，是毫无内容的。可是问题也许在于：在静力学时代，人们惯于一定把某个坚实的东西、某种'对象'看成是主语，而像'运动'这种不适合静力学思维的东西，他们只同意当做谓语，当做'物质'的一种属性看待。"

这倒有点像阿基莫夫对火星派[78]的责难：在火星派的纲领中无产阶级一词没有用主格出现过！[79]说世界是运动着的物质，或者说世界是物质的运动，问题并不会因此而改变。

"相信物质的人说：'……要知道，能量应该有承担者呀！'奥斯特瓦尔德问得有道理：'为什么呢？难道自然界一定要由主语和谓语构成吗？'"（第39页）

这个在1899年深得波格丹诺夫欢心的奥斯特瓦尔德的回答，不过是诡辩而已。我们可以反问奥斯特瓦尔德：难道我们的判断一定要由电子和以太构成吗？事实上，在思想上把作为"主语"的物质从"自然界"中排除掉,这就是默认**思想**是**哲学**上的"主语"(即某种第一性的、原初的、不依赖于物质的东西)。被排除掉的不是主语,而是感觉的客观泉源,因此**感觉**变成了"主语",就是说,不管以后怎样改扮感觉这个词,哲学变成了贝克莱主义哲学。奥斯特瓦尔德含糊地使用"能量"一词,企图以此躲避不可避免的哲学上的抉择(唯物主义或唯心主义),然而正是他的这种企图再一次证明了诸如此类的诡计都是枉费心机的。如果能量是运动,那你们只是把困难从主语移到了谓语,只是把是不是物质在运动的问题改变为能量是不是物质的问题。能量的转化是在我的意识之外、不依赖于人和人类而发生的呢,或者这只是观念、符号、约定的记号等等?"唯能论"哲学,这种用"新"术语来掩饰认识论上的旧错误的企图,在这个问题上彻底破产了。

请看几个说明唯能论者奥斯特瓦尔德如何混乱的例子。他在《自然哲学讲演录》一书的序言中说:"如何把物质和精神这两个概念结合起来的旧困难,如果通过把这两个概念归入能量概念而被简单地自然而然地排除掉,那是一个很大的收获。"[①]这不是收获,而是损失,因为按照唯物主义的方向还是按照唯心主义的方向进行认识论的研究(奥斯特瓦尔德并没有清楚地意识到,他所提出的正是认识论的问题,而不是化学的问题!)这个问题,不会由于滥用"能量"一词而得到解决,反而会混乱起来。当然,如果把物质和精神"归入"能量这个概念,对立无疑会从**字面**上消除,但是鬼神学说的荒谬却不会由于我们称它为"唯能论的"学说而消失。在奥斯特瓦尔德的《讲演录》第394页上有这样的话:"一切外界现象都可以描述为能量之间的过程,其原因非常简单:我们意识的过程本身

---

① **威廉·奥斯特瓦尔德**《自然哲学讲演录》1902 年莱比锡第 2 版第 VIII 页。

就是能量的过程,并把自己的这种特性传给(aufprägen)一切外部经验。"这是纯粹的唯心主义:不是我们的思想反映外部世界中的能量的转化,而是外部世界反映我们的意识的"特性"! 美国哲学家希本针对奥斯特瓦尔德讲演录中的这一段话和其他类似的话,非常恰当地说,奥斯特瓦尔德"在这里穿着康德主义的服装出现":一切外界现象的可解释性竟会从我们智慧的特性中得出来!① 希本说道:"很明显,如果我们给能量这个最基本的概念这样下定义,使它还包含心理现象,那么这就已经不是科学界所承认的,甚至也不是唯能论者本人所承认的单纯的能量概念了。"自然科学把能量的转化看做是不依赖于人的意识和人类经验的客观过程,即唯物地看能量的转化。就是在奥斯特瓦尔德本人的著作中,在许多场合下,甚至可能在绝大多数场合下,能量也是指**物质的**运动。

因此也就出现了一种怪现象:奥斯特瓦尔德的学生波格丹诺夫成了马赫的学生以后,就开始责备奥斯特瓦尔德,这并不是因为奥斯特瓦尔德没有彻底地坚持唯物主义的能量观点,而是因为他承认唯物主义的能量观点(有时候甚至把它作为基础)。唯物主义者批判奥斯特瓦尔德,是因为他陷入唯心主义,是因为他企图调和唯物主义和唯心主义。波格丹诺夫从**唯心主义**的观点来批判奥斯特瓦尔德,他在1906年写道:"……奥斯特瓦尔德的敌视原子论而在其他方面却和旧唯物主义非常接近的唯能论,曾引起我最热烈的同情。可是不久我就看出了他的自然哲学的重大矛盾:他多次强调能量概念的**纯方法论的**意义,但自己在许多场合下却不坚持这一点。在他那里,能量常常从经验事实间的相互关系的纯粹

---

① **约·格·希本**《唯能论及其哲学意义》,载于1903年4月《一元论者》杂志**80**第13卷第3期第329—330页。

符号变为经验的**实体**，即变为世界的物质……"（《经验一元论》第
3 卷第 XVI—XVII 页）

　　能量是纯粹的符号！波格丹诺夫此后便可以随意和"经验符
号论者"尤什凯维奇，和"纯粹马赫主义者"、经验批判主义者等去
争论了。在唯物主义者看来，这将是信黄鬼的人和信绿鬼的人之
间的争论。因为，重要的不是波格丹诺夫和其他马赫主义者的差
别，而是他们的共同点：**唯心地**解释"经验"和"能量"，否认客观实
在。可是人的经验就是对客观实在的适应，唯一科学的"方法论"
和科学的"唯能论"就是客观实在的模写。

　　"世界的材料对于它〈奥斯特瓦尔德的唯能论〉是无足轻重
的；旧唯物主义也好，泛心论〈即哲学唯心主义?〉也好，都是和它
完全相容的……"（第 XVII 页）波格丹诺夫**离开**混乱的唯能论，**不
是**沿着唯物主义的道路，**而是**沿着唯心主义的道路走的……
"如果能量被认为是实体，那么这就是减去了绝对原子的旧唯物
主义，即在存在物的**连续性**方面作过修正的唯物主义。"（同上）是
的，波格丹诺夫离开"旧"唯物主义即自然科学家的形而上学唯物
主义，不是走向**辩证**唯物主义（他在 1906 年仍像在 1899 年一样不
懂得辩证唯物主义），而是走向唯心主义和信仰主义，因为没有一
个现代信仰主义的有教养的代表、没有一个内在论者、没有一个"新
批判主义者"等等会反对能量的"方法论的"概念，会反对把能量解
释为"经验事实间的相互关系的纯粹符号"。就拿保·卡鲁斯（这个
人的面貌，我们在上面已经十分熟悉）来说吧。你们会看到，这个马
赫主义者**完全是波格丹诺夫式地**批判奥斯特瓦尔德的，他写道：
"唯物主义和唯能论无疑都属于同一范畴。"（1907 年《一元论者》
杂志第 17 卷第 4 期第 536 页）"唯物主义对我们的启发是很少的，
因为它只告诉我们，一切是物质，物体是物质，思想不过是物质的

机能。而奥斯特瓦尔德教授的唯能论一点也不高明,因为它对我们说,物质是能量,心灵不过是能量的因素。"(第533页)

奥斯特瓦尔德的唯能论是一个很好的例子,它说明"新"术语怎样很快地时髦起来,以及怎样很快地被发现:表达方式的稍微改变,丝毫也没有取消哲学的基本问题和哲学的基本派别。如同"经验"等术语一样,"唯能论"的术语也可以用来表达唯物主义和唯心主义(当然,彻底的程度是不一样的)。唯能论物理学是那些想象没有物质的运动的新唯心主义尝试的泉源,这种尝试是由于以前认为不可分解的物质粒子的分解和以前没见过的物质运动形式的发现而产生的。

8. "物理学"唯心主义的实质和意义

我们已经看到,在英国、德国和法国的著作中都提出了关于从最新物理学中得出的认识论结论的问题,并且从各种不同的观点展开了讨论。丝毫用不着怀疑,我们面前有一种国际性的思潮,它不是以某一哲学体系为转移,而是由哲学之外的某些一般原因所产生的。上面对各种材料的概述,无疑地表明了马赫主义是和新物理学"有联系"的,同时也表明了我们的马赫主义者所散播的关于这一联系的看法是**根本不正确的**。不论在哲学上或在物理学上,我们的马赫主义者都是盲目地赶**时髦**,不能够根据自己的马克思主义观点对某些思潮作一个总的概述,并对它们的地位作出评价。

关于马赫哲学是"20世纪自然科学的哲学"、"自然科学的最新哲学"、"最新的自然科学的实证论"等等(波格丹诺夫在《感觉的分析》序言第Ⅳ、Ⅻ页里这样讲过;参看尤什凯维奇、瓦连廷诺夫一伙人的同一说法)的一切空泛议论充满了双重的虚伪。因为,第一,马赫主义在思想上只和现代自然科学的一个门类中的一个学派有联系。第二,**这也是主要的一点**,在马赫主义中,和这个学派有联系的,**不是使马赫主义同其他一切唯心主义哲学的流派和体系相区别的东西,而是马赫主义和整个哲学唯心主义共有的东西。**只要看一看我们所考察的**整个**思潮,就会毫不怀疑这个论点的正确性。就拿这个学派的物理学家德国人马赫、法国人昂利·彭加勒、比利时人皮·杜恒、英国人卡·毕尔生来说吧。正如他们每一个人都十分正确地承认的,他们之间有许多共同点,他们有同一基础和同一倾向,但是他们的共同点不包括整个经验批判主义学说,特别是不包括马赫关于"世界要素"的学说。后三个物理学家甚至都不知道这两种学说。他们之间的共同点"只有"一个:哲学唯心主义。他们都毫无例外地、比较自觉地、比较坚决地**倾向**于它。拿那些以新物理学的**这个学派**为依据的、极力在认识论上加以论证和发展的哲学家来说吧。你们在这里又会看见德国的内在论者,马赫的门徒,法国的新批判主义者和唯心主义者,英国的唯灵论者,俄国的洛帕廷,还有唯一的经验一元论者亚·波格丹诺夫。他们之间的共同点只有一个,就是:他们都比较自觉地、比较坚决地贯彻哲学唯心主义,不过在贯彻过程中,有的是急急忙忙地倾向信仰主义,有的则对信仰主义怀着个人的厌恶(亚·波格丹诺夫)。

我们所考察的新物理学的这个学派的基本思想,是否认我们通过感觉感知的并为我们的理论所反映的客观实在,或者是怀疑这种实在的存在。在这里,这个学派离开了**被公认为**在物理学家中间占统治地位的**唯物主义**(它被不确切地称为实在论、新机械论、物质运动论;物理学家本人一点没有自觉地去发展它),是作为"物理学"唯心主义的学派而离开唯物主义的。

要说明"物理学"唯心主义这个听起来很古怪的术语,必须提一提最新哲学和最新自然科学的历史上的一段插曲。1866 年，路·费尔巴哈攻击著名的最新生理学的创始者约翰奈斯·弥勒，并把他列入"生理学唯心主义者"(《费尔巴哈全集》第 10 卷第197 页)。这个生理学家的唯心主义在于：他从我们感官同感觉的关系上研究感官机制的功用，例如，他指出光的感觉是由对眼睛的各种不同的刺激引起的，他想由此否定我们的感觉是客观实在的映象。路·费尔巴哈非常准确地抓住了自然科学家的一个学派的这种"生理学唯心主义"的倾向，即用唯心主义观点解释某些生理学成果的倾向。生理学和哲学唯心主义，主要是和康德派哲学唯心主义的"联系"，后来很长时间被反动哲学利用了。弗·阿·朗格曾以生理学为王牌来维护康德主义的唯心主义，驳斥唯物主义；而内在论者(亚·波格丹诺夫竟错误地把他们归入介于马赫和康德之间的路线)中的约·雷姆克却在 1882 年特别起来反对用生理学虚伪地证实康德主义[①]。那个时期许多大生理学家**追求**唯心主义和康德主义，正如现在许多大物理学家**追求**哲学唯心主义一样，这是不容争辩的。"物理学"唯心主义，即 19 世纪末和 20 世纪初物理学家的一个学派的唯心主义，既没有"驳倒"唯物主义，也没有证实唯心主义(或经验批判主义)和自然科学的联系，这正如弗·阿·朗格和"生理学"唯心主义者曾经枉费心机一样。在这两种场合下，自然科学一个门类中的一个自然科学家学派所显露的转向反动哲学的倾向，是暂时的曲折，是科学史上暂时的疾病期，是多半由于已经确定的旧概念**骤然崩溃**而引起的发育上的疾病。

　　正如我们在上面已经指出的，现代"物理学"唯心主义和现代

---

① 　**约翰奈斯·雷姆克**《哲学和康德主义》1882 年爱森纳赫版第 15 页及以下各页。

物理学危机的联系是公认的。阿·莱伊写道："怀疑论批判用来反对现代物理学的论据,实质上可以归结为一切怀疑论者的一个著名论据:意见分歧〈物理学家中间的〉。"他与其说是指怀疑论者,毋宁说是指像布吕纳蒂埃尔那样的信仰主义的公开信奉者。但是这些分歧"没有对物理学的客观性提出任何反证"。"物理学的历史同任何历史一样,可以划分为几个大的时期,各个时期都以理论的不同形式、不同概貌为特征…… 只要有一个由于确证了当时还不知道或者估计不足的某一重要事实而影响到物理学各个部分的发现一出现,物理学的整个面貌就改变了,新的时期就开始了。在牛顿的发现以后,在焦耳—迈尔和卡诺—克劳胥斯的发现以后,都有过这种情形。看来,在发现放射性以后,也在发生同样的情形…… 经过一段必要的时间后,观察事件的历史学家,会很容易地在当代人只看到冲突、矛盾、分裂成各种学派的地方,看到一种不断的进化。看来,物理学近年来所经历的危机,也是属于这类情况的(不管哲学的批判根据这个危机作出什么结论)。这是伟大的新发现所引起的典型的发育上的危机(crise de croissance)。不容争辩,危机会引起物理学的改革(没有这点就不会有进化和进步),可是这种改革不会改变科学精神。"(上引书第370—372页)

　　调和者莱伊极力要把现代物理学的一切学派联合起来反对信仰主义! 这是好心肠的虚伪,然而终究是虚伪,因为马赫—彭加勒—毕尔生学派倾向于唯心主义(即精致的信仰主义),是不容争辩的。与不同于信仰主义精神的"科学精神"的基础相联系的、并为莱伊所热烈拥护的那个物理学的客观性,无非是唯物主义的"羞羞答答的"表述方式。物理学的唯物主义基本精神,正如整个现代自然科学的唯物主义基本精神一样,将克服所有一切危机,但是必须以辩证唯物主义去代替形而上学唯物主义。

现代物理学的危机就在于它不再公开地、断然地、坚定不移地承认它的理论的客观价值，——调和者莱伊常常力图掩盖这一点，但是事实胜于一切调和的企图。莱伊写道："数学家习惯于研究这样一种科学，它的对象至少从表面看来是学者的智慧所创造的，或者说，它的研究工作无论如何不涉及具体现象，因此他们对物理学就形成了一种过于抽象的看法。他们力图使物理学接近数学，把数学的一般理论搬用于物理学……　一切实验家都指出，数学精神侵入（invasion）物理学的判断方法和对物理学的理解中去了。对物理学的客观性的怀疑和思想动摇，达到客观性所走的弯路以及那些必须克服的障碍，往往不就是由于这种影响（并不因为它有时隐蔽而就失去效力）而产生的吗？……"（第227页）

这说得好极了！在物理学的客观性问题上的"思想动摇"，就是时髦的"物理学"唯心主义的实质。

"……数学的抽象虚构，似乎在物理的实在和数学家们为理解关于这个实在的科学而使用的方法之间设置了一重屏障。数学家们模糊地感觉到物理学的客观性……　当他们着手研究物理学的时候首先希望自己是客观的，他们力求依靠实在并固守这个据点，可是旧日的习惯在起作用。所以，一直到唯能论这种想比旧的机械论物理学更扎实地和更少用假说来构想世界，力图模写（décalquer）感性世界而不是重建感性世界的理论，我们总是在同数学家们的理论打交道……　数学家们曾经用一切办法拯救物理学的客观性，因为他们十分清楚地知道，没有客观性就谈不上物理学……　但是他们的理论的复杂性，他们所走的弯路，给人留下了一种笨拙的感觉。这未免过于做作，太牵强附会，矫揉造作（édifié）；实验家在这里感觉不到那种不断和物理的实在接触时所产生的自发的信赖……　实质上，这就是一切物理学家——这些人首先是物理学家（他们是不可胜数的），或者仅仅是物理学家——所说的话，这就是整个新机械论学派所说的话…… 物理学的危机在于数学精神征服了物理学。在19世纪，物理学的进步和数学的进步使这两门科学密切地接近了…… 理论物理学变成了数学物理学…… 于是形式物理学即数学物理学的时期开始了；这种物理学成为纯粹数学的物理学了，它已不是物理学的一个门类，而是数学的一个门类。数学家过去已习惯于使用那种成为自己工作的唯一材料的概念（纯逻辑）要素，觉得自己受到那些他认为不大顺从的粗糙的物质要素的约束，在这个新阶段上，他们不能不尽量地把这些物质要素抽象掉，把它们想象为完全非物质的、纯逻辑的，或者甚至根本无视它们。作为实在的、客观的材料的要素，即作为**物理**要素的要素，完全消失了。剩下的仅仅是微分方程式所表示的形式关系…… 只要数学家不为自己头脑的这种创造性的工作所愚弄……就会看到理论物理学和经验的联系；但是初看起来，以及对于没有基本知识的人说来，大概会觉得这是随意构造理论…… 概念、纯概念代替实在的要素…… 这样，由于理论物理学采用了数学形式，便历史地说明了……物理学的微恙（le malaise）、危机及其表面上同客观事实的脱离。"（第228—232页）

这就是产生"物理学"唯心主义的第一个原因。反动的意向是科学的进步本身所产生的。自然科学的辉煌成就，它向那些运动规律可以用数学来处理的同类的单纯的物质要素的接近，使数学家忘记了物质。"物质在消失"，只剩下一些方程式。在新的发展阶段上，仿佛是通过新的方式得到了旧的康德主义的观念：理性把规律强加于自然界。正如我们所看到的，非常欣赏新物理学的唯心主义精神的赫尔曼·柯亨，竟鼓吹在中学教授高等数学，以便把我们的唯物主义时代正在排除的唯心主义精神灌输给中学生

（阿·朗格《唯物主义史》1896年第5版第2卷第XLIX页）。当然，这是反动分子的痴心妄想；事实上，除了少数专家对唯心主义的极短暂的迷恋以外，这里什么都没有，而且也不可能有。但非常值得注意的是：有教养的资产阶级的代表们像快淹死的人想抓住一根稻草来救命一样，企图用多么巧妙的手段来人为地为那种由于无知、闭塞和资本主义矛盾所造成的荒诞不经现象而在下层人民群众中产生的信仰主义保持或寻找地盘。

产生"物理学"唯心主义的另一个原因，是**相对主义**的原理，即我们知识的相对性的原理。这个原理在旧理论急剧崩溃的时期以特殊力量强使物理学家接受；**在不懂得辩证法的情况下**，这个原理必然导致唯心主义。

关于相对主义和辩证法的相互关系这个问题，对于说明马赫主义的理论厄运，几乎是最重要的问题。例如，莱伊像一切欧洲实证论者一样，不懂得马克思的辩证法。他仅仅在唯心主义哲学思辨的意义上使用辩证法这个词。因此，虽然他感觉到新物理学在相对主义上失足，可是他仍然绝望地挣扎着，企图把相对主义区分为适度的和过分的。当然，"过分的相对主义纵然不是在实践上，也是在逻辑上近似真正的怀疑论"（第215页），但是，要知道，在彭加勒那里，没有这种"过分的"相对主义。真了不起，像秤药那样多秤一些或少秤一些相对主义，就可以改善马赫主义的境况！

实际上，关于相对主义问题在理论上唯一正确的提法，是马克思和恩格斯的唯物主义辩证法指出来的，所以不懂得唯物主义辩证法，就**必然**会从相对主义走到哲学唯心主义。单是不了解这一点，就足以使别尔曼先生的《从现代认识论来看辩证法》这本荒谬的小册子失去任何意义，因为别尔曼先生关于他所完全不懂得的辩证法只是重复了陈词滥调。我们已经看到，**一切**马赫主义者在认识论上的**每一步**都暴露出同样的无知。

物理学的一切旧真理，包括那些被认为是不容争辩和不可动摇的旧真理在内，都是相对真理，——**这就是说**，任何不依赖于人类的客观真理是不会有的。不仅整个马赫主义，而且整个"物理学"唯心主义都是这样断定的。绝对真理是由发展中的相对真理的总和构成的；相对真理是不依赖于人类而存在的客体的相对正确的反映；这些反映愈来愈正确；每一个科学真理尽管有相对性，其中都含有绝对真理的成分，——这一切论点，对于所有钻研过恩格斯的《反杜林论》的人来说是不言而喻的，而对于"现代"认识论来说却是无法理解的。

像马赫特别推荐的皮·杜恒的《物理学理论》①或斯塔洛的《现代物理学的概念和理论》②这一类著作，非常明显地表明：这些"物理学"唯心主义者最重视的是证明我们知识的相对性，而实质上他们动摇于唯心主义和辩证唯物主义之间。这两个处于不同的时代并且从不同的观点研究问题的作者（杜恒是专业的物理学家，他在物理学方面工作了 20 年；斯塔洛以前是正统的黑格尔主义者，后来却又因他在 1848 年出版了一本按照老年黑格尔派**81**的精神写出的有关自然哲学的著作而感到羞惭），都极力攻击原子论—机械论的自然观。他们证明这种自然观是有局限性的，证明不能认为这种自然观是我们知识的界限，证明那些持这种自然观的著作家们的许多概念是僵化的。旧唯物主义的这种缺点是不容怀疑的；不了解一切科学理论的相对性，不懂得辩证法，夸大机械

---

① 皮·杜恒《物理学理论及其对象和构造》，1906 年巴黎版。
② 约·伯·斯塔洛《现代物理学的概念和理论》，1882 年伦敦版。有法译本和德译本。

论的观点,这都是恩格斯责备旧唯物主义者的地方。但是恩格斯能够(与斯塔洛不同)抛弃黑格尔的唯心主义,**并且了解**黑格尔辩证法的天才的真理的内核。恩格斯是为了**辩证**唯物主义,而不是为了那陷入主观主义的相对主义而摒弃旧的形而上学唯物主义的。例如,斯塔洛说:"机械论的理论以及一切形而上学的理论,把局部的、观念的、也许是纯粹假设的属性群或个别属性实体化,把它们说成是各种各样的客观实在。"(第150页)如果你们不拒绝承认客观实在,并且攻击反辩证法的形而上学,那么这是对的。斯塔洛并没有认识清楚这一点。他不了解唯物主义辩证法,因而常常经过相对主义滚入主观主义和唯心主义。

杜恒也是一样。他费了莫大的力气,从物理学史上引用了许多在马赫的书中也常常可以看到的那种有趣的、有价值的例子来证明"物理学的任何一个规律都是暂时的和相对的,因为它们是近似的"(第280页)。马克思主义者在读到关于这个问题的冗长议论时会这样想:这个人在敲着敞开的大门! 但是杜恒、斯塔洛、马赫和彭加勒的不幸就在于他们没有看见大门已经被辩证唯物主义打开了。他们由于不能对相对主义提出正确的表述,便从相对主义滚向唯心主义。杜恒写道:"其实,物理学的规律既不是真的,也不是假的,而是近似的。"(第274页)这个"而是",就已经开始虚伪,开始抹杀近似地**反映客体的**(即接近于客观真理的)科学理论和任意的、幻想的、纯粹假设的理论(例如,宗教理论或象棋理论)之间的界限。

这种虚伪竟使杜恒宣称:"物质的实在"是否和感性现象相符合这一问题是**形而上学**(第10页),因此取消关于实在的问题吧,我们的概念和假说不过是符号(signes,第26页)、"任意的"(第27页)构造等等。从这里只走一步就达到唯心主义,就达到皮埃尔·杜恒先生按照康德主义的精神所宣扬的"信仰者的物理学"（莱伊的书第 162 页；参看第 160 页）。而好心肠的阿德勒（弗里茨）——也是一个想当马克思主义者的马赫主义者！——所想出的最聪明的办法是这样地"改正"杜恒的理论：杜恒所排除的"隐藏在现象后面的实在，只是作为理论对象的实在，而不是作为**现实对象**的实在"①。这是我们早就熟悉的根据休谟和贝克莱的观点对康德主义的批判。

但是皮·杜恒说不上有什么自觉的康德主义。他不过是也像马赫那样**摇摆不定**，不知道使自己的相对主义依据什么。在好多地方，他非常接近辩证唯物主义。他说，我们知道的声音"是在同我们发生关系时的那种声音，而不是在发声物体中本来那样的声音。声学理论使我们可以认识这种实在，而我们的感觉从这种实在中发现的只是外在的和表面的东西。声学理论告诉我们，在我们的知觉只是把握着我们称之为声音的那种表面现象的地方，确实有一种很小的、很迅速的周期运动"等等（第 7 页）。物体不是感觉的符号，而感觉却是物体的符号（更确切些说是映象）。"物理学的发展引起了不停地提供材料的自然界和不停地进行认识的理性之间的不间断的斗争"（第 32 页）——自然界正如它的极微小的粒子（包括电子在内）一样是无限的，可是理性把"自在之物"转化为"为我之物"也同样是无限的。"实在和物理学规律之间的斗争将无限地延续下去；实在迟早会对物理学表述的每个规律予以无情的驳斥——用事实加以驳斥；可是物理学将不断地修正、改变、丰富被驳斥的规律。"（第 290 页）只要作者坚持这个客观实在不依赖于人类而存在，那么这就是对辩证唯物主义的十分正确的

---

① 杜恒著作的德译本的《译者前言》，1908 年莱比锡 J. 巴特出版社版。

阐述。"……物理学的理论不是今天方便明天就不适用的纯粹人造的体系；它是实验方法所不能直接〈直译是：面对面地——face à face〉观察的那些实在的愈来愈合乎自然的分类，愈来愈清楚的反映。"（第445页）

马赫主义者杜恒在最后一句话里向康德主义的唯心主义递送秋波：似乎给"实验方法"以外的方法开辟了一条小路，似乎我们不能径直地、直接地、面对面地认识"自在之物"。但是，如果说物理学的理论愈来愈合乎自然，那就是说，这个理论所"反映"的"自然"、实在，是不依赖于我们的意识而存在着的，——这正是辩证唯物主义的观点。

总之，今天的"物理学"唯心主义，正如昨天的"生理学"唯心主义一样，不过是意味着自然科学一个门类里的一个自然科学家学派，由于没有能够直接地和立即地从形而上学的唯物主义上升到辩证唯物主义而滚入了反动的哲学[1]。现代物理学正在走这一

---

[1]　著名的化学家威廉·拉姆赛说道："常常有人问我：难道电不是一种振动吗？怎样才能用微小的粒子或微粒的移动来说明无线电报呢？对此回答如下：电是**物**；它**就是**〈黑体是拉姆赛用的〉这些极小的微粒，但是当这些微粒离开某一物体时，一种像光波一样的波就通过以太散播开来，而无线电报使用的就是这种波。"（**威廉·拉姆赛**《传记性的和化学的论文集》1908年伦敦版第126页）拉姆赛叙述了镭转化为氦之后指出："至少有一种所谓的元素现在不能再看做是最终物质了；它本身正转化为更简单的物质形式。"（第160页）"负电是物质的一种特殊形式，这几乎是毫无疑问的了；而正电是一种失去负电的物质，也就是说，是减去这种带电物质的物质。"（第176页）"什么是电？从前人们以为有两种电：正电和负电。当时是不可能回答这个问题的。但是，最近的研究证明，过去一向叫做负电的东西，确实（really）是一种实体。事实上负电的粒子的相对重量已经测定；这种粒子约等于氢原子质量的七百分之一……　电的原子叫做电子。"（第196页）如果我们的那些以哲学题目著书立说的马赫主义者们会动脑筋，那么他们就会了解，"物质在消失"、"物质归结为电"等等说法，不过是下述真理在认识论上的一种无力的表现：能够发现物质的新形式、物质运动的新形式，并把旧形式归结为这些新形式，等等。

步,而且一定会走这一步,但它不是笔直地而是曲折地,不是自觉地而是自发地走向自然科学的唯一正确的方法和唯一正确的哲学;它不是清楚地看见自己的"终极目的",而是在摸索中接近这个目的;它动摇着,有时候甚至倒退。现代物理学是在临产中。它正在生产辩证唯物主义。分娩是痛苦的。除了生下一个活生生的、有生命力的生物,它还必然会产出一些死东西,一些应当扔到垃圾堆里去的废物。整个物理学唯心主义、整个经验批判主义哲学以及经验符号论、经验一元论等等,都是这一类废物。

第 六 章

经验批判主义和历史唯物主义

俄国的马赫主义者，如我们已经看到的，分为两个阵营：一个就是维·切尔诺夫先生和《俄国财富》杂志[82]的撰稿者，他们不论在哲学或历史方面都是辩证唯物主义的彻底的始终如一的反对者；另一个就是我们在这里最感兴趣的那一伙马赫主义者，他们想当马克思主义者并且千方百计地向读者保证：马赫主义跟马克思和恩格斯的历史唯物主义是可以相容的。但是，这些保证大部分仅仅是保证而已：没有任何一个想当马克思主义者的马赫主义者曾打算稍微系统地去阐述经验批判主义的创始人在社会科学中的真实倾向。我们来简略地谈谈这个问题。先谈载入文献中的德国经验批判主义者的言论，然后再谈他们的俄国弟子们的言论。

2. 波格丹诺夫怎样修正和

"发展"马克思的学说

波格丹诺夫在他的《自然界和社会中的生命的发展》（1902）这篇论文中（见《社会心理学》第35页及以下各页），引证了"最伟大的社会学家"马克思在《批判》一书的序言①里阐明历史唯物主义

---

① 即《〈政治经济学批判〉序言》（见《马克思恩格斯文集》2009年人民出版社版第2卷第588—594页）。——编者注

基本原理的那段著名的话。波格丹诺夫在引证马克思的这段话以后说:"历史一元论的旧公式,虽然在基本上还是正确的,可是已经不能完全使我们满意了。"(第37页)因此,作者想从**这个理论的基本原理出发**,去修正或发展这个理论。下面就是作者的主要的结论:

"我们已经指出:社会形态属于广泛的**类**即生物学适应的**类**。但是,我们并没有因此就确定了社会形态的范围;为了确定这个范围,不仅要确定**类**,而且要确定**种**…… 人们在生存斗争中,只有借助于**意识**才能结合起来,没有意识就没有交往。因此,**形形色色的社会生活都是意识—心理的生活**…… 社会性和意识性是不可分离的。**社会存在和社会意识,按这两个词的确切的含义来说,是同一的。**"(第50、51页,黑体是波格丹诺夫用的)

这个结论与马克思主义毫无共同之处,这一点已由正统派指出了(《哲学论文集》1906年圣彼得堡版第183页及以前几页)。但是波格丹诺夫仅仅用谩骂来回敬她,挑剔引文中的**错误**,说原文本来是"按这两个词的确切的含义",而正统派却引成了"按完全的含义"。错误是有的,作者完全有权利加以纠正,但抓住这点大叫"曲解"、"偷换"等等(《经验一元论》第3卷第XLIV页),这不过是用抱怨的话来**模糊**分歧的实质而已。不管波格丹诺夫替"社会存在"和"社会意识"这两个词想出了怎样"确切的"含义,有一点却是毋庸置疑的,这就是:我们所引的他的那个论点**是错误的**。社会存在和社会意识不是同一的,这正如一般存在和一般意识不是同一的一样。人们进行交往时,是作为有意识的生物进行的,但由此决**不能得出结论说**,社会意识和社会存在是同一的。在一切稍微复杂的社会形态中,特别是在资本主义的社会形态中,人们在交往时并**没有意识到**这是在形成什么样的社会关系,这些社会关系又是按照什么样的规律发展的,等等。例如,一个农民在出售谷物时,他就和世界市场上的世界谷物生产者发生"交往",可是他没有意识到这一点,也没有意识到从交换中形成什么样的社会关系。社会意识**反映**社会存在,这就是马克思的学说。反映可能是对被反映者的近似正确的复写,可是如果说它们是同一的,那就荒谬了。意识总是**反映**存在的,这是**整个**唯物主义的一般原理。看不到这个原理与社会意识**反映**社会存在这一历史唯物主义的原理有着直接的和**不可分割的**联系,这是不可能的。

波格丹诺夫企图"按照马克思的基本原理的精神"来悄悄地修正和发展马克思的学说,这显然是按照**唯心主义**的精神来歪曲**这些唯物主义**的基本原理。想否认这一点是可笑的。让我们回想一下巴扎罗夫对经验批判主义的说明(不是对经验一元论的说明,怎么可能呢! 要知道在这些"体系"之间有着很大很大的差别呀!):"感性表象**也就是**存在于我们之外的现实。"这是露骨的唯心主义,是露骨的意识和存在的同一论。我们再回想一下内在论者威·舒佩(他像巴扎罗夫之流一样拼命地赌咒发誓,说他不是唯心主义者,并且也像波格丹诺夫一样坚决地声明他的用语有特别"确切的"含义)的公式:"存在就是意识。"现在请把这个公式和内在论者舒伯特-索尔登对马克思的历史唯物主义的**驳斥**对比一下。舒伯特-索尔登是这样说的:"任何物质的生产过程,总是它的观察者的一种意识过程…… 在认识论上,外部生产过程不是**第一性的**(prius),而主体或诸主体才是**第一性的**;换句话说,甚至纯粹物质的生产过程也不能引导〈我们〉脱离意识的普遍联系(Bewußtseinszusammenhangs)。"(见上引书《人类的幸福和社会问题》第293页和第295—296页)

波格丹诺夫可以随心所欲地诅咒唯物主义者,说他们"歪曲了他的思想",可是任何诅咒都不能改变简单明了的事实。"经验一元论者"波格丹诺夫所谓的按照马克思的精神对马克思学说的修正和发展,跟唯心主义者和认识论上的唯我论者舒伯特-索尔登对马克思的驳斥,没有**任何本质上的**差别。波格丹诺夫硬说自己不是唯心主义者;舒伯特-索尔登硬说自己是实在论者(巴扎罗夫甚至相信这一点)。在我们这个时代,哲学家不能不宣称自己是"实在论者"、"唯心主义的敌人"。马赫主义者先生们,现在是应该懂得这点的时候了!

内在论者、经验批判主义者和经验一元论者,在枝节问题上、在**唯心主义**的一些说法上相互争论着,而我们则**根本**否定他们三者所共有的一切哲学基础。就算波格丹诺夫在接受马克思的**一切结论**时最好心好意地宣传着社会存在和社会意识的"同一",但我们还是要说:波格丹诺夫**减去**"经验一元论"(更确切些说,**减去**马赫主义),才等于马克思主义者。因为这种社会存在和社会意识的同一论,是**十足的胡言乱语**,是**绝对反动**的理论。如果有个别的人把这种理论跟马克思主义,跟马克思主义者的行为调和起来,那么我们应该承认这些人比他们的理论要好些,但决不能说这种对马克思主义的惊人的理论上的歪曲是正当的。

波格丹诺夫把自己的理论跟马克思的结论调和起来,为这些结论牺牲了起码的彻底性。在世界经济中,每一个生产者都意识到自己给生产技术带来了某种变化,每一个货主都意识到他在用一些产品交换另一些产品,但是这些生产者和货主都没有意识到,他们这样做是在改变着**社会存在**。在资本主义的世界经济中,即使有70个马克思也不能够把握住所有这些错综复杂的变化的总和;至多是发现这些变化的**规律**,在主要的基本的方面指出这些变化及其历史发展的**客观的**逻辑。所谓客观的,并不是指有意识的生物的社会(即人的社会)能够不依赖于有意识的生物的存在而存在和发展

(波格丹诺夫在自己的"理论"中所**强调**的仅仅是这些废话),而是指社会存在**不依赖**于人们的**社会意识**。你们过日子、经营事业、生儿育女、生产物品、交换产品等等,这些事实形成事件的客观必然的链条、发展的链条,这个链条不依赖于你们的**社会**意识,永远也不会为**社会**意识所完全把握。人类的最高任务,就是从一般的和基本的特征上把握经济演进(社会存在的演进)的这个客观逻辑,以便使自己的社会意识以及一切资本主义国家的先进阶级的意识尽可能清楚地、明确地、批判地**与它**相适应。

波格丹诺夫承认这一切。这说明什么呢? 这说明:他的"社会存在和社会意识同一"论,**事实上被他抛弃了**,成了空洞的经院哲学的附属品,成了像"普遍代换说"或"要素"说、"嵌入"说以及其他一切马赫主义谬论那样空洞的、僵死的、无用的东西。但是"僵死的东西抓住了活的东西"。僵死的经院哲学的附属品**违反**波格丹诺夫的**意志并且不依赖于**他的**意识**,把他的哲学变成了替舒伯特-索尔登分子以及其他反动分子**服务的工具**,这些反动分子在几百个教授讲坛上用几千种调子把**这种**僵死的东西当做活的东西来宣传,以便反对活的东西,窒息活的东西。波格丹诺夫本人是一切反动派、特别是资产阶级反动派的死敌。但波格丹诺夫的"代换"说与"社会存在和社会意识同一"论,却为这些反动派**服务**。这是可悲的事实,然而的确是事实。

一般唯物主义认为客观真实的存在(物质)不依赖于人类的意识、感觉、经验等等。历史唯物主义认为社会存在不依赖于人类的社会意识。在这两种场合下,意识都不过是存在的反映,至多也只是存在的近似正确的(恰当的、十分确切的)反映。在这个由一整块钢铸成的马克思主义哲学中,决不可去掉任何一个基本前提、任何一个重要部分,不然就会离开客观真理,就会落入资产阶级反动谬论的怀抱。

下面还有几个例子可以说明僵死的哲学唯心主义怎样抓住了活的马克思主义者波格丹诺夫。

波格丹诺夫在1901年所著的《什么是唯心主义?》(同上,第11页及以下各页)一文中写道:"我们得出这样的结论:无论在人们对进步的见解是一致的地方或是不一致的地方,进步观念的基本含义始终只有一个,即**意识生活的不断增长的完满与和谐**。进步概念的客观内容就是如此……   如果现在把我们所得出的进步观念在心理学上的表现和以前阐明的生物学上的表现〈"生物学上的**所谓进步就是生命总数的增长**",第14页〉对照一下,我们就不难深信:前者是和后者完全一致的,而且可以从后者中引伸出来……   由于社会生活归根到底就是社会成员的心理生活,所以进步观念的内容在这里也还是生活的完满与和谐的不断增长,只要加上'人们的**社会生活**'这几个字就行了。当然,社会进步的观念从来没有而且也不可能有任何其他的内容。"(第16页)

"我们发现……唯心主义表现着人的心灵中社会性较多的情绪对社会性较少的情绪的胜利;进步的理想是社会进步的趋向在唯心主义心理中的反映。"(第32页)

不用说,在这一套生物学和社会学的玩意中没有**丝毫**马克思主义。在斯宾塞和米海洛夫斯基那里,我们可以随便发现许多毫不逊色的定义,这些定义除了说明作者的"一片好心"以外,什么也没有说明,而且表明作者**完全不懂**"什么是唯心主义"和什么是唯物主义。

在《经验一元论》第3卷中,在1906年写的《社会选择》(方法的基础)这篇文章中,作者一开始就驳斥"朗格、费里、沃尔特曼及其他许多人的折中主义的社会生物学的企图"(第1页),而在第15页上

提出了下述的"研究"结论:"我们可以把唯能论和社会选择的基本联系表述如下:

社会选择的每一活动,就是与它有关的社会复合的能量的增加或减少。在前一种场合我们看到的是'肯定的选择',在后一种场合我们看到的是'否定的选择'。"(黑体是原作者用的)

像这种难以形容的谬论竟然冒充马克思主义!难道还能想象出比罗列这些在社会科学领域中毫无意义而且也不会有什么意义的生物学和唯能论的名词更无益、更死板、更烦琐的事情吗?这里没有一点具体的经济研究的影子,也没有一点马克思的**方法**、辩证方法以及唯物主义世界观的迹象,只有定义的**编造**,以及把这些定义硬套到马克思主义的现成结论上去的企图。"资本主义社会生产力的迅速增长,无疑地是社会整体的能量的增长……"——这句话的后半句,无疑地只是用一些毫无内容的术语重复前半句,这些术语看起来好像是使问题"深刻化"了,事实上却跟朗格之流的折中主义的生物社会学的企图没有**丝毫**区别!——"但是,这个过程的不和谐的性质,导致它以'危机'、生产力的巨大浪费、能量的急剧减少而告终:肯定的选择被否定的选择代替了"(第18页)。

你们看,这不是朗格吗?在危机的现成结论上只是贴上生物学的和唯能论的标签,既没有补充一点具体材料,也没有说明危机的性质。这一切都是出于一片好意,因为作者想证实和加深马克思的结论,但实际上他却用枯燥不堪的僵死的经院哲学来**冲淡**马克思的结论。在这里,"马克思主义的东西"只不过是众所周知的结论的**重复**而已,至于对这种结论的全部"新的"论证,全部**"社会唯能论"**(第34页)和"社会选择",都不过是**名词的堆砌**,对马克思主义的十足嘲弄而已。

波格丹诺夫所从事的决不是马克思主义的研究,而是给这种研究早已获得的成果换上一件生物学术语和唯能论术语的新装。这全部企图自始至终都是无济于事的,因为像"选择"、能量的"同化和异化"、能量的平衡等等概念,如果应用于社会科学的领域,就成为**空洞的词句**。事实上,依靠这些概念是**不能**对社会现象作任何**研究,不能**对社会科学的**方法**作任何说明的。再没有什么事情比给危机、革命、阶级斗争等等现象贴上"唯能论的"或"生物社会学的"标签更容易了,然而,也再没有什么事情比这种勾当更无益、更烦琐和更死板了。问题不在于波格丹诺夫在这里企图把他的**全部**或者"几乎"全部的成果和结论塞给马克思(我们已经看到他在社会存在和社会意识的关系问题上所作的"修正"),而是在于他所采用的这种**方法**,即"社会唯能论"的方法完全是虚伪的,是跟朗格的方法毫无区别的。

马克思在1870年6月27日给库格曼的信里这样写道:"朗格先生(在《论工人问题……》①第二版中)对我大加赞扬,但目的是为了抬高他自己。事情是这样的,朗格先生有一个伟大的发现:全部历史可以纳入一个唯一的伟大的自然规律。这个自然规律就是'Struggle for life',即'生存斗争'这**一句话**(达尔文的说法这样应用就变成了一句空话),而这句话的内容就是马尔萨斯的人口规律,或者更确切些说,人口过剩规律。这样一来,就可以不去分析'生存斗争'如何在各种不同的社会形式中历史地表现出来,而只要把每一个具体的斗争都变成'生存斗争'这句话,并且把这句话变成马尔萨斯关于'人口的狂想'就行了。必须承认,这对于那些华而不实、假冒科学、高傲无知和思想懒惰的人说来倒是一种十分有用

_____

① 即《工人问题对现在和将来的意义》。——编者注

的方法。"①

马克思对朗格的批判的基础,不在于朗格特意把马尔萨斯主义**83**硬搬进社会学,而在于把生物学的概念**笼统地**搬用于社会科学的领域,就变成**空话**。不论这样的搬用是出于"善良的"目的或者是为了巩固错误的社会学结论,空话始终是空话。波格丹诺夫的"社会唯能论",他加在马克思主义上面的社会选择学说,正是这样的空话。

正如马赫和阿芬那留斯在认识论上并没有发展唯心主义而是在**旧的**唯心主义的错误上增添一些自命不凡的胡诌瞎说的术语("要素"、"原则同格"、"嵌入"等等)一样,经验批判主义在社会学上即使最诚挚地同情马克思主义的结论,但还是以自命不凡的空洞浮夸的唯能论的和生物学的词句曲解历史唯物主义。

现代俄国的马赫主义(更确切些说,在一部分社会民主党人中间的马赫主义的流行病)的历史特点是由下述情况造成的。费尔巴哈"下半截是唯物主义者,上半截是唯心主义者",毕希纳、福格特、摩莱肖特和杜林等人在一定程度上也是这样,不过有一个本质上的差别,所有这些哲学家和费尔巴哈比较起来,都是一些侏儒和可怜的庸才。

马克思和恩格斯的学说是从费尔巴哈那里产生出来的,是在与庸才们的斗争中发展起来的,自然他们所特别注意的是修盖好唯物主义哲学的上层,也就是说,他们所特别注意的不是唯物主义认识论,而是唯物主义历史观。因此,马克思和恩格斯在他们的著作中特别强调的是**辩证**唯物主义,而不是辩证**唯物主义**,特别坚持的是**历史**唯物主义,而不是历史**唯物主义**。我们那些想当马克思

---

① 见《马克思恩格斯文集》2009 年人民出版社版第 10 卷第 337—338 页。——编者注

主义者的马赫主义者是在与此完全不同的历史时期接近马克思主义的,这时候资产阶级哲学已经专门从事认识论的研究了,并且片面地歪曲地接受了辩证法的若干组成部分(例如,相对主义),把主要的注意力集中于保护或恢复下半截的唯心主义,而不是集中于保护或恢复上半截的唯心主义。至少,一般实证论特别是马赫主义是在更多地从事对认识论的巧妙的伪造,冒充唯物主义,用似乎是唯物主义的术语来掩盖唯心主义,而对历史哲学却注意得比较少。我们的马赫主义者不理解马克思主义,因为他们可以说是**从另一个方面**接近马克思主义的,他们接受了——有时候与其说是接受了还不如说是背诵了——马克思的经济理论和历史理论,但并没有弄清楚它们的基础,即哲学唯物主义。因此,应当把波格丹诺夫之流叫做颠倒过来的俄国的毕希纳分子和杜林分子。他们想在上半截成为唯物主义者,但他们却不能摆脱下半截的混乱的唯心主义!在波格丹诺夫那里,"上半截"是历史唯物主义,诚然,是庸俗的、被唯心主义严重地糟蹋了的历史唯物主义;"下半截"是唯心主义,是用马克思主义的术语、马克思主义的词句装饰打扮起来的唯心主义。"社会地组织起来的经验"、"集体的劳动过程"等等,这一切都是马克思主义的字眼,然而这一切**仅仅是**一些掩饰唯心主义哲学的**字眼**,这种唯心主义哲学宣称物是"要素"-感觉的复合,外部世界是人类的"经验"或"经验符号",物理自然界是"心理的东西"的"派生物",等等。

日益巧妙地伪造马克思主义,日益巧妙地把各种反唯物主义的学说装扮成马克思主义,这就是现代修正主义在政治经济学上、策略问题上和一般哲学(认识论和社会学)上表现出来的特征。

4. 哲学上的党派和哲学上的无头脑者

我们还须要考察一下马赫主义对宗教的关系问题。但是这个问题扩大成了哲学上究竟有没有党派以及哲学上的无党性有什么意义的问题。

在以上的整个叙述过程中，在我们所涉及的每个认识论问题上，在新物理学所提出的每个哲学问题上，我们探究了**唯物主义**和**唯心主义**的斗争。透过许多新奇的诡辩言词和学究气十足的烦琐语句，我们总是毫无例外地看到，在解决哲学问题上有**两条**基本路线、两个基本派别。是否把自然界、物质、物理的东西、外部世界看做第一性的东西，而把意识、精神、感觉（用现今**流行的**术语来说，即经验）、心理的东西等等看做第二性的东西，这是一个**实际上仍然**把哲学家划分为**两大阵营**的根本问题。这方面的成千上万的错误和糊涂观念的根源就在于：人们在各种术语、定义、烦琐辞令、诡辩字眼等等的外表下，**忽略了**这两个基本倾向（例如，波格丹诺夫不愿意承认自己的唯心主义，因为他所采用的不是"自然界"和"精神"这类"形而上学的"概念，而是物理的东西和心理的东西这类"经验的"概念。字眼改变了啊！）。

马克思和恩格斯的天才正是在于：他们在很长时期内，在**差不多半个世纪**里，发展了唯物主义，向前推进了哲学上的一个基本派别。他们不是踏步不前，只重复那些已经解决了的认识论问题，而是把**同样的**唯物主义彻底地贯彻（而且表明了应当**如何**贯彻）在社会科学的领域中，他们把胡言乱语、冠冕堂皇的谬论以及想在哲学上"发现""新"路线和找出"新"方向等等的无数尝试当做垃圾毫不留情地清除掉。这类尝试的胡诌瞎说的性质，玩弄哲学上新"主义"

的烦琐把戏,用诡辩辞令混淆问题的实质,不能了解和看清认识论上两个基本派别的斗争,——这一切正是马克思和恩格斯在其毕生活动中所抨击和痛斥的。

我们刚才说,差不多有半个世纪。其实早在 1843 年,当马克思刚刚成为马克思,即刚刚成为科学社会主义的创始人,成为比以往一切形式的唯物主义无比丰富和彻底的**现代唯物主义**的创始人的时候,他就已经异常明确地指出了哲学上的根本路线。卡·格律恩曾引用过马克思在 1843 年 10 月 20 日写给费尔巴哈的信[84],马克思在这封信里请费尔巴哈为《德法年鉴》杂志[85]写一篇反对谢林的文章。马克思写道:这位谢林是个无聊的吹牛大王,他妄想包罗和超越一切已往的哲学派别。"谢林向法国的浪漫主义者和神秘主义者说:我把哲学和神学结合起来了。向法国的唯物主义者说:我把肉体和观念结合起来了。向法国的怀疑论者说:我把独断主义摧毁了。"①马克思在当时就已经看出,不管"怀疑论者"叫做休谟主义者或康德主义者(在 20 世纪,或者叫做马赫主义者),他们都大声叫嚷反对唯物主义的和唯心主义的"独断主义";他没有被千百种不足道的哲学体系中的任何一个体系所迷惑,而能够经过费尔巴哈直接走上反唯心主义的唯物主义道路。过了 30 年,马克思在《资本论》第 1 卷第 2 版的跋②中,同样明确地把**他的唯物主义**跟黑格尔的**唯心主义**,即最彻底最发展的**唯心主义**对立起来,同时轻蔑地抛开孔德的"实证论",把当时的一些哲学家称为可怜的模仿者,他们自以为消灭了黑格尔,而事实上却是重犯了黑格尔以前

---

① **卡尔·格律恩**《路德维希·费尔巴哈的书简、遗稿及其哲学的发展的评述》1874 年莱比锡版第 1 卷第 361 页。

② 见《马克思恩格斯文集》2009 年人民出版社版第 5 卷第 14—23 页。——编者注

的康德和休谟的错误。马克思在1870年6月27日给库格曼的信中也轻蔑地斥责"毕希纳、朗格、杜林、费希纳等人"①，因为他们不能理解黑格尔的辩证法，并且还对他采取轻视的态度②。最后，如果把马克思在《资本论》和其他著作中的一些哲学言论考察一下，那么你们就会看到一个**始终不变的**主旨：坚持**唯物主义**，轻蔑地嘲笑一切模糊问题的伎俩、一切糊涂观念和一切向**唯心主义**的退却。马克思的**全部**哲学言论，都是以说明这二者的根本对立为中心的，但从教授哲学的观点来看，这种"狭隘性"和"片面性"也就是马克思的全部哲学言论的缺点之所在。事实上，鄙弃这些调和唯物主义和唯心主义的无聊的伎俩，正是沿着十分明确的哲学道路**前进**的马克思的最伟大的功绩。

　　和马克思完全一致并同马克思密切合作的恩格斯，在自己的一切哲学著作中，在**一切**问题上都简单明白地把唯物主义路线跟唯心主义路线对立起来。不论在1878年、1888年或1892年**[86]**，他对于"超越"唯物主义和唯心主义的"片面性"而创立**新**路线（如创立什么"实证论"、"实在论"或其他教授的骗人理论）的无数煞费苦心的企图，一概表示轻视。恩格斯同杜林的全部斗争**始终**是在彻底贯彻唯物主义这个口号下进行的。恩格斯谴责唯物主义者杜林用空洞的字眼来混淆问题的实质，谴责他夸夸其谈，采用向唯心主义让步和转到唯心主义立场上去的论断方法。在《反杜林论》

①　参看《马克思恩格斯文集》2009年人民出版社版第10卷第338页。——编者注

②　关于实证论者比斯利（Beesley），马克思在1870年12月13日的信中写道："比斯利教授是一个孔德主义者，因此不能不抛出各种各样的怪论（crotchets）。"（见《马克思恩格斯文集》2009年人民出版社版第10卷第347页。——编者注）请把这一点同1892年恩格斯对赫胥黎之流的实证论者的评价（参看《马克思恩格斯文集》2009年人民出版社版第3卷第512—514页。——编者注）比较一下。

的**每一节**中都是这样提出问题的:不是彻底的唯物主义,就是哲学唯心主义的谎言和糊涂观点。只有头脑被反动教授哲学腐蚀了的人才会看不见这种提法。直到1894年恩格斯给《反杜林论》的最后增订版写最后一篇序言的时候,他还是继续探究新的哲学和新的自然科学,还是像以前那样坚持自己的明确坚定的立场,把大大小小新体系的垃圾清除掉。

关于恩格斯探究过新哲学这一点可以从《路德维希·费尔巴哈》中看出来。他在1888年写的序言中甚至提到德国古典哲学在英国和斯堪的纳维亚各国复活的现象,而对于当时占统治地位的新康德主义和休谟主义,他除了表示极端的轻蔑之外什么话也没有说(不论在序言里或该书正文里)。很明显,恩格斯在看到德国和英国的**时髦**哲学重复黑格尔以前的康德主义和休谟主义的旧错误时,甚至认为**转向黑格尔**[87](在英国和斯堪的纳维亚各国)也会是有好处的,他希望这位大唯心主义者和大辩证论者能帮助人们看出浅薄的唯心主义的和形而上学的谬误。

恩格斯没有详细考察德国新康德主义和英国休谟主义的许许多多小流派,而**根本**否定它们的背弃唯物主义的基本立场。恩格斯宣称这两个学派的**整个倾向**是"**在科学上开倒车**"。那么,对于这些新康德主义者和休谟主义者(例如他们之中的赫胥黎,恩格斯是不可能不知道的)的无疑地是"实证论"的倾向,如果用流行的术语来说,无疑地是"实在论的"倾向,恩格斯是怎样评价的呢?恩格斯宣称:曾经迷惑过并且还在迷惑着无数糊涂人的那种"实证论"和"实在论",**至多也不过是暗中偷运唯物主义**而当众对它谩骂和拒绝的**一种庸俗手段**![1] 只要稍微想一想恩格斯对托·赫

---

[1] 参看《马克思恩格斯文集》2009年人民出版社版第4卷第280页。——编者注

胥黎这样一位最大的自然科学家,这样一位比马赫、阿芬那留斯之流更讲实在论的实在论者和更讲实证论的实证论者所作的**这种**评价,就可以懂得恩格斯会怎样鄙视现在的一小撮沉溺于"最新实证论"或"最新实在论"等等的马克思主义者。

马克思和恩格斯在哲学上自始至终都是有党性的,他们善于发现一切"最新"流派对唯物主义的背弃,对唯心主义和信仰主义的纵容。因此他们对赫胥黎的评价**完全是**从彻底坚持唯物主义的观点出发的。因此他们责备费尔巴哈没有把唯物主义贯彻到底,责备他因个别唯物主义者犯有错误而拒绝唯物主义,责备他同宗教作斗争是为了革新宗教或创立新宗教,责备他在社会学上不能摆脱唯心主义的空话而成为唯物主义者。

约·狄慈根不管在阐述辩证唯物主义时曾犯过一些什么样的局部性的错误,但他充分重视并接受了他的导师的这个最伟大和最宝贵的传统。约·狄慈根由于发表一些欠妥的违背唯物主义的言论而犯了许多错误,可是他从来没有企图在原则上脱离唯物主义而独树"新的"旗帜,在紧要关头他总是毅然决然地声明:我是唯物主义者,我的哲学是唯物主义哲学。我们的约瑟夫·狄慈根公正地说道:"在一切党派之中,最可鄙的就是中间党派……　正如政治上各党派日益集成两个阵营一样……科学也正在划分为两个基本集团(Generalklassen):一边是形而上学者①,另一边是物理学家或唯物主义者。名目繁多的中间分子和调和派的骗子,如唯灵论者、感觉论者、实在论者等等,在他们的路途上一会儿卷入这个潮流,一会儿又卷入那个潮流。我们要求坚决性,我们要求明确

---

① 这又是一个欠妥的、不确切的说法,不应当用"形而上学者",而应当用"唯心主义者"。约·狄慈根本人在其他地方是把形而上学者和辩证论者对立起来的。

性。反动的蒙昧主义者（Retraitebläser①）称自己为唯心主义者②，而所有那些竭力把人类理智从形而上学的荒诞思想中解放出来的人应当称为唯物主义者……　如果我们把这两个党派比做固体和液体，那么中间就是一摊糊状的东西。"③

正是如此！包括"实证论者"、马赫主义者等在内的"实在论者"等等，就是这样一种讨厌的糊状的东西，就是哲学上的可鄙的**中间党派**，它在每一个问题上都把唯物主义派别和唯心主义派别混淆起来。在哲学上企图超出这两个基本派别，这不过是玩弄"调和派的骗人把戏"而已。

唯心主义哲学的"科学的僧侣主义"，不过是通向公开的僧侣主义的前阶，这一点在约·狄慈根看来是毫无疑义的。他写道："科学的僧侣主义极力想帮助宗教的僧侣主义。"（上引书第51页）"尤其是认识论的领域，对人类精神的无知"，是这两种僧侣主义在其中"产卵"的"虱巢（Lausgrube）"。约·狄慈根眼里的哲学教授是"高谈'理想财富'、用生造的（geschraubter）唯心主义来愚弄人民的有学位的奴仆"（第53页）。"正如魔鬼是上帝的死对头一样，唯物主义者是僧侣教授（Kathederpfaffen）的死对头。"唯物主义认识论是"反对宗教信仰的万能武器"（第55页），它不仅反对"僧侣所宣传的那种人所共知的、正式的、普通的宗教，而且反对沉醉的（benebelter）唯心主义者所宣传的清洗过的高尚的教授宗教"（第58页）。

---

① 直译是：吹倒退号的人。——编者注

② 请注意，约·狄慈根已经改正了错误，并且**更确切地**说明了谁是唯物主义的敌对派。

③ 见他在1876年写的论文《社会民主党的哲学》，载于《短篇哲学著作集》1903年版第135页。

在狄慈根看来,自由思想的教授们的"不彻底性"还比不上"宗教的诚实"(第 60 页),因为在后一种情况下,还"有一个体系",还有不把理论跟实践分开的完整的人。对于教授先生们说来,"哲学不是科学,而是防御社会民主党的手段"(第 107 页)。"那些自称为哲学家的教授和讲师,尽管主张自由思想,但总是或多或少地沉溺于偏见和神秘主义……他们形成了一个反对社会民主党的……反动集团。"(第 108 页)"为了循着正确道路前进而不致被任何宗教的和哲学的谬论(Welsch)所迷惑,必须研究错误道路中的错误道路(der Holzweg der Holzwege),即研究哲学。"(第 103 页)

现在我们从哲学的党派观点来看一看马赫、阿芬那留斯以及他们的学派。这些先生们**以无党性自夸**;如果说他们有什么死对头,那么只有一个,**只有……唯物主义者**。在**一切**马赫主义者的**一切**著作中,像一根红线那样贯穿着一种愚蠢奢望:"凌驾"于唯物主义和唯心主义之上、超越它们之间"陈旧的"对立。而**事实上这帮人每时每刻**都在陷入唯心主义,同唯物主义进行不断的和始终不渝的斗争。像阿芬那留斯这类人精心制造出来的认识论的怪论,不过是教授们的虚构,创立"自己的"哲学小宗派的企图而已。**其实**,在现代社会的各种思想和派别互相斗争的总的形势下,这些认识论的诡计所起的**客观**作用却只有一个,就是给唯心主义和信仰主义扫清道路,替它们忠实服务。因此,华德之流的英国唯灵论者、赞扬马赫攻击唯物主义的法国新批判主义者以及德国的内在论者,都拼命地抓住这个小小的经验批判主义者学派,这实在不是偶然的! 约·狄慈根所谓的"信仰主义的有学位的奴仆"这一说法,正是击中了马赫、阿芬那留斯以及他们的整个学派的要害。①

　　企图"调和"马赫主义和马克思主义的俄国马赫主义者的不幸就在于：他们相信反动的哲学教授，他们既然相信了，也就沿着斜坡滚下去了。他们企图发展和补充马克思学说的那些手法是很不高明的。他们读了奥斯特瓦尔德的著作，就相信奥斯特瓦尔德，转述奥斯特瓦尔德的话，说这就是马克思主义。他们读了马赫的著作，就相信马赫，转述马赫的话，说这就是马克思主义。他们读了彭加勒的著作，就相信彭加勒，转述彭加勒的话，说这就是马克思主义！这些教授们虽然在化学、历史、物理学等专门领域内能够写出极有价值的著作，可是一旦谈到哲学问题的时候，他们中间**任何一个人所说的任何一句话都不可相信**。为什么呢？其原因正如政治经济学教授虽然在实际材料的专门的研究方面能够写出极有价值的著作，可是一旦说到政治经济学的一般理论时，他们中间**任何一个人所说的任何一句话都不可相信**一样。因为在现代社会中，政治经济学正像认识论一样，

―――――――

①　还可以举出一个例子来说明马赫主义事实上正在为那些广泛流行的反动资产阶级哲学流派所利用。在最新的美国哲学中，"最时髦的东西"可以说是"实用主义**88**了（"实用主义"来自希腊文 pragma——行为、行动，即行动哲学）。在哲学杂志上谈论得最多的恐怕也要算是实用主义了。实用主义既嘲笑唯物主义的形而上学，也嘲笑唯心主义的形而上学；它宣扬经验而且仅仅宣扬经验；认为实践是唯一的标准；依靠一般实证论思潮，**特别是依靠奥斯特瓦尔德、马赫、毕尔生、彭加勒、杜恒**，依靠科学不是"实在的绝对复写"的说法；并且……极其顺利地从这一切中推演出上帝，这是为了实践的目的，而且仅仅为了实践，这里没有任何形而上学，也没有丝毫超越经验界限（参看**威廉·詹姆斯**《实用主义。某些旧思想方法的新名称》1907 年纽约和伦敦版，特别是第 57 和第 106 页）。从唯物主义的观点看来，马赫主义和实用主义之间的差别，就像经验批判主义和经验一元论之间的差别一样，是微不足道的和极不重要的。请比较一下波格丹诺夫的真理定义和实用主义者的真理定义："在实用主义者看来，真理就是经验中的各种特定作业价值（working-values）的类概念。"（同上，第 68 页）

是一门**有党性的**科学。总的说来，经济学教授们不过是资产阶级手下的有学问的帮办；而哲学教授们不过是神学家手下的有学问的帮办。

无论在哲学上或经济学上，马克思主义者的任务就是要善于汲取和改造这些"帮办"所获得的成就（例如，在研究新的经济现象时，如果不利用这些帮办的著作，就不能前进一步），并且要**善于消除它们的反动倾向**，善于贯彻**自己的路线**，**同敌视我们的各种力量和阶级的整个路线**作斗争。而我们的那些**奴颜婢膝地**追随反动教授哲学的马赫主义者就是不善于做到这一点。卢那察尔斯基代表《论丛》的作者们写道："也许我们错了，但我们是在探索。"其实，不是**你们**在探索，而是别人**在探索你们**，不幸的地方就在这里！不是你们根据你们的即马克思主义的观点（因为你们想当马克思主义者）去探讨资产阶级时髦哲学的每一转变，而是这种时髦哲学在探寻你们，把它的那些适合唯心主义胃口的新花样塞给你们，今天是奥斯特瓦尔德的花样，明天是马赫的花样，后天又是彭加勒的花样。你们所天真地信仰的那些愚蠢的"理论"把戏（例如"唯能论"、"要素"、"嵌入"等等），始终没有超出狭隘的小学派的圈子，但这些把戏的思想倾向和**社会倾向**却立刻被华德分子、新批判主义者、内在论者、洛帕廷分子、实用主义者所抓住，并且**尽着自己应尽的职责**。对经验批判主义和"物理学"唯心主义的迷恋，正像对新康德主义和"生理学"唯心主义的迷恋一样，很快就会消逝，而信仰主义却从每一次这样的迷恋中得到好处，并千方百计地变换自己的花招，以利于哲学唯心主义。

对宗教的态度和对自然科学的态度，最好地说明了资产阶级反动派**确实**为了本阶级的利益而在利用经验批判主义。

我们来看一看前一个问题吧！卢那察尔斯基在**反对**马克思主

义哲学的那部集体著作中谈到了"人类最高潜在力的神化"、"宗教的无神论"①等等,你们以为这是偶然的吗?如果你们以为这是偶然的,那么只是因为俄国的马赫主义者没有把欧洲的**整个**马赫主义思潮及其对宗教的态度正确地告诉读者。这个思潮对宗教的态度不仅跟马克思、恩格斯、约·狄慈根,甚至跟费尔巴哈的态度毫不相同,而且**根本相反**。例如,彼得楚尔特说经验批判主义"无论与有神论或无神论都不矛盾"(《纯粹经验哲学引论》第1卷第351页),马赫说"宗教的见解是私人的事情"(法译本第434页),而科内利乌斯(他极力赞扬马赫,马赫也极力赞扬他)、卡鲁斯以及一切内在论者则宣传**露骨的信仰主义**、鼓吹露骨的**黑帮思想**。**哲学家**在这个问题上保守中立,**就是**向信仰主义卑躬屈膝,而马赫和阿芬那留斯没有超出而且也不能超出中立态度,这是由他们的认识论的出发点所决定的。

只要你们否定我们通过感觉感知的客观实在,你们就失去了任何反对信仰主义的武器,因为你们已经陷入不可知论或主观主义,而这正是信仰主义所需要的。如果说感性世界就是客观实在,那么其他的任何"实在"或冒牌实在(请回想一下,巴扎罗夫曾相信那些把神说成是"实在概念"的内在论者的"实在论"),就没有立足的余地了。如果说世界是运动着的物质,那么我们可以而且应该从**这个**运动、即**这个**物质的运动的无限错综复杂的表现来对物质进行无止境的研究;在物质之外,在每一个人所熟悉的"物理的"外部世界之外,不可能有任何东西存在。对唯物主义的仇视,对唯

---

① 《论丛》第157、159页。这位作者在《国外周报》**89**上曾谈到"宗教意义上的科学社会主义"(第3号第5页),而在《教育》杂志**90**上(1908年第1期第164页)又公然写道:"新的宗教在我心中早已成熟了……"

物主义者的种种诽谤,所有这一切在文明的民主的欧洲都是司空见惯的,而且直到今天还依然如此。而俄国的马赫主义者在大众面前**把这一切掩盖起来**,他们甚至**一次**也没有打算把马赫、阿芬那留斯、彼得楚尔特之流攻击唯物主义的胡言乱语同费尔巴哈、马克思、恩格斯、约·狄慈根**维护**唯物主义的言论简单地对比一下。

但是"掩盖"马赫和阿芬那留斯同信仰主义的关系,是无济于事的。事实是抹杀不掉的。这些反动教授由于华德、新批判主义者、舒佩、舒伯特-索尔登、勒克列尔、实用主义者等等同他们亲吻而遭到的奇耻大辱,是世界上任何办法都不能洗刷干净的。现在列举的这些身为哲学家和教授的人物的影响之大,他们的思想在"有教养的"即资产阶级的人士中间传播之广,他们写的专门著作之多,都比马赫和阿芬那留斯的那个小小的专门学派要胜过十倍。这个小小的学派该为谁服务,就为谁服务;该被怎样利用,就被怎样利用。

卢那察尔斯基说出的可耻言论,并不是什么例外,而是俄国和德国的经验批判主义的产物。我们决不能用作者的"善良意图"、他的话的"特殊含义"来为这些可耻言论辩护。如果他的话里有直接的、普通的、即纯粹信仰主义的含义,那么我们就不会再同作者交谈了,因为,大概没有一个马克思主义者会认为这些言论**不**使阿纳托利·卢那察尔斯基和彼得·司徒卢威**完全**站在一个立场上。如果不是这样(而且的确**还**不是这样),那么这完全是因为我们看到了"特殊"含义,并且**在还有可能实行同志式的斗争的时候**同他**进行斗争**。卢那察尔斯基的言论之所以可耻,就是因为他**居然**把这些言论和他的"善良的"意图联系起来了。他的"理论"之所以有害,就是因为这种理论为了实现善良的意图竟采用**这样的**手段或作出**这样的**结论。糟糕的是:所谓"善良的"意图,**至多**也不过是卡尔普、彼得、西多尔的主观的事情而已,至于这类言论的**社会意义**却是绝对肯定的、无可争辩的,并且是任何的声明和解释所不能削弱的。

只有瞎子才看不出,在卢那察尔斯基的"人类最高潜在力的神化"和波格丹诺夫的心理东西对整个物理自然界的"普遍代换"之间有着思想上的血缘关系。这是同一种思想,不过前者主要是用美学观点来表达的,而后者主要是用认识论观点来表达的。"代换说"**默默地**从另一个方面来处理问题,它把"心理的东西"跟人分割开来,用无限扩大了的、抽象的、神化了的、僵死的、"一般心理的东西"来**代换整个物理自然界**,这样就把"人类最高潜在力"**神化了**。而尤什凯维奇导入"非理性的知觉流"的"逻各斯"又怎样呢?

一爪落网,全身被缚。我们的马赫主义者全都落到了唯心主义即冲淡了的精巧的信仰主义的网里去了;从他们认为"感觉"不是外部世界的映象而是特殊"要素"的时候起,他们就落网了。如果不承认那种认为人的意识**反映**客观实在的外部世界的唯物主义理论,就必然会主张不属于任何人的感觉,不属于任何人的心理,不属于任何人的精神,不属于任何人的意志。

结　论

　　马克思主义者应该从以下四个角度来评价经验批判主义。

　　第一,首先必须把这种哲学的理论基础和辩证唯物主义的理论基础加以比较。本书前三章所作的这种比较,从认识论问题的**各方面**揭露了用新的怪论、字眼和花招来掩饰**唯心主义和不可知论**旧错误的经验批判主义的**十足反动性**。只有那些根本不懂得什么是一般哲学唯物主义,什么是马克思和恩格斯的辩证方法的人,才会侈谈经验批判主义和马克思主义的"结合"。

　　第二,必须确定经验批判主义这个哲学专家们的小学派在现代其他哲学学派中的地位。马赫和阿芬那留斯都是从康德开始,可是他们并没有从他走向唯物主义,而是朝着相反的方向走向休谟和贝克莱。阿芬那留斯以为自己全盘地"清洗经验",其实他只是把康德主义从不可知论中清洗出去。马赫和阿芬那留斯的整个学派愈来愈明确地走向唯心主义,它和最反动的唯心主义学派之一,即所谓内在论派密切结合起来了。

　　第三,必须注意到,马赫主义与现代自然科学的一个门类中的一个学派有着无可怀疑的联系。一般自然科学家以及物理学这一特别门类中的自然科学家,极大多数都始终不渝地站在唯物主义方面。但是也有少数新物理学家,在近年来伟大发现所引起的旧理论的崩溃的影响下,在特别明显地表明我们知识的相对性的新物理学危机的影响下,由于不懂得辩证法,就经过相对主义而陷入了唯心主义。现今流行的物理学唯心主义,就像不久以前流行过的生理学唯心主义一样,是一种反动的并且使人一时迷惑的东西。

第四,在经验批判主义认识论的烦琐语句后面,不能不看到哲学上的党派斗争,这种斗争归根到底表现着现代社会中敌对阶级的倾向和意识形态。最新的哲学像在两千年前一样,也是有党性的。唯物主义和唯心主义按实质来说,是两个斗争着的党派,而这种实质被冒牌学者的新名词或愚蠢的无党性所掩盖。唯心主义不过是信仰主义的一种精巧圆滑的形态,信仰主义全副武装,它拥有庞大的组织,继续不断地影响群众,并利用哲学思想上的最微小的动摇来为自己服务。经验批判主义的客观的、阶级的作用完全是在于替信仰主义者效劳,帮助他们反对一般唯物主义,特别是反对历史唯物主义。

1909 年 5 月由莫斯科环节出版社
印成单行本

选自《列宁全集》第 2 版第 18 卷
第 5—70、95—104、122—212、
235—242、250—255、262—287、
316—328、337—346、351—363、
374—375 页

列夫·托尔斯泰是俄国革命的镜子

(1908 年 9 月 11 日〔24 日〕)

把这位伟大艺术家的名字同他显然不理解、显然避开的革命联系在一起,初看起来,会觉得奇怪和勉强。分明不能正确反映现象的东西,怎么能叫做镜子呢?然而我国的革命是一个非常复杂的现象;在直接进行革命、参加革命的群众当中,各社会阶层的许多人也显然不理解正在发生的事情,也避开了事变进程向他们提出的真正具有历史意义的任务。如果我们看到的是一位真正伟大的艺术家,那么他在自己的作品中至少会反映出革命的某些本质的方面。

俄国的合法报刊登满了祝贺托尔斯泰 80 寿辰的文章、书信和简讯,可是很少注意从俄国革命的性质、革命的动力这个角度去分析他的作品。所有这些报刊都充满了伪善,简直令人作呕。有官方的和自由派的两种伪善。前一种是卖身投靠的无耻文人露骨的伪善,他们昨天还奉命攻击列·托尔斯泰,今天却奉命在托尔斯泰身上寻找爱国主义,力求在欧洲面前遵守礼节。这班无耻文人写了文章有赏钱,这是人人都知道的;他们欺骗不了任何人。自由派的伪善则巧妙得多,因而也有害得多、危险得多。请听《言语报》[91]的那些立宪民主党[8]的巴拉莱金之流吧。他们对托尔斯泰的同情是最充分和最热烈的了。其实,有关这位"伟大的寻神派"的那种装腔作势的言论和冠冕堂皇的空谈不过是十足的虚伪,因为俄国的自由派既不相信托尔斯泰的上帝,也不赞成托尔斯泰对现行制度的批判。他们攀附这个极有声望的名字,是为了增加自己的政治资本,是为了扮演全国反对派领袖的角色。他们极力用吵吵嚷嚷的空谈来淹没人们要求对下列问题作直截了当答复的呼声:"托尔斯泰主义"的显著矛盾是由什么造成的,这些矛盾表现了我国革命中的哪些缺陷和弱点?

托尔斯泰的作品、观点、学说、学派中的矛盾的确是显著的。一方面,是一个天才的艺术家,不仅创作了无与伦比的俄国生活的图画,而且创作了世界文学中第一流的作品;另一方面,是一个发狂地信仰基督的地主。一方面,他对社会上的撒谎和虚伪提出了非常有力的、直率的、真诚的抗议;另一方面,是一个"托尔斯泰主义者",即一个颓唐的、歇斯底里的可怜虫,所谓俄国的知识分子,这种人当众拍着胸脯说:"我卑鄙,我下流,可是我在进行道德上的自我修身;我再也不吃肉了,我现在只吃米粉饼子。"一方面,无情地批判了资本主义的剥削,揭露了政府的暴虐以及法庭和国家管理机关的滑稽剧,暴露了财富的增加和文明的成就同工人群众的穷困、野蛮和痛苦的加剧之间极其深刻的矛盾;另一方面,疯狂地鼓吹"不"用暴力"抵抗邪恶"。一方面,是最清醒的现实主义,撕下了一切假面具;另一方面,鼓吹世界上最卑鄙龌龊的东西之一,即宗教,力求让有道德信念的神父代替有官职的神父,这就是说,培养一种最精巧的因而是特别恶劣的僧侣主义。真可以说:

> 你又贫穷,你又富饶,
> 你又强大,你又衰弱,
> ——俄罗斯母亲![92]

托尔斯泰处在这样的矛盾中,绝对不能理解工人运动和工人运动在争取社会主义的斗争中所起的作用,而且也绝对不能理解俄国的革命,这是不言而喻的。但是托尔斯泰的观点和学说中的矛盾并不是偶然的,而是19世纪最后30多年俄国实际生活所处的矛盾条件的表现。昨天刚从农奴制度下解放出来的宗法式的农村,简直在遭受资本和国库的洗劫。农民经济和农民生活的旧基础,那些确实保持了许多世纪的旧基础,正在异常迅速地遭到破坏。对托尔斯泰观点中的矛盾,不应该从现代工人运动和现代社会主义的角度去评价(这样评价当然是必要的,然而是不够的),而应该从那种对正在兴起的资本主义的抗议,对群众破产和丧失土地的抗议(俄国有宗法式的农村,就一定会有这种抗议)的角度去评价。作为一个发明救世新术的先知,托尔斯泰是可笑的,所以国内外的那些偏偏想把他学说中最弱的一面变成一种教义的"托尔斯泰主义者"是十分可怜的。作为俄国千百万农民在俄国资产阶级革命快要到来的时候的思想和情绪的表现者,托尔斯泰是伟大的。托尔斯泰富于独创性,因为他的全部观点,总的说来,恰恰表现了我国革命是**农民**资产阶级革命的特点。从这个角度来看,托尔斯泰观点中的矛盾,的确是一面反映农民在我国革命中的历史活动所处的矛盾条件的镜子。一方面,几百年来农奴制的压迫和改革以后几十年来的加速破产,积下了无数的仇恨、愤怒和生死搏斗的决心。要求彻底铲除官办的教会,打倒地主和地主政府,消灭一切旧的土地占有形式和占有制度,清扫土地,建立一种自由平等的小农的社会生活来代替警察式的阶级国家,——这种愿望像一根红线贯穿着农民在我国革命中的每一个历史步骤,而且毫无疑问,托尔斯泰作品的思想内容,与其说符合于抽象的"基督教无政府主义"(这有时被人们看做是他的观点"体系"),不如说更符合于农民的这种愿望。

另一方面,追求新的社会生活方式的农民,是用很不自觉的、宗法式的、宗教狂的态度来看待下列问题的:这种社会生活应当是什么样子,要进行什么样的斗争才能给自己争得自由,在这个斗争中他们能有什么样的领导者,资产阶级和资产阶级知识分子对于农民革命的利益采取什么样的态度,为什么要消灭地主土地占有制就必须用暴力推翻沙皇政权?农民过去的全部生活教会他们憎恨老爷和官吏,但是没有教会而且也不可能教会他们到什么地方去寻找所有这些问题的答案。在我国革命中,有一小部分农民是真正进行过斗争的,并且也为了这个目的多少组织起来了;有极小一部分人曾经拿起武器来打击自己的敌人,消灭沙皇的奴仆和地主的庇护者。大部分农民则是哭泣、祈祷、空谈和梦想,写请愿书和派"请愿代表"。这真是完全符合列夫·尼古拉耶维奇·托尔斯泰的精神!在这种情况下总是有这种事情的,像托尔斯泰那样不问政治,像托尔斯泰那样逃避政治,对政治不感兴趣,对政治不理解,结果只有少数农民跟着觉悟的革命的无产阶级走,大多数农民则成了无原则的、卑躬屈节的资产阶级知识分子的俘虏,而这些被称为立宪民主党人的知识分子,从劳动派[93]的集会中出来跑到斯托雷平的前厅哀告央求,讨价还价,促使讲和,答应调解,最后还是被士兵的皮靴踢了出来。托尔斯泰的思想是我国农民起义的弱点和缺陷的一面镜子,是宗法式农村的软弱和"善于经营的农夫"迟钝胆小的反映。

就拿 1905—1906 年的士兵起义来说吧。我国革命中的这些战士的社会成分是农民和无产阶级兼而有之。无产阶级占少数;因此军队中的运动,丝毫没有表现出像那些只要一挥手就马上会成为社会民主党人的无产阶级所表现出来的那种全国团结一致的精神和党性觉悟。另一方面,认为士兵起义失败的原因是缺乏军官的领导,这种见解是再错误没有了。相反,从民意党[94]时期以来,革命的巨大进步正好表现在:拿起武器来反对上司的,是那些以自己的独立精神使自由派地主和自由派军官丧魂落魄的"灰色畜生"[95]。士兵对农民的事情非常同情;只要一提起土地,他们的眼睛就会发亮。军队中的权力不止一次落到了士兵群众的手里,但是他们几乎没有坚决地利用这种权力;士兵们动摇不定;过了几天甚至几个小时,在他们杀了某个可恨的军官之后,就把其余拘禁起来的军官释放了,同当局进行谈判,然后站着让人枪毙,躺下让人鞭笞,重新套上枷锁,——这一切都完全符合列夫·尼古拉耶维奇·托尔斯泰的精神!

托尔斯泰反映了强烈的仇恨、已经成熟的对美好生活的向往和摆脱过去的愿望,同时也反映了耽于幻想、缺乏政治素养、革命意志不坚定这种不成熟性。历史条件和经济条件既说明发生群众革命斗争的必然性,也说明他们缺乏斗争的准备,像托尔斯泰那样对邪恶不抵抗;而这种不抵抗是第一次革命运动失败的极重要的原因。

常言道:战败的军队会很好地学习。当然,把革命阶级比做军队,只有在极有限的意义上是正确的。资本主义的发展每时每刻都在改变和加强那些推动千百万农民进行革命民主主义斗争的条件,这些农民由于仇恨地主-农奴主和他们的政府而团结起来了。就是在农民中间,交换的增长、市场统治和货币权力的加强,也正在一步一步排除宗法式的旧东西和宗法式的托尔斯泰思想。但是,最初几年的革命和最初几次群众革命斗争的失败,毫无疑问得到了一种收获,即群众以前那种软弱性和散漫性遭受了致命的打击。分界线更加清楚了。各阶级、各政党彼此划清了界限。在斯托雷平教训的敲打下,在革命社会民主党人坚持不渝的鼓动下,不仅从社会主义无产阶级中,甚至从民主主义的农民群众中,也必然会涌现出锻炼得愈来愈好、能够愈来愈少重犯我国托尔斯泰主义

历史罪过的战士!

载于 1908 年 9 月 11 日(24 日)
《无产者报》第 35 号

选自《列宁全集》第 2 版第 17 卷
第 181—188 页

论工人政党对宗教的态度

（1909 年 5 月 13 日〔26 日〕）

　　苏尔科夫代表在国家杜马讨论正教院[96]预算案时的发言，以及下面刊登的我们杜马党团讨论这篇发言稿的材料，提出了一个恰巧在目前是非常重要的和特别迫切的问题[97]。凡是同宗教有关的一切，目前无疑已经引起"社会"各界人士的注意，使接近工人运动的知识分子、甚至某些工人群众感到兴趣。社会民主党当然应该表明自己对于宗教的态度。

　　社会民主党的整个世界观是以科学社会主义即马克思主义为基础的。马克思和恩格斯曾多次声明，马克思主义的哲学基础是辩证唯物主义，它完全继承了法国 18 世纪和德国 19 世纪上半叶费尔巴哈的唯物主义历史传统，即绝对无神论的、坚决反对一切宗教的唯物主义的历史传统。我们要指出，恩格斯的《反杜林论》（马克思看过该书的手稿），通篇都是揭露唯物主义者和无神论者杜林没有坚持唯物主义，给宗教和宗教哲学留下了后路。必须指出，恩格斯在论路德维希·费尔巴哈的著作中责备费尔巴哈，说他反对宗教不是为了消灭宗教而是为了革新宗教，为了创造出一种新的、"高尚的"宗教等等。宗教是人民的鸦片①，——马克思的这一句名言是马克思主义在宗教问题上的全部世界观的基石。马克

---

① 见《马克思恩格斯文集》2009 年人民出版社版第 1 卷第 4 页。——编者注

思主义始终认为现代所有的宗教和教会、各式各样的宗教团体，都是资产阶级反动派用来捍卫剥削制度、麻醉工人阶级的机构。

　　但是，恩格斯同时也多次谴责那些想比社会民主党人"更左"或"更革命"的人，谴责他们企图在工人政党的纲领里规定直接承认无神论，即向宗教宣战。1874 年，恩格斯谈到当时侨居伦敦的公社布朗基派流亡者发表的著名宣言时，认为他们大声疾呼向宗教宣战是一种愚蠢的举动，指出这样宣战是提高人们对宗教的兴趣、妨碍宗教真正消亡的最好手段。恩格斯斥责布朗基派不了解只有工人群众的阶级斗争从各方面吸引了最广大的无产阶级群众参加自觉的革命的社会**实践**，才能真正把被压迫的群众从宗教的压迫下解放出来，因此宣布工人政党的政治任务是同宗教作战，不过是无政府主义的空谈而已。① 1877 年恩格斯在《反杜林论》一书中无情地斥责哲学家杜林对唯心主义和宗教所作的让步，即使是些微的让步，但也同样严厉地斥责杜林提出的在社会主义社会中禁止宗教存在这一似乎是革命的主张。恩格斯说，这样向宗教宣战，就是"比俾斯麦本人有过之无不及"，即重蹈俾斯麦反教权派斗争这一蠢举的覆辙（臭名远扬的"文化斗争"，Kulturkampf，就是俾斯麦在 19 世纪 70 年代用警察手段迫害天主教，反对德国天主教的党，即反对"中央"党的斗争）。俾斯麦的这场斗争，只是**巩固了**天主教徒的好战的教权主义，只是危害了真正的文化事业，因为他不是把政治上的分野提到首位，而是把宗教上的分野提到首位，使工人阶级和民主派的某些阶层忽视革命的阶级斗争的迫切任务而去重视最表面的、资产阶级虚伪的反教权主义运动。恩格斯痛斥了妄想做超革命家的杜林，说他想用另一种方式来重复

---

① 参看《马克思恩格斯文集》2009 年人民出版社版第 3 卷第 357—365 页。——编者注

俾斯麦的蠢举,同时恩格斯要求工人政党耐心地去组织和教育无产阶级,使宗教渐渐消亡,而不要冒险地在政治上对宗教作战。①这个观点已经被德国社会民主党人完全接受,例如德国社会民主党主张给耶稣会士以自由,主张允许他们进入德国国境,主张取消对付这种或那种宗教的任何警察手段。"宣布宗教为私人的事情"——这是爱尔福特纲领(1891 年)**98**的一个著名论点,它确定了社会民主党的上述政治策略。

这个策略现在竟然成为陈规,竟然产生了一种对马克思主义的新的歪曲,使它走向反面,成了机会主义。有人把爱尔福特纲领的这一论点说成这样,似乎我们社会民主党人,我们的党,**认为**宗教是私人的事情,对于我们社会民主党人来说,对于我们党来说,宗教是私人的事情。在 19 世纪 90 年代,恩格斯没有同这种机会主义观点进行直接的论战,但是他认为必须坚决反对这种观点,不过不是用论战的方式而是采用正面叙述的方式。就是说,当时恩格斯有意地着重声明,社会民主党认为宗教**对于国家来说**是私人的事情,但是对于社会民主党本身、对于马克思主义、对于工人政党来说决不是私人的事情。②

从外表上看来,马克思和恩格斯对宗教问题表示意见的经过就是如此。那些轻率看待马克思主义的人,那些不善于或不愿意动脑筋的人,觉得这种经过只是表明马克思主义荒谬地自相矛盾和摇摆不定:一方面主张"彻底的"无神论,另一方面又"宽容"宗教,这是多么混乱的思想;一方面主张同上帝进行最最革命的战争,另一方面怯懦地想"迁就"信教的工人,怕把他们吓跑等等,这

---

① 参看《马克思恩格斯文集》2009 年人民出版社版第 9 卷第 332—335 页。——编者注
② 参看《马克思恩格斯文集》2009 年人民出版社版第 3 卷第 106 页。——编者注

是多么"没有原则"的动摇。在无政府主义空谈家的著作中,这种攻击马克思主义的说法是可以找到不少的。

可是,只要稍微能认真一些看待马克思主义,考虑马克思主义的哲学原理和国际社会民主党的经验,就能很容易地看出,马克思主义对待宗教的策略是十分严谨的,是经过马克思和恩格斯周密考虑的;在迂腐或无知的人看来是动摇的表现,其实都是从辩证唯物主义中得出来的直接的和必然的结论。如果认为马克思主义对宗教采取似乎是"温和"的态度是出于所谓"策略上的"考虑,是为了"不要把人吓跑"等等,那就大错特错了。相反,马克思主义在这个问题上的政治路线,也是同它的哲学原理有密切关系的。

马克思主义是唯物主义。正因为如此,它同 18 世纪百科全书派[30]的唯物主义或费尔巴哈的唯物主义一样,也毫不留情地反对宗教。这是没有疑问的。但是,马克思和恩格斯的辩证唯物主义比百科全书派和费尔巴哈更进一步,它把唯物主义哲学应用到历史领域,应用到社会科学领域。我们应当同宗教作斗争。这是**整个唯物主义的起码原则**,因而也是马克思主义的起码原则。但是,马克思主义不是停留在起码原则上的唯物主义。马克思主义更前进了一步。它认为必须**善于同宗教作斗争**,为此应当**用唯物主义观点**来说明群众中的信仰和宗教的根源。同宗教作斗争不应该局限于抽象的思想宣传,不能把它归结为这样的宣传;而应该把这一斗争同目的在于消灭产生宗教的社会根源的阶级运动的具体实践联系起来。为什么宗教在城市无产阶级的落后阶层中,在广大的半无产阶级阶层中,以及在农民群众中能够保持它的影响呢?资产阶级进步派、激进派或资产阶级唯物主义者回答说,这是由于人民的愚昧无知。由此得出结论说:打倒宗教,无神论万岁,传播无神论观点是我们的主要任务。马克思主义者说:这话不对。这是一种肤浅的、资产阶级狭隘的文化主义观点。这种观点不够深刻，不是用唯物主义的观点而是用唯心主义的观点来说明宗教的根源。在现代资本主义国家里，这种根源主要是**社会的**根源。劳动群众受到社会的压制，面对时时刻刻给普通劳动人民带来最可怕的灾难、最残酷的折磨的资本主义（比战争、地震等任何非常事件带来的灾难和折磨多一千倍）捉摸不定的力量，他们觉得似乎毫无办法，——这就是目前宗教最深刻的根源。"恐惧创造神"。**99** 现代宗教的根源就是对资本的捉摸不定的力量的恐惧，而这种力量确实是捉摸不定的，因为人民群众不能预见到它，它使无产者和小业主在生活中随时随地都可能遭到，而且正在遭到"突如其来的"、"出人意料的"、"偶然发生的"破产和毁灭，使他们变成乞丐，变成穷光蛋，变成娼妓，甚至活活饿死。凡是不愿一直留在预备班的唯物主义者，都应当首先而且特别注意这种**根源**。只要受资本主义苦役制度压迫、受资本主义的捉摸不定的破坏势力摆布的群众自己还没有学会团结一致地、有组织地、有计划地、自觉地反对宗教的这种**根源**，反对任何形式的**资本统治**，那么无论什么启蒙书籍都不能使这些群众不信仰宗教。

由此是否可以说，反宗教的启蒙书籍是有害的或多余的呢？不是的。决不能得出这样的结论。应当说，社会民主党宣传无神论，必须**服从社会民主党的基本任务**：发展被剥削**群众**反对剥削者的阶级斗争。

一个对辩证唯物主义的原理即马克思和恩格斯哲学的原理没有深入思考过的人，也许不能理解（至少是不能一下子理解）这条原则。怎么会这样呢？为什么进行思想宣传，宣扬某种思想，同维持了数千年之久的这一文化和进步的敌人（即宗教）作斗争，要服从阶级斗争，即服从在经济政治方面实现一定的实际目标的斗争呢？

　　这种反对意见也是一种流行的反对马克思主义的意见，这证明反驳者完全不懂得马克思的辩证法。使这种反驳者感到不安的矛盾，是实际生活中的实际矛盾，即辩证的矛盾，而不是字面上的、臆造出来的矛盾。谁认为在理论上宣传无神论，即破除某些无产阶级群众的宗教信仰，同这些群众阶级斗争的成效、进程和条件之间有一种绝对的、不可逾越的界限，那他就不是辩证地看问题，就是把可以移动的、相对的界限看做绝对的界限，就是硬把活的现实中的不可分割的东西加以分割。举个例子来说吧。假定某个地方和某个工业部门的无产阶级分为两部分，一部分是先进的，是相当觉悟的社会民主党人，他们当然是无神论者，另一部分则是相当落后的，他们同农村和农民还保持着联系，他们信仰上帝，常到教堂里去，甚至直接受本地某一个建立基督教工会的司祭的影响。再假定这个地方的经济斗争引起了罢工。马克思主义者应该首先考虑使罢工运动得到成功，应当坚决反对在这场斗争中把工人分成无神论者和基督教徒，应当坚决反对这样的划分。在这种情况下，宣传无神论就是多余的和有害的，这倒并不是出于不要把落后群众吓跑，不要在选举时落选等庸俗考虑，而是从实际推进阶级斗争这一点出发的，因为在现代资本主义社会环境中，阶级斗争能把信基督教的工人吸引到社会民主党和无神论这方面来，而且比枯燥地宣传无神论还要有效一百倍。在这样的时候和这样的环境中，宣传无神论，就只能**有利于**神父，因为他们恰恰最愿意用信不信上帝这一标准来划分工人，以代替是否参加罢工这一标准。无政府主义者鼓吹在任何情况下都要对上帝开战，实际上是帮助了神父和资产阶级（正如无政府主义者**实际上**始终在帮助资产阶级一样）。马克思主义者应当是唯物主义者，即宗教的敌人，但是他们应当是辩证唯物主义者,就是说,他们不应当抽象地对待反宗教斗争问题,他们进行这一斗争不应当立足于抽象的、纯粹理论的、始终不变的宣传,而应当具体地、立足于当前**实际上**所进行的、对广大群众教育最大最有效的阶级斗争。马克思主义者应该善于估计整个具体情况,随时看清无政府主义同机会主义的界限(这个界限是相对的,是可以移动、可以改变的,但它确实是存在的),既不陷入无政府主义者那种抽象的、口头上的、其实是空洞的"革命主义",也不陷入小资产者或自由派知识分子那种庸俗观念和机会主义,不要像他们那样害怕同宗教作斗争,忘记自己的这种任务,容忍对上帝的信仰,不从阶级斗争的利益出发,而是打小算盘:不得罪人,不排斥人,不吓唬人,遵循聪明绝顶的处世之道:"你活,也让别人活",如此等等。

凡是同社会民主党对宗教的态度有关的具体问题,都应该根据上述观点来解决。例如,经常有人提出这样的问题:司祭能不能成为社会民主党党员。人们通常根据欧洲各社会民主党的经验对这一问题作无条件的、肯定的回答。但是这种经验并不仅仅是把马克思主义学说应用于工人运动的结果,而且也是由西欧特殊的历史条件决定的;这种条件在俄国并不存在(关于这种条件,我们到下面再谈),所以在这个问题上无条件的肯定的回答在我国是不正确的。不能一成不变地在任何情况下都宣布说司祭不能成为社会民主党党员,但是也不能一成不变地提出相反的规定。如果有一个司祭愿意到我们这里来共同进行政治工作,真心诚意地完成党的工作,不反对党纲,那我们就可以吸收他加入社会民主党,因为在这样的条件下,我们党纲的精神和基本原则同这个司祭的宗教信念的矛盾,也许只是关系到他一个人的矛盾,只是他个人的矛盾,而一个政治组织要用考试的方法来检验自己成员所持的观点是否同党纲矛盾，那是办不到的。当然，这种情况即使在欧洲也是极其少有的，在俄国则更是难以想象了。如果这位司祭加入社会民主党之后，竟在党内积极宣传宗教观点，以此作为他主要的甚至是唯一的工作，那么党当然应该把他开除出自己的队伍。我们不仅应当容许，而且应当特别注意吸收所有信仰上帝的工人加入社会民主党，我们当然反对任何侮辱他们宗教信念的行为，但是我们吸收他们是要用我们党纲的精神来教育他们，而不是要他们来积极反对党纲。我们容许党**内**自由发表意见，但是以自由结合原则所容许的一定范围为限，因为我们没有义务同积极宣传被党内多数人摒弃的观点的人携手并进。

再举一个例子：假定有的社会民主党党员声明"社会主义是我的宗教"，并且宣传与此相应的观点，对这种党员能不能在任何情况下都一概加以申斥呢？不能这样做。这种声明确实背离了马克思主义（因而也就背离了社会主义），但是这种背离的意义和所谓的比重在不同环境下可能是不相同的。如果一个鼓动员或一个在对工人群众讲话的人，为了说得明白一点，为了给自己的解释开一个头，为了用不开展的群众最熟悉的字眼更具体地说明自己的观点，而说了这样一句话，这是一回事。如果一个著作家开始宣扬"造神说"**24**或造神社会主义（就像我们的卢那察尔斯基及其同伙那样），那是另一回事。在前一种情况下，提出申斥就是吹毛求疵，甚至是过分地限制鼓动员的自由，限制他运用"教育手段"来施加影响的自由，而在后一种情况下，党的申斥却是必需而且应该的。"社会主义是宗教"这一论点，对某些人来说，是从宗教转到社会主义的一种方式，而对另一些人来说，则是**离开**社会主义而转到宗教的一种方式。

现在来谈谈哪些条件使"宣布宗教为私人的事情"这一论点

在西欧遭到了机会主义者的歪曲。当然,这里是有产生机会主义的一般原因的影响,如为了眼前的利益而牺牲工人运动根本的利益。无产阶级政党要求**国家**把宗教宣布为私人的事情,但决不认为同人民的鸦片作斗争,同宗教迷信等等作斗争的问题是"私人的事情"。机会主义者把情况歪曲成似乎**社会民主党认为**宗教是私人的事情!

但是除了常见的机会主义歪曲(对于这种歪曲,我们的杜马党团在讨论有关宗教问题的发言时完全没有加以说明)而外,还有一些特殊的历史条件使欧洲的社会民主党人对宗教问题采取了目前这种可以说是过分冷漠的态度。这些条件分两种:第一,反宗教的斗争是革命资产阶级的历史任务,在西欧,资产阶级民主派在他们**自己的**革命时代,或者说在他们自己冲击封建制度和中世纪制度的时代已经在相当大的程度上完成了(或着手完成)这个任务。无论在法国或德国都有资产阶级反宗教斗争的传统,这个斗争在社会主义运动以前很久就开始了(百科全书派、费尔巴哈)。在俄国,由于我国资产阶级民主革命的条件,这个任务几乎完全落到了工人阶级的肩上。同欧洲比较起来,我国小资产阶级的(民粹主义的)民主派在这方面做的事情并不是(像《路标》[100]中的那些新出现的黑帮立宪民主党人[8]或立宪民主党人黑帮所想的那样)太多了,而是**太少了**。

另一方面,资产阶级反宗教斗争的传统在欧洲已造成了无政府主义对于这一斗争所作的纯粹资产阶级的**歪曲**,而无政府主义者,正如马克思主义者早已屡次说明的,虽然非常"猛烈地"攻击资产阶级,但是他们还是站在资产阶级世界观的立场上。罗曼语各国[5]的无政府主义者和布朗基主义者[101],德国的莫斯特(附带说一句,他曾经是杜林的门生)之流,奥地利80年代的无政府主义者,在反宗教斗争中使革命的空谈达到登峰造极的地步。难怪现在欧洲社会民主党人要**矫枉过正**,把无政府主义者弄弯了的棍子弄直。这是可以理解的,在某种程度上说是理所当然的,但是我们俄国社会民主党人要是忘记西欧的特殊历史条件,那是不行的。

第二,在西欧,**自从**民族资产阶级革命结束**以后**,**自从**实现了比较完全的信教自由**以后**,反宗教的民主斗争问题在历史上已被资产阶级民主派反社会主义的斗争排挤到次要的地位,所以资产阶级政府往往**故意**对教权主义举行假自由主义的"讨伐",转移群众对社会主义的注意力。德国的文化斗争以及法国资产阶级共和派的反教权主义斗争,都带有这种性质。资产阶级的反教权主义运动,是转移工人群众对社会主义的注意力的手段,——这就是目前西欧社会民主党人对反宗教斗争普遍采取"冷漠"态度的根源。这同样是可以理解的,也是理所当然的,因为社会民主党人的确应该使反宗教斗争**服从**争取社会主义的斗争,以对抗资产阶级和俾斯麦分子的反教权主义运动。

俄国的情况就完全不同了。无产阶级是我国资产阶级民主革命的领袖。无产阶级政党应当成为反对一切中世纪制度的斗争的思想领袖,这一斗争还包括反对陈腐的、官方的宗教,反对任何革新宗教、重新建立或用另一种方式建立宗教的尝试等等。因此,如果说当德国社会民主党人把工人政党要求**国家**宣布宗教为私人的事情的主张偷换成**宣布**宗教对社会民主党人和社会民主党本身来说也是私人的事情时,恩格斯纠正这种机会主义的方式还比较温和,那么俄国机会主义者仿效德国人的这种歪曲,就应该受到恩格斯严厉**一百倍**的斥责。

我们的党团在杜马讲坛上声明宗教是人民的鸦片,这样做是完全正确的,这就开创了一个先例,俄国社会民主党人每次对宗教问题发表意见时都应当以此为基点。是不是还应该更进一步，把无神论的结论发挥得更详细呢？我们认为不必。这样做会使无产阶级政党有夸大反宗教斗争意义的危险；这样做会抹杀资产阶级反宗教斗争同社会党人反宗教斗争之间的界限。社会民主党党团在黑帮杜马中应该完成的第一件事情，已经光荣地完成了。

第二件事情，也许是社会民主党人最重要的事情，就是说明教会和僧侣支持黑帮政府、支持资产阶级反对工人阶级的阶级作用，这一任务也光荣地完成了。当然，关于这个问题还可以说得很多，今后社会民主党人谈这个问题还会对苏尔科夫同志的发言作补充，但是这篇发言毕竟是很出色的，我们党的直接任务就是要各级党组织广泛宣传这篇发言。

第三件事情，就是要十分详尽地说明经常被德国机会主义者歪曲的"宣布宗教为私人的事情"这一原理的**正确**含义。遗憾的是苏尔科夫同志没有这样做。尤其令人遗憾的是，在党团过去的活动中，别洛乌索夫同志在这个问题上犯过错误（已被《无产者报》[102]及时指出）[103]。党团内的讨论情况表明，党团争论无神论问题，却没有正确说明宣布宗教为私人的事情这一著名的要求。我们不会把整个党团所犯的这个错误都推在苏尔科夫同志一个人身上。不仅如此。我们公开承认这是全党的过错，因为我们党对这个问题解释不够，没有让社会民主党人充分认识到恩格斯批评德国机会主义者的意思。党团内的讨论情况证明，这正是由于对问题了解得不清楚，而决不是不愿意考虑马克思的学说，所以我们深信，党团在以后发言时一定会纠正这一错误。

我们再说一遍，总的说来，苏尔科夫同志的发言是很出色的，各级党组织应当广泛加以宣传。党团对这篇发言的讨论，证明党团在兢兢业业地履行它的社会民主党的职责。不过我们希望报道党团内部讨论情况的通讯能更经常地在党的报刊上发表,使党团同党的关系更加密切,使党能了解党团所进行的艰巨的工作,使党和党团的活动在思想上趋于一致。

载于 1909 年 5 月 13 日(26 日)
《无产者报》第 45 号

选自《列宁全集》第 2 版第 17 卷
第 388—401 页

取消取消主义

(1909 年 7 月 11 日〔24 日〕)

　　读者在这一号《无产者报》**102**的特别附刊中,可以看到关于布尔什维克会议**104**的报道和会议通过的决议全文①。在这篇文章中,我们打算从我们派别的角度和整个俄国社会民主工党的角度来谈一谈如何估计这次会议的意义和会上发生的一小部分布尔什维克分裂出去的问题。

　　大约从 1907 年六三政变**105**起到现在为止的最近两年,是俄国革命史上以及俄国工人运动和俄国社会民主工党发展中发生急剧转变和严重危机的时期。1908 年 12 月俄国社会民主工党的全国代表会议**106**,对目前的政治形势、革命运动的状况及其前途、工人阶级政党当前的任务等问题作了总结。这次代表会议的决议是党的可靠的财富,孟什维克机会主义者拼命想批评这些决议,只不过特别明显地暴露了他们的"批评"是软弱无力的,对在这些决议中剖析过的问题根本提不出任何有道理的、完整的和有系统的东西。

　　但是,党的代表会议给予我们的还不止这一点。这次代表会议在党的生活中起了极重要的作用:它指出在孟什维克和布尔什维克这两派中都产生了**新的思想派别**。可以毫不夸大地说,不管是在革命到来以前,还是在革命期间,整个党的历史中充满了这些

---

① 见《列宁全集》第 2 版第 19 卷第 1—9、31—40 页。——编者注

派别的斗争。因此,新的思想派别是党内生活中一种非常重要的现象,所有社会民主党人都应当仔细思考,理解和领会这种现象,以便能自觉地对待新形势下的新问题。

这些新的思想派别的出现,简单说来,就是在党的两个处于两极的派别中都出现了取消主义,都出现了反对取消主义的斗争。孟什维克中的取消主义在1908年12月以前就十分明显地暴露出来了,但是当时同它进行斗争的差不多都是其他的派别(布尔什维克、波兰和拉脱维亚的社会民主党人以及一部分崩得分子)。孟什维克护党派,即孟什维克反取消主义派,作为一个派别当时刚开始形成,还没有比较一致的和公开的行动。而在布尔什维克里面,两部分人面目分明并且公开行动了:一部分是占绝大多数的正统布尔什维克,他们坚决反对召回主义,并且把自己的主张贯彻到代表会议的全部决议中,另一部分是占少数的"召回派"[107],他们作为一个单独的集团来为自己的观点辩护,不止一次地得到摇摆于他们和正统布尔什维克之间的"最后通牒派"的支持。召回派(还有最后通牒派,因为他们正在滚向召回派)是变相的孟什维克,是新型的取消派,关于这一点,在《无产者报》上已经不止一次地谈过和说明过了(着重参看第39、42、44号①)。总之,在孟什维克方面,取消派占绝大多数,而护党派分子对他们的抗议和斗争刚刚开始;在布尔什维克方面,少数召回派公开活动,正统派则占完全的优势,这就是俄国社会民主工党十二月全国代表会议上所表明的党内状况。

什么是取消主义?为什么会产生取消主义?为什么召回派(和造神派[24],关于他们,我们下面再来谈谈)也是取消派,是变相

---

① 见《列宁全集》第2版第17卷第266—282、340—343、367—379页。——编者注

的孟什维克？一句话，我们党内出现新的思想派别有什么社会意义，有什么社会作用呢？

狭义的取消主义，孟什维克的取消主义，从思想上来说就是否认社会主义无产阶级的革命阶级斗争，特别是否认无产阶级在我国资产阶级民主革命中的领导权。这种否认采取的形式当然各种各样，其自觉、激烈、彻底的程度各有不同。可以拿切列万宁和波特列索夫来作例子。前者对无产阶级在革命中的作用所作的估计，使得《社会民主党人呼声报》[108]整个编辑部还在内部（也就是普列汉诺夫和马尔托夫、唐恩、阿克雪里罗得、马尔丁诺夫）发生分裂以前，就不得不同切列万宁脱离了关系，虽然这件事该报编辑部做得极不体面：这就是它在《前进报》[109]上向德国人宣布同这位彻底的取消派脱离关系[110]，**而不在《社会民主党人呼声报》上向俄国读者发表自己的声明！** 波特列索夫在《20世纪初俄国的社会运动》[111]中写过一篇文章，非常成功地取消了关于无产阶级在俄国革命中的领导权的思想，以致普列汉诺夫退出了取消派的编辑委员会。

在组织上，取消主义就是否认秘密社会民主党的必要性，因而要脱离俄国社会民主工党，退出党，在合法的报刊上，在合法的工人组织、工会、合作社和有工人代表参加的代表大会上反对党，等等。近两年来，俄国任何一个党组织的历史上这样的孟什维克取消主义的例子是不胜枚举的。我们曾经指出过（刊登在**《无产者报》**第42号上，后来《1908年12月俄国社会民主工党全国代表会议》这本小册子作了转载），担任中央委员的孟什维克企图直接**破坏党中央委员会**，使这个机构不起作用，这就是一个特别明显的取消主义的例子。参加最近这次党代表会议的"高加索代表团"[112]完全是由侨居国外的人组成的，党中央委员会确认（1908年初）《社会民主党人呼声报》编辑部是一个独立的著作家团体，同目前在俄国活动的一切组织没有任何关系,这可以说是在俄国的孟什维克秘密组织几乎完全瓦解的标志。

所有这些取消主义的表现,孟什维克都没有加以总结。一方面是他们有意隐瞒这些表现,另一方面是他们自己也糊里糊涂,不清楚某些事实的意义,被一些琐碎小事、意外事件和人身攻击弄得不知所措,不会概括也不懂得当前所发生的事情的意义。

这个意义就在于,在资产阶级革命时期,在发生危机、瓦解和崩溃的情况下,工人政党中的机会主义派不可避免地不是完全成为取消派,便是做取消派的俘虏。在资产阶级革命时期,**不可避免地**有一些小资产阶级**同路人**(德语称为 Mitläufer)参加无产阶级政党,他们最不能领会无产阶级的理论和策略,最不能在发生崩溃的时期坚持下去,最倾向于彻底推行机会主义。瓦解一发生,大批孟什维克知识分子和孟什维克著作家实际上就投向了自由派。知识分子脱党而去,**所以**孟什维克的组织垮得最厉害。那些真心同情无产阶级和无产阶级的阶级斗争、赞同无产阶级的革命理论的孟什维克(而这样的孟什维克总是有的,他们为自己在革命中的机会主义辩解,理由是他们希望能估计到一切形势的变动和一切复杂的历史道路的曲折),"又一次成了少数",成了孟什维克派中的少数,他们没有决心同取消派进行斗争,没有力量卓有成效地进行这场斗争。可是,机会主义同路人愈来愈走向自由主义,以致普列汉诺夫无法容忍波特列索夫,《社会民主党人呼声报》无法容忍切列万宁,莫斯科的孟什维克工人无法容忍孟什维克知识分子,**等等**。孟什维克护党派,即孟什维克正统马克思主义者开始分化出来,既然他们走**向党**,那就势必走向布尔什维克。我们的任务就是要理解这种形势,千方百计地处处尽量把取消派和孟什维克护党派分子分开,同后者接近,不过这不是要抹杀原则分歧,而是为了使真正统一的工人政党团结起来,党内的意见分歧不应该妨碍共同的工作、共同的冲击、共同的斗争。

但是,无产阶级的小资产阶级同路人是不是仅仅孟什维克派才有呢? 不是的。我们在《无产者报》第39号①上已经指出,这种同路人在布尔什维克中也有,彻底的召回派的整个论证方法,他们论证"新的"策略的尝试的整个性质就证明了这一点。在群众性的工人政党中,无论那一个比较大的派别,实际上在资产阶级革命时期都不能避免或多或少要吸收一些各种色彩的"同路人"。这种现象甚至在彻底完成了资产阶级革命的最发达的资本主义国家中,也是不可避免的,因为无产阶级总是同各式各样的小资产阶级阶层接触,总是不断从这些阶层中补充兵员。这种现象毫不反常,毫不可怕,**只是**无产阶级政党要善于改造这些异己分子,制服他们,而不是被他们制服,善于及时认识到谁是真正的异己分子,而且认识到在某种条件下,必须同他们明确地和公开地划清界限。俄国社会民主工党的两派在这方面的区别正是在于:孟什维克成了取消派(即"同路人")的俘虏(在孟什维克自己的队伍中,俄国国内的莫斯科孟什维克拥护者以及国外同波特列索夫和《社会民主党人呼声报》分道扬镳的普列汉诺夫,都证明了这一点),而在布尔什维克当中,主张召回主义和造神说的取消派分子一开始就是极少数,一开始就不能为害,随后也就被抛开了。

召回主义是变相的孟什维主义,它也必然导致取消主义,只是形式略有不同,这一点是不容怀疑的。当然,这里谈的不是个人,也不是个别集团,而是这个派别的客观趋势,因为这个派别不再仅仅是反映一种情绪,而是企图形成一个特殊派别。布尔什维克在

---

① 见《列宁全集》第2版第17卷第266—282页。——编者注

革命前就十分明确地声明过,第一,他们并不想在社会主义运动中建立一个特殊派别,而是想把整个国际的、革命的、正统马克思主义的社会民主党的基本原则运用于我国革命的新情况;第二,即使在斗争以后,在现有的一切革命的可能性已不再存在以后,历史迫使我们沿着"专制立宪"的道路缓步而行,布尔什维克也能在最艰难、最缓慢、最平淡的日常工作中尽到自己的职责。任何一个细心一点的读者都能在 1905 年出版的社会民主党人的文献中找到这些声明。这些声明有重大的意义,因为这是整个布尔什维克派作出的保证,是自觉选择的道路。为了履行对无产阶级的保证,必须对在自由时期(甚至出现了一种"自由时期的社会民主党人")加入社会民主党的人,对主要是被口号的坚决性、革命性和"引人注目"所吸引的人,对缺乏坚毅精神,只能在革命节日,不能在反革命得势时期坚持斗争的人,不断进行锤炼和教育。其中一部分人已经逐渐习惯了无产阶级的工作,掌握了马克思主义世界观。另一部分人只是死记了几个口号,却没有领会,他们一味重复陈词滥调,而不善于根据变化了的情况运用革命社会民主党策略的旧原则。那些想抵制第三届杜马[113]的人的演变鲜明而生动地说明了这两部分人的命运。1907 年 6 月,主张抵制第三届杜马的人在布尔什维克派中占多数。但是,《无产者报》坚定不移地执行了反对抵制的路线。生活检验了这条路线,一年之后,"召回派"在从前的"抵制主义"的堡垒莫斯科组织的布尔什维克中变成了**少数**(1908 年夏是 14 票对 18 票)。又过一年,布尔什维克派在全面和反复地讲清了召回主义的错误以后(最近召开的布尔什维克会议①的意义就在于此),终于彻底取消了召回主义和滚向召回主义

---

① 见《列宁全集》第 2 版第 19 卷第 1—40 页。——编者注

的最后通牒主义,彻底取消了这种特殊形式的取消主义。

但愿人们不要因此责备我们制造"新的分裂"。在关于我们的会议的报道中,我们详尽地说明了我们的任务和我们的态度。我们用尽了一切可能和一切办法去说服有不同意见的同志,我们花了一年半以上的时间做这方面的工作。但是,我们作为一个派别,即作为党内思想一致者的团体,在基本问题上如果不一致,是不能进行工作的。从派别分裂出去并不等于从党分裂出去。从我们派别分裂出去的人丝毫没有丧失在党内工作的可能性。或者他们仍旧是"野的",即处于派别之外,那党的整个工作情况会把他们卷进来;或者他们企图建立一个新的派别(如果他们想坚持和发展自己的具有特殊色彩的观点和策略,那是他们的权利),**全党**很快就会清楚地看到这些**趋势**的实际表现,对于这些趋势的思想意义,我们在上面已经尽力作了估价。

布尔什维克必须领导党。要领导,就要知道路,就不要再动摇,不要再花费时间去说服动摇分子,去同有不同意见的人进行派别内的斗争。召回主义和滚向召回主义的最后通牒主义同当前形势要求革命的社会民主党人去做的工作是不相容的。我们在革命时期学会了"讲法语",就是说,学会尽量向运动提出一切能推动人们前进的口号,加强群众直接斗争的威力,扩大这一斗争的规模。现在,在出现停滞、反动和瓦解的时候,我们必须学会"讲德语",就是说,学会缓慢地(在新的高涨没有到来以前非这样做不可)、不断地和顽强地行动,一步一步地前进,一点一点地争取胜利。谁感到这种工作枯燥乏味,谁不懂得**在这条道路上**、**在这条道路的拐弯处也**必须坚持和发展社会民主党策略的革命原则,谁就是徒具马克思主义者的虚名。

不坚决取消取消主义,我们党就不能前进。但是,取消主义不只是包括孟什维克的公开的取消主义和他们的机会主义的策略。

它还包括变相的孟什维主义。它还包括召回主义和最后通牒主义,因为它们反对党执行反映时局特点的当前任务,这个任务就是利用杜马讲坛并把工人阶级的各种各样的半合法组织和合法组织建成据点。它包括造神说和为根本脱离马克思主义原理的造神说倾向所作的辩护。它还包括不了解布尔什维克在党内的任务——在1906—1907年,任务是**推翻**那个**不依靠**党的多数的孟什维克中央委员会(不仅波兰人和拉脱维亚人,甚至崩得分子当时也没有支持清一色孟什维克的中央委员会),而现在,任务是耐心教育护党派分子,团结他们,建立一个真正统一的巩固的无产阶级政党。布尔什维克在1903—1905年和1906—1907年,已经同反党分子进行了不调和的斗争,为党扫清基地。布尔什维克现在应该**建设成党**,把派别建设成党,利用经过派别斗争所取得的阵地来建设党。

这就是我们派别根据当前政治局势和整个俄国社会民主工党的总的情况提出的任务。最近的布尔什维克会议的决议又一次特别详细地重申并阐发了这些任务。为了进行新的斗争,队伍已经整顿好了。对变化了的情况已经考虑到了。道路已经选定了。沿着这条道路前进,革命的俄国社会民主工党很快就会成为任何反动势力也不能动摇的力量,成为我国下一次革命运动中参加斗争的各阶级人民的领导力量①。

载于1909年7月11日(24日)
《无产者报》第46号

选自《列宁全集》第2版第19卷
第41—49页

---

① 不久以前,《社会民主党人呼声报》第15号和《崩得评论》**114**第2期出版了。上面又是一大堆取消主义的精彩例子,这些例子需要在下一号《无产者报》上用专文来分析和评价。

革命的教训

(1910 年 10 月 30 日〔11 月 12 日〕)

从 1905 年 10 月俄国工人阶级给沙皇专制制度第一次强大打击到现在,已经有五年了。无产阶级在那些伟大的日子里,发动了千百万劳动者起来进行反对压迫者的斗争。无产阶级在 1905 年的几个月之内就争得了工人等了数十年、"上司"还是没有赐给的那些改善。无产阶级为全俄人民争得了(虽然只是暂时地争得了)俄国从来没有过的出版、集会和结社的自由。它从自己的前进道路上扫除了冒牌的布里根杜马[115],迫使沙皇颁布了立宪宣言,并且一举造成了非由代表机关管理俄国不可的定局。

无产阶级所争得的伟大胜利并不是彻底的胜利,因为沙皇政权尚未被推翻。十二月起义以失败告终,于是沙皇专制政府就在工人阶级的进攻逐步减弱,群众斗争逐步减弱的时候把工人阶级的胜利果实相继夺走了。1906 年工人的罢工、农民和士兵的骚动,虽然比 1905 年减弱了许多,但终究还是很强大的。在第一届杜马[116]时期,人民的斗争又发展了起来,于是沙皇解散了第一届杜马,但不敢马上修改选举法。1907 年工人的斗争更加减弱了,这时沙皇解散了第二届杜马[117],举行了政变(1907 年 6 月 3 日)[105];沙皇违背了他所许下的非经杜马同意决不颁布法律的一切冠冕堂皇的诺言,修改了选举法,使地主和资本家、黑帮政党及其走狗在杜马中能够稳占多数。

革命的胜利也好,失败也好,都给了俄国人民以伟大的历史教训。在纪念1905年五周年之际,我们要力求弄清楚这些教训的主要内容。

第一个而且是主要的教训是:只有群众的革命斗争,才能使工人生活和国家管理真正有所改善。无论有教养的人们怎样"同情"工人,无论单枪匹马的恐怖分子怎样英勇斗争,都不能摧毁沙皇专制制度和资本家的无限权力。只有工人自己起来斗争,只有千百万群众共同斗争才能做到这一点,而只要**这个**斗争一减弱,工人所争得的成果立刻就要被夺走。俄国革命证实了工人国际歌中的一段歌词:

> "从来就没有什么救世主,
> 也不靠神仙皇帝;
> 要创造人类的幸福,
> 全靠我们自己。"

第二个教训是:仅仅摧毁或限制沙皇政权是不够的,必须把它**消灭**。沙皇政权不消灭,沙皇作出的让步总是不可靠的。沙皇在革命进攻加强的时候就作些让步,进攻减弱的时候他就把这些让步统统收回。只有争得民主共和国,推翻沙皇政权,政权归于人民,才能使俄国摆脱官吏的暴力和专横,摆脱黑帮-十月党人[118]杜马,摆脱农村中地主及其走狗的无限权力。如果说现在,也就是在革命后,农民和工人的灾难比以往更加深重的话,那么这就是当时革命力量薄弱,沙皇政权没有被推翻种下的苦果。1905年,在此之后的头两届杜马的召开及其被解散,都给人民许多教益,首先教会了他们要用共同斗争来实现政治要求。人民觉醒起来参与政治生活,开始是要求专制政府让步:要沙皇召集杜马,要沙皇撤换大臣,要沙皇"赐予"普选权。但是专制政府没有作出这种让步,也不可能作出这种让步。专制政府用刺刀回答了请求让步的行动。于是人民开始认识到必须进行**斗争**反对专制政权。现在斯托雷平和老爷黑帮杜马,可以说是更加有力地把这种观念灌进农民的脑袋里。他们正在灌而且一定会灌进去。

沙皇专制制度本身也从革命中吸取了教训。它已经知道不能指靠农民对沙皇的信任了。现在它和黑帮地主以及十月党工厂主结成联盟来巩固自己的政权。现在要推翻沙皇专制制度,就要有比 1905 年强大得多的革命群众斗争的进攻。

这种强大得多的进攻是否可能呢? 要回答这个问题,我们就要谈谈**第三个而且是最主要的**革命教训。这个教训就是:我们已经看到俄国人民中的各阶级是**怎样**行动的。在 1905 年以前,有很多人以为全体人民都同样追求自由,都想得到同样的自由;至少是当时大多数人都没有清楚地认识到俄国人民中的各阶级对争取自由的斗争所持的态度是各不相同的,并且它们所争取的自由也是各不相同的。革命吹散了迷雾。1905 年底,以及第一届和第二届杜马时期,俄国社会的**一切**阶级都公开登台了。他们实际上是公开亮相,亮出了他们的真实意图,他们究竟能为什么而斗争,他们斗争的实力、顽强精神和能量究竟有多大。

工厂工人即工业无产阶级,同专制制度进行了最坚决最顽强的斗争。无产阶级 1 月 9 日[119]开始了革命,举行了群众性罢工。无产阶级发动了 1905 年 12 月武装起义,奋起保护了惨遭枪杀、鞭笞拷打的农民,从而将这场斗争进行到底。1905 年罢工工人约**300 万**(如加上铁路员工、邮政职工等等大概有 400 万人),1906 年——100 万,1907 年——75 万。这样强大的罢工运动在世界上还未曾有过。俄国无产阶级表明,在革命危机真正成熟起来的时候,工人群众中蕴藏着多么巨大的力量。世界上最大的 1905 年罢工浪潮还远远没有消耗尽无产阶级的全部战斗力。例如在莫斯科工厂区，567 000 工厂工人罢工 54 万人次，而在彼得堡工厂区，30 万工厂工人罢工达 100 万人次。可见，莫斯科区的工人还远远没有发挥出像彼得堡工人那样的顽强斗争精神。在里夫兰省（里加市）5 万工人罢工达 25 万人次，就是说，每个工人 1905 年平均罢工 5 次以上。目前全俄工厂工人、矿工和铁路工人起码有 300 万，而且人数逐年都在增加，如果运动有 1905 年里加那样强大，那他们就能派出 **1 500 万人次的罢工**大军。

任何沙皇政权也经不起这样的进攻。但是，谁都知道，这样的进攻不可能按照社会党人或先进工人的愿望人为地呼之即出。这样的进攻只有当全国都卷进危机、风潮迭起、爆发革命的时候才可能出现。要为这种进攻作好准备，就必须把最落后的工人阶层都吸引到斗争中来，必须长年累月地进行顽强的、广泛的、坚持不懈的宣传鼓动工作和组织工作，建立并巩固无产阶级的各种团体和组织。

俄国工人阶级的斗争实力是居于俄国人民的其余一切阶级之首的。工人本身的生活条件使工人具备了斗争能力，并推动他们去进行斗争。资本把大批工人集中在大城市，把他们团结在一起，训练他们同心协力。工人经常与他们的主要敌人资本家阶级发生直接冲突。在同这个敌人斗争的过程中，工人也逐渐成为**社会主义者**，从而认识到必须彻底改造整个社会，必须彻底消灭一切贫困和一切压迫。工人逐渐成为社会主义者，他们奋不顾身地同阻挡他们前进的一切障碍作斗争，首先是反对沙皇政权和农奴主-地主。

农民在革命中也起来同地主，同政府作斗争，但是他们的斗争力量太弱了。据统计，工厂工人参加过革命斗争即罢工的占多数（达到 3/5），而农民参加过革命斗争的无疑只占少数，大概不超过 1/5

或¼。农民斗争不够顽强,比较分散,不够自觉,往往仍然指望慈父沙皇发善心。实际上,1905 年和 1906 年农民只是把沙皇和地主吓唬了一下。应该**消灭**他们,而不是吓唬他们,把**他们的**政府——**沙皇**政府连根拔掉。现在,斯托雷平和地主黑帮杜马竭力把富农培植成为新的地主-独立农庄主,作为沙皇和黑帮的同盟者。但是,沙皇和杜马愈是帮助富农掠夺农民群众,农民群众的觉悟就愈提高,而他们对沙皇的信任(农奴制下奴隶的信任,闭塞无知的人们的信任),也就愈少。农村中农业工人一年比一年多,他们除了与城市工人结成联盟共同斗争外找不到别的自救办法。农村中遭到破产、一贫如洗、忍饥挨饿的农民一年比一年多,——一旦城市无产阶级发动起来,这些农民中就会有千百万人更坚决地、更齐心协力地起来同沙皇和地主作斗争。

自由派资产阶级,即自由派地主、工厂主、律师和教授等等,也参加过革命。他们成立了"人民自由"党(立宪民主党[8])。他们在自己的报纸上向人民大许其愿,高喊自由。他们在第一届和第二届杜马中占有多数代表席位。他们许诺"用和平手段"去争取自由,而责备工农的革命斗争。农民和许多农民代表("劳动派")[93]相信了这种许诺,驯服地跟着自由派走,而对无产阶级的革命斗争采取回避态度。这是农民(和许多城里人)在革命时期所犯的一个极大错误。自由派一只手帮助(即使如此,也是很少有的)争取自由的斗争,而将另一只手始终伸给沙皇,向沙皇保证要保持并巩固他的政权,使农民同地主和解,"安抚""好闹事的"工人。

当革命进入同沙皇决战,进入 1905 年十二月起义的时候,自由派就全体一致地卑鄙地背叛了人民的自由,离开了斗争。沙皇专制政府利用自由派这种背叛人民自由的行为,利用对自由派高度信任的农民的无知,击溃了起义的工人。当无产阶级被击溃之后,任何杜马,立宪民主党的任何甜言蜜语,他们的任何许诺都拦不住沙皇去消灭残留的一点点自由,去恢复专制制度和恢复农奴主-地主的无限权力。

自由派受了骗。农民获得了沉痛然而有益的教训。当广大人民群众还信任自由派,还相信可能同沙皇政权"讲和",回避工人的革命斗争的时候,在俄国是不会有自由的。当城市无产阶级群众起来斗争,推开那些动摇和叛变的自由派,领导农业工人和破产农民前进的时候,世界上便没有任何力量能够阻挡俄国自由的到来。

俄国无产阶级一定会奋起进行这种斗争,一定会重新来领导革命,俄国全部经济状况以及革命年代的全部经验就是保证。

五年前,无产阶级给予沙皇专制制度第一次打击。俄国人民见到了第一道自由的曙光。现在,沙皇专制制度又重整旗鼓,农奴主又卷土重来,作威作福,工人和农民依然处处横遭暴力蹂躏,到处可以看到当局亚洲式的专横跋扈和人民惨遭凌辱。然而沉痛的教训是不会不起作用的。俄国人民已经不是 1905 年以前的人民了。无产阶级已经对他们进行了斗争训练。无产阶级将带领他们走向胜利。

载于1910年10月30日(11月12日)《工人报》第1号

选自《列宁全集》第2版第19卷第406—413页

欧洲工人运动中的分歧

（1910 年 12 月 16 日〔29 日〕）

一

欧美现代工人运动中的基本的策略分歧，归结起来就是同背离实际上已经成为这个运动中的主导理论的马克思主义的两大流派作斗争。这两个流派就是修正主义（机会主义、改良主义）和无政府主义（无政府工团主义、无政府社会主义）。在半个多世纪的大规模工人运动的历史上，这两种背离工人运动中起主导作用的马克思主义理论和马克思主义策略的倾向，在一切文明国家里，是以各种不同的形式和各种不同的色彩表现出来的。

单从这个事实就可以看出，这两种倾向不是偶然出现的，也不是由某些个别人或集团的错误造成的，甚至也不是由民族特点或民族传统的影响等等造成的。应该有一些由一切资本主义国家的经济制度和发展性质所决定的、经常产生这两种倾向的根本原因。去年出版的荷兰马克思主义者安东·潘涅库克所著《工人运动中的策略分歧》（Anton Pannekoek.《Die taktischen Differenzen in der Arbeiterbewegung》. Hamburg, Erdmann Dubber, 1909）这本小册子，是用科学态度研究这些原因的一次很有意义的尝试。下面我们就要向读者介绍潘涅库克所作出的那些不能不认为是完全正确的结论。

工人运动的发展这个事实本身,是周期性地产生策略分歧的最深刻的原因之一。如果不是根据某种虚幻的理想的标准来衡量工人运动,而是把这一运动看成是一些普通人的实际运动,那就会很清楚,一批批"新兵"被吸收进来,一个个新的劳动群众阶层被卷入运动,就必然会引起理论和策略方面的动摇,重犯旧错误,暂时回复到陈旧观念和陈旧方法上去等等。为了"训练"新兵,每个国家中的工人运动,都要周期性地耗费或多或少的精力、注意力和时间。

其次,资本主义发展的速度,在不同的国家和不同的国民经济部门是不一样的。在大工业最发达的条件下,工人阶级和它的思想家领会马克思主义最容易、最迅速、最完整、最扎实。落后的或发展上落后的经济关系,往往使那些拥护工人运动的人只能领会马克思主义的某些方面,只能领会新世界观的个别部分或个别口号和要求,而不能坚决与资产阶级世界观的特别是资产阶级民主主义世界观的一切传统决裂。

再其次,处在矛盾中的并通过矛盾来实现的社会发展的辩证性质,是经常引起分歧的根源。资本主义是进步的,因为它消灭了旧的生产方式,发展了生产力,而同时,在它发展到一定阶段,又阻碍生产力的提高。资本主义一方面培养和组织工人,加强他们的纪律性,另一方面又压制和压迫工人,使他们走向退化和贫穷等等。资本主义本身造就了自己的掘墓人,本身创造了新制度的因素,而同时,如果没有"飞跃",这些单个的因素便丝毫不能改变总的局面,不能触动资本的统治。马克思主义即辩证唯物主义理论,善于把握住实际生活中的、资本主义和工人运动实际历史中的这些矛盾。但群众当然是从生活中学习而不是从书本上学习的,因此个别人或集团常常把资本主义发展的这种或那种特点、这个或那个"教训"加以夸大,发展成片面的理论和片面的策略体系。

资产阶级的思想家,那些自由派和民主派,不懂得马克思主义,不懂得现代工人运动,所以他们经常从一个荒谬的极端跳到另一个荒谬的极端。他们一会儿说一切都是由于心怀叵测的人"挑唆"一个阶级反对另一个阶级的结果,一会儿又以工人政党是"和平的改良政党"来自我安慰。应当认为无政府工团主义和改良主义都是这种资产阶级世界观及其影响的直接产物,因为无政府工团主义和改良主义都只抓住工人运动中的**某一**方面,把片面观点发展为理论,把工人运动中形成工人阶级在某一时期或某种条件下活动的特点的那些趋向或特征说成是相互排斥的东西。而实际生活和实际历史本身却**包含**这些各不相同的趋向,正好像自然界的生命和发展一样,既包含缓慢的演进,也包含迅速的飞跃即渐进过程的中断。

修正主义者认为,所有关于"飞跃"、关于工人运动同整个旧社会根本对立的议论,都是空话。他们认为改良就是局部实现社会主义。无政府工团主义者拒绝"细小的工作",特别是拒绝利用议会讲坛。其实,这种策略就是坐等"伟大日子"的到来,而不善于聚集力量,来创造伟大的事变。无论前者还是后者都阻碍了这样一件最重要最迫切的事情:把工人团结成为规模巨大、坚强有力、很好地发挥作用的、能够在**任何**条件下都很好地发挥作用的组织,团结成为坚持阶级斗争精神、明确认识自己的目标、树立真正马克思主义世界观的组织。

为了避免可能发生的误会,我们要稍微离开本题附带说明一下,潘涅库克**仅仅**引用了西欧各国特别是德国和法国历史中的例子来说明自己的分析,而**根本没有**提到俄国。即使有时觉得他是在暗示俄国,那只是因为我们这里也出现某些背离马克思主义策略的基本趋向,虽然俄国在文化、生活方式以及历史和经济各方面都与西欧大不相同。

最后，引起工人运动参加者彼此分歧的一个非常重要的原因，就是统治阶级特别是资产阶级的策略的改变。如果资产阶级的策略始终是一个样子，或者至少始终是一个类型，那工人阶级就能很快学会同样用一个样子或者一个类型的策略去对付它了。其实，世界各国的资产阶级都必然要规定出两种管理方式，两种保护自己利益和捍卫自己统治的斗争方法，并且这两种方法时而交替使用，时而以不同的方式结合在一起。第一种方法就是暴力的方法，拒绝对工人运动作任何让步的方法，维护一切陈旧腐败制度的方法，毫不妥协地反对改良的方法。这就是保守主义政策的实质，这种政策在西欧各国愈来愈不成其为土地占有者阶级的政策，而成为整个资产阶级政策的一个变种了。第二种方法就是"自由主义的"方法，即采取扩大政治权利、实行改良、让步等等措施的方法。

资产阶级从一种方法转而采用另一种方法，并不是由于个别人用心险恶的算计，也不是由于什么偶然的原因，而是由于它本身地位的根本矛盾性。正常的资本主义社会要顺利发展下去，就不能没有稳固的代表制度，就不能不给予在"文化"方面必然有较高要求的人民以一定的政治权利。这种一定程度的文化要求是资本主义生产方式本身连同它的高度技术、复杂性、灵活性、能动性以及全世界竞争的飞速发展等等条件所造成的。因此，资产阶级在策略方面的动摇，从暴力方式向所谓让步方式的转变，是一切欧洲国家最近半个世纪以来历史的特点，而各个不同的国家在一定时期内又总是主要采用某一种方法。例如英国在 19 世纪 60 年代和70 年代是采用资产阶级"自由主义"政策的典型国家，而德国在70 年代和 80 年代则始终采取暴力方法等等。

当这种方法盛行于德国的时候，对这种资产阶级管理方式的片面反应,就是无政府工团主义的发展,或者按当时的说法是工人运动中的无政府主义的发展(90 年代初的"青年派"[120],80 年代初的约翰·莫斯特)。1890 年转而采取了"让步",这种转变照例对工人运动更加危险,因为它引起了一种同样片面的、对资产阶级"改良运动"的反应,即引起了工人运动中的机会主义。潘涅库克说:"资产阶级自由主义政策的积极的实际的目的就是把工人引入歧途,在工人中间制造分裂,把工人的政策变成软弱的、始终是软弱的和昙花一现的所谓改良运动的一种软弱的附属品。"

资产阶级利用"自由主义"政策,往往能在一定时期达到自己的目的,潘涅库克正确地指出,这种政策是一种"更加狡猾的"政策。一部分工人,一部分工人代表,有时被表面上的让步所欺骗。于是修正主义者就宣布阶级斗争学说已经"过时",或者开始实行实际上抛弃阶级斗争的政策。资产阶级策略的曲折变化,使修正主义在工人运动中猖獗起来,往往把工人运动内部的分歧引向公开的分裂。

所有上述一类原因,在工人运动内部,在无产阶级内部,引起了策略上的分歧。况且,在无产阶级与那些同它关系密切的小资产者阶层(包括农民在内)之间,并没有隔着而且也不可能隔着一道万里长城。个别人、个别集团和阶层从小资产阶级转到无产阶级方面来,自然也就不能不引起无产阶级本身策略方面的动摇。

各国工人运动的经验,帮助我们根据具体实践问题来理解马克思主义策略的实质,帮助比较年轻的国家更清楚地认识背离马克思主义的倾向的真正阶级意义,并比较顺利地去同这些背离倾向作斗争。

载于 1910 年 12 月 16 日《明星报》
第 1 号

选自《列宁全集》第 2 版第 20 卷
第 63—70 页

论马克思主义
历史发展中的几个特点

(1910 年 12 月 23 日〔1911 年 1 月 5 日〕)

恩格斯在谈到他本人和他那位著名的朋友时说过:我们的学说不是教条,而是行动的指南①。这个经典性的论点异常鲜明有力地强调了马克思主义的往往被人忽视的那一方面。而忽视那一方面,就会把马克思主义变成一种片面的、畸形的、僵死的东西,就会抽掉马克思主义的活的灵魂,就会破坏它的根本的理论基础——辩证法即关于包罗万象和充满矛盾的历史发展的学说,就会破坏马克思主义同时代的一定实际任务,即可能随着每一次新的历史转变而改变的一定实际任务之间的联系。

正是现在,在那些关心马克思主义在俄国的命运的人们中间,往往有一些人恰恰忽视了马克思主义的这一方面。然而谁都知道,俄国近年来发生的急剧变化异常迅速、异常剧烈地改变了形势,改变了迫切地、直接地决定着行动条件,因而也决定着行动任务的社会政治形势。当然我所说的并不是总的基本的任务,只要各阶级间的根本的对比关系没有改变,这样的任务是不会随着历史出现转折而改变的。非常明显,俄国经济(不仅是经济)演进的总趋势,也像俄国社会各个阶级间的根本的对比关系一样,近几年,比如说近六年来并没有改变。

---

① 参看《马克思恩格斯文集》2009 年人民出版社版第 10 卷第 557、560 页。——编者注

但是在这一时期,因为具体的社会政治形势改变了,迫切的直接行动的任务也有了极大的改变,**因此**,马克思主义这一活的学说的**各个不同**方面也就**不能不**分别提到首要地位。

为了说明这个意思,我们且看看近六年来具体的社会政治形势发生了什么变化。我们马上就可以很明显地看到这个时期划分为两个三年,前三年大约在 1907 年夏季结束,后三年大约在 1910 年夏季结束。从纯理论的角度来看,前三年的特征是俄国国家制度的基本特点发生了迅速的变化,而且这些变化的进展很不平衡,向两边摆动的幅度很大。"上层建筑"的这些变化的社会经济基础,就是俄国社会的**各个阶级**在**各个不同**舞台上的活动(杜马内外的活动、出版、结社、集会等等),这些活动的形式之公开,力量之雄厚,规模之巨大,在历史上是罕见的。

反之,后三年的特征(我们再说一遍,这里也是只从纯理论的"社会学的"角度来看)则是演进十分缓慢,几乎等于停滞不动。在国家制度方面没有发生任何比较显著的变化。前一时期**各个阶级**展开各种公开的和多方面的活动的"舞台",现在大多数都完全没有或者几乎完全没有这种活动了。

这两个时期的相同之处在于:俄国的演进在前后两个时期都仍旧是先前的、资本主义的演进。这种经济演进同现存的许多中世纪的封建制度之间的矛盾并没有消除,这个矛盾还是同从前一样,并没有因为某种局部的资产阶级的内容渗入这些或那些个别制度而缓和,反而更加尖锐了。

这两个时期的不同之处在于:前一时期摆在历史活动的舞台最前面的问题,是上述那些迅速的、不平衡的变化究竟会引起什么结果。由于俄国的演进具有资本主义的性质,这些变化的内容也就不能不是资产阶级的。但是有各种各样的资产阶级。采取某种温和的自由主义立场的中等资产阶级和大资产阶级,由于自身的阶级地位而害怕剧烈的变化,力求在土地制度和政治的"上层建筑"方面保存大量旧制度的残余。农村小资产阶级是同"自食其力"的农民交织在一起的,因此它不能不力求实现**另一种**资产阶级的改革,给一切中世纪的旧东西保留的余地要少得多。雇佣工人既然自觉地对待自己周围所发生的一切,就不能不对这两种不同趋向的冲突采取明确的态度,因为这两种不同的趋向虽然都仍没有超出资产阶级制度的范围,但是它们所决定的资产阶级制度的形式及其发展速度和进步影响所波及的广度是完全不同的。

可见在过去的三年,通常称做策略问题的那些问题被提到马克思主义的首要地位并不是偶然的,而是必然的。形形色色的路标派[121]分子认为,由这些问题所引起的争论和分歧,似乎是"知识分子的"争论,是"争取对不成熟的无产阶级施加影响的斗争",是"知识分子适应无产阶级"的表现,没有再比这种意见更错误的了。恰恰相反,正因为无产阶级已经成熟,它才不能对俄国整个资产阶级发展中的两种不同趋向的冲突采取漠不关心的态度,这个阶级的思想家才不能不提出适应(直接地或间接地适应,正面地或反面地反映)这两种不同趋向的理论公式。

在后三年,俄国资产阶级发展中的两种不同趋向的冲突**没有**成为迫切问题,因为这**两种**趋向都被"死硬派"压下去了,被推到了后面,被逼了回去,被暂时湮没了。中世纪的死硬派不仅挤满了舞台的最前面,而且使资产阶级社会的最广大阶层的内心充满了路标派的情绪,充满了沮丧心情和脱离革命的思想。这时呈现出来的不是改革旧制度的两种方式的冲突,而是对任何改革的丧失信心、"顺从"和"悔罪"的心情、对反社会学说的迷恋、神秘主义的风行等等。

这种异常剧烈的变化,既不是偶然的现象,也不单是"外界"

压力的结果。前一个时期使那些几辈子、几世纪以来一直不关心政治问题、不过问政治问题的居民阶层受到了极其剧烈的震动，这就自然而然地、不可避免地要产生"重新估计一切价值"，重新研究各种基本问题，重新注意理论，注意基本常识和初步知识的趋向。千百万人骤然从长梦中觉醒过来，一下子碰到许多极其重要的问题，他们不能在这个高度长久地坚持下去，他们不能不停顿一下，不能不回头去研究基本问题，不能不做一番新的准备工作，这有助于"消化"那些极其深刻的教训，使无比广大的群众能够更坚决、更自觉、更自信、更坚定地再向前进。

历史发展的辩证法就是这样：前一时期的迫切任务是在国内生活的各方面实现直接改革，后一时期的迫切任务是总结经验，使更广大的阶层掌握这种经验，使这种经验深入到所谓底层，深入到各阶级的落后群众中去。

正因为马克思主义不是死的教条，不是什么一成不变的学说，而是活的行动指南，所以它就不能不反映社会生活条件的异常剧烈的变化。这种变化的反映就是深刻的瓦解、混乱、各种各样的动摇，总而言之，就是马克思主义运动的极端严重的**内部**危机。坚决地反对这种瓦解，为捍卫马克思主义**基础**而进行坚决顽强的斗争，又成为当前的迫切任务了。在规定自己的任务时不能离开马克思主义的那些阶级的最广大阶层，在前一时期极片面地、极反常地领会了马克思主义，死记硬背了某些"口号"和某些策略问题的答案，而并**不理解**这些答案中的马克思主义的准则。在社会生活各方面"重新估计一切价值"，结果就引起了对马克思主义的最抽象和最一般的哲学基本原理的"修正"。带着各种唯心主义色彩的资产阶级哲学的影响，表现在马克思主义者中间的马赫主义[122]的流行病上。重复那些背得烂熟、但并不理解、也没有经过思考的

"口号",结果就使得空谈盛行,这种空谈实际上完全是非马克思主义的小资产阶级思潮:如露骨的或者羞羞答答的"召回主义"[107],又如把召回主义认为是马克思主义的"一种合理的色彩"。

另一方面,遍及资产阶级最广大阶层的路标主义精神和脱离革命的思想,也渗透到力图把马克思主义的理论与实践纳入"温和谨慎"的轨道的那个思潮中去了。马克思主义在这里所剩下的已经只是用来掩盖浸透了自由主义精神的关于"等级制度"和"领导权"等等议论的词句了。

本文的目的当然不是研究这些议论。仅仅指出这些议论,就足以说明前面讲到的马克思主义运动经受的危机的深重,以及这种危机同现在整个社会经济形势的联系。对这种危机所引起的问题避而不谈是不行的。企图用空谈来回避这些问题,是最有害的、最无原则的。现在,由于资产阶级的影响遍及马克思主义运动中的各种各样的"同路人",使马克思主义的理论基础和基本原理受到了来自截然相反的各方面的曲解,因此团结**一切**意识到危机的深重和克服危机的必要性的马克思主义者来共同捍卫马克思主义的理论基础和基本原理,是再重要不过的了。

前三年唤起了广大阶层自觉地投入社会生活,这些阶层往往是现在才第一次开始真正认识马克思主义。针对这种情况,资产阶级的刊物炮制了比过去多得多的荒谬言论,而且散布得也更加广泛。在这种条件下,马克思主义运动中的瓦解是特别危险的。因此,弄明白目前必然发生这种瓦解的原因,并且团结起来同这种瓦解进行彻底的斗争,的的确确是马克思主义者的时代任务。

载于 1910 年 12 月 23 日《明星报》第 2 号

选自《列宁全集》第 2 版第 20 卷第 84—89 页

纪念赫尔岑

(1912 年 4 月 25 日〔5 月 8 日〕)

赫尔岑诞生一百周年了。全俄国的自由派都在纪念他,可是又小心翼翼地回避重大的社会主义问题,费尽心机地掩盖**革命家**赫尔岑与自由主义者的不同之处。右派报刊也在悼念赫尔岑,但是撒谎骗人,硬说赫尔岑晚年放弃了革命。至于侨居国外的自由派和民粹派纪念赫尔岑的言论,则满篇都是漂亮的空话。

工人的政党应当纪念赫尔岑,当然不是为了讲些庸俗的颂词,而是为了阐明自己的任务,为了阐明这位在为俄国革命作准备方面起了伟大作用的作家的真正历史地位。

赫尔岑是属于 19 世纪上半叶贵族地主革命家那一代的人物。俄国贵族中间产生了比龙和阿拉克切耶夫之流,产生了无数"酗酒的军官、闹事的无赖、嗜赌成性的败类、集市上的好汉、养猎犬的阔少、寻衅打架的暴徒、掌笞刑的打手、淫棍"以及温情的马尼洛夫**123**之流。赫尔岑写道:"但是在他们中间,也出现了 12 月 14 日的人物**124**,出现了像罗慕洛和瑞穆斯**125**那样由兽乳养大的一大群英雄…… 这是一些从头到脚用纯钢铸成的勇士,是一些顶天立地的战士,他们自觉地赴汤蹈火,以求唤醒年轻的一代走向新的生活,并洗净在专横暴虐和奴颜婢膝的环境中出生的子弟身上的污垢。"**126**

赫尔岑就是这些子弟中的一个。十二月党人的起义唤醒了他,并且把他"洗净"了。他在 19 世纪 40 年代农奴制的俄国,竟能达到当时最伟大的思想家的水平。他领会了黑格尔的辩证法。他懂得辩证法是"革命的代数学"。他超过黑格尔,跟着费尔巴哈走向了唯物主义。1844 年写的《自然研究书简》(第一封信。——《经验和唯心主义》),向我们表明,这位思想家甚至在今天也比无数现代经验论的自然科学家和一大群现时的哲学家即唯心主义者和半唯心主义者高出一头。赫尔岑已经走到辩证唯物主义跟前,可是在历史唯物主义前面停住了。

正因为赫尔岑这样"停住"了,所以他在 1848 年革命失败之后精神上崩溃了。赫尔岑当时已经离开俄国,亲眼目睹了这场革命。当时他是一个民主主义者、革命家、社会主义者。但是,他的"社会主义"是盛行于 1848 年时代而被六月事件彻底粉碎了的无数资产阶级和小资产阶级社会主义形式和变种的一种。其实,这根本不是社会主义,而是一种温情的词句,是资产阶级民主派以及尚未脱离其影响的无产阶级用来表示他们**当时的**革命性的一种善良的愿望。

1848 年以后,赫尔岑的精神崩溃,他的十足的怀疑论和悲观论,是社会主义运动中的**资产阶级幻想**的破产。赫尔岑的精神悲剧,是资产阶级民主派的革命性**已在**消亡(在欧洲)而社会主义无产阶级的革命性**尚未**成熟这样一个具有世界历史意义的时代的产物和反映。这是现在那些用华丽辞藻大谈赫尔岑的怀疑论来掩盖自己反革命性并大唱俄国自由派高调的骑士们不理解而且也无法理解的。在这些出卖了 1905 年俄国革命、根本不再想到**革命家**的伟大称号的骑士们那里,怀疑论就是从民主派到自由派,到趋炎附势、卑鄙龌龊、穷凶极恶的自由派的转化形式,这种自由派在 1848 年枪杀过工人,恢复过已被摧毁的皇朝,向拿破仑第三鼓过掌,正是这种自由派遭到过赫尔岑的**咒骂**,尽管他还没有识破他们的阶级本质。

在赫尔岑那里,怀疑论是从"超阶级的"资产阶级民主主义幻想到无产阶级严峻的、不屈不挠的、无往不克的阶级斗争的转化形式。赫尔岑在1869年即逝世前一年写给巴枯宁的几封《致老友书》就是证明。赫尔岑与无政府主义者巴枯宁决裂了。诚然,赫尔岑把这种决裂还只是看做策略上的意见分歧,而不是看做相信本阶级定会胜利的无产者的世界观同绝望的小资产者的世界观之间的一道鸿沟。诚然,赫尔岑在这里又重复了旧的资产阶级民主主义的词句,说什么社会主义应当"向工人和雇主、农民和小市民同样作宣传"。但是,赫尔岑与巴枯宁决裂时,他的视线并不是转向自由主义,而是转向**国际**[127],转向马克思所领导的国际,转向已经开始"**集合**"无产阶级"**队伍**"、团结"抛弃了不劳而获者的世界"的那个"**劳工世界**"的国际![128]

———

赫尔岑既然不理解1848年整个运动的以及马克思以前各种形式的社会主义的资产阶级民主主义实质,也就更加无法理解俄国革命的资产阶级性质。赫尔岑是"俄国"社会主义即"民粹主义"的创始人。赫尔岑把农民**连带土地**的解放,把村社[129]土地占有制和农民的"土地权"思想看做"社会主义",他把他在这一方面的得意想法反复发挥了无数次。

其实,赫尔岑的这一学说,也像一切俄国民粹主义——一直到现时的"社会革命党人"[130]的褪了色的民粹主义——一样,是没有**一点**社会主义气味的。它也像西欧"1848年的社会主义"的各种形式一样,是一种表示俄国的资产阶级农民民主派的**革命性**的温情的词句和善良的愿望。1861年农民得到的土地愈多,得到的土地愈便宜,农奴主-地主的权力也就会被破坏得愈厉害,俄国资本主义的发展也就会愈迅速,愈自由,愈广泛。"土地权"和"平分土地"的思想,无非是为了完全推翻地主权力和完全消灭地主土地占有制而斗争的农民追求平等的革命愿望的表现而已。

1905年的革命完全证明了这一点:一方面,无产阶级创立了社会民主工党,完全独立地领导了革命斗争;另一方面,革命农民("劳动派"[93]和"农民协会"[131])力求用各种方式消灭地主土地占有制,直到"废除土地私有制",他们正是以业主的身份,以小农场主的身份进行斗争的。

现在争论什么土地权的"社会主义性"等等,这只能**模糊**和掩盖真正重要而严肃的历史问题,即自由派资产阶级和革命农民在俄国**资产阶级**革命中**利益**的区别问题,换句话说,就是关于这场革命中自由主义倾向和民主主义倾向、"妥协主义"(君主主义)倾向和共和主义倾向的问题。如果我们是看问题的实质,而不是看词句,如果我们是把阶级斗争当做"理论"和学说的基础来研究,而不是相反的话,那么,赫尔岑的《钟声》杂志[132]所提出的正是这个问题。

赫尔岑在国外创办了自由的俄文刊物,这是他的伟大功绩。《北极星》[133]发扬了十二月党人的传统。《钟声》杂志(1857—1867年)极力鼓吹农民的解放。奴隶般的沉默被打破了。

但是,赫尔岑是地主贵族中的人。他在1847年离开了俄国,他没有看见革命的人民,也就不可能相信革命的人民。由此就产生了他对"上层"发出的自由主义呼吁。由此就出现了他在《钟声》杂志上写给绞刑手亚历山大二世的无数封充满甜言蜜语的书信,这些信现在读起来不能不令人厌恶。车尔尼雪夫斯基、杜勃罗留波夫、谢尔诺-索洛维耶维奇是新的一代平民知识分子革命家的代表,他们责备赫尔岑从民主主义**向**自由主义的这种退却,这是万分正确的。可是,说句公道话,尽管赫尔岑在民主主义和自由主义之间动摇不定,民主主义毕竟还是在他身上占了上风。

当卡维林这个极其卑鄙无耻的自由派代表人物——他先前正是由于《钟声》杂志带有**自由主义**倾向而大加赞赏——反对立宪,攻击革命鼓动,反对"暴力",反对号召使用暴力,开始宣传忍耐时,赫尔岑就同这位自由派的哲人**决裂**了。赫尔岑抨击了卡维林为了"替玩弄自由主义手腕的政府暗中策划"而写的那篇"空洞的、荒谬的、有害的杂文",抨击了卡维林硬说"俄国人民蠢笨如牛,政府则聪明绝顶"的那些"充满政治感伤的格言"。《钟声》杂志发表过一篇以《祭文》为题的文章,这篇文章痛斥了"那些把自己高傲而浅薄的思想编成一整套陈腐谬论的教授,那些一度表现仁慈宽厚、后来看见健全的青年不理会他们的腐败思想就勃然大怒的退职教授"[134]。卡维林一看到这种描绘,就知道说的是他。

当车尔尼雪夫斯基被捕时,卑鄙的自由主义者卡维林写道:"逮捕并不使我感到愤慨…… 革命政党认为可以采取一切有效的手段来推翻政府,而政府也就可以采取一切手段来自卫。"赫尔岑在谈到审判车尔尼雪夫斯基的时候,正好答复了这位立宪民主党人:"这里有一些可怜的人,草芥不如的人,软骨头,却说不应当咒骂这一伙统治我们的强盗和恶棍。"[135]

当自由主义者屠格涅夫私人上书亚历山大二世,表示忠于皇朝,并且捐了两个金币来慰劳那些因镇压波兰起义[136]而受伤的士兵时,《钟声》杂志就发表了一篇文章,说"有一位白发苍苍的圣女马格达琳娜(男性)上书皇上,陈诉她夜不成眠,焦虑皇上不知道她诚心忏悔"[137]。屠格涅夫也是一看就知道说的是他。

当整个一群俄国自由派的乌合之众由于赫尔岑为波兰辩护而纷纷离开他时,当整个"有教养的社会"弃绝了《钟声》杂志时,赫尔岑并没有张皇失措。他继续捍卫波兰的自由,痛斥亚历山大二世手下的镇压者、刽子手、绞刑手。赫尔岑挽救了俄国民主派的名誉。他写信给屠格涅夫说:"我们挽救了俄国人的名誉,因此才遭到占多数的奴才们的非难。"**138**

当有消息说一个农奴打死了一个侮辱他的未婚妻的地主时,赫尔岑就在《钟声》杂志上补充说:"干得好!"当听说沙皇政府准备派遣军官去进行"和平的""解放"时,赫尔岑写道:"如果有一个聪明的上校带着他的队伍,不是去绞杀农民,而是去归附农民,那他就会登上罗曼诺夫王朝的宝座。"**139**当雷特尔恩上校不愿做刽子手的帮凶而在华沙自杀时(1860 年),赫尔岑写道:"如果要开枪,那就应该把枪口对准那些下令枪杀手无寸铁的人的将军们。"**140**当别兹德纳村的 50 个农民被杀死,而他们的首领安东·彼得罗夫也被处以极刑时**141**(1861 年 4 月 12 日),赫尔岑在《钟声》杂志上写道:

> "啊,俄罗斯大地上的劳动者和受苦的人,但愿我的话能够传入你们的耳鼓! ……我要教导你们鄙视彼得堡的正教院和德意志血统的沙皇派来管你们的那些神父…… 你们恨地主,恨官吏,怕他们,这完全是对的;但是你们还相信沙皇和主教…… 不要相信他们吧。沙皇是跟他们一道的,他们都是沙皇手下的人。你们现在认识他了,你们是别兹德纳村被杀少年的父兄,你们是奔萨城被杀老人的子弟…… 你们的神父也同你们一样无知,也同你们一样贫穷…… 为了你们而在喀山城遇害的安东(不是安东主教,而是别兹德纳村的安东)就是这样的一个人…… 你们的这些圣徒的尸体不会作出 48 种奇迹,向他们祷告也不会治好牙痛;但是,你们时刻纪念着他们,这就能创造出一种奇迹——获得解放。"**142**

由此可见,那些藏身于奴才式的"合法"刊物中的自由派,只颂扬赫尔岑的弱点而隐瞒他的优点,这种对赫尔岑的诬蔑该是多么卑鄙无耻。赫尔岑不能在 40 年代的俄国内部看见革命的人民,这并不是他的过错,而是他的不幸。当他**在 60 年代**看见了革命的人民时,他就无畏地站到革命民主派方面来反对自由派了。他进行斗争是为了使人民战胜沙皇制度,而不是为了使自由派资产阶级去勾结地主沙皇。他举起了革命的旗帜。

————

我们纪念赫尔岑时,清楚地看到先后在俄国革命中活动的三代人物、三个阶级。起初是贵族和地主,十二月党人和赫尔岑。这些革命者的圈子是狭小的。他们同人民的距离非常远。但是,他们的事业没有落空。十二月党人唤醒了赫尔岑。赫尔岑开展了革命鼓动。

响应、扩大、巩固和加强了这种革命鼓动的,是平民知识分子革命家,从车尔尼雪夫斯基到"民意党"[94]的英雄们。战士的圈子扩大了,他们同人民的联系密切起来了。赫尔岑称他们是"未来风暴中的年轻航海长"。但是,这还不是风暴本身。

风暴是群众自身的运动。无产阶级这个唯一彻底革命的阶级,起来领导群众了,并且第一次唤起了千百万农民进行公开的革命斗争。第一次风暴是在1905年。第二次风暴正在我们眼前开始扩展。

无产阶级纪念赫尔岑时,以他为榜样来学习了解革命理论的伟大意义;学习了解,对革命的无限忠心和向人民进行的革命宣传,即使在播种与收获相隔几十年的时候也决不会白费;学习判定各阶级在俄国革命和国际革命中的作用。吸取了这些教训的无产阶级,一定会给自己开拓一条与全世界社会主义工人自由联合的道路,粉碎沙皇君主制恶棍,而赫尔岑就是通过向群众发表**自由的俄罗斯言论**,举起伟大的斗争旗帜来反对这个恶棍的第一人。

载于1912年4月25日(5月8日)
《社会民主党人报》第26号

选自《列宁全集》第2版第21卷
第261—268页

中国的民主主义和民粹主义

(1912 年 7 月 15 日〔28 日〕)

中华民国临时大总统孙中山的一篇文章[143]（我们是从布鲁塞尔的社会主义报纸《人民报》[144]上转载来的）使我们俄国人非常感兴趣。

俗话说:旁观者清。孙中山是一位非常有意思的"旁观"者,因为他虽然是个受过欧洲教育的人,但是显然完全不了解俄国。可是这位受过欧洲教育的人,这位代表已经争得了共和制度的、战斗的和胜利的中国民主派的人,在完全不管俄国、不管俄国经验和俄国文献的情况下,提出了一些纯粹俄国的问题。这位先进的中国民主主义者简直像一个俄国人那样发表议论。他同俄国民粹主义者十分相似,以至基本思想和许多说法都完全相同。

旁观者清。伟大的中国民主派的纲领(孙中山的文章正是这样的纲领),迫使我们,同时也给了我们一个方便的机会再一次根据新的世界事态来研究亚洲现代资产阶级革命中民主主义和民粹主义的相互关系问题。这是俄国在从 1905 年开始的俄国革命时期所面临的最重大的问题之一。从中华民国临时大总统的纲领中,特别是把这个纲领同俄国、土耳其、波斯和中国的革命事态的发展对照一下,就可以看出不仅俄国面临这个问题,整个亚洲也面临这个问题。俄国在许多重要方面无疑是一个亚洲国家,而且是一个最野蛮的、中世纪式的、丢人地落后的亚洲国家。

俄国资产阶级民主派,从它的早期的单枪匹马的先驱者贵族赫尔岑起到它的群众性的代表——1905 年农民协会[131] 会员和1906—1912 年的头三届杜马中的劳动派[93] 代表止,都具有民粹主义色彩。现在我们看到,中国资产阶级民主派也具有完全同样的民粹主义色彩。这里我们试就孙中山的例子来考察一下,目前已经完全卷入全世界资本主义文明潮流的几万万人的深刻革命运动所产生的思想的"社会意义"究竟在什么地方。

孙中山的纲领的字里行间都充满了战斗的、真诚的民主主义。它充分认识到"种族"革命的不足,丝毫没有忽视政治问题,或者说,丝毫没有轻视政治自由或容许中国专制制度与中国"社会改革"、中国立宪改革等等并存的思想。这是带有建立共和制度要求的完整的民主主义。它直接提出群众生活状况及群众斗争问题,热烈地同情被剥削劳动者,相信他们是正义的和有力量的。

我们现在看到的是真正伟大的人民的真正伟大的思想;这样的人民不仅会为自己历来的奴隶地位而痛心,不仅会向往自由和平等,而且会同中国历来的压迫者**作斗争**。

人们自然可以把亚洲这个野蛮的、死气沉沉的中国的共和国临时大总统与欧美各先进文明国家的共和国总统比较一下。**那里的共和国总统都是受资产阶级操纵的生意人、是他们的代理人或傀儡**,而那里的资产阶级则已经腐朽透顶,从头到脚都沾满了污垢和鲜血——不是国王和皇帝的鲜血,而是为了进步和文明在罢工中被枪杀的工人们的鲜血。那里的总统是资产阶级的代表,那里的资产阶级则早已抛弃了青年时代的一切理想,已经完全变得寡廉鲜耻了,已经完全把自己出卖给百万富翁、亿万富翁和资产阶级化了的封建主等等了。

这位亚洲的共和国临时大总统则是充满着崇高精神和英雄气

概的革命的民主主义者,这种精神和气概是一个向上发展而不是衰落下去的阶级所固有的;这个阶级不惧怕未来,而是相信未来,奋不顾身地为未来而斗争;这个阶级憎恨过去,善于抛弃过去时代的麻木不仁的和窒息一切生命的腐朽东西,决不为了维护自己的特权而硬要保存和恢复过去的时代。

这是怎么一回事呢? 这是不是说唯物主义的西方已经腐朽了,只有神秘的、富有宗教色彩的东方才光芒四射呢? 不,恰恰相反。这是说,东方已完全走上了西方的道路,今后还会有**几万万人**为争取西方已经实现的理想而斗争。西方资产阶级已经腐朽了,在它面前已经站着它的掘墓人——无产阶级。在亚洲却**还有**能够代表真诚的、战斗的、彻底的民主派的资产阶级,他们不愧为法国18世纪末叶的伟大宣传家和伟大活动家的同志。

这个还能从事历史上进步事业的亚洲资产阶级的主要代表或主要社会支柱是农民。农民旁边还有一个自由派资产阶级,它的活动家如袁世凯之流最善于变节:他们昨天害怕皇帝,匍伏在他面前;后来看到了革命民主派的力量,感觉到革命民主派就要取得胜利时,就背叛了皇帝;明天则可能为了同某个老的或新的"立宪"皇帝勾结而出卖民主派。

没有真诚的民主主义的高涨,中国人民就不可能摆脱历来的奴隶地位而求得真正的解放,只有这种高涨才能激发劳动群众,使他们创造奇迹。在孙中山的纲领的每一句话中都可以看出这种高涨。

但是在这位中国民粹主义者那里,这种战斗的民主主义思想首先是同社会主义空想、同使中国避免走资本主义道路即防止资本主义的愿望结合在一起的,其次是同宣传和实行激进的土地改革的计划结合在一起的。后面这两种思想政治倾向正是构成具有独特含义的(即不同于民主主义的、超出民主主义的)**民粹主义**的因素。

这两种倾向是怎样产生的？它们的意义如何？

如果没有群众的革命情绪的蓬勃高涨,中国民主派不可能推翻中国的旧制度,不可能争得共和制度。这种高涨以对劳动群众生活状况的最真挚的同情和对他们的压迫者及剥削者的最强烈憎恨为前提,同时又反过来产生这种同情和憎恨。先进的中国人,**所有**经历过这种高涨的中国人,从欧美吸收了解放思想,但在欧美,提到日程上的问题已经是**摆脱**资产阶级而求得解放,即实行社会主义的问题。由此必然产生中国民主派对社会主义的同情,产生他们的**主观**社会主义。

他们在主观上是社会主义者,因为他们反对对群众的压迫和剥削。但是中国这个落后的、农业的、半封建国家的**客观条件**,在将近5亿人民的生活日程上,只提出了这种压迫和这种剥削的一定的历史独特形式——封建制度。农业生活方式和自然经济占统治地位是封建制度的基础;以这种或那种方式把中国农民**束缚**在土地上,这是他们受封建剥削的根源;这种剥削的政治代表就是封建主,以皇帝为整个制度首脑的封建主整体和单个的封建主。

因此,这位中国民主主义者的主观社会主义思想和纲领,事实上**仅仅**是"改变不动产的全部法权根据"的纲领,**仅仅**是消灭封建剥削的纲领。

孙中山的民粹主义的**实质**,他的进步的、战斗的、革命的资产阶级民主主义土地改革纲领以及他的所谓社会主义理论的**实质**就在这里。

从学理上来说,这个理论是小资产阶级反动"社会主义者"的理论。这是因为认为在中国可以"防止"资本主义,认为中国既然落后就比较容易实行"社会革命"等等的看法,都是极其反动的空想。孙中山可以说是以其独特的少女般的天真粉碎了自己反动的民粹主义理论,承认了生活迫使他承认的东西:"中国处在大规模的工业〈即资本主义〉发展的前夜",中国"商业〈即资本主义〉也将大规模地发展起来","再过50年,我们将有许多上海",即拥有几百万人口的资本家发财和无产阶级贫困的中心城市。

试问,孙中山有没有用自己反动的经济理论来捍卫真正反动的土地纲领呢? 这是问题的全部关键所在,是最重要的一点,被掐头去尾和被阉割的自由派假马克思主义**面对**这个问题往往不知所措。

没有,——问题也就在这里。中国社会关系的辩证法就在于:中国的民主主义者真挚地同情欧洲的社会主义,把它改造成为反动的理论,并**根据**这种"防止"资本主义的反动理论制定**纯粹资本主义的**、十足资本主义的土地纲领!

孙中山在文章的开头谈得如此娓娓动听而又如此含糊其辞的"经济革命"归结起来究竟是什么呢?

就是把地租转交给国家,即通过亨利·乔治式的某种单一税来实行土地国有化。孙中山所提出和鼓吹的"经济革命",决没有其他**实际的东西**。

穷乡僻壤的地价与上海的地价的差别,是地租量上的差别。地价是资本化的地租。使地产"价值的增殖额"成为"人民的财产",也就是说把地租即土地所有权交给国家,或者说使土地国有化。

在资本主义范围内实行这种改革有没有可能呢? 不但有可能,而且是最纯粹、最彻底、最完善的资本主义。马克思在《哲学的贫困》中指出了这一点,在《资本论》第3卷中详尽地证明了这一点,在《剩余价值理论》中与洛贝尔图斯论战时非常清楚地发挥了这一点。①

　　土地国有化能够消灭绝对地租,只保留级差地租。按照马克思的学说,土地国有化就是:尽量铲除农业中的中世纪式的垄断和中世纪关系,使土地买卖有最大的自由,使农业最容易适应市场。历史的讽刺在于:民粹派为了"防止"农业中的"资本主义",竟然实行一种土地纲领,它的彻底实现会使农业中的资本主义得到**最**迅速发展。

　　是什么经济上的必要性使得最先进的资产阶级民主主义土地纲领能够在亚洲一个最落后的农民国家中得到推行呢? 是把各种形式各种表现的封建主义摧毁的必要性。

　　中国愈落在欧洲和日本的后面,就愈有四分五裂和民族解体的危险。只有革命人民群众的英雄主义才能"振兴"中国,才能在政治方面建立中华民国,在土地方面实行国有化以保证资本主义最迅速的发展。

　　能不能做到这一点,能做到什么程度,——这是另一个问题。不同的国家通过自己的资产阶级革命所实现的政治方面和土地方面的民主主义,在程度上是不同的,而且情况是错综复杂的。这要看国际形势和中国各种社会力量的对比而定。看来皇帝大概会把封建主、官僚、僧侣联合起来,准备复辟。刚刚从自由主义君主派变成自由主义共和派(能长久吗?)的资产阶级代表袁世凯,将在君主制和革命之间实行随风倒的政策。以孙中山为代表的革命的资产阶级民主派,正在发挥农民群众在政治改革和土地改革方面的高度主动性、坚定性和果断精神,从中正确地寻找"振兴"中国

---

① 参看《马克思恩格斯文集》2009 年人民出版社版第 1 卷第 638—649 页,第 7 卷第 731—758 页;《马克思恩格斯全集》第 1 版第 26 卷第 2 册第 163—176 页。——编者注

的道路。

最后，由于在中国将出现更多的上海，中国无产阶级也将日益成长起来。它一定会建立这样或那样的中国社会民主工党，而这个党在批判孙中山的小资产阶级空想和反动观点时，大概会细心地挑选出他的政治纲领和土地纲领中的革命民主主义内核，并加以保护和发展。

载于1912年7月15日《涅瓦明星报》第17号

选自《列宁全集》第2版第21卷第426—432页

两种乌托邦

（1912 年 10 月 5 日〔18 日〕以前）

乌托邦是一个希腊语词，在希腊文中，"oύ"意为"没有"，"τόπος"意为"地方"。乌托邦的意思是没有的地方，是空想、虚构和神话。

政治上的乌托邦就是一种无论现在和将来都决不能实现的愿望，是一种不以社会力量为依托，也不以阶级政治力量的成长和发展为支撑的愿望。

一个国家的自由愈少，公开的阶级斗争愈弱，**群众**的文化程度愈低，政治上的乌托邦通常也愈容易产生，而且保持的时间也愈久。

在现代俄国，有两种政治乌托邦最根深蒂固，并且由于具有诱惑力而对群众发生了相当的影响。这就是自由派的乌托邦和民粹派的乌托邦。

自由派的乌托邦，就是妄想用和平的、和谐的办法，不得罪任何人，不赶走普利什凯维奇之流，不经过激烈的彻底的阶级斗争，就能够在俄国，在俄国的政治自由方面，在广大劳动人民的地位方面，得到某些重大的改善。这是一个自由的俄国同普利什凯维奇之流**和睦相处**的乌托邦。

民粹派的乌托邦，就是民粹派知识分子和劳动派[93]农民所抱的幻想，他们以为可以用公平地重分全部土地的办法来**消除**资本的权力和统治,消除雇佣奴隶制,或者以为在资本的统治下,在金钱的支配下,在商品生产的条件下,也可以**维持**"公平的"、"平均的"土地分配制度。

这两种乌托邦是怎样产生的呢？为什么在现代俄国相当根深蒂固呢？

这两种乌托邦的产生反映了这样一些阶级的利益,它们进行反对旧制度、反对农奴制、反对政治压迫,一句话,"反对普利什凯维奇之流"的斗争,而在这种斗争中,它们又没有取得独立的地位。乌托邦、幻想,就是这种不独立性,这种**软弱性**的产物。沉迷于幻想是**弱者**的命运。

自由派资产阶级,尤其是自由派资产阶级知识分子,不能不追求自由和法制,因为没有自由和法制,资产阶级的统治就不彻底,不完整,没有保证。但是资产阶级害怕群众运动**甚于**害怕反动势力。因此,自由派在政治上就表现出惊人的、不可思议的**软弱**和十足的无能。因此,自由派的全部政策永远是模棱两可、虚伪不堪、假仁假义、躲躲闪闪的,他们**必须**玩弄民主的把戏才能把群众争取过去,同时他们又极端反对民主,极端仇视群众运动,仇视群众的创举和首倡精神,仇视他们那种如马克思形容19世纪欧洲一次群众运动时所说的"冲天"的气魄①。

自由派的乌托邦是俄国政治解放事业中的软弱无能的乌托邦,是那些唯利是图,想同普利什凯维奇之流"和平"分享特权并把这种高贵的愿望诡称为俄国民主派"和平"胜利论的富豪们的乌托邦。自由派的乌托邦是这样一种幻想,既要战胜普利什凯维奇之流而又不使他们遭受伤害,既要摧毁他们而又不使他们感到

---

① 参看《马克思恩格斯文集》2009年人民出版社版第10卷第353页。——编者注

痛苦。很明显,**这种**乌托邦之所以有害,不仅由于它是乌托邦,而且由于它**腐蚀**群众的民主主义意识。相信**这种**乌托邦的群众,永远也不会争得自由;这样的群众不配享受自由;这样的群众完全应该受普利什凯维奇之流的嘲弄。

民粹派和劳动派的乌托邦,是处在资本家和雇佣工人之间的小业主的一种试图不通过阶级斗争而消灭雇佣奴隶制的幻想。当经济解放问题也如现时政治解放问题这样成为俄国当前的**迫切**问题的时候,民粹派的乌托邦的害处就**不亚于**自由派的乌托邦的了。

但是,现在俄国所处的时代还是资产阶级改革的时代,而不是无产阶级改革的时代;**彻底**成熟了的问题不是无产阶级经济解放的问题,而是政治自由即(就其实质来说)充分的资产阶级自由的问题。

即使在后面这个问题上,民粹派的乌托邦也起着一种特殊的历史作用。这种乌托邦在重分土地应有(和将有)什么经济结果的问题上虽然是一种空想,但是它却是农民群众,即在资产阶级农奴制的现代俄国占人口**多数**的群众的波澜壮阔的**民主主义**高涨的产物和**征兆**(在纯粹资产阶级的俄国,也像在纯粹资产阶级的欧洲一样,农民是不会占人口多数的)。

自由派的乌托邦腐蚀群众的民主主义意识。民粹派的乌托邦则腐蚀群众的**社会主义**意识,但它却是群众民主主义高涨的产物和征兆,甚至在某种程度上是这种高涨的表现。

民粹派和劳动派在俄国土地问题上,用来作为反对资本主义的手段的是,他们提出并推行最彻底最坚决的资本主义办法。这就是历史的辩证法。重分土地的"平均制"是乌托邦,但是**重分土**地必须与一切旧的,即地主的、份地的、"官家的"土地占有制完全决裂,这却是最需要的、经济上进步的、对于俄国这样的国家最迫切的资产阶级民主主义的办法。

应该记住恩格斯的名言：

"从经济学来看形式上是错误的东西，从世界历史来看却可能是正确的。"①

恩格斯的这个深刻论断是针对空想社会主义说的：这种社会主义在经济学的形式上是"错误的"。这种社会主义所以是"错误的"，因为它认为从交换规律的观点来看，有剩余价值是**不公平的**。资产阶级政治经济学的理论家反对**这种**社会主义，在经济学的形式上则是正确的，因为由交换规律产生剩余价值是完全"自然的"，完全"公平的"。

但是，空想社会主义在世界历史上却是**正确的**，因为它是由资本主义产生的那个阶级的征兆、表现和先声；现在，在 20 世纪初，这个阶级已成长为能够消灭资本主义并且正在为此坚决奋斗的巨大力量。

在评价俄国的（也许不仅是俄国一国的，而且是在 20 世纪发生资产阶级革命的许多亚洲国家的）现代民粹派或劳动派的乌托邦的时候，必须记住恩格斯的这个深刻论断。

民粹派的**民主主义**在经济学的形式上是错误的，而在**历史**上却是正确的；**这种**民主主义作为社会主义乌托邦是错误的，但是，作为农民群众的特殊的、有历史局限性的民主主义斗争的表现，却是**正确的**，因为这种斗争是资产阶级改革不可或缺的因素，同时是这一改革获得全胜的条件。

自由派的乌托邦教农民群众放弃斗争。民粹派的乌托邦则反映了农民群众斗争的愿望，答应胜利以后让他们享受千万种福利，

---

① 见《马克思恩格斯文集》2009 年人民出版社版第 4 卷第 204 页。——编者注

尽管这种胜利实际上只能给他们一百种福利。但是,世世代代处在闻所未闻的黑暗、匮乏、贫困、肮脏、被遗弃、被欺压的境遇中的奋起斗争的千百万民众,把可能得到的胜利果实夸大十倍,这难道不是很自然的吗?

自由派的乌托邦是对新剥削者企图与旧剥削者分享特权的这种私欲的掩饰。民粹派的乌托邦是千百万小资产阶级劳动者要求**根本**消灭封建旧剥削者的愿望的反映,也是他们要把资本主义新剥削者"一并"消灭掉的虚幻的冀望。

————

很明显,马克思主义者反对**一切**乌托邦,应当坚持本阶级的独立性。这个阶级之所以能够**奋不顾身地**反对封建制度,正是因为它丝毫没有"落入"那种使资产阶级不可能彻底反对封建主,而且往往同封建主结成联盟的私有制的"网"。而农民"落入了"小商品生产的"网";他们在顺利的历史情况下,**能够**做到完全消灭封建制度,但他们**永远**在资产阶级与无产阶级之间,自由主义与马克思主义之间摇摆不定,却不是偶然的,而是必然的。

很明显,马克思主义者应当剔除民粹派乌托邦中的糟粕,细心剥取它所包含的农民群众的真诚的、坚决的、战斗的民主主义的健康而宝贵的内核。

从19世纪80年代老的马克思主义著作中,可以看到为取得这种宝贵的民主主义内核一贯所作的努力。总有一天,历史学家会系统地研究这种努力,并且考察出这种努力同20世纪前10年内被称为"布尔什维主义"的那种思潮的联系。

载于1924年《生活》杂志
第1期

选自《列宁全集》第2版第22卷
第129—134页

欧仁·鲍狄埃

(为纪念他逝世二十五周年而作)

(1913 年 1 月 3 日〔16 日〕)

去年,1912 年 11 月,是法国的工人诗人欧仁·鲍狄埃,即著名的无产阶级的《国际歌》("起来,饥寒交迫的奴隶……")的作者逝世二十五周年。

这首歌已经译成欧洲各种文字,而且不仅仅是欧洲文字。一个有觉悟的工人,不管他来到哪个国家,不管命运把他抛到哪里,不管他怎样感到自己是异邦人,言语不通,举目无亲,远离祖国,——他都可以凭《国际歌》的熟悉的曲调,给自己找到同志和朋友。

世界各国的工人相继唱起自己的先进战士、无产者诗人的这首歌,并且使这首歌成了全世界无产阶级的歌。

世界各国的工人现在都在纪念欧仁·鲍狄埃。他的妻子和女儿还活着,但都过着贫困的生活,就像《国际歌》的作者一生所过的一样。他在 1816 年 10 月 4 日生于巴黎。他创作他的第一首歌的时候才 14 岁,这首歌叫做《自由万岁!》。1848 年,他作为一个街垒斗士参加了工人反对资产阶级的伟大战斗。

鲍狄埃出身于贫穷的家庭,他一生中一直是一个穷人、一个无产者,起先靠包装箱子,后来靠绘制印花布图样维持生活。

从 1840 年起,他就用自己的战斗诗歌对法国生活中所发生的一切重大事件作出反应,唤起落后的人们的觉悟,号召工人团结一致,鞭笞法国的资产阶级和资产阶级政府。

在伟大的巴黎公社(1871 年)时期,鲍狄埃被选为公社委员。在 3 600 张选票中,他得了 3 352 票。他参与了第一个无产阶级政府——公社所采取的一切措施。

公社失败后,鲍狄埃被迫逃到了英国和美国。著名的《国际歌》就是他在 **1871 年 6 月**,也可以说,是在流血的五月失败之后的第二天写成的……

公社被镇压了……但是鲍狄埃的《国际歌》却把它的思想传遍了全世界,在今天公社比任何时候都更有活力。

1876 年,在流亡中,鲍狄埃写了一首长诗《美国工人致法国工人》。在这首长诗中,他描绘了在资本主义压迫下的工人生活,描绘了他们的贫困,他们的苦役劳动,他们遭受的剥削,以及他们对自己的事业的未来的胜利所抱的坚定信念。

公社失败以后过了 9 年鲍狄埃才回到法国,回来后立即参加了"工人党"**145**。1884 年他的第一卷诗集出版了。1887 年出版了第二卷,题名为《革命歌集》。

这位工人诗人的其他一些歌,是在他死后才出版的。

1887 年 11 月 8 日,巴黎的工人把欧仁·鲍狄埃的遗体送到拉雪兹神父墓地,在那里埋葬着被枪杀的公社战士。警察大打出手,抢走红旗。无数群众参加了这次没有宗教仪式的葬礼。四面八方都在高呼:"鲍狄埃万岁!"

鲍狄埃是在贫困中死去的。但是,他在自己的身后留下了一个真正非人工所建造的纪念碑。他是一位最伟大的**用歌作为工具的宣传家**。当他创作他的第一首歌的时候,工人中社会主义者最多不过几十人。而现在知道欧仁·鲍狄埃这首具有历史意义的歌的,却有千百万无产者……

载于 1913 年 1 月 3 日《真理报》
第 2 号

选自《列宁全集》第 2 版第 22 卷
第 291—293 页

马克思学说的历史命运[146]

(1913 年 3 月 1 日〔14 日〕)

马克思学说中的主要的一点,就是阐明了无产阶级作为社会主义社会创造者的世界历史作用。自马克思阐述这个学说以后,全世界的事态发展是不是已经证实了这个学说呢?

马克思首次提出这个学说是在 1844 年。马克思和恩格斯合著的,于 1848 年问世的《共产党宣言》,已对这个学说作了完整的、系统的、至今仍然是最好的阐述。从这时起,世界历史显然分为三个主要时期:(1)从 1848 年革命到巴黎公社(1871 年);(2)从巴黎公社到俄国革命(1905 年);(3)从这次俄国革命至今。

现在我们来考察一下马克思学说在每个时期的命运。

一

在第一个时期的开头,马克思学说决不是占统治地位的。它不过是无数社会主义派别或思潮中的一个而已。当时占统治地位的,是那些基本上同我国民粹主义相似的社会主义:它们不懂得历史运动的唯物主义原理,不能分别说明资本主义社会中每个阶级的作用和意义,并且用各种貌似社会主义的关于"人民"、"正义"、"权利"等等的词句来掩盖各种民主变革的资产阶级实质。

1848 年革命给了马克思**以前**的所有这些喧嚣一时、五花八门的社会主义形式以致命的打击。各国的革命使社会各阶级**在行动中**显露出自己的面目。共和派资产阶级在巴黎 1848 年 6 月的那些日子里枪杀工人,最终证明**只有**无产阶级具有社会主义本性。自由派资产阶级害怕这个阶级的独立行动,比害怕任何反动势力还要厉害百倍。怯懦的自由派在反动势力面前摇尾乞怜。农民以废除封建残余为满足,转而支持现存秩序,只是间或动摇于**工人民主派和资产阶级自由派**之间。一切关于**非阶级**的社会主义和非阶级的政治的学说,都是胡说八道。

巴黎公社(1871 年)最终结束了资产阶级变革的这一发展过程;只是靠无产阶级的英勇,共和制这种最明显地表现出阶级关系的国家组织形式才得以巩固下来。

在欧洲所有的其他国家,比较错综复杂和不那么彻底的发展过程也导致同样的资产阶级社会的形成。到第一个时期(1848—1871 年)即风暴和革命时期的末尾,马克思以前的社会主义已**奄奄一息**。独立的**无产阶级**政党——第一国际(1864—1872 年)和德国社会民主党诞生了。

二

第二个时期(1872—1904 年)同第一个时期的区别,就是它带有"和平"性质,没有发生革命。西方结束了资产阶级革命。东方还没有成熟到实现这种革命的程度。

西方进入了为未来变革的时代作"和平"准备的阶段。到处都在形成就其主要成分来说是无产阶级的社会主义政党,这些政党学习利用资产阶级议会制,创办自己的日报,建立自己的教育机构、自己的工会和自己的合作社。马克思学说获得了完全的胜利,并且**广泛传播开来**。挑选和集结无产阶级的力量、使无产阶级作好迎接未来战斗的准备的过程,正在缓慢而持续地向前发展。

马克思主义在理论上的胜利,逼得它的敌人**装扮成**马克思主义者,历史的辩证法就是如此。内里腐朽的自由派,试图在社会主义的**机会主义**形态下复活起来。他们把为伟大的战斗准备力量的时期解释成放弃这种战斗。他们把改善奴隶的生活状况以便去同雇佣奴隶制作斗争解释成奴隶们为了几文钱而出卖自己的自由权。他们怯懦地宣扬"社会和平"(即同奴隶制讲和平),宣扬背弃阶级斗争,等等。在社会党人议员中间,在工人运动的各种官员以及知识分子"同情者"中间,他们有很多信徒。

三

当机会主义者还在对"社会和平"赞不绝口,还在对实行"民主制"可以避免风暴赞不绝口的时候,极大的世界风暴的新的发源地已在亚洲出现。继俄国革命之后,发生了土耳其、波斯和中国的革命。我们现在正处在这些风暴以及它们"反过来影响"欧洲的时代。不管各种"文明"豺狼现在切齿痛恨的伟大的中华民国的命运如何,世界上的任何力量也不能恢复亚洲的旧的农奴制度,不能铲除亚洲式和半亚洲式国家中的人民群众的英勇的民主精神。

有些人不注意群众斗争进行准备和得以发展的条件,看到欧洲反资本主义的决战长时间地推迟,就陷入绝望和无政府主义。现在我们看到,这种无政府主义的绝望是多么近视,多么懦弱。

八亿人民的亚洲投入了为实现和欧洲相同的理想的斗争,从这个事实中应当得到的不是绝望,而是振奋。

亚洲各国的革命同样向我们揭示了自由派的毫无气节和卑鄙无耻,民主派群众独立行动的特殊意义,无产阶级和一切资产阶级之间分明的界限。有了欧亚两洲的经验,谁若还说什么**非**阶级的政治和**非**阶级的社会主义,谁就只配关在笼子里,和澳洲袋鼠一起供人观赏。

欧洲也跟着亚洲行动起来了,不过不是按照亚洲的方式。1872—1904年的"和平"时期已经一去不复返了。物价的飞涨和托拉斯的压榨已使经济斗争空前尖锐化,这甚至使那些受自由派腐蚀最深的英国工人也行动起来了。就是在德国这个最"顽固的"资产阶级容克国家里,政治危机也在迅速成熟。疯狂的扩充军备和帝国主义政策,使得目前欧洲的"社会和平"活像一桶火药。而**一切**资产阶级政党的解体和无产阶级的成熟的过程正在持续地进行。

自马克思主义出现以后,世界历史的这三大时期中的每一个时期,都使它获得了新的证明和新的胜利。但是,即将来临的历史时期,定会使马克思主义这个无产阶级的学说获得更大的胜利。

载于1913年3月1日《真理报》第50号

选自《列宁全集》第2版第23卷第1—4页

马克思主义的
三个来源和三个组成部分¹⁴⁷

（1913 年 3 月）

马克思学说在整个文明世界中引起全部资产阶级科学（官方科学和自由派科学）极大的仇视和憎恨，这种科学把马克思主义看做某种"有害的宗派"。也不能期望有别的态度，因为建筑在阶级斗争上的社会是不可能有"公正的"社会科学的。**全部**官方的和自由派的科学都这样或那样地为雇佣奴隶制**辩护**，而马克思主义则对这种奴隶制宣布了无情的战争。期望在雇佣奴隶制的社会里有公正的科学，正像期望厂主在应不应该减少资本利润来增加工人工资的问题上会采取公正态度一样，是愚蠢可笑的。

不仅如此，哲学史和社会科学史都十分清楚地表明：马克思主义同"宗派主义"毫无相似之处，它绝不是**离开**世界文明发展大道而产生的一种故步自封、僵化不变的学说。恰恰相反，马克思的全部天才正是在于他回答了人类先进思想已经提出的种种问题。他的学说的产生正是哲学、政治经济学和社会主义极伟大的代表人物的学说的直接**继续**。

马克思学说具有无限力量，就是因为它正确。它完备而严密，它给人们提供了决不同任何迷信、任何反动势力、任何为资产阶级压迫所作的辩护相妥协的完整的世界观。马克思学说是人类在

19 世纪所创造的优秀成果——德国的哲学、英国的政治经济学和法国的社会主义的当然继承者。

现在我们就来简短地说明一下马克思主义的这三个来源以及它的三个组成部分。

一

马克思主义的哲学就是**唯物主义**。在欧洲全部近代史中,特别是 18 世纪末叶,在同一切中世纪废物,同农奴制和农奴制思想展开决战的法国,唯物主义成了唯一彻底的哲学,它忠于一切自然科学学说,仇视迷信、伪善行为及其他等等。因此,民主的敌人便竭尽全力来"驳倒"、败坏和诋毁唯物主义,维护那些不管怎样总是为宗教辩护或支持宗教的各种哲学唯心主义。

马克思和恩格斯最坚决地捍卫了哲学唯物主义,并且多次说明,一切离开这个基础的倾向都是极端错误的。在恩格斯的著作《路德维希·费尔巴哈》和《反杜林论》里最明确最详尽地阐述了他们的观点,这两部著作同《共产党宣言》一样,都是每个觉悟工人必读的书籍。

但是,马克思并没有停止在 18 世纪的唯物主义上,而是把哲学向前推进了。他用德国古典哲学的成果,特别是用黑格尔体系(它又导致了费尔巴哈的唯物主义)的成果丰富了哲学。这些成果中主要的就是**辩证法**,即最完备最深刻最无片面性的关于发展的学说,这种学说认为反映永恒发展的物质的人类知识是相对的。不管那些"重新"回到陈腐的唯心主义那里去的资产阶级哲学家的学说怎样说,自然科学的最新发现,如镭、电子、元素转化,都出色地证实了马克思的辩证唯物主义。

马克思加深和发展了哲学唯物主义,而且把它贯彻到底,把它对自然界的认识推广到对**人类社会**的认识。马克思的**历史唯物主义**是科学思想中的最大成果。过去在历史观和政治观方面占支配地位的那种混乱和随意性,被一种极其完整严密的科学理论所代替,这种科学理论说明,由于生产力的发展,如何从一种社会生活结构中发展出另一种更高级的结构,例如从农奴制中生长出资本主义。

正如人的认识反映不依赖于它而存在的自然界即发展着的物质那样,人的**社会认识**(即哲学、宗教、政治等等的不同观点和学说)反映社会的**经济制度**。政治设施①是经济基础的上层建筑。我们看到,例如现代欧洲各国的各种政治形式,都是为巩固资产阶级对无产阶级的统治服务的。

马克思的哲学是完备的哲学唯物主义,它把伟大的认识工具给了人类,特别是给了工人阶级。

二

马克思认为经济制度是政治上层建筑借以树立起来的基础,所以他特别注意研究这个经济制度。马克思的主要著作《资本论》就是专门研究现代社会即资本主义社会的经济制度的。

马克思以前的古典政治经济学是在最发达的资本主义国家英

---

① 原文为"учреждение",是指和一定理论观点相适应的制度、组织和机构。——编者注

国形成的。亚当·斯密和大卫·李嘉图通过对经济制度的研究奠定了**劳动价值论**的基础。马克思继续了他们的事业。他严密地论证了并且彻底地发展了这个理论。他证明:任何一个商品的价值,都是由生产这个商品所消耗的社会必要劳动时间的数量决定的。

凡是资产阶级经济学家看到物与物之间的关系(商品交换商品)的地方,马克思都揭示了**人与人之间的关系**。商品交换表现着各个生产者之间通过市场发生的联系。**货币**意味着这一联系愈来愈密切,把各个生产者的全部经济生活不可分割地联结成一个整体。**资本**意味着这一联系进一步发展:人的劳动力变成了商品。雇佣工人把自己的劳动力出卖给土地、工厂和劳动工具的占有者。工人用工作日的一部分来抵偿维持本人及其家庭生活的开支(工资),工作日的另一部分则是无报酬地劳动,为资本家创造**剩余价值**,这也就是利润的来源,资本家阶级财富的来源。

剩余价值学说是马克思经济理论的基石。

工人的劳动所创造的资本压迫工人,使小业主破产,造成失业大军。大生产在工业中的胜利是一眼就能看到的,但是在农业中我们也看到同样的现象:资本主义大农业的优势日益扩大,采用机器愈来愈广泛,农民经济纷纷落入货币资本的绞索,由于技术落后而日益衰败和破产。在农业方面,小生产的衰败的形式虽然不同,但是它的衰败也是无可争辩的事实。

资本打击小生产,同时使劳动生产率不断提高,并且造成大资本家同盟的垄断地位。生产本身日益社会化,使几十万以至几百万工人联结成一个有条不紊的经济机体,而共同劳动的产品却被一小撮资本家所占有。生产的无政府状态愈来愈严重,危机日益加深,争夺市场的斗争愈来愈疯狂,人民群众的生活愈来愈没有保障。

资本主义制度在使工人愈来愈依赖资本的同时,创造着联合劳动的伟大力量。

马克思考察了资本主义的发展过程,从商品经济的最初萌芽,从简单的交换一直到资本主义的高级形式,到大生产。

一切资本主义国家(无论老的或新的)的经验,使工人中一年比一年多的人清楚地看到了马克思这一学说的正确性。

资本主义在全世界获得了胜利,但是这一胜利不过是劳动对资本的胜利的前阶。

三

当农奴制被推翻,"**自由**"资本主义社会出现的时候,一下子就暴露出这种自由意味着压迫和剥削劳动者的一种新制度。于是反映这种压迫和反对这种压迫的各种社会主义学说就立刻产生了。但是最初的社会主义是**空想**社会主义。这种社会主义批判资本主义社会,谴责它,咒骂它,幻想消灭它,臆想较好的制度,劝富人相信剥削是不道德的。

但是空想社会主义没有能够指出真正的出路。它既不会阐明资本主义制度下雇佣奴隶制的本质,又不会发现资本主义发展的规律,也不会找到能够成为新社会的创造者的**社会力量**。

然而,在欧洲各国,特别是在法国,导致封建制度即农奴制崩溃的汹涌澎湃的革命,却日益明显地揭示了**阶级斗争**是整个发展的基础和动力。

战胜农奴主阶级而赢得政治自由,没有一次不遇到拼命的反抗。没有一个资本主义国家,不是经过资本主义社会各阶级间你死我活的斗争,才在比较自由和民主的基础上建立起来。

马克思的天才就在于他最先从这里得出了全世界历史所提示的结论,并且彻底地贯彻了这个结论。这个结论就是**阶级斗争**学说。

只要人们还没有学会透过任何有关道德、宗教、政治和社会的言论、声明、诺言,揭示出这些或那些阶级的**利益**,那他们始终是而且会永远是政治上受人欺骗和自己欺骗自己的愚蠢的牺牲品。只要那些主张改良和改善的人还不懂得,任何一个旧设施,不管它怎样荒谬和腐败,都由某些统治阶级的势力在支撑着,那他们总是会受旧事物拥护者的愚弄。要粉碎这些阶级的反抗,**只有一个办法**,就是必须在我们所处的社会中找出一种力量,教育它和组织它去进行斗争,这种力量可以(而且按它的社会地位来说**应当**)成为能够除旧立新的力量。

只有马克思的哲学唯物主义,才给无产阶级指明了如何摆脱一切被压迫阶级至今深受其害的精神奴役的出路。只有马克思的经济理论,才阐明了无产阶级在整个资本主义制度中的真正地位。

在全世界,从美洲到日本,从瑞典到南非,无产阶级的独立组织正在不断增加。无产阶级一面进行阶级斗争,一面受到启发和教育,他们逐渐摆脱资产阶级社会的偏见,日益紧密地团结起来并且学习怎样衡量自己的成绩,他们正在锻炼自己的力量并且在不可遏止地成长壮大。

载于1913年3月《启蒙》杂志
第3期

选自《列宁全集》第2版第23卷
第41—48页

亚洲的觉醒

（1913 年 5 月 7 日〔20 日〕）

中国不是早就被公认为是长期完全停滞的国家的典型吗？但是现在中国的政治生活沸腾起来了，社会运动和民主主义高潮正在汹涌澎湃地发展。继俄国 1905 年的运动之后，民主革命席卷了整个亚洲——席卷了土耳其、波斯、中国。在英属印度，动乱也在加剧。

值得注意的是：革命民主运动现在又遍及荷属印度①，即爪哇岛及其他荷属殖民地，人口共达 4 000 万。

这个民主运动的代表者：第一是爪哇的人民群众，他们在伊斯兰教旗帜下掀起了民族主义运动；第二是资本主义在已经习惯了当地风土人情的欧洲人中间培养的当地知识分子，这些欧洲人主张荷属印度独立；第三是爪哇和其他岛上的数量很多的华侨，他们从本国带来了革命运动。

荷兰马克思主义者万拉维斯泰因在描述荷属印度的这种觉醒时指出，荷兰政府历来的暴政与专横现在正遭到土著居民群众的坚决反击和抗议。

革命前夕常见的现象出现了：各种社团和政党以惊人的速度在产生。政府加以禁止，但却激起更大的怒火，激起运动更加蓬勃

---

① 即印度尼西亚。——编者注

的发展。例如,不久前荷兰政府解散了"印度党"**148**,因为该党的章程和纲领提出了争取**独立**的要求。荷兰的"杰尔席莫尔达"**149**(顺便说说,教权派和自由派都是赞成他们的,因为欧洲自由主义已经腐朽了!)认为这是想脱离荷兰的罪恶要求!当然,被解散了的政党在改换了名称之后又恢复了活动。

在爪哇,产生了土著人的民族协会**150**,这个协会已有8万名会员,并组织了群众大会。民主运动的发展是不可遏止的。

世界资本主义和俄国1905年的运动终于唤醒了亚洲。几万万受压制的、由于处于中世纪的停滞状态而变得粗野的人民觉醒过来了,他们走向新生活,为争取人的起码权利、为争取民主而斗争。

世界各先进国家的工人以关切、兴奋的心情注视着全球各地各种形式的世界解放运动的这种气势磅礴的发展。被工人运动的力量吓坏了的欧洲资产阶级,投到反动势力、军阀、僧侣主义和蒙昧主义的怀抱里去了。但是,欧洲各国的无产阶级以及亚洲各国年轻的、对自己力量充满信心、对群众充满信任的民主派,正在起来代替这些气息尚存但已日趋腐朽的资产阶级。

亚洲的觉醒和欧洲先进无产阶级夺取政权斗争的开始,标志着20世纪初所开创的全世界历史的一个新阶段。

载于1913年5月7日《真理报》
第103号

选自《列宁全集》第2版第23卷
第160—161页

落后的欧洲和先进的亚洲

(1913 年 5 月 10 日〔23 日〕)

把标题中的这两个词组作对比,似乎是不合情理的。谁不知道欧洲先进,亚洲落后呢?但是用做本文标题的这两个词组却包含着一个辛辣的真理。

技术十分发达、文化丰富全面、实行立宪、文明又先进的欧洲,已经进入这样一个历史时期,这时当权的资产阶级由于惧怕日益成长壮大的无产阶级而支持一切落后的、垂死的、中世纪的东西。正在衰朽的资产阶级与一切已经衰朽的和正在衰朽的势力联合起来,以求保存摇摇欲坠的雇佣奴隶制。

在先进的欧洲,当权的是支持一切落后东西的资产阶级。当今欧洲之所以先进,并不是**由于**资产阶级的存在,而是由于**不顾**资产阶级的反对,因为只有无产阶级才能使争取美好未来的百万大军日益壮大起来,只有它才能保持和传播对落后、野蛮、特权、奴隶制和人侮辱人现象的无情的仇视心理。

在"先进的"欧洲,**只有**无产阶级才是**先进的**阶级。而活着的资产阶级甘愿干一切野蛮、残暴和罪恶的勾当,以维护垂死的资本主义奴隶制。

欧洲资产阶级为了金融经纪人和资本家骗子的自私目的而支持亚洲的**反动势力**,这可以说是**整个**欧洲资产阶级已经腐朽的一个最明显不过的例子。

在亚洲,强大的民主运动到处都在发展、扩大和加强。那里的资产阶级**还**在同人民一起反对反动势力。**数**亿人正在觉醒起来,追求生活,追求光明,追求自由。这个世界性的运动使一切懂得只有通过民主才能达到集体主义的觉悟工人多么欢欣鼓舞!一切真诚的民主主义者对年轻的亚洲是多么同情!

而"先进的"欧洲呢?它掠夺中国,帮助中国那些反对民主和自由的人!

请看一笔很简单而又很有教益的账吧。为了**反对**中国的民主派,已经签订向中国提供一笔新借款的契约,因为"欧洲"**支持**准备实行军事独裁的袁世凯。为什么它要支持袁世凯呢?因为这是一笔有利可图的生意。借款数目将近 25 000 万卢布,但要按 100 卢布折合 84 卢布的行市计算。这就是说,"欧洲"资产者**实际付给**中国人 21 000 万卢布;而他们向公众则要去 22 500 万卢布。你看,在几星期内,一下子就赚得**1 500 万卢布**的纯利!这岂不确实是一笔很大的"**纯**"利吗?

要是中国人民不承认这笔借款呢?中国不是建立了共和制而国会中的多数又**反对**这笔借款吗?

啊,那时"先进的"欧洲就会大喊什么"文明"、"秩序"、"文化"和"祖国"!那时它就会出动**大炮**,并与那个冒险家、卖国贼、反动势力的朋友袁世凯勾结起来扼杀"落后的"亚洲的共和制!

整个欧洲的当权势力,整个欧洲的资产阶级,都是与中国的一切反动势力和中世纪势力**勾结在一起**的。

但整个年轻的亚洲,即亚洲数亿劳动者,却有着一切文明国家里的无产阶级做他们的可靠的同盟者。世界上没有任何力量能阻止无产阶级的胜利,而这一胜利一定能把欧洲各国人民和亚洲各国人民都解放出来。

载于 1913 年 5 月 18 日《真理报》
第 113 号

选自《列宁全集》第 2 版第 23 卷
第 165—167 页

论自由主义的和马克思主义的
阶级斗争概念

短　评

（1913 年 5 月）

取消派[151]分子阿·叶尔曼斯基在《我们的曙光》杂志[152]上用大量恶狠狠的话猛烈攻击我对他（和古什卡）在大工商业资产阶级的政治作用问题上的观点的批评（《启蒙》杂志[153]第 5—7 期合刊）[①]。

叶尔曼斯基先生破口大骂，并且一再回顾以前对他的"侮辱"（包括对 1907 年在圣彼得堡分裂社会民主党组织遭到失败的唐恩先生及其同伙的"侮辱"在内），力图以此来**掩盖**问题的真正实质。

但是我们仍然不允许叶尔曼斯基先生以回顾取消派不该受到的侮辱和失败来掩盖目前争论的实质，因为目前的争论涉及一个很重要的原则问题。这个问题经常被人们用各种不同的理由一再提出来。

这就是用自由主义伪造马克思主义，以自由派的观点偷换马克思主义的、革命的阶级斗争观点的问题。这是马克思主义者与取消派分子进行的全部争论的思想基础，我们将不厌其烦地把它阐述清楚。

[①]　见《列宁全集》第 2 版第 21 卷第 294—311 页。——编者注

阿·叶尔曼斯基先生写道:

"'马克思主义者'伊林无论如何也不同意我〈叶尔曼斯基〉在自己的文章中把工业组织的活动看成是'在全国范围内(甚至部分地是在国际范围内)'进行的阶级斗争。为什么呢? 因为这里'缺少**全**民性的和**全**国性的东西的基本特征:国家政权的机构'……"(《我们的曙光》杂志第 55 页)

这就是那个阿·叶尔曼斯基对问题**实质**的论述。他用尽一切可能做到的和不可能做到的办法来回避这个实质! 不管他怎样责备我歪曲他的观点,骂我罪该万死,不管他怎样兜圈子,甚至以回顾 1907 年的分裂来"掩盖"自己,但是真理毕竟要占上风。

总之,我的论点是清楚的:全民性的东西的基本特征是国家政权的机构。

我的愤怒的论敌,您不赞同这一观点吗? 您不认为这是唯一的马克思主义观点吗?

那么您为什么不直截了当地说出这一点呢? 您为什么不提出正确的观点来反对错误的观点呢? 按照您的意见,断定全民性的东西的基本特征是国家政权的机构,这只不过是引号里的马克思主义,那么,您为什么不反驳我的错误,不一清二楚地、毫不含糊地说出**您**对马克思主义的理解呢?

我们引用阿·叶尔曼斯基先生的**紧接着**上述引文的一段议论,读者就会得到对这些问题的清楚的答案。

"伊林希望俄国的大资产阶级以另外的方式进行阶级斗争,希望它一定要改变整个国家制度。伊林希望这样,但是资产阶级不希望这样——而这一点当然也就是'取消派分子'叶尔曼斯基的过错,因为他以'**自由主义的**阶级斗争概念偷换马克思的阶级斗争概念'。"

这就是叶尔曼斯基先生这段议论的全文,这段议论能让人**当**

场看到这个回避问题的取消派分子的真面目。

这明摆着是回避问题。

我指出的全民性的东西的"基本特征"对不对呢？

阿·叶尔曼斯基先生本人不得不承认，我指出的正是问题的实质。

而阿·叶尔曼斯基先生意识到自己已经被捉住，于是对这个问题避不作答！

"被捉住的"叶尔曼斯基先生为了避开我所指出的基本特征是否正确的问题，就从这个问题跳到伊林"希望"什么和资产阶级"希望"什么的问题上去。但是，不管叶尔曼斯基先生跳得多么勇敢，跳得多么不顾死活，还是掩盖不住他已被捉住这一事实。

我的可爱的论敌，既然我们是在争论阶级斗争**概念**，这同"希望"又有什么关系呢?! 您自己本来应当承认：我是在斥责您以自由主义的概念偷换马克思主义的**概念**，我是在指出一个**马克思主义**概念的"基本特征"，按照这个概念，全民的阶级斗争包括国家政权的机构这个内容。

阿·叶尔曼斯基先生虽然气势汹汹，也不过是一个笨拙的论战家，因为他**用自己本身的例子**清楚地说明了取消主义特别是他叶尔曼斯基的错误同自由主义的阶级斗争概念的联系！

阶级斗争问题是马克思主义最根本的问题之一。因此，正是应该详细地谈谈阶级斗争**概念**。

一切阶级斗争都是政治斗争。[①] 大家知道，对马克思的这句深刻的话，那些受自由主义思想奴役的机会主义者作了错误的理解，并且竭力作出歪曲的解释。例如，取消派的老大哥们"经济

---

① 见《马克思恩格斯文集》2009 年人民出版社版第 2 卷第 40 页。——编者注

派"就属于机会主义者之列。"经济派"认为,阶级之间的任何冲突都是政治斗争。因此,"经济派"承认为争取每个卢布增加 5 戈比的斗争是"阶级斗争",却不愿看到更高级的、更发达的、全民族的为**政治**而进行的**阶级**斗争。因此,"经济派"只承认萌芽状态的阶级斗争,而不承认更发达的阶级斗争。换句话说,"经济派"只承认阶级斗争中那些从自由派资产阶级的观点看来最能容忍的东西,而拒绝比自由派更进一步,拒绝承认更高级的、自由派所不能接受的阶级斗争。"经济派"就这样逐渐变成了自由主义的工人政治家。"经济派"就这样背弃了马克思主义的、革命的阶级斗争概念。

其次,仅仅认为,只有阶级斗争发展到政治领域,它才是真正的、彻底的、发达的阶级斗争,那还是不够的。这是因为,在政治中既可能只涉及细小的枝节问题,也可能深入一些,直到涉及基本的东西。马克思主义认为,**只有**当阶级斗争不仅发展到政治领域,而且还涉及政治中最本质的东西即国家政权的机构时,那才是充分发达的、"全民族的"阶级斗争。

与此相反,当工人运动稍微巩固起来的时候,自由派已经不敢否认阶级斗争,但是力图缩小、削减、阉割阶级斗争的概念。自由派也准备承认政治领域内的阶级斗争,但是有一个条件,就是在这个领域内**不包括**国家政权的机构。是资产阶级的哪些阶级利益造成了这种对阶级斗争概念的自由主义的歪曲,这是不难理解的。

叶尔曼斯基先生在转述温和谨慎的官员古什卡的著作时与他一唱一和,竟**没有看出**(还是不愿看到?)对阶级斗争概念的自由主义的阉割,这时,我向叶尔曼斯基先生指出了他的这一根本的带有理论性的和一般原则性的过错。阿·叶尔曼斯基先生就大为生气,骂起人来,由于无法驳倒我的意见,他只能支吾搪塞,躲躲闪闪。

原来阿·叶尔曼斯基先生是一个十分笨拙的论战家,这时他已原形毕露！他写道："伊林希望这样，但是资产阶级不希望这样。"现在我们才明白，无产阶级的（马克思主义的）观点和资产阶级的（自由主义的）观点的哪些特点造成了"希望"上的这种差异。

资产阶级"希望"削减阶级斗争，歪曲并缩小阶级斗争概念，**磨钝**它的锋芒。无产阶级"希望"这一骗局被揭穿。马克思主义者希望，那些以马克思主义的名义来谈论资产阶级的阶级斗争的人，能**揭露**资产阶级的阶级斗争**概念**的狭隘性，而且是**出于私利的**狭隘性；希望他们不只是引证数字，不只是为"巨大的"数字而高兴。自由派则"希望"这样来评价资产阶级及其阶级斗争：对这一斗争的狭隘性**保持缄默**，对这一斗争没有包括"基本的"和最重要的东西**保持缄默**。

阿·叶尔曼斯基先生是在**以自由派的观点**议论那些有趣的、但为古什卡先生缺乏思想地或盲目地统计出来的数字时被人捉住的。显然，这点一被揭穿，阿·叶尔曼斯基先生除了骂人和支吾搪塞以外，就别无办法了。

现在让我们从上面引用的阿·叶尔曼斯基的文章的话继续往下引：

"显然，事实上这里只有伊林一个人用自己的评定，同时还用〈!!〉法国大革命历史中作为学生学习样板的死板公式来偷换对事物的真实情况的研究。"

阿·叶尔曼斯基先生如此乱搅和，以至愈来愈无情地"毁灭"自己！他还没有发觉，这个对法国大革命的"死板公式"的愤怒攻击使他的自由主义暴露无遗！

亲爱的叶尔曼斯基先生，您该懂得（不管取消派是多么难以理解），如果**不用**马克思主义的观点来**评定**、评价事物的真实情况，而是用自由派的观点或者用反动的观点等来作评定和评价，那就无法进行"对事物的真实情况的研究"！

叶尔曼斯基先生，您过去和现在都是用自由派的观点来评定善良的官员古什卡的"研究"的，而我却是用马克思主义的观点来评定的。全部实质就在于此。您的批判的分析**在**国家政权的**机构**问题**面前**停住了，这样您就**证明了您的**阶级斗争概念的自由主义局限性。

需要证明的正是这一点。

您对法国大革命的"死板公式"的攻击使您露出了马脚，因为任何人都会懂得，问题不在于死板公式，也不在于法国的样板，比如**当时**在"死板公式和样板"的条件下，并没有发生也不可能发生大规模的罢工，特别是政治性的罢工。

问题在于：您成为取消派分子之后，已经不会运用**革命的**观点来评价社会事件了。问题的症结就在这里！马克思决不用18世纪末的"死板公式和样板"来限制自己的思想，他总是运用革命的观点，**评价**（善良的叶尔曼斯基先生，要是您喜欢用更富于"学术味的"字眼，那就用"评定"吧！）阶级斗争时总是极其**深刻**，总是剖析它是否涉及"基本的"东西，总是无情地抨击任何怯懦的思想和任何掩盖没有得到充分发展的、被阉割的、被私利歪曲了的阶级斗争的行径。

18世纪末的阶级斗争向我们表明，它是怎样变成政治性的斗争的，它是怎样达到真正"全民族的"形式的。从那时起，资本主义和无产阶级都有了巨大的发展。旧时期的"死板公式"并没有阻止任何人去研究比如我在上面已经部分地提到的新的斗争**形式**。

但是，马克思主义者的观点**总是**要求深刻的而不是肤浅的"评价"，总是揭露**自由派的**歪曲、闪烁其词、胆怯的掩饰等等的贫乏。

我们向阿·叶尔曼斯基先生致意，因为他以忘我的精神十分精彩地说明,取消派由于丧失了用革命观点观察社会现象的能力,是怎样以自由主义的阶级斗争概念偷换马克思主义的阶级斗争概念的。

载于1913年5月《启蒙》杂志
第5期

选自《列宁全集》第2版第23卷
第246—252页

马克思主义和改良主义

（1913 年 9 月 12 日〔25 日〕）

马克思主义者不同于无政府主义者,承认争取改良的斗争,即承认争取改善劳动者境况的斗争,尽管这种改善仍然不触动统治阶级手中的政权。但与此同时,马克思主义者又最坚决地反对改良主义者,反对他们直接或间接地用改良来限制工人阶级的意向和活动。改良主义是资产阶级对工人的欺骗,只要存在着资本的统治,尽管有某些改善,工人总还是雇佣奴隶。

自由派资产阶级总是一只手搞改良,另一只手又收回这些改良,使之化为乌有,利用这些改良来奴役工人,把工人分成一个个集团,使劳动者永远当雇佣奴隶。因此,改良主义,即使是非常真诚的改良主义,实际上变成了资产阶级腐蚀和削弱工人的工具。各国经验证明,工人相信改良主义者,总是上当受骗。

相反,如果工人掌握了马克思的学说,即认识到只要资本的统治地位保持不变,雇佣奴隶制就不可避免,那么他们就不会上资产阶级任何改良的当。工人们懂得了在保持资本主义的条件下改良既不可能是牢靠的,也不可能是认真的,他们就会为争取改善自己的状况而斗争,并且利用这种改善来继续为反对雇佣奴隶制进行更加顽强的斗争。改良主义者竭力用小恩小惠来分化和欺骗工人,使他们放弃他们的阶级斗争。工人们认识了改良主义的欺骗性,就会利用改良来发展和扩大自己的阶级斗争。

改良主义者对工人影响愈厉害,工人就愈软弱无力,就愈依附于资产阶级,资产阶级就愈容易利用各种诡计把改良化为乌有。工人运动愈独立愈深入,目标愈广泛,愈摆脱改良主义狭隘性的束缚,工人巩固和利用某些改善就愈有成效。

改良主义者各国都有,因为资产阶级到处都在想方设法腐蚀工人,使他们甘心当奴隶,不想消灭奴隶制。在俄国,改良主义者就是取消派[151],他们否定我们的过去,以便用关于新的、公开的、合法的党的幻想来麻痹工人。不久前,迫于《北方真理报》[154]的压力①,彼得堡的取消派不得不出来为他们搞改良主义作辩解。为了把这个非常重要的问题弄个一清二楚,应该把他们的议论仔细剖析一下。

彼得堡的取消派写道:我们不是改良主义者,因为我们没有说过改良就是一切,最终目的微不足道这样的话;我们是说,运动在朝着最终目的发展;我们是说,通过争取改良的斗争完全实现提出的任务。

我们就来看看,这种辩解是否符合真实情况。

第一个事实:取消派分子谢多夫综合了所有取消派分子的意见,他写道,马克思主义者提出的"三条鲸鱼"[155]中,有两条目前不宜用来鼓动。他保留了八小时工作制这一条,因为这一条从理论上讲是可以作为一项改良实现的。他取消或弃置一旁的恰恰是超出改良范围的东西。可见,他堕入了最明显的机会主义,执行的恰恰是以最终目的微不足道这一公式为内容的政策。把"最终目的"(虽然是关于民主主义的)弃置一旁,使之远离鼓动工作,这就是改良主义。

---

① 见《列宁全集》第2版第23卷第416—419页。——编者注

第二个事实:取消派轰动一时的八月(去年)代表会议[156]也是把非改良主义的要求弃置一旁,使之远离(视为特殊情况)而不是靠近鼓动工作,处于鼓动工作的正中心。

第三个事实:取消派否定和轻视"原有的东西",不要原有的东西,因此只限于搞改良主义。当前,改良主义同背弃"原有的东西"有明显的联系。

第四个事实:工人的经济运动只要同超出改良主义范围的口号一挂钩,就会使取消派发火,就会遭到他们的攻击(什么"狂热"、"白费劲"等等)。

那么我们得出什么结论呢? 取消派口头上否认原则上的改良主义,实际上却全面实行改良主义。他们一方面要我们相信,改良对他们来说决不就是一切,而另一方面,对马克思主义者在实践中任何超出改良主义范围的做法,取消派不是进行攻击,就是加以藐视。

与此同时,工人运动各个领域的事态都向我们表明,马克思主义者在实际利用改良和为争取改良而进行的斗争中,不但没有落在后面,反而明显地走在前列。就拿工人选民团的杜马选举——代表们在杜马内外的行动、工人报纸的创办、保险改革的利用、最大的工会五金工会的建立等等来说,你们到处都可以看到,在鼓动、组织、争取改良和利用改良这一直接的、当前的和"日常的"工作方面,马克思主义者工人都胜过取消派。

马克思主义者不倦地进行工作,不放过任何一个"机会"争取改良和利用改良,同时,无论在宣传、鼓动,还是在群众经济活动等等方面,任何超出改良主义范围的做法他们都不横加指责,而是予以支持,关切地加以发展。而背离马克思主义的取消派,却攻击马克思主义者整体[157]的存在,破坏马克思主义的纪律,宣扬改良主义,宣扬自由派的工人政策,这只能瓦解工人运动。

此外,不要忘记,在俄国,改良主义还有一种特殊表现形式,就是把现代俄国和现代欧洲的政治形势的根本条件混为一谈。在自由派看来,这样做是合理的,因为自由派相信并宣扬"谢天谢地,我们立宪了"。自由派反映资产阶级的利益,他们坚决认为10月17日**158**以后,任何超出改良主义范围的民主措施,都是丧失理智、犯罪、作恶的行为,等等。

但是,我国取消派实际上坚持的正是这些资产阶级阶级观点,他们不断系统地把"公开的党"和"争取合法性的斗争"等等"搬到"(以书面形式)俄国。换句话说,他们同自由派一样,也鼓吹把欧洲宪制搬到俄国而**不经过**那条曾经使西欧确立宪制并使之经过几代人有时甚至经过几个世纪得到巩固的独特道路。取消派和自由派就像俗话所说的,又想洗毛皮,又不让毛皮下水。

在欧洲,改良主义实际上就是不要马克思主义,用资产阶级的"社会政策"取代马克思主义。我国取消派的改良主义不仅有这种表现,它还破坏马克思主义的组织,拒绝实现工人阶级的民主任务而代之以自由派的工人政策。

载于1913年9月12日《劳动真理报》第2号

选自《列宁全集》第2版第24卷第1—4页

关于民族问题的批评意见[159]

(1913 年 10—12 月)

在俄国社会生活诸问题中,民族问题目前已经很突出,这是显而易见的。无论是反动派的民族主义气焰嚣张,还是反革命资产阶级自由派转向民族主义(特别是转向大俄罗斯民族主义,其次是转向波兰、犹太、乌克兰以及其他的民族主义),甚至各个不同"民族的"(也就是非大俄罗斯的)社会民主党人中民族主义的动摇思想日趋严重,发展到违反党纲的地步,——这一切都绝对要求我们比以往更加关注民族问题。

本文的目的,就是专门对马克思主义者和也是马克思主义者在民族问题上的这些涉及纲领的动摇思想从总的方面进行研究。我在《北方真理报》[154]第 29 号上(1913 年 9 月 5 日《自由派和民主派对语言问题的态度》)①谈过自由派在民族问题上的机会主义。犹太机会主义报纸《时报》[160]发表的弗·李普曼先生的文章,对我这篇文章进行抨击。另一方面,乌克兰的机会主义分子列夫·尤尔凯维奇先生也批评了俄国马克思主义者的民族问题纲领(1913 年《钟声》杂志[161]第 7—8 期合刊)。这两位著作家提到的问题很多,要回答他们,就非得涉及我们这个题目的各个方面不可。因此,我感到最方便的办法就是先转载《北方真理报》的那篇文章。

----

① 见《列宁全集》第 2 版第 23 卷第 447—450 页。——编者注

1. 自由派和民主派对语言问题的态度

许多报纸都不止一次地提到高加索总督的报告。这个报告的特点并不在于它的黑帮反动主张，而在于它的羞羞答答的"自由主义"。顺便提一下，总督表示反对人为的俄罗斯化，即反对非俄罗斯民族俄罗斯化。高加索非俄罗斯民族的代表**自己**就在竭力教儿童讲俄语，例如，在不一定要教俄语的亚美尼亚教会学校里就有这种情形。

俄国发行最广的自由派报纸之一《俄罗斯言论报》**[162]**（第198号）指出了这一点，并且作了一个公正的结论：在俄国，俄语之所以遭到敌视，"完全是"由于"人为地"（应当说：强制地）推广俄语"引起的"。

该报写道："用不着为俄语的命运担心，它自己会得到全俄国的承认。"这说得很对，因为经济流转的需要总是要使居住在一个国家内的各民族（只要他们愿意居住在一起）学习多数人使用的语言。俄国的制度愈民主，资本主义的发展就会愈有力、愈迅速、愈广泛，经济流转的需要就会愈迫切地推动各个民族去学习最便于共同的贸易往来的语言。

但是自由派报纸很快就自己打自己的嘴巴，证明它的自由主义不彻底。

该报写道："就是反对俄罗斯化的人里面也未必会有人反对像俄国这样大的国家应当有一种全国通用的语言，而这种语言……只能是俄语。"

逻辑正好相反！瑞士没有**一种**全国通用的语言，而是有三种语言——德语、法语和意大利语,但是小小的瑞士并没有因此吃亏,反而得到了好处。在瑞士居民中,德意志人占70%(在俄国,大俄罗斯人占43%),法兰西人占22%(在俄国,乌克兰人占17%),意大利人占7%(在俄国,波兰人占6%,白俄罗斯人占4.5%)。在瑞士,意大利人在联邦议会经常讲法语,这并不是由于某种野蛮的警察法(在瑞士没有这种法律)强迫他们这样做,而纯粹是由于民主国家的文明公民自己愿意使用多数人都懂得的语言。法语之所以没有引起意大利人的仇视,是因为它是一个自由的、文明的民族的语言,而不是靠令人厌恶的警察措施强迫别人接受的语言。

为什么民族成分复杂得多而又极端落后的"庞大的"俄国却一定要保留一种语言的特权,从而**妨碍**自己的发展呢?自由派先生们,情况不是正好相反吗?如果俄国想赶上欧洲,它不是应当尽量迅速、彻底、坚决地取消一切特权吗?

如果取消一切特权,如果不再强迫使用一种语言,那么所有的斯拉夫人就会很快而且很容易地学会相互了解,就不用担心在全国议会里使用不同的语言发言这一"可怕的"主张。经济流转的需要本身自然会**确定**一个国家的哪种语言使用起来对多数人的贸易往来**有好处**。由于这种确定是各民族的居民自愿接受的,因而它会更加巩固,而且民主制实行得愈彻底,资本主义因此发展得愈迅速,这种确定也就会愈加迅速、愈加广泛。

自由派对待语言问题也像对待所有的政治问题一样,活像一个虚伪的小商人,一只手(公开地)伸给民主派,另一只手(在背后)却伸给农奴主和警察。自由派分子高喊:我们反对特权;但在背后却向农奴主时而要求这种特权,时而要求那种特权。

一切自由派资产阶级的民族主义都是这样的,不仅大俄罗斯的民族主义(它是最坏的,因为它带有强制性,并且同普利什凯维奇之流有着血缘关系)是这样,波兰的、犹太的、乌克兰的、格鲁吉亚的以及一切其他的民族主义也是这样。无论在奥地利还是在俄国,**一切**民族的资产阶级都高喊"民族文化"这个口号,**实际上**是在分裂工人,削弱民主派,同农奴主大做出卖人民权利和人民自由的交易。

工人民主派的口号不是"民族文化",而是民主主义的和全世界工人运动的各民族共同的文化。让资产阶级用各种"良好的"民族纲领去欺骗人民吧。觉悟的工人将这样回答他们:解决民族问题的办法只有一个(如果说在资本主义世界,在追逐金钱、互相争吵和人剥削人的世界,民族问题能够解决的话),那就是实行彻底的民主主义。

证据是:西欧的瑞士是一个具有古老文化的国家,东欧的芬兰是一个具有新兴文化的国家。

工人民主派的民族纲领是:绝不允许任何一个民族,任何一种语言享有任何特权;采取完全自由和民主的办法解决各民族的政治自决问题,即各民族的国家分离权问题;颁布一种全国性的法律,规定凡是赋予某一民族任何特权、破坏民族平等或侵犯少数民族权利的措施(地方自治机关的、城市的、村社的等等),都是非法的和无效的,同时国家的每一个公民都有权要求取消这种违反宪法的措施,都有权要求给予采取这种措施的人以刑事处分。

各民族的资产阶级政党由于语言问题以及其他问题而争吵不休,工人民主派则反对这样争吵,要求在**一切**工人组织中,即在工会组织、合作社组织、消费合作社组织、教育组织以及其他一切组织中,**各**民族的工人无条件地统一,并且完全打成一片,以对抗各种资产阶级的民族主义。只有这样的统一,这样的打成一片,才能捍卫民主,捍卫工人的利益而反对资本(资本已经成为而且愈来愈成为国际资本），捍卫人类向不容许任何特权、任何剥削现象的新的生活制度发展的利益。

2.“民族文化”

读者看到，《北方真理报》上的那篇文章通过一个实例即通过全国性的语言问题阐明了自由派资产阶级的不彻底性和机会主义，说明了自由派资产阶级在民族问题上有一只手伸给农奴主和警察。谁都知道，除了全国通用的语言问题外，在其他一系列类似的问题上，自由派资产阶级的表现也很阴险、虚伪和愚蠢（甚至从自由派的利益来看也是如此）。

由此可以得出什么结论呢？结论是：**任何**自由派资产阶级的民族主义，都会在工人中起严重的腐蚀作用，都会使自由的事业和无产阶级阶级斗争的事业遭受极大的损失。尤其危险的是，资产阶级的（以及资产阶级-农奴主的）趋向是以“民族文化”的口号**作掩护**的。黑帮和教权派以及**一切**民族的资产者，都在大俄罗斯的、波兰的、犹太的、乌克兰的等等民族文化的幌子下，干反动肮脏的勾当。

如果用马克思主义的观点，即用阶级斗争的观点来观察现代的民族生活，如果把口号同阶级利益和阶级政策加以对照而不是同空洞的“一般原则”、高调和空话加以对照，**那么**事实就是如此。

民族文化的口号是资产阶级的（而且常常是黑帮-教权派的）骗局。我们的口号是民主主义的和全世界工人运动的各民族共同的文化。

于是崩得[163]分子李普曼先生失去克制而大打出手，写了一大段杀气腾腾的话对我大肆攻击：

"凡是对民族问题略知一二的人，都知道各民族共同的（интернациональная）文化并不是非民族的（иннациональная）①文化（没有民族形式的文化）；非民族的文化，即既不应当是俄罗斯的，也不应当是犹太的，更不应当是波兰的，而只应当是纯粹的文化，这种非民族的文化是荒谬的；超越民族的思想只有适合工人的语言、适合工人生活的具体民族条件，才能成为工人阶级所亲近的思想；工人对自己的民族文化状况及其发展不应当漠不关心，因为通过民族文化，而且只有通过民族文化，工人才有可能参加'民主主义的和全世界工人运动的各民族共同的文化'。这是大家早已知道的，然而对这一切，弗·伊·却不愿意知道……"

请仔细考虑考虑这个典型的崩得分子用来驳倒我提出的马克思主义的论点的议论吧。崩得分子先生非常自信，俨然以"了解民族问题"的人自居，把常见的资产阶级观点当做"大家早已知道的"真理奉献给我们。

是的，亲爱的崩得分子，各民族共同的文化不是非民族的。谁也没有否认过这一点。谁也没有宣布过什么既不是波兰的，也不是犹太的，更不是俄罗斯等等的"纯粹"文化，可见你说了一大堆废话只不过是想转移读者的注意力，想用空话来掩盖事情的本质。

每个民族文化，都有一些民主主义的和社会主义的即使是不发达的文化**成分**，因为**每个**民族都有被剥削劳动群众，他们的生活条件必然会产生民主主义的和社会主义的意识形态。但是**每个**民族也都有资产阶级的文化（大多数还是黑帮的和教权派的），而且这不仅表现为一些"成分"，而表现为**占统治地位的**文化。因此，笼统说的"民族文化"**就是**地主、神父、资产阶级的文化。崩得分子避而不谈这个对马克思主义者来说是最起码的基本的道理，而"大谈"其空

---

① Интер——在……之间；ин——非；интернациональный——各民族间的，国际的；иннациональный——非民族的，非国民的，无民族的，无国民的。

话,这实际上就是**反对**揭露和阐明阶级鸿沟,把阶级鸿沟掩盖起来,使读者看不清楚。**实际上**,崩得分子和资产者的表现一样,因为资产者的整个利益要求散布对超阶级的民族文化的信仰。

我们提出"民主主义的和全世界工人运动的各民族共同的文化"这个口号,**只是从每一个**民族的文化中抽出民主主义和社会主义的成分,我们抽出这些成分**只是**并且**绝对**是为了对抗**每个**民族的资产阶级文化、资产阶级民族主义。任何一个民主主义者,特别是任何一个马克思主义者,都不会否认语言平等,不会否认用母语同"本民族的"资产阶级进行论战、向"本民族的"农民和小市民宣传反教权派的思想或反资产阶级的思想的必要性,这是用不着多说的,但是崩得分子却用这些无可争辩的道理来掩盖争论的问题,也就是掩盖问题的实质。

问题在于:马克思主义者可否直接或间接提出民族文化的口号呢,还是说必须"适应"各地方和各民族的特点,用各种语言宣传工人的**国际主义**口号以**反对**民族文化这一口号。

"民族文化"这个口号的含义,不取决于这位知识分子的诺言或他想"说明"这个口号"是指通过它来推行各民族共同的文化"的善良愿望。这样看问题就是幼稚的主观主义。民族文化这个口号的含义,取决于这个国家同世界各国各阶级的客观相互关系。资产阶级的民族文化就是一个**事实**(而且我还要重说一遍,资产阶级到处都在同地主和神父勾结)。气焰嚣张的资产阶级民族主义麻醉、愚弄和分化工人,使工人听任资产阶级摆布,——这就是当代的基本事实。

谁想为无产阶级服务,谁就应当联合各民族工人,不屈不挠地同"**自己的**"和别人的资产阶级民族主义作斗争。谁拥护民族文化的口号,谁就只能与民族主义市侩为伍,而不能与马克思主义者为伍。

举个具体例子。大俄罗斯的马克思主义者能采纳大俄罗斯的民族文化这个口号吗？不能。这样的人应当请他到民族主义者那儿去，而不应让他待在马克思主义者当中。我们的任务是同占统治地位的、黑帮和资产阶级的大俄罗斯民族文化作斗争，完全用国际主义精神并通过同别国的工人结成最紧密的联盟，来培植那些在我国民主工人运动史上出现的幼苗。你的任务是同本国的大俄罗斯的地主和资产者作斗争，反对他们的"文化"，"适应"普利什凯维奇和司徒卢威之流的特点为国际主义而斗争，不是去鼓吹民族文化这一口号，不是让这个口号畅行无阻。

对于最受压迫最受欺凌的民族——犹太民族来说同样如此。犹太的民族文化，这是拉比和资产者的口号，是我们敌人的口号。但是犹太的文化中和犹太人的全部历史中还有别的成分。全世界1 050万犹太人中，有一半多一点居住在落后的、半野蛮的加里西亚和俄国境内，这两个国家用暴力把犹太人置于帮会地位。另一半居住在文明世界，那里的犹太人没有帮会式的隔绝。那里犹太文化明显地表现出具有世界进步意义的伟大特征：它的国际主义，它对时代的先进运动的同情（犹太人参加民主运动和无产阶级运动的百分比，任何地方都高于犹太人在居民中所占的百分比）。

谁直接或间接地提出犹太"民族文化"的口号，谁（不管他的愿望多么好）就是无产阶级的敌人，谁就在维护犹太的**旧的和帮会的一套**，谁就是拉比和资产者的帮凶。相反，犹太的马克思主义者已经同俄罗斯、立陶宛、乌克兰以及其他民族的工人在跨民族的马克思主义组织之中打成一片，并且为建立工人运动的各民族共同的文化作出自己的贡献（既用俄语又用依地语），也正是这些犹太人不顾崩得的分离主义，继承了犹太人的优良传统，同时反对"民族文化"这一口号。

资产阶级的民族主义和无产阶级的国际主义——这是两个不可调和的敌对口号,这两个同整个资本主义世界的两大阶级营垒相适应的口号,代表着民族问题上的**两种**政策(也是两种世界观)。崩得分子维护民族文化这一口号,并且根据这个口号制定出所谓"民族文化自治"的一揽子计划和实践纲领,因此,他们**实际上**充当了向工人传播资产阶级民族主义的人。

3. 民族主义的吓人字眼——"同化"

同化①问题,即失去民族特点,变成另一个民族的问题,清楚地表明了崩得分子及其同道者的民族主义动摇思想所产生的后果。

李普曼先生正确地转述和重复了崩得分子惯用的论据,更确切些说,转述和重复了崩得分子的手法,他把本国的各民族工人必须在统一的工人组织之中统一和打成一片的这个要求(见上面提到的《北方真理报》刊载的那篇文章的最后一段)叫做"**同化的陈词滥调**"。

关于《北方真理报》那篇文章的结尾,弗·李普曼先生说:"因此,要是有人问你属于哪个民族,工人就应该回答说:我是社会民主党人。"

我们的崩得分子认为这种说法俏皮极了。其实,**这种立意反对彻底民主主义和马克思主义**口号的俏皮话和关于"同化"的叫嚣,正是他们的彻底自我揭露。

---

① 字面的意思是同类化,一律化。

发展中的资本主义在民族问题上有两种历史趋势。民族生活和民族运动的觉醒,反对一切民族压迫的斗争,民族国家的建立,这是其一。各民族彼此间各种交往的发展和日益频繁,民族隔阂的消除,资本、一般经济生活、政治、科学等等的国际统一的形成,这是其二。

这两种趋势都是资本主义的世界性规律。第一种趋势在资本主义发展初期是占主导地位的,第二种趋势标志着资本主义已经成熟,正在向社会主义社会转化。马克思主义者的民族纲领考虑到这两种趋势,因而首先要维护民族平等和语言平等,不允许在这方面存在任何**特权**(同时维护民族自决权,关于这一点下面还要专门谈),其次要维护国际主义原则,毫不妥协地反对资产阶级民族主义(哪怕是最精致的)毒害无产阶级。

试问,我们的崩得分子向苍天高喊反对"同化",他指的究竟是什么呢? 这里他**不会**是指对民族采取暴力和某个民族**应享有特权**,因为"同化"二字在这里根本不适合;因为所有的马克思主义者,不论是个人还是正式的统一整体,都非常明确而毫不含糊地斥责过哪怕是最轻微的民族暴力、压迫和不平等现象;还因为那篇遭到崩得分子攻击的《北方真理报》的文章,也十分坚决地阐明了这个一般的马克思主义思想。

不。这里含糊其辞是不行的。李普曼先生在斥责"同化"时,他指的既**不是**暴力,也**不是**不平等,更**不是**特权。那么同化这一概念,除了一切暴力和一切不平等现象外,还有没有什么实际的东西呢?

当然有。还有消除民族隔阂、消灭民族差别、使各民族**同化**等等具有世界历史意义的资本主义趋势,这种趋势每过 10 年就显得更加强大,并且是使资本主义向社会主义转化的最大推动力之一。

谁不承认和不维护民族平等和语言平等,不同一切民族压迫或不平等现象作斗争,谁就不是马克思主义者,甚至也不是民主主义者。这是毫无疑问的。但是,大骂其他民族的马克思主义者主张"同化",这样的假马克思主义者实际上不过是**民族主义的市侩**而已,这也是毫无疑问的。所有的崩得分子以及(我们就要看到的)列·尤尔凯维奇和顿佐夫先生之流的乌克兰民族社会党人,都属于这类不值得尊敬的人物之列。

为了具体说清楚这些民族主义市侩的观点的十足反动性,我们引证三种材料。

反对俄国正统派马克思主义者的"同化"喊得最厉害的是俄国的犹太民族主义者,特别是其中的崩得分子。不过,从上面引证的材料可以看到,全世界1 050万犹太人中,**约一半人生活在文明**世界里,处在"**同化**"**最多**的条件下;只有俄国和加里西亚的被蹂躏的、无权的、受普利什凯维奇之流(俄国和波兰的)压迫的不幸的犹太人,才生活在"**同化**"**最少**、隔绝得最厉害,甚至还有"犹太区"[164]、"百分比限额"[165]以及其他普利什凯维奇式的种种好处的条件下。

卡·考茨基和奥·鲍威尔说,文明世界的犹太人不是一个民族,他们被同化得最厉害。加里西亚和俄国的犹太人不是一个民族,很遗憾,他们(**不是**由于他们的过错,而是由于普利什凯维奇之流的过错)在这里还是**帮会**。这就是那些完全了解犹太人历史并且考虑到上述种种事实的人所作的无可争辩的论断。

这些事实究竟说明了什么呢?说明只有犹太的反动市侩才会高喊反对"同化",他们想使历史的车轮倒转,想让历史不要从俄国和加里西亚的制度走向巴黎和纽约的制度,而是想让历史开倒车。

在世界历史上享有盛名的犹太优秀人物,其中出现过全世界民主主义和社会主义的先进领袖,他们从未高喊过反对同化。只有那些肃然起敬地注视犹太人"后背"[166]的人才高喊反对同化。

在现代先进的资本主义条件下,民族同化过程的规模一般究竟有多大,以北美合众国的移民材料为例就可以得出一个大致的概念。1891—1900这10年,欧洲有370万人去那里,而1901—1909这9年,就有720万人。根据1900年的统计调查,合众国有1 000多万外国人。而纽约州活像一个磨掉民族差别的磨坊,根据这份统计调查,这里有78 000多奥地利人,136 000英国人,20 000法国人,480 000德国人,37 000匈牙利人,425 000爱尔兰人,182 000意大利人,70 000波兰人,166 000俄国移民(大部分是犹太人),43 000瑞典人等等。在纽约州以巨大的国际规模发生的过程,现在也在**每个**大城市和工厂区发生了。

谁没有陷进民族主义偏见,谁就不会不把资本主义的民族同化过程看做是极其伟大的历史进步,看做是对各个偏僻角落的民族保守状态的破坏,对俄国这样的落后国家来说尤其如此。

就拿俄国和大俄罗斯人对乌克兰人的态度来说吧。自然,任何一个民主主义者,马克思主义者就更不用说了,都会坚决反对骇人听闻的对乌克兰人的侮辱,都会要求保证他们享有完全平等的权利。但是,如果**削弱**目前存在的乌克兰无产阶级同大俄罗斯无产阶级在一国范围内的联系和联盟,那就是直接背叛社会主义,**甚至**从乌克兰人的资产阶级的"民族任务"来看,这也是愚蠢的政策。

列夫·尤尔凯维奇先生,自称也是"马克思主义者"(不幸的马克思!),他就是推行这种愚蠢政策的榜样。尤尔凯维奇先生写道:1906年索柯洛夫斯基(巴索克)和卢卡舍维奇(图恰普斯基)断言,乌克兰的无产阶级已经完全俄罗斯化了,因此它不需要另立组织。尤尔凯维奇先生根本不打算举出任何一件**涉及问题实质**的事实,而是抓住这一点对他们二人进行攻击,完全以最低级、愚蠢和反动的民族主义精神,歇斯底里地狂叫什么这是"民族的消极性",是"对民族的背弃",扬言这些人"分裂了〈!!〉乌克兰的马克思主义者"等等。尤尔凯维奇先生硬说,现在我们这里,尽管"工人的乌克兰民族意识增强了",但是有"民族意识的"工人还是**少数**,多数人"仍然处于俄罗斯文化的影响下"。这位民族主义的市侩大声疾呼,我们的任务"不是跟着群众走,而是率领群众前进,向他们说明民族的任务(民族事业)"(《钟声》杂志第89页)。

尤尔凯维奇先生的所有这些议论完全是资产阶级民族主义的议论。但是,甚至在资产阶级民族主义者(他们中一些人想使乌克兰获得完全平等和自治,另一些人想建立一个独立的乌克兰国家)看来,这种议论也是不值一驳的。反对乌克兰人谋求解放的意愿的是大俄罗斯和波兰的地主阶级以及这两个民族的资产阶级。什么样的社会力量有能力抵抗这些阶级呢?20世纪的头10年已经作出实际的回答,只有率领民主主义农民的工人阶级才是这种社会力量。如果真正的民主力量获得胜利,民族暴力就不可能存在,而尤尔凯维奇先生则竭力分裂这种真正的民主力量,从而削弱它,因此他不仅背叛了民主派的利益,而且背叛了本民族即乌克兰的利益。只有大俄罗斯和乌克兰的无产者统一行动,才**可能**有自由的乌克兰,没有这种统一行动,就根本谈不上这一点。

然而,马克思主义者并不受资产阶级民族观点的限制。在南部即乌克兰,已有好几十年十分清楚地显示出较快的经济发展过程,乌克兰把数以几万、几十万计的大俄罗斯农民和工人吸引到资本主义农场、矿山和城市中去了。在这些地方,大俄罗斯的无产阶级和乌克兰的无产阶级"同化"的事实是无可置疑的。而**这一**事实**肯定**是进步的。资本主义把大俄罗斯或乌克兰愚蠢、保守、死守在穷乡僻壤的不开化的庄稼汉变为流动的无产者,这些无产者的生活条件既打破了大俄罗斯特有的民族狭隘性,也打破了乌克兰特有的民族狭隘性。假定说,大俄罗斯和乌克兰之间以后要划国界,但是即使在这种情况下,大俄罗斯工人和乌克兰工人"同化"的历史进步性也是不容置疑的,这和美国的民族界限的磨掉有其进步性一样。乌克兰和大俄罗斯愈自由,资本主义的发展就会**愈广泛愈迅速**,那么资本主义将会更加有力地把国内各地区的**各民族工人**和各邻国(如果俄罗斯成了乌克兰的邻国的话)的劳动群众吸引到城市、矿山和工厂里去。

列夫·尤尔凯维奇先生的所作所为,活像是一个十足的资产者,而且是一个狭隘愚蠢、鼠目寸光的资产者即市侩,他为了乌克兰的民族事业的一时成就而将两个民族的**无产阶级**彼此交往、联合、同化的利益置之脑后。资产阶级民族主义者和跟着他们跑的尤尔凯维奇和顿佐夫先生之流可怜的马克思主义者说,首先是民族的事业,然后才是无产阶级的事业。而我们说,首先是无产阶级的事业,因为它不仅能保证劳动的长远根本利益和人类的利益,而且能保证民主派的利益,而没有民主,无论是自治的乌克兰,还是独立的乌克兰,都是不可思议的。

最后,在尤尔凯维奇先生层出不穷的关于民族主义的奇谈怪论中,还应当指出下面一点。他说,乌克兰工人中有民族意识的是少数,"多数人仍然处于俄国文化的影响下"(більшість перебуває ще під впливом російської культури)。

在谈到无产阶级时,这种把整个乌克兰文化同整个大俄罗斯文化对立起来的做法,就是对无产阶级利益的最无耻的背叛,为资产阶级民族主义效劳。

我们要告诉一切民族的社会党人:每一个现代民族中,都有两个民族。每一种民族文化中,都有两种民族文化。一种是普利什凯维奇、古契柯夫和司徒卢威之流的大俄罗斯文化,但是还有一种是以车尔尼雪夫斯基和普列汉诺夫的名字为代表的大俄罗斯文化。乌克兰同德国、法国、英国和犹太人等等一样,也有**这样两种**文化。如果说多数乌克兰工人处于大俄罗斯文化的影响下,那么我们就确凿地知道了,除了大俄罗斯神父的和资产阶级的文化思想外,还有大俄罗斯的民主派和社会民主党的思想在产生影响。乌克兰的**马克思主义者**在同前一种"文化"作斗争时,总是要把后一种文化区别开来,并且要告诉自己的工人们:"必须用全力抓住、利用、巩固一切机会,同大俄罗斯的觉悟工人相交往,阅读他们的书刊,了解他们的思想,乌克兰的工人运动的根本利益和大俄罗斯的工人运动的根本利益**都**要求这样做。"

一个乌克兰的马克思主义者对大俄罗斯压迫者的仇恨是**完全合情合理的**,但是如果忘乎所以,**以至**对大俄罗斯工人的无产阶级文化和无产阶级事业也仇恨起来,哪怕只有一点儿,哪怕仅仅采取疏远态度,那么这个马克思主义者也就会滚入资产阶级民族主义的泥潭。如果一个大俄罗斯的马克思主义者哪怕只是一分钟忘记了乌克兰人对于完全平等的要求,或者忘记了他们享有建立独立国家的**权利**,那么他同样也会滚入民族主义的泥潭,并且不仅会滚入资产阶级民族主义的泥潭,而且还会滚入黑帮民族主义的泥潭。

只要大俄罗斯和乌克兰的工人生活在一个国家里,他们就应该一同通过组织上最紧密的统一和打成一片,维护无产阶级运动共同的文化或各民族共同的文化,以绝对宽容的态度对待用何种语言进行宣传的问题和在这种宣传中如何照顾一些纯地方的或纯民族的**特点**问题。这就是马克思主义的绝对要求。任何鼓吹把一个民族的工人同另一个民族的工人分离开来的论调,任何攻击马克思主义的"同化"的言论,任何在涉及无产阶级的问题时把某个民族文化当做整体同另一个据说是整体的民族文化相对立等等的行为,都是**资产阶级**民族主义,应该与之作无情的斗争。

4."民族文化自治"[167]

"民族文化"这个口号问题对于马克思主义者之所以意义重大,不仅是因为它决定了我们在民族问题上的整个宣传鼓动工作的思想内容不同于资产阶级的宣传,而且还因为臭名远扬的民族文化自治的一整套纲领是以这个口号为依据的。

这个纲领主要的、根本的缺陷,就在于它竭力要实现最精致、最绝对、最彻底的民族主义。这个纲领的实质是:每一个公民都登记加入某一个民族,每一个民族就是一个法律上的整体,有权强迫自己的成员纳税,有本民族的议会(国会),有本民族的"国务大臣"(大臣)。

这种思想用到民族问题上,正如蒲鲁东思想用到资本主义上一样。不是消灭资本主义及其基础——商品生产,而是**清除**这个基础的各种弊端和赘瘤等等;不是消灭交换和交换价值,而相反,是"确立"交换价值,使之成为普遍的、绝对的、"**公正的**"、没有波动、没有危机、也没有弊端的东西。——这就是蒲鲁东思想。

蒲鲁东是小资产阶级,他的理论把交换和商品生产绝对化,把它当做宝贝,而"民族文化自治"的理论和纲领也是小资产阶级的,同样是把资产阶级民族主义绝对化,把它当做宝贝,清除其中的暴力、不公正等等现象。

马克思主义同民族主义是不能调和的,即使它是最"公正的"、"纯洁的"、精致的和文明的民族主义。马克思主义提出以国际主义代替一切民族主义,这就是各民族通过高度统一而达到融合,我们亲眼看到,每修筑一俄里铁路,建立一个国际托拉斯,建立一个国际工人协会(就其经济活动来说,以及就其宗旨和意向来说是国际性的),这种融合都在加强。

民族原则在资产阶级社会中有其历史的必然性,因此,马克思主义者重视这个社会,完全承认民族运动的历史合理性。然而,不要把这种承认变成替民族主义辩护,因此应该极严格地仅限于承认这些运动中的进步东西,因此不能因为这种承认而让资产阶级思想模糊了无产阶级意识。

群众从封建沉睡状态中觉醒,反对一切民族压迫,为争取人民主权、争取民族主权而斗争,这是进步。因此,在民族问题的各个方面维护最坚决最彻底的民主主义是马克思主义者的**义不容辞的**责任。这项任务多半是消极的。可是无产阶级不能超出这项任务去支持民族主义,因为超出这项任务就属于力图**巩固**民族主义的**资产阶级**的"积极"活动了。

冲破一切封建桎梏,打倒一切民族压迫,取消一个民族或一种语言的一切特权,这是无产阶级这个民主力量的义不容辞的责任,是正在为民族纠纷所掩盖和妨碍的无产阶级阶级斗争的绝对利益。然而,**超出**这些受一定历史范围的严格限制的界限去协助资产阶级的民族主义,就是背叛无产阶级而站到资产阶级方面去了。这里有一条界线,这条界线往往是很细微的,而崩得分子和乌克兰民族社会党人却把它全忘光了。

反对一切民族压迫的斗争是绝对正确的。**为**一切民族发展,**为**笼统的"民族文化"而斗争是绝对不正确的。全世界资本主义社会的经济发展给我们提供了一些没有充分发展的民族运动的实例,提供了一些由若干小民族组成大民族或损害某些小民族而组成大民族的实例,也提供了一些民族同化的实例。资产阶级民族主义的原则是笼统的民族发展,由此而产生了资产阶级民族主义的局限性,由此而产生了难解难分的民族纠纷。无产阶级不仅不维护每个民族的民族发展,相反,还提醒群众不要抱这种幻想,无产阶级维护资本主义流转的最充分的自由,欢迎民族的一切同化,只要同化不是强制性的或者依靠特权进行的。

在某种"公正"划定的范围内巩固民族主义,"确立"民族主义,借助于专门的国家机关牢固而长期地隔离一切民族,——这就是民族文化自治的思想基础和内容。这种思想是彻头彻尾资产阶级的,是彻头彻尾虚伪的。无产阶级不能支持任何巩固民族主义的做法,相反,它支持一切有助于消灭民族差别、消除民族隔阂的措施,支持一切促进各民族间日益紧密的联系和促进各民族打成一片的措施。不这样做就站到反动的民族主义市侩一边去了。

奥地利社会民主党人在他们的布隆代表大会[168]上(1899年)讨论民族文化自治草案时,几乎没有注意对这个草案从理论上加以评价。然而,值得指出的是,当时提出了以下两个反对这一纲领的论据:(1)它会加强教权主义;(2)"它导致的后果就是使沙文主义永世长存,把沙文主义搬进每一个小团体,每一个小组"(见布隆代表大会正式德文记录第92页。这个记录有犹太民族主义政党"犹太社会主义工人党"[169]出版的俄文译本)。

毫无疑问,目前世界各国,一般含义的"民族文化"即学校等等,都处于教权派和资产阶级沙文主义者的绝对影响下。崩得分子为"民族文化"自治进行辩护,说民族的确立会使民族内部的阶级斗争成为不带任何不相干的意图的**纯粹**斗争,这是很明显很可笑的诡辩。在任何资本主义社会中,重大的阶级斗争都首先是在经济和政治领域内进行的。把教育部门**从这个**领域分出来,首先,这是一种荒谬的空想,因为要学校(以及笼统的"民族文化")脱离经济和政治是不行的;其次,正是资本主义国家的经济和政治生活每走一步都**迫使**消除荒谬陈腐的民族隔阂和偏见,而把学校教育这一类事业分出来恰恰会保持、加剧、加强"纯粹的"教权主义和"纯粹的"资产阶级沙文主义。

在股份公司里,不同民族的资本家坐在一起,不分彼此。在工厂里,不同民族的工人在一起工作。当发生任何真正严肃而深刻的政治问题时,人们是按阶级而不是按民族来进行组合的。使教育这一类事业"不受国家管理"交给各个民族管理,恰恰是企图**把社会生活的可以说是最高的意识形态领域同使各民族打成一片的经济分开**,在意识形态这一领域中,对"纯粹"民族文化的存在或教权主义和沙文主义在民族中的培植都是极为有利的。

"超地域的"(非地域的,同某一民族所居住的地域无关的)或"民族文化的"自治计划付诸实施,只能意味着**以民族划线分割教育事业**,即分民族办教育事业。只要清楚地想想著名的崩得计划的这种**真正本质**,就足以了解这个计划的十足反动性了,即使从民主派的观点来看这个计划也是极其反动的,更不用说从无产阶级争取实现社会主义的阶级斗争的观点来看了。

只要举出学校教育"民族化"的一个例子和一个草案,就可以清楚地说明问题的实质。北美合众国在全部生活中直到现在仍然划分为北方诸州和南方诸州;前者自由传统和反对奴隶主斗争的传统最多,后者奴隶占有制的传统最多,经济上压制黑人、文化上歧视黑人(黑人中44%是文盲,白人中6%是文盲)等等对黑人迫害的残余现象仍然存在。因此,在北方诸州,黑人和白人是合校上课的。在南方则有专门的——"民族的"或种族的,怎么称呼都行——黑人学校。看来,这倒是学校"民族化"的唯一实例。

东欧有一个国家直到现在还有可能发生类似贝利斯案件[170]的事情，那里的犹太人被普利什凯维奇先生们贬到比黑人还不如的地位。这个国家的内阁不久前拟了一个**犹太学校民族化**的草案。值得庆幸的是，这个反动的空想未必能够实现，奥地利的小资产者的空想也是如此，这些人对实现彻底的民主主义、对终止民族纠纷已经绝望了，于是就在学校教育方面给各民族**重重设防**，使各民族不会**因为分校**而发生纠纷……然而各民族之间却"确定地"要发生一种"民族文化"反对另一种"民族文化"的**永无休止的**纠纷。

奥地利的民族文化自治在很大程度上是著作家杜撰出来的，奥地利的社会民主党人自己都没有把它当真。但是俄国所有的犹太资产阶级政党和各民族的一些市侩机会主义分子，例如崩得分子、高加索的取消派以及俄国各民族左派民粹派政党代表会议[171]，却都把它纳入了纲领。（顺便说一下，这个代表会议在1907年召开，代表会议的决议是**在俄国社会革命党和波兰社会爱国派、波兰社会党**[172]**弃权的情况下**通过的。弃权——这是社会革命党人和波兰社会党人在涉及民族纲领方面的最重要的原则问题上所采用的一种极其典型的方法！）

在奥地利，正是"民族文化自治"的最主要的理论家奥托·鲍威尔在自己的书中，用专门一章来论证对犹太人不能提出这个纲领。而在俄国，正是所有的犹太资产阶级政党及其应声虫崩得采纳了这个纲领①。这说明什么呢？这就是说，历史用另一个国家的政治实践揭露了鲍威尔的荒谬杜撰，同样，俄罗斯的伯恩施坦分子（司徒卢威、杜冈-巴拉诺夫斯基、别尔嘉耶夫之流）也用自己从

---

① 崩得分子常常激动万分地否认**所有的**犹太资产阶级政党都采纳了"民族文化自治"的事实，这是可以理解的。这一事实彻底揭露了崩得所起的真正作用。崩得

马克思主义向自由主义的迅速演变的事实揭露了德国伯恩施坦派[174]的实际思想内容。

无论是奥地利的社会民主党人,还是俄国的社会民主党人,都没有把"民族文化"自治纳入自己的纲领。然而,一个最落后的国家里的犹太资产阶级政党和许多冒牌的社会主义市侩集团却**采纳了它**,以便用精致的形式把资产阶级民族主义思想灌输到工人中去。这个事实本身很清楚地说明了问题。

既然我们已经谈到了奥地利关于民族问题的纲领,那就不能不恢复常常被崩得分子所歪曲的真相。在布隆代表大会上**曾经**提出一个**纯粹的**"民族文化自治"纲领。这是南方斯拉夫社会民主党的纲领,这个纲领的第 2 条说:"居住在奥地利的每一个民族,不论其成员所居住的地域,组成一个自治团体,完全独立地管理本民族的(语言的和文化的)一切事务。"维护这个纲领的不仅有克里斯坦,而且还有颇具威信的埃伦博根。但是这个纲领被否决了,没有一票赞成。大会所通过的纲领是**拥护地域原则的**,即主张不建立**任何**"与民族成员的居住地域无关"的民族集团。

已通过的纲领的第 3 条写道:"同一个民族所居住的各自治

分子之一马宁先生在《光线报》[173]上试图重申其否认,恩·斯科宾则对他进行了彻底的揭露(见《启蒙》杂志[153]第 3 期)。但是列夫·尤尔凯维奇先生在《钟声》杂志上(1913年第 7—8 期合刊第 92 页)引用《启蒙》杂志(第 3 期第 78 页)上恩·斯科宾关于"崩得分子同所有的犹太资产阶级政党和集团一起,早就维护民族文化自治"这段话时,竟加以**歪曲,删去了**这句话中的"崩得分子"几个字,并以**民族权利**"一语**偷换了**"民族文化自治"一语,对此,我们只能感到惊奇!! 列夫·尤尔凯维奇先生不仅是一个民族主义者,不仅是一个对社会民主党的历史和它的纲领极其无知的人,而且是一个为了维护崩得利益而**干脆捏造引文的人**。崩得和尤尔凯维奇先生们的情况不妙啊!

区域共同组成统一的民族联盟,完全按自治原则来处理本民族的事务。"(参看1913年《启蒙》杂志第4期第28页[175])显然,这个折中的纲领也是不正确的。我们举个例子来说明。萨拉托夫省的德意志移民村社、里加或罗兹城郊的德意志工人区和彼得堡附近的德意志人的居住区等等合起来组成俄国境内的德意志人"统一民族联盟"。显然,社会民主党人不能**要求**干这种事,不能**巩固**这种联盟,虽然他们当然丝毫不否认在这个国家成立任何联盟的**自由**,包括成立任何民族的任何村社联盟的**自由**。但是,按国家法律把俄国各地的和各阶级中的德意志人等单独组成统一的德意志民族联盟,这种事只有神父、资产者、市侩等等人才会干,社会民主党人是决不干的。

5. 民族平等和少数民族的权利

俄国的机会主义者在讨论民族问题时最惯用的手法,就是以奥地利作例子。我在《北方真理报》(《启蒙》杂志第10期第96—98页)上发表的那篇遭到机会主义分子攻击(谢姆柯夫斯基先生在《新工人报》[176]上,李普曼先生在《时报》上)的文章中肯定地说:既然在资本主义世界民族问题一般地说有解决的可能,那就只有一种解决办法,这就是实行彻底的民主主义。为了证明这一点,我顺便举了瑞士的例子。①

上面提到的那两个机会主义分子都不喜欢这个例子,都企图驳倒这个例子或缩小其意义。据说,考茨基曾经说瑞士是个例外,

---

① 见本卷第332—335页。——编者注

说瑞士有完全独特的分权制,有独特的历史,有独特的地理条件,说那里操外国语的居民居住分散,情况非常特殊等等,等等。

所有这些说法都不过是企图**回避**论争的实质罢了。当然,瑞士不是一个单一民族的国家,从这层意义上来说,它是个例外。但是奥地利和俄国也属于这样的例外(或落后,——考茨基补充说)。当然,在瑞士,正是独特的、不寻常的、历史形成的条件和生活条件,才保证了它比那些同它接壤的多数欧洲邻国有**更多的**民主。

可是,既然我们所谈的是一个应该借鉴的**榜样**,那为什么要说这番话呢? 在现代条件下,那些已经根据**彻底的**民主原则建立了某种机构的国家,在全世界来说都是例外。我们在自己的纲领中,难道因此就不该坚持一切机构都应实行彻底的民主主义吗?

瑞士的特点在于它的历史、它的地理条件和其他条件。俄国的特点在于资产阶级革命时代从未有过的无产阶级的力量和国家的各方面都非常落后,这种落后客观上要求必须冒着种种失利和失败的危险,特别迅速、特别坚决地向前迈进。

我们是以无产阶级的观点为依据来制定民族纲领的;从什么时候起选个榜样必须选坏的而不该选好的?

在资本主义条件下,**只有**在彻底实行民主主义的国家里才能实现民族和平(既然一般地说是有可能实现的),这在任何情况下难道不都是不可争辩、不可反驳的事实吗?

既然这是无可争辩的,那么机会主义分子坚持要以奥地利而不以瑞士为例,就是地道的立宪民主党人的手法,因为立宪民主党人总是抄袭欧洲的坏宪制,而不是抄袭好宪制。

瑞士通行**三种**国语,然而法律草案在付诸全民投票时,是用**五种**文字刊印的,也就是除了用三种国语外,还用了两种"罗曼语族的"方言。根据1900年的调查,在瑞士的 3 315 443 个居民中有

38 651 人操这两种方言,即占**1%强**。军队中军官和士官"享有用母语同士兵讲话的最大自由"。在格劳宾登和瓦利斯两个州(各有居民 10 万多一点),这两种方言是完全平等的①。

试问,我们是应该宣传并且维护一个先进国家的这种生动的**经验**呢,还是应该从奥地利人那里抄袭世界上任何地方都没有试验过的(奥地利人自己也还没有采纳的)像"超地域自治"一类的**杜撰出来的东西**呢?

鼓吹这种杜撰出来的东西就是鼓吹按民族分校,就是鼓吹非常有害的观点。而瑞士的经验表明,在整个国家实行彻底(仍然是相对而言)民主主义的条件下保证高度的(相对而言)民族和平,**在实践上是可能的并且已经实现了**。

对这个问题有研究的人们说:"瑞士**不存在东欧那样的民族问题**。这个词汇(民族问题)在这里甚至都无人知晓…… 瑞士的民族斗争早在 1797—1803 年间就终止了。"②

这就是说,法国大革命时代不仅用最民主的方式解决了从封建制度向资本主义制度过渡的一些首要问题,同时还顺便地"**解决了**"民族问题。

俄国境内有的县份甚至一个县的一部分的 20 万居民中就有 4 万人操**两种方言**并且希望在本地区享有使用语言方面的**完全平等**,现在就让谢姆柯夫斯基和李普曼之流先生们以及其他机会主义分子去试试作出论断,说这个"唯独瑞士的"解决办法**不适合于这些地方**吧!

宣传民族和语言的完全平等,就可以把每个民族的彻底的民

———————————

① 见勒内·昂利《瑞士与语言问题》1907 年伯尔尼版。
② 见爱·布洛赫尔《瑞士的民族》1910 年柏林版。

主分子(即只是无产者)单独分出来,可以不按民族,而是根据他们对一般国家制度进行深入和重大改善的愿望**把他们联合起来**。反之,宣传"民族文化自治"(尽管个别人和个别集团出于好意),就是**离间民族**,并且实际上是促使一个民族的工人同**该民族的**资产阶级接近(所有的犹太资产阶级政党都采纳了这个"民族文化自治")。

保障少数民族权利同完全平等的原则是分不开的。我在《北方真理报》上发表的那篇文章,对这个原则的表述几乎同马克思主义者后来召开的会议作出的更确切的正式决定的表述完全一样。这个决定要求"宪法中还要加一条基本法律条款,宣布任何一个民族不得享有特权、不得侵犯少数民族的权利"。

李普曼先生试图嘲笑这个提法,他问道:"怎样才能知道什么是少数民族的权利呢?"民族学校使用"自己的教学大纲"的权利,是否属于这些权利之列呢? 少数民族要有多大才有权设自己的法官,自己的官员,开办使用母语的学校呢? 李普曼先生想从这些问题中作出必须要有"**积极的**"民族纲领的结论。

其实,这些问题清楚地表明,我们这个崩得分子用所谓细节问题的争论作掩护,正在偷运着多么反动的货色。

在自己的民族学校里有"自己的教学大纲"! …… 可亲的民族社会党人,马克思主义者有一个**共同的**学校教学大纲,比方说,大纲要求实施绝对的世俗教育。马克思主义的观点认为,在一个民主国家里,任何地方任何时候都不允许**背离**这个共同的大纲(至于用某些"地方性的"课程、语言等等作补充的问题,可由当地居民决定)。可是,根据使教育事业"不受国家管理"而交给各民族管理的原则,我们工人就得允许各"民族"在我们的民主国家中把人民的钱财花在办教权派的学校上! 李普曼先生自己不知不觉清楚地说明了"民族文化自治"的反动性!

"少数民族要有多大?"这一点连崩得分子心爱的奥地利纲领也没有确定,这个纲领说(比我们的更简短更不清楚):"对于少数民族的权利,帝国议会将颁布一项特别法律加以保障。"(布隆纲领第 4 条)

这究竟是什么样的法律?为什么谁也没有提出这个问题来质问奥地利社会民主党人呢?这个法律究竟应该保证什么样的少数民族有什么样的权利呢?

因为一切明白事理的人都懂得,纲领中规定细节问题是不适当的,也是不可能的。纲领只能确定一些基本原则。这里所说的基本原则在奥地利人那里是不言而喻的,俄国的马克思主义者最近举行的一次会议所通过的决定也直接表述了这条原则。这条原则就是不容许存在任何民族特权和任何民族不平等。

为了给崩得分子解释清楚问题,我们举一个具体例子。根据 1911 年 1 月 18 日的学校普查材料,圣彼得堡市国民"教育"部所属的初等学校有学生 48 076 人。其中犹太学生 396 人,也就是说,不到 1%。其次,罗马尼亚学生 2 人、格鲁吉亚学生 1 人、亚美尼亚学生 3 人等等[177]。能不能制定一个包罗这些各种各样的关系和条件的"积极的"民族纲领呢?(自然,在俄国,彼得堡还远不是民族成分最"复杂的"城市。)看来,连崩得分子这样的研究民族"微妙问题"的专家也制定不出这样的纲领。

然而,如果在国家宪法中有一项规定不得侵犯少数民族权利的基本法律条款,那么任何一个公民都可以要求废除这样的命令,例如,规定不得用公费雇专门教员讲授犹太语、犹太史等等的命令,或者规定不向犹太、亚美尼亚、罗马尼亚孩子乃至一个格鲁吉亚孩子提供公家场所听课的命令。在平等的基础上满足少数民族的一切合理公正的愿望决不是什么不可能的事,而且谁也不会说,宣传平等是有害的。相反,宣传按民族分校,例如,宣传在彼得堡专门为犹太孩子办犹太学校,那就是绝对有害的,而且为**所有的**少数民族,为一两个或两三个孩子办民族学校简直是不可能的。

其次,在任何一项全国性的法律中,都不可能规定究竟什么样的少数民族才有权开办专门学校或聘请讲授补充课程的专门教员等等。

相反,关于民族平等的全国性的法律,完全可以在各地区议会、各城市、各地方自治机关、各村社等等的专门法令和决定中,详细地加以规定并加以发展。

6. 中央集权制和自治

李普曼先生在自己的反驳意见中写道:

"以我国的立陶宛、波罗的海边疆区、波兰、沃伦、俄国南部等地为例,——你们到处都可以发现**杂居的**居民;没有一个城市没有一个大的少数民族。不管分权制实行得怎样广泛,到处(主要在城市公社中)都可以发现各种不同的民族居住在一起,正是民主主义把少数民族完全交给多数民族支配。然而,大家知道,弗·伊·是反对瑞士联邦实行的那种国家联邦制和无限分权制的。试问,他为什么要举瑞士作例子呢?"

我为什么举瑞士作例子,上面已经说明了。同时也说明了,保障少数民族权利的问题,**只有**在不背离平等原则的彻底的民主国家中,通过颁布全国性的法律才有可能得到解决。可是在上面的一段引文中,李普曼先生还重复了一条最流行的(也是最不正确的)反对意见(或者怀疑意见),这种意见通常是用来反对马克思主义的民族纲领的,因此值得加以分析。

当然,马克思主义者是反对联邦制和分权制的,原因很简单,资本主义为了自身的发展要求有尽可能大尽可能集中的国家。**在其他条件相同的情况下**,觉悟的无产阶级将始终坚持建立更大的国家。它将始终反对中世纪的部落制度,始终欢迎各个大地域在经济上尽可能达到紧密的团结,因为只有在这样的地域上,无产阶级反对资产阶级的斗争才能广泛地开展起来。

资本主义生产力广泛而迅速的发展,**要求**有广阔的、联合和统一成为国家的地域,只有在这样的地域里,资产者阶级,还有和它必然同时存在的死对头无产者阶级,才能各自团结起来,消灭一切古老的、中世纪的、等级的、狭隘地方性的、小民族的、宗教信仰的以及其他的隔阂。

关于民族自决权,即关于民族享有分离和成立独立的民族国家的权利,我们还要专门来谈。[①] 但是,在各种不同的民族组成一个统一的国家的情况下,并且正是由于这种情况,马克思主义者是决不会主张实行任何联邦制原则,也不会主张实行任何分权制的。中央集权制的大国是从中世纪的分散状态向将来全世界社会主义的统一迈出的巨大的历史性的一步,除了**通过**这样的国家(同资本主义**紧密**相联的)外,没有也不可能有别的通向社会主义的道路。

然而,决不能忘记,我们维护集中制只是维护**民主**集中制。在这方面,所有的市侩和民族主义市侩(包括已故的德拉哥马诺夫),把问题搅乱了,这就不得不一次又一次地花时间来进行

---

① 见本卷第369—402页。——编者注

澄清。

民主集中制不仅不排斥地方自治以及有独特的经济和生活条件、民族成分等等的区域**自治**,相反,它必须**既要求地方自治,也要求区域自治**。我们这里人们总是把集中制同专横和官僚主义混为一谈。俄国的历史自然会引起这种混淆,然而这对马克思主义者来说,仍然是绝对不能允许的。

举个具体例子就足以说明这个问题。

罗莎·卢森堡在她的长篇文章《民族问题和自治》①中犯有许多可笑的错误(下面将要谈到),其中一个错误特别可笑,这就是她试图说明自治的要求**只适用于波兰**。

然而,请先看看她是**怎样**给自治下定义的。

罗莎·卢森堡承认(她既然是一个马克思主义者,当然必须承认),一切对资本主义社会来说最重要的和重大的经济问题和政治问题,决不应该由各区域的自治议会掌管,而只能由全国性的中央议会掌管。属于这类问题的有:关税政策、工商法、交通和联络工具(铁路、邮局、电报、电话等)、军队、税制、民法②和刑法、教育的一般原则(例如,关于绝对的世俗教育、关于普及教育、关于最低教学大纲、关于学校的民主制度等等的法律)、劳动保护法、政治自由法(结社权)等等,等等。

根据全国性的立法,由自治议会掌管的是纯粹地方性的、区域性的或纯粹民族方面的问题。罗莎·卢森堡在发挥这个思想时也谈得十分详细(甚至过于详细),她指出了例如建设地方铁路(第

① 《社会民主党评论》杂志**178**1908 年和 1909 年克拉科夫版。
② 罗莎·卢森堡在发挥自己的思想时谈得很细,例如,她还谈到(而且谈得很对)离婚法(上述杂志第 12 期第 162 页)。

12 期第 149 页)、地方公路(第 14—15 期合刊第 376 页)等等。

非常明显,如果**不**保证每一个在经济和生活上有较大特点并且民族成分不同等等的区域享有这样的自治,那么现代真正的民主国家就不可能设想了。资本主义发展所必需的集中制原则,不仅不会因为实行这样的(地方的和区域的)自治而遭到破坏,反而会因此能够**民主地**而不是官僚主义地得到贯彻。**没有**这种既**促进**资本集中、生产力发展,又**促进**资产阶级及无产阶级在**全国**范围内的团结的自治,那么,资本主义广泛、自由和迅速的发展就是不可能的,或者至少会有极大的阻力。这是因为,对**纯粹**地方性的(区域的、民族的等等)问题实行官僚主义的干预,是经济和政治发展的最大障碍之一,特别是在大的、重要的、根本性的问题上实行**集中制**的障碍之一。

因此,当读到我们杰出的罗莎·卢森堡非常严肃地用"纯粹马克思主义的"词句来竭力证明自治要求**只**适用于波兰,而且**只是**作为一种例外的时候,是很难叫人不发笑的! 自然,这里并没有一点对"自己教区"的爱国主义,这里只有"实际的"考虑⋯⋯例如对立陶宛的考虑。

罗莎·卢森堡以维尔纳、科夫诺、格罗德诺和苏瓦乌基四省为例,力求使读者(也使她自己)相信,这些省份居住的"主要"是立陶宛人,她还把这些省份的居民加在一起,结果是立陶宛人占全体居民的 23%,如果再把日穆奇人[179]同立陶宛人加在一起,则占居民的 31%,就是说不到 $\frac{1}{3}$。结论自然就是关于立陶宛自治的想法是"无根据和人为的"(第 10 期第 807 页)。

凡是了解我们俄国官方统计方面存在的人所共知的缺点的读者,立刻就会发现罗莎·卢森堡的错误。为什么要以立陶宛人只占**百分之零点二**(0.2%)的格罗德诺省为例呢? 为什么要以整个维尔纳省而不是只以该省的立陶宛人在居民中占**多数**的特罗基一县为例呢？为什么要以整个苏瓦乌基省为例,确定立陶宛人占该省居民的52%,而不以该省一些立陶宛人居住的县份,即以 7 个县中立陶宛人占居民**72%**的 5 个县为例呢？

在说明现代资本主义的条件和要求时,不用"现代的",不用"资本主义的"行政区划,而用俄国中世纪的、农奴制的、官方官僚制的行政区划,而且用的是最粗线条的行政区划形式(用省而不是用县),这是很可笑的。非常明显,不废除这些区划,不代之以**真正**"现代的"区划、真正符合资本主义的而**不是**官家的、**不是**官僚制度的、**不是**守旧势力的、**不是**地主的、**不是**神父的要求的区划,那么就谈不上在俄国进行什么比较认真的地方改革,同时,现代资本主义的要求,无疑会包括居民的民族成分要尽可能统一的这项要求,因为民族性、语言统一对于完全控制国内市场和经济流转的完全自由是一个重要因素。

崩得分子麦迭姆重犯罗莎·卢森堡的这个明显的错误,他想证明的不是波兰的那些"例外"特征,而是民族地域自治原则行不通(崩得分子是拥护民族超地域自治的!),这实在令人惊奇。我们的崩得分子和取消派分子搜集了全世界各国、各民族的社会民主党人的一切错误和一切机会主义的动摇思想,并且囊括的一定是全世界社会民主党中**最坏的东西**:从崩得分子和取消派分子的著述中摘录的只言片语凑在一起就能组成一个标准的社会民主主义**垃圾博物馆**。

麦迭姆用教训的口吻说:区域自治对于区域和"边疆区"是适合的,而对于拥有 50 万到 200 万居民、面积相当于一个省的拉脱维亚、爱沙尼亚等这样的州就不适合了。"**这就不是区域自治,而是普通的地方自治……** 在这种地方自治之上必须建立真正的区域自治……"同时这位作者还斥责了对旧的省和县的"破坏"。①

事实上,保留中世纪的、农奴制的、官方行政的区划就是"破坏"和损害现代资本主义条件。只有满脑子是这种区划精神的人,才会"故作博学的专家的姿态",动脑筋把"地方自治"同"区域自治"对立起来,考虑什么按照死板公式大区域应推行"区域自治",小区域应推行地方自治。现代资本主义完全不需要这些官僚死板公式。为什么不仅不可能成立拥有 50 万居民的民族自治州,甚至拥有 5 万居民的民族自治州也不可能,为什么这一类的州在合适的情况下,在经济流转需要的情况下,不能采取各种不同的方式同毗邻的大大小小的州联合成统一的自治"边疆区",——这一切始终是崩得分子麦迭姆的一个秘密。

我们要指出,社会民主党布隆民族纲领完全立足于民族地域自治,它提出"废除历代的皇朝封地",而把奥地利划成若干"以民族为界"的州(布隆纲领第 2 条)。我们是不想走这么远的。毫无疑义,统一的居民民族成分,是实现自由的、广泛的、真正现代化的商业周转的最可靠的因素之一。毫无疑义,任何一个马克思主义者甚至任何一个坚定的民主主义者,都不会去保护奥地利的皇朝封地和俄罗斯的省和县(后者不像奥地利皇朝封地那样糟糕,但毕竟还是很糟糕的),都不会否认必须尽可能地用按居民的民族成分划分区域的办法来代替这些旧的划分办法。最后,毫无疑义,建立拥有清一色的、统一的民族成分的自治州,哪怕是最小的自治州,对于消灭一切民族压迫都是极其重要的,而且散居全国各地甚至世界各地的这个民族的成员都会"倾向"这些州,同它们交往,

① **弗·麦迭姆**《关于俄国民族问题的提法》,1912 年《欧洲通报》杂志**180** 第 8 期和第 9 期。

同它们组成各种自由联盟。所有这一切都是无可争辩的,只有从顽固的官僚主义观点出发,才会对这一切提出异议。

居民的民族成分是极重要的经济因素**之一**,但它**不是唯一的**,在其他诸因素中**也不是**最重要的。例如,城市在资本主义制度下起着**极其重要的**经济作用,但是任何地方的城市,波兰的也好,立陶宛的也好,乌克兰的也好,大俄罗斯等地的也好,居民的民族成分都是十分复杂的。由于考虑"民族"因素而把城市同那些经济上倾向城市的乡村和州分割开来,这是荒谬的,也是不可思议的。因此,马克思主义者不应当完全绝对地以"民族地域"原则为立足点。

因此,俄国马克思主义者在最近一次会议上所规定的解决问题的办法,比奥地利的办法要正确得多。这个会议在民族问题上提出了如下的原则:

"……必须实行广泛的区域自治"(当然,不是指波兰一地,而是指俄国各个区域)"和完全民主的地方自治,并且根据当地居民自己对经济条件和生活条件、居民民族成分等等的估计,确定地方自治地区和区域自治地区的区划"①(不是按照现在的省界、县界等)。

这里是把居民的民族成分和其他条件(首先是经济条件,其次是生活条件等等)**相提并论**的,这些条件应该作为确定与现代资本主义相适应而不是与官场习气和亚洲式的野蛮状态相适应的新区划的根据。只有当地居民才能够完全准确地"估计"所有这些条件,而国家的中央议会将根据这种估计来确定自治区域的区划和自治议会的管辖范围。

---

① 见《列宁全集》第2版第24卷第61页。——编者注

*　　　　　*　　　　　*

我们还要研究一下民族自决权的问题。在这个问题上,各民族的一大帮机会主义分子——既有取消派分子谢姆柯夫斯基,也有崩得分子李普曼,还有乌克兰民族社会党人尤尔凯维奇——都在"推广"罗莎·卢森堡的错误。下一篇文章,我们将专门探讨这个被这"一大帮"搅得特别混乱的问题[181]。

载于1913年11月和12月《启蒙》
杂志第10、11、12期

选自《列宁全集》第2版第24卷
第120—154页

致阿·马·高尔基

（1913 年 11 月 13 日或 14 日）

亲爱的阿·马·:您这是干的什么事呀？简直糟透了,真的!

昨天我从《言语报》**91**上读了您对祖护陀思妥耶夫斯基的"叫嚣"的回答**182**,本来感到很高兴,今天取消派的报纸来了,却**登出了**《言语报》上**您的文章**中所缺少的**一段话**。

这段话是这样的:

"至于'寻神说',应当**暂时**〈仅仅是暂时吗?〉搁下,那是一种徒劳无益的事:没放东西的地方,没什么可找。没有播种,就不会有收获。你们没有神,你们**还**〈还!〉没有把它创造出来。神,不是找出来的,而是**创造**出来的;生活不能虚构,而是创造的。"

原来,您反对"寻神说"仅仅是"暂时"的!! 原来,您反对"寻神说"**仅仅**是为了要用造神说代替它!!

瞧,您**竟写出**这样的东西来,这岂不是太糟糕了吗?

寻神说同造神说、建神说或者创神说等等的差别,丝毫不比黄鬼同蓝鬼的差别大。谈寻神说不是为了反对**一切的**鬼神,不是为了反对任何思想上的奸尸(信仰任何神都是奸尸,即使是最纯洁的、最理想的、不是寻来而是创造出来的神,也是如此),而是要蓝鬼不要黄鬼,这比根本不谈还要坏一百倍。

在最自由的国家里,也就是**完全**不适合以"民主、人民、舆论和科学"作号召的国家里,——在那些国家(美国、瑞士等等)里,人们正是特别热心地用这种纯洁的、精神上的、创造出来的神的观念来麻痹人民和工人。这正是因为,任何宗教观念,任何神的观念,甚至任何对神的谄媚,都是**民主派**资产阶级能特别容忍地(甚至往往是心甘情愿地)予以接受的无法形容的下流货色,——正因为如此,这是最危险的下流货色,是最可恶的"传染病"。群众识破千百万种罪恶、坏事、暴行和**肉体的**传染病,比识破**精巧的**、精神上的、用最漂亮的"思想"外衣装扮起来的神的观念要容易得多,因而前者的危害性比后者也就小得多。奸污少女的天主教神父(我刚才偶然在一张德文报纸上读到这件事)对于"民主制"的危害,比不穿袈裟的神父,比不相信拙劣宗教的神父,比宣传建神和创神的、有思想修养的、民主主义的神父要**小得多**。这是因为揭露、谴责和赶走前一种神父是**容易的**,而赶走后一种神父就**不能**这样简单,揭穿他们要困难一千倍,没有一个"脆弱的和可悲地动摇的"庸人会同意"谴责"他们。

您知道**小市民的**(你说俄国的,为什么是俄国的呢? 意大利的就好些吗??)灵魂的"脆弱性和可悲的动摇性",但您却拿最甜蜜的、用糖衣和各种彩色纸巧妙地包裹着的毒药来诱惑这种灵魂!!

真的,这太糟糕了。

"我们这里代替自我批评的自我侮辱已经够多的了。"

可是,造神说难道不就是一种**最坏的**自我侮辱吗?? 一切从事造**神**的人,甚至只是容许这种做法的人,都是在以最坏的方式**侮辱自己**,他们所从事的不是"实际活动",而**恰巧**是自我直观,自我欣赏,而且,这种人"直观"的是自"**我**"身上种种被造神说所神化了的最肮脏、最愚蠢、最富有奴才气的特点。

不从个人角度而从社会角度来看,**一切**造神说都正是愚蠢的小市民和脆弱的庸人的**心爱的自我直观**,是"悲观疲惫的"庸人和小资产者在幻想中"自我侮辱"的那种**心爱的自我直观**(您关于**灵魂**的说法很正确,只是不应当说"俄国的",而应当说**小市民的**,因为无论犹太的、意大利的、英国的,**都是同一个鬼**,卑鄙的小市民在任何地方都同样丑恶,而在思想上奸尸的"民主派小市民"则加倍丑恶)。

我一边读您的文章,一边**反复思索**为什么您竟会出现这种**笔误**,然而不得其解。怎么回事呢? 是**您自己**也不赞成的那篇《忏悔》**183**的残余表现?? 是它的余波??

或者是由于另外的原因,例如是您想离开**无产阶级**的观点而去**迁就一般民主派的**观点这种不成功的尝试? 也许是为了同"一般民主派"谈话您故意像同孩子说话那样奶声奶气(请原谅我的措辞)? 也许是"为了"向**庸人**们作"通俗的说明",您想暂时容忍**他的**或者**他们的**(庸人的)偏见??

但是,要知道,无论从哪种意义和哪个方面来说,这种做法都是**不正确**的!

我在前面写过,在**民主**国家里,一个无产阶级作家以"民主、人民、舆论和科学"作号召,是**完全**不适当的。在我们俄国又怎样呢?? 这种号召也**不完全**适当,因为它在某种程度上也迎合了庸人的偏见。对某种笼统得模糊不清的号召,在我国,甚至《俄国思想》杂志**184**的伊兹哥耶夫也会举**双手**表示赞成。为什么要提出这类口号呢?? 这类口号**您倒是**可以很好地同伊兹哥耶夫主义区分开来,**可是读者**做不到。为什么要给读者蒙上一层民主的薄纱,而不去**明确地区分小市民**(脆弱的、可悲地动摇的、疲惫的、悲观的、自我直观的、直观神的、造神的、姑息神的、自我侮辱的、**糊里糊涂的无政府主义的**(这个词真妙!!)等等,等等)

——和**无产者**(他们善于做真正的精神奋发的人;善于把**资**

致阿·马·高尔基(**1913 年 11 月 13 日或 14 日**)

产阶级的"科学和舆论"同自己的"科学和舆论",资产阶级民主同无产阶级民主区分开来)呢?

您为什么要做这种事呢?

真叫人难受。

您的 弗·伊·

附言:挂号寄出的长篇小说,收到没有?

的确,您要认真地治疗一下,这样冬天就能动身而**不致得感冒**(冬天感冒很危险)。又及。

您的 弗·乌里扬诺夫

从克拉科夫发往卡普里岛(意大利)

载于 1924 年 3 月 2 日《真理报》
第 51 号

选自《列宁全集》第 2 版第 46 卷
第 360—363 页

论民族自决权（节选）

（1914 年 2—5 月）

　　俄国马克思主义者纲领中关于民族自决权的第 9 条，近来引起了（我们在《启蒙》杂志[153]上已经指出了这一点①）机会主义者的大举进攻。俄国取消派[151]分子谢姆柯夫斯基在彼得堡取消派报纸[176]上，崩得[163]分子李普曼和乌克兰民族社会党人尤尔凯维奇分别在自己的机关刊物上，极力攻击这一条，用极端轻蔑的态度鄙视这一条。机会主义对我们马克思主义纲领进行这种"十二个民族的侵犯"[185]，无疑同现在的各种民族主义偏向有密切联系。因此，我们认为详细地分析一下这个问题是切合时宜的。不过我们要指出，上述的机会主义者中，没有一个人拿出过什么独立的论据：他们都只是重复罗莎·卢森堡在 1908—1909 年间用波兰文写的一篇长文《民族问题和自治》的论点。所以我们在本文中要对罗莎·卢森堡的"新奇"论据给予最多的注意。

1. 什么是民族自决？

　　要用马克思主义观点来研究所谓自决，首先自然就得提出这

_____

①　见本卷第 331—364 页。——编者注

369

个问题。应当怎样理解自决？是从权利的各种"一般概念"得出的法律定义中去寻找答案呢，还是从对民族运动所作的历史-经济的研究中去寻找答案？

谢姆柯夫斯基、李普曼和尤尔凯维奇之流的先生们甚至没有想到要提出这个问题，只是借嘲笑马克思主义纲领"不清楚"来敷衍了事，由于头脑简单，看来他们甚至还不知道民族自决问题不仅在1903年通过的俄国党纲中谈到了，而且在1896年伦敦国际代表大会决议中也谈到了（我将要在适当地方详细谈到这一点）。这些都是不足为奇的。使人感到非常奇怪的是，曾多次宣称这一条似乎太抽象、太形而上学的罗莎·卢森堡，自己却犯了这种抽象和形而上学的错误。正是罗莎·卢森堡老是泛泛地谈论民族自决（甚至非常可笑地空谈怎样去认识民族意志），而从来没有明确地提出这样的问题：事情的本质究竟是在于法律的定义，还是在于全世界民族运动的经验？

明确提出这个马克思主义者不能回避的问题，立刻就会把罗莎·卢森堡的论据驳倒十分之九。民族运动并不是首先在俄国发生，也不是俄国一国特有的现象。在全世界，资本主义彻底战胜封建主义的时代是同民族运动联系在一起的。这种运动的经济基础就是：为了使商品生产获得完全胜利，资产阶级必须夺得国内市场，必须使操同一种语言的人所居住的地域用国家形式统一起来，同时清除阻碍这种语言发展和阻碍把这种语言用文字固定下来的一切障碍。语言是人类最重要的交际手段；语言的统一和无阻碍的发展，是实现真正自由广泛的、适应现代资本主义的商业周转的最重要条件之一，是使居民自由广泛地按各个阶级组合的最重要条件之一，最后，是使市场同一切大大小小的业主、卖主和买主密切联系起来的条件。

因此,建立最能满足现代资本主义这些要求的**民族国家**,是一切民族运动的趋势(趋向)。最深刻的经济因素推动人们来实现这一点,因此民族国家对于整个西欧,甚至对于整个文明世界,都是资本主义时期**典型的**正常的国家形式。

因此,如果我们要懂得民族自决的意义,不是去玩弄法律上的定义,"杜撰"抽象的定义,而是去研究民族运动的历史-经济条件,那就必然得出如下结论:所谓民族自决,就是民族脱离异族集合体的国家分离,就是成立独立的民族国家。

至于为什么只能把自决权理解为作为单独的国家生存的权利,而作别的理解是不正确的,这还有其他一些理由,我们下面再谈。现在我们要谈的是,罗莎·卢森堡如何企图"避开"成立民族国家的趋向是有深刻经济原因的这个必然的结论。

考茨基的小册子《民族性和国际性》(《新时代》杂志[29]1907—1908 年卷第 1 期附刊,俄译文载于 1908 年里加出版的《科学思想》杂志[186]),罗莎·卢森堡是很熟悉的。她知道,考茨基[①]在这本小册子的第 4 节里详细地分析了民族国家问题,并且得出结论说,奥托·鲍威尔**"低估了建立民族国家趋向的力量"**(见上引小册子第 23 页)。罗莎·卢森堡自己引用了考茨基的话:"民族国家是最适合现代的〈即资本主义的、文明的、经济上进步的,不同于中世纪的、前资本主义等等时代的〉条件的国家形式,是使国家能最容易完成其任务〈即保证资本主义最自由、广泛、迅速发展的任务〉的国家形式。"这里应当再补充考茨基的一个更确切的结

[①] 1916 年,列宁在准备再版本文时,在此处加了一条注释:"请读者不要忘记,考茨基在 1909 年以前,在出版他那本卓越的小册子《通向政权的道路》以前,曾经是机会主义的敌人,他转而维护机会主义只是 1910—1911 年的事,到 1914—1916 年才变得异常坚决。"——俄文版编者注

论,这个结论就是:民族复杂的国家(即不同于民族国家的所谓多民族国家)"由于这样或那样的原因,仍然是内部结构不正常或者说发育不完全的〈落后的〉国家"。不言而喻,考茨基所说的不正常,完全是指还不能做到最适应发展中的资本主义的要求。

现在我们要问:罗莎·卢森堡对考茨基的这些历史-经济的结论,究竟采取了什么态度呢? 这些结论正确不正确呢? 是考茨基的历史-经济理论正确,还是鲍威尔的那个基本上是心理学的理论正确? 鲍威尔的明显的"民族机会主义",他的民族文化自治的主张,他对民族主义的迷恋(如考茨基所说"有时强调民族因素"),他"过分夸大民族因素而完全忘记国际因素"(考茨基),这一切同他低估建立民族国家这一趋向的力量有什么联系呢?

罗莎·卢森堡甚至没有提出这个问题。她没有看出这种联系。她没有仔细地考虑鲍威尔理论观点的**整体**。她甚至完全没有把民族问题上的历史-经济理论同心理学理论加以对比。她只是对考茨基提出了如下的反驳意见。

"……这种'最好的'民族国家只是一个抽象概念,在理论上加以发挥和在理论上加以维护倒很容易,但是不符合实际。"(1908 年《社会民主党评论》杂志[178]第 6 期第 499 页)

罗莎·卢森堡为了证实这个大胆的意见,接着就大发议论说,资本主义列强的发展和帝国主义,使小民族的"自决权"成为虚幻的东西。她大声地说:"对那些形式上独立的门的内哥罗人、保加利亚人、罗马尼亚人、塞尔维亚人、希腊人来说,甚至在一定程度上对瑞士人来说,能够真正谈到'自决'吗? 他们的独立不就是'欧洲音乐会'上政治斗争和外交把戏的产物吗?!"(第 500 页)最适合条件的,"并不是考茨基所认定的民族国家,而是强盗国家"。然后她就列举了几十个数字,说明英法等国所属殖民地面积的大小。

看了这些议论,不能不对作者不通事理的本领表示惊奇! 摆出一副了不起的架势教训考茨基,说什么小国在经济上依赖大国,说什么资产阶级国家为了用强盗手段征服其他民族而互相斗争,说什么存在着帝国主义和殖民地,这是一种可笑的幼稚的卖弄聪明的行为,因为所有这些都和问题毫不相干。不仅小国,就是俄国这样的国家在经济上也完全依赖"富裕的"资产阶级国家的帝国主义金融资本势力。不仅巴尔干的几个蕞尔小国,就连19世纪的美国在经济上也曾经是欧洲的殖民地,这一点马克思在《资本论》里就已经说过了①。所有这些,考茨基和每个马克思主义者当然都十分清楚,但是同民族运动和民族国家问题是牛头不对马嘴。

罗莎·卢森堡用资产阶级社会中的民族经济独立自主问题偷换了民族政治自决,即民族国家独立问题。这种聪明的做法,正像一个人在讨论议会(即人民代表会议)在资产阶级国家内应拥有最高权力这个纲领要求时,竟扯到大资本在资产阶级国家任何一种制度下都拥有最高权力这种十分正确的见解一样。

毫无疑问,世界上人口最多的亚洲,大部分或者处于"列强"殖民地的地位,或者是一些极不独立和备受民族压迫的国家。可是,这种尽人皆知的情况难道能够丝毫动摇下面一件无可争辩的事实吗? 这就是在亚洲只有日本,也就是说,只有这个独立的民族国家才造成了能够最充分地发展商品生产,能够最自由、广泛、迅速地发展资本主义的条件。这个国家是资产阶级国家,因此它自己已在压迫其他民族和奴役殖民地了;我们不知道,亚洲是否来得及在资本主义崩溃以前,也像欧洲那样形成独立的民族国家的体

---

① 参看《马克思恩格斯文集》2009年人民出版社版第5卷第876页。——编者注

系。但是有一点是无可争辩的,这就是资本主义唤醒了亚洲,在那里也到处都激起了民族运动,这些运动的趋势就是要在亚洲建立民族国家,也只有这样的国家才能保证资本主义的发展有最好的条件。亚洲的实例**证实了**考茨基的观点,而**推翻了**罗莎·卢森堡的观点。

巴尔干各国的实例也推翻了她的观点,因为现在大家都看到,在巴尔干保证资本主义发展的最好的条件,正是随着在这个半岛上建立独立的民族国家才形成起来的。

所以,无论是全体先进文明人类的实例也好,巴尔干的实例也好,亚洲的实例也好,都同罗莎·卢森堡所说的相反,而证明考茨基的论点绝对正确:民族国家是资本主义的通例和"常规",而民族复杂的国家是一种落后状态或者是一种例外。从民族关系方面来看,民族国家无疑是保证资本主义发展的最好的条件。这当然不是说,这种国家在资产阶级关系基础上能够排除民族剥削和民族压迫。这只是说,马克思主义者不能忽视那些产生建立民族国家趋向的强大的**经济**因素。这就是说,从历史-经济的观点看来,马克思主义者的纲领中所谈的"民族自决",除政治自决,即国家独立、建立民族国家以外,**不可能**有什么别的意义。

至于从马克思主义的观点,即无产阶级的阶级观点看来,究竟在什么条件下,才能支持"民族国家"这个资产阶级民主要求,下面将要详细地谈到。现在,我们只是阐明一下"自决"这一**概念**的定义,不过还应当指出,罗莎·卢森堡是**知道**这个概念("民族国家")的内涵的,而拥护她的那些机会主义者,如李普曼、谢姆柯夫斯基、尤尔凯维奇之流,**连这一点也不知道!**

2. 历史的具体的问题提法

在分析任何一个社会问题时,马克思主义理论的绝对要求,就是要把问题提到**一定的**历史范围之内;此外,如果谈到某一国家(例如,谈到这个国家的民族纲领),那就要估计到在同一历史时代这个国家不同于其他各国的具体特点。

如果把马克思主义的这个绝对要求应用到我们现在这个问题上来,那应该怎么办呢?

首先必须把从民族运动的角度来看根本不同的两个资本主义时代严格区别开来。一个时代是封建制度和专制制度崩溃的时代,是资产阶级民主制的社会和国家形成的时代,当时民族运动第一次成为群众性的运动,它通过报刊和参加代表机关等等途径,以不同方式把**一切**阶级的居民卷入了政治。另一个时代,就是我们所处的各资本主义国家已经完全形成、宪制早已确立、无产阶级同资产阶级的对抗大大发展的时代,这个时代可以叫做资本主义崩溃的前夜。

前一时代的典型现象,就是由于争取政治自由,特别是民族权利的斗争的开展,民族运动方兴未艾,人数最多、最"难发动的"居民阶层——农民投入这个运动。后一时代的典型现象,就是没有群众性的资产阶级民主运动,这时发达的资本主义使完全卷入商业周转的各个民族日益接近,杂居在一起,而把跨民族联合起来的资本同跨民族的工人运动的对抗提到第一位。

当然,这两个时代没有被一堵墙隔开,而是由许多过渡环节联系在一起;同时各个国家在民族的发展速度、居民的民族成分、居民的分布等等方面仍各不相同。如果不估计到所有这些一般历史条件和具体国家条件,就根本无法着手考察某个国家的马克思主义者的民族纲领。

正是在这里,我们发现了罗莎·卢森堡的议论中最大的弱点。她拼命用一套反对我们纲领第 9 条的"厉害"字眼来点缀自己的文章,喋喋不休地说它"笼统"、"死板",是"形而上学的空谈"等等。这位著作家既然如此高明地斥责形而上学的观点(按照马克思的理解,就是反辩证法的观点)和空洞抽象的观点,我们自然也就应该期待她给我们作出一个用具体的历史的方法研究问题的榜样。这里所说的是在一个特定的时代——20 世纪初和一个特定的国家——俄国的马克思主义者的民族纲领。罗莎·卢森堡想必应当这样提出问题:俄国究竟处在**什么历史**时代? 这个国家在**这个**时代的民族问题和民族运动究竟有**哪些具体**特点?

可是罗莎·卢森堡丝毫没有谈到这一点! 民族问题在这个历史时代的**俄国**究竟是什么问题,**俄国**在这方面究竟具有哪些特点,——在她的文章里根本找不到对这个问题的分析!

文章告诉我们:巴尔干的民族问题跟爱尔兰的不同;马克思怎样估计 1848 年具体环境下的波兰人和捷克人的民族运动(整页都是引证马克思的话);恩格斯怎样估计瑞士林区各州反对奥地利的斗争以及 1315 年的莫尔加滕战役(整页都是摘引恩格斯的话和考茨基的有关评注);拉萨尔认为 16 世纪德国农民战争是反动的,等等。

这些意见和引证谈不上有什么新颖之处,但不管怎样,对读者来说,再次回顾一下马克思、恩格斯和拉萨尔用什么方法分析各国的具体历史问题,还是颇有兴味的。只要重读一下从马克思和恩格斯那里摘录来的那些大有教益的话,就会十分明显地看到罗莎·

卢森堡把自己置于何等可笑的境地了。她娓娓动听又怒气冲冲地鼓吹必须用具体的历史的方法分析各个时代各个国家的民族问题，但是她**丝毫**没有打算确定一下，20世纪初的**俄国**究竟是处在资本主义发展的**什么**历史阶段，这个国家的民族问题究竟有哪些**特点**。罗莎·卢森堡举出一些**别人**怎样用马克思主义方法分析问题的例子，好像是故意在强调：善良的愿望往往铺成地狱，好心的忠告往往被用来掩饰不愿意或不善于实际运用这些忠告。

请看一个大有教益的对照。罗莎·卢森堡在反对波兰独立的口号时，引用了她在1898年所写的一篇证明"波兰工业发展"迅速是由于能向俄国推销工厂产品的著作。不用说，从这里丝毫也不能得出什么有关自决权问题的结论，这只不过证明旧的贵族波兰已经消失，如此等等。但罗莎·卢森堡总是悄悄地把笔锋一转，得出这样一种结论，说什么促使俄国同波兰结合的诸因素中，现代资本主义关系的纯经济的因素现在已经占了优势。

可是，我们的罗莎一谈到自治问题时，尽管她的文章标题叫《民族问题和自治》，是**泛指的**论题，她却开始证明**唯独**波兰王国应该有自治权（见1913年《启蒙》杂志第12期上关于这个问题的评论①）。为了证明波兰应有自治权，罗莎·卢森堡剖析了俄国国家制度的各种特征，显然既有经济的，也有政治的，既有生活习俗的，也有社会学方面的特征，认为它具有构成"亚洲式的专制制度"这一概念的全部特征（《社会民主党评论》杂志第12期第137页）。

大家知道，如果在一个国家的经济中纯属宗法制的特征，即前资本主义的特征还占优势，商品经济极不发达，阶级分化还极不明显，那么上述那种国家制度就具有极大的牢固性。如果在国家制度

---

① 见本卷第331—364页。——编者注

显然带有**前**资本主义性质的国家里,存在着一个资本主义发展**迅速**的按民族划分的区域,那么这种资本主义的发展愈迅速,它同**前资**本主义的国家制度之间的矛盾也就愈厉害,这个先进区域脱离整体的可能性也就愈大,因为联结这个区域和整体的不是"现代资本主义的"关系,而是"亚洲式的专制制度的"关系。

可见,罗莎·卢森堡甚至在俄国政权的社会结构同资产阶级波兰作对比的问题上,也完全不能自圆其说。至于俄国民族运动的具体历史特点问题,她甚至根本没有提出来。

这个问题我们必须分析一下。

3. 俄国民族问题的具体特点和 俄国的资产阶级民主改革

"……虽然'民族自决权'原则有伸缩性,纯粹是老生常谈,显然不但适用于俄国的各个民族,而且同样适用于德国和奥地利、瑞士和瑞典、美洲和澳洲的各个民族,但是我们在当今任何一个社会党的纲领内,都找不到这个原则……"(《社会民主党评论》杂志第 6 期第 483 页)

罗莎·卢森堡开始攻击马克思主义纲领第 9 条时就是这样写的。她说纲领的这一条"纯粹是老生常谈",要我们接受这种见解,而她自己恰巧是犯了这种错误,因为她竟可笑地大胆地宣称这一条"显然同样适用于"俄德等等国家。

我们的回答是:罗莎·卢森堡显然下决心要使自己的文章成为供中学生做习题用的逻辑错误大全,因为她的这一论断完全是胡说八道,完全是对历史的具体的问题提法的嘲笑。

如果不是像小孩子那样,而是像马克思主义者那样来解释马克思主义的纲领,那就不难看出,这个纲领是同资产阶级民主民族运动有关的。既然如此(而且无疑是如此),那么,这个纲领"显然""笼统地"适用于**一切**有资产阶级民主民族运动的场合,是一种"老生常谈"等等。罗莎·卢森堡只要稍加思索,也显然会得出结论说,我们的纲领**仅仅**适用于确有民族运动存在的场合。

罗莎·卢森堡只要把这些明显的道理思索一下,就会很容易地知道,她说的话是多么荒谬。她责难**我们**提出的是"老生常谈",她用来**反驳我们**的论据是:在**没有**资产阶级民主民族运动的国家的纲领里没有民族自决的条文。好一个聪明绝顶的论据啊!

把各个国家的政治经济的发展情况加以比较,把各个国家的马克思主义纲领也加以比较,从马克思主义观点来看,具有极大的意义,因为各现代国家无疑具有共同的资本主义本性和共同的发展规律。可是,这样的比较必须作得适当。这里有一个起码的条件,就是要弄清所比较的各个国家的历史发展时期是否**可比**。例如,只有十分无知的人,才会把俄国马克思主义者的土地纲领拿去同西欧的土地纲领"作比较"(如叶·特鲁别茨科伊公爵在《俄国思想》杂志**184**上所做的那样),因为我们的纲领所回答的是**资产阶级民主的**土地改革问题,而西欧各国根本谈不到这样的改革。

民族问题也是这样。这个问题在西欧大多数国家里早已解决了。在西欧各国的纲领里寻找并不存在的问题的答案,这是可笑的。这里罗莎·卢森堡恰恰忽视了最主要的一点:资产阶级民主改革早已完成的国家和没有完成的国家之间的区别。

这种区别正是全部关键的所在。由于罗莎·卢森堡完全忽视了这种区别,她那篇宏论也就成了一套空洞无物的老生常谈了。

在西欧大陆上,资产阶级民主革命时代所包括的是一段相当确定的时期,大致是从1789年到1871年。这个时代恰恰是民族运动以及建立民族国家的时代。这个时代结束后,西欧便形成了资产阶级国家的体系,这些国家通常都是单一民族国家。因此,现在到西欧社会党人纲领里去寻找民族自决权,就是不懂得马克思主义的起码常识。

在东欧和亚洲,资产阶级民主革命时代是在 1905 年才开始的。俄国、波斯、土耳其和中国的革命,巴尔干的战争,就是**我们这**个时代我们"东方"所发生的一连串有世界意义的事变。只有瞎子才不能从这一串事变中看出**一系列**资产阶级民主民族运动的兴起,看出建立民族独立的和单一民族的国家的趋向。正是因为而且仅仅是因为俄国及其邻邦处在这个时代,所以我们需要在我们的纲领上提出民族自决权这一条。

我们不妨从上面引自罗莎·卢森堡论文的那段话往下再摘一句:

她写道:"……特别是在民族成分非常复杂的国家中进行活动并且认为民族问题对党具有头等意义的那个党的纲领里,即奥地利社会民主党的纲领里,并没有包含民族自决权的原则。"(同上)

总之,她"特别"想拿奥地利的例子来说服读者。那就让我们从具体的历史的观点来看看,举这个例子是否很有道理。

第一,我们要提出资产阶级民主革命是否完成这个基本问题。奥地利的资产阶级民主革命是 1848 年开始,1867 年完成的。从那时起到现在差不多经历了半个世纪,那里始终是由大体上已经建立的资产阶级宪制统治着,而合法的工人政党也就是根据这个宪制公开进行活动的。

因此,就奥地利发展的内部条件来说(即从整个奥地利资本主义发展,特别是奥地利各个民族资本主义发展来看),**并没有**产生飞跃的因素,而伴随这种飞跃的现象之一,则可能是建立独立的民族国家。罗莎·卢森堡在进行比较时,设定俄国在这一点上处于同样的条件,于是她不仅作了这种根本不符合事实的、反历史的假设,而且不由自主地滑到取消主义立场上去了。

第二,奥地利各民族的相互关系和俄国各民族的相互关系完全不同,这对于我们所讨论的问题具有特别重大的意义。奥地利不仅是一个长期以来德意志人占优势的国家,而且奥地利的德意志人还曾经怀有想做整个德意志民族霸主的野心。对老生常谈、死板公式、抽象概念等等如此讨厌的……罗莎·卢森堡,也许肯赏脸回想一下,这种"野心"已经被1866年的战争粉碎了。在奥地利占统治地位的民族——德意志人竟留在1871年最终建成的独立的德意志国家**外面**了。另一方面,匈牙利人建立独立的民族国家的尝试,早在1849年就被俄国农奴制的军队粉碎了。

于是就造成了一种非常特殊的局面:匈牙利人和捷克人恰恰不倾向于脱离奥地利,而是倾向于保持奥地利的完整,其目的正是为了保持民族独立,以免完全被那些更残暴更强悍的邻国破坏掉!由于这种特殊情况,奥地利便形成两个中心的(二元的)国家,而现在又变成三个中心的(三元的:德意志人、匈牙利人、斯拉夫人)国家。

俄国同这种情形有哪点相似的地方呢?我们这里的"异族人"是否因为怕受到**更坏的**民族压迫而情愿同大俄罗斯人联合呢?

只要提出这个问题,就足以看出在民族自决问题上拿俄国同奥地利来比较,是多么荒谬、多么死板、多么愚昧了。

在民族问题上,俄国所具有的特殊条件恰恰同我们在奥地利看到的相反。俄国是以一个民族即以大俄罗斯民族为中心的国家。大俄罗斯人占据着广袤的连片地区,人口约有7 000万。这个民族国家的特点是:第一,"异族人"(总计占全国人口多数,即

57％)恰恰是住在边疆地区;第二,这些异族人所受的压迫比在邻国(并且不仅是在欧洲的邻国)要厉害得多;第三,这些居住在边疆地区的被压迫民族往往有一些同族人住在国界的另一边,他们享有较多的民族独立(只要提一下住在俄国西部和南部边界以外的芬兰人、瑞典人、波兰人、乌克兰人、罗马尼亚人就够了);第四,"异族"边疆地区的资本主义发展程度和一般文化水平,往往高于国家的中部地区。最后,我们看到,正是在毗邻的亚洲国家资产阶级革命和民族运动的阶段已经开始,这种革命和运动部分地蔓延到了俄国境内的那些同血统的民族。

可见,正是由于俄国民族问题的这些具体的历史特点,我们在当前所处的时代承认民族自决权,具有特别迫切的意义。

况且,就是从单纯事实方面来看,罗莎·卢森堡断定奥地利社会民主党纲领不承认民族自决权,也与实际不符。只要打开通过民族纲领的布隆代表大会**168**的记录,我们就可以看到,当时罗辛族社会民主党人甘凯维奇代表整个乌克兰(罗辛人)代表团(记录第85页),波兰社会民主党人雷盖尔代表整个波兰代表团(记录第108页)都声明,这两个民族的奥地利社会民主党人已经把他们本民族要求民族统一、自由和独立的愿望,列在自己的要求之内了。可见,奥地利社会民主党虽然没有在自己的纲领里直接提出民族自决权,但是它完全容许党的**某些部分**提出民族独立的要求。事实上这当然就是承认民族自决权! 可见,罗莎·卢森堡把奥地利拿来作论据,实际上是在**各**方面**反驳了**罗莎·卢森堡自己。

4. 民族问题上的"实际主义"

机会主义者特别喜欢接过罗莎·卢森堡这样一个论据:我们纲领的第 9 条没有包含一点"实际的东西"。罗莎·卢森堡自己也非常欣赏这个论据,我们在她的这篇文章中可以看到有时在一页之内一连把这个"口号"重复了 8 次。

她写道,第 9 条"对于无产阶级的日常政策没有提供任何实际的指示,对于民族问题没有提供任何实际的解决办法"。

她的这个论据还有这样的表述:第 9 条不是言之无物,就是要求必须支持一切民族要求。我们现在就来探讨一下这个论据。

在民族问题上要求"实际"是什么意思呢?

或者是指支持一切民族要求;或者是指对每个民族分离的问题作出"是或否"的回答;或者是指民族要求能无条件地立即"实现"。

我们就来探讨一下要求"实际"的这三种可能的含义。

在一切民族运动开始时很自然地充当运动首领(领导者)的资产阶级,把支持一切民族要求称为实际的事情。但是无产阶级在民族问题上的政策(在其他问题上也一样),只是在一定的方向上支持资产阶级,而永远不同资产阶级的政策完全一致。工人阶级只是为了民族和睦(这是资产阶级不能完全做到的,只有在**完全**民主化的时候才能实现),为了平等,为了创造最好的阶级斗争环境,才支持资产阶级。因此,无产者恰恰是为了**反对**资产阶级的**实际主义**才提出了民族问题上的**原则性**政策,始终**只是有条件地**支持资产阶级。任何资产阶级在民族问题上都希望**本**民族享有种种特权,或者为本民族谋取特殊利益;这就叫做"实际"。无产阶级反对任何特权,反对任何特殊。要无产阶级讲"实际主义",就等于迁就资产阶级,陷入机会主义。

对每个民族分离的问题都要作出"是或否"的回答吗?这似乎是一个很"实际的"要求。其实它在理论上是荒谬的、形而上学的,在实践上是让无产阶级服从资产阶级政策。资产阶级总是把自己的民族要求提到第一位,而且是无条件地提出来的。无产阶级认为民族要求服从阶级斗争的利益。资产阶级民主革命究竟是以该民族分离还是以该民族取得同其他民族平等的地位而告终,这在理论上是不能预先担保的;无产阶级认为重要的,是**在这两种情况下**都要保证本阶级的发展;资产阶级认为重要的,是阻碍这种发展,把无产阶级发展的任务推到"本"民族的任务后面去。因此,无产阶级就只提出所谓消极的要求,即要求承认自决**权**,而不向任何一个民族担保,不向任何一个民族答应提供**损害**其他民族利益的**任何东西**。

就算这是不"实际"吧,但这在事实上能最可靠地保证用尽可能民主的办法解决问题;无产阶级**只**需要有这种保证,而每一民族的资产阶级则需要保证**自己的**利益,不管其他民族的处境如何(不管它们可能受到什么损害)。

资产阶级最关心的是某项要求是否"能实现",——因此就产生了同其他民族的资产阶级勾结而损害无产阶级利益的永远不变的政策。而对无产阶级重要的是巩固本阶级来反对资产阶级,用彻底的民主和社会主义的精神教育群众。

让机会主义者去说这不"实际"吧,但这是唯一实际的保证,是违背封建主和**民族主义**资产阶级的意愿争取最大限度的民族平等和民族和睦的保证。

在每个民族的**民族主义**资产阶级看来,无产者在民族问题方面的全部任务都是"不实际的",因为无产者仇视任何民族主义,而要求"抽象的"平等,要求根本取消任何特权。罗莎·卢森堡不懂得这一点,糊里糊涂地赞美实际主义,这恰巧是为机会主义者,特别是为向大俄罗斯民族主义作机会主义让步大开方便之门。

为什么说是向大俄罗斯民族主义让步呢?因为大俄罗斯民族在俄国是压迫民族,而民族问题上的机会主义在被压迫民族中和压迫民族中的表现自然是各不相同的。

被压迫民族的资产阶级借口自己的要求合乎"实际"而号召无产阶级无条件地支持它的要求。最实际的莫过于直接说个"是"字,赞成**某一个**民族的分离,而不是赞成一切民族的分离**权**!

无产阶级反对这种实际主义。它承认各民族平等,承认各民族都有成立民族国家的平等权利,同时又把各民族无产者之间的联合看得高于一切,提得高于一切,**从工人的阶级斗争着眼**来估计一切民族要求,一切民族的分离。实际主义的口号,实际上只是盲从资产阶级要求的口号。

有人对我们说:你们赞成民族分离权,就是赞成被压迫民族的资产阶级民族主义。说这种话的有罗莎·卢森堡,附和她的有机会主义者谢姆柯夫斯基,——顺便说一下,他是在取消派报纸上就这个问题鼓吹取消派思想的唯一代表!

我们的回答是:不,在这里,正是资产阶级看重"实际的"解决,而工人看重**在原则上**划清两种倾向。**在被压迫民族的资产阶级反对压迫民族这一点上**,我们在任何时候、任何场合都加以**支持**,而且比任何人都更坚决,因为我们反对压迫是最大胆最彻底的。当被压迫民族的资产阶级极力主张**自己的**资产阶级民族主义时,我们就要反对。我们反对压迫民族的特权和暴力,同时丝毫也不纵容被压迫民族谋求特权。

如果我们不提出和不宣传分离权的口号,那就不仅是帮助了**压迫**民族的资产阶级,而且是帮助了**压迫**民族的封建主和专制制度。考茨基早就提出这个论据来反对罗莎·卢森堡,而这个论据是无可争辩的。罗莎·卢森堡因害怕"帮助"波兰民族主义资产阶级而否定**俄国**马克思主义者纲领中提出的分离权,**实际上就是**帮助了大俄罗斯黑帮。她实际上是助长机会主义容忍大俄罗斯人的特权(甚至是比特权更坏的东西)的态度。

罗莎·卢森堡醉心于反对波兰民族主义,却忘记了大俄罗斯人的民族主义,而**这个**民族主义在目前恰恰是最可怕的,恰恰是资产阶级色彩较少而封建色彩较浓,恰恰是民主运动和无产阶级斗争的主要障碍。**每个**被压迫民族的资产阶级民族主义,都有**反对**压迫的一般民主主义内容,而我们**无条件**支持的正是这种内容,同时要严格地区分出谋求本民族特殊地位的趋向,反对波兰资产者压迫犹太人的趋向,等等。

这在资产者和小市民看来是"不实际的"。但这是民族问题上唯一实际的、原则性的、真正有助于民主、自由和无产阶级联合的政策。

承认一切民族都有分离权;从消除任何不平等、任何特权和任何特殊地位着眼,来评价每一个关于分离的具体问题。

让我们看看压迫民族的地位。压迫其他民族的民族能不能获得解放呢? 不能。大俄罗斯居民①要获得解放,就必须反对这种

---

① 巴黎有一位名叫列·弗拉·的人,认为这是一个非马克思主义的用词。这位列·弗拉·是可笑的"superklug"(译成有讽刺意味的词,就是"自作聪明的")。这个"自作聪明的"列·弗拉·大概打算写一部怎样从我们的最低纲领中(根据阶级斗争观点!)剔除"居民"、"民族"等等字眼的研究著作。

压迫。镇压被压迫民族运动的漫长历史,数百年的历史,"上层"阶级对这种镇压的不断宣传,造成了大俄罗斯民族的种种偏见,成了大俄罗斯民族本身解放事业的莫大障碍。

大俄罗斯黑帮有意支持和煽动这种偏见。大俄罗斯资产阶级容忍或迎合这种偏见。大俄罗斯无产阶级不同这种偏见进行不断的斗争,就不能实现**自己的**目的,就不能替自己扫清走向解放的道路。

建立独立自主的民族国家,在俄国暂时还只是大俄罗斯民族的特权。我们,大俄罗斯无产者,不维护任何特权,当然也就不维护这种特权。我们在这个国家的土地上进行斗争,要把这个国家的各民族工人联合起来,我们不能保证民族的发展一定要经过某条道路,我们要经过**一切**可能的道路走向我们的阶级目标。

可是,不同一切民族主义进行斗争,不捍卫各民族的平等,就不可能走向这一目标。例如,乌克兰能不能组成独立国家,这要以千百种预先不得而知的因素为转移。我们不想凭空"**猜测**",但坚决拥护这一毫无疑问的原则:乌克兰有成立这种国家的权利。我们尊重这种权利,我们不赞成大俄罗斯人有统治乌克兰人的特权,我们**教育**群众承认这种权利,否认任何一个民族享有**国家**特权。

在资产阶级革命时代一切国家都经历过的那种飞跃中,为了建立民族国家的权利而发生冲突和斗争是可能的,而且是很有可能的。我们无产者预先就宣布我们**反对**大俄罗斯人的特权,并且依照这个方针来进行自己的全部宣传鼓动工作。

罗莎·卢森堡因追求"实际主义"而忽略了大俄罗斯无产阶级和其他民族的无产阶级的**主要**实际任务,即进行日常宣传鼓动,反对任何国家特权和民族特权,主张一切民族有成立自己的民族国家的同等权利;这种任务是我们在民族问题上的主要(在目前)

任务,因为只有这样,我们才能捍卫住民主运动的利益和一切民族的一切无产者平等联合的利益。

让大俄罗斯人中的压迫者和被压迫民族的资产阶级(二者都要求**明确地**回答是或否,都责难社会民主党人的态度"不明确")去说这种宣传"不实际"吧。其实,正是这种宣传,只有这种宣传,才能保证对群众进行真正民主主义和真正社会主义的教育。也只有这种宣传,才能保证俄国在它仍是一个多民族的国家时,有最大的民族和睦的可能,一旦出现分离为各民族国家的问题,又能保证最和平地(并且对无产阶级的阶级斗争最无损害地)实行这种分离。

为了更具体地说明民族问题上这个唯一的无产阶级政策,我们现在研究一下大俄罗斯自由派对"民族自决"的态度和挪威同瑞典分离的实例。

5. 自由派资产阶级和社会党机会主义 分子对于民族问题的态度

我们已经看到,罗莎·卢森堡当做一张主要"王牌"用来反对俄国马克思主义者纲领的就是如下这个论据:承认自决权等于支持被压迫民族的资产阶级民族主义。另一方面,罗莎·卢森堡说,如果把这种权利理解为只是反对一切民族压迫,那么在纲领上就不需要专门列这一条,因为社会民主党是根本反对任何民族暴力和不平等的。

第一个论据,正如考茨基差不多在 20 年前就不容争辩地指出过的那样,是把自己的民族主义嫁祸于人,因为罗莎·卢森堡害怕被压迫民族的资产阶级民族主义,而**在行动上**却替大俄罗斯黑帮民族主义张目！第二个论据实质上是胆怯地回避这样一个问题：承认民族平等是不是包括承认分离权？如果包括，那就是说，罗莎·卢森堡承认我们党纲第9条在原则上是正确的。如果不包括，那就是说她不承认民族平等。在这里，回避问题和支吾搪塞是无济于事的！

然而对于上述的以及一切与此类似的论据的最好检验方法，就是研究社会**各阶级**对这个问题的态度。对马克思主义者来说必须进行这种检验。必须从客观情况出发，必须考察各阶级彼此对于这一条文的态度。罗莎·卢森堡没有这样做，因而正好犯了她枉费心机地企图加在论敌头上的形而上学、抽象、老生常谈、笼统等等的错误。

这里所说的是**俄国**马克思主义者的纲领，即俄国各民族的马克思主义者的纲领。应不应该考察一下俄国各**统治**阶级的立场呢？

"官僚"（恕我们用了这个不确切的字眼）和贵族联合会之类的封建地主的立场，是人所共知的。他们对民族平等和自决权，都采取了绝对否定的态度。他们的口号是从农奴制度时代拿来的旧口号——专制、正教、民族，他们所谓的民族只是指大俄罗斯民族。甚至乌克兰人也被宣布为"异族人"，连他们的母语也受到压制。

我们来看看"被召来"参加政权的俄国资产阶级吧，固然它在政权中所占的地位很有限，但总算是参加了政权，参加了"六三"立法和行政体制。十月党人[118]在这个问题上实际上跟着右派走，这是用不着多说的。可惜，某些马克思主义者对于大俄罗斯自由派资产阶级，即进步党人[187]和立宪民主党人[8]的立场注意得太少了。然而，谁不研究这个立场，不仔细考察这个立场，那他在讨论民族自决权时就必然会犯抽象和武断的错误。

去年《真理报》[154]同《言语报》[91]进行了论战，这个立宪民主党的主要机关报虽然非常巧于玩弄外交辞令以逃避直接回答"不愉快的"问题,但终究被迫作了一些宝贵的自供。这场风波是1913年夏天在利沃夫召集的全乌克兰学生代表大会**188**引起的。首屈一指的"乌克兰问题专家"或者说《言语报》乌克兰问题撰稿人莫吉梁斯基先生发表了一篇文章,用许多最厉害的骂人字眼("梦呓"、"冒险主义"等等)攻击乌克兰分离(分立)的主张,攻击民族社会党人顿佐夫所鼓吹而为上述代表大会所赞同的这个主张。

《工人真理报》**189**丝毫也不赞同顿佐夫先生的意见,直截了当地指出他是个民族社会党人,说许多乌克兰马克思主义者都不同意他的看法,但还是声明说,《言语报》的**论调**,或者更确切些说,《言语报》**对于问题的原则提法**,对一个大俄罗斯的民主派或愿意当民主派的人来说,是极不得体的,是不能容许的。①《言语报》可以直接反驳顿佐夫之流的先生们,但是一个自命为民主派的大俄罗斯人的机关报竟忘记分离**自由**和分离**权**,那是**根本**不能容许的。

过了几个月,莫吉梁斯基先生在利沃夫出版的乌克兰文报纸《道路报》**190**上读到了顿佐夫先生的反驳意见,其中顺便提到"《言语报》的沙文主义攻讦只有在俄国社会民主党报刊上受到了应有的指摘〈是痛斥吧?〉",于是莫吉梁斯基先生便在《言语报》第331号上发表了一篇"解释"文章。莫吉梁斯基先生的"解释"就是一连三次重复说:"批评顿佐夫先生所提出的办法","与否认民族自决权毫无共同之处"。

> 莫吉梁斯基先生写道:"应当指出,'民族自决权'也不是什么不容批评的偶像〈听啊!!〉:民族生活的不良条件能引起民族自决问题上的不良倾向,而揭穿这种不良倾向并不就是否认民族自决权。"

---

① 见《列宁全集》第2版第23卷第354—355页。——编者注

可见,自由派关于"偶像"的论调,是完全同罗莎·卢森堡的论调合拍的。显然,莫吉梁斯基先生是想回避直接回答一个问题:他究竟承认不承认政治自决权,即分离权?

于是,《无产阶级真理报》**191**(1913年12月11日第4号)便向莫吉梁斯基先生和立宪民主**党直截了当地**提出了这个问题。①

当时《言语报》(第340号)就发表了一篇未署名的即编辑部的正式声明,来回答这个问题,其内容可归纳为下列三点:

(1)立宪民主党纲领第11条,直接地和明确地谈到了民族"自由**文化**自决权"。

(2)《言语报》断言,《无产阶级真理报》把自决同分离主义,即同某个民族的分离"彻底混淆了"。

(3)"**立宪民主党人确实从来也没有拥护过脱离俄国的'民族分离'权**。"(见1913年12月20日《无产阶级真理报》第12号上所载《民族自由主义和民族自决权》一文②)

我们先来看看《言语报》声明中的第二点。它向谢姆柯夫斯基之流、李普曼之流、尤尔凯维奇之流及其他机会主义者先生们明确地指出,他们大喊大叫,说什么"自决"的含义"不清楚"或"不明确",**实际上**,即根据俄国各阶级相互关系和阶级斗争的客观情况来看,只是**简单地重复**自由主义君主派资产阶级的言论而已!

当时《无产阶级真理报》向《言语报》的那些高明的"立宪民主党人"先生们提出了**三个问题**:(1)他们是不是否认在全部国际民主运动史上,特别是从19世纪中叶以来,民族自决始终都正是被理解为政治自决,即成立独立民族国家的权利呢?(2)他们是不

---

① 见《列宁全集》第2版第24卷第217—219页。——编者注
② 同上书,第259—261页。——编者注

是否认1896年的伦敦国际社会党代表大会的著名决议也是指这种意思呢？（3）他们是不是否认普列汉诺夫早在1902年谈到自决问题时，就把自决理解为政治自决呢？——当《无产阶级真理报》提出这三个问题时，**立宪民主党人先生们便哑口无言了！！**

他们一句话也没有回答，因为他们无言可答。他们不得不默默承认《无产阶级真理报》绝对正确。

自由派大喊大叫，说什么"自决"这个概念不清楚，说社会民主党把自决同分离主义"彻底混淆了"等等，这不过是力图**搅乱**问题，不愿承认民主派共同确认的原则而已。谢姆柯夫斯基、李普曼和尤尔凯维奇之流的先生们如果不是这样愚昧无知，就会羞于用**自由派**口吻来向工人说话了。

让我们继续说下去吧。《无产阶级真理报》迫使《言语报》不得不承认，立宪民主党纲领上所谈的"文化"自决，恰恰就是**否认政治**自决的意思。

"立宪民主党人确实从来也没有拥护过脱离俄国的'民族分离'权"，——《无产阶级真理报》把《言语报》上的这些话当做我国立宪民主党人"恭顺"的范例，介绍给《新时报》[192]和《庶民报》[193]看，是不无原因的。《新时报》在第13563号上，当然没有放过机会来骂骂"犹太鬼子"，还向立宪民主党人说了各种挖苦的话，但是同时也声明：

> "在社会民主党人看来是政治常识公理的东西〈即承认民族自决权，分离权〉，现在甚至在立宪民主党人中间也开始引起非议。"

立宪民主党人声明他们"从来也没有拥护过脱离俄国的民族分离权"，于是就在原则上站到同《新时报》完全一样的立场上去了。这也就是立宪民主党人的**民族自由主义**的基本原则之一，也是导致他们同普利什凯维奇之流接近,在政治思想上和政治实践上依附于普利什凯维奇之流的基本原则之一。《无产阶级真理报》写道:"立宪民主党人先生们学过历史,所以很清楚,在实际中运用普利什凯维奇之流的'抓走和不准'[194]这种古已有之的权利往往会导致什么样的——说得婉转些——'类似大暴行的'行动。"立宪民主党人很清楚普利什凯维奇之流的无限权力的封建根源和性质,但他们还是完全**拥护**这个阶级所建立的关系和国界。立宪民主党人先生们很清楚,这个阶级所建立或所确定的关系和国界有很多是非欧洲式的,反欧洲式的(要不是听起来像是无端蔑视日本人和中国人,那我们就会说是亚洲式的)东西,但他们还是认为这些关系和国界是一个不可逾越的极限。

这也就是迎合普利什凯维奇之流,向他们卑躬屈节,唯恐动摇他们的地位,保卫他们不受人民运动的攻击,不受民主运动的攻击。《无产阶级真理报》写道:"实际上这是迎合了农奴主的利益,迎合了统治民族最坏的民族主义偏见,而不是同这种偏见进行不断的斗争。"

立宪民主党人熟悉历史,并且奢望成为民主派,所以不敢明说(连试一试也不敢),现在已经成为东欧和亚洲特征的民主运动,力求按文明资本主义国家模样改造东欧和亚洲的民主运动,必定保持封建时代,即普利什凯维奇之流具有无限权力而资产阶级和小资产阶级的广大阶层毫无权利的时代所确定的国界。

《无产阶级真理报》同《言语报》的论战中所提出的问题,决不只是什么文字上的问题,而是一个当前迫切的实际政治问题,1914年3月23—25日举行的最近那次立宪民主党代表会议也证明了这一点。《言语报》(1914年3月26日第83号)关于这次代表会议的正式报道中说:

"民族问题讨论得也特别热烈。基辅的代表们(尼·维·涅克拉索夫和亚·米·科柳巴金两人也赞同他们的意见)指出,民族问题是正在成熟的巨大因素,必须比以前更坚决地欢迎这个因素。可是〈这个"可是"恰恰同谢德林所说的那个"但是",即"耳朵不会高过额头,不会的"一语195相合〉费·费·科科什金指出,无论是纲领或过去的政治经验,都要求我们十分谨慎地对待'民族政治自决'这一'有伸缩性的原则'。"

立宪民主党代表会议上的这段极其精彩的言论,值得一切马克思主义者和一切民主主义者密切注意。(顺便指出,《基辅思想报》196显然非常知情并且无疑是正确转述了科科什金先生的意思,这家报纸补充说,科科什金特别指出过国家"瓦解"的危险,当然,这是对论敌的一种警告。)

《言语报》的正式报道是用极圆滑的外交笔调写成的,为的是尽可能少撩起幕布,尽可能多地掩盖内情。但是从这篇报道中大体上还是可以看出立宪民主党代表会议上所发生的事情。熟悉乌克兰情况的自由派资产者代表和"左派"立宪民主党人所提出的,**正是**民族**政治**自决的问题。否则,科科什金先生就用不着号召"谨慎对待"这一"公式"了。

在立宪民主党人纲领(参加立宪民主党代表会议的代表当然知道这个纲领)上所写的,恰巧**不是**政治自决,而是"文化"自决。可见,科科什金先生是**捍卫**这个纲领而**反对**乌克兰代表和左派立宪民主党人的,是捍卫"文化"自决而**反对**"政治"自决的。非常明显,科科什金先生表示反对"政治"自决,指出"国家瓦解"的危险,把"政治自决"原则称为"**有伸缩性的**"(与罗莎·卢森堡的论调完全合拍!),也就是捍卫大俄罗斯的民族自由主义,而反对立宪民主党内比较"左倾"或比较民主的分子,反对乌克兰资产阶级。

科科什金先生在立宪民主党代表会议上获得胜利了,这从《言语报》的报道里露了马脚的"可是"二字就可以看出来。大俄罗斯的民族自由主义在立宪民主党人中获得胜利了。难道这种胜利还不能促使俄国马克思主义者中间那些开始和立宪民主党人一样也害怕"民族政治自决这一有伸缩性的原则"的糊涂虫醒悟过来吗？

"可是"，我们现在要从问题的实质看看科科什金先生的思路。科科什金先生援引"过去的政治经验"（显然是指1905年的经验，当时大俄罗斯资产阶级害怕失去自己的民族特权，又以自己的这种恐惧吓坏了立宪民主党），指出"国家瓦解"的危险，这就表明他十分清楚政治自决就是指分离权和成立独立民族国家的权利，不可能有什么别的意思。试问，从民主派的观点，特别是从无产阶级的阶级斗争的观点来看，究竟应当怎样看待科科什金先生的这种忧虑呢？

科科什金先生硬要我们相信，承认分离权就会增加"国家瓦解"的危险。这是遵循"抓走和不准"这一格言的警察梅姆列佐夫的观点。而从一般民主派观点来看，恰巧相反，承认分离权就会**减少**"国家瓦解"的危险。

科科什金先生的论调和民族主义者一模一样。民族主义者在他们最近一次代表大会上猛烈攻击了乌克兰的"马泽帕分子"。萨文科先生一伙惊呼，乌克兰运动有减弱乌克兰同俄国联系的危险，因为奥地利正利用亲乌克兰政策来加强乌克兰人同奥地利的联系!! 令人不解的是，为什么俄国不能用萨文科先生们怪罪于奥地利的**那种方法**，即让乌克兰人有使用母语、实行自治和成立自治议会等等自由的方法，去试一试"加强"乌克兰人同俄国的联系呢？

萨文科先生们的论调和科科什金先生们的论调完全相同，而且从单纯逻辑方面来看，也同样可笑，同样荒谬。乌克兰民族在某一国家内享有的自由愈多，乌克兰民族同这一国家的联系也就会愈加牢固，这不是很明显的吗？看来，只有断然抛弃民主主义的一切前提,才能否认这种起码的真理。试问,对一个民族来说,还能有比分离的自由,比成立独立民族国家的自由更大的民族自由吗?

为了更进一步说明这个被自由派(以及那些因为头脑简单而附和他们的人)弄糊涂了的问题,我们举一个最简单的例子。就拿离婚问题来说吧。罗莎·卢森堡在她的论文中写道,中央集权的民主国家虽然完全可以容许个别部分实行自治,但是它应当把一切最重要的立法工作,其中包括有关离婚的立法工作,留归中央议会处理。这样关心用民主国家的中央政权来保障离婚自由,是完全可以理解的。反动派反对离婚自由,号召大家要"谨慎对待",而且大喊大叫,说离婚自由就意味着"家庭瓦解"。而民主派认为,反动派是虚伪的,实际上他们在维护警察和官僚的无限权力,维护男性的特权以及对女性最沉重的压迫;实际上离婚自由并不意味着家庭关系"瓦解",反而会使这种关系在文明社会中唯一可能的和稳固的民主基础上巩固起来。

指责拥护自决自由即分离自由的人是在鼓励分离主义,正像指责拥护离婚自由的人是在鼓励破坏家庭关系一样愚蠢,一样虚伪。在资产阶级社会里,只有拥护资产阶级婚姻所赖以维持的特权和买卖性的人,才会反对离婚自由,同样地,在资本主义国家中,否认民族自决即民族分离自由,只能意味着拥护统治民族的特权和警察的治国方式,而损害民主的治国方式。

毫无疑义,资本主义社会的各种关系所造成的政客习气,有时也使议员或政论家极端轻率地,甚至简直荒谬地空谈某个民族的分离问题。可是,只有反动派才会被这种空谈所吓倒(或者假装被吓倒)。凡是拥护民主观点,即主张由居民群众解决国家问题的人,都很清楚,政客的空谈和群众的解决问题"有很长的距离"。居民群众根据日常的生活经验,十分清楚地理上和经济上联系的意义,大市场和大国家的优点,因此,只有当民族压迫和民族摩擦使共同生活完全不堪忍受,并且阻碍一切经济关系时,他们才会赞成分离。而在这种情况下,资本主义发展的利益和阶级斗争自由的利益恰恰是要求分离的。

总之,无论从哪一方面来看,科科什金先生的论调都是极其荒谬的,都是对民主原则的嘲笑。但是这些论调也有某种逻辑,那就是大俄罗斯资产阶级阶级利益的逻辑。科科什金先生同立宪民主党的大多数人一样,也是这个资产阶级钱袋的奴仆。他维护资产阶级的一切特权,特别是它的**国家**特权;他同普利什凯维奇并肩携手,一起维护这些特权,不过普利什凯维奇更相信农奴制的棍棒,而科科什金之流知道这根棍棒已被1905年折裂而大受损伤,所以更多地指望使用资产阶级愚弄群众的手段,例如用"国家瓦解"这个魔影来恫吓小市民和农民,用"人民自由"同历史基础相结合的词句来欺骗他们,等等。

自由派敌视民族政治自决原则的实际阶级意义只有一个,这就是民族自由主义,就是维护大俄罗斯资产阶级的国家特权。而俄国马克思主义者中间的机会主义者,即取消派分子谢姆柯夫斯基、崩得分子李普曼、乌克兰小资产者尤尔凯维奇等,正是在目前,在六三体制时代极力反对民族自决权,他们**实际上**完全是跟着民族自由主义跑,而用民族自由主义思想来腐蚀工人阶级。

工人阶级及其反资本主义斗争的利益,要求各民族的工人最充分最紧密地团结一致,要求反击任何民族的资产阶级的民族主义政策。所以社会民主党如果否认自决权,即否认被压迫民族的分离权,或支持被压迫民族资产阶级所提出的一切民族要求,都会背离无产阶级政策的任务,而使工人服从于资产阶级政策。在雇佣工人看来,不管谁是主要的剥削者,是大俄罗斯资产阶级还是异族资产阶级,是波兰资产阶级还是犹太资产阶级,诸如此类,都是一样。在意识到本阶级利益的雇佣工人看来,大俄罗斯资本家的国家特权也好,波兰资本家或乌克兰资本家说他们一旦拥有国家特权就会在人间建立天堂的诺言也好,都是无足轻重的。无论是在统一的多民族国家中,或是在一个个的民族国家中,资本主义总是在向前发展,并且会继续向前发展。

在任何情况下,雇佣工人仍是剥削的对象,因此,反对剥削的斗争要有成效,无产阶级就必须不依赖民族主义,必须在各民族资产阶级争霸的斗争中保持所谓完全中立。任何民族的无产阶级只要稍微拥护"本"民族资产阶级的特权,都必然会引起另一民族的无产阶级对它的不信任,都会削弱各民族工人之间的阶级团结,都会把工人拆散而使资产阶级称快。否认自决权或分离权,在实践上就必然是拥护统治民族的特权。

10. 结 束 语

现在让我们来总结一下。

从整个马克思主义理论看来,自决权问题并没有什么困难的地方。无论是1896年伦敦大会的决议也好,无论是自决权只能理解为分离权也好,无论是组织独立民族国家是一切资产阶级民主革命的趋势也好,严格地说都不可能有什么争议。

在某种程度上造成困难的情况是,俄国境内被压迫民族的无产阶级同压迫民族的无产阶级正在并肩奋斗,而且应当并肩奋斗。我们的任务就是要坚持无产阶级争取社会主义的阶级斗争的统一,抵抗一切资产阶级的和黑帮的民族主义影响。在被压迫民族中间,无产阶级组成独立政党的过程,有时要同该民族的民族主义作非常激烈的斗争,致使一些人看不清远景,忘记了压迫民族的民族主义。

但是,看不清远景这种现象只能是暂时的。各民族无产者共同斗争的经验非常清楚地表明,我们不应当从"克拉科夫的"观点,而应当从全俄的观点来提出政治问题。而在全俄政治中占统治地位的是普利什凯维奇和科科什金之流。他们的思想影响极大,他们对异族人的迫害(因为异族人拥护"分离主义",存有分离的**念头**)在杜马、学校、教会、营房以及千百种报纸中得到广泛宣传和实施。正是这种大俄罗斯民族主义的毒素毒化了全俄国的政治空气。一个民族奴役其他民族而使反动势力在全俄巩固起来,那是这个民族的不幸。怀念1849年和1863年仍是一种在起作用的政治传统,如果没有规模很大的风暴发生,这种传统还会在几十年的长时期内阻碍一切民主运动,**特别是**社会民主主义运动。

毫无疑问,不管被压迫民族(而被压迫民族的"不幸",有时就在于人民群众被"本"民族解放的思想所迷惑)中某些马克思主义者的观点有时看起来多么合乎情理,但**在实际上**,从俄国阶级力量的客观对比来看,拒绝维护自决权就等于最凶恶的机会主义;就等于拿科科什金之流的思想来腐蚀无产阶级。而这种思想,实质上也就是普利什凯维奇之流的思想和政策。

因此,如果说罗莎·卢森堡的观点作为波兰的、"克拉科夫的"一种特殊的狭隘观点①起初还情有可原,那么到了现在,当民

---

① 不难理解,**全俄**马克思主义者,首先是大俄罗斯马克思主义者承认民族分离权,决不排斥某个**被压迫**民族的马克思主义者去**宣传**反对分离,正像承认离婚权并不排斥在某种场合宣传反对离婚一样。所以我们认为,波兰马克思主义者中一定会有愈来愈多的人嘲笑谢姆柯夫斯基和托洛茨基现在正在"挑起的"那种并不存在的"矛盾"。

族主义,首先是政府的大俄罗斯民族主义到处盛行的时候,当**这种民族主义**在左右政治的时候,这种狭隘观点就不能原谅了。实际上,现在**一切**民族中的机会主义者都抓住了这种狭隘观点,他们躲避"急风暴雨"和"飞跃"的思想,认为资产阶级民主革命已经终结,并且追随科科什金之流的自由主义。

大俄罗斯民族主义,也同任何民族主义一样,会经历几个不同的阶段,这要看资产阶级国家内部哪些阶级占首要地位。1905年以前,我们几乎只知道有民族主义反动派。革命以后,我国就产生了**民族主义自由派**。

事实上我国的十月党人和立宪民主党人(科科什金),即当代整个资产阶级,也都是站在这个立场上的。

往后**必然**会产生大俄罗斯的民族主义民主派。"人民社会"党[197]创始人之一彼舍霍诺夫先生,在1906年《俄国财富》杂志[82]8月号上号召人们谨慎对待农夫的民族主义偏见的时候,就表达了这种观点。不管人家怎样诬蔑我们布尔什维克,说我们把农夫"理想化"了,可是我们总是而且以后还要继续把农夫的理智和农夫的偏见,农夫反对普利什凯维奇的民主主义立场同农夫想跟神父和地主调和的倾向严格地区别开来。

无产阶级民主派现在就应当考虑到大俄罗斯农民的民族主义(考虑的意思不是对它让步,而是要同它作斗争),而且将在相当长的时期内大概也要考虑到这一点。[①] 1905年以后表现得十分明

---

① 波兰民族主义先由贵族民族主义变成资产阶级民族主义,然后又变成农民民族主义,如能探讨一下这一过程,那是很有趣的。路德维希·伯恩哈德在他写的《普鲁士的波兰人》(《Das polnische Gemeinwesen im preussischen Staat》,有俄译本)一书中,自己站在德国的科科什金的立场上,却描写了一种非常值得注意的现象:德国的波兰人组织了一种"农民共和国",这就是**波兰**农民的各种合作社和其他种种团

显的被压迫民族的民族主义（只要提一下第一届杜马[116]中的"自治联邦派"，乌克兰运动和穆斯林运动的发展等等就行了），必然会使城乡大俄罗斯小资产阶级的民族主义加强起来。俄国的民主改革进行得愈慢，各民族资产阶级的民族迫害和厮杀也就会愈顽强，愈粗暴，愈残酷。同时，俄国普利什凯维奇之流的特殊反动性，将会在某些被压迫民族（它们在邻国有时享有大得多的自由）中间，引起（并加强）"分离主义"趋向。

这种实际情况就使俄国无产阶级负有双重的，或者更确切些说，负有两方面的任务：一方面要反对一切民族主义，首先是反对大俄罗斯民族主义；不仅要一般地承认各民族完全平等，而且要承认建立国家方面的平等，即承认民族自决权，民族分离权；另一方面，正是为了同一切民族的各种民族主义进行有成效的斗争，必须坚持无产阶级斗争和无产阶级组织的统一，不管资产阶级如何力求造成民族隔绝，必须使各无产阶级组织极紧密地结成一个跨民族的共同体。

各民族完全平等，各民族享有自决权，各民族工人打成一片，——这就是马克思主义教给工人的民族纲领，全世界经验和俄国经验教给工人的民族纲领。

————

在本文已经排好版以后，我收到了《我们的工人报》[198]第 3号，在这份报纸上弗拉·科索夫斯基先生谈到承认一切民族有自

———

体都紧密团结起来，为民族、为宗教、为"波兰人的"领土而斗争。德国人的压迫使波兰人团结起来了，使他们形成了一个单独的团体，并且还把波兰贵族、波兰资产者和波兰农民群众中间的民族主义思想相继激发起来了（特别是 1873 年德国人开始禁止在学校里使用波兰文以后）。在俄国也有这种趋向，而且不仅关系到一个波兰。

决权,他写道:

"这个条文是从第一次党代表大会(1898 年)决议中机械地抄袭来的,而第一次党代表大会又是从国际社会党代表大会决议中搬来的。从当时的争论中可以看出,1903 年代表大会对于这个条文,正是按照社会党国际所赋予它的那种意思来解释的,即解释为政治自决,民族在政治独立方面的自决。民族自决这一原则既然是指领土独立权而言,也就根本不涉及在某一国家机体**内部**如何调整那些不能或不愿退出现有国家的民族之间的关系问题。"

可见,弗拉·科索夫斯基先生手头是有 1903 年第二次代表大会的记录的,并且很清楚自决这一概念的真正的(而且是唯一的)含义。而崩得《时报》[160]编辑部曾经让李普曼先生嘲讽纲领并宣称纲领不清楚。请把这两件事实对照一下吧!! 崩得分子先生们的那种"党的"风气真是奇怪得很…… 至于科索夫斯基为什么硬说代表大会通过自决条文是**机械的**抄袭,那就只有"真主知道"了。常常有这样一些人,他们只是"想要反驳",至于反驳什么,怎样反驳,为什么要反驳,为了什么目的而反驳,那他们是根本不清楚的。

载于 1914 年 4—6 月《启蒙》杂志第 4、5、6 期

选自《列宁全集》第 2 版第 25 卷第 223—253、281—285 页

战争和俄国社会民主党¹⁹⁹

（1914 年 9 月 28 日〔10 月 11 日〕以前）

  各国的政府和资产阶级政党准备了几十年的欧洲大战终于爆发了。军备的扩张，在各先进国家资本主义发展的最新阶段即帝国主义阶段争夺市场斗争的极端尖锐化，以及最落后的各东欧君主国的王朝利益，都不可避免要导致而且已经导致了这场战争。强占别国领土，征服其他国家；打垮竞争的国家并掠夺其财富；转移劳动群众对俄、德、英等国国内政治危机的注意力；分裂工人，用民族主义愚弄工人，消灭他们的先锋队，以削弱无产阶级的革命运动——这就是当前这场战争唯一真实的内容、作用和意义。

  社会民主党的责任，首先是揭露这场战争的这种真实意义，无情地揭穿统治阶级即地主和资产阶级为了替战争辩护而散布的谎言、诡辩和"爱国主义的"花言巧语。

  一个参战国集团为首的是德国资产阶级。它愚弄工人阶级和劳动群众，硬说它进行战争是为了保卫祖国、自由和文化，是为了解放受沙皇政府压迫的各族人民，是为了摧毁反动的沙皇制度。而实际上正是这个充当以威廉二世为首的普鲁士容克的走狗的资产阶级，一直是沙皇政府最忠实的盟友和俄国工农革命运动的敌人。实际上，不管战争的结局如何，这个资产阶级都将同容克一道去全力支持沙皇君主政府反对俄国革命。

  实际上德国资产阶级向塞尔维亚发动了强盗式的进攻，企图征服塞尔维亚和扼杀南方斯拉夫人的民族革命,同时把自己的主要兵力用来进攻比利时和法国这两个较自由的国家,以便掠夺较富有的竞争者。德国资产阶级一直在散布一种神话,说它所进行的是防御性战争,实际上它选择了它认为是进行战争最有利的时机来使用其经过改进的最新军事技术装备,抢在了俄法两国实现它们已经计划好、已经决定要实行的更新军备之前。

另一个参战国集团为首的是英法资产阶级。它们愚弄工人阶级和劳动群众,硬说它们进行战争是为了保卫祖国、自由和文化,反对德国的军国主义和专制制度。而实际上英法资产阶级早就在用亿万巨款雇用和训练欧洲最反动最野蛮的君主政府——俄国沙皇政府的军队去进攻德国。

实际上英法资产阶级作战的目的是夺取德国的殖民地,打垮这个经济发展更为迅速的竞争国。为了达到这个高尚的目的,这两个"先进的"、"民主的"国家正在帮助野蛮的沙皇政府进一步扼杀波兰、乌克兰等,进一步镇压俄国的革命。

两个参战国集团在战争中都在掠夺,都表现出野蛮和无限残暴,谁也丝毫不比对手逊色,但是,为了愚弄无产阶级,为了转移他们对唯一真正的解放战争,即既反对"自己"国家的也反对"别人"国家的资产阶级的国内战争的注意力——为了这个崇高的目的,各国资产阶级都在用爱国主义的虚伪言词极力地宣扬为"自己"国家进行战争的意义,硬说他们竭力战胜对方,并不是为了掠夺和侵占领土,而是为了"解放"除自己本国人民以外的所有其他各国人民。

但是,各国的政府和资产阶级愈是拼命地设法分裂工人,唆使他们自相残杀,愈是穷凶极恶地为了这个崇高的目的而实施戒严和战时书报检查(这一切即使是在目前,在战争时期,也主要是为了迫害"国内"敌人,其次才是为了对付国外敌人),觉悟的无产阶级就愈是要刻不容缓地负起责任,维护自己的阶级团结,捍卫自己的国际主义,坚持自己的社会主义信念,反对各国"爱国主义的"资产阶级集团的猖獗的沙文主义。如果觉悟的工人放弃这项任务,那就是放弃自己对自由和民主的一切追求,更不要说对社会主义的追求了。

我们不得不以极其难过的心情指出,欧洲最主要的一些国家的社会党,没有执行自己的这项任务,而这些党的领袖们的行为,特别是德国党的领袖们的行为,已经近乎对社会主义事业的直接背叛了。在这一具有重大的世界历史意义的关头,当今的第二社会主义国际(1889—1914年)的大多数领袖力图以民族主义来偷换社会主义。由于他们的这种行为,这些国家的工人政党不但没有起来反对政府的罪恶行径,反而号召工人阶级**使**自己的立场同帝国主义政府的立场**一致起来**。国际的领袖们背叛了社会主义,他们投票赞成军事拨款,重复"自己"国家的资产阶级沙文主义("爱国主义")口号,为战争辩护,参加交战国的资产阶级内阁,等等。当代欧洲最有影响的社会党领袖和最有影响的社会党报刊所持的观点,都是资产阶级沙文主义和自由主义的观点,而决不是社会主义的观点。对于这样玷污社会主义首先应该负责的是德国社会民主党人,因为他们是第二国际最强大和最有影响的党。[200]但是也不能说法国的社会党人是正确的,因为他们接受了资产阶级政府的部长席位,[201]而这个资产阶级正是当年出卖自己的祖国、同俾斯麦勾结起来镇压公社的资产阶级。

德国和奥地利的社会民主党人试图为自己支持战争的行为辩护,说他们这样做似乎是在反对俄国沙皇政府。我们俄国社会民主党人声明,我们认为这种辩护纯粹是诡辩。在我国,近几年来重新掀起了强大的反对沙皇政府的革命运动。俄国工人阶级始终走在这一运动的前列。近几年来成百万人参加的政治罢工,提出了推翻沙皇制度、建立民主共和国的口号。就在大战前夕,当法兰西共和国总统彭加勒访问尼古拉二世的时候,他在彼得堡的街头可以亲眼看到俄国工人筑起的街垒。为了使全人类摆脱沙皇君主制度这一耻辱,俄国无产阶级从来不惜作出任何牺牲。但是我们必须指出:如果说有什么东西在某种条件下可以推迟沙皇制度的灭亡,可以帮助沙皇制度反对俄国的整个民主派的话,那就是目前的战争;因为这场战争是拿英、法、俄等国资产阶级的钱袋来为沙皇制度的反动目的服务的。如果说有什么东西可以阻挠俄国工人阶级反对沙皇制度的革命斗争的话,那就是俄国沙文主义报刊不断地举出来让我们仿效的德国和奥地利社会民主党领袖们的行为。

就假定德国社会民主党的力量小到不得不放弃任何革命活动的程度,那么,即使在这种情况下,它也决不能参加沙文主义阵营,也决不能采取那些使意大利社会党人完全有理由说德国社会民主党的领袖们玷污了无产阶级国际的旗帜的步骤。

我们的党,俄国社会民主工党,已经蒙受而且还将蒙受战争所造成的巨大牺牲。我们的一切合法的工人报刊都被取缔。大多数工会被查禁,我们的许多同志被逮捕和流放。但是,我们的议会代表团——国家杜马中的俄国社会民主党工人党团——认为自己的不可推卸的社会主义职责是,不投票赞成军事拨款,甚至退出杜马会议厅以表示更强烈的抗议[202];认为自己的职责是谴责欧洲各国政府的政策是帝国主义政策。不管沙皇政府的压迫如何变本加厉,俄国社会民主党工人党员已经印发了第一批秘密的反战号召书[203],履行了对民主运动和国际的职责。

如果说以德国社会民主党少数派和中立国优秀的社会民主党

人为代表的革命的社会民主党人,因第二国际的这种破产而感到
莫大的耻辱,如果说英法两国都有一些社会党人发出了反对大多
数社会民主党内的沙文主义的呼声,如果说譬如以德国《社会主
义月刊》(«Sozialistische Monatshefte»)[204]为代表的、早已站在民族
主义自由派立场上的机会主义者,正在完全理所当然地为自己战
胜欧洲社会主义而欢欣鼓舞,那么,最能给无产阶级帮倒忙的,莫
过于那些动摇于机会主义和革命的社会民主主义之间的人(德国
社会民主党内的"中派"之类),这些人极力闭口不谈第二国际的
破产,或者用外交辞令来加以掩饰。

　　相反,应当公开承认这种破产,并了解破产的原因,以便能够
建立起各国工人新的更巩固的社会主义团结。

　　机会主义者撕毁了斯图加特[205]、哥本哈根[206]和巴塞尔代表大
会[207]的决议,这些决议责成各国社会党人在任何条件下都要反对
沙文主义,责成社会党人要以加紧宣传国内战争和社会革命来回
答资产阶级和各国政府挑起的任何战争。第二国际的破产是在那
个已经过去了的(所谓"和平的")历史时代的特点的基础上发展
起来并于近几年在国际中取得了实际统治地位的机会主义的破
产。机会主义者早就在为这一破产准备条件了:他们否定社会主
义革命而代之以资产阶级改良主义;他们否定阶级斗争及其在一
定时机转变为国内战争的必然性,而鼓吹阶级合作;他们在爱国主
义和保卫祖国的幌子下鼓吹资产阶级沙文主义,而忽视或否定
《共产党宣言》中早已阐明的一条社会主义的基本真理,即工人没
有祖国;①他们在同军国主义的斗争中局限于感伤主义的小市民
观点,而不承认所有国家的无产者必须以革命战争来反对所有国

---

① 见《马克思恩格斯文集》2009年人民出版社版第2卷第50页。——编者注

家的资产阶级;他们把必须利用资产阶级的议会制度和资产阶级所容许的合法性变成盲目崇拜这种合法性,而忘记了在危机时代必须有秘密的组织形式和鼓动形式。在目前的危机时期,作为机会主义天然的"补充"的无政府工团主义思潮(同样是资产阶级的,同样与无产阶级观点即马克思主义观点相敌对的),其特征是同样恬不知耻、自鸣得意地重复沙文主义口号。

如果不坚决同机会主义决裂,如果不向群众说明机会主义彻底失败的必然性,那就不可能完成社会主义运动在现时期的各项任务,就不可能实现工人真正的国际团结。

每个国家社会民主党人的首要任务,应当是同本国的沙文主义作斗争。在俄国,这种沙文主义已经完全支配了资产阶级自由派("立宪民主党人"[8])和部分民粹派直到社会革命党人[130]和"右派"社会民主党人的思想。(特别要痛斥像叶·斯米尔诺夫、彼·马斯洛夫和格·普列汉诺夫等所发表的、得到资产阶级"爱国主义"报刊赞同和被它们广泛利用的沙文主义言论。)

在现时情况下,从国际无产阶级的观点来看,无法断定两个参战国集团哪一个集团战败对社会主义为害最小。但是,我们俄国社会民主党人坚信,从俄国各民族的工人阶级和劳动群众的观点来看,沙皇君主政府这个压迫欧亚两洲的民族和人口数量最多的、最反动最野蛮的政府战败为害最小。

欧洲社会民主党人当前的政治口号应当是建立共和制的欧洲联邦。但是,与只要能把无产阶级卷入沙文主义大潮流什么事情都可以"答应"的资产阶级不同,社会民主党人将要阐明:如果不提以革命推翻德、奥、俄三国的君主制度,这个口号便完全是欺骗性的和毫无意义的。

由于俄国最落后,由于它还没有完成资产阶级革命,这个国家的社会民主党人的任务仍然是实现彻底的民主改革所要求的三个基本条件：建立民主共和国（其中一切民族都享有充分的平等和自决权）、没收地主土地、实行八小时工作制。但是在一切先进国家，战争已把社会主义革命的口号提到日程上来。压在无产阶级肩上的战争负担愈沉重，无产阶级在当今的"爱国主义的"野蛮行为（它是在大资本主义所造成的巨大技术成就的条件下发生的）带来的灾祸过去以后重建欧洲时应当起的作用愈积极，这一口号就愈是显得迫切。资产阶级正利用战时法律来封住无产阶级的嘴，这就向无产阶级提出一项任务——必须创立秘密的鼓动形式和组织形式。让机会主义者不惜用背叛自己信念的代价去"保全"合法组织吧，革命的社会民主党人要利用工人阶级在组织方面的素养和联系，去创立适应于危机时代的为社会主义而斗争的秘密形式，使工人不是同自己国家的沙文主义资产阶级，而是同各国的工人团结起来。无产阶级的国际没有灭亡，也不会灭亡。工人群众定将冲破一切障碍创立一个新的国际。机会主义目前的胜利是不会长久的。战争造成的牺牲愈大，工人群众就会愈加看清机会主义者背叛工人事业的行为，愈加认清把枪口转向各自国家的政府和资产阶级的必要性。

变当前的帝国主义战争为国内战争，是唯一正确的无产阶级口号，这个口号是公社的经验所启示的，是巴塞尔决议（1912 年）所规定的，也是在分析高度发达的资产阶级国家之间的帝国主义战争的各种条件后得出的。既然战争已经成为事实，那么，不管这种转变在某一时刻会遇到多大困难，社会党人也决不放弃在这方面进行经常不断的、坚定不移的、始终不渝的准备工作。

只有沿着这条道路，无产阶级才能摆脱依附沙文主义资产阶级的地位，才能以不同的形式比较迅速地迈出坚定的步伐，走向各民族的真正自由,走向社会主义。

工人们在反对各国资产阶级沙文主义和资产阶级爱国主义的斗争中的国际团结万岁!

清除了机会主义的无产阶级国际万岁!

俄国社会民主工党中央委员会

载于1914年11月1日《社会民主党人报》第33号

选自《列宁全集》第2版第26卷第12—19页

辩证法的要素

(1914 年 9—12 月)

(1) 考察的**客观性**(不是实例,不是枝节之论,而是自在之物本身)。

×

(2) 这个事物对其他事物的多种多样的**关系**的全部总和。

(3) 这个事物(或现象)的**发展**、它自身的运动、它自身的生命。

(4) 这个事物中的内在矛盾的**倾向**(和♯方面)。

♯

(5) 事物(现象等等)是**对立面**的总和**与统一**。

(6) 这些对立面、矛盾的趋向等等的**斗争**或展开。

(7) 分析和综合的结合,——各个部分的分解和所有这些部分的总和、总计。

×(8) 每个事物(现象等等)的关系不仅是多种多样的,并且是一般的、普遍的。每个事

411

物(现象、过程等等)是和其他的**每个**事物联系着的。

（9）不仅是对立面的统一，而且是**每个**规定、质、特征、方面、特性向**每个**他者 向自己的对立面? 的**过渡**。

（10）揭示**新的**方面、关系等等的无限过程。

（11）人对事物、现象、过程等等的认识深化的无限过程，从现象到本质、从不甚深刻的本质到更深刻的本质；

（12）从并存到因果性以及从联系和相互依存的一个形式到另一个更深刻更一般的形式[208]。

（13）在高级阶段重复低级阶段的某些特征、特性等等，并且

（14）仿佛是向旧东西的复归 $\left(\begin{array}{c}\text{否定的}\\\text{否定}\end{array}\right)$。

（15）内容对形式以及形式对内容的斗争。抛弃形式、改造内容。

（16）从量到质和**从质到量**的过渡。（（**15** 和 **16** 是 **9** 的**实例**））

可以把辩证法简要地规定为关于对立面的统一的学说。这样就会抓住辩证法的核心，可是这需要说明和发挥。

载于 1929 年《列宁文集》俄文版第 9 卷

选自《列宁全集》第 2 版第 55 卷第 190—192 页

卡尔·马克思

（传略和马克思主义概述）（节选）**209**

（1914 年 11 月）

序　言

现在用单行本出版的《卡尔·马克思》一文，是我在 1913 年（根据我的记忆）为格拉纳特词典写的。原来文末附有相当详细的、多半是外文的、论述马克思的书目。这个书目没有编进本版。其次，词典编辑部考虑到书报检查，又把本文结尾阐述马克思的革命策略的部分删去了。可惜在这里我无法把结尾部分再加进去，因为原稿留在克拉科夫或瑞士我的某些文稿中。我只记得，在文章的结尾部分，我还引用了 1856 年 4 月 16 日马克思给恩格斯的信中的两句话："德国的全部问题将取决于是否有可能由某种再版的农民战争来支持无产阶级革命。如果那样就太好了。"①这就是我们的孟什维克从 1905 年起就没有能理解的地方，而现在，他们已完全背叛社会主义而投到资产阶级方面去了。

尼·列宁

1918 年 5 月 14 日于莫斯科

---

① 　见《马克思恩格斯文集》2009 年人民出版社版第 10 卷第 131 页。——编者注

马克思，卡尔　1818 年公历 5 月 5 日生于特里尔城（莱茵普鲁士）。他的父亲是一位律师，犹太人，1824 年加入新教。这个家庭是富裕的，有教养的，但不是革命的。马克思在特里尔中学毕业后，先后入波恩和柏林的大学攻读法学，但他研究得最多的是历史和哲学。1841 年大学毕业时提交了一篇论伊壁鸠鲁哲学的学位论文。马克思就其当时的观点来说，还是一个黑格尔唯心主义者。在柏林，他加入过"左派黑格尔派"（布鲁诺·鲍威尔等人）的圈子，这派人想从黑格尔哲学中作出无神论的和革命的结论。

大学毕业后，马克思迁居波恩，打算当教授。但是当时政府实行反动政策，1832 年撤销路德维希·费尔巴哈的教授职务，1836 年又拒绝让费尔巴哈进大学讲课，1841 年又剥夺青年教授布鲁诺·鲍威尔在波恩的讲学资格，这样就迫使马克思放弃了当学者的前程。当时左派黑格尔派的观点在德国发展很快。路德维希·费尔巴哈，特别是从 1836 年起，开始批判神学，转向唯物主义，到1841 年，唯物主义在他的思想中已经完全占了上风（《基督教的本质》）；他的另一著作《未来哲学原理》于 1843 年问世。后来，恩格斯在谈到费尔巴哈的这些著作时写道：这些书的"解放作用，只有亲身体验过的人才能想象得到"。"我们〈即左派黑格尔派，包括马克思〉一时都成为费尔巴哈派了。"①这时，一些同左派黑格尔派

---

① 　见《马克思恩格斯文集》2009 年人民出版社版第 4 卷第 275 页。——编者注

接近的莱茵激进派资产者,在科隆创办了一个反对派的报纸《莱茵报》[210](1842 年 1 月 1 日创刊)。马克思和布鲁诺·鲍威尔被聘为主要撰稿人。1842 年 10 月,马克思担任该报主笔,并从波恩迁居科隆。该报在马克思的编辑下,革命民主倾向愈来愈明确。所以政府起初对该报进行双重的,甚至是三重的检查,后来,在 1843 年 1 月 1 日决定干脆将其查封。马克思被迫在查封之前辞职,但该报并没有因此而得救,终于在 1843 年 3 月被查封。马克思在《莱茵报》上发表的主要文章,除后面列举的(见**书目**①)以外,恩格斯还曾提到论摩泽尔河谷酿造葡萄酒的农民的状况一文[211]。办报工作使马克思感到自己的政治经济学知识不够,于是他发奋研究这门科学。

1843 年,马克思在克罗伊茨纳赫同童年时代的女友燕妮·冯·威斯特华伦结婚。马克思还在大学读书时就同她订了婚。燕妮出身于一个反动的普鲁士贵族家庭。她的哥哥曾在 1850—1858 年这个最反动的时期任普鲁士内务大臣。1843 年秋,马克思赴巴黎,此行的目的是和阿尔诺德·卢格(1802—1880 年;左派黑格尔派,1825—1830 年被监禁,1848 年以后流亡国外;1866—1870 年以后成为俾斯麦主义者)一起在国外创办一种激进的杂志。这个《德法年鉴》杂志[85]只出了第 1 期。其所以停刊,是因为在德国秘密发行困难,加上马克思同卢格意见不合。马克思在这个杂志上发表的文章表明他已经是一个革命家。他主张"对现存的一切进行无情的批判",尤其是"武器的批判"②;他诉诸**群众**,诉诸**无产阶级**。

1844 年 9 月,弗里德里希·恩格斯曾到巴黎小住数日,他从

---

① 见《列宁全集》第 2 版第 26 卷第 83—95 页,本版选集未收入。——编者注
② 见《马克思恩格斯文集》2009 年人民出版社版第 10 卷第 7 页,第 1 卷第 11 页。——编者注

这时起便成为马克思最亲密的朋友。他们两人一起极其热情地投入当时巴黎各革命团体的沸腾生活(蒲鲁东的学说当时特别有影响,马克思于 1847 年在《哲学的贫困》中对它进行了彻底的清算),并在同各种小资产阶级的社会主义学说进行的尖锐斗争中创立了革命的**无产阶级社会主义**或者说共产主义(马克思主义)的理论和策略(见后面的**书目**所载的马克思在 1844—1848 年这一时期的著作)。1845 年,在普鲁士政府的坚决要求下,马克思作为一个危险的革命分子而被驱逐出巴黎。此后他迁居布鲁塞尔。1847年春,马克思和恩格斯加入秘密宣传团体"共产主义者同盟"[212],参加了该同盟的第二次代表大会(1847 年 11 月在伦敦举行)并起了突出的作用,他们受大会委托起草了 1848 年 2 月发表的著名的《共产党宣言》。这部著作以天才的透彻而鲜明的语言描述了新的世界观,即把社会生活领域也包括在内的彻底的唯物主义、作为最全面最深刻的发展学说的辩证法以及关于阶级斗争和共产主义新社会创造者无产阶级肩负的世界历史性的革命使命的理论。

1848 年二月革命[213]爆发时,马克思被驱逐出比利时。他重返巴黎,并于三月革命[214]后,又从巴黎回到德国科隆。1848 年 6 月1 日至 1849 年 5 月 19 日,在科隆出版了《新莱茵报》[215];马克思任该报主编。1848—1849 年的革命事态的发展极好地证实了新的理论,后来世界各国所有的无产阶级运动和民主运动也同样证实了这一理论。得胜的反革命势力起初将马克思提交法庭审判(1849 年 2 月 9 日宣告无罪),以后又把他驱逐出德国(1849 年 5月 16 日)。马克思先到巴黎,在 1849 年 6 月 13 日游行示威[216]后又被驱逐出巴黎,此后他移居伦敦,直到去世。

流亡生活极端困苦,这一点从马克思同恩格斯的通信(1913年出版)[217]中可以特别清楚地看出。马克思及其一家饱受贫困的折磨。如果不是恩格斯牺牲自己而不断给予资助,马克思不但无法写成《资本论》,而且势必会死于贫困。此外,当时占优势的小资产阶级和所有非无产阶级的社会主义学说和思潮,迫使马克思经常进行无情的斗争,有时还要反驳各种穷凶极恶的人身攻击(《福格特先生》[218])。马克思竭力避开流亡者的圈子,写了一些历史著作(见**书目**)来详细阐述自己的唯物主义理论,并主要致力于政治经济学的研究。马克思通过《政治经济学批判》(1859年出版)和《资本论》(1867年出版第1卷)这两部著作,使这门科学发生了一场革命(见后面马克思的**学说**)。

50年代末和60年代民主运动复兴时期,马克思又投入实际活动。1864年(9月28日),在伦敦成立了有名的第一国际,即"国际工人协会"。马克思是这个协会的灵魂,协会的第一个《宣言》[219]以及许多决议、声明和公告都出自他的手笔。马克思把各个国家的工人运动统一起来,竭力把各种非无产阶级的即马克思主义以前的社会主义(马志尼、蒲鲁东、巴枯宁、英国的自由派工联主义、德国拉萨尔右倾分子等等)纳入共同行动的轨道,并同所有这些派别和学派的理论进行斗争,从而为各个国家的工人阶级制定了统一的无产阶级斗争策略。在1871年巴黎公社——马克思对它曾经作过极其深刻、准确、出色而**有影响的**、革命的分析(1871年的《法兰西内战》)——失败之后,在巴枯宁分子[4]使第一国际分裂之后,第一国际已无法在欧洲继续存在。在海牙国际代表大会(1872年)[220]以后,马克思把国际总委员会移至纽约。第一国际完成了自己的历史使命,随之而来的是世界各国工人运动空前大发展的时代,即工人运动**向广度**发展,以各个民族国家为基地建立**群众性的**社会主义工人政党的时代。

在第一国际中的紧张工作和更为紧张的理论研究活动,完全损坏了马克思的健康。他继续进行改造政治经济学和完成《**资本论**》的工作,为此大量收集新的资料,学习好几种语言(例如俄语),可是疾病使他没有能够写完《**资本论**》。

1881 年 12 月 2 日,马克思的妻子去世。1883 年 3 月 14 日,马克思静静地长眠于他的安乐椅中。他被安葬于伦敦的海格特公墓,安息在妻子的身边。马克思的子女,有几个由于当时家境十分贫困,在童年时便死于伦敦。三个女儿爱琳娜、劳拉、燕妮,分别嫁给了英国和法国的社会主义者艾威林、拉法格、龙格。燕妮的儿子是法国社会党党员。

马克思的学说

马克思主义是马克思的观点和学说的体系。马克思是 19 世纪人类三个最先进国家中的三种主要思潮——德国古典哲学、英国古典政治经济学以及同法国所有革命学说相联系的法国社会主义——的继承者和天才的完成者。马克思的观点极其彻底而严整,这是马克思的对手也承认的,这些观点总起来就构成作为世界各文明国家工人运动的理论和纲领的现代唯物主义和现代科学社会主义。因此,我们在阐述马克思主义的主要内容即马克思的经济学说之前,必须把他的整个世界观作一简略的叙述。

哲学唯物主义

从 1844—1845 年马克思的观点形成时起,他就是一个唯物主义者,首先是路·费尔巴哈的信奉者,就是到后来他还认为,费尔巴哈的弱点仅仅在于他的唯物主义不够彻底和全面。马克思认为费尔巴哈的"划时代的"世界历史作用,就在于他坚决同黑格尔的唯心主义决裂,宣扬了唯物主义,这种唯物主义早"在 18 世纪,特别是在法国,不仅是反对现存政治制度的斗争,同时是反对现存宗教和神学的斗争,而且还是……反对一切形而上学〈意即与"清醒的哲学"相反的"醉熏熏的思辨"〉……的斗争"(《遗著》中的《神圣家族》)①。马克思写道:"在黑格尔看来,思维过程,即甚至被他在观念这一名称下转化为独立主体的思维过程,是现实事物的创造主〈创造者、缔造者〉…… 我的看法则相反,观念的东西不外是移入人的头脑并在人的头脑中改造过的物质的东西而已。"(《资本论》第 1 卷第 2 版跋②)弗·恩格斯在《反杜林论》一书(**见该书**,马克思看过该书的手稿)中完全以马克思的这个唯物主义哲学为依据,并阐述了这个哲学,他写道:"……世界的统一性并不在于它的存在,而在于它的物质性,这种物质性……是由哲学和自然科学的长期的和持续的发展所证明的。……运动是物质的存在方式。无论何时何地,都没有也不可能有没有运动的物质和没有物质的运动。……如果进一步问:究竟什么是思维和意识,它们是从哪里来的,那么就会发现,它们都是人脑的产物,而人本身是自然界的产物,是在自己所处的环境中并且和这个环境一起发展起来的;这里不言而喻,归根到底也是自然界产物的人脑的产物,并不同自然界的其他联系相矛盾,而是相适应的。""黑格尔是唯心主义者,就是说,在他看来,他头脑中的思想不是现实的事物和过程的或多或少抽象的反映〈Abbilder,意即映象,恩格斯有时还称为"印象"〉,相反地,在他看来,事物及其发展只是在世界出现

---

① 参看《马克思恩格斯文集》2009 年人民出版社版第 1 卷第 327 页。——编者注
② 见《马克思恩格斯文集》2009 年人民出版社版第 5 卷第 22 页。——编者注

以前已经在某个地方存在着的'观念'的现实化的反映。"①弗·恩格斯在叙述自己和马克思对费尔巴哈哲学的看法的《路德维希·费尔巴哈》一书中(此书付排前,恩格斯重新阅读了他和马克思于1844—1845年写的论述黑格尔、费尔巴哈和唯物主义历史观的原稿)写道:"全部哲学,特别是近代哲学的重大的基本问题,是思维和存在、精神和自然界的关系问题。……什么是本原的,是精神,还是自然界?……哲学家依照他们如何回答这个问题而分成了两大阵营。凡是断定精神对自然界说来是本原的,从而归根到底承认某种创世说的人……组成唯心主义阵营。凡是认为自然界是本原的,则属于唯物主义的各种学派。"②在其他任何意义上运用(哲学的)唯心主义和唯物主义这两个概念,都只能造成混乱。马克思不但坚决驳斥了始终这样或那样地同宗教相连的唯心主义,而且坚决驳斥了现时特别流行的休谟观点和康德观点,即形形色色的不可知论、批判主义和实证论,认为这类哲学是对唯心主义的一种"反动的"让步,充其量是"暗中接受唯物主义而当众又加以拒绝的羞羞答答的做法"③。关于这个问题,除上面已指出的马克思和恩格斯的著作以外,还可参看1868年12月12日马克思给恩格斯的信。在这封信中,马克思谈到了著名博物学家托·赫胥黎发表的比通常"更具有唯物主义精神"的演讲,谈到了他认为"当我们真正观察和思考的时候,我们永远也不能脱离唯物主义",但同时又斥责赫胥黎为不可知论、为休谟主义留下了"后路"。④ 特别应当指出马克思关于自由与

---

① 见《马克思恩格斯文集》2009年人民出版社版第9卷第47、64、38—39、27页。——编者注

② 见《马克思恩格斯文集》2009年人民出版社版第4卷277、278页。——编者注

③ 同上书,第280页。——编者注

④ 参看《马克思恩格斯全集》第1版第32卷第213页。——编者注

必然的关系的观点："必然只有在它没有被理解时才是盲目的。自由是对必然的认识。"(恩格斯《反杜林论》)①这也就是承认自然界的客观规律性,承认必然向自由的辩证转化(如同尚未认识但可以认识的"自在之物"向"为我之物"转化,"物的本质"向"现象"转化一样)。马克思和恩格斯认为,"旧"唯物主义,包括费尔巴哈的唯物主义在内(更不要说毕希纳、福格特、摩莱肖特的"庸俗"唯物主义了),其主要缺点是:(1)这种唯物主义"主要是机械的"唯物主义,它没有考虑到化学和生物学(现在还应加上物质的电学理论)的最新发展;(2)旧唯物主义是非历史的、非辩证的(是反辩证法意义上的形而上学的),它没有彻底和全面地贯彻发展的观点;(3)他们抽象地理解"人的本质",而不是把它理解为"一切社会关系的〈一定的具体历史条件下的〉总和",所以他们只是"解释"世界,而问题却在于"改变"世界,也就是说,他们不理解"革命实践活动"的意义②。

辩　证　法

马克思和恩格斯认为,黑格尔辩证法这个最全面、最富有内容、最深刻的发展学说,是德国古典哲学的最大成就。他们认为,任何其他关于发展的原理、进化的原理的说法,都是片面的、内容贫乏的,只能把自然界和社会的实际发展过程(往往伴有飞跃、剧变、革命)弄得残缺不全。"可以说唯有马克思和我拯救了自觉的辩证法〈使其不致与包括黑格尔主义在内的唯心主义同被粉碎〉并且把它转为唯物主义的自然观。""自然界是检验辩证法的试金石,而且我们必须说,现代自然科学为这种检验提供了极其丰富的〈这是在镭、电

---

① 见《马克思恩格斯文集》2009 年人民出版社版第 9 卷第 120 页。——编者注
② 参看《马克思恩格斯文集》2009 年人民出版社版第 1 卷第 499—502 页。——编者注

子和元素转化等等发现以前写的!〉、与日俱增的材料,并从而证明了,自然界的一切归根到底是辩证地而不是形而上学地发生的。"①

恩格斯写道:"一个伟大的基本思想,即认为世界不是既成事物的集合体,而是过程的集合体,其中各个似乎稳定的事物同它们在我们头脑中的思想映象即概念一样都处在生成和灭亡的不断变化中,——这个伟大的基本思想,特别是从黑格尔以来,已经成了一般人的意识,以致它在这种一般形式中未必会遭到反对了。但是,口头上承认这个思想是一回事,实际上把这个思想分别运用于每一个研究领域,又是一回事。""在辩证哲学面前,不存在任何最终的东西、绝对的东西、神圣的东西;它指出所有一切事物的暂时性;在它面前,除了生成和灭亡的不断过程、无止境地由低级上升到高级的不断过程,什么都不存在。它本身就是这个过程在思维着的头脑中的反映。"因此,在马克思看来,辩证法就是"关于外部世界和人类思维的运动的一般规律的科学"。②

马克思接受并发展了黑格尔哲学的这一革命的方面。辩证唯物主义"不再需要任何凌驾于其他科学之上的哲学"。以往的哲学只留下了"关于思维及其规律的学说——形式逻辑和辩证法"。③而辩证法,按照马克思的理解,同样也根据黑格尔的看法,其本身包括现在称之为认识论的内容,这种认识论同样应当历史地观察自己的对象,研究并概括认识的起源和发展,从不知到知的转化。

现在,发展观念,进化观念,几乎完全深入社会的意识,但不是通过黑格尔哲学,而是通过另外的途径。不过,这个观念,按马克

---

①　参看《马克思恩格斯文集》2009 年人民出版社版第 9 卷第 13、25 页。——编者注

②　参看《马克思恩格斯文集》2009 年人民出版社版第 4 卷第 298—299、270、298 页。——编者注

③　参看《马克思恩格斯文集》2009 年人民出版社版第 9 卷第 28 页。——编者注

思和恩格斯依据黑格尔哲学而作的表述,要比一般流行的进化观念全面得多,丰富得多。发展似乎是在重复以往的阶段,但它是以另一种方式重复,是在更高的基础上重复("否定的否定"),发展是按所谓螺旋式,而不是按直线式进行的;发展是飞跃式的、剧变式的、革命的;"渐进过程的中断";量转化为质;发展的内因来自对某一物体、或在某一现象范围内或某一社会内发生作用的各种力量和趋势的矛盾或冲突;每种现象的**一切**方面(而且历史在不断地揭示出新的方面)相互依存,极其密切而不可分割地联系在一起,这种联系形成统一的、有规律的世界运动过程,——这就是辩证法这一内容更丰富的(与通常的相比)发展学说的若干特征。(参看马克思1868 年 1 月 8 日给恩格斯的信,其中嘲笑施泰因的"死板的三分法",认为把三分法同唯物主义辩证法混为一谈是荒谬的①。)

唯物主义历史观

马克思认识到旧唯物主义的不彻底性、不完备性和片面性,确信必须"使关于社会的科学同唯物主义的基础协调起来,并在这个基础上加以改造"②。既然唯物主义总是用存在解释意识而不是相反,那么应用于人类社会生活时,唯物主义就要求用**社会**存在解释**社会**意识。马克思在《资本论》第 1 卷中说:"工艺学揭示出人对自然的能动关系,人的生活的直接生产过程,从而人的社会生活关系由此产生的精神观念的直接生产过程。"③马克思在《政治经济学批判》序言中,对推广运用于人类社会及其历史的唯物

---

① 参看《马克思恩格斯全集》第 1 版第 32 卷第 10 页。——编者注
② 见《马克思恩格斯文集》2009 年人民出版社版第 4 卷第 284 页。——编者注
③ 见《马克思恩格斯文集》2009 年人民出版社版第 5 卷第 429 页。——编者注

主义的基本原理,作了如下的完整的表述:

"人们在自己生活的社会生产中发生一定的、必然的、不以他们的意志为转移的关系,即同他们的物质生产力的一定发展阶段相适合的生产关系。

这些生产关系的总和构成社会的经济结构,即有法律的和政治的上层建筑竖立其上并有一定的社会意识形式与之相适应的现实基础。物质生活的生产方式制约着整个社会生活、政治生活和精神生活的过程。不是人们的意识决定人们的存在,相反,是人们的社会存在决定人们的意识。社会的物质生产力发展到一定阶段,便同它们一直在其中运动的现存生产关系或财产关系(这只是生产关系的法律用语)发生矛盾。于是这些关系便由生产力的发展形式变成生产力的桎梏。那时社会革命的时代就到来了。随着经济基础的变更,全部庞大的上层建筑也或慢或快地发生变革。在考察这些变革时,必须时刻把下面两者区别开来:一种是生产的经济条件方面所发生的物质的、可以用自然科学的精确性指明的变革,一种是人们借以意识到这个冲突并力求把它克服的那些法律的、政治的、宗教的、艺术的或哲学的,简言之,意识形态的形式。

我们判断一个人不能以他对自己的看法为根据,同样,我们判断这样一个变革时代也不能以它的意识为根据;相反,这个意识必须从物质生活的矛盾中,从社会生产力和生产关系之间的现存冲突中去解释。……""大体说来,亚细亚的、古希腊罗马的、封建的和现代资产阶级的生产方式可以看做是经济的社会形态演进的几个时代。"①(参看马克思 1866 年 7 月 7 日给恩格斯的信中的简短

---

① 参看《马克思恩格斯文集》2009 年人民出版社版第 2 卷第 591—592 页。——编者注

表述:"我们的关于生产资料决定劳动组织的理论。"①)

发现唯物主义历史观,或者更确切地说,把唯物主义贯彻和推广运用于社会现象领域,消除了以往的历史理论的两个主要缺点。第一,以往的历史理论至多只是考察了人们历史活动的思想动机,而没有研究产生这些动机的原因,没有探索社会关系体系发展的客观规律性,没有把物质生产的发展程度看做这些关系的根源;第二,以往的理论从来忽视居民**群众**的活动,只有历史唯物主义才第一次使我们能以自然科学的精确性去研究群众生活的社会条件以及这些条件的变更。马克思以前的"社会学"和历史学,**至多**是积累了零星收集来的未加分析的事实,描述了历史过程的个别方面。马克思主义则指出了对各种社会经济形态的产生、发展和衰落过程进行全面而周密的研究的途径,因为它考察了所有各种矛盾的趋向的**总和**,把这些趋向归结为可以准确测定的、社会**各阶级**的生活和生产的条件,排除了选择某种"主导"思想或解释这种思想时的主观主义和武断态度,揭示了物质生产力的状况是所有一切思想和各种不同趋向的**根源**。人们自己创造自己的历史,但人们即群众的动机是由什么决定的,各种矛盾的思想或意向间的冲突是由什么引起的,一切人类社会中所有这些冲突的总和是怎样的,构成人们全部历史活动基础的、客观的物质生活的生产条件是怎样的,这些条件的发展规律是怎样的,——马克思对这一切都注意到了,并且指出了科学地研究历史这一极其复杂、充满矛盾而又是有规律的统一过程的途径。

① 参看《马克思恩格斯全集》第 1 版第 31 卷第 236 页。——编者注

阶 级 斗 争

　　某一社会中一些成员的意向同另一些成员的意向相抵触；社会生活充满着矛盾；我们在历史上看到各民族之间，各社会之间，以及各民族、各社会内部的斗争，还看到革命和反动、和平和战争、停滞和迅速发展或衰落等不同时期的更迭，——这些都是人所共知的事实。马克思主义提供了一条指导性的线索，使我们能在这种看来扑朔迷离、一团混乱的状态中发现规律性。这条线索就是阶级斗争的理论。只有研究某一社会或某几个社会的全体成员的意向的总和，才能科学地确定这些意向的结果。其所以有各种矛盾的意向，是因为每个社会所分成的**各阶级**的地位和生活条件不同。马克思在《共产党宣言》中写道："至今一切社会的历史〈恩格斯后来补充说明，原始公社的历史除外〉都是阶级斗争的历史。自由民和奴隶、贵族和平民、领主和农奴、行会师傅和帮工，一句话，压迫者和被压迫者，始终处于相互对立的地位，进行不断的、有时隐蔽有时公开的斗争，而每一次斗争的结局都是整个社会受到革命改造或者斗争的各阶级同归于尽。……从封建社会的灭亡中产生出来的现代资产阶级社会并没有消灭阶级对立。它只是用新的阶级、新的压迫条件、新的斗争形式代替了旧的。但是，我们的时代，资产阶级时代，却有一个特点：它使阶级对立简单化了。整个社会日益分裂为两大敌对的阵营，分裂为两大相互直接对立的阶级：资产阶级和无产阶级。"①从法国大革命以来，欧洲许多国家的历史非常明显地揭示出事变的这种真实背景，即阶级斗争。法国复辟时代就出现了这样一些历史学家（梯叶里、基佐、米涅、梯也尔），他们在总结当时的事变时，

---

① 参看《马克思恩格斯文集》2009 年人民出版社版第 2 卷第 31—32 页。——编者注

不能不承认阶级斗争是了解整个法国历史的锁钥。而当今这个时代，即资产阶级取得了完全胜利、设立了代议机构、实行了广泛的（甚至是普遍的）选举制、有了供群众阅读的廉价的日报等等的时代，已经建立起势力强大的、范围不断扩大的工人联合会和企业主同盟等等的时代，更加清楚地（虽然有时是用很片面的、"和平的"、"立宪的"形式）表明，阶级斗争是事变的推动力。马克思的《共产党宣言》中的下面一段话可以向我们表明，马克思怎样要求社会科学根据对现代社会中每个阶级的发展条件的分析对每个阶级所处的地位作出客观的分析："在当前同资产阶级对立的一切阶级中，只有无产阶级是真正革命的阶级。其余的阶级都随着大工业的发展而日趋没落和灭亡，无产阶级却是大工业本身的产物。中间等级，即小工业家、小商人、手工业者、农民，他们同资产阶级作斗争，都是为了维护他们这种中间等级的生存，以免于灭亡。所以，他们不是革命的，而是保守的。不仅如此，他们甚至是反动的，因为他们力图使历史的车轮倒转。如果说他们是革命的，那是鉴于他们行将转入无产阶级的队伍，这样，他们就不是维护他们目前的利益，而是维护他们将来的利益，他们就离开自己原来的立场，而站到无产阶级的立场上来。"①在一系列历史著作中（见**书目**），马克思提供了用唯物主义观点研究历史、分析**每个**阶级以至一个阶级内部各个集团或阶层所处地位的光辉而深刻的范例，透彻地指明为什么和怎么说"一切阶级斗争都是政治斗争"②。我们上面引证的一段话清楚地说明，马克思为了测定历史发展的整个合力，分析了多么纷繁复杂的各种社会关系以及从一个阶级到另一个阶

① 参看《马克思恩格斯文集》2009 年人民出版社版第 2 卷第 41—42 页。——编者注
② 同上书，第 40 页。——编者注

级、从过去到将来的各个**过渡**阶段。

使马克思的理论得到最深刻、最全面、最详尽的证明和运用的是他的经济学说。

马克思的经济学说

马克思在《资本论》序言中写道："本书的最终目的就是揭示现代社会〈即资本主义社会,资产阶级社会〉的经济运动规律"。①研究这个历史上一定的社会的生产关系的发生、发展和衰落,就是马克思的经济学说的内容。在资本主义社会里,**商品**生产占统治地位,所以马克思的分析也就从分析商品入手。

价 值

商品是这样一种物,一方面,它能满足人们的某种需要,另一方面,它能用来交换别种物。物的有用性使物成为**使用价值**。交换价值(或简称价值)首先是一定量的一种使用价值同一定量的另一种使用价值相交换的关系或比例。每天的经验都向我们表明,这种亿万次的交换,总是使各种极不相同的互相不可比的使用价值趋于彼此相等。这些在一定社会关系体系内总是可以彼此相等的不同物之间,究竟有什么共同的东西呢? 它们之间的共同的东西,就是它们都是**劳动产品**。人们通过交换产品,使各种极不相同的劳动彼此相等。商品生产是一种社会关系体系,在这种社会关系体系中,各个生产者制造各种不同的产品(社会分工),而所有这些产品在交换中彼此相等。因此,一切商品的共同的东西,并不是

---

① 见《马克思恩格斯文集》2009 年人民出版社版第 5 卷第 10 页。——编者注

某一生产部门的具体劳动,并不是某一种类的劳动,而是**抽象的人类劳动**,即一般的人类劳动。表现在全部商品价值总额中的一个社会的全部劳动力,都是同一的人类劳动力,亿万次交换的事实都证明这一点。因此,每一单个商品所表现的只是一定份额的**社会必要**劳动时间。价值的大小由社会必要劳动量决定,或者说,由生产某种商品即某种使用价值所消耗的社会必要劳动时间决定。"人们在交换中使他们的各种产品彼此相等,也就使他们的各种劳动彼此相等。他们没有意识到这一点,但是他们这样做了。"①一位旧经济学家**221**说过,价值是两个人之间的一种关系。不过他还应当补充一句:被物的外壳掩盖着的关系。只有从一定的历史社会形态的社会生产关系体系来看,并且只有从表现在大量的、重复亿万次的交换现象中的关系体系来看,才能了解什么是价值。"作为价值,一切商品都只是一定量的凝固的劳动时间。"②马克思仔细分析了体现在商品中的劳动二重性以后,就进而分析**价值形式**和**货币**。这里,马克思的主要任务是:研究货币价值形式的**起源**,研究交换发展的**历史过程**——从个别的偶然的交换行为("简单的、个别的或偶然的价值形式"③:一定量的一种商品同一定量的另一种商品相交换)开始,直到一般价值形式,这时若干不同的商品同一种固定的商品相交换,最后到货币价值形式,这时金成为这种固定的商品,即一般等价物。货币是交换和商品生产发展的最高产物,它把私人劳动的社会性,把由市场联结在一起的各个生产者之间的社会联系遮蔽起来,掩盖起来。马克思极其详细地分析了货币的各种职能;而在这里(也如同在《资本

---

① 参看《马克思恩格斯文集》2009 年人民出版社版第 5 卷第 91 页。——编者注
② 同上书,第 53 页。——编者注
③ 同上书,第 62 页。——编者注

论》开头的两章中一样)特别重要的是要看到,抽象的、有时好像是纯粹演绎式的叙述,实际上是再现了交换和商品生产发展史的大量实际材料。"货币是以商品交换发展到一定高度为前提的。货币的各种特殊形式,即单纯的商品等价物,或流通手段,或支付手段、贮藏货币和世界货币,按其中这种或那种职能的不同作用范围和相对占优势的情况,表示社会生产过程的极不相同的阶段。"(《资本论》第 1 卷)①

剩 余 价 值

商品生产发展到一定阶段,货币就转化为资本。商品流通的公式是:T(商品)——Д(货币)——T(商品),这就是说,卖出一种商品是为了买进另一种商品。相反,资本的一般公式是 Д——T——Д,这就是说,买是为了卖(带来利润)。马克思把投入周转的货币的原有价值的这种增加叫做剩余价值。货币在资本主义周转中的这种"增殖",是人所共知的事实。正是这种"增殖"使货币转化为**资本**,转化为一种特殊的、历史上一定的社会生产关系。剩余价值不能从商品流通中产生,因为商品流通只能是等价物的交换;也不能从加价中产生,因为买主和卖主相互间的盈亏会抵消,而这里说的正是大量的、平均的、社会的现象,而不是个别的现象。为了获得剩余价值,"货币占有者就必须在市场上发现这样一种商品,它的使用价值本身具有成为价值源泉的独特属性"②,它的使用过程同时也是价值的创造过程。这样的商品是存在的。这就是人的劳动力。它的使用就是劳动,而劳动则创造价值。货币占有者按劳动力的价值购买劳动力,而劳动力的价值,和其他任何商

---

① 见《马克思恩格斯文集》2009 年人民出版社版第 5 卷第 198 页。——编者注
② 同上书,第 194—195 页。——编者注

品的价值一样,是由生产劳动力所需要的社会必要劳动时间(即工人及其家属的生活费用的价值)决定的。货币占有者购买了劳动力,就有权使用劳动力,即迫使他整天劳动,譬如说劳动 12 个小时。其实工人在 6 小时("必要"劳动时间)内就创造出补偿其生活费用的产品,而在其余 6 小时("剩余"劳动时间)内则创造出资本家没有付给报酬的"剩余"产品或者说剩余价值。因此,从生产过程来看,必须把资本区分为两部分:一部分是耗费在生产资料(机器、劳动工具、原料等等)上面的不变资本,它的价值(一下子或者一部分一部分地)不变地转到成品上去;另一部分是耗费在劳动力上面的可变资本。这种资本的价值不是不变的,而是在劳动过程中有所增加,创造出剩余价值。因此,为了表示资本对劳动力的剥削程度,不应当把剩余价值同全部资本相比,而应当把它只同可变资本相比。这种比例,马克思称做剩余价值率,例如,在上面所举的例子中,它是$\frac{6}{6}$,即 100% 。

资本产生的历史前提是:第一,在一般商品生产发展到比较高的水平的情况下某些人手里积累了一定数量的货币;第二,存在双重意义上"自由的"工人,从他们可以不受任何约束或限制地出卖劳动力来说是自由的,从他们没有土地和任何生产资料来说也是自由的,他们是没有产业的工人,是只能靠出卖劳动力为生的工人"无产者"。

增加剩余价值可以有两种基本方法:延长工作日("绝对剩余价值")和缩短必要劳动时间("相对剩余价值")。马克思在分析第一种方法时,展示了工人阶级为缩短工作日而斗争,以及国家政权为延长工作日(14—17 世纪)和为缩短工作日(19 世纪的工厂立法)而进行干预的壮观景象。《资本论》问世后,世界一切文明国家的工人运动的历史,又提供了成千成万件表明这种情景的新的事实。

马克思在分析相对剩余价值的生产时,考察了资本主义提高劳动生产率的三个基本历史阶段:(1)简单协作;(2)分工和工场手工业;(3)机器和大工业。马克思在这里对资本主义发展的各种基本的典型的特征揭示得多么深刻,从对俄国的所谓"手工"工业的考察提供了足以说明这三个阶段的前两个阶段的极其丰富的材料这一点就可以看出。而马克思在1867年所描写的大机器工业的革命作用,从那时到现在这半个世纪中在许多"新"国家(俄国、日本等等)里也都显示了出来。

其次,马克思对**资本积累**的分析是极其重要和新颖的。资本积累,就是把一部分剩余价值转化为资本,不是用它来满足资本家的个人需要或嗜欲,而是把它投入新的生产。马克思指出,整个先前的古典政治经济学(从亚当·斯密起)的一个错误就在于,它认为剩余价值在转化为资本时全部都用做可变资本。而事实上,剩余价值分为**生产资料**和可变资本。在资本主义发展和资本主义转变为社会主义的过程中,不变资本部分(在全部资本中)比可变资本部分增长得快,是具有重大意义的。

资本积累加速机器对工人的排挤,在一极造成富有,在另一极造成贫困,因而产生所谓"劳动后备军",即工人的"相对过剩"或"资本主义的人口过剩"。这种过剩具有多种多样的形式,并使资本有异常迅速地扩大生产的可能性。这种可能性加上信用制度及生产资料方面的资本积累,也为我们提供了理解生产过剩**危机**的锁钥,这种危机在资本主义国家里总是周期性地发生,起初平均每隔十年一次,后来则间隔的时间比较长,而且比较不固定。必须把资本主义基础上的资本积累同所谓原始积累区别开来。原始积累是强迫劳动者同生产资料分离,把农民从土地上赶走,侵占公有地,实行殖民制度、国债制度、保护关税制度等等。"原始积累"在一极造成"自由的"无产者,在另一极造成货币占有者即资本家。

马克思曾用下面的一段名言说明"**资本主义积累的历史趋势**":"对直接生产者的剥夺,是用最残酷无情的野蛮手段,在最下流、最龌龊、最卑鄙和最可恶的贪欲的驱使下完成的。私有者〈农民和手工业者〉靠自己劳动挣得的私有制,即以各个独立劳动者与其劳动条件相结合为基础的私有制,被资本主义私有制,即以剥削他人的但形式上是自由的劳动为基础的私有制所排挤。……现在要剥夺的已经不再是独立经营的劳动者,而是剥削许多工人的资本家了。这种剥夺是通过资本主义生产本身的内在规律的作用,即通过资本的集中进行的。一个资本家打倒许多资本家。随着这种集中或少数资本家对多数资本家的剥夺,规模不断扩大的劳动过程的协作形式日益发展,科学日益被自觉地应用于技术方面,土地日益被有计划地利用,劳动资料日益转化为只能共同使用的劳动资料,一切生产资料因作为结合的、社会的劳动的生产资料使用而日益节省,各国人民日益被卷入世界市场网,从而资本主义制度日益具有国际的性质。随着那些掠夺和垄断这一转化过程的全部利益的资本巨头不断减少,贫困、压迫、奴役、退化和剥削的程度不断加深,而日益壮大的、由资本主义生产过程本身的机制所训练、联合和组织起来的工人阶级的反抗也不断增长。资本的垄断成了与这种垄断一起并在这种垄断之下繁盛起来的生产方式的桎梏。生产资料的集中和劳动的社会化,达到了同它们的资本主义外壳不能相容的地步。这个外壳就要炸毁了。资本主义私有制的丧钟就要响了。剥夺者就要被剥夺了。"(《资本论》第 1 卷)①

---

① 参看《马克思恩格斯文集》2009 年人民出版社版第 5 卷第 873—874 页。——编者注

其次,马克思在《资本论》第 2 卷中对社会总资本的再生产的分析,也是极其重要和新颖的。马克思在这里考察的也不是个别现象,而是普遍现象;不是社会经济的零星部分,而是整个社会经济的总和。马克思纠正了古典经济学家的上述错误,将整个社会生产分为两大部类,即(Ⅰ)生产资料的生产和(Ⅱ)消费品的生产,并通过他所列举的数字例证详细地考察了在以原有规模再生产的情况下和在积累的情况下社会总资本的流通。《资本论》第 3 卷所解决的是在价值规律的基础上形成平均利润率的问题。马克思把经济科学推进了一大步,这表现在他是根据普遍的经济现象,根据社会经济的全部总和来分析问题,而不是像庸俗政治经济学或现代的"边际效用论"那样,往往只根据个别偶然现象或竞争的表面现象来分析问题。马克思先分析了剩余价值的来源,然后考察了剩余价值之分为利润、利息和地租。利润[①]是剩余价值与投入企业的全部资本之比。"有机构成高"(即不变资本超过可变资本的数额高于社会平均数)的资本所提供的利润率,低于平均利润率。"有机构成低"的资本所提供的利润率,则高于平均利润率。资本之间的竞争,资本从一个部门自由地转入另一个部门,会使上述两种情况下的利润率都趋向平均。一个社会的全部商品的价值总量是同商品的价格总量相符的,但由于竞争的影响,在各个企业和各个生产部门内,商品不是按其价值,而是按等于所耗费的资本加平均利润的**生产价格**出卖的。

这样,价格离开价值和利润平均化这一众所周知的、无可争辩的事实,就被马克思根据价值规律充分说明了,因为全部商品的价值总量是同价格总量相符的。然而价值(社会的)变为价格(个别

---

① 看来是笔误,应是"利润率"。——编者注

的),不是经过简单的直接的途径,而是经过极其复杂的途径,因为很自然,在完全靠市场联系起来的分散的商品生产者的社会中,规律性只能表现为平均的、社会的、普遍的规律性,而不同方向的个别的偏离则相互抵消。

劳动生产率的提高,表示不变资本比可变资本增长得快。而既然产生剩余价值的只是可变资本,所以利润率(剩余价值与全部资本之比,而不只是与资本的可变部分之比)当然就有下降的趋势。马克思详细分析了这一趋势和阻挡或者说抵消这一趋势的许多情况。现在我们不再转述《资本论》第3卷中论述高利贷资本、商业资本和货币资本的那些引人入胜的章节,只谈最主要的——**地租**理论。由于土地面积有限,而在资本主义国家中土地又全被各个业主所占有,所以农产品的生产价格不是取决于中等地的生产费用,而是取决于劣等地的生产费用,不是取决于产品运往市场的中等条件,而是取决于产品运往市场的劣等条件。这种生产价格与优等地(或优等条件下)的生产价格的差别,就产生等差地租或者说**级差**地租。马克思仔细分析了这种地租,说明它来源于各块土地肥力的差别,来源于土地的投资量的差别,这就完全揭露了(并见《剩余价值理论》,那里对洛贝尔图斯的批评特别值得注意)李嘉图的错误。李嘉图认为级差地租只是由于从优等地依次向劣等地转移而产生的。实则相反,也有逆向的转移,也有某一类土地转变为别类土地的情况(由于农业技术的进步、城市的发展等等),所以那个出名的"土地肥力递减规律"是极其错误的,是把资本主义的缺陷、局限性和矛盾归咎于自然界。其次,利润在工业的各个部门乃至整个国民经济的各个部门中平均化的前提,是竞争的完全自由,是资本从一个部门向另一个部门流动的自由。但土地私有制造成垄断,妨碍这种自由流动。由于这种垄断,资本有机构成较低从而个别利润率较高的农业的产品,就不加入完全自由的利润率平均化过程;土地所有者作为垄断者有可能使价格保持在平均价格之上,而这种垄断价格就产生**绝对**地租。在资本主义存在的条件下,级差地租是不可能消灭的,而绝对地租却**可能**消灭,例如在土地国有化的时候,在土地转归国家所有的时候就可能消灭。这种转变会打破私有者的垄断,会导致在农业中更彻底更充分地实行自由竞争。因此——马克思指出——激进派资产者曾在历史上多次提出土地国有化这一资产阶级的进步要求,但资产阶级中大多数人却害怕这个要求,因为这个要求太接近于"触动"当代另一种特别重要和特别"敏感的"垄断,即一般生产资料的垄断。(马克思在 1862 年8 月 2 日给恩格斯的信中,特别通俗简明地叙述了自己关于资本平均利润和绝对地租的理论。见《通信集》第 3 卷第 77—81 页。并参看1862 年 8 月 9 日的信,同上,第 86—87 页。)[①]讲到地租史的时候,还必须提到马克思对地租的转化过程所作的分析,即由工役地租(农民用自己的劳动在地主的土地上创造剩余产品)转化为产品地租或实物地租(农民在自己的土地上生产剩余产品,因受"经济外的强制"而将剩余产品交给地主),然后转化为货币地租(也是一种实物地租,即由于商品生产的发展而转化为货币,在旧日罗斯称"代役租"),最后转化为资本主义地租,这时农民已为使用雇佣劳动从事耕作的农业企业主所代替。讲到对"资本主义地租的产生"的这种分析时,必须指出马克思关于**农业资本主义演进**的许多深刻的(对像俄国这样一些落后的国家有特别重要意义的)思想。"此外,在由实物地租转化为货币地租时,不仅与此同时必然形成一个无产的、为货币而受人雇用的短工阶级,而且甚至在这种转化之前就形成这个阶级。在这个新阶级刚刚产生,

---

① 参看《马克思恩格斯文集》2009 年人民出版社版第 10 卷第 185—189、192—193页。——编者注

还只是偶然出现的时期,在那些境况较佳的有交租义务的农民中间,必然有那种自行剥削农业雇佣工人的习惯发展起来,正如早在封建时期,富裕的依附农自己又拥有依附农一样。因此,他们积累一定的财产并且本人转化为未来资本家的可能性也就逐渐发展起来。在这些旧式的、亲自劳动的土地占有者中间,也就形成了培植资本主义租地农场主的温床,他们的发展,取决于农村以外的资本主义生产的一般发展……"(《资本论》第3卷下册第332页)①"一部分农村居民的被剥夺和被驱逐,不仅为工业资本游离出工人及其生活资料和劳动材料,同时也建立了国内市场。"(《资本论》第2版第1卷第778页)②而农村居民的贫困和破产,又在为资本造成劳动后备军方面起了作用。在任何资本主义国家中,"一部分农村人口因此经常准备着转入城市人口或制造业人口〈即非农业人口〉的队伍。相对过剩人口的这一源泉是长流不息的。……农业工人的工资被压到最低限度,他总是有一只脚陷在需要救济的赤贫的泥潭里"(《资本论》第2版第1卷第668页)③。农民对自己耕种的土地的私有权,是小生产的基础,是小生产繁荣并成为典型形态的条件。但这种小生产只能同狭隘的原始的生产范围和社会范围相容。在资本主义制度下,"农民所受的剥削和工业无产阶级所受的剥削,只是在形式上不同罢了。剥削者是同一个:资本。单个的资本家通过抵押和高利贷来剥削单个的农民;资本家阶级通过国家赋税来剥削农民阶级"(《法兰西阶级斗争》)④。"农民的小块土地现在只是使资本家得以从土地上榨取利润、利息和地租,而让农民自

---

① 见《马克思恩格斯文集》2009年人民出版社版第7卷第902—903页。——编者注
② 见《马克思恩格斯文集》2009年人民出版社版第5卷第857页。——编者注
③ 同上书,第740页。——编者注
④ 见《马克思恩格斯文集》2009年人民出版社版第2卷第160页。——编者注

己考虑怎样去挣自己的工资的一个借口。"(《雾月十八日》)①通常农民甚至把一部分工资交给资本主义社会,即交给资本家阶级,自己却下降到"爱尔兰佃农的地步,而这全是在私有者的名义下发生的"(《法兰西阶级斗争》)②。"小块土地所有制占统治地位的国家的谷物价格低于资本主义生产方式的国家的原因之一"(《资本论》第 3 卷下册第 340 页)③何在呢?在于农民把一部分剩余产品白白交给社会(即资本家阶级)。"因此,这种较低的价格〈粮食和其他农产品的〉是生产者贫穷的结果,而决不是他们的劳动生产率的结果。"(《资本论》第 3 卷下册第 340 页)④在资本主义制度下,小块土地所有制,即小生产的标准形态,不断衰退、毁灭、消亡。"小块土地所有制按其性质来说排斥社会劳动生产力的发展、劳动的社会形式、资本的社会积聚、大规模的畜牧和对科学的累进的应用。高利贷和税收制度必然到处使这种所有制陷入贫困境地。资本在土地价格上的支出,势必夺去用于耕种的资本。生产资料无止境地分散,生产者本身无止境地互相分离。〈合作社,即小农协作社,虽能起非常进步的资产阶级的作用,但只能削弱这个趋势,而不能消灭这个趋势;同时不应当忘记,这种合作社对富裕农民的好处很多,对贫苦农民群众的好处则很少,几乎没有,而且协作社本身也会成为雇佣劳动的剥削者。〉人力发生巨大的浪费。生产条件越来越恶化和生产资料越来越昂贵是小块土地所有制的必然规律。"⑤资本主义在农业方面,也和在工业方面一

---

① 见《马克思恩格斯文集》2009 年人民出版社版第 2 卷第 570 页。——编者注
② 同上书,第 160 页。——编者注
③ 见《马克思恩格斯文集》2009 年人民出版社版第 7 卷第 911 页。——编者注
④ 同上。——编者注
⑤ 同上书,第 912 页。——编者注

样,完全是以"生产者的殉难史"①为代价来改造生产过程的。"农业工人在广大土地上的分散,同时破坏了他们的反抗力量,而城市工人的集中却增强了他们的反抗力量。在现代的即资本主义的农业中,像在现代工业中一样,劳动生产力的提高和劳动量的增大是以劳动力本身的破坏和衰退为代价的。此外,资本主义农业的任何进步,都不仅是掠夺劳动者的技巧的进步,而且是掠夺土地的技巧的进步……因此,资本主义生产发展了社会生产过程的技术和结合,只是由于它同时破坏了一切财富的源泉——土地和工人。"(《资本论》第 1 卷第 13 章末)②

社 会 主 义

从上文可以看出,资本主义社会必然要转变为社会主义社会这个结论,马克思完全是从现代社会的经济的运动规律得出的。劳动社会化通过无数种形式日益迅速地向前发展,在马克思去世后的半个世纪以来,特别明显地表现在大生产与资本家的卡特尔、辛迪加和托拉斯的增长以及金融资本的规模和势力的巨大增长上,——这就是社会主义必然到来的主要物质基础。这个转变的思想上精神上的推动者和实际上的执行者,就是资本主义本身培养的无产阶级。表现于多种多样和内容日益丰富的形式的无产阶级反对资产阶级的斗争,必然要成为以无产阶级夺取政权("无产阶级专政")为目标的政治斗争。生产社会化不能不导致生产资料转变为社会所有,导致"剥夺者被剥夺"。劳动生产率大大提

① 见《马克思恩格斯文集》2009 年人民出版社版第 5 卷第 579 页。——编者注
② 同上书,第 579—580 页。——编者注

高,工作日缩短,完善的集体劳动代替残存的原始的分散的小生产,——这就是这种转变的直接结果。资本主义彻底破坏了农业同工业的联系,但同时又以自己的高度发展准备新的因素来建立这种联系,使工业同农业在自觉运用科学和合理组织集体劳动的基础上,在重新分布人口(既消除农村的荒僻、与世隔绝和不开化状态,也消除大量人口集中在大城市的反常现象)的基础上结合起来。现代资本主义的最高形式准备着新的家庭形式,并为妇女的地位和青年一代的教育准备新的条件。在现代社会里,女工和童工的使用,资本主义对父权制家庭的瓦解,必然采取最可怕最痛苦最可憎的形式。但是"由于大工业使妇女、男女少年和儿童在家庭范围以外,在社会地组织起来的生产过程中起着决定性的作用,它也就为家庭和两性关系的更高级的形式创造了新的经济基础。当然,把基督教日耳曼家庭形式看成绝对的东西,就像把古罗马家庭形式、古希腊家庭形式和东方家庭形式看成绝对的东西一样,都是荒谬的。这些形式依次构成一个历史的发展序列。同样很明白,由各种年龄的男女个人组成的结合劳动人员这一事实,尽管在其自发的、野蛮的、资本主义的形式中,也就是在工人为生产过程而存在,不是生产过程为工人而存在的那种形式中,是造成毁灭和奴役的祸根,但在适当的条件下,必然会反过来转变成人道的发展的源泉"(《资本论》第1卷第13章末)[1]。工厂制度使我们看到"未来教育的幼芽……对所有已满一定年龄的儿童来说,就是生产劳动同智育和体育相结合,它不仅是提高社会生产的一种方法,而且是造就全面发展的人的唯一方法"(同上)[2]。马克思的社会主义把民族问题和国家问题

---

[1] 见《马克思恩格斯文集》2009年人民出版社版第5卷第563页。——编者注
[2] 同上书,第556—557页。——编者注

也放在同样的历史的基础上,这就是说不仅仅限于解释过去,而且大胆地预察未来,并勇敢地用实际活动来实现未来。民族是社会发展到资产阶级时代的必然产物和必然形式。工人阶级如果不"把自身组织成为民族",如果不成为"民族的"("虽然完全不是资产阶级所理解的那种意思")①,就不能巩固、成熟和最终形成。但是资本主义的发展,日益打破民族壁垒,消除民族隔绝状态,用阶级对抗代替民族对抗。因此,就发达的资本主义国家来说,"工人没有祖国",工人至少是各文明国家的工人的"联合的行动""是无产阶级获得解放的首要条件之一"(《共产党宣言》)②。这些论断,是不容置疑的真理。国家这个有组织的暴力,是社会发展到一定阶段必然产生的,这时社会已分裂成相互不可调和的阶级,如果没有一种似乎站在社会之上并在一定程度上脱离社会的"权力",社会就无法存在。国家从阶级矛盾中产生后,便成为"最强大的、在经济上占统治地位的阶级的国家,这个阶级借助于国家而在政治上也成为占统治地位的阶级,因而获得了镇压和剥削被压迫阶级的新手段。因此,古希腊罗马时代的国家首先是奴隶主用来镇压奴隶的国家,封建国家是贵族用来镇压农奴……的机关,现代的代议制的国家是资本剥削雇佣劳动的工具"(恩格斯《家庭、私有制和国家的起源》,这里恩格斯叙述了自己的和马克思的观点)③。甚至民主共和国这一最自由最进步的资产阶级国家形式,也丝毫不能消除这个事实,而只能改变这个事实的形式(政府和交易所之间的联系,对官吏和报刊的直接或间接的收买,等等)。社会主义将导致阶级消灭,从

---

① 见《马克思恩格斯文集》2009 年人民出版社版第 2 卷第 50 页。——编者注
② 同上。——编者注
③ 见《马克思恩格斯文集》2009 年人民出版社版第 4 卷第 191 页。——编者注

而也导致国家消灭。恩格斯在《反杜林论》中写道:"国家真正作为整个社会的代表所采取的第一个行动,即以社会的名义占有生产资料,同时也是它作为国家所采取的最后一个独立行动。那时,国家政权对社会关系的干预在各个领域中将先后成为多余的事情而自行停止下来。那时,对人的统治将由对物的管理和对生产过程的领导所代替。国家不是'被废除'的,它是自行消亡的。"①"在生产者自由平等的联合体的基础上……来组织生产的社会,将把全部国家机器放到它应该去的地方,即放到古物陈列馆去,同纺车和青铜斧陈列在一起。"(恩格斯《家庭、私有制和国家的起源》)②

最后,关于马克思的社会主义对待那些在剥夺者被剥夺时期还将继续存在的小农的态度问题,必须举出恩格斯表达马克思的思想的一段话:"当我们掌握了国家政权的时候,我们决不会考虑用暴力去剥夺小农(不论有无赔偿,都是一样),像我们将不得不如此对待大土地占有者那样。我们对于小农的任务,首先是把他们的私人生产和私人占有变为合作社的生产和占有,不是采用暴力,而是通过示范和为此提供社会帮助。当然,到那时候,我们将有足够的手段,向小农许诺,他们将得到现在就必须让他们明了的好处。"(恩格斯《西方土地问题》,阿列克谢耶娃出版的版本第 17 页,俄译本有错误。原文载于《新时代》杂志[29]。)③

---

① 见《马克思恩格斯文集》2009 年人民出版社版第 9 卷第 297 页。——编者注
② 见《马克思恩格斯文集》2009 年人民出版社版第 4 卷第 193 页。——编者注
③ 《西方土地问题》即《法德农民问题》,引文见《马克思恩格斯文集》2009 年人民出版社版第 4 卷第 524—525 页。——编者注

无产阶级阶级斗争的策略

早在1844—1845年,马克思就判明了旧唯物主义的根本缺陷之一,就是未能理解革命实践活动的情况和正确评价这一活动的意义,所以,马克思后来在从事理论写作的同时,毕生都十分注意无产阶级阶级斗争的策略问题。马克思的**全部**著作,特别是1913年出版的四卷本马克思和恩格斯通信集,都在这方面提供了大量的材料。这些材料还远远没有收齐,没有汇集在一起,没有加以研究和整理。因此,我们在这里只能作一个最一般最简短的评介,着重说明,马克思正确地认为,唯物主义缺少**这一**方面,就是不彻底的、片面的、毫无生气的唯物主义。马克思是严格根据他的辩证唯物主义世界观的一切前提确定无产阶级策略的基本任务的。先进阶级只有客观地考虑到某个社会中一切阶级相互关系的全部总和,因而也考虑到该社会发展的客观阶段,考虑到该社会和其他社会之间的相互关系,才能据以制定正确的策略。这就是说,不应当把各个阶级和各个国家看做是静态的,而应当看做是动态的,即不应当看做是处于不动的状态,而应当看做是处于运动之中(运动的规律是从每个阶级的存在的经济条件中产生的)。而对运动,不仅要从过去的观点来看,而且要从将来的观点来看,并且不是像"进化论者"那样庸俗地理解,只看到缓慢的变化,而是要辩证地理解:"在这种伟大的发展中,二十年等于一天,殊不知以后可能又会有一天等于二十年的时期"——马克思在给恩格斯的信中这样写道(《通信集》第3卷第127页)①。在每个发展阶段,在每一时刻,无产阶级的

---

① 参看《马克思恩格斯文集》2009年人民出版社版第10卷第203页。——编者注

策略都要考虑到人类历史的这一客观必然的辩证法,一方面要利用
政治消沉时代或龟行发展即所谓"和平"龟行发展的时代来发展先
进阶级的意识、力量和战斗力,另一方面要把这种利用工作全部引
向这个阶级的运动的"最终目的",并使这个阶级在"一天等于二十
年"的伟大日子到来时有能力实际完成各项伟大的任务。在这个问
题上马克思的两个论点特别重要:一个是在《哲学的贫困》中论述无
产阶级的经济斗争和经济组织时提出的,另一个是在《共产党宣言》
中论述无产阶级的政治任务时提出的。前一个论点是:"大工业把
大批互不相识的人们聚集在一个地方。竞争使他们的利益分裂。
但是维护工资这一对付老板的共同利益,使他们在一个共同的思想
(反抗、组织同盟)下联合起来。……原来孤立的同盟就组成为集
团,而且在经常联合的资本面前,对于工人来说,维护自己的联盟,
就比维护工资更为重要。……在这一斗争(真正的内战)中,未来战
斗的一切必要的要素在聚集和发展着。一旦达到这一点,联盟就具
有政治性质。"①这就是经济斗争和工会运动在以后几十年内,在
准备无产阶级的力量去进行"未来战斗"的整个长时期内的纲领
和策略。在这方面应当注意马克思和恩格斯还有许多论述,他们
用英国工人运动的实例说明,工业的"繁荣"怎样引起"收买无产
阶级"(《马克思和恩格斯通信集》第 1 卷第 136 页)②、使无产
级放弃斗争的尝试,这种繁荣怎样"起了败坏无产阶级的作用"
(第 2 卷第 218 页)③;英国无产阶级怎样日益"资产阶级化"——
"这一所有民族中最资产阶级化的民族〈英国〉,看来想把事情最

① 见《马克思恩格斯文集》2009 年人民出版社版第 1 卷第 653—654 页。——编者注
② 参看《马克思恩格斯全集》第 1 版第 27 卷第 201 页。——编者注
③ 参看《马克思恩格斯全集》第 1 版第 29 卷第 225 页。——编者注

终弄到这样的地步,即除了资产阶级,它还要有资产阶级化的贵族和资产阶级化的无产阶级"(第2卷第290页)[1];英国无产阶级怎样日益丧失"革命斗志"(第3卷第124页)[2];怎样必须在一个较长的时期内等待"英国工人摆脱资产阶级对他们的明显的腐蚀"(第3卷第127页)[3];英国工人运动怎样缺乏"老宪章派[222]的热情"(1866年;第3卷第305页)[4];英国工人领袖怎样在变成"在激进资产者和工人之间"的中间类型的人(关于侯里欧克,第4卷第209页)[5];由于英国拥有垄断地位,而且只要这种垄断地位未被破坏,"不列颠工人也只能是这样"(第4卷第433页)[6]。与工人运动的整个进程(**和结局**)相联系的经济斗争的策略,在这里是以极其广阔的、全面的、辩证的、真正革命的观点来加以考察的。

关于政治斗争策略,《共产党宣言》提出了马克思主义的一个基本原理:"共产党人为工人阶级的最近的目的和利益而斗争,但是他们在当前的运动中同时代表运动的未来。"[7]因此,马克思在1848年支持了波兰主张"土地革命"的政党,即"发动过1846年克拉科夫起义[223]的政党"[8]。马克思在1848—1849年支持了德国的极端革命民主派,而且以后也从没有收回他当时关于策略问题所说的话。马克思认为德国资产阶级"一开始就蓄意背叛人民〈资产阶级当时只有同农民联合,才能完全实现它的任务〉,而与旧社

---

[1]　见《马克思恩格斯文集》2009年人民出版社版第10卷第165页。——编者注
[2]　参看《马克思恩格斯全集》第1版第30卷第334页。——编者注
[3]　见《马克思恩格斯文集》2009年人民出版社版第10卷第203页。——编者注
[4]　参看《马克思恩格斯全集》第1版第31卷第199页。——编者注
[5]　参看《马克思恩格斯全集》第1版第32卷第376页。——编者注
[6]　参看《马克思恩格斯全集》第1版第35卷第19页。——编者注
[7]　见《马克思恩格斯文集》2009年人民出版社版第2卷第65页。——编者注
[8]　同上。——编者注

会的戴皇冠的代表人物妥协"①。下面就是马克思对资产阶级民主革命时代德国资产阶级的阶级状况所作的一个总结性的分析(这一分析是唯物主义从运动中并且不是只从运动的**过去**方面观察社会的榜样):"……不相信自己,不相信人民,在上层面前嘟囔,在下层面前战栗……害怕世界风暴……毫无毅力,到处剽窃;……没有首创精神……活像一个受诅咒的老头,注定要糟蹋健壮人民的初次勃发的青春激情而使其服从于自己风烛残年的需求……"(载于1848年《新莱茵报》,见《遗著》第3卷第212页)②大约过了20年,马克思在给恩格斯的信(第3卷第224页)③中指出,1848年革命失败的原因是,资产阶级宁愿要用奴役换取的平静,而不愿看到哪怕只是争取自由的斗争的前景。当1848—1849年革命时代已经结束时,马克思便反对任何以革命为儿戏的做法了(反对沙佩尔和维利希),要求人们善于在似乎是"以和平方式"准备着新革命的新阶段进行工作。马克思当时要求人们以怎样的精神进行这项工作,这可以从他对德国在1856年这一最黑暗的反动年代的形势所作的估计中看出:"德国的全部问题将取决于是否有可能由某种再版的农民战争来支持无产阶级革命。"(《马克思和恩格斯通信集》第2卷第108页)④在德国的民主革命(资产阶级革命)还没有完成时,在社会主义无产阶级的策略方面,马克思一直是把全部注意力集中在发挥农民的民主力量上面。马克思当时所以认为拉萨尔"客观上是为普鲁士人的利益而背叛整个工人运动"(第3卷第210

---

① 见《马克思恩格斯文集》2009年人民出版社版第2卷第75页。——编者注
② 同上书,第76页。——编者注
③ 见《马克思恩格斯文集》2009年人民出版社版第10卷第218页。——编者注
④ 同上书,第131页。——编者注

页)①,其原因之一就是拉萨尔纵容了地主和普鲁士民族主义。
1865 年,恩格斯在一封给马克思的信中就他们将在报刊上共同发
表的意见同马克思交换看法时写道:"在一个农业占优势的国家
里,代表工业无产阶级说话时只抨击资产阶级,而一字不提大封建
贵族对农村无产阶级的宗法式的'凭借棍棒进行的剥削',这是卑
鄙的。"(第 3 卷第 217 页)②1864—1870 年间,当德国完成资产阶
级民主革命的时期,即普鲁士和奥地利的剥削阶级为以这种或那
种方式**从上面**完成这个革命而斗争的时期即将结束时,马克思不
仅斥责过同俾斯麦勾搭的拉萨尔,而且纠正过陷入"亲奥主义"和
拥护分立主义的李卜克内西;马克思当时要求实行革命策略:对俾
斯麦和亲奥派同样地进行无情的斗争,不迁就"胜利者"普鲁士容
克,**而不顾**普鲁士军事胜利所造成的**状况**立刻恢复反对容克的革
命斗争(《马克思和恩格斯通信集》第 3 卷第 134、136、147、179、
204、210、215、418、437、440—441 页)③。在国际 1870 年 9 月 9 日
的那篇著名的宣言中,马克思曾事先提醒法国无产阶级不要举行
不合时宜的起义④;但当起义终于发生了的时候(1871 年),马克
思却以欢欣鼓舞的心情欢呼"冲天的"群众的革命首创精神(马克
思给库格曼的信)⑤。从马克思的辩证唯物主义观点看来,在这种
形势下,也同在许多其他形势下一样,革命行动的失败对无产阶级
斗争的整个进程**和结局**的危害,要比放弃阵地、不战而降小,因为

---

① 参看《马克思恩格斯全集》第 1 版第 31 卷第 48 页。——编者注
② 同上书,第 58 页。——编者注
③ 参看《马克思恩格斯全集》第 1 版第 30 卷第 351、353、370、419 页,第 31 卷第
   40、48、55、376、408、418 页。——编者注
④ 参看《马克思恩格斯全集》第 1 版第 17 卷第 285—294 页。——编者注
⑤ 见《马克思恩格斯文集》2009 年人民出版社版第 10 卷第 352—353 页。——编
   者注

不战而降会使无产阶级士气沮丧,削弱无产阶级的战斗力。马克思十分重视在政治停滞和资产阶级所容许的合法性占统治地位的时代利用合法斗争手段,所以他在 1877—1878 年,在反社会党人非常法**224**颁布以后,严厉地斥责了莫斯特的"革命空谈",但他同样严厉甚至更为严厉地痛斥了当时在正式的社会民主党中一时占上风的机会主义,因为这个党没有立刻表现出坚定性、坚决性、革命性和为对付非常法而转向不合法斗争的决心(《马克思和恩格斯通信集》第 4 卷第 397、404、418、422、424 页①,并参看给左尔格的信)。

载于 1915 年《格拉纳特百科词典》第 7 版第 28 卷(有删节);序言载于 1918 年莫斯科波涛出版社出版的《卡尔·马克思》一书

选自《列宁全集》第 2 版第 26 卷第 47—82 页

---

① 参看《马克思恩格斯全集》第 1 版第 34 卷第 54—55、64—65、89—90、101—102、105 页。——编者注

论大俄罗斯人的民族自豪感

(1914 年 11 月 29 日〔12 月 12 日〕)

现在,关于民族,关于祖国,说的、议论的、叫喊的实在太多了!英国自由派和激进派的大臣,法国无数"先进的"政论家(他们实际上和反动的政论家毫无二致),俄国许许多多官方的、立宪民主党[8]的和进步党[187]的(直到某些民粹派的和"马克思主义的")文痞,都异口同声地赞美"祖国"的自由和独立,赞美民族独立原则的伟大。他们当中谁是卖身求荣、歌颂刽子手尼古拉·罗曼诺夫或者歌颂黑人和印度居民的蹂躏者的无耻之徒,谁是因为愚蠢无知或没有气节而"随波逐流"的庸俗市侩,真叫人无法分辨。不过,分辨这一点也没有多大意义。我们现在所看到的,是一个很广很深的思潮,这个思潮的根源同大国民族的地主资本家老爷们的利益有着极其密切的联系。为了宣传有利于这些阶级的思想,每年要花费成千上万的金钱。这副磨盘真不小,推动磨盘的水流来自四面八方:从顽固的沙文主义者缅施科夫起,直到由于机会主义思想或者由于没有气节而成了沙文主义者的普列汉诺夫和马斯洛夫、鲁巴诺维奇和斯米尔诺夫、克鲁泡特金和布尔采夫为止。

让我们,大俄罗斯社会民主党人,也来明确一下自己对这一思潮的态度。我们作为位于欧洲最东部和亚洲很大一部分地区的一个大国民族的成员,是绝不应当忘记民族问题的巨大意义的,——特别是在这个被公正地称之为"各族人民的牢狱"[225]的国家里,特别是当资本主义在欧洲最东部和亚洲正在唤醒许许多多"新的"大小民族的时候,特别是在沙皇君主政府驱使千百万大俄罗斯人和"异族人"拿起武器,按照贵族联合会[226]的利益和古契柯夫们以及克列斯托夫尼科夫、多尔戈鲁科夫、库特列尔、罗季切夫们的利益去"解决"一系列民族问题的时刻。

我们,大俄罗斯的觉悟的无产者,是不是根本没有民族自豪感呢?当然不是!我们爱自己的语言和自己的祖国,我们正竭尽全力把**祖国**的劳动群众(即祖国十分之九的居民)的觉悟提高到民主主义者和社会主义者的程度。我们看到沙皇刽子手、贵族和资本家蹂躏、压迫和侮辱我们美好的祖国感到无比痛心。而使我们感到自豪的是,这些暴行在我们中间,在大俄罗斯人中间引起了反抗;在**这些**人中间产生了拉吉舍夫、十二月党人[124]、70年代的平民知识分子革命家;大俄罗斯工人阶级在1905年创立了一个强大的群众性的革命政党;同时,大俄罗斯农夫开始成为民主主义者,开始打倒神父和地主。

我们记得,献身于革命事业的大俄罗斯民主主义者车尔尼雪夫斯基在半个世纪以前说过:"可怜的民族,奴隶的民族,上上下下都是奴隶。"[227]大俄罗斯人中的公开的和不公开的奴隶(沙皇君主制度的奴隶)是不喜欢想起这些话的。然而我们认为,这些话表达了他对祖国的真正的爱,这种爱使他因大俄罗斯民众缺乏革命精神而忧心忡忡。当时,这种革命精神确实还没有。现在,这种革命精神也还不多,但毕竟是有了。我们满怀民族自豪感,因为大俄罗斯民族**也**造就了革命阶级,**也**证明了它能给人类提供为自由和为社会主义而斗争的伟大榜样,而不只是大暴行,大批的绞架和刑讯室,普遍的饥荒,以及对神父、沙皇、地主和资本家十足的奴颜婢膝。

我们满怀民族自豪感,正因为这样,我们**特别**痛恨**自己**奴隶般的过去(过去地主贵族为了扼杀匈牙利、波兰、波斯和中国的自由,经常驱使农夫去打仗)和自己奴隶般的现在,因为现在这些地主在资本家协助下又驱使我们去打仗,去扼杀波兰和乌克兰,镇压波斯和中国的民主运动,加强那玷污我们大俄罗斯民族声誉的罗曼诺夫、鲍勃凌斯基和普利什凯维奇们这帮恶棍的势力。谁都不会因为生下来是奴隶而有罪;但是,如果一个奴隶不但不去追求自己的自由,反而为自己的奴隶地位进行辩护和粉饰(例如,把扼杀波兰和乌克兰等等叫做大俄罗斯人的"保卫祖国"),那他就是理应受到憎恨、鄙视和唾弃的下贱奴才了。

19 世纪彻底的民主派的最伟大的代表、革命无产阶级的导师马克思和恩格斯说过:"压迫其他民族的民族是不能获得解放的。"①所以我们满怀民族自豪感的大俄罗斯工人,希望大俄罗斯无论如何要成为一个自由的和独立自主的、民主的、共和的、足以自豪的国家,按照平等这一人道的原则,而不是按照败坏伟大民族声誉的农奴制特权的原则对待邻国。正因为我们抱有这样的希望,所以我们说:20 世纪在欧洲(即使是在欧洲的最东部)"保卫祖国"的唯一办法,就是用一切革命手段反对**自己**祖国的君主制度、地主和资本家,反对我们祖国的这些**最可恶的**敌人;大俄罗斯人"保卫祖国",只能是希望沙皇政府在一切战争中遭到失败,这对十分之九的大俄罗斯居民危害最小,因为沙皇政府不仅在经济上和政治上压迫这十分之九的居民,而且还使他们腐化堕落,寡廉鲜耻,让他们习惯于压迫异族人民,习惯于用一些貌似爱国的虚伪言词来掩饰自己可耻的行为。

---

① 见《马克思恩格斯文集》2009 年人民出版社版第 3 卷第 355 页。——编者注

也许有人会反驳我们说,除沙皇制度以外,已经有另一种历史力量在它的卵翼下诞生和壮大起来,这就是大俄罗斯的资本主义,它起着进步的作用,把一些广大的地区在经济上集中化,连为一体。但是,这种反驳并不能为我们的社会沙文主义者辩解,反而会更有力地证明他们的过错,——这些人只配称做沙皇和普利什凯维奇的社会主义者(就像马克思称拉萨尔派[228]为普鲁士王国政府的社会主义者那样①)。姑且假定,历史解决问题的办法将有利于大俄罗斯的大国资本主义而不利于许许多多小民族。这不是不可能的,因为资本的全部历史就是暴力和掠夺、血腥和污秽的历史。我们也绝不是无条件地主张小民族独立;**如果其他条件相同**,我们当然拥护集中制,反对小市民的联邦制理想。但是,即使在这种情况下,第一,我们,民主主义者(更不要说社会主义者了),也不能帮助罗曼诺夫—鲍勃凌斯基—普利什凯维奇去扼杀乌克兰等等。俾斯麦依照自己的方式,依照容克的方式完成了一项历史上进步的事业,但是,如果哪个"马克思主义者"打算根据这一点来证明社会党人应当帮助俾斯麦,那这个"马克思主义者"就未免太出色了!何况俾斯麦是通过把分散的、受其他民族压迫的德意志人联合在一起,促进了经济的发展。而大俄罗斯的经济繁荣和迅速发展,却要求在我们国内消除大俄罗斯人对其他民族的压迫,——这个差别往往被我们那些崇拜真正俄国的准俾斯麦的人所忘怀。

第二,如果历史解决问题的办法将有利于大俄罗斯的大国资本主义,那么,由此得出的结论应当是:大俄罗斯无产阶级这一由资本主义造就的共产主义革命的主要动力的**社会主义**作用将更加巨大。而为了进行无产阶级革命,必须长期地用**最充分**的民族平

---

① 参看《马克思恩格斯全集》第1版第16卷第88页。——编者注

等和友爱的精神教育工人。因此,正是从大俄罗斯无产阶级的利益出发,必须长期教育群众,使他们以最坚决、最彻底、最勇敢、最革命的态度去捍卫一切受大俄罗斯人压迫的民族的完全平等和自决的权利。大俄罗斯人的民族自豪感(不是奴才心目中的那种自豪感)的利益是同大俄罗斯(以及其他一切民族)无产者的**社会主义**利益一致的。马克思永远是我们学习的榜样,他在英国住了几十年,已经成了半个英国人,但是,为了英国工人社会主义运动的利益,他仍然要求保障爱尔兰的自由和民族独立。

我们俄国土生土长的社会沙文主义者普列汉诺夫等人,在我们所谈的后一种设想的情况下,不仅会成为自己的祖国——自由民主的大俄罗斯的叛徒,而且会成为俄国各民族无产阶级的兄弟团结即社会主义事业的叛徒。

载于 1914 年 12 月 12 日《社会民主党人报》第 35 号

选自《列宁全集》第 2 版第 26 卷第 108—112 页

第二国际的破产

（1915 年 5—6 月）

对于第二国际的破产，人们有时单从形式方面去理解，认为是交战国社会党之间的国际联系的中断，国际代表会议和社会党国际局会议的无法召开，等等。持这种观点的，有中立小国的某些社会党人，大概甚至还有这些国家的大多数正式的党，以及机会主义者和他们的辩护人。在俄国报刊上，弗·科索夫斯基先生以值得深深感谢的坦率态度在崩得[163]的《新闻小报》[229]第 8 号上出来维护这种看法，而《新闻小报》的编辑部连一个字都没有表示不同意这位作者的意见。可以预料，科索夫斯基先生这样维护民族主义，以致为德国社会民主党人投票赞成军事拨款的行为辩护，定将促使许多工人彻底认清崩得的资产阶级民族主义本质。

对于觉悟的工人来说，社会主义是一种庄严的信念，而不是便于掩饰各种小市民调和派和民族主义反对派意图的东西。觉悟的工人认为，国际的破产就是大多数正式社会民主党令人触目惊心地背叛了自己的信念，背叛了自己在斯图加特国际代表大会[205]和巴塞尔国际代表大会[207]上的演说、决议等等中所作的最庄严的声明。只有那些**不愿意**看到这种背叛，认为看到这种背叛对自己没有好处的人，才会看不到这种背叛。如果以科学的态度，也就是从现代社会各阶级之间的关系这个角度来说明问题的话，我们就应当说，大多数社会民主党，首先是它们中间为首的、第二国际中最大和最有影响的德国党,已经倒向自己的总参谋部、自己的政府、自己的资产阶级方面而反对无产阶级了。这是具有世界历史意义的事件,所以,不能不对它尽量全面地加以分析。人们早就认为,战争虽然会造成种种灾祸和苦难,但也会带来相当大的好处:战争会无情地暴露、揭穿和破坏人类制度中许多腐朽、过时和僵死的东西。1914—1915 年的欧洲大战也开始给人类带来明显好处:它向文明国家的先进阶级表明,在他们的政党身上一种令人恶心的脓疮已经成熟,从某处还散发出一股难闻的尸臭。

一

欧洲主要的社会党是否确实背叛了自己的一切信念和任务呢?这一点,不管是叛徒自己,还是那些确切知道——或者模糊地猜测到——自己将不得不同叛徒友好和和解的人,当然都是不喜欢谈论的。但是,不管第二国际的各种"权威"或他们在俄国社会民主党人中的同伙会感到多么不愉快,我们还是应当正视现实,直言不讳,向工人说明真相。

有没有可以说明社会党在战前和在预测这次战争的时候是怎样看待自己的任务和策略的事实材料呢?无疑是有的。这就是1912 年巴塞尔国际社会党代表大会的决议。我们现在把它和同年召开的德国社会民主党开姆尼茨代表大会的决议[230]一起翻印出来,让大家回忆一下"被忘记的"社会主义"言论"。前一个决议总结了各国大量的反战宣传鼓动文献,最确切而全面地、最庄严而正式地阐述了社会党人对战争的观点和策略。在昨天的国际和今天的社会沙文主义的权威中,无论是海德门或盖得,无论是考茨基或普列汉诺夫，没有一个敢向自己的读者提起这个决议，他们不是对决议只字不提，就是引用（像考茨基那样）其中次要的地方，而回避其全部重要内容；单是这一事实，就不能不叫做背叛。起先通过了最"左的"最革命的决议，后来又最无耻地忘记或抛弃这些决议，这是国际破产最明显的表现之一，同时又是一个最明显的证据，证明今天只有那些无比幼稚、简直就是异想天开地想使以往的虚伪永世长存的人，才会相信单靠一些决议就可以"纠正"社会主义运动，"矫正它的路线"。

可以说就在昨天，当海德门在战前转到维护帝国主义的时候，所有"正派的"社会党人都认为他是个疯子，没有一个人不是用轻蔑的口气来谈论他。可是现在，各国最著名的社会民主党领袖全都完全滚到海德门的立场上去了，他们之间只是在色彩和秉性方面稍有差异而已。因此，对于像《我们的言论报》[231]的作家们这样的人，我们无论如何也无法用在议会里使用的那种比较文雅的词句来评价和刻画他们的公民勇气，因为他们用轻蔑的笔调描写海德门"先生"，而用恭敬的（或者说谄媚的？）态度谈论——或者说避而不谈——考茨基"同志"。难道这种态度能够同尊重社会主义、尊重自己的整个信念相容吗？既然你们肯定海德门的沙文主义是虚伪的和极端有害的，那么，难道不应该把批评和攻击的矛头指向这种观点的**更有影响**、更加危险的辩护人考茨基吗？

最近，盖得分子沙尔·迪马在他的《我们希望什么样的和平》这本小册子里，可以说是最为详尽地表达了盖得的观点。这位"茹尔·盖得办公厅主任"（在这本小册子的扉页上他是这样署名的）"引用"的当然是社会党人过去的充满爱国主义精神的声明（德国社会沙文主义者大卫在其最近那本谈论保卫祖国的小册子中也在引用这类声明[232]），而不是巴塞尔宣言！对于这个宣言，普列汉诺夫也默不做声,却扬扬得意地宣扬沙文主义的庸俗观点。考茨基也和普列汉诺夫一样,在引用巴塞尔宣言时**略去了**其中所有革命的地方(即其全部重要内容!),——大概是借口书报检查机关禁止……警察和军事当局通过书报检查来禁止谈论阶级斗争和革命,这倒"正好"帮了社会主义叛徒们的忙!

也许,巴塞尔宣言不过是一个丝毫没有直接涉及当前这场具体战争的确切的历史内容和策略内容的空洞的宣言吧?

正好相反。巴塞尔决议比起其他决议来,恰恰是空话较少而具体内容较多。巴塞尔决议谈的**正是**这场已经发生的战争,正是1914—1915 年爆发的这场**帝国主义的**冲突。奥地利和塞尔维亚为争夺巴尔干,奥地利和意大利为争夺阿尔巴尼亚等地,英国和德国为争夺市场和殖民地,俄国和土耳其等国为争夺亚美尼亚和君士坦丁堡而发生的种种冲突,——这就是巴塞尔决议在预言目前这场战争时所谈的内容。巴塞尔决议正是针对目前"欧洲列强"间的战争时指出,"**丝毫不能以任何人民的利益作为借口来为**"这场战争"**辩护**"!

然而,普列汉诺夫和考茨基——我们就拿这两个最典型的、我们最熟悉的(一个用俄文写作,另一个的著作已由取消派[151]译成俄文)、有威望的社会党人来看——现在却在寻找(在阿克雪里罗得的帮助下)各种"人民的"(或者确切些说,从资产阶级街头小报上抄来的所谓老百姓的)"理由"来为战争辩护,他们作出博学的样子,搬出大量经过歪曲的马克思的话,援引 1813 年和 1870 年的战争(普列汉诺夫)或 1854—1871 年、1876—1877 年、1897 年的战争(考茨基)的"实例",——说实在的,只有那些没有丝毫社会主义信念、没有一点社会主义良心的人,才会"认真"对待这些理由,才会**不**把它们称为闻所未闻的狡诈、伪善和对社会主义的糟蹋!

让德国党的执行委员会因梅林和罗莎·卢森堡的新杂志(《国际》[233])如实地评价了考茨基而咒骂它吧,让王德威尔得、普列汉诺夫和海德门之流在"三协约国"[234]警察的帮助下用同样的方法去对待自己的对手吧。——我们只须用翻印巴塞尔宣言来回答他们,因为这个宣言能使人们看清这些领袖的转变,——这种转变只能称之为叛变。

巴塞尔决议所谈的不是在欧洲曾经发生过的、在1789—1871年这一时代甚至是具有典型性的那种民族战争,人民战争,也不是社会民主党人从来没有反对过的革命战争,而是**目前的**这场战争,即在"资本帝国主义"和"王朝利益"的基础上,在**两个**参战大国集团即奥德集团和英法俄集团都奉行"侵略政策"的基础上发生的战争。普列汉诺夫和考茨基之流公然欺骗工人,他们重复各国资产阶级为了一己的利益而编造的谎言——资产阶级竭力把这场帝国主义的、争夺殖民地的、掠夺性的战争描绘成人民的、防御性的(对于任何一方都是防御性的)战争——并从历史上寻找**非**帝国主义战争的先例来为这场战争辩护。

关于这次战争的帝国主义的、掠夺的、反无产阶级的性质问题,早已越出纯理论问题的阶段了。帝国主义就其所有主要特征而言,在理论上已被确定为垂死的、衰朽的、腐朽的资产阶级为瓜分世界和奴役"弱小"民族而进行的斗争;这些结论在**所有**国家的社会党人的大量报刊上已经成千遍地重复过;我们"盟国"的代表法国人德莱齐在《行将到来的战争》(**1911年出版!**)这本小册子里已经通俗地说明:这次战争从法国资产阶级方面来说也是掠夺性的。不仅如此。各国无产阶级政党的代表已经在巴塞尔一致地正式地声明,他们确信行将到来的战争只能是帝国主义性质的战争,并由此作出了**策略上的**结论。因此,所谓民族策略和国际策略的区别还没有得到充分讨论(参看《我们的言论报》第 87 号和第 90 号上阿克雪里罗得最近的谈话)等等,这些论调都是应该断然加以驳斥的诡辩。这是诡辩,因为对帝国主义作全面的科学的研究是一回事(这种研究才刚刚开始,它实质上是没有止境的,就像任何科学都没有止境一样),而已经在社会民主党的成百万份报纸上和国际的决议中阐明了的、社会党反对资本帝国主义的策略原则是另一回事。社会党不是争论俱乐部,而是战斗的无产阶级的组织,所以当某些分队转到敌人方面去的时候,我们就应当称他们为叛徒,斥之为叛徒,而决不要"轻信"那些假话,说什么对帝国主义的理解"并不是所有的人都一样",说沙文主义者考茨基和沙文主义者库诺都能够在这方面写出一本又一本的书,说问题"还没有得到充分讨论"等等,等等。对于资本主义掠夺性的**一切**表现,以及它的历史发展和民族特点中的一切细节的研究,是**永远**也不会**完结**的;在细节问题上,学者们(尤其是学究们)是永远不会停止争论的。"根据这一点"就不向资本主义进行社会主义的斗争,就不去反对背叛了这一斗争的人,那是可笑的,——而考茨基、库诺和阿克雪里罗得等人不正是要我们这样做吗?

在战争爆发后的今天,谁也不敢试试,剖析一下巴塞尔决议并证明它是不对的!

二

但是,真诚的社会党人当初也许是预见到战争会造成革命形势才赞成巴塞尔决议的,而后来的事态推翻了他们的想法,革命已不可能发生,是吗?

库诺(在《党破产了吗?》这本小册子和许多文章中)正是企图用这种诡辩来替自己转向资产阶级阵营的行为作辩护的;而且我们看到,以考茨基为首的几乎所有的社会沙文主义者都通过暗示的形式提出了类似的"论据"。库诺断言,革命的希望已成幻想,而马克思主义者是不能死抱住幻想不放的。可是这个司徒卢威主义者[235]却一个字也没有提到所有在巴塞尔宣言上签过字的人抱有"幻想",而是装做一个非常高尚的人,竭力把事情都推到潘涅库克和拉狄克这类极左派身上!

现在我们就从实质上考察一下所谓巴塞尔宣言的作者曾真诚地预期革命会来临,但后来的事态推翻了他们的想法这种论调吧。巴塞尔宣言说:(1)战争将造成经济和政治的危机;(2)工人将认为自己参加战争是一种罪恶,是"为了资本家的利润,为了王朝的野心,为了履行秘密外交协定而互相残杀"的犯罪行为;战争将激起工人的"憎恨和愤慨";(3)社会党人的责任是利用上述危机和工人的上述情绪来"唤起人民和加速资本主义的崩溃";(4)任何一个"政府"要发动战争,就不能不"对自身造成危险";(5)各国政府"害怕无产阶级革命";(6)各国政府"应当回想一下"巴黎公社(即国内战争)和俄国1905年的革命,等等。所有这一切都是非常明确的思想;它们没有**保证**说革命必将发生;这里的重点是准确说明**事实**和**趋势**。谁根据这些思想和论断就说预期的革命的到来已成幻想,谁就暴露了他对待革命采取的不是马克思主义的态度,而是司徒卢威主义的、警察加叛徒的态度。

在马克思主义者看来,毫无疑问,没有革命形势,就不可能发生革命,而且并不是任何革命形势都会引起革命。一般说来,革命形势的特征是什么呢? 如果我们举出下面三个主要特征,大概是不会错的:(1)统治阶级已经不可能照旧不变地维持自己的统治;

"上层"的这种或那种危机,统治阶级在政治上的危机,给被压迫阶级不满和愤慨的迸发造成突破口。要使革命到来,单是"下层不愿"照旧生活下去通常是不够的,还需要"上层不能"照旧生活下去。(2)被压迫阶级的贫困和苦难超乎寻常地加剧。(3)由于上述原因,群众积极性大大提高,这些群众在"和平"时期忍气吞声地受人掠夺,而在风暴时期,无论整个危机的环境,**还是"上层"本身**,都促使他们投身于独立的历史性行动。

没有这些不仅不以各个集团和政党的意志、而且也不以各个阶级的意志为转移的客观变化,革命通常是不可能的。这些客观变化的总和就叫做革命形势。这种形势在 1905 年的俄国,在西欧各个革命时代都曾有过;但是,这种形势在上一世纪 60 年代的德国,在 1859—1861 年和 1879—1880 年的俄国也曾有过,当时却没有发生革命。为什么呢? 因为不是任何革命形势都会产生革命,只有在上述客观变化再加上主观变化的形势下才会产生革命,即必须再加上革命**阶级**能够发动足以摧毁(或打垮)旧政府的**强大的革命群众行动**,因为这种旧政府,如果不去"推"它,即使在危机时代也决不会"倒"的。

这就是马克思主义对革命的观点,这种观点已多次为一切马克思主义者所发挥而且被公认为无可争辩的了,而对于我们俄国人来说,这种观点已经特别明显地为 1905 年的经验所证实了。试问,1912 年巴塞尔宣言在这方面所预料的是什么,在 1914—1915 年到来的又是什么?

当时所预料的是革命形势,它被简略地表述为"经济和政治危机"。这一革命形势是否到来了呢? 毫无疑问,到来了。社会沙文主义者伦施(他在维护沙文主义方面要比库诺、考茨基和普列汉诺夫等这些伪君子表现得更直率,更露骨,更诚实)甚至这样说:"我们正经历着一场特殊的**革命**"(他的小册子《德国社会民主党和战争》1915 年柏林版第 6 页)。政治危机已经存在:任何一个政府也不敢担保明天会怎样,任何一个政府也摆脱不了财政破产、割让领土、被逐出自己国家(就像比利时政府被逐出比利时一样)的危险。所有的政府都坐在火山口上,所有的政府都**自己**在要求群众表现出主动性和英勇精神。欧洲的整个政治制度已被震撼,恐怕谁都不会否认我们已进入了(并且日益深入——我是在意大利宣战这天写到这一点的)巨大政治动荡的时代。如果说考茨基在宣战两个月之后(1914 年 10 月 2 日在《新时代》杂志[29]上)竟说什么"政府从来没有像在战争开始时这样强大,各政党从来没有像在战争开始时这样软弱",这不过是考茨基为了讨好休特古姆们和其他机会主义者而伪造历史科学的例证之一。政府从来没有像战时这样需要统治阶级各政党意见一致,这样需要被压迫阶级"驯顺地"服从这种统治。这是第一;第二,即使"在战争开始时",特别是在预期迅速取得胜利的国家内,政府**仿佛**具有无限威力,全世界也从来没有任何一个人会把对革命形势的期待仅仅同战争"开始"时的情况联系起来,更不会把"仿佛如何"和**实际如何**等同起来。

至于说欧洲大战将无比残酷,这是大家都已经知道、看到和承认的。战争的经验愈来愈证实这一点。战争正在扩大。欧洲的政治基础日益动摇。群众处于极端的困苦之中,政府、资产阶级和机会主义者为隐瞒这种困苦状态而作的种种努力,愈来愈多地遭到失败。某些资本家集团从战争中获得了空前的惊人的高额利润。各种矛盾非常尖锐。群众内心愤愤不平,闭塞愚昧的阶层模糊地期待着友善的("民主的")和平,"下层"中开始发出怨声——这一切都已存在。而战争拖得愈久,打得愈激烈,各国政府本身就愈是会鼓励而且一定会鼓励群众的积极性,号召他们作出非凡的努力和自我牺牲。这次战争的经验，也和历史上任何一次危机、人们的生活中的任何一次大灾难和任何一次转折的经验一样，使一些人茫然失措，意志消沉，**却使另一些人受到教育和锻炼**。而且大体说来，从整个世界历史来看，除某些国家衰落和灭亡的个别情况外，后者的数量和力量要比前者更大。

缔结和约不仅不能"立刻"中止这一切灾难和各种矛盾的这种极度尖锐化，相反，在许多方面会使最落后的民众都能更加深切地感到和特别明显地看到这些灾难。

总之，革命形势在欧洲大多数先进国家和列强中已经存在。在这方面，巴塞尔宣言的预见**完全**得到了证实。如果像库诺、普列汉诺夫和考茨基等人那样直接或间接地否认这个事实或者不谈这个事实，那就是当面撒谎，欺骗工人阶级，为资产阶级效劳。在《社会民主党人报》[236]（第34、40、41号）上，我们曾引用一些材料，说明那些**害怕**革命的人，那些基督教的小市民牧师、总参谋部、百万富翁们的报纸，都不得不承认，革命形势的种种征兆已经存在于欧洲。①

这种形势是否能长久地持续下去，还会尖锐到什么程度？它是否会引起革命？这些我们不知道，而且谁也不可能知道。只有先进阶级——无产阶级革命情绪的发展及其向革命行动转变的**经验**才能告诉我们。这里根本谈不上什么"幻想"，也谈不上什么幻想被推翻的问题，因为，任何一个社会党人在任何地方和任何时候都没有保证过，正是目前这次（而不是下一次）战争，正是现在的（而不是明天的）革命形势将产生革命。这里所谈的是一切社会党人的不可推诿的和最基本的任务，即向群众揭示革命形势的存

---

① 见《列宁全集》第2版第26卷第96—97、182—183、206—208页。——编者注

在,说明革命形势的广度和深度,唤起无产阶级的革命意识和革命决心,帮助无产阶级转向革命行动,并建立适应革命形势需要的、进行这方面工作的组织。

任何一个有影响的和负责的社会党人在任何时候都没有敢怀疑以上这些就是各国社会党的任务;巴塞尔宣言并没有散布和抱有丝毫"幻想",它所谈的也正是社会党人的这个任务,即唤起人民,"激励"人民(而不是像普列汉诺夫、阿克雪里罗得和考茨基那样用沙文主义麻痹人民),"利用"危机来"**加速**"资本主义的崩溃,效法公社以及 1905 年 10 月和 12 月的**榜样**[237]。当今的各个党不执行自己的这个任务,这就表明它们已经叛变,它们在政治上已经死亡,它们已经放弃自己的作用,它们已经倒向资产阶级。

三

但是,第二国际最有名的代表和领袖们背叛了社会主义这种事怎么**会**发生的呢?这个问题下面再详细谈,现在先考察一下"从理论上"为这种背叛辩护的言论。下面我们试就社会沙文主义的一些主要理论作一评述。普列汉诺夫(他主要是重复英法沙文主义者海德门及其新信徒的论据)和考茨基(他提出的论据要"精致"得多,表面看起来理论上要充实得多)可以算是这些理论的代表。

在这些理论中,最浅薄的恐怕就是"祸首"论了:人家进攻了我们,我们进行自卫;无产阶级的利益要求对欧洲和平的破坏者进行反击。这是各国政府的声明和全世界所有资产阶级报刊和黄色报刊的滥调的翻版。连如此陈腐庸俗的论调,普列汉诺夫也要狡猾地引用"辩证法"(这是这位著作家惯用的手法)来粉饰一番,说什么为了估计当前的具体形势,首先须要找出祸首,予以惩罚;至于其他一切问题,则留待另一种形势到来时再去解决(见普列汉诺夫的小册子《论战争》1914年巴黎版;并见阿克雪里罗得在《呼声报》**238**第86号和第87号上对这种论调的重复)。在用诡辩术偷换辩证法这一崇高事业中,普列汉诺夫打破了纪录。这位诡辩家任意抽出某一个"论据",而黑格尔早就正确地说过:人们完全可以替世上的一切找出"论据"。辩证法要求从发展中去全面研究某个社会现象,要求把外部的、表面的东西归结于基本的动力,归结于生产力的发展和阶级斗争。普列汉诺夫抽出德国社会民主党报刊上的一句话,说德国人自己在战前就承认奥地利和德国是祸首,——这就够了。至于俄国社会党人多次揭露沙皇政府对加里西亚、亚美尼亚等地的侵略计划,普列汉诺夫却只字不提。对于经济史和外交史,哪怕是最近30年来的,他也一点都没有涉及,而这段历史确凿地证明:目前参战的大国集团,**双方**都是以侵占殖民地,掠夺别国的领土,排挤更有成就的竞争者并使其破产,作为他们政策的主要轴心。①

---

① 一位不惜假装为社会主义者的英国和平主义者布雷斯福德所著《钢和金的战争》一书(1914年伦敦版;书内标明的日期是1914年3月!),是一本很有教益的书。作者十分清楚地意识到,民族问题一般说来已不占突出地位,已经解决了(第35页),现在的问题不在这里,"现代外交的典型问题"(第36页)是巴格达铁路**239**、供给这条铁路的铁轨、摩洛哥的矿山等等。作者很正确地认为,"现代欧洲外交史上最耐人寻味的事件"之一,就是法国的爱国主义者和英国的帝国主义者一起反对凯约(在1911年和1913年)想同德国在共同瓜分殖民地势力范围和允许德国证券在巴黎交易所流通的协议的基础上讲和的企图。**英国和法国的资产阶级阻止了**这种协议(第38—40页)。帝国主义的目的就是要向较弱的国家输出资本(第74页)。英国依靠这种资本而获得的利润在1899年是9 000 万—10 000万英镑(吉芬),在1909年是14 000万英镑(佩什),我们得补充一下:劳合-乔治在不久前的一次演说中把利润算成2亿英镑,将近20亿卢布。卑鄙的伎俩,收买土耳其贵族的活动,替自己的子弟在印度和埃及觅取肥缺——这就是事情的实质

辩证法(普列汉诺夫为了取悦于资产阶级而无耻地将它歪曲了)的基本原理运用在战争上就是:"**战争不过是政治通过另一种〈即暴力的〉手段的继续**"。这是军事史问题的伟大著作家之一、思想上曾从黑格尔受到教益的克劳塞维茨所下的定义②。而这正是马克思和恩格斯始终坚持的观点,他们把**每次**战争都看做是有关列强(及其内部**各阶级**)在当时的政治的**继续**。

普列汉诺夫的拙劣的沙文主义与考茨基的比较精致的、心平气和的、动听的沙文主义所持的理论立场,是完全相同的。考茨基在颂扬各国社会党人倒向"自己的"资本家的行动时说道:

大家都有权利和义务保卫自己的祖国;真正的国际主义就在于承认各国社会党人(包括同我国交战的国家的社会党人)都有这种权利……(见 1914年 10 月 2 日《新时代》杂志和该作者的其他文章)

(第85—87页)。一小撮人从扩张军备和战争中大发其财,拥护他们的是社会和金融家,而跟着拥护和平的人走的则是分散的民众(第 93 页)。一个今天还在高谈什么和平和裁军的和平主义者,明天就会成为完全依附于军火承包商的政党的党员(第 161 页)。如果三协约国占上风,它们就会夺取摩洛哥并瓜分波斯,三国同盟将会夺取的黎波里,巩固自己在波斯尼亚的地位,征服土耳其(第 167 页)。伦敦和巴黎在 1906 年 3 月借给了俄国数十亿的贷款,帮助沙皇政府镇压解放运动(第 225—228 页);英国现在正帮助俄国扼杀波斯(第 229 页)。俄国已经燃起了巴尔干的战火(第 230 页)。——这一切都不是什么新鲜事情,难道不对吗?难道这一切都不是人所共知并为全世界社会民主党报纸重复过一千次的吗?一个英国的资产者在大战前夕就已经清清楚楚地看到这点了。而在上述这些简单的人所共知的事实面前,普列汉诺夫和波特列索夫关于德国负有罪责的理论,考茨基关于在资本主义制度下有实现裁军和持久和平的"前景"的理论,是多么不成体统的废话,多么使人难以忍受的伪善,多么娓娓动听的谎言啊!

② 卡尔·冯·克劳塞维茨《战争论》,《克劳塞维茨全集》第 1 卷第 28 页。参看第 3卷第 139—140 页:"大家都知道,战争只是由政府之间和民族之间的政治关系引起的;但是人们往往都以为,战争一开始,这些关系就告中断,随之产生一种完全不同的、只受自身规律支配的状态。我们的看法相反:战争无非是政治关系在另一种手段介入的情况下的继续。"

这种无与伦比的论调是对社会主义的极端庸俗的嘲弄,回答这种嘲弄的最好的办法就是订制一枚奖章,一面有威廉二世和尼古拉二世的肖像,另一面有普列汉诺夫和考茨基的肖像。要知道,真正的国际主义就是要确认:为了"保卫祖国",法国工人应当向德国工人开枪,德国工人应当向法国工人开枪!

但是,假如我们细心地研究一下考茨基这种论调的理论前提,那么我们就一定会发现,这正是克劳塞维茨在大约80年以前所嘲笑的观点:战争一开始,各个民族和各个阶级之间历史地形成的政治关系就会中断,随之产生一种完全不同的状态!这时,"只有"进攻者和防御者,"只有"对"祖国的敌人"的抵抗!帝国主义列强对占世界人口一半以上的许多民族的压迫,这些帝国主义国家的资产阶级之间为分赃而进行的竞争,资本分裂和镇压工人运动的意图——这一切都一下子从普列汉诺夫和考茨基的视野中消失了,虽然他们自己在战前数十年中所描述的正是这种"政治"。

这两位社会沙文主义领袖还歪曲引用马克思和恩格斯的话作为自己的"王牌"论据:普列汉诺夫回忆起1813年普鲁士民族战争和1870年德国民族战争,考茨基则作出最博学的样子证明说,马克思解决过在1854—1855年、1859年、1870—1871年的战争中哪一方(即哪一国的资产阶级)获胜比较有利的问题,一些马克思主义者还解决过1876—1877年和1897年的战争中的同样问题。一切诡辩家向来都爱采取这样的手法:引用一些情况分明完全不同的例子作为论据。他们向我们举出的以前的战争,都是历时多年的资产阶级民族运动,即反对异族压迫和反对专制制度(土耳其和俄国的)的运动的"政治的继续"。那时,除了哪一国的资产阶级获胜比较有利这个问题,不可能有任何其他的问题;马克思主义者可以**预先号召**各国人民进行这类战争,**燃起**民族的仇恨,正如马克思在 1848 年和 1848 年以后曾经号召去同俄国作战那样,正如恩格斯在 1859 年曾经燃起德国人对他们的压迫者拿破仑第三和俄国沙皇制度的民族仇恨那样。①

把与封建制度和专制制度进行斗争的"政治的继续",即把正在争取解放的资产阶级的"政治的继续",同已经衰朽的,**即帝国主义的,即**掠夺了全世界的、反动的、联合封建主来镇压无产阶级的资产阶级的"政治的继续"相提并论,这就等于是把长度同重量相提并论。这就像是把罗伯斯比尔、加里波第、热里雅鲍夫这样的"资产阶级代表"同米勒兰、萨兰德拉、古契柯夫这样的"资产阶级代表"相提并论。如果不对伟大的资产阶级革命家抱至深的敬意,就不能算是一个马克思主义者,因为这些革命家具有世界历史所赋予的权利,来代表曾经通过反对封建制度的斗争使新兴民族的千百万人民走向文明生活的资产阶级"祖国"讲话。同时,如果不对普列汉诺夫和考茨基的诡辩抱鄙视的态度,也不能算是一个马克思主义者,因为他们明明看到德国帝国主义者在扼杀比利时,看到英、法、俄、意等国的帝国主义者在勾结起来掠夺奥地利和土

---

① 顺便说一下,加尔德宁先生在《生活报》**240**上说,马克思在 1848 年曾经赞成进行一场革命战争来反对欧洲那些事实上已证明是反革命的民族,即"斯拉夫人,特别是俄罗斯人",这是"革命的沙文主义",但毕竟还是沙文主义。对马克思的这种指责,只不过是再次证明这个"左派"社会革命党人**130**的机会主义(或十足的轻率,——更正确些应当说是:**和**十足的轻率)罢了。我们,马克思主义者,过去和现在始终赞成进行**革命**战争来反对**反革命**的民族。例如,如果社会主义1920 年在美洲或欧洲**取得胜利**,假定**那时候**日本和中国促使本国的俾斯麦分子来反对我们(哪怕起初是在外交上反对),那我们就要**赞成**向它们进行一场进攻性的革命战争。加尔德宁先生,您觉得这很奇怪吧? 那您就是罗普申一类的革命家了!

耳其,却高谈什么"保卫祖国"。

社会沙文主义还有一个"马克思主义"理论:社会主义是以资本主义的迅速发展为基础的;我的国家的胜利会加速国内资本主义的发展,因而也就会加速社会主义的到来;我的国家的失败会阻碍国内经济的发展,因而也就会阻碍社会主义的到来。发挥这种司徒卢威主义理论的,在我国有普列汉诺夫,在德国有伦施等人。考茨基反对这种拙劣的理论,反对公开维护这种理论的伦施,也反对暗中坚持这种理论的库诺,可是他反对的目的,仅仅是要在更精致更狡猾的沙文主义理论的基础上,把各国社会沙文主义者调和起来。

我们不必花许多时间来分析这种拙劣的理论。司徒卢威的《评述》一书是在1894年出版的,20年来,俄国社会民主党人已经非常熟悉有教养的俄国资产者的这种"手法",熟悉他们怎样披着**清除了**革命性的"马克思主义"的外衣来贯彻自己的观点和愿望。最近的事态特别明显地表明,司徒卢威主义不仅是俄国的而且也是国际的资产阶级理论家的一种意图,他们妄想"用温和的手段"杀死马克思主义,用拥抱,用仿佛承认马克思主义中**除了**"煽动性的"、"蛊惑性的"、"布朗基式空想主义的"方面**以外**的"一切""真正科学的"方面和成分这种手段来杀死马克思主义。换句话说,采取马克思主义中为自由派资产阶级所能接受的一切东西,直到争取改良的斗争,直到阶级斗争(不要无产阶级专政),直到"笼统地"承认"社会主义的理想",承认资本主义要被一种"新制度"所代替,而"唯独"抛弃马克思主义的活的灵魂,"唯独"抛弃它的革命性。

马克思主义是无产阶级解放运动的理论。因此很清楚,觉悟的工人必须密切注意以司徒卢威主义偷换马克思主义的过程。这个过程的动力数量很多,形式也很多。现在我们只指出主要的三种:

(1)科学的发展在提供愈来愈多的材料,证明马克思是正确的。因此要同他进行斗争就不得不加以伪装,不是去公开反对马克思主义的原理,而是假装承认它,却用诡辩来阉割它的内容,把马克思主义变为对资产阶级无害的神圣的"偶像"。(2)机会主义在社会民主党党内的发展,在支持对马克思主义的这种"改造",使它能够为对机会主义作出各种让步进行辩护。(3)帝国主义时期是压迫其他一切民族的享有特权的"大"民族瓜分世界的时期。从这种特权和压迫中得来的赃物,无疑会一星半点落到小资产阶级的某些阶层和工人阶级的贵族和官僚手中。这些阶层在无产阶级和劳动群众中只占极少数,他们倾心于"司徒卢威主义",因为司徒卢威主义可以为他们联合"自己"国家的资产阶级反对**各**民族被压迫群众的行为辩护。关于这一点,我们在下面论述国际破产的原因时还要谈到。

四

　　一种最精致的、用科学观点和国际观点精心伪装起来的社会沙文主义理论,就是考茨基提出的"超帝国主义"理论。下面就是他本人对这个理论所作的最明白、最确切和最新的说明:

　　"英国保护主义运动的削弱,美国关税的降低,裁军的意图,战前几年法德两国资本输出的锐减,以及各金融资本集团日益紧密的国际交织——所有这一切都使我考虑到:现在的帝国主义的政策会不会被一种新的超帝国主义的政策所取代,这种新的超帝国主义的政策,将以实行国际联合的金融资本共同剥削世界来代替各国金融资本的相互斗争。不管怎样,资本主义的这样一个新阶段是可以设想的。至于它能否实现,现在还没有足够的前提对此作出判断。"(1915年4月30日《新时代》杂志第5期第144页)

　　"……目前这场战争的进程及其结局可能在这方面具有决定的意义。

它可能使金融资本家之间的民族仇恨也达到极点,使军备和军备竞赛的意图加强起来,使第二次世界大战成为必不可免,从而完全毁掉超帝国主义的嫩芽。到那时,我在《取得政权的道路》这本小册子中所作的预见,将在极大程度上得到实现,阶级矛盾的尖锐化以及与之俱来的资本主义的道义上的衰亡〈直译是"经营失败,Abwirtschaftung",破产〉都将大为发展……〈应当指出,考茨基用这种精心雕琢的词儿所指的不过是"无产阶级和金融资本之间的中间阶层",即"知识分子,小资产者,甚至小资本家"对于资本主义的"敌视"而已〉…… 但战争也可能有另一种结局。它可能使超帝国主义的嫩芽茁壮起来。战争的教训〈请注意这一点!〉可能加速和平时期要等很久才能达到的那种发展。如果事情发展到这种地步,即发展到各国之间达成协议,发展到实现裁军和持久和平的地步,那么战前曾使资本主义道义上日益衰亡的那些最坏的原因,就可能会消失。"资本主义的新的阶段自然会给无产阶级带来"新的灾难","也许是更大的灾难",但是"超帝国主义""暂时""可能在资本主义的范围内造成一个带来新的希望和新的期待的纪元"(第145页)。

他用什么办法从这个"理论"中得出为社会沙文主义辩护的根据呢?

他用了下述这样一个对"理论家"来说是相当奇怪的办法:

德国左派社会民主党人说:帝国主义以及它所产生的战争不是偶然现象,而是金融资本已占统治地位的资本主义的必然产物。因此必须转向群众的革命斗争,因为比较和平地发展的时代已经一去不复返了。"右派"社会民主党人则露骨地宣称:既然帝国主义是"必然的",那我们也应当成为帝国主义者。考茨基扮演"中派"的角色,在两者之间进行调和:

他在《民族国家、帝国主义国家和国家联盟》这本小册子(1915年纽伦堡版)中写道:"极左派"想用社会主义同不可避免的帝国主义"对立起来",就是说,"不仅要宣传社会主义(我们在半个世纪以来一直在针对各种形式的资本主义统治进行这种宣传),而且想立刻实现社会主义。这看来是很激进的,然而只能**把那些不相信能立刻在行动上实现社会主义的人统统推到帝国主义阵营中去**"(第17页,黑体是我们用的)。

考茨基说什么立刻实现社会主义,这是利用在德国——特别是在战时书报检查的条件下——不可能谈论革命行动的机会,"实现"断章取义。考茨基很清楚,左派是要求党**立刻**进行宣传并准备革命行动,而绝不是"立刻在行动上实现社会主义"。

左派根据帝国主义的必然性,得出革命行动必然性的结论。考茨基却用"**超帝国主义论**"**为机会主义者辩护**,把事情描绘成这样:仿佛机会主义者根本没有转到资产阶级方面去,而只是"不相信"能立刻实现社会主义,期待着在我们面前"可能出现"裁军和持久和平的新"纪元"。这种"理论"可以归结而且也**只能**归结如下:考茨基是借助对资本主义的和平**新纪元**的**希望**,来为机会主义者和各国正式的社会民主党违背巴塞尔决议的庄严声明而在**目前风暴时期**倒向资产阶级和放弃革命策略(即无产阶级策略)的行为辩护!

请注意,考茨基在这里不仅没有说明,什么样的情况和条件会产生而且必定产生这个新阶段,恰恰相反,他坦率地承认:就连这个新阶段"**能否实现**"的问题,我也还不能作出判断。确实,让我们看看考茨基所指出的那些走向新纪元的"趋势"吧。令人惊讶的是,作者竟把"裁军的意图"也算做是经济事实!这就是说,他想在天真的小市民空谈和幻想的掩护下回避那些同矛盾和缓论丝毫不相容的确凿事实。考茨基的"超帝国主义"(顺便提一下,这个词根本表达不出他所要说的意思)是指资本主义矛盾的大大**和缓**。据说:"英国和美国的保护主义削弱了。"但这里哪有一点点走向新纪元的趋势呢?美国那种走到了极端的保护主义是削弱了,但保护主义却仍然存在,正像英属殖民地给英国的特权即优惠税率仍然存在一样。让我们回想一下,从前的"和平的"资本主义时代被当今帝国主义时代所代替的基础是什么,基础就是自由竞争已让位于资本家的垄断同盟,整个地球已被瓜分完毕。显然,这

两件事实(和因素)都确实具有世界意义,因为,只有当资本能够
畅行无阻地扩大殖民地和夺取非洲等地的无主的土地,而资本的
集中还很薄弱,垄断企业即庞大到能够控制**整个**一个工业部门的
企业还没有产生时,自由贸易与和平竞争才是可能的和必然的。
这种垄断企业的产生和发展(这个过程在英国和美国大概都还没
有停止吧? 就连考茨基也未必敢否认战争加速和加剧了这个过
程)使以往的自由竞争成为**不可能了**,破坏了这种竞争立足的基
础,而对世界的瓜分又**迫使**资本家从和平扩张转到用武装斗争来
重新瓜分殖民地和势力范围。如果认为两个国家中的保护主义的
削弱就会使这种情况有所改变,那就太可笑了。

再来看看几年来**两个**国家资本输出的减少问题。根据统计,
例如根据 1912 年哈尔姆斯的统计,法国和德国这两个国家,各自
在国外的资本约为 350 亿马克(约 170 亿卢布),而英国一个国家
就比它们多一倍以上[①]。在资本主义制度下,资本输出的增长从
来不是而且也不可能是平衡的。至于资本积累的削弱,或国内市
场的容量由于例如群众生活状况的大大改善而大为改变,那是考
茨基连提也不会提的。在这种条件下,从两个国家几年来资本输
出减少的事实中,无论如何不能得出新纪元到来的结论。

"金融资本集团日益紧密的国际交织"。这是唯一真正普遍
的和确凿无疑的趋势,它不是近几年来才有的,也不是两个国家才
有的,而是全世界的、整个资本主义的趋势。但是为什么这个趋势
一定会产生裁减军备的意图,而不是以往那种扩张军备的意图呢?

---

① 见**伯恩哈德·哈尔姆斯**《世界经济问题》1912 年耶拿版。**乔治·佩什**《大不列颠
  在各殖民地……的投资》,载于 1910—1911 年《皇家统计学会杂志》**241** 第 74 卷第
  167 页。劳合-乔治在 1915 年初的一次演说中估计英国在国外的资本是 40 亿英
  镑,即约 800 亿马克。

我们可以举任何一个世界著名的"大炮"公司（和生产任何军事装备的公司）为例。就拿阿姆斯特朗公司来说吧。不久以前英国《经济学家》杂志[242]（1915年5月1日）报道说，该公司的**利润**从1905—1906年度的606 000英镑（约600万卢布）提高到1913年的856 000英镑和1914年的94万英镑（**900万卢布**）。这里金融资本的交织甚为密切，并且在日益增强；德国资本家"参与了"这家英国公司的事务；英国一些公司为奥地利制造潜水艇等等。国际上互相交织的资本正在做扩张军备和战争的大好生意。谁要以为各国资本联合和交织成统一的国际整体就可以产生裁减军备的经济趋势，谁就等于用希望阶级矛盾和缓的善良的小市民愿望去代替阶级矛盾的实际上的尖锐化。

五

考茨基以一种十足的庸人的态度来谈战争的"教训"，他把这些教训说成是对战争灾难的一种精神恐惧。例如，他在《民族国家……》这本小册子里写道：

"毋庸置疑，也无须证明，最迫切地关心世界和平和裁减军备的阶层是存在的。小资产者和小农，甚至许多资本家和知识分子并不能从帝国主义中得益，对这些阶层来说，战争和扩张军备带来的祸害会大于可能获得的利益。"（第21页）

这是在1915年2月写的！事实说明，一切有产阶级，直到小资产者和"知识分子"，都已纷纷站到帝国主义者一边，而考茨基却和套中人[243]一样，做出一副异乎寻常的扬扬自得的神态，用一些甜言蜜语来抹杀这些事实。他不是根据小资产阶级的**行动**，而

是根据某些小资产者的**言论**来判断小资产阶级的利益,尽管这些
言论不断地为他们的行动所推翻。这正和不是以资产阶级的行动
而是以那些赌咒发誓说现存制度充满基督教理想的资产阶级牧师
的博爱言词来判断整个资产阶级的"利益"完全一样。考茨基运
用马克思主义时所采取的方法是抽去它的一切内容,只留下具有
某种超自然、超世俗的意义的"利益"一词,因为它所指的不是现
实的经济,而是关于普遍幸福的天真愿望。

马克思主义是根据日常生活中千万件事实所表现的阶级矛盾
和阶级斗争来判断"利益"的。小资产阶级幻想和高谈矛盾的和
缓,并提出"论据"说,矛盾的尖锐化会招致"不良的后果"。帝国
主义就是有产阶级各阶层屈服于金融资本,就是五六个"大"国
(其中多数现在都参加战争)瓜分世界。大国瓜分世界意味着,它
们的一切有产阶层都从占有殖民地和势力范围中**获得利益**,都从
压迫其他民族、因自己属于"大"国和压迫民族而身居大有收益的
职位和享有特权中**获得利益**。[①]

现在已**不能**像过去那样在资本主义平稳发展和逐步向新的国
家扩展的比较平静、文明、和平的环境中生活了,因为另一个时代
已经到来。金融资本可以把某一个国家**排挤出**而且必将排挤出大

---

① 恩·舒尔采说,到1915年,全世界的有价证券(包括国家的和市政的公债、工商业
公司的典契和股票等等在内)总值是7 320亿法郎。在这个数目中,英国占1 300
亿法郎,美国占1 150亿法郎,法国占1 000亿法郎,德国占750亿法郎,——这就
是说,这4个大国共占4 200亿法郎,即占总数的一半以上。由此可见,超过其他
各国并对其他国家进行压迫和掠夺的那些领先的大国民族,获得了多么大的利益
和特权(**恩斯特·舒尔采博士**《在俄国的法国资本》,载于1915年柏林出版的《金
融文汇》第32年卷第127页)。对于大国民族来说,"保卫祖国"就是保卫掠夺其
他民族而获得赃物的权利。俄国的帝国主义,如所周知,资本的色彩较淡,可是军
事封建的色彩却较浓。

国的行列,夺走其殖民地和势力范围(对英国开战的德国就在这样威胁着英国),夺走小资产阶级所享有的"大国的"特权和额外的收入。这是已由战争证明了的事实。这是早已得到公认的、同一个考茨基在《取得政权的道路》那本小册子中也承认过的那些矛盾尖锐化的实际**结果**。

而现在,当争夺大国特权的武装斗争已成为事实的时候,考茨基却**规劝**资本家和小资产阶级说,战争是可怕的事情,裁军才是好事,这和基督教牧师在布道的讲坛上规劝资本家说,博爱是上帝的教诲、是灵魂的归依、是文明的道德规范如出一辙,其结果也一模一样。考茨基称之为导致"超帝国主义"的经济趋势的那些东西,实际上正是小资产阶级希望金融家不要去为非作歹的**规劝**。

靠资本输出吗?**但是**,输出到独立国家(如美国)去的资本已多于输出到殖民地去的资本。靠抢夺殖民地吗?**但是**,殖民地已全部被抢完而且几乎都在争取解放:"印度可能不再是英国的领地,而它作为一个完整的帝国,将永远不会落在另一个外国的统治之下。"(上引小册子第49页)"任何一个工业资本主义国家想使自己成为不靠国外供应原料的殖民帝国的任何企图,都一定会使所有其他资本主义国家联合起来反对它,把它卷入无尽头的消耗战,不让它接近自己的目的。这种政策肯定会导致这个国家整个经济生活的破产。"(第72—73页)

这难道不是像庸人那样规劝金融家放弃帝国主义吗?用破产来恐吓资本家,就等于劝交易所经纪人不要到交易所去做投机买卖,因为"许多人都是这样倾家荡产的"。资本就是靠同它竞争的资本家和同它竞争的国家的破产**获利**,以实现更高程度的积聚,因此,经济竞争即在经济上促使对手破产的斗争愈尖锐、回旋余地愈"狭窄",资本家就愈是力求辅之以**军事**手段来促使对手破产。向土耳其之类的地区输出资本,可以像向殖民地和附属国输出资本那样十分有利,因为在**这种**情况下金融家比向自由的、独立的、文明的国家如美国输出资本要多获两倍的利润。这样的地区剩下的愈少,为控制和瓜分土耳其、中国等国的斗争就**愈加剧烈**。关于金融资本和帝国主义时代的经济理论就是这样告诉我们的。事实也是这样告诉我们的。而考茨基却把一切都变为庸俗的小市民的"说教",说什么用不着大发脾气,更用不着为瓜分土耳其或抢夺印度而大动干戈,因为"反正长不了",所以最好还是让资本主义和平地发展……　自然,用增加工资的办法来发展资本主义和扩大市场,那就更好了:这是完全"可以设想的"。按这种精神来劝导金融家,便成了牧师布道的一个最适当的题目……　好心的考茨基几乎完全说服了和劝住了德国金融家:用不着为争夺殖民地而同英国兵戎相见,因为这些殖民地反正很快就要获得解放!……

从 1872 年到 1912 年,英国对埃及的进出口额,比英国总的进出口额增长得慢。于是"马克思主义者"考茨基就进行说教:"我们没有任何根据认为,不用武力占领埃及而依靠单纯的经济因素的作用,英国同埃及的贸易就会增长得慢些。"(第 72 页)"资本扩张的意图""不通过帝国主义的暴力方法,**而通过和平的民主**能够实现得**最好**"。(第 70 页)

这是多么严肃的、科学的、"马克思主义的"分析呀! 考茨基出色地"修正了"这段不合理的历史,并"证明"说,当初英国人完全不必从法国人手中夺取埃及,德国金融家也根本用不着发动战争,进军土耳其和采取其他的措施来把英国人赶出埃及! 所有这些都是误会,只不过是一场误会,只是因为英国人还没有领悟到:不对埃及采用暴力,而转向(为了**按考茨基的办法扩大资本的输出!**)"和平的民主"才是"最好的"方法……

"如果资产阶级自由贸易派认为，自由贸易能完全消除资本主义所引起的经济矛盾，这当然只能是他们的幻想。无论是自由贸易，还是民主制都不能消除这些矛盾。但是，我们大家关切的是，这些矛盾能用劳动群众遭受痛苦和牺牲最少的斗争形式来消除"（第73页）……

天哪，行行好吧！天哪，饶恕我吧！拉萨尔曾经问道：什么是庸人？他引了一位诗人的名言回答说："庸人是一根空肠子，充满恐惧和希望，乞求上帝发慈悲。"**244**

考茨基把马克思主义糟蹋到了骇人听闻的地步，他成了不折不扣的牧师。这位牧师**在规劝**资本家转向和平的民主，并且说这是辩证法：假如起先有过自由贸易，后来又有垄断和帝国主义，那么为什么就不能有"超帝国主义"，就不能再有自由贸易呢？这位牧师**在安慰**被压迫的群众，把这个"超帝国主义"说得天花乱坠，尽管这位牧师甚至还不敢说这个东西能否"实现"！有些人维护宗教的理由是宗教可以安慰人，费尔巴哈正确地向他们指出了这种安慰的反动作用，他说：谁要是安慰奴隶，而不去发动他们起来反对奴隶制，谁就是在为奴隶主帮忙。

所有一切压迫阶级，为了维持自己的统治，都需要两种社会职能：一种是刽子手的职能，另一种是牧师的职能。刽子手的任务是镇压被压迫者的反抗和暴乱。牧师的使命是安慰被压迫者，给他们描绘一幅在保存阶级统治的条件下减少苦难和牺牲的前景（这做起来特别方便，只要不担保这种前景一定能"实现"……），从而使他们顺从这种统治，使他们放弃革命行动，打消他们的革命热情，破坏他们的革命决心。考茨基把马克思主义歪曲成了最恶劣最笨拙的反革命理论，歪曲成了最龌龊的僧侣主义。

1909年，考茨基在他的《取得政权的道路》这本小册子中承认资本主义矛盾在尖锐化（这一点谁都没有驳倒过而且是无法驳倒的），承认战争和革命的时代即新的"革命时期"的临近。他说，这不会是"过早的"革命，并且说，即使在战斗开始以前不能否认也有失败的可能，但是不考虑到起义有胜利的可能，那就是"直接背叛我们的事业"。

战争到来了。矛盾变得**更加**尖锐了。群众处于水深火热之中。战争在持续下去，战场在日益扩大。考茨基正在一本又一本地写他的小册子，他驯服地遵从书报检查官的意旨，在小册子中不引用关于掠夺领土和战争的惨祸、关于军火商大发横财、关于物价高涨、关于被动员的工人遭受"军事奴役"等等方面的材料，却一味安慰无产阶级，——援引资产阶级还是革命和进步的阶级的那个时期，即"马克思本人"曾希望这个或那个国家的资产阶级获胜的那个时期的战争作为例子，用一行行一栏栏的数字来证明资本主义"可以"不要殖民地和掠夺，不要战争和扩张军备，证明"和平的民主"更为可取。考茨基不敢否认群众的苦难加剧和革命形势眼看就要真正到来的事实（这一点谈不得呀！书报检查机关不允许……），于是向资产阶级和机会主义者献媚，描绘出一幅会使人们"遭受牺牲和痛苦少"的新阶段的斗争形式的"前景"（他**不担保**这种前景一定能"实现"）…… 弗·梅林和罗莎·卢森堡由于这一点而称考茨基为娼妓是完全正确的。

*　　　　*　　　　*

1905年8月，俄国曾出现过革命形势。为了"安慰"愤懑的群众，沙皇答应召开布里根杜马[115]。如果说可以把金融家放弃扩张军备以及他们彼此间达成"持久和平的"协议叫做"超帝国主义"的话，那么布里根的立法咨议制度也就可以叫做"超专制制度"了。我们暂且假定，"交织"在几百个大企业中的成百个世界上最大的金融家，明天会**答应**各国人民在战后裁军（我们暂且作这种假定,以便探究从考茨基的拙劣的理论中可以得出哪些政治结论)。即使在这种情况下,劝告无产阶级放弃革命行动,也是对无产阶级的直接背叛,因为没有革命行动,一切诺言、一切美好的前景只能是空中楼阁。

战争不仅给资本家阶级带来了巨额利润,带来了进行新的掠夺(掠夺土耳其、中国等等)、接受价值数十亿的新订货、放出新的利息更高的债款等的灿烂前景。不仅如此,它还给资本家阶级带来很大的政治利益,因为它分裂和腐蚀了无产阶级。考茨基正在助长这一腐蚀,他**为了**同"自己"国家的机会主义者休特古姆们**实行统一**而赞美战斗的无产者的这种国际**分裂**!可是竟有人还不了解,老党统一的口号意味着一国的无产阶级同自己国家的资产阶级的"**统一**"和各国无产阶级的**分裂**……

六

当上面这段文章写完时,5 月 28 日出版的一期《新时代》杂志(第 9 期)上发表了考茨基关于"社会民主党破产"的总结性的议论(他的一篇驳斥库诺的文章的第 7 节)。考茨基把他维护社会沙文主义的一切旧的诡辩和一个新的诡辩加在一起,并且自己作了如下的总结:

> "有一种非常荒谬的说法:似乎这场战争是纯粹帝国主义性质的,似乎在战争到来时只能作如下的选择:要么是帝国主义,要么是社会主义,似乎德国的、法国的、往往还有英国的社会党和无产阶级群众,对事情不加思考,只听到一小撮议员的一声号召,就投入了帝国主义的怀抱,背叛了社会主义,从而导致史无前例的破产。"

这是一个新的诡辩和对工人的新的欺骗:这场战争——请注意!——不是"纯粹"帝国主义性质的!

在当前这场战争的性质和意义的问题上,考茨基的动摇简直令人吃惊,这位党的领袖总是小心翼翼地躲开巴塞尔和开姆尼茨代表大会的明确的正式的声明,就像小偷躲开他刚刚偷过东西的地方一样。考茨基在1915年2月写的《民族国家……》这本小册子中曾经断言,这场战争"归根到底还是帝国主义性质的"(第64页)。现在却作了新的保留:不是**纯粹**帝国主义性质的。请问,还有别的什么性质呢?

原来还带有民族的性质!考茨基是借助下面这种"普列汉诺夫式的"所谓辩证法得出这种令人惊奇的结论的:

"当前这场战争不仅是帝国主义的产物,而且也是俄国革命的产物。"他,考茨基,早在1904年就预见到,俄国革命将使泛斯拉夫主义以新的形式复活起来,"民主的俄国必然会强烈地激起奥地利和土耳其统治下的斯拉夫人争取民族独立的愿望…… 那时波兰问题也将尖锐起来…… 那时奥地利就会崩溃,因为目前把彼此趋向分离的分子束缚起来的那个铁箍将随着沙皇制度的崩溃而断裂"(上面的最后一句话是现在考茨基自己从他1904年的文章中引来的)…… "俄国革命……给了东方的民族要求以新的强有力的推动,使得在欧洲问题之外又加上了亚洲问题。**所有这些问题**在**当前这场**战争中都正在强烈地表现出来,对于**人民群众**(**也包括无产阶级群众**)的情绪具有决定性的意义,而在统治阶级中占优势的则是帝国主义的倾向。"(第273页;黑体是我们用的)

这是糟蹋马克思主义的又一个范例!**因为**"民主的俄国"会激起东欧各民族追求自由的愿望(这是无可争辩的),**所以**当前这场战争,虽然不会使任何一个民族得到解放,而不管谁胜谁负都会使许多民族遭到奴役,那也不是"纯粹"帝国主义性质的战争。**因为**"沙皇制度的崩溃"将意味着奥地利由于其民族结构的不民主而瓦解,**所以**暂时巩固起来的反革命的沙皇政府掠夺奥地利,使奥地利各民族遭受**更加惨重**的压迫,就使得"当前这场战争"不具有纯粹帝国主义的性质,而在某种程度上具有民族的性质。**因为**"统治阶级"利用所谓这场帝国主义战争具有民族目的的童话来欺骗愚昧的小市民和闭塞麻木的农民,**所以**一个学者,"马克思主义"的权威,第二国际的代表,就有权用下述"**提法**"使群众容忍这种欺骗行为:统治阶级有帝国主义的倾向,而"人民"和无产阶级群众有"民族的"要求。

辩证法变成了最卑鄙最下贱的诡辩术!

当前这场战争的民族因素**仅仅**表现在塞尔维亚反对奥地利的战争(这一点在我们党的伯尔尼会议的决议中已经指出过①)。只有在塞尔维亚和在塞尔维亚人那里,我们才看到进行多年的、有几百万"人民群众"参加的民族解放运动,而当前塞尔维亚反对奥地利的战争就是这一运动的"继续"。假定这个战争是孤立的,就是说它同全欧的战争,同英、俄等国的自私的掠夺的目的没有关系,那么一切社会党人**都应当**希望塞尔维亚的**资产阶级**获胜——这就是从当前的战争的民族因素中得出的唯一正确的、绝对必需的结论。可是,现在为奥地利的资产者、教权派和将军们效劳的诡辩家考茨基,恰恰没有作出这个结论!

其次,马克思的辩证法,作为关于发展的科学方法的最高成就,恰恰不容许对事物作孤立的即片面的和歪曲的考察。塞奥战争这一民族因素对这场欧洲大战是没有而且也不可能有**任何**重要意义的。如果德国获胜,它就会灭亡比利时,就会再灭亡波兰的一部分,可能还有法国的一部分等等。如果俄国获胜,它就会灭亡加

---

① 见《列宁全集》第 2 版第 26 卷第 164 页。——编者注

里西亚,就会再灭亡波兰的一部分以及亚美尼亚等等。如果"不分胜负",那么以往的民族压迫就会继续存在。对于塞尔维亚来说,即对于当前这场战争的百分之一左右的参加者来说,战争是资产阶级解放运动的"政治的继续"。对于百分之九十九的参加者来说,战争是帝国主义资产阶级,即只能腐蚀各民族而不能解放各民族的已经衰朽的资产阶级的政治的继续。三协约国"解放"塞尔维亚,其实是在把塞尔维亚的自由**出卖给**意大利帝国主义,以换取它对掠夺奥地利的帮助。

这一切是众所周知的,而考茨基为了替机会主义者辩护,竟无耻地加以歪曲了。无论在自然界或社会中,"纯粹的"现象是**没有**而且也不可能有的,——马克思的辩证法就是这样教导我们的,它向我们指出,纯粹这个概念本身就是人的认识的一种狭隘性、片面性,表明人的认识不能彻底把握事物的全部复杂性。世界上没有而且也不可能有"纯粹的"资本主义,而总是有封建主义的、小市民的或其他的东西**掺杂其间**。因此,当帝国主义者分明用"民族的"词句来掩盖赤裸裸的掠夺的目的,肆无忌惮地欺骗"人民群众"的时候,有人却说战争不是"纯粹"帝国主义性质的,这种人不是愚蠢透顶的学究,就是吹毛求疵者和骗子。问题的整个实质就在于考茨基**在帮助**帝国主义者欺骗人民,他说,"对于人民群众(也包括无产阶级群众)具有决定性的意义的"是民族问题,**而**对于统治阶级来说则是"帝国主义的倾向"(第273页),同时他还援引了"极为纷繁复杂的现实"(第274页)这个似乎是辩证的论据来"充实"这一论点。毫无疑问,现实是极为纷繁复杂的,这是颠扑不破的真理! 但同样毫无疑问的是,在这种极为纷繁复杂的现实中有两股主要的和根本的潮流:这场战争的客观内容是帝国主义的"政治的继续",即"列强"的已经衰朽的资产阶级(和他们的政府)掠夺其他民族的"政治的继续",而"主观的"占主导地位的思想则是为了愚弄群众而散布的"民族的"词句。

考茨基一再重复一种陈腐的诡辩,说什么"左派"把事情描绘成"在战争到来时"只能作如下的选择:要么是帝国主义,要么是社会主义。这种诡辩我们已经分析过了。这是无耻的故意曲解,因为考茨基很清楚,左派所提出的是**另外的**选择:要么是党参加帝国主义的掠夺和欺骗,要么是宣传和准备革命行动。而且考茨基还知道,**只是**书报检查机关保护了他,才使德国的"左派"无法揭穿他那些为了逢迎休特古姆之流而散布的无稽之谈。

至于说到"无产阶级群众"和"一小撮议员"的关系问题,考茨基在这里提出一个陈腐不堪的反驳意见:

"我们不谈德国人,免得为自己辩护;可是谁会郑重地断言,像瓦扬和盖得、海德门和普列汉诺夫这样的人,在一天之内就成了帝国主义者而背叛了社会主义呢? 我们先不谈议员和'领导机关'……〈这里考茨基显然是暗指罗莎·卢森堡和弗·梅林的《国际》杂志,因为这家杂志对领导机关的政策,即对德国社会民主党的正式的领导,如它的中央——"执行委员会",它的国会党团等等的政策表现出理所当然的轻蔑〉……可是谁又敢断言,只要一小撮议员下一道命令,就能使400万觉悟的德国无产者在24小时之内一起向右转,去反对他们从前所追求的目标呢? 如果确实如此,那么这件事所证明的当然就不仅是我们党的可怕的破产,而且也是**群众**〈黑体是考茨基用的〉的可怕的破产了。假如群众真是这样一群无主见的傻瓜,那我们就可以让人家来埋葬我们了。"(第274页)

政治上和学术上的最高权威卡尔·考茨基,已经用自己的行为和一整套可怜的遁词把自己埋葬了。谁不了解这一点甚至感觉不到这一点,谁在社会主义方面就毫无希望;正因为这样,梅林和罗莎·卢森堡以及他们的拥护者在《国际》杂志上把考茨基之流当做最卑鄙的人物来对待,是做得唯一正确的。

不妨想一想:当初**能够**多少自由地(就是说不至于立即被捕入狱,不会有被枪毙的危险)表示自己对战争的态度的,**只有**"一小撮议员"(他们有权自由地投票,他们完全可以投反对票——即使在俄国也不会因为投反对票而遭到殴打和迫害,甚至逮捕),一小撮官吏及记者等。现在考茨基却慷慨地把这个社会**阶层**的叛变和无主见**推到群众**身上,而正是这位考茨基多年来数十次地写文章谈到这个阶层同机会主义的策略和思想之间的**联系**!一般科学研究、特别是马克思辩证法的一条首要的最根本的准则,就是要求著作家去考察社会主义运动中的**两个派别**(即大声疾呼地唤醒人们反对叛变的派别和不认为有叛变的派别)之间现在的斗争同过去**整整数十年**的斗争的**联系**。考茨基关于这一点却没有提到,甚至根本不想提出派别和**思潮**的问题。过去有过一些思潮,现在再也没有了!现在只有奴性十足的人一向当做王牌来使用的那些"权威"的鼎鼎大名了。因此,可以特别方便地互相援引,并以互相包庇的原则友好地掩盖自己的"罪过"。尔·马尔托夫在伯尔尼的一次讲演会上惊呼:既然盖得、普列汉诺夫、考茨基都……那怎么能说这是机会主义呢!(见《社会民主党人报》第36号)阿克雪里罗得写道(《呼声报》第86号和第87号):指责像盖得这样的人是机会主义者,应当格外慎重。考茨基也在柏林随声附和道:我不打算为自己辩护,但是……瓦扬和盖得、海德门和普列汉诺夫!杜鹃恭维公鸡是因为公鸡恭维了杜鹃。**245**

考茨基像奴仆一样献殷勤,甚至去吻海德门的手,把他描绘成只是在昨天才投身到帝国主义那里去。可是,在同一家《新时代》杂志和全世界数十家社会民主党的报纸上,关于海德门的帝国主义,已经谈论**多年**了!如果考茨基有兴趣认真研究一下他提到的这些**人物**的政治履历,那他就一定会想起:在这些人的履历中不是有一些特征和事件足以表明,他们倒向帝国主义不是"一天之内"

而是几十年内酿成的结果吗？瓦扬没有当过饶勒斯派[11]的俘虏吗？普列汉诺夫没有当过孟什维克和取消派的俘虏吗？盖得派[10]不是在典型的死气沉沉、庸碌无能、对任何一个重要问题都没有独立见解的盖得派的《社会主义》杂志[246]上当众死亡了吗？在米勒兰主义问题[247]上，在开始同伯恩施坦主义[174]作斗争的时候，以及在其他方面，考茨基本人（我们给那些十分恰当地把考茨基同海德门及普列汉诺夫相提并论的人作个补充）没有表现出无主见吗？

但是，他丝毫也没有兴趣以科学态度去研究这些领袖的履历。他甚至也不打算考察一下，这些领袖现在是用他们**自己的**论据，还是捡起机会主义者和资产者的论据来为他们自己辩护？这些领袖的行为所以具有重大的政治意义是因为他们自己有特殊的影响，还是因为他们附和了别人的、真正"有影响的"、得到军事机构支持的派别即资产阶级派别？考茨基根本就没有着手研究这一问题；他唯一的兴趣，就是蒙蔽群众，用权威的鼎鼎大名来震聋群众的耳朵，不让他们明确地提出有争论的问题并全面地加以研究。①

"……400万群众按照一小撮议员的命令一起向右转……"

这里没有一个字是正确的。德国党组织中的群众不是400

---

① 考茨基举出瓦扬和盖得、海德门和普列汉诺夫，还有另一方面的意思。像伦施和亨尼施之类的明目张胆的帝国主义者（更不用说机会主义者了）。他们举出海德门和普列汉诺夫，就是为了替**自己的**政策作辩护。他们是**有权**举出这些人的。他们说他们与海德门和普列汉诺夫所采取的实际上是相同的政策，这是**事实**。然而，考茨基却是以轻蔑的口吻谈论伦施和亨尼施这些已经投靠帝国主义的激进派的。考茨基很感谢上帝，因为他不像这些税吏[248]，他不同意他们，他仍然是个革命者——这可不是闹着玩的！可是**事实上**，考茨基的立场同他们是一样的。满嘴甜言蜜语的假仁假义的沙文主义者考茨基，要比呆头呆脑的沙文主义者大卫和海涅、伦施和亨尼施可恶得多。

万,而是 100 万,况且代表这个群众组织(也像任何组织一样)的统一意志的,**只是**它的统一的政治中心,即背叛了社会主义的"一小撮人"。当时人们是向这一小撮人征询意见、号召进行投票表决的;只有他们能够投票表决,能够写文章等等。而群众却无人征询他们的意见。不仅不允许他们投票表决,而且把他们驱散和赶走,这完全不是"**按照**"一小撮议员的"**命令**",而是按照军事当局的命令。军事机构现实地存在着,**这个机构里面没有领袖叛变的事**,它把"**群众**"**一个个地**叫来,向他们提出最后通牒:要么去当兵(按照你的领袖们的劝告),要么被枪毙。群众无法有组织地行动,因为他们早先成立的组织,即以列金、考茨基和谢德曼之流的"一小撮人"为代表的组织,已经出卖了群众,而建立一个**新的**组织还需要时间,需要有抛弃陈旧的、腐朽的、过时的组织的决心。

考茨基竭力想击败自己的对手——左派,硬把一些荒唐的东西加在他身上,说他们是这样提出问题的:为了"回答"战争,"群众"应当"在 24 小时之内"制造出一个革命,实行"社会主义",以反对帝国主义,否则"群众"就是表现出"无主见和叛变"。这纯粹是胡说,资产阶级和警察用他们编撰的文理不通的小册子"打击"革命者的时候,向来就是借助于这种胡说的,而现在考茨基却拿它来炫耀。考茨基的左派对手知道得很清楚,革命是不能"制造出来"的,革命是从客观上(即不以政党和阶级的意志为转移)已经成熟了的危机和历史转折中**发展起来的**,没有组织的群众是不会有统一意志的,同中央集权的国家的强大的、实行恐怖的军事机构作斗争,是困难而长期的事情。领袖在紧急关头实行叛变时,群众是什么也**不能**制造出来的;而这"一小撮"领袖却**完全能够**并且应该投票反对军事拨款,反对"国内和平",反对为战争辩护,公开主张**自己的**政府失败,建立一个国际机构以宣传战壕联欢,创办秘密报刊①以宣传过渡到革命行动的必要性,等等。

考茨基知道得很清楚,德国的"左派"所指的正是这样的行动,或者确切些说,**类似的**行动,但他们在实行战时书报检查的条件下无法**直接地**公开地谈论这些行动。不惜一切代价为机会主义者辩护的愿望,使考茨基干出了前所未有的卑鄙勾当:他躲在战时书报检查官的背后,把明显的胡说硬加在左派头上,相信书报检查官会保护他不被揭穿。

七

考茨基要尽各种手腕,故意避开一个学术上和政治上的重要问题,以此博得机会主义者的无限欢心,这个问题就是:第二国际最有名的代表人物是怎么**会**背叛社会主义的呢?

当然,我们不应当从某些权威的个人履历的角度来提出这个问题。将来为他们写传记的人研究问题应当包括这个方面,但是社会主义运动现在所关心的绝不是这一点,而是要研究社会沙文主义**思潮**的历史根源、条件、意义和力量。(1)社会沙文主义是从

---

① 顺便说一下,为此完全没有必要把**所有的**社会民主党报纸都停办,用这种办法来回答不许写阶级仇恨和阶级斗争的禁令。像《前进报》**109**那样接受不写这类内容的条件,是卑鄙和怯懦的表现。《前进报》由于这样做而**在政治上**死亡了。尔·马尔托夫的这句话是说对了。但是我们可以保留公开的报纸,只要我们声明这些报纸不是党的也**不是社会民主主义的**,它们只是为一部分工人的技术性需要服务的即**非政治性的报纸**。可以有**评价**战争的秘密的社会民主党的报刊,也可以有**不作这种评价**的公开的工人报刊,它不说谎话,但也不谈真情,——为什么不可以这样呢?

哪里来的?(2)什么东西给了它力量?(3)怎样同它作斗争?只有这样来提出问题才是严肃的,而把目标转移到"个人"身上,实际上不过是回避问题,要弄诡辩家的手腕。

要回答头一个问题,就必须研究一下:第一,社会沙文主义的思想政治内容是否同社会主义运动中原先的某种思潮**有联系**?第二,从事实上的政治划分来看,社会党人现在分为社会沙文主义的反对者和拥护者,这种划分同历史上原先的划分有什么关系?

所谓社会沙文主义,我们是指肯定在当前这场帝国主义战争中保卫祖国的思想,为社会党人在这场战争中同"自己"国家的资产阶级和政府实行联合作辩护,拒绝宣传和支持无产阶级反对"自己"国家的资产阶级的革命行动,等等。十分明显,社会沙文主义的基本思想政治内容同机会主义的基本原则是完全一致的。它们属于**同一种**思潮。社会沙文主义是机会主义在1914—1915年的战争环境中的产物。机会主义的主要内容就是阶级合作的思想。战争使这种思想发展到了顶点,并且在促成这种思想的一般的因素和起因中又加进了一系列特殊的因素和起因,用特殊的威胁和暴力迫使普通的分散的群众同资产阶级实行合作。这种情况自然使拥护机会主义的人增多,这种情况也充分说明为什么许多昨天的激进派倒向这个阵营。

机会主义就是为着极少数工人的暂时利益而牺牲群众的根本利益,换句话说,就是一部分工人同资产阶级联合起来反对无产阶级群众。战争使这种联合具有特别突出和强制的性质。机会主义是在数十年的过程中,由资本主义发展的这样一个时代的各种特点产生的,在这个时代,享有特权的工人阶层的比较安定和文明的生活,使这些工人"资产阶级化了",使他们从本国资本的利润中

分得一点油水,使他们感受不到破产的贫困的大众的灾难、痛苦和
革命情绪。帝国主义战争就是这种情况的直接继续和顶点,因为
这是为维护大国民族的**特权**、重新瓜分殖民地和加强对其他民族
的统治而进行的战争。保住和巩固自己的即小市民"上层"或工
人阶级贵族(和官僚)的特权地位,这就是小资产阶级机会主义的
希望和与此相适应的策略在战争时期的自然的继续,这就是当代
社会帝国主义的经济基础。① 自然,习惯的力量,比较"和平的"演
进所养成的墨守成规,民族偏见,对于形势的急剧转折的恐惧和怀
疑,——这一切都曾作为附加的因素使机会主义以及用假话加以

---

① 试举几个例子来说明帝国主义者和资产者多么重视"大国的"民族特权对于分
  裂工人、引诱他们离开社会主义的意义。英国帝国主义者柳卡斯在《大罗马和
  大不列颠》(1912年牛津版)一书中,承认在现代的不列颠帝国中有色人种没有
  充分的权利(第96—97页),并且指出:"在我们的帝国中,当白种工人和有色人
  种工人一起工作的时候,他们之间并不是同等的关系,白种工人倒像是有色人种
  工人的监工。"(第98页)——反社会民主党人帝国联盟的前任书记埃尔温·贝
  尔格尔在《战争爆发后的社会民主党》(1915年版)这本小册子中,赞扬了社会
  民主党人的行为,并且声称他们应当成为"纯粹的工人政党"(第43页),即"本
  民族的"、"德国的工人政党"(第45页),而不要有"国际主义的空想的"、"革命
  的"思想(第44页)。——德国帝国主义者萨尔托里乌斯·冯·瓦尔特斯豪森
  在论述国外投资的一本著作中(1907年版)**249**,指责德国社会民主党人忽视
  "民族福利"(第438页),即抢夺殖民地,而称赞英国工人讲"现实主义",例如,
  称赞他们反对外来移民。——德国外交官吕多费尔在一本论述世界政治的主要
  特征的书**250**中强调了一个人所共知的事实,即资本的国际化丝毫也不能消除
  各国资本为争夺权势、争夺"股票的多数"而进行的激烈的斗争(第161页),而
  且指出,这场激烈的斗争把工人也卷了进去(第175页)。书上注明的日期是
  1913年10月,当时作者很明白地谈到:"资本的利益"(第157页)是现代战争的
  起因,"民族趋势"的问题正在成为社会主义的"难题"(第176页),各国政府用
  不着害怕社会民主党人的国际主义的游行示威了(第177页),因为社会民主党
  人事实上已经愈来愈成为民族的了(第103、110、176页)。如果国际社会主义
  能使工人摆脱民族的影响,那么它就会取得胜利,因为单靠暴力是无济于事的,
  但是,如果民族感情占了上风,它就会遭到失败(第173—174页)。

掩饰的同机会主义的怯懦的调和(借口所谓同机会主义调和只是暂时的,只是由于特殊的原因和理由)得到加强。战争改变了数十年来所形成的机会主义的面貌,把它提到了一个更高的发展阶段,使它的流派数量更多,种类更加五花八门,使它的信徒的队伍扩大了,用许多新的诡辩丰富了他们的论据,可以说是使许多新的支流和小溪同机会主义的主流汇合起来,但主流并没有消失,而是相反。

社会沙文主义就是熟透了的机会主义,以致这个资产阶级脓疮已经不可能再**像从前那样**留在社会党的内部了。

不愿意正视社会沙文主义同机会主义的最密切的不可分割的联系的人,抓住个别情况和"特殊案例",说什么某某机会主义者成了国际主义者,而某某激进派分子倒成了沙文主义者。但是,这一点在**各种思潮**的发展的问题上根本不是什么郑重的论据。第一,工人运动中的沙文主义和机会主义的经济基础是相同的,即无产阶级和小市民中从"自己"国家的资本的特权中分享一点油水的少数上层分子联合起来反对无产者群众,反对全体被压迫的劳动群众。第二,两种思潮的思想政治内容也相同。第三,第二国际时代(1889—1914 年)社会党人分为机会主义派和革命派的旧的划分,大体上是**与**现在分为沙文主义者和国际主义者的新的划分**相一致**的。

为了认识刚才提到的这个论点的正确性,应当记住一条原则:在社会科学中(如同在整个科学中一样),研究的是**大量的**现象,而不是个别的情况。就拿德国、英国、俄国、意大利、荷兰、瑞典、保加利亚、瑞士、法国和比利时这 10 个欧洲国家来说吧。在前 8 个国家中,社会党人的新的划分(按国际主义)是与旧的划分(按机会主义)相一致的:在德国,机会主义的堡垒《社会主义月刊》

(《Sozialistische Monatshefte》)²⁰⁴已经成了沙文主义的堡垒。国际主义的思想得到极左派的支持。在英国,英国社会党²⁵¹内国际主义者约占³⁄₇(根据最近的统计,赞成一项国际主义决议的有 66 票,反对的有 84 票),而机会主义者的**联盟**(工党²⁵²+费边派²⁵³+独立工党¹⁴)中国际主义者**不到**¹⁄₇①。在俄国,机会主义者的基本核心——取消派的《我们的曙光》杂志¹⁵²成了沙文主义者的基本核心。普列汉诺夫和阿列克辛斯基虽然叫喊得比较厉害,但是我们即使根据1910—1914年这5年的经验也可以知道,他们是没有能力在俄国群众中间进行系统的宣传的。俄国国际主义者的基本核心是"真理派"²⁵⁴和俄国社会民主党工人党团,他们是1912年1月重新建立了党的先进工人的代表。

在意大利,比索拉蒂之流的纯粹机会主义的党²⁵⁵,已经成了沙文主义的党。代表国际主义的是**工人的党**。工人**群众**都拥护这个党;机会主义者、议员、小资产者则拥护沙文主义。在意大利,人们能够在几个月的时间内自由地进行了选择,而选择的结果并不是偶然的,是与普通无产者和小资产阶级各阶层的阶级地位的差别相吻合的。

在荷兰,特鲁尔斯特拉的机会主义政党对沙文主义一概采取调和态度(不要被如下情况所迷惑:荷兰的小资产者同大资产者一样,特别憎恨最可能"吞掉"他们的德国)。培养出彻底的、忠诚的、热忱的和信念坚定的国际主义者的则是以哥尔特和潘涅库克为首的马克思主义政党。在瑞典,机会主义者的领袖布兰亭,对于

---

① 人们通常**只拿**"独立工党"来同"英国社会党"作比较。这是不对的。不应当看组织形式,而要看实质。拿日报来说吧:日报有**两种**,一种是英国社会党的《每日先驱报》²⁵⁶,另一种是机会主义联盟的《每日公民报》²⁵⁷。这两种日报是进行实际的宣传、鼓动和组织工作的。

人们斥责德国社会党人为叛徒这件事大发雷霆,而左派领袖霍格伦却宣称,在他的支持者中间,有些人正是这样看的(见《社会民主党人报》第36号)。在保加利亚,反对机会主义的"紧密派"[258]在自己的机关刊物(《新时代》杂志[259])上撰文斥责德国社会民主党人"干了坏事"。在瑞士,机会主义者格罗伊利希的支持者乐于为德国社会民主党人辩护(见他们的机关报——苏黎世的《民权报》[260]),而激进得多的罗·格里姆的支持者则把伯尔尼的报纸(《伯尔尼哨兵报》[261])变成了德国左派的机关报。10个国家中只有法国和比利时两个国家例外,然而我们看到,就在这两个国家里,其实也不是没有国际主义者,只是国际主义者(部分地是由于完全可以理解的原因)力量过于薄弱,受到压制;我们不要忘记,瓦扬自己在《人道报》[262]上也承认,他从自己的读者那里收到过许多具有国际主义思想的信,但是这些信他**一封**也没有全文发表!

总的说来,就思潮和流派而言,不能不承认,正是欧洲社会主义运动中的机会主义派背叛了社会主义,倒向了沙文主义。机会主义派在正式的党中的那种力量,那种貌似的强大从何而来?考茨基是很善于提出历史问题的,特别是在谈到古罗马之类的同实际生活离得比较远的事情时更是如此,可是现在,当事情涉及他本人的时候,却假惺惺地装做他不明白这是怎么回事。但是事情是最明显不过的。给了机会主义者和沙文主义者以巨大力量的是**他们**同资产阶级、政府和总参谋部的**联盟**。在我们俄国,人们常常忘记这一点,常常这样看问题:机会主义者是社会党的**一部分**,在社会党内一向就有而且将来还会有处于两个极端的派别,问题只在于避免"走极端",等等,等等,——一切庸人的箴言录中都是这样抄写的。

实际上,机会主义者在形式上属于工人政党这一情况,丝毫也不能抹杀这样一个事实:机会主义者在客观上是资产阶级的政治队伍,是资产阶级影响的传播者,是资产阶级在工人运动中的代理人。当像赫罗斯特拉特[263]一样出名的机会主义者休特古姆明显地昭示了这个社会的、阶级的真理的时候,许多好心肠的人都惊叹不已。法国社会党人和普列汉诺夫也指责起休特古姆来,——可是王德威尔得、桑巴和普列汉诺夫如果照一照镜子,那么在镜子中看到的**正是休特古姆**,只是民族面貌稍微不同罢了。赞扬考茨基而又为考茨基所赞扬的德国中央委员们("执行委员会")也急忙谨慎、谦虚和客气地声明(没有指休特古姆的名),他们"不同意"休特古姆的路线。

这是可笑的,因为事实证明,在德国社会民主党的实际政策中,在关键时刻,一个休特古姆的力量要胜过一百个哈阿兹和考茨基(正如一家《我们的曙光》杂志的力量要胜过害怕同它分裂的布鲁塞尔联盟[264]的所有各个流派一样)。

为什么呢? 就是因为在休特古姆背后有一个大国的资产阶级、政府和总参谋部。它们千方百计地支持休特古姆的政策,而对休特古姆的反对者的政策却用尽一切办法,直到监禁和枪杀,来加以阻挠。休特古姆的声音可以通过千百万份资产阶级报纸传播出去(正像王德威尔得、桑巴和普列汉诺夫的声音一样),而休特古姆的反对者的声音却**不能**通过合法的报刊为人们所听到,因为有战时书报检查存在!

大家都同意,机会主义不是偶然现象,不是个别人物的罪孽、过错和叛变,而是整个历史时代的社会产物。但是对这一真理的意义并不是所有的人都好好想过的。机会主义是由合法主义培育起来的。1889—1914 年时代的工人政党利用资产阶级所容许的合法性是应该的。而当危机到来时,就必须转向秘密工作(要实行这种转变,必须有极大的毅力和决心,还要有各种军事计谋)。要阻止这一转变,只要**一个休特古姆**就够了,因为,用历史哲学的语言来说,整个"旧世界"都支持休特古姆,——因为,用实际政治的语言来说,休特古姆会把资产阶级的阶级敌人的一切作战计划泄露给资产阶级,过去一向如此,将来也会永远如此。

事实上,德国社会民主党全党(法国**和其他一些国家**的社会民主党也是这样)所做的**只是**休特古姆喜欢的事情,或休特古姆能够容忍的事情。别的事情一概**不能**合法地去做。德国社会民主党内所有**正当的**、真正社会主义的活动都是**违背**它的中央机关的意见,**背着**它的中央委员会和中央机关报进行的,都是**违反组织纪律**进行的,都是**用派别活动形式**以一个新党的匿名的新的中央机关的名义进行的。今年5月31日《伯尔尼哨兵报》上登载的德国"左派"的匿名的呼吁书[265]就是一个例子。事实上,一个**新的**党正在发展、巩固和组织起来,就是真正工人的、真正革命的社会民主党,而不是列金、休特古姆、考茨基、哈阿兹、谢德曼之流的旧的腐朽的民族主义自由派的党。①

所以,机会主义者莫尼托尔在保守的《普鲁士年鉴》[266]上无意中泄露了一个深刻的历史真理,他说,假如现在的社会民主党向**右转**了,对于机会主义者(**应读做:资产阶级**)反倒有害,因为那样工

---

① 有历史意义的8月4日投票之前所发生的事件,是非常典型的。正式的党用官场式的谎言掩盖了这一事件,说多数作出了决定,说大家一致投了**赞成票**。但是施特勒贝尔在《国际》杂志上揭穿了这一谎言,道出了真情。当时社会民主党党团分裂为**两派**,他们都准备好了**最后通牒**,即派别性的、分裂性的决定。一派是机会主义者,约30人,他们决定**在任何情况下**都要投赞成票,另一派是左派,约15人,他们决定(不太坚决)投反对票。当没有任何坚定立场的"中派"即"泥潭派"同机会主义者一起投票时,左派遭到了彻底的失败,于是……就服从了!说德国社会民主党是"统一的",这纯粹是谎话,它实际上掩盖了左派不得不服从机会主义者的最后通牒的真相。

人就会离开这个党了。机会主义者（和资产阶级）所需要的正是目前这样的党,即把右派和左派**联合起来**的、以考茨基为正式代表的党,因为考茨基善于用圆滑的和"纯粹马克思主义的"辞令把宇宙万物调和起来。口头上是社会主义和革命精神,这是说给人民群众,说给工人听的;行动上是休特古姆主义,即在出现任何严重危机的时刻投靠资产阶级。我们说**任何**危机,是因为不仅在战争的情况下,而且在每次发生严重的政治罢工时,无论是"封建的"德国,还是"自由的议会制的"英国或法国,都会**立刻**以各种名义实行戒严。这一点是任何一个头脑健全、神志清醒的人都不会怀疑的。

上面提出的如何同社会沙文主义作斗争的问题,由此就可以得到解答了。社会沙文主义是这样一种机会主义,它经过比较"和平的"资本主义的漫长时期已经如此成熟,如此巩固,如此厚颜无耻,它在思想上政治上已经如此明确,同资产阶级和政府的关系已经如此密切,以致人们再也**不能容忍这样的派别在**社会民主工党**内部**继续存在了。如果说在外省的小城市的平坦的人行道上行走穿薄底软鞋还可以将就的话,那么在翻山越岭的时候就非穿有铁钉的厚底鞋不可了。欧洲的社会主义运动已经越过了局限于狭隘民族范围的比较和平的阶段。它随着1914—1915年的战争而进入了革命行动的阶段,因此同机会主义彻底决裂,把它从工人政党内部清除出去的时机,无疑已经成熟。

当然,这样规定社会主义运动在世界范围内发展的新时代向社会主义运动提出的任务,从中还不能直接看出,在各个国家,工人的革命的社会民主党从小资产阶级机会主义政党中分离出来的过程究竟会有多快,究竟会采取何种形式。但是从这里可以看出:必须清楚地认识到这种分离是不可避免的,而工人政党的全部政策必须以此作为出发点。1914—1915年这场战争是个非常巨大的历史转折,使人们**不能**再像从前那样对待机会主义。已经发生的事情不能变成没有发生的事情,机会主义者在危机时刻成了工人政党内那些投到资产阶级方面去的分子的核心这个事实,既不能从工人的意识中,也不能从资产阶级的经验中以及整个当代的政治成就中抹掉。从整个欧洲来说,机会主义在战前可以说是处于少年时代。随着战争的爆发,它已经完全长大成人了,不能重新回到"天真烂漫"的少年时代了。由议员、新闻记者、工人运动的官吏、享受特权的职员和无产阶级的某些阶层所构成的整个社会阶层已经成熟了,这个阶层已经同自己国家的资产阶级**长合在一起**了,而资产阶级也完全能看清它的价值并加以"利用"了。既不能使历史的车轮倒转,也不能使它停住,——我们能够而且应当做的,就是勇往直前,从预备性的、合法的、做了机会主义俘虏的工人阶级组织,变为革命的、能够**不限于**合法活动的、能够不受机会主义叛变的危害的无产阶级组织,发动无产阶级"为政权而斗争"、为推翻资产阶级而斗争的无产阶级的革命组织。

由此可见,那些用怎样对待盖得、普列汉诺夫、考茨基等第二国际最有名的权威这一问题,来模糊自己的意识和工人的意识的人,对事物的看法是多么不正确。事实上,这里并不存在任何问题。如果这些人理解不了新的任务,那他们就只好站到一边去,或者像现在这样做机会主义者的俘虏。如果这些人能够摆脱"俘虏"的处境,那么他们要回到革命者的阵营未必会碰到什么**政治上的阻难**。想以个别人的作用问题来代替各种派别的斗争以及工人运动的时代的更迭问题,无论如何是荒谬的。

八

工人阶级的合法的群众性组织,也许是第二国际时代社会党的一个最重要的特征。在德国党内,这些组织曾是最有力量的,所以 1914—1915 年这场战争在这里造成了最急剧的转变,提出了最尖锐的问题。很显然,要转向革命的行动,警察就会解散合法的组织,而旧的党,从列金起到考茨基都包括在内,为了保存现有的合法组织而牺牲了无产阶级的革命目标。不管怎样否认这一点,事实终究是事实。他们为了保存现行治安法所允许的组织,为了这碗红豆汤[267],而出卖了无产阶级进行革命的权利。

就拿德国社会民主党工会领袖卡尔·列金的《为什么工会的官员应当更多地参加党内生活?》(1915 年柏林版)这本小册子来说吧。这是作者 1915 年 1 月 27 日在工会运动官员会议上所作的报告。列金在他的报告中宣读了而且在小册子中也转载了一个十分值得注意的文件,这个文件在其他场合战时书报检查机关是绝对不会通过的。这个所谓"为下巴尼姆区〈柏林近郊〉讲演人提供的资料"的文件,阐述了德国左派社会民主党人的观点,表示了他们对党的抗议。文件中说,革命的社会民主党人没有预见到、也没有可能预见到下面的一个因素:

"德国社会民主党和工会的全部有组织的力量竟会站到进行战争的政府的一边,这全部力量竟会被用来压制群众的革命劲头。"(列金的小册子第 34 页)

这是千真万确的。这个文件中的下面这样一个论断也是正确的:

"8 月 4 日社会民主党党团的投票表明,另一种观点,尽管它已深深植根于群众之中,也只有不受经过考验的党的领导,只有违背党的机关的意志,只有在克服党和工会的反抗的条件下,才能得到贯彻。"(同上)

这也是千真万确的。

"如果 8 月 4 日社会民主党党团履行了自己的职责,那么组织从外表看可能会被消灭,但其精神会继续存在,这种精神在实行非常法期间曾经鼓舞了党并且帮助了党去克服一切困难。"(同上)

列金在自己的小册子中提到,他召集来听他的报告的那一伙"领袖们",即那些被称为工会领导人、官员的人,听到上面这些话**哄堂大笑起来**。在危机的时刻可以而且应当建立秘密的(像在非常法时期那样的)革命组织——这一思想在他们看来**是可笑的**。而列金这条资产阶级最忠实的看家狗还拍着胸脯叫嚷说:

"这显然是无政府主义的思想:破坏组织,以便让群众去解决问题。我毫不怀疑,这是无政府主义的思想。"

"说得对!"——自称为工人阶级社会民主党组织的领袖的资产阶级奴仆们齐声喊道。(同上,第 37 页)

这个场面是颇有教益的。这些人竟被资产阶级所容许的合法性弄得如此腐败和神智不清,他们甚至不能**理解**必须有**另一种**组织即**秘密**组织来领导革命斗争的思想。他们竟至于认为似乎得到警察许可而存在的合法组织是一个不可逾越的极限,似乎在危机时刻完全可以**保存**这种组织作为**领导**机构! 请看,这就是机会主义的生动的辩证法:合法组织的单纯发展,愚蠢而诚实的庸人单纯记流水账的习惯,使得这些诚实的小市民在危机时刻成了奸细、叛徒,成了群众革命劲头的**扼杀者**。这不是偶然现象。向革命组织过渡是必要的,已经改变了的历史情况要求这样做,无产阶级革命行动的时代要求这样做，但是这种过渡只有**越过**旧领袖即革命劲头的扼杀者，**越过**旧的党即**摧毁**这个党，才能实现。

反革命的小市民自然会嚎叫："无政府主义！"正如机会主义者爱·大卫在责骂卡尔·李卜克内西时曾经嚎叫"无政府主义"一样。看来，在德国，只有那些被机会主义者责骂为无政府主义者的领袖，才仍然是忠诚的社会党人。……

我们可以拿现代的军队为例。它是组织的一个好榜样。这种组织好就好在它**灵活**，同时能使千百万人具有**统一的意志**。今天，这千百万人还坐在自己家里，分散在全国各地，明天一声动员令下，他们就会集合在指定的地点。今天他们还趴在战壕里，有时一连几个月，明天他们又会以另一种方式去冲锋陷阵。今天他们奇迹般地避开枪林弹雨，明天他们又会在短兵相接中创造奇迹。今天他们的先头部队在地下埋设地雷，明天他们又按照空中飞行员的指示向前推进几十里。有着同一目标、受同一意志鼓舞的千百万人，为适应不断变化的形势和斗争的需要而不断改变他们的交往方式和行动方式，改变他们的活动地点和活动方法，改变他们的工具和武器，——这才是真正的组织。

工人阶级反对资产阶级的斗争也是这样。如果今天还不具备革命形势，还不具备足以引起群众的激愤、提高他们的积极性的条件，今天交给你的是选票，你就拿过来，好好地加以筹划，用它来打击自己的敌人，而不是用来把那些怕坐监牢而抓住安乐椅不放的人送到议会中去享受肥缺。如果明天你被剥夺了选票，而有人把步枪或精良的最新式的速射炮给你，那你就把这些用于杀人和破坏的武器接过来，不要去理睬那些害怕战争的感伤主义者的嘟囔抱怨；世界上还有很多很多东西**必须**用火与铁来消灭，这样，工人阶级才能获得解放；如果群众中愤恨和绝望的情绪日益强烈，如果具备了革命的形势,那就着手建立新的组织,**使用**这些十分有用的用于杀人和破坏的武器来**对付自己的政府**和**自己的资产阶级**。

不用说,这是不容易的。这须要进行艰巨的准备工作。这须要付出重大的牺牲。这是一种**新的**组织形式和斗争形式,我们同样**必须学会**,而不经过错误和挫折是学不到本事的。这种阶级斗争的形式同参加选举之间的关系,犹如冲锋同演习、行军或趴战壕之间的关系。在历史上,这种斗争形式被提到日程上来**并不是常有的事**;但它的意义和它的影响将延续几十年之久。我们可以而且必须采取**这种**斗争方式的那**几天**,会等于其他历史时代的几个**二十年**。

……拿卡·考茨基同卡·列金对照一下吧。

卡·考茨基写道:"当党还小的时候,任何反对战争的抗议,在宣传上所起的作用都相当于一次勇敢的行动。……最近俄国和塞尔维亚同志的行为就受到了普遍的赞扬。党愈是强大,在它的各项决议的动机中宣传上的考虑和对实际后果的估计就愈是错综地交织在一起,给这两种动机以同等的重视就愈是困难,而这两者是不可偏废的。因此,我们愈是强大,在每次出现新的复杂的形势时我们中间就愈是容易发生分歧。"(《国际观点和战争》第30页)

考茨基的这种议论同列金的议论不同的地方,仅仅在于它的虚伪和怯懦。考茨基事实上是支持和袒护列金之流背弃革命活动的卑鄙行为的,不过,他这样做的时候是偷偷摸摸地,不明确表示意见,用种种暗示来敷衍,只是不断地既向列金鞠躬,也向俄国人的革命行为致敬。这种对待革命者的态度,我们俄国人只是在自由派那里才经常看到:自由派时刻准备承认革命者的"勇敢",但同时他们丝毫也不肯放弃自己的极端机会主义的策略。有自尊心的革命者决不会接受考茨基的这种"赞扬",他们一定会愤怒地唾弃对问题的这种提法。如果当时不存在革命形势,如果当时没有必要宣传革命行动,那么,俄国人和塞尔维亚人的行为**就是不妥当**

的,他们的策略就是不正确的。但愿列金和考茨基这样的骑士们至少有勇气来得出自己的看法,但愿他们把它直率地谈出来。

如果说俄国和塞尔维亚的社会党人的策略值得"赞扬",那么为德国、法国等"强大的"党的与此相反的策略作辩护就是一种不能容许的行为,犯罪的行为。考茨基故意用"实际后果"这个含混不清的用语掩盖了一个简单的事实,即这些强大的党当时都害怕政府解散它们的组织,没收它们的经费,逮捕它们的领袖。这就是说,考茨基是用革命策略会引起令人不快的"实际后果"这一理由来为背叛社会主义的行为辩护的。难道这不是糟蹋马克思主义吗?

据说,有一位8月4日投票赞成军事拨款的社会民主党议员在柏林的一次工人集会上说:不然我们就会被逮捕起来。而当时工人们大声回答他说:"啊,那又有什么不好呢?"

假如没有别的信号向德国和法国工人群众传达革命情绪和必须准备革命行动的思想,那么,一个议员因敢于讲话而被捕这件事,就会起很好的作用,成为要求各国无产者团结起来进行革命工作的一个号召。要达到这种团结并不是轻而易举的事;因此,站得高、能看到政治全局的议员就更应当带头做起了。

不仅在战时,而且无疑在任何政治形势尖锐化的时刻(更不用说群众起来采取某些革命行动的时刻了),最自由的资产阶级国家的政府也总是要用解散合法组织、没收经费和逮捕领袖以及诸如此类的"实际后果"来进行威胁的。那该怎么办呢?能像考茨基那样以此为理由去为机会主义者辩护吗?但这样做就无异于赞美把社会民主党变成民族主义自由派工人政党的行为。

对于社会党人,结论只能有一个:"欧洲"各党的纯合法主义、唯合法主义已经过时了,帝国主义以前那个阶段的资本主义的发展,已经使这种合法主义变成资产阶级的工人政策的基础了。必须建立秘密的基地,即秘密的组织和秘密的社会民主党的工作,作为合法活动的补充,同时也不放弃任何一个合法的阵地。至于**怎样**做到这一点,只要我们愿意走这条路,只要我们意识到必须走这条路,那经验会告诉我们的。俄国的革命的社会民主党人在1912—1914年已经证明,这个任务是可以完成的。在法庭上比别人表现得更加坚定并被沙皇政府放逐到西伯利亚去的工人代表穆拉诺夫清楚地表明,除**能当部长的**(从韩德逊、桑巴、王德威尔得到休特古姆和谢德曼,这后两个人也完全"能当部长",只是人家没有让他们由门厅再往里走了罢了!)议会活动外,还有**非法的和革命的**议会活动。让科索夫斯基和波特列索夫之流去赞赏或容忍奴才们的"欧洲式的"议会活动吧,我们还是要不厌其烦地反复告诉工人说,像**这样的**合法活动,像列金、考茨基和谢德曼之流的**这样的**社会民主党只应该受到鄙视。

九

现在我们来作一个总结。

第二国际破产的最突出的表现,就是欧洲大多数正式的社会民主党令人触目惊心地背叛了自己的信念,背叛了自己在斯图加特和巴塞尔大会上通过的庄严的决议。但是,这种意味着机会主义完全得胜、意味着社会民主党变成了民族主义自由派工人政党的破产,正是第二国际整个历史时代(19世纪末到20世纪初)的产物。这个时代——从西欧完成资产阶级的和民族的革命开始向社会主义革命过渡的时代——的客观条件产生并培育了机会主义。这个时期,我们在欧洲的一些国家中看到工人运动和社会主义运动的分裂,这种分裂总的说来正是由于机会主义而发生的

（英国、意大利、荷兰、保加利亚、俄国）；我们在欧洲的另一些国家中看到各个派别之间由于同样的原因进行了长期顽强的斗争（德国、法国、比利时、瑞典、瑞士）。这场大战所造成的危机，揭开了帷幕，打破了常规，割破了早已熟透了的脓疮，表明了机会主义所扮演的真正角色就是资产阶级的同盟者。因此，在组织上把这种成分从工人政党中彻底清除出去，已经不可避免了。帝国主义时代不容许在一个党内同时存在革命无产阶级的先进分子和工人阶级中由于"自己"民族的"大国"地位的特权而分享一点油水的半小市民式贵族。说机会主义是不走"极端"的统一的党中的"合法派别"，这种旧理论现在已成为对工人的最大的欺骗和妨害工人运动的最大的障碍了。会使自己立刻失去工人群众的露骨的机会主义，不像这种中庸理论这么可怕和有害，因为后者用马克思主义的词句来为机会主义的行为辩护，用种种诡辩来证明革命行动不合时宜，等等。这个理论的最著名的代表和第二国际的最著名的权威考茨基，已经表明自己是头号伪君子和糟蹋马克思主义的能手。在拥有百万党员的德国党内，凡是多少忠诚、多少有觉悟和多少革命的社会民主党人，无不愤懑地唾弃这种为休特古姆和谢德曼之流所热情维护的"权威"。

无产阶级群众（他们的旧领导层大概有将近十分之九的人已经投靠了资产阶级）在沙文主义猖獗的情况下，在戒严和战时书报检查的压力下，处于四分五裂和束手无策的境地。但是战争所造成的日益扩大、日益深化的客观革命形势，正在不可避免地引起革命的情绪，正在锻炼和教育一切最优秀、最有觉悟的无产者。像俄国1905年初由"加邦请愿事件"[119]引起的那种群众情绪的急遽转变，在今天不仅是有可能发生，而且可能性愈来愈大；当时俄国在几个月里，有时甚至在几个星期里就从落后的无产阶级阶层中涌现出跟着无产阶级革命先锋队前进的百万大军。我们不可能知道,在**这次**战争之后不久或在战争期间是否会爆发强大的革命运动等等,但不管怎么样,**只有**按照这个方向进行的工作,才称得上是社会主义的工作。国内战争的口号是能够概括和指导这一工作的口号,是能够促使一切愿意帮助无产阶级进行革命斗争反对自己的政府和自己的资产阶级的人联合和团结起来的口号。

在俄国,革命社会民主主义无产阶级分子同小资产阶级机会主义分子的彻底分裂,是由工人运动的全部历史准备好了的。一些人无视这个历史,激昂慷慨地反对"派别活动",因而无法理解俄国无产阶级政党是在同各种机会主义进行的多年斗争中形成的这一实际的建党过程,这种人是在给工人运动大帮倒忙。在参加目前这场战争的所有"大"国当中,俄国是在最近经历了革命的唯一的国家。尽管无产阶级在这次革命中起了决定性作用,革命的资产阶级内容不能不造成工人运动中资产阶级派别同无产阶级派别的分裂。俄国社会民主党作为一个同群众性的工人运动有联系的组织(而不像1883—1894年那样仅仅是一种思潮)已存在了大约20年(1894—1914年),在这整个时期中,无产阶级革命派别同小资产阶级机会主义派别一直在进行着斗争。1894—1902年这个时期的"经济主义"[268],无疑是属于后一种派别。它的意识形态中的许多论据和特征——"司徒卢威式地"歪曲马克思主义,用"群众"作借口来为机会主义辩护等等——同现在考茨基、库诺和普列汉诺夫等人的庸俗化了的马克思主义极为相似。提醒现在这一代社会民主党人,让他们能看到过去的《工人思想报》[269]和《工人事业》杂志[270]同现在的考茨基的类似之处,是大有好处的。

以后一个时期(1903—1908年)的"孟什维主义",不仅在思想上而且在组织上是"经济主义"的直接继承者。在俄国革命时期,它所奉行的策略,客观上等于让无产阶级依附自由派资产阶级,反映了小资产阶级机会主义的倾向。再往后一个时期(1908—1914年),孟什维主义思潮的主流产生了取消主义,当时这个思潮的阶级作用变得非常明显,就连孟什维主义的优秀代表也不断地反对《我们的曙光》集团的政策。而就是这个最近五六年来唯一在群众中不断进行活动来**反对**工人阶级的革命马克思主义政党的派别,在1914—1915年的战争中成了**社会沙文主义派**!而且这种现象是发生在专制制度依然存在、资产阶级革命还远未完成、百分之四十三的居民还压迫着大多数"异"族的这样一个国家里。小资产阶级的某些阶层特别是知识分子以及极少数工人贵族能够"享受""自己"民族的"大国"地位特权的这种"欧洲"式的发展,在俄国也不能不表现出来。

俄国工人阶级和俄国社会民主工党的整个历史为他们实行"国际主义的"、即真正革命的和彻底革命的策略作好了准备。

———

附言:这篇文章排完字的时候,报上发表了考茨基和哈阿兹同伯恩施坦的联名"宣言"[271]。他们看到群众在向左转,于是便准备同左派"讲和",当然,讲和的代价是同休特古姆们保持"和好"。真不愧为娼妓!

载于1915年9月《共产党人》
杂志(日内瓦)第1—2期合刊

选自《列宁全集》第2版第26卷
第223—277页

社会主义与战争

(俄国社会民主工党对战争的态度)[272]

(1915 年 7—8 月)

初版(国外版)序言

战争已经进行一年了。我们党在战争刚一开始时就在中央委员会的宣言中确定了对这次战争的态度。中央委员会的宣言①是在 1914 年 9 月拟定,1914 年 11 月 1 日在我党中央机关报《社会民主党人报》第 33 号上发表的(事先曾分发给各中央委员和我们党在俄国国内的负责代表,并征得他们同意)。以后在第 40 号(1915 年 3 月 29 日)上又刊载了伯尔尼代表会议的决议②,这些决议更准确地阐述了我们的原则和我们的策略。

目前俄国群众的革命情绪在显著地增长。在其他国家里,尽管大多数已经站到自己的政府和自己的资产阶级一边的正式的社会民主党在压制无产阶级的革命要求,还是到处都可以看到群众革命情绪增长的迹象。在这种情况下,非常需要出版一本小册子,总结一下社会民主党对这场战争的策略。在全文刊印上述党的文

---

① 见本卷第 403—410 页。——编者注
② 见《列宁全集》第 2 版第 26 卷第 163—169 页。——编者注

件的时候,我们对这些文件作了一些简要的说明,尽量考虑到文献中和党的会议上提出过的赞成资产阶级策略或无产阶级策略的一切主要论据。

第二版序言

　　这本小册子是在 1915 年夏天齐美尔瓦尔德代表会议[273]召开前夕写成的。小册子还用德文和法文出版过，并译成挪威文在挪威社会民主主义青年团机关报上全文发表过。小册子的德文版是秘密运到德国的柏林、莱比锡、不来梅及其他城市，由齐美尔瓦尔德左派的拥护者和卡尔·李卜克内西派在当地秘密散发的。法文版是在巴黎秘密印刷，由法国的齐美尔瓦尔德派在当地散发的。俄文版传到俄国的份数非常有限，因此在莫斯科，工人们采用了手抄的办法。

　　现在我们把这本小册子作为文件全文重印出来。读者应该时刻记住，小册子是在 1915 年 8 月写成的。而读到涉及俄国的地方，尤其要记住这一点，记住俄国当时还是沙皇的俄国，罗曼诺夫的俄国……

第 一 章

社会主义的原则和 1914—1915 年的战争

社会党人对战争的态度

社会党人一向谴责各民族之间的战争,认为这是一种野蛮的和残暴的行为。但是我们对战争的态度,同资产阶级和平主义者(和平的拥护者和鼓吹者)和无政府主义者有原则的区别。我们和资产阶级和平主义者不同的是,我们懂得战争和国内阶级斗争有必然的联系,懂得不消灭阶级,不建立社会主义,就不可能消灭战争,再就是我们完全承认国内战争即被压迫阶级反对压迫阶级——奴隶反对奴隶主、农奴反对地主、雇佣工人反对资产阶级——的战争是合理的、进步的和必要的。我们马克思主义者既不同于和平主义者也不同于无政府主义者的是,我们认为必须历史地(从马克思的辩证唯物主义观点)分别地研究每次战争。历史上多次发生过这样的战争,它们虽然像任何战争一样不可避免地带来种种惨祸、暴行、灾难和痛苦,但是它们却是进步的战争,也就是说,它们由于帮助破坏了特别有害的和反动的制度(如专制制度或农权制),破坏了欧洲最野蛮的专制政体(土耳其的和俄国的)而有利于人类的发展。因此,对目前这场战争,必须研究它的历史特点。

近代战争的历史类型

法国大革命开辟了人类历史的新时代。从那时起到巴黎公社为止,从1789年起到1871年为止,战争的类型之一是具有资产阶级进步性的、民族解放性质的战争。换句话说,这些战争的主要内容和历史意义在于推翻专制制度和封建制度,摧毁这些制度,推翻异族压迫。因此这些战争是进步的战争,在**这样的**战争中,一切正直的、革命的民主主义者以及一切社会党人,总是希望对推翻或摧毁封建制度、专制制度和异族压迫的极端有害的基础起了促进作用的那个国家(即那个国家的资产阶级)取得胜利。例如,在法国的历次革命战争中,有过法国人掠夺和侵占他国领土的因素,但是这丝毫没有改变这些战争的根本历史意义,因为这些战争破坏或震撼了整个旧农奴制欧洲的封建制度和专制制度。在普法战争中,德国掠夺过法国,但是这并没有改变这次战争的根本历史意义,因为这次战争使数千万德国人民摆脱了封建割据状态,摆脱了俄国沙皇和拿破仑第三这两个专制君主的压迫。

进攻性战争和防御性战争的区别

1789—1871年这个时代留下了深刻的痕迹和革命的回忆。在推翻封建制度、专制制度和异族压迫以前,根本谈不上无产阶级争取社会主义的斗争的发展。社会党人就**这种**时代的战争所说的"防御性"战争的合理性,一向就是指这些目标,即对中世纪制度和农奴制度的革命。社会党人所说的"防御性"战争,向来就是指这个意义上的"**正义的**"战争(威·李卜克内西有一次就用过这个用语)[274]。社会党人过去和现在都只是在这个意义上承认"保卫祖国"或"防御性"战争是合理的、进步的和正义的。譬如说,假如明天摩洛哥向法国宣战,印度向英国宣战,波斯或中国向俄国宣战等等,这些战争就都是"正义的"、"防御性的"战争,而**不管**是谁首先发动进攻。任何一个社会党人都会希望被压迫的、附属的、主权不完整的国家战胜压迫者、奴隶主和掠夺者的"大"国。

但是假定说,一个拥有100个奴隶的奴隶主,为了更"公平地"重分奴隶,而和一个拥有200个奴隶的奴隶主开战。显然,在这种场合使用"防御性"战争或"保卫祖国"的概念,从历史上说是一种伪造,实际上不过是狡猾的奴隶主对平民百姓、小市民和愚昧无知的人的欺骗。现在的帝国主义资产阶级在当前这场奴隶主之间为巩固和加强奴隶制而进行的战争中,就是这样利用"民族"观念和保卫祖国的概念来欺骗人民的。

目前的战争是帝国主义战争

几乎所有的人都承认,目前这场战争是帝国主义战争;但是这一概念在大多数情况下被人们所歪曲,他们不是单方面地加以运用,就是寻找借口说这场战争还可能具有资产阶级进步的、民族解放的意义。帝国主义是资本主义发展的最高阶段,这个阶段只是在20世纪才达到的。过去,不建立民族国家,资本主义就不能推翻封建主义,然而现在,旧的民族国家已经束缚资本主义的发展了。资本主义使集中发展到这样的程度,以致整个整个的工业部门都掌握在辛迪加、托拉斯这些资本家亿万富翁的同盟手中,几乎整个地球已被这些"资本大王"所瓜分,他们或者采取占有殖民地的形式,或者用金融剥削的千万条绳索紧紧缠绕住其他国家。自由贸易和竞争已经被追求垄断、抢夺投资场所和原料输出地等等的意向所代替。帝国主义的资本主义,已经由原先反封建主义斗争中的民族解放者,变为最大的民族压迫者了。资本主义已经由进步变为反动,它使生产力发展到了这种程度,以致使人类面临这样的抉择:要么过渡到社会主义,要么一连几年、甚至几十年地经受"大"国之间为勉强维持资本主义(以殖民地、垄断、特权和各种各样的民族压迫作为手段)而进行的武装斗争。

最大的奴隶主之间为保存和
巩固奴隶制而进行的战争

为了说明帝国主义的意义,我们把所谓"大"国(即在大规模的掠夺中卓有成效者)瓜分世界的一些确切数字列举如下:

奴隶主"大"国瓜分世界的情况

"大"国	殖 民 地 1876 年 平方公里 单位百万	人口 单位百万	殖 民 地 1914 年 平方公里 单位百万	人口 单位百万	宗 主 国 1914 年 平方公里 单位百万	人口 单位百万	共 计 平方公里 单位百万	人口 单位百万
英国…………	22.5	251.9	33.5	393.5	0.3	46.5	33.8	440.0
俄国…………	17.0	15.9	17.4	33.2	5.4	136.2	22.8	169.4
法国…………	0.9	6.0	10.6	55.5	0.5	39.6	11.1	95.1
德国…………	—	—	2.9	12.3	0.5	64.9	3.4	77.2
日本…………	—	—	0.3	19.2	0.4	53.0	0.7	72.2
美国…………	—	—	0.3	9.7	9.4	97.0	9.7	106.7
6 个"大"国…	40.4	273.8	65.0	523.4	16.5	437.2	81.5	960.6
不 属 于 大 国 (而属于比 利时、荷兰 等国)的殖 民地……			9.9	45.3			9.9	45.3
3 个"半殖民地"国家(土耳其、中国和波斯)							14.5	361.2
总计……							105.9	1 367.1
其余国家和地区…………							28.0	289.9
全球(两极地区除外)………							133.9	1 657.0

从上表可以看出,在1789—1871年间大多曾率领其他民族为

争取自由而斗争的民族，今天，在1876年以后，由于它们的资本主义的高度发展和"过度成熟"，已经变为全球大多数居民和民族的压迫者和奴役者。从1876年起到1914年止，6个"大"国抢占了2 500万平方公里的土地，即抢占了比整个欧洲大一倍半的面积！6个大国奴役着**5亿以上**（52 300万）的殖民地居民。这些"大"国平均每4个人奴役着"它们的"殖民地的5个居民。同时大家知道，殖民地是用火与剑抢夺来的，殖民地居民受着野蛮的虐待，他们遭受着各式各样的剥削（如资本输出、租借等、商品销售中的欺骗行径、对"统治"民族当局的强制服从，等等）。英法资产阶级欺骗人民说，他们是为了各民族和比利时的自由而战，实际上他们是为了保存他们抢夺来的大量殖民地而战。只要英国人和法国人肯把自己的殖民地"公平合理地"分给德国帝国主义者一些，德国帝国主义者就会立刻退出比利时等地。目前形势的一个特点就是，在这场战争中，殖民地的命运取决于大陆上的战争。从资产阶级的公平和民族自由（或民族生存权）的观点来看，德国反对英国和法国无疑是对的，因为它殖民地"分得少"，它的敌人所压迫的民族比它所压迫的要多得多，而在它的盟友奥地利那里，被压迫的斯拉夫人享有的自由无疑比在沙皇俄国这个名副其实的"各族人民的牢狱"里享有的自由多些。但是德国本身并不是在为解放其他民族，而是在为压迫其他民族而战。社会党人决不应当帮助一个较年轻较强壮的强盗（德国）去抢劫那些较老的因吃得过多而撑坏了肚子的强盗。社会党人应当利用强盗之间的斗争，去把他们统统打倒。为此，社会党人应当首先向人民说明真相，也就是说，指出这场战争从三种意义上说是奴隶主为巩固奴隶制而进行的战争。第一，这是一场要通过更"公平地"瓜分从而更"和睦地"剥削殖民地来加强对殖民地的奴役的战争；第二，这是一场要在"大"国国内巩固对异族的压迫的战争,因为**无论**奥地利**或**俄国(俄国比奥地利要厉害得多、糟糕得多)都是专靠这种压迫来维持,并且靠战争来加强这种压迫的;第三,这是一场要巩固雇佣奴隶制并延长其寿命的战争,因为无产阶级已被分裂、已被压制下去,资本家则得到各种好处:发战争财,煽起民族偏见,强化反动势力,——目前这种反动势力在一切国家里,甚至在最自由的、共和制最完善的国家里也开始抬头了。

"战争是政治通过另一种手段〈暴力手段〉的继续"

这是论述军事问题最深刻的著作家之一克劳塞维茨的一句名言[275]。马克思主义者一向公正地把这一论点看做考察任何一场战争的意义的理论基础。马克思和恩格斯一向就是从这个观点出发来考察各种战争的。

用这个观点来考察当前这场战争就会看到,英、法、德、意、奥、俄这些国家的政府和统治阶级几十年来,几乎半个世纪以来一直在推行掠夺殖民地、压迫其他民族、镇压工人运动的政治。当前这场战争所继续的,正是这种政治,也只能是这种政治。尤其是在奥地利和俄国,无论平时的政治还是战时的政治都是奴役其他民族,而不是解放其他民族。相反,在中国、波斯、印度和其他附属国里,近几十年来我们所看到的是一种唤起千百万人争取民族生存、摆脱反动"大"国压迫的政治。在这种历史基础上进行的战争,即使在今天也可以是具有资产阶级进步性的、民族解放的战争。

只要把目前这场战争看做各"大"国及其国内的主要阶级所推行的政治的继续,就可以立刻看出,那种认为在这场战争中可以为"保卫祖国"的思想辩护的看法是极端反历史的、骗人的和虚伪的。

比利时的例子

三协约国(现在是四协约国[276])的社会沙文主义者(在俄国是普列汉诺夫及其一伙)最爱援引比利时的例子。可是这个例子正好说明他们错了。德帝国主义者无耻地破坏了比利时的中立,这和其他交战国随时随地所做的一样,只要需要就践踏**一切**条约和义务。我们姑且假定,一切愿意遵守国际条约的国家都向德国宣战,要求德国撤出比利时并赔偿它的损失。假如是这样,社会党人当然会站在德国的敌人一边。可是问题恰恰在于"三协约国(或四协约国)"**并不是**为了比利时而进行战争的。这是人所共知的,只有伪君子才会隐瞒这一点。英国正在抢夺德国的殖民地和土耳其,俄国正在抢夺加里西亚和土耳其,法国在力争得到阿尔萨斯—洛林、甚至莱茵河左岸地区;同意大利签订了分赃条约(瓜分阿尔巴尼亚和小亚细亚);同保加利亚和罗马尼亚正在进行一笔交易,同样是为了分赃。在各国现在的政府所进行的目前这场战争的条件下,**不帮助扼杀奥地利或土耳其等,就不能**帮助比利时! 这跟"保卫祖国"有什么关系呢?? 这正是帝国主义战争的特点,正是历史上已经过了时的反动资产阶级的政府间为压迫其他民族而进行的战争的特点。谁为参加这场战争辩护,谁就是要使帝国主义对各民族的压迫永世长存。谁宣传要利用各国政府目前的困难来为社会革命而斗争,谁就是在维护真正是一切民族的真正的自由,因为这种自由只有在社会主义制度下才能实现。

俄国在为什么而战?

在俄国,最新型的资本帝国主义已经在沙皇政府对波斯、满洲和蒙古的政策中充分显露了身手,但是总的说来,在俄国占优势的还是军事封建帝国主义。世界上没有一个地方像在俄国那样对国内的多数居民进行这样的压迫:大俄罗斯人只占人口的 43%,即不到一半,而其余一切民族都被当做异族看待,没有任何权利。在俄国的 17 000 万人口中,有近 1 亿的居民遭受压迫,没有权利。沙皇政府进行战争是为了夺取加里西亚并彻底扼杀乌克兰人的自由,是为了夺取亚美尼亚和君士坦丁堡等地。沙皇政府把这场战争看做是转移人们对国内日益增长的不满情绪的注意力和镇压日益高涨的革命运动的一种手段。现在,俄国平均每两个大俄罗斯人压迫着两三个无权的"异族人"。沙皇政府还力图通过这场战争增加俄国所压迫的民族的数量,巩固对他们的压迫,从而破坏大俄罗斯人本身争取自由的斗争。既然有可能对其他民族进行压迫和掠夺,经济停滞就会持续下去,因为在这种情况下往往是以对"异族人"的半封建的剥削作为收入来源,而不是靠发展生产力。因此,从俄国方面来说,这场战争就具有特别反动和反民族解放的性质。

什么是社会沙文主义?

社会沙文主义就是在当前这场战争中为"保卫祖国"的思想辩护。从这一思想进一步得出的结论就是,在战时放弃阶级斗争,投票赞成军事拨款,等等。实际上社会沙文主义者所推行的是反无产阶级的资产阶级政策,因为他们实际上不是在反对异族压迫这个意义上主张"保卫祖国",而是维护这些或那些"大"国掠夺殖民地和压迫其他民族的"权利"。社会沙文主义者重复资产阶级欺骗人民的鬼话,似乎这场战争是为了保卫各民族的自由和生存而进行的,这样他们就投到资产阶级方面而反对无产阶级了。在社会沙文主义者中间,有人为**某一**参战大国集团的政府和资产阶级辩护和粉饰,也有人像考茨基那样,认为**所有**交战大国的社会党人都有同样的权利"保卫祖国"。社会沙文主义既然实际上是在维护"自己的"(或任何国家的)帝国主义资产阶级的特权、优越地位、掠夺和暴力,也就完全背叛了一切社会主义信念和巴塞尔国际社会党代表大会**207**的决议。

巴塞尔宣言

1912 年在巴塞尔一致通过的关于战争的宣言,正是指 1914 年爆发的英德两国及双方现在的盟国之间进行的战争。宣言明确宣布,对于以大国的帝国主义掠夺政策为基础、"为了资本家的利润和王朝的利益"而进行的这种战争,是不能以任何人民的利益作为借口来为它辩护的。宣言明确宣布,战争"对各国政府"(毫无例外)是危险的,指出各国政府都害怕"无产阶级革命",非常明确地举了 1871 年公社和 1905 年 10 月至 12 月事件**即革命和国内战争的例子**。因此,巴塞尔宣言正是针对当前这场战争制定了各国工人在国际范围内进行反对自己的政府的革命斗争策略,制定了无产阶级革命的策略。巴塞尔宣言重申斯图加特决议的主张,认为战争一旦爆发,社会党人就应当利用战争造成的"经济和政治危机"来"加速资本主义的崩溃",也就是利用战争给各国政府造成的困难和群众的愤慨来进行社会主义革命。

社会沙文主义者的政策,他们用资产阶级解放的观点为这场战争辩护,他们主张"保卫祖国",投票赞成军事拨款,参加内阁等等,等等,是对社会主义的直接背叛;正如我们在下面将要看到的,这种背叛之所以发生,完全是由于机会主义和民族主义自由派的工人政策已经在欧洲的大多数党内取得了胜利。

歪曲地援引马克思和恩格斯

俄国的社会沙文主义者(以普列汉诺夫为首)援引马克思在 1870 年的战争中的策略;德国的社会沙文主义者(伦施、大卫之流一类的人)援引恩格斯 1891 年的言论:一旦同俄法两国发生战争,德国社会党人有义务保卫祖国①;最后,那些想使国际沙文主义调和并合法化的考茨基一类的社会沙文主义者说,马克思和恩格斯虽然谴责战争,可是从 1854—1855 年到 1870—1871 年和 1876—1877 年,每当战争终于爆发的时候,他们总是站在交战的某一方。

凡此种种引证都是对马克思和恩格斯的观点的令人愤慨的歪曲,是为了讨好资产阶级和机会主义者,就像吉约姆一伙的无政府主义者的著作歪曲马克思和恩格斯的观点来为无政府主义辩护一样。1870—1871 年的战争,从德国方面来说,在战胜拿破仑第三之前,是具有进步历史意义的,因为拿破仑第三和沙皇一道,多年来一直压迫德国,使德国一直处于封建割据状态。但是战争一转变为对法国的掠夺(兼并阿尔萨斯和洛林),马克思和恩格斯就坚决地谴责了德国人。而且在这次战争一开始,马克思和恩格斯就赞同倍倍尔和李卜克内西拒绝投票赞成拨款,劝告社会民主党人

---

① 参看《马克思恩格斯文集》2009 年人民出版社版第 4 卷第 431—436 页。——编者注

不要同资产阶级同流合污,而要捍卫无产阶级的独立的阶级利益。把对这一具有资产阶级进步性和民族解放意义的战争的评价套用到当前的帝国主义战争上来,这是对真理的嘲弄。至于1854—1855年的战争以及19世纪的一切战争,情况就更是如此,因为当时**既**没有现代的帝国主义,**又**没有实现社会主义的成熟的客观条件,在**所有**交战国内**也**没有群众性的社会主义政党,也就是恰恰没有巴塞尔宣言**针对**大国间的战争据以制定"无产阶级革命"策略的那些条件。

谁现在只援引马克思对资产阶级**进步**时代的战争的态度,而忘记马克思的"工人没有祖国"①这句**恰恰是**适用于资产阶级反动和衰亡时代、适用于社会主义革命时代的话,谁就是无耻地歪曲马克思,就是在用资产阶级的观点偷换社会主义的观点。

第二国际的破产

1912年,全世界社会党人在巴塞尔庄严宣告,他们认为即将到来的欧洲大战是**各国**政府"罪恶的"和最反动的行为,它必然引起反对资本主义的革命,从而势必加速资本主义的崩溃。战争爆发了,危机到来了。可是大多数社会民主党不实行革命的策略,却实行了反动的策略,站到自己的政府和自己的资产阶级方面去了。这种背叛社会主义的行为意味着第二(1889—1914年)国际的破产。我们应当弄清引起这种破产的原因,弄清产生社会沙文主义的原因,以及社会沙文主义的力量从何而来。

---

① 见《马克思恩格斯文集》2009年人民出版社版第2卷第50页。——编者注

社会沙文主义是登峰造极的机会主义

在第二国际存在的整个时期内,每个社会民主党内都进行着革命派和机会主义派的斗争。这一斗争在许多国家里引起了分裂(英国、意大利、荷兰、保加利亚)。任何一个马克思主义者都深信不疑:机会主义代表着工人运动中的资产阶级政策,代表着小资产阶级的利益,代表着一小部分资产阶级化了的工人同"**自己的**"资产阶级结成的联盟的利益,而反对无产者群众、被压迫群众的利益。

19 世纪末的客观条件特别加强了机会主义的力量,使利用资产阶级所容许的合法性变成了崇拜这种合法性,在工人阶级中间造成了一个人数不多的官僚和贵族阶层,把许多小资产阶级"同路人"吸引到社会民主党的队伍中来。

战争加速了发展进程,使机会主义变成了社会沙文主义,使机会主义者同资产阶级的秘密联盟变成了公开的联盟。同时军事当局到处实行戒严,压制工人群众,工人群众原来的领袖几乎全部倒向资产阶级。

机会主义和社会沙文主义的经济基础是同一个,那就是人数很少的特权工人阶层和小资产阶级的利益。这些人所捍卫的是自己的特权地位,是从"自己"国家的资产阶级靠掠夺其他民族、靠它的大国优越地位等等而攫取的利润中分得一点油水的"权利"。

机会主义和社会沙文主义的思想政治内容是同一个,那就是用阶级合作代替阶级斗争,放弃革命的斗争手段,帮助"自己的"政府摆脱困境,而不是利用它的困难推进革命。如果从总体上来观察一下欧洲国家,如果不是注重个别人物(哪怕是最有威望的人物),那么就可以发现,恰恰是机会主义**派别**成了社会沙文主义的主要支柱,而从革命者的阵营中几乎到处都比较一贯地发出了对这个派别的抗议。如果以1907年斯图加特国际社会党代表大会上的派别划分情况为例,那么就可以发现,国际马克思主义是反对帝国主义的,而国际机会主义当时就已经是拥护帝国主义的了。

同机会主义者统一就是工人同
"自己"国家的资产阶级结成联盟,
就是分裂国际的革命工人阶级

在过去,在大战以前,机会主义虽然往往被看做是一种"偏向"和"极端",但仍然被认为是社会民主党的一个合法的组成部分。战争表明将来不可能再是这样了。机会主义已经"成熟",已经充分地起到了资产阶级在工人运动中的特使的作用。同机会主义者保持统一已成为十足的伪善,德国社会民主党就是一个例子。在一切重要场合(例如8月4日的投票)机会主义者都要提出自己的最后通牒,而实现这种通牒则靠他们同资产阶级的千丝万缕的联系,靠他们在工会理事会等机构里面的多数。现在同机会主义者**保持统一**,实际上就是让工人阶级服从"自己"国家的资产阶级,就是同资产阶级结成联盟来压迫其他民族和争夺大国特权,就是**分裂**所有国家的革命无产阶级。

不管在某些场合同在许多组织中占优势的机会主义者作斗争会多么困难,不管把机会主义者清除出工人政党的过程在各个国家里会多么不同,这个过程是不可避免的,而且必将取得成果。改良主义的社会主义正在死亡;正在复兴的社会主义,按照法裔社会党人保尔·果雷的恰当说法,"将是革命的、不调和的和敢于造反的"[277]。

"考茨基主义"

考茨基这位第二国际最有威望的人物,是一个从口头上承认马克思主义弄到实际上把马克思主义变成"司徒卢威主义"[235]或"布伦坦诺主义"[278]的最典型最鲜明的例子。我们看到普列汉诺夫也是这样一个例子。他们用明显的诡辩阉割马克思主义的活生生的革命的灵魂,他们承认马克思主义中的**一切**,就是**不承认革命的斗争手段,不承认**要为采用这种斗争手段进行宣传和准备并用这种精神教育群众。考茨基把以下两者无原则地"调和"起来:一方面是社会沙文主义的基本思想——承认在这场战争中保卫祖国,另一方面是对左派作外交式的表面的让步,如在投票表决军事拨款时弃权,在口头上承认自己采取反对派立场等等。1909 年考茨基写了一整本书来论述革命时代的逼近和战争同革命的联系,1912 年考茨基在要求利用即将到来的战争进行革命的巴塞尔宣言上签了字,现在他却千方百计地替社会沙文主义辩护和粉饰,并像普列汉诺夫一样,与资产阶级同流合污,讥笑一切革命意图,讥笑一切直接进行革命斗争的步骤。

工人阶级不进行无情的战斗,来反对这种叛徒行径,这种没有气节、向机会主义献媚、从理论上把马克思主义空前庸俗化的行为,便不能实现它的世界革命的使命。考茨基主义不是偶然现象,而是第二国际各种矛盾的社会产物,是既要在口头上忠实于马克思主义又要在实际上屈服于机会主义的社会产物。

"考茨基主义"的这种根本的虚伪性,在不同的国家里有不同的表现形式。在荷兰,罗兰-霍尔斯特虽然拒绝保卫祖国的思想,却坚持同机会主义者的政党的统一。在俄国,托洛茨基虽然也拒绝这种思想,却同样坚持同机会主义和沙文主义的《我们的曙光》[152]集团的统一。在罗马尼亚,拉柯夫斯基虽然把机会主义看做国际破产的祸首而向它宣战,同时却又欣然承认保卫祖国的思想是合理的。所有这一切,都是荷兰马克思主义者(哥尔特、潘涅厍克)曾经称之为"消极的激进主义"的祸害的表现,这种祸害的实质就是在理论上用折中主义代替革命的马克思主义,在实践中对机会主义俯首帖耳或者说软弱无能。

马克思主义者的口号——革命的
社会民主党的口号

战争无疑造成了最尖锐的危机,空前加剧了群众的灾难。这场战争的反动性质,**各**国资产阶级为了以"民族"观念掩饰其掠夺目的而编造出的无耻谎言,这一切在客观的革命形势下正在不可避免地激起群众的革命情绪。我们的责任,就是帮助他们充分意识到这种情绪,加深和发展这种情绪。能够正确地表达这个任务的只有一个口号:变帝国主义战争为国内战争。战时**任何**彻底的阶级斗争,任何认真执行的"群众行动"的策略,都必然引向这一步。我们无法知道,触发一场强大的革命运动的将是列强之间的第一次帝国主义战争,还是第二次帝国主义战争,它将发生在战争期间,还是发生在战后,但是不管怎样,我们义不容辞的责任,就是要朝着这个方向去一贯地和不屈不挠地进行工作。

巴塞尔宣言直接举了巴黎公社即变政府间的战争为国内战争的例子。半个世纪以前,无产阶级力量还太弱,社会主义的客观条件还没有成熟,所有交战国内的革命运动还不能相互配合和相互促进;一部分巴黎工人迷恋于"民族观念"(1792年的传统),

这是马克思当时就指出的他们的小资产阶级软弱性的表现,也是公社失败的原因之一。从公社失败以来已经过去半个世纪了,能够削弱当时革命的那些条件已经消失,在今天,如果一个社会党人甘心拒绝以巴黎公社战士的精神去从事活动,那是不可宽恕的。

战壕联欢的例子

所有交战国的资产阶级报纸都报道了各交战国士兵甚至在战壕内联欢的事例。军事当局(德国和英国的)所颁布的严禁这种联欢的命令证明,各国政府和资产阶级认为这种联欢有重大的意义。既然在西欧各国社会民主党的上层中机会主义完全占统治地位和社会民主党的一切报刊、第二国际的所有权威都支持社会沙文主义的情况下,还能发生联欢的事例,这就向我们表明,只要朝这个方向坚持不懈地进行工作,哪怕只有所有交战国的左派社会党人进行工作,那么缩短目前这场罪恶的、反动的和奴隶主的战争,组织国际的革命运动,是非常可能的。

秘密组织的意义

全世界最有名的一些无政府主义者,在这场战争中都因其社会沙文主义而出了丑(同普列汉诺夫和考茨基一样),其出丑的程度并不亚于机会主义者。这场战争的一个有益的结果无疑是:它将把机会主义和无政府主义一齐打垮。

社会民主党在任何场合,在任何情况下,都不应当拒绝利用哪怕是最小的合法机会来组织群众和宣传社会主义,但是必须摒弃崇拜合法性的思想。恩格斯写道："资产者老爷们，你们先开枪吧！"①在这里恩格斯正是暗示要进行国内战争，暗示**在资产阶级破坏合法性以后我们必须破坏合法性**。危机表明，在所有的国家里，甚至在最自由的国家里，资产阶级都在破坏合法性，因此不建立秘密组织来宣传、讨论、评价和准备各种革命斗争手段，就不能把群众引向革命。例如在德国，社会党人所做的一切**堂堂正正的事情**，都是违背卑鄙的机会主义和伪善的"考茨基主义"的意愿的，而且都是秘密进行的。在英国，印发号召人们不去参军的传单，就要被送去服苦役。

认为当一个社会民主党人而可以否认秘密的宣传方式，可以在合法报刊上嘲笑这些方式，那就是背叛社会主义。

关于"自己的"政府
在帝国主义战争中的失败

主张自己的政府在这场战争中胜利的人和主张"不胜不败"口号的人，同样都是站在社会沙文主义立场上。革命的阶级在反动的战争中不能不希望自己的政府失败，不能不看到自己的政府在军事上的失利会使它更易于被推翻。资产者相信由各国政府发动的战争也必定会作为各国政府间的战争告终，并且希望能这样。只有他们才会认为，要**所有**交战国的社会党人都主张**所有**"自己的"政府失败的想法，是"可笑的"和"荒谬的"。其实，正是这种主张才符合每个觉悟工人内心的想法，符合我们为变帝国主义战争

---

① 见恩格斯《德国的社会主义》(《马克思恩格斯文集》2009 年人民出版社版第 4 卷第 430 页)。——编者注

为国内战争而进行的活动的要求。

毫无疑问，一部分英国、德国和俄国的社会党人所进行的认真的反战宣传，"削弱了"这些国家的政府的"军事力量"，但这种宣传正是社会党人的一大功绩。社会党人应当向群众说明：他们没有别的生路，只有用革命推翻"自己的"政府；他们应当正是为了这个目的而利用这些政府在目前这场战争中的困难。

关于和平主义与和平口号

群众要求和平的情绪，往往反映他们已经开始对战争发出抗议，表示愤慨，开始认识到战争的反动性质。利用这种情绪，是一切社会民主党人的责任。他们应当最热情地参加在这个基础上产生的一切运动和一切游行示威。但是他们不能欺骗人民，不能传布这样一种思想：似乎不进行革命运动也可以实现没有兼并、没有民族压迫、没有掠夺、不含现在的各国政府和统治阶级之间的新战争萌芽的和平。这样欺骗人民，只会有利于各交战国政府的秘密外交和它们的反革命计划。谁希望得到持久的和民主的和平，谁就应该拥护反对政府和资产阶级的国内战争。

关于民族自决权

资产阶级在这场战争中用来欺骗人民的一个最常见的手段，就是用"民族解放"的观念来掩盖战争的掠夺目的。英国人答应给比利时自由，德国人答应给波兰自由，等等。实际上，正如我们所看到的，这是一场世界大多数民族的压迫者为巩固和扩大这种压迫而进行的战争。

社会党人不同一切民族压迫作斗争,就不能达到自己的伟大目的。因此,他们必须要求各**压迫**国家(特别是所谓"大"国)的社会民主党承认和维护各**被压迫**民族的自决权,而且是政治上的自决权,即政治分离权。大国的或拥有殖民地的民族的社会党人如果不维护这种权利,那就是沙文主义者。

维护这种权利不但不会鼓励形成小国家,相反,这会促使更自由更大胆因而更广泛更普遍地形成更有利于群众和更适合经济发展的大国家和国家联盟。

另一方面,**被压迫**民族的社会党人则应当无条件地为被压迫民族和压迫民族的**工人的**完全的(包括组织上的)统一而斗争。主张一个民族同另一民族在法律上分离的思想(鲍威尔和伦纳的所谓"民族文化自治"**167**)是一种反动的思想。

帝国主义是少数"大"国不断加紧压迫全世界各民族的时代,因此,不承认民族自决权,就不可能为反帝的国际社会主义革命而斗争。"压迫其他民族的民族是不能获得解放的。"(马克思和恩格斯语)①无产阶级如果容许"本"民族对其他民族采取一点点暴力行为,它就不成其为社会主义的无产阶级。

---

① 见《马克思恩格斯文集》2009 年人民出版社版第 3 卷第 355 页。——编者注

第 二 章

俄国的阶级和政党

资产阶级和战争

俄国政府有一点是不落后于它的欧洲伙伴的:它也能够像它们那样大规模地欺骗"自己的"人民。无比庞大的撒谎和欺骗机器在俄国也开动了起来,其目的就是用沙文主义毒害群众,就是要造成一种印象,似乎沙皇政府是在进行一场"正义的"战争,是在无私地保卫"斯拉夫同胞"等等。

地主阶级和工商业资产阶级的上层分子热烈支持沙皇政府的黩武政策。他们理所当然地在期待着能从瓜分土耳其和奥地利的遗产中得到巨大的物质利益和特权。他们已经在一系列会议上预先设想了沙皇军队获胜时大量金钱源源流入他们口袋的情景。而且反动派十分清楚地懂得,如果说有什么能够推迟罗曼诺夫王朝的崩溃和延缓新的革命在俄国爆发的话,那只能是一场使沙皇获胜的对外战争。

城市"中等"资产阶级、资产阶级知识分子和自由职业者等广大阶层,也沾染了沙文主义,至少在战争开始时是如此。俄国自由派资产阶级的政党立宪民主党**8**,完全地和无条件地支持沙皇政府。立宪民主党在对外政策方面早就是政府党了。沙皇外交已经不止一次用来进行大规模政治欺骗的泛斯拉夫主义,已经成为立宪民主党人的正式的意识形态了。俄国的自由派已经退化为**民族**

主义自由派。它正在与黑帮进行"爱国主义"竞赛,任何时候都乐于投票拥护军国主义、海上霸权主义等等。在上一世纪70年代,德国"自由思想"自由派陷于瓦解,从中分离出一个民族主义自由派政党。目前在俄国自由派阵营内也发生了类似的现象。俄国的自由派资产阶级彻底地走上了反革命的道路。俄国社会民主工党对这一问题的看法已得到充分的证实,我们的机会主义者认为俄国的自由派仍然是俄国革命的动力,他们的这种观点已被实际生活所粉碎。

统治集团在资产阶级报刊和僧侣等等的协助下,在农民中也煽起了沙文主义情绪。但是随着士兵从战场不断返回,农村中的情绪无疑会变得不利于沙皇君主政府。同农民有联系的各资产阶级民主派政党没有能抵挡住沙文主义的浪潮。劳动派[93]在国家杜马中拒绝投票赞成军事拨款。可是,通过自己的领袖克伦斯基的口,他们却发表了一篇对君主政府特别有利的"爱国"宣言。"民粹派"的所有合法报刊总的说来都尾随自由派。甚至资产阶级民主派的左翼即加入了社会党国际局[279]的所谓社会革命党[130],也顺应了这个潮流。该党驻社会党国际局的代表鲁巴诺维奇先生,已经作为一个公开的社会沙文主义者出面了。在"协约国"社会党人伦敦代表会议[280]上,这个党有半数代表投票赞成一项沙文主义的决议(另一半代表弃权)。沙文主义者在社会革命党人的秘密刊物(《新闻报》[281]等等)中占有优势。"来自资产阶级"的革命者,即同工人阶级没有联系的资产阶级革命者,在这场战争中遭到了极其严重的破产。克鲁泡特金、布尔采夫和鲁巴诺维奇的可悲的命运是非常值得深思的。

工人阶级和战争

俄国唯一没有沾染上沙文主义的阶级是无产阶级。战争开始时发生的个别过火行动只牵涉工人中最愚昧无知的阶层。工人参加莫斯科反对德国人的粗暴行动一事被过分夸大了。整个说来，俄国工人阶级对沙文主义是有免疫力的。

这种情况可以从国内的革命形势和俄国无产阶级的一般生活条件中得到解释。

1912—1914年标志着俄国新的巨大的革命高潮的开始。我们又一次亲眼看到了一场举世无双的伟大的罢工运动。1913年参加群众性革命罢工的人数，按最低估计有150万人，1914年则超过了200万人，接近1905年的水平。战争前夜，彼得堡的形势已发展到发生了首批街垒战的地步。

秘密的俄国社会民主工党履行了自己对国际的义务。国际主义的旗帜在它的手中从未动摇过。我们党早就在组织上同机会主义集团和机会主义分子决裂了。机会主义和"不惜任何代价的合法主义"没有成为我们党的脚镣。这种情况帮助了我们党去履行革命的义务，正像同比索拉蒂的机会主义党决裂帮助了意大利的同志一样。

我国的总的形势不容许"社会党的"机会主义在工人群众中盛行。在俄国，我们在知识分子和小资产阶级等中间可以看到形形色色的机会主义和改良主义。然而它们对政治上积极的工人阶层的影响却很小。工人和职员的特权阶层在我国力量非常微弱。在我们这里没有形成对合法性的盲目崇拜。战前，取消派（阿克雪里罗得、波特列索夫、切列万宁和马斯洛夫等领导的机会主义政

党)在工人群众中没有得到任何真正的支持。第四届国家杜马的
所有 6 名工人代表,都反对取消主义。彼得格勒和莫斯科的合法
工人报纸的发行份数和捐款情况无可置辩地证明,五分之四的党
悟工人是反对机会主义和取消主义的。

战争爆发后,沙皇政府逮捕和放逐了成千的先进工人——我
们的秘密的俄国社会民主工党的党员。这种情况,再加上国内实
行戒严、我们的报纸被封闭等等,使运动受到了阻碍。然而我们党
的秘密革命工作依然继续进行着。我们党的委员会在彼得格勒出
版了秘密报纸《无产者呼声报》[282]。

国外出版的中央机关报《社会民主党人报》的文章在彼得格
勒翻印出来,并送往各省。出版了各种秘密传单,有的甚至散发到
兵营中去。在城郊的各个僻静地方,工人举行秘密集会。最近在
彼得格勒爆发了五金工人的大罢工。我们的彼得格勒委员会就这
些罢工事件印发了几篇告工人书。

俄国社会民主党国家杜马工人党团和战争

1913 年在社会民主党的国家杜马代表中间发生了分裂。一
方是齐赫泽领导的 7 名拥护机会主义的代表。他们是由 7 个非无
产阶级省份选出的,这 7 个省计有 214 000 工人。另一方有 6 名
代表,他们**全部**是由俄国工业最发达的中心地区的工人选民团选
出的,这些地区计有 1 008 000 工人。

引起分歧的主要问题是:实行革命的马克思主义策略,**还是**实
行机会主义的改良主义策略。实际上分歧主要表现在议会**以外**的
群众工作方面。在俄国,如果进行这项工作的人想要坚持革命立
场的话,那他就必须秘密地进行。齐赫泽党团[283]仍然是反对秘密

工作的取消派的最忠实的同盟者,它在同工人的一切谈话中和在一切会议上,都袒护取消派。由此就发生了分裂。6名代表组成了俄国社会民主党工人党团。一年来的工作无可争辩地表明,俄国的绝大多数工人是拥护这个党团的。

战争爆发时,分歧表现得非常明显。齐赫泽党团局限于议会活动。它没有投票赞成军事拨款,因为它要是投赞成票就会引起工人对它的极大的愤慨。(我们已经看到,在俄国甚至小资产阶级劳动派也没有投票赞成军事拨款。)但是它也没有对社会沙文主义提出过异议。

贯彻我们党的政治路线的俄国社会民主党工人党团采取了与此不同的做法。它深入到工人阶级中间去进行反战工作,它向俄国广大的无产者群众进行了反帝国主义宣传。

这个党团赢得了工人的热烈拥护,这使政府大为惊慌,它不得不公然违犯自己颁布的法律,逮捕了我们的代表同志并判处他们终身流放西伯利亚。沙皇政府在逮捕我们的同志的第一个正式文告中写道:

> "社会民主主义团体的某些成员在这方面采取了一种非常特殊的立场,他们的活动的目的,是要通过用秘密传单和口头宣传进行的反战鼓动来动摇俄国的军事力量。"

对王德威尔得提出的"暂时"停止反对沙皇政府的斗争这一人所共知的号召,**只有我们党**通过中央委员会作了否定的答复。现在从沙皇驻比利时公使库达舍夫公爵的证词中已经得知,这个号召不是王德威尔得一个人起草的,而是同这位沙皇公使一起拟定的。取消派的领导核心赞同王德威尔得,在报纸上正式宣称它"在自己的活动中**不抵制战争**"。

沙皇政府首先指控我们的代表同志说,他们在工人中宣传了这个对王德威尔得的否定的答复。

沙皇检察官涅纳罗科莫夫先生在审判中举出德国和法国社会党人作为我们的同志的榜样。他说:"德国的社会民主党人投票赞成军事拨款,成了政府的朋友。德国的社会民主党人这样做了,然而俄国社会民主党的愁容骑士们却没有这样做……比利时和法国的社会党人一起都忘记了自己同其他阶级的纷争,忘记了党派纠纷,毫不犹豫地站到了旗帜下面。"他说,可是俄国社会民主党工人党团的成员们却遵照党中央委员会的指示,并没有这样做……

这次审判向人们展示了我们党在无产阶级群众中广泛地进行秘密反战宣传的动人图景。当然,沙皇法庭"查出来的"远远不是我们的同志们在这方面的全部活动。但是仅仅所查出的活动已经说明,我们在短短的几个月里做了多么大量的工作。

在审判中,宣读了我们的一些小组和委员会所散发的反对战争和拥护国际主义策略的秘密号召书。俄国社会民主党工人党团的成员和全俄国的觉悟工人都有联系,并且尽力去帮助他们用马克思主义的观点评价这场战争。

哈尔科夫省工人的杜马代表穆拉诺夫同志在法庭上说:

"我知道,我被人民派到国家杜马里来不是为了坐杜马的安乐椅,我到过许多地方,去了解工人阶级的情绪。"他在法庭上承认,他担负了我党秘密鼓动员的任务,并在乌拉尔的上伊谢季工厂和其他地方组织过工人委员会。这次审判说明,俄国社会民主党工人党团的成员在战争爆发后,为了进行宣传而几乎走遍了全俄国,说明穆拉诺夫、彼得罗夫斯基、巴达耶夫等人组织了许多次工人大会,在会上通过了反对战争的决议,等等。

沙皇政府用死刑恫吓被告。因此,他们在法庭上并不是都表现得像穆拉诺夫同志那样勇敢。他们竭力使沙皇检察官难于给他们定罪。这一点现在正被俄国的社会沙文主义者卑鄙地用来掩盖问题的实质：工人阶级究竟需要什么样的议会活动？

休特古姆和海涅、桑巴和瓦扬、比索拉蒂和墨索里尼、齐赫泽和普列汉诺夫都承认议会活动。我们俄国社会民主党工人党团的同志们也承认议会活动，同沙文主义者决裂的保加利亚和意大利的同志也承认议会活动。议会活动有各种各样。一些人利用议会舞台是要讨好自己的政府，或者至多不过像齐赫泽党团那样自居清白。另一些人利用议会活动，则是为了做彻底的革命者，为了在最困难的情况下也要履行自己作为社会党人和国际主义者的职责。一些人的议会活动使他们坐上部长的安乐椅，另一些人的议会活动则使他们坐监牢，被流放，服苦役。一些人在为资产阶级服务，另一些人则在为无产阶级服务。一些人是社会帝国主义者，另一些人则是革命的马克思主义者。

第 三 章
重 建 国 际

应当怎样重建国际呢？不过，先要谈一谈**不应当**怎样重建国际。

社会沙文主义者和"中派"的方法

哦，一切国家的社会沙文主义者都是伟大的"国际主义者"！战争一爆发，他们就为国际操尽了心。一方面他们要人相信：说国际**破产**,这是"夸大其词",实际上并没有发生什么了不起的事情。请听考茨基是怎样说的。他说:国际不过是"和平时期的工具",这个工具在战时自然就显得有些力不从心了。[284]另一方面,各国的社会沙文主义者找到了一个摆脱现状的非常简单的方法,——而最重要的是,这是一个国际的方法。这个方法确实不复杂:只需要等待战争结束,而在战争结束以前,各国的社会党人应当保卫自己的"祖国"和支持"自己的"政府。到战争结束以后,则应当互相"赦免",承认**大家**做得都正确,承认在和平时期我们应当像兄弟一样和睦相处,而在战时我们就应当恪守某项某项决议,号召德国工人消灭自己的法国兄弟,号召法国工人消灭自己的德国兄弟。

在这一点上,考茨基、普列汉诺夫、维克多·阿德勒以及海涅是完全一致的。维克多·阿德勒写道,"在我们度过这个艰难的时期之后,我们首先要做到的,就是不要彼此斤斤计较"。[285]考茨基断言,"直到现在为止,任何一方严肃的社会党人都没有认为人们必须为"国际的命运"担忧"。普列汉诺夫说,"握沾有无辜被杀害者的鲜血的〈德国社会民主党人的〉手是不愉快的"。但是他又立即提出"赦免",他写道,"使**感情**服从**理智**在这里将是完全适当的。为了自己的伟大事业,国际应当接受即使是事后表示的懊悔"。海涅在《社会主义月刊》[204]中称王德威尔得的行为是"勇敢的和不屈不挠的",说他是德国左派的榜样。[286]

总之,当战争结束时,只要任命一个由考茨基、普列汉诺夫、王德威尔得和阿德勒组成的委员会,转眼间就会拟定出一个合乎互相赦免精神的"一致同意的"决议。争端就将圆满地被掩盖起来。他们将不是帮助工人去了解已经发生过的事情,而是要用有名无实的纸上的"统一"去欺骗工人。于是各国的社会沙文主义者和伪君子的联合,就将被说成是国际的重建。

毋庸讳言：如此"重建"的危险性是非常大的。各国的社会沙文主义者都同样愿意这样做。他们都同样不希望他们国家的工人群众能够弄清这样一个问题：是社会主义**还是**民族主义。他们都同样愿意互相掩饰罪过。除"国际"伪善专家考茨基所提出的办法之外，他们谁也提不出任何别的办法。

然而，对于这种危险性，人们几乎没有认识。战争爆发一年以来，我们看到许多重建国际联系的尝试。我们不打算谈伦敦和维也纳的代表会议[287]，当时那些态度明确的沙文主义者聚在一起，是为了帮助自己"祖国"的总参谋部和资产阶级。我们要谈的是卢加诺[288]和哥本哈根的代表会议[289]、国际妇女代表会议[290]和国际青年代表会议[291]。这些会议都具有良好的愿望。但是它们完全没有看到上述的危险性。它们没有制定出一条国际主义者的战斗路线。它们没有向无产阶级指出社会沙文主义者"重建"国际的方法对于无产阶级的危险性。它们至多不过重复一下旧的决议，而没有向工人指出，如果不进行反对社会沙文主义者的斗争，社会主义事业是没有希望的。它们至多是在**原地踏步**。

反对派内部的情况

毫无疑问，一切国际主义者最关心的是德国社会民主党反对派内部的情况。曾是第二国际中最强有力的、居领导地位的正式的德国社会民主党，给了这一国际工人组织一个最沉重的打击。但是在德国社会民主党中还有一个最强有力的反对派。在欧洲的大党中，是德国社会民主党内那些仍然忠于社会主义旗帜的同志们首先发出了响亮的抗议声。我们高兴地读了《光线》杂志[292]和《国际》杂志[233]。我们更高兴地听说，在德国，人们在散发秘密的革命呼吁书,例如《主要敌人在本国》这样的呼吁书。这说明在德国工人中还保持着社会主义精神,在德国还有能够坚持革命的马克思主义的人。

德国社会民主党内部最明显地反映了当今社会主义运动中的分裂。我们在这里可以十分清楚地看到三个派别:机会主义的沙文主义者,他们的堕落和叛变,在任何其他国家都没有达到像在德国那样的程度;考茨基的"中派",他们在这里除了充当机会主义者的奴仆,根本没有能力扮演任何别的角色;左派,它是德国的唯一的社会民主派。

我们最关心的当然是德国左派的情况。我们把德国左派看做我们的同志,看做一切国际主义者的希望。

他们的情况怎样呢?

《国际》杂志说得很对,德国的左派还处于动荡之中,还将发生巨大的重新组合,他们的内部有比较坚定的分子,也有不够坚定的分子。

不言而喻,我们俄国国际主义者丝毫也不想干涉我们的德国左派同志的内部事务。我们知道,只有他们自己才完全有权根据时间和地点的条件来确定自己反对机会主义者的斗争方法。我们认为,我们的权利和义务仅仅是开诚布公地说明我们对情况的看法。

我们深信《国际》杂志的社论的作者说得十分正确,他断言,考茨基的"中派"比公开的社会沙文主义更有害于马克思主义事业。现在谁抹杀意见分歧,现在谁假借马克思主义的名义向工人宣传考茨基主义所宣传的东西,谁就是在麻痹工人,就比直截了当地提出问题而使工人不得不自己去辨别是非的休特古姆和海涅之流更为有害。

考茨基和哈阿兹最近竟同"领导机关"对抗起来,这样做是迷惑不了任何人的。他们和谢德曼分子之间的分歧不是原则性的分歧。一些人认为,兴登堡和马肯森**已经**胜利了,因此现在已经可以放手抗议兼并了。另一些人认为,兴登堡和马肯森**还没有**胜利,因此应当"坚持到底"。

考茨基派反对"领导机关"的斗争只是做给别人看的,他们这样做只是为了能够在战争发生后对工人掩饰原则性的争论,用一千零一个以模模糊糊的"左的"精神起草的冗长的决议把问题掩盖起来。而起草这样的决议,第二国际的外交家们都是能手。

十分明显,德国反对派在反对"领导机关"的困难斗争中,也应当利用考茨基派的这种非原则性的对抗。但是,检验任何一个国际主义者的试金石,应当仍然是看他是否对新考茨基主义持否定态度。只有反对考茨基主义,只有懂得**即使在**自己的领袖实行假转变之后"中派"在原则问题上仍然是**沙文主义者和机会主义者的盟友**的人,才是真正的国际主义者。

我们对国际中所有的动摇分子持何种态度,是至关重要的问题。这些分子——主要是带有**和平主义**色彩的社会党人——在中立国和在某些交战国中都有(例如在英国有独立工党[14])。这些分子可以成为我们的同路人。和他们搞好关系来反对社会沙文主义者是必要的。但是必须记住,他们**仅仅是**同路人,他们在重建国际的主要和根本的问题上不会拥护我们而会反对我们,他们会拥护考茨基、谢德曼、王德威尔得和桑巴。在国际会议上我们决不能把自己的纲领局限在这些分子所能接受的范围内。否则我们自己就会成为动摇不定的和平主义者的俘虏。例如,在伯尔尼国际妇女代表会议上就是这样。持克拉拉·蔡特金同志的观点的德国代表团,在这次会议上实际上起了"中派"的作用。这次妇女代表会议所谈的,仅仅是特鲁尔斯特拉的荷兰机会主义党的代表和独立工党(I.L.P.)的代表所能接受的东西。我们不要忘记,在"协约国"沙文主义者伦敦代表会议上,独立工党曾投票赞成王德威尔得的决议案。我们对独立工党在战时对英国政府所作的英勇斗争表示最大的敬意。但是我们知道,这个党过去和现在都不是站在马克思主义的立场上。而我们认为,社会民主党内的反对派当前的首要任务就是:举起革命的马克思主义的旗帜,坚决而明确地向工人说明我们是怎样看待帝国主义战争的,提出群众革命行动的口号,即把帝国主义战争时代变为国内战争时代的起点。

不管怎样,在许多国家里都有革命的社会民主党人。在德国、俄国、斯堪的纳维亚(霍格伦同志所代表的有影响的一派)、巴尔干(保加利亚的"紧密派"[258])、意大利、英国(英国社会党[251]的一部分)、法国(瓦扬自己在《人道报》[262]上也承认,他收到过许多国际主义者的抗议信,但是这些信他一封也没有全文发表)以及荷兰(论坛派[293])等国家中,都有这样的人。团结这些马克思主义分子(不管起初他们的数量多么少),以他们的名义让人们回忆回忆现在已被忘记的真正社会主义的言论,号召各国工人同沙文主义者决裂并站到原来的马克思主义的旗帜下——这就是当前的任务。

到目前为止,一些制定出所谓"行动"纲领的会议,只是比较完全或不够完全地宣布了纯粹和平主义的纲领。马克思主义不是和平主义。争取尽速终止战争是必要的。然而,只有在号召进行**革命**斗争的情况下,要求"和平"才具有无产阶级的意义。不进行一系列的革命,所谓民主的和平只能是小市民的空想。真正的行动纲领只能是**马克思主义的**纲领,因为只有这种纲领能够完全而清楚地向群众解答所发生的事情,阐明什么是帝国主义以及如何同它作斗争,公开声明机会主义已使第二国际破产,公开号召建立一个没有机会主义者参加的**反对**机会主义者的马克思主义的国际。只有那种足以表明我们相信自己、相信马克思主义并宣布要同机会主义作殊死斗争的纲领，才能保证我们迟早赢得真正无产阶级群众的同情。

俄国社会民主工党和第三国际

俄国社会民主工党早就同党内的机会主义者决裂了。现在俄国的机会主义者又变成了沙文主义者。这只能使我们更加相信，为了社会主义的利益同机会主义者决裂是必要的。我们确信，今天社会民主党人同社会沙文主义者之间的分歧，丝毫不亚于过去社会民主党人和无政府主义者决裂时社会党人同后者之间的分歧。机会主义者莫尼托尔在《普鲁士年鉴》[266]上说得很对，目前的统一有利于机会主义者和资产阶级，因为它迫使左派服从沙文主义者，妨碍工人弄清争论的实质，妨碍工人建立自己的真正工人的、真正社会主义的政党。我们深信，在目前情况下革命者的首要职责，就是同机会主义者和沙文主义者决裂，这恰恰像过去为了尽快教育落后工人并把他们吸引到社会民主党的队伍中来而必须同黄色分子、反犹太主义者和自由派工会等决裂一样。

我们认为，第三国际就应当建立在这样的革命基础上。对我们党来说，不存在同社会沙文主义者决裂是否合适的问题。对我们党来说这个问题已经彻底解决了。对我们党来说，现在存在的只是能否在最近时期在国际范围内实现这一决裂的问题。

十分明显，要创立一个**国际的**马克思主义的组织，就必须在**各个国家**里都准备建立独立的马克思主义的政党。德国这个工人运动历史最悠久、工人运动力量最强大的国家，是举足轻重的。最近的将来会表明，创立一个新的马克思主义的国际的条件是否已经成熟。如果已经成熟,我们党一定会高兴地参加这样一个清除了机会主义和沙文主义的第三国际。如果没有成熟,这就表明,为了完成这种清除工作,还需要一个稍长的发展过程。那么我们党就将成为旧国际内的极端的反对派,直到在各个国家里都具备一定的条件,使我们可以建立一个以革命的马克思主义为基础的国际工人协会为止。

我们不知道而且也不可能知道最近几年在国际舞台上会有怎样的发展。但是我们确切知道并且确信不疑的是,**我们党将朝着上述方向在我们的国家内,在我们的无产阶级中间不懈地工作,并将通过我们日常的全部工作建立起马克思主义国际的俄国支部**。

在我们俄国,公开的社会沙文主义者和"中派"集团也不乏其例。这些人将反对建立一个马克思主义的国际。我们知道,普列汉诺夫是和休特古姆站在同一基本立场上的,并且现在已经向休特古姆伸出亲善之手。我们知道,阿克雪里罗得领导的所谓"组织委员会"[294]正在鼓吹俄国土地上的考茨基主义。这些人借口工人阶级的统一,鼓吹同机会主义者统一,并通过机会主义者同资产阶级统一。但是我们所知道的关于当前俄国工人运动的全部情况可以使我们完全相信,有觉悟的俄国无产阶级将一如既往地**同我们党站在一起**。

第 四 章

俄国社会民主党分裂的历史及其现状

上述俄国社会民主工党对战争的策略,是俄国社会民主党30年来的发展的必然结果。不深入研究我们党的历史,就不能正确了解这一策略和我国社会民主党的现状。因此,在这里我们也必须向读者提醒党的历史中的一些主要事实。

社会民主党作为一种思想派别,产生于1883年。那时,"劳动解放社"[295]在国外第一次针对俄国的情况系统地阐述了社会民主党的观点。在90年代以前,社会民主派一直是一个和俄国群众性工人运动没有联系的思想派别。90年代初期社会运动的高涨、工人的风潮和罢工运动,使社会民主党成为同工人阶级的斗争(经济的和政治的斗争)有密切联系的积极的政治力量。也就是从这时起,社会民主党开始分裂为"经济派"[268]和"火星派"[78]。

"经济派"和旧《火星报》(1894—1903年)

"经济主义"是俄国社会民主党内的一种机会主义思潮。它的政治实质可归结为如下这样一个纲领:"工人进行经济斗争,自由派进行政治斗争。"它的主要理论基础是所谓的"合法马克思主义"或"司徒卢威主义",这种主义所"承认"的是完全抹掉了任何革命性而合乎自由派资产阶级需要的"马克思主义"。"经济派"借口俄国工人群众落后,希望"和群众一道前进",而把工人运动的任务和范围局限为进行经济斗争和在政治上支持自由派,他们没有给自己提出独立的政治任务和任何革命任务。

旧《火星报》(1900—1903年)为捍卫革命的社会民主党的原则,胜利地进行了反对"经济主义"的斗争。觉悟的无产阶级中的一切优秀分子都站到了《火星报》方面。社会民主党在革命前的几年内提出了一项最彻底的和不妥协的纲领。1905年革命期间的阶级斗争和群众的行动证明了这个纲领是正确的。"经济派"

迁就群众的落后性。《火星报》则培养了能领导群众前进的工人先锋队。社会沙文主义者目前所持的论据（必须考虑群众，帝国主义的进步性，革命者的"幻想"，等等），**全部**都是经济派曾经提出过的。早在 20 年前，俄国社会民主党就见到过机会主义者把马克思主义改造成"司徒卢威主义"这种事情了。

孟什维主义和布尔什维主义（1903—1908 年）

资产阶级民主革命时期使社会民主党内发生了新的派别斗争，这个斗争是过去的斗争的直接继续。"经济主义"变成了"孟什维主义"。捍卫旧《火星报》的革命策略的斗争则产生了"布尔什维主义"。

在急风暴雨般的 1905—1907 年，孟什维主义是受自由派资产者支持的、在工人运动中传播自由派资产阶级倾向的机会主义派别。孟什维主义的实质就是使工人阶级的斗争适应自由派的需要。与此相反，布尔什维主义提出社会民主主义工人的任务是：不顾自由派的动摇和背叛，发动民主主义的农民进行革命斗争。而工人群众，如孟什维克自己也屡次承认的那样，在革命时期的所有重大行动中都是跟着布尔什维克走的。

1905 年革命考验、加强、深化和锻炼了俄国社会民主党的彻底革命的策略。各阶级和各党派的公开行动，不止一次地暴露了社会民主党内的机会主义（"孟什维主义"）和自由派之间的联系。

马克思主义和取消主义（1908—1914 年）

反革命时期以完全新的形式又把社会民主党内的机会主义策

略和革命策略的问题提上了日程。孟什维主义中的主流派不顾它的许多优秀分子的反对,掀起一股取消主义思潮,即放弃争取在俄国实行另一次革命的斗争,放弃秘密组织和秘密活动,轻蔑地嘲笑"地下组织",嘲笑共和国的口号等等。《我们的曙光》杂志的合法著作家集团(波特列索夫先生、切列万宁先生等)形成了一个独立于原有的社会民主党之外的核心,这个核心得到了想使工人放弃革命斗争的俄国自由派资产阶级的百般支持、吹捧和宠爱。

1912年俄国社会民主工党一月代表会议[296]把这个机会主义集团开除出党,并且不顾许多国外的大小集团的疯狂反对,恢复了党。在两年多(1912年初至1914年中)的时间里,两个社会民主党进行了顽强的斗争。一个是1912年1月选出的中央委员会,另一个是"组织委员会"。后者拒不承认一月代表会议,并企图按另一种方式即通过与《我们的曙光》集团保持统一去恢复党。两种工人日报(《真理报》[154]和《光线报》[173]以及它们的后继者)之间和第四届国家杜马中的两个社会民主党党团(真理派或马克思主义者的"俄国社会民主党工人党团"和以齐赫泽为首的取消派的"社会民主党党团")之间也进行了顽强的斗争。

"真理派"始终忠于党的革命传统,支持开始高涨的工人运动(特别在1912年春季以后),把合法组织和秘密组织、报刊和鼓动结合起来,从而把觉悟的工人阶级的绝大多数团结到自己的周围;而取消派——它作为一支政治力量只是通过《我们的曙光》集团进行活动——则依靠自由派资产阶级分子的全面支持。

工人团体对两党报纸的公开捐款,是适合俄国当时条件的(同时是唯一可以公开实行的、人人都可以自由核查的)交纳社会民主党**党费**的形式,它清楚地证明了"真理派"(马克思主义者)的力量和影响的泉源是无产阶级,而取消派(以及他们的"组织委员会")的力量和影响的泉源是资产阶级自由派。下面就是关于这些捐款的简要材料,这些材料详尽地刊载在《马克思主义和取消主义》[297]一书中,并摘要登载在 1914 年 7 月 21 日的德国社会民主党报纸《莱比锡人民报》[298]上。

1914 年 1 月 1 日至 5 月 13 日,分别捐款给彼得堡马克思主义者的(真理派的)日报和取消派的日报的捐款次数和捐款总额如下:

	真 理 派		取 消 派	
	捐款次数	捐款总额（单位卢布）	捐款次数	捐款总额（单位卢布）
工人团体……2 873		18 934	671	5 296
非工人团体……713		2 650	453	6 760

由此可见,到 1914 年,我们党已经把俄国五分之四的觉悟工人团结在革命的社会民主党的策略的周围。1913 年全年,工人团体给真理派捐款 2 181 次,给取消派捐款 661 次。1913 年 1 月 1 日至 1914 年 5 月 13 日,工人团体给"真理派"(即我们党)捐款 5 054 次,给取消派捐款 1 332 次,即占 20.8%。

马克思主义和社会沙文主义(1914—1915 年)

1914—1915 年的欧洲大战,使欧洲各国社会民主党人以及俄国社会民主党人有可能在这场世界范围的危机中检验自己的策略。这场奴隶主之间的战争的反动性和掠夺性,从沙皇政府方面看,要比从其他各国政府方面看更加明显得多。尽管如此,取消派的主要集团(在俄国,除了我们党,它是唯一有重大影响的集团,因为它和自由派有广泛的联系)还是转向了社会沙文主义! 这个

《我们的曙光》集团在相当长的一个时期内独占合法地位,在群众中鼓吹什么"不抵制战争"、希望三协约国(现在是四协约国)获胜、谴责德国帝国主义犯了"滔天罪行"等等。自 1903 年以来,普列汉诺夫曾多次表现出毫无政治气节,曾多次转向机会主义者,现在他更加坚决地采取了这种立场,从而博得俄国所有资产阶级报刊的称赞。普列汉诺夫已经堕落到宣称沙皇政府进行的战争是正义的,并在意大利的官方报纸上发表谈话,极力怂恿意大利参战!!

　　这就完全证明,我们对取消主义的评价和把取消派的主要集团开除出党的做法是正确的。现在取消派的现实纲领和他们的方针的现实意义不仅在于一般的机会主义,而且在于他们维护大俄罗斯地主和资产阶级的大国的特权和优越地位。这是执行**民族主义自由派**的工人政策的方针。这是一部分激进派小资产者、极少数特权工人同"自己"国家的资产阶级一道反对无产阶级群众的联盟。

俄国社会民主党的现状

　　前面我们已经说过,无论取消派,无论某些国外集团(普列汉诺夫的、阿列克辛斯基的、托洛茨基的,等等),或所谓"民族的"(即非大俄罗斯的)社会民主党人,都不承认我们的 1912 年一月代表会议。我们挨了数不清的咒骂,其中最常听到的罪名就是"盗用名义"和"分裂主义"。我们对此的回答就是举出经得起客观检查的确凿数字,证明我们党团结了俄国五分之四的觉悟工人。如果考虑到在反革命时代进行秘密活动的各种困难,这个数目就不算小了。

　　如果说在俄国不清除《我们的曙光》集团就可以在社会民主主义的策略基础上达到"统一",那么,为什么我们的为数众多的

反对者**甚至在他们彼此之间都没有实现统一呢？**自 1912 年 1 月
到现在,已经过去整整三年半了,在这整个时期内,我们的反对者
虽然很想建立一个与我们相对立的社会民主党,但是始终没有能
够建立起来。这个事实为我们党作了最好的辩护。

　　同我们党进行斗争的各社会民主派别的整个历史,是一部崩
溃和瓦解的历史。在 1912 年 3 月它们曾经一致"联合起来"咒骂
我们。然而到 1912 年 8 月,当反对我们的所谓"八月联盟"**156** 建
立起来的时候,它们就开始分崩离析了。一部分派别脱离了它们。
它们无法建立起一个党和中央委员会。它们只建立了一个组织委
员会"以恢复统一"。但事实上这个组织委员会不过是俄国取消
派集团的一个不中用的掩蔽物。在 1912—1914 年俄国工人运动
和群众罢工异常高涨的整个时期内,整个"八月联盟"中只有《我
们的曙光》集团是能够在群众中进行工作的唯一集团,这个集团
的力量来源于它和自由派的联系。1914 年初,拉脱维亚社会民主
党人正式退出了"八月联盟"(波兰社会民主党人没有参加这个联
盟),联盟的领袖之一托洛茨基则非正式地退出了联盟,又建立了
他自己单独的集团。1914 年 7 月的布鲁塞尔代表会议在社会党
国际局执行委员会、考茨基和王德威尔得的参加下建立了所谓
"布鲁塞尔联盟"**264** 来反对我们,拉脱维亚人没有参加这个联盟,
波兰社会民主党人(反对派)也立即脱离了这个联盟。这个联盟
在战争爆发后便瓦解了。《我们的曙光》杂志、普列汉诺夫、阿列
克辛斯基以及高加索社会民主党领袖阿恩,都成为公开的社会沙
文主义者,鼓吹最好让德国失败。组织委员会和崩得庇护社会沙
文主义者,维护社会沙文主义原则。齐赫泽党团虽然投票反对军
事拨款(在俄国,甚至连资产阶级民主派劳动派都投票反对军事
拨款),但仍然是《我们的曙光》杂志的忠实盟友。我们的极端的

社会沙文主义者普列汉诺夫和阿列克辛斯基之流对齐赫泽党团十分满意。在巴黎,创办了《我们的言论报》(其前身是《呼声报》),其主要参加者是马尔托夫和托洛茨基,他们想把空泛地捍卫国际主义和要求同《我们的曙光》杂志、组织委员会或齐赫泽党团无条件地统一这两者结合起来。这个报纸在出版了250号以后,自己不得不承认已经解体:编辑部的一部分人倾向我们党,马尔托夫仍然忠于组织委员会,这个委员会公开谴责《我们的言论报》[231]犯了"无政府主义"(正如德国的机会主义者大卫之流、《国际通讯》杂志[299]、列金之流指责李卜克内西同志犯了无政府主义一样);托洛茨基宣称和组织委员会决裂,但又愿意和齐赫泽党团一道走。下面就是齐赫泽党团的一位领袖阐述的该党团的纲领和策略。**契恒凯里**1915年在奉行普列汉诺夫和阿列克辛斯基的方针的《现代世界》杂志[300]第5期上写道:

> "说德国社会民主党本来能够制止自己国家的军事行动而没有这样做,这是暗地希望该党不仅让自己,而且让自己的祖国断送在街垒上,或者是拿无政府主义的望远镜观察近在咫尺的事物。"①

短短几句话将社会沙文主义的实质表达得淋漓尽致:既是在原则上为主张在这场战争中"保卫祖国"的思想辩护,又是嘲笑——在战时书报检查官的允许下——宣传和准备革命的行动。问题根本不在于德国社会民主党当时能否制止战争,也不在于革命者究竟能否担保革命胜利。问题在于:是当一个名副其实的社会主义者,还是真要"断送"在帝国主义资产阶级的怀抱里。

---

① 1915年《现代世界》杂志第5期第148页。托洛茨基在不久前宣称,他认为自己的任务是提高齐赫泽党团在国际中的威信。毫无疑问,契恒凯里也将同样卖力气地去提高托洛茨基在国际中的威信……

我们党的任务

俄国社会民主党是在我国资产阶级民主革命(1905年)前产生,并在这次革命和尔后的反革命时期壮大起来的。俄国的落后使我国出现异常多的形形色色的小资产阶级机会主义派别,而马克思主义在欧洲的影响和各国合法的社会民主党在战前的巩固,则使我国一些典型的自由派几乎完全拜倒在"合理的"、"欧洲式的"(非革命的)、"合法的""马克思主义"理论和社会民主党的脚下。俄国工人阶级不得不在同形形色色的机会主义的30年的坚决斗争中形成自己的政党。世界大战的过程使欧洲的机会主义遭到了可耻的破产,而使我们的民族主义自由派和社会沙文主义取消派的联盟得到了巩固;这使我们更加确信,我们党在今后也必须沿着我们原来的彻底革命的道路前进。

1915年8月在日内瓦由《社会民主党人报》编辑部印成单行本;第2版序言载于1918年出版的小册子

选自《列宁全集》第2版第26卷第319—363页

论欧洲联邦口号

（1915 年 8 月 10 日〔23 日〕）

我们在《社会民主党人报》[236]第 40 号上曾报道说，我们党的国外支部代表会议决定把"欧洲联邦"口号问题推迟到报刊上讨论了这个问题的**经济**方面之后再来解决。[①]

我们的代表会议上就这个问题进行的争论，只涉及政治一个方面。其部分原因也许是因为中央委员会的宣言把这个口号直截了当地表述为政治口号（宣言说："当前的**政治**口号……"），同时，宣言不但提出了共和制的欧洲联邦，而且还特地着重指出，"如果不提以革命推翻德、奥、俄三国的君主制度"，这个口号便是毫无意义的和欺骗性的。[②]

在对这个口号作政治评价的**范围内**反对这样提出问题，例如，认为这个口号会模糊或削弱……社会主义革命口号，那是完全错误的。真正民主的政治改革，尤其是政治革命，无论何时，无论在何种情形和何种条件下，都不会模糊或削弱社会主义革命口号。相反，它们总是在促使社会主义革命早日到来，为它扩展基础，吸引更多的小资产阶级和半无产阶级群众参加社会主义斗争。另一方面，政治革命在社会主义革命的过程中是必不可免的，不能把社

---

① 见《列宁全集》第 2 版第 26 卷第 163 页。——编者注
② 见本卷第 408 页。——编者注

会主义革命看做是一次行动,而要把它看做是一个充满剧烈的政治和经济动荡、最尖锐的阶级斗争、国内战争、革命和反革命的时代。

但是,如果说同以革命推翻欧洲三国最反动的君主制度(以俄国君主制度为首)联系起来提出的共和制的欧洲联邦这一口号,作为一个政治口号是无懈可击的,那么这里还有一个极其重要的问题,就是这一口号的经济内容和经济意义问题。从帝国主义的经济条件来看,即从"先进的"和"文明的"殖民大国的输出资本和瓜分世界这一点来看,欧洲联邦在资本主义制度下不是无法实现的,便是反动的。

资本已经变成国际的和垄断的资本。世界已经被少数几个大国即依靠大规模掠夺和压迫其他民族而强盛起来的国家瓜分完毕。欧洲四个大国英、法、俄、德,共有 25 000 万—30 000 万人口和将近 700 万平方公里土地,而它们所占领的殖民地却有**近 5 亿**(49 450 万)人口和 6 460 万平方公里土地,即差不多占全球面积的一半(全球面积除两极地区外,共有 13 300 万平方公里)。此外还有亚洲三个国家,即中国、土耳其、波斯,现在正遭到日、俄、英、法这四个进行"解放"战争的强盗的分割。亚洲这三个可以称之为半殖民地(其实它们现在十分之九已经是殖民地)的国家,共有人口 36 000 万,土地 1 450 万平方公里(也就是说差不多等于全欧洲面积的一倍半)。

其次,英、法、德三国在国外的投资不下 700 亿卢布。保证从这笔相当可观的款项上每年能够得到 30 亿卢布以上的"正当"收益的,是百万富翁们的全国委员会即所谓的政府。这些委员会拥有陆军和海军,把"亿万富翁"的子弟"安置"在殖民地和半殖民地充当总督、领事、大使、各种官员、牧师和其他吸血虫。

在资本主义发展到最高程度的时代,少数几个大国对地球上将近 10 亿人口的掠夺,就是这样组织的。在资本主义制度下,也只能这样组织。能够放弃殖民地,放弃"势力范围",放弃资本输出吗?谁这样想,谁就是把自己降低到牧师的水平,这些牧师每礼拜天都向富人宣扬基督教的崇高教义,劝他们周济穷人……每年如果不能拿出几十亿卢布,至少也拿出几百卢布。

在资本主义制度下建立欧洲联邦,就等于缔结瓜分殖民地的协定。可是在资本主义制度下,除了实力以外,不可能根据别的基础、别的原则进行瓜分。一个亿万富翁只能"按资本"所占比例同别人瓜分资本主义国家的"国民收入"(而且还要多一点,要让最大的资本得到比它应得的更多)。资本主义就是生产资料的私有制和生产的无政府状态。鼓吹在这样的基础上"公平地"分配收入,便是蒲鲁东主义[3],便是小市民和庸人的痴想。瓜分只能"按实力"进行。而实力是随着经济发展的进程而变化的。1871 年以后,德国实力的增强要比英法快两三倍;日本要比俄国快十来倍。而要测定一个资本主义国家的真正实力,除了战争以外,没有也不可能有别的办法。战争同私有制的基础并不矛盾,而是这些基础的直接的和必然的发展。在资本主义制度下,各个经济部门和各个国家在经济上是不可能平衡发展的。在资本主义制度下,除工业中的危机和政治中的战争以外,没有别的办法可以恢复经常遭到破坏的均势。

当然,资本家之间和大国之间缔结**暂时的**协定是可能的。在这个意义上说,建立欧洲联邦,作为**欧洲**资本家之间的协定,也是可能的……协定的内容是什么呢?仅仅是共同镇压欧洲社会主义运动,共同保卫已经抢得的殖民地,**不让**他们被日本和美国夺走,因为这两个国家对于当前这种瓜分殖民地的状况感到极端委屈,而它们近半个世纪以来实力增强之快,远非落后的、君主制的、已经开始老朽的欧洲所能比拟。与美国相比,欧洲整个说来意味着经济上的停滞。在现代经济基础上,即在资本主义制度下,建立欧洲联邦就等于把反动势力组织起来去阻碍美国的更为迅速的发展。民主事业和社会主义事业仅仅同欧洲相联系的时代,已经一去不复返了。

在共产主义的彻底胜利使一切国家包括民主国家完全消失以前,世界联邦(而不是欧洲联邦)是同社会主义相联系的、各民族实行联合并共享自由的国家形式。然而,把世界联邦口号当做一个独立的口号未必是正确的,第一,因为它是和社会主义交融在一起的;第二,因为它会造成一种曲解,以为社会主义不可能在一个国家内获得胜利,并且会使人曲解这样的国家和其余国家之间的关系。

经济和政治发展的不平衡是资本主义的绝对规律。由此就应得出结论:社会主义可能首先在少数甚至在单独一个资本主义国家内获得胜利。这个国家的获得胜利的无产阶级既然剥夺了资本家并在本国组织了社会主义生产,就会奋起同其余的资本主义世界**抗衡**,把其他国家的被压迫阶级吸引到自己方面来,在这些国家中发动反对资本家的起义,必要时甚至用武力去反对各剥削阶级及其国家。无产阶级推翻资产阶级而获得胜利的社会所采取的政治形式将是民主共和国,它将日益集中该民族或各该民族的无产阶级的力量同还没有转向社会主义的国家作斗争。没有无产阶级这一被压迫阶级的专政,便不可能消灭阶级。没有各社会主义共和国对各落后国家的比较长期而顽强的斗争,便不可能有各民族在社会主义下的自由联合。

正是基于这些考虑,并根据在俄国社会民主工党国外支部代表会议上以及在会议以后对这个问题的反复讨论,中央机关报编辑部得出如下的结论:欧洲联邦口号是不正确的。

载于 1915 年 8 月 23 日《社会
民主党人报》第 44 号

选自《列宁全集》第 2 版第 26 卷
第 364—368 页

谈谈辩证法问题[301]

（1915 年）

统一物之分为两个部分以及对它的矛盾着的部分的认识（参看拉萨尔的《赫拉克利特》一书第 3 篇（《论认识》）开头所引的斐洛关于赫拉克利特的一段话[①]），是辩证法的**实质**（是辩证法的"本质"之一，是它的基本的特点或特征之一，甚至可说是它的基本的特点或特征）。黑格尔也正是这样提问题的（亚里士多德在其著作《形而上学》中经常为此**绞尽脑汁**，并跟赫拉克利特即跟赫拉克利特的思想**作斗争**[②]）。

辩证法内容的这一方面的正确性必须由科学史来检验。对于辩证法的这一方面，通常（例如在普列汉诺夫那里）没有予以足够的注意：对立面的同一被当做**实例**的总和 "例如种子"；"例如原始共产主义"。恩格斯也这样做过。但这是"为了通俗化"…，而不是当做**认识的规律**（**以及客观世界的规律**）。

在数学中，+和−，微分和积分。

在力学中，作用和反作用。

在物理学中，正电和负电。

在化学中，原子的化合和分解。

---

① 见《列宁全集》第 2 版第 55 卷第 300 页。——编者注
② 见列宁《亚里士多德〈形而上学〉一书摘要》（同上书，第 313 页）。——编者注

在社会科学中,阶级斗争。

对立面的同一(它们的"统一",也许这样说更正确些?虽然同一和统一这两个术语的差别在这里并不特别重要。在一定意义上二者都是正确的),就是承认(发现)自然界的(也包括精神的和社会的)**一切**现象和过程具有矛盾着的、**相互排斥的**、对立的倾向。要认识在"**自己运动**"中、自生发展中和蓬勃生活中的世界一切过程,就要把这些过程当做对立面的统一来认识。发展是对立面的"斗争"。有两种基本的(或两种可能的?或两种在历史上常见的?)发展(进化)观点:认为发展是减少和增加,是重复;**以及**认为发展是对立面的统一(统一物之分为两个互相排斥的对立面以及它们之间的相互关系)。

按第一种运动观点,**自己**运动,它的**动**力、它的泉源、它的动因都被忽视了(或者这个泉源被移到**外部**——移到上帝、主体等等那里去了);按第二种观点,主要的注意力正是放在认识"**自己**"运动的**泉源**上。

第一种观点是僵死的、平庸的、枯燥的。第二种观点是活生生的。**只有**第二种观点才提供理解一切现存事物的"自己运动"的钥匙,才提供理解"飞跃"、"渐进过程的中断"、"向对立面的转化"、旧东西的消灭和新东西的产生的钥匙。

对立面的统一(一致、同一、均势)是有条件的、暂时的、易逝的、相对的。相互排斥的对立面的斗争是绝对的,正如发展、运动是绝对的一样。

注意:顺便说一下,主观主义(怀疑论[44]和诡辩论等等)和辩证法的区别在于:在(客观)辩证法中,相对和绝对的差别也是相对的。对于客观辩证法说来,相对中有绝对。对于主观主义和诡辩论说来,相对只是相对,因而排斥绝对。

马克思在《资本论》中首先分析资产阶级社会(商品社会)里最简单、最普通、最基本、最常见、最平凡、碰到过亿万次的**关系**:商品交换。这一分析从这个最简单的现象中(从资产阶级社会的这个"细胞"中)揭示出现代社会的**一切**矛盾(或**一切**矛盾的萌芽)。往后的叙述向我们表明这些矛盾和这个社会——在这个社会的各个部分的总和中,从这个社会的开始到终结——的发展(**既是**生长**又是**运动)。

一般辩证法的阐述(以及研究)方法也应当如此(因为资产阶级社会的辩证法在马克思看来只是辩证法的局部情况)。从最简单、最普通、最常见的等等东西开始;从**任何一个命题**开始,如树叶是绿的,伊万是人,茹奇卡是狗[302]等等。在这里(正如黑格尔天才地指出过的)就已经有**辩证法**:**个别就是一般**(参看亚里士多德《形而上学》,施韦格勒译,第 2 卷第 40 页,第 3 篇第 4 章第 8—9 节:"因为当然不能设想:在个别的房屋之外还存在着一般房屋。"——"οὐ γὰρ ἂν θείημεν εἶναί τινα οἰχίαν παρὰ τὰς τινὰς οἰχίας")。这就是说,对立面(个别跟一般相对立)是同一的:个别一定与一般相联而存在。一般只能在个别中存在,只能通过个别而存在。任何个别(不论怎样)都是一般。任何一般都是个别的(一部分,或一方面,或本质)。任何一般只是大致地包括一切个别事物。任何个别都不能完全地包括在一般之中,如此等等。任何个别经过千万次的过渡而与另一**类**的个别(事物、现象、过程)相联系,如此等等。**这里已经**有自然界的**必然性**、客观联系等概念的因素、胚芽了。这里已经有偶然和必然、现象和本质,因为我们在说伊万是人,茹奇卡是狗,**这**是树叶等等时,就把许多特征作为**偶然的东西抛掉**,把本质和现象分开,并把二者对立起来。

可见,在**任何一个命题**中,很像在一个"单位"("细胞")中一样,都可以(而且应当)发现辩证法**一切**要素的胚芽,这就表明辩证法本来是人类的全部认识所固有的。而自然科学则向我们揭明(这又是要用**任何**极简单的实例来揭明)客观自然界也具有同样的性质,揭明个别向一般的转变,偶然向必然的转变,对立面的过渡、转化、相互联系。辩证法**也就是**(黑格尔和)马克思主义的认识论:正是问题的这一"方面"(这不是问题的一个"方面",而是问题的**实质**)普列汉诺夫没有注意到,至于其他的马克思主义者就更不用说了。

＊　　　　　＊　　　　　＊

不论是黑格尔(见《逻辑学》),不论是自然科学中现代的"认识论者"、折中主义者、黑格尔主义的敌人(他不懂黑格尔主义!)保尔·福尔克曼(参看他的《认识论原理》第……页[303])都把认识看做一串圆圈。

哲学上的"圆圈":是否一定要以**人物**的年代先后为顺序呢?

不!

古代:从德谟克利特到柏拉图以及赫拉克利特的辩证法。

文艺复兴时代: 笛卡儿对伽桑狄(斯宾诺莎?)。

近代:霍尔巴赫——黑格尔(经过贝克莱、休谟、康德)

　　　黑格尔——费尔巴哈——马克思。

辩证法是**活生生的**、多方面的(方面的数目永远增加着的)认识,其中包含着无数的各式各样观察现实、接近现实的成分(包含着从每个成分发展成整体的哲学体系),——这就是它比起"形而上学的"唯物主义来所具有的无比丰富的内容,而形而上学的唯物主义的根本**缺陷**就是不能把辩证法应用于反映论,应用于认识

的过程和发展。

从粗陋的、简单的、形而上学的唯物主义的观点看来,哲学唯心主义**不过是**胡说。相反地,从**辩证**唯物主义的观点看来,哲学唯心主义是把认识的某一特征、某一方面、某一侧面,**片面地**、夸大地、überschwengliches(狄慈根)[304]发展(膨胀、扩大)为**脱离了物质、脱离**了自然的、神化了的绝对。唯心主义就是僧侣主义。这是对的。但("**更确切些**"和"**除此而外**")哲学唯心主义是**经过人的**无限复杂的(辩证的)**认识的一个成分**而通向僧侣主义的**道路**。

注意
这个
警句

人的认识不是直线(也就是说,不是沿着直线进行的),而是无限地近似于一串圆圈、近似于螺旋的曲线。这一曲线的任何一个片断、碎片、小段都能被变成(被片面地变成)独立的完整的直线,而这条直线能把人们(如果只见树木不见森林的话)引到泥坑里去,引到僧侣主义那里去(在那里统治阶级的阶级利益就会把它**巩固起来**)。直线性和片面性,死板和僵化,主观主义和主观盲目性就是唯心主义的认识论根源。而僧侣主义(=哲学唯心主义)当然有**认识论的**根源,它不是没有根基的,它无疑是一朵**无实花**,然而却是生长在活生生的、结果实的、真实的、强大的、全能的、客观的、绝对的人类认识这棵活树上的一朵无实花。

载于 1925 年《布尔什维克》杂志
第 5—6 期合刊

选自《列宁全集》第 2 版第 55 卷
第 305—311 页

社会主义革命和民族自决权

（提　　纲）

（1916 年 1—2 月）

1. 帝国主义、社会主义和
被压迫民族的解放

帝国主义是资本主义发展的最高阶段。在各先进国家里，资本的发展超出了民族国家的范围，用垄断代替了竞争，从而创造了能够实现社会主义的一切客观前提。因此，在西欧和美国，无产阶级推翻资本主义政府、剥夺资产阶级的革命斗争已经提上日程。帝国主义把群众推向这种斗争，因为它使阶级矛盾大大加剧，无论在经济方面或政治方面都使群众的处境日趋恶化——在经济方面，是托拉斯的建立和物价高涨；在政治方面，是军国主义发展，战争频繁，反动势力加强，民族压迫和对殖民地的掠夺不断加剧和扩大。取得胜利的社会主义必将实现充分的民主，因而，不但要使各民族完全平等，而且要实现被压迫民族的自决权，即政治上的自由分离权。任何社会主义政党，如果不能在目前和在革命时期以及革命胜利以后，用自己的全部行动证明它们将做到解放被奴役的民族并在自由结盟的基础上——没有分离自由，自由结盟就是一句谎话——建立同它们的关系，那就是背叛社会主义。

当然,民主也是一种国家形式,它将随着国家的消失而消失,但那只是在取得最终胜利和彻底得到巩固的社会主义向完全的共产主义过渡时候的事。

2. 社会主义革命和争取民主的斗争

社会主义革命不是一次行动,不是一条战线上的一次会战,而是充满着激烈的阶级冲突的整整一个时代,是在一切战线上,也就是说,在经济和政治的一切问题上进行的一系列的会战,这些会战只有通过剥夺资产阶级才能完成。如果认为争取民主的斗争会使无产阶级脱离社会主义革命,或者会掩盖、遮挡住社会主义革命等等,那是根本错误的。相反,正像不实现充分的民主,社会主义就不能胜利一样,无产阶级不为民主而进行全面的彻底的革命的斗争,就不能作好战胜资产阶级的准备。

如果从民主纲领中删去一条,例如删去民族自决这一条,借口这一条在帝国主义时代似乎"不能实现",或者说是"一种虚幻",那同样是错误的。民族自决权在资本主义范围内不能实现的论断,可以从绝对的、经济的意义上来理解,也可以从相对的、政治的意义上来理解。

在第一种场合,这个论断在理论上是根本错误的。第一,从这个意义上来讲,在资本主义制度下,诸如劳动货币或消灭危机等等,是不能实现的。但如果认为民族自决**也同样**不能实现,那就完全不对了。第二,即使只举 1905 年挪威从瑞典分离的例子,也足以驳倒认为民族自决在这个意义上"不能实现"的论断。第三,如果德国和英国稍微改变一下政治上和战略上的相互关系,则今天或明天成立波兰、印度等新国家是完全"可以实现"的,否认这一点是可笑的。第四,金融资本为谋求向外扩张,会"自由"收买和贿赂最自由的民主共和的政府以及任何一个国家哪怕是"独立"国家的由选举产生的官吏。金融资本的统治,也和任何资本的统治一样,是政治民主方面的**任何**改革所不能消灭的;而自决则完全是属于政治民主方面的。但是,政治民主作为阶级压迫和阶级斗争的更自由、更广泛和更明显的**形式**,它的作用是这种金融资本的统治根本无法消除的。因此,从经济意义上来说,关于政治民主的某一种要求在资本主义制度下"不能实现"的一切说法,归结起来,就是在理论上对资本主义和整个政治民主的一般的、基本的关系作了不正确的判定。

在第二种场合,这个论断是不完全和不确切的。因为不单是民族自决权,就是**一切**根本的政治民主要求,在帝国主义时代,如果说它们"可以实现",那也只能是不充分地、残缺不全地得到实现,而且是罕见的例外(如 1905 年挪威从瑞典分离)。一切革命的社会民主党人提出的立即解放殖民地的要求,在资本主义制度下,不经过多次革命,也是"不能实现"的。然而,社会民主党绝不因此而拒绝为实现这**一切**要求立即进行最坚决的斗争,因为拒绝这种斗争只会有利于资产阶级和反动势力;恰恰相反,必须用革命的而不是改良的方式表述并且实现这一切要求;不要局限于资产阶级所容许的合法的框框,而要打破这个框框;不要满足于议会中的演讲和口头抗议,而要发动群众积极行动起来,扩大和加强争取实现任何根本的民主要求的斗争,直到无产阶级向资产阶级发起直接的冲击,也就是说,直到进行社会主义革命,剥夺资产阶级。社会主义革命不但可以因大罢工、街头游行示威、饥民骚乱、军队起义或殖民地暴动而爆发,也可以因德雷福斯案件[305]或萨韦纳事件[306]之类的任何政治危机,或者因就被压迫民族的分离问题举行的全民投票等等而爆发。

帝国主义时代民族压迫的加剧不会使社会民主党放弃为争取民族分离自由而进行的"空想的"(像资产阶级所说的那样)斗争,而是相反,会使社会民主党加紧利用**正是**在这种基础上产生的各种冲突,作为发动群众性行动和反资产阶级的革命行动的导火线。

3. 自决权的意义和它同联邦制的关系

民族自决权只是一种政治意义上的独立权,即在政治上从压迫民族自由分离的权利。具体说来,这种政治民主要求,就是有鼓动分离的充分自由,以及由要求分离的民族通过全民投票来决定分离问题。因此,这种政治民主要求并不就等于要求分离、分裂、建立小国,它只是反对任何民族压迫的斗争的彻底表现。一个国家的民主制度愈接近充分的分离自由,在实际上要求分离的愿望也就愈少愈弱,因为无论从经济发展或群众利益来看,大国的好处是不容置疑的,而且这些好处会随着资本主义的发展而日益增多。承认自决并不等于承认联邦制这个原则。可以坚决反对这个原则而拥护民主集中制,但是,与其存在民族不平等,不如建立联邦制,作为实行充分的民主集中制的唯一道路。主张集中制的马克思正是从这种观点出发,宁愿爱尔兰和英国结成联邦,而不愿爱尔兰受英国人的暴力支配。[①]

社会主义的目的不只是要消灭人类分为许多小国的现象,消灭一切民族隔绝状态,不只是要使各民族接近,而且要使各民族融合。正因为要达到这个目的,我们一方面应当向群众说明伦纳和

①　参看《马克思恩格斯全集》第 1 版第 31 卷第 381 页;《马克思恩格斯文集》2009 年人民出版社版第 10 卷第 272 页。——编者注

奥·鲍威尔的所谓"民族文化自治"**167**这个主张的反动性,另一方面应当要求解放被压迫民族,不是说一些泛泛的、模棱两可的言词,不是唱一些内容空洞的高调,不是把这个问题"搁置起来",到实现社会主义的时候再解决,而是明白确切地规定政治纲领,并且在政治纲领中要特别考虑到压迫民族的社会党人的伪善和胆怯。正如人类只有经过被压迫阶级专政的过渡时期才能导致阶级的消灭一样,人类只有经过所有被压迫民族完全解放的过渡时期,即他们有分离自由的过渡时期,才能导致各民族的必然融合。

4. 对民族自决问题的无产阶级的革命的提法

不仅民族自决这个要求,就是我们最低民主纲领中的**所有各**点,**早在** 17 世纪和 18 世纪就已经由小资产阶级提出来了。而且小资产阶级直到现在还在空想地提出这**一切**,因为他们看不见民主制度下的阶级斗争和这种斗争的激化,相信"和平的"资本主义。那种欺骗人民的并且为考茨基分子所维护的、在帝国主义时代建立各平等民族和平联盟的主张,就是这样的空想。同这种小市民的机会主义的空想相反,社会民主党的纲领应当指出帝国主义时代基本的、最本质的和必然的现象:民族分为压迫民族和被压迫民族。

压迫民族的无产阶级不能只限于发表一些泛泛的、千篇一律的、任何一个和平主义的资产者都会加以重复的反对兼并、赞成一般民族平等的言词。对于帝国主义资产阶级感到特别"不愉快的"问题,即以民族压迫为基础的国家**疆界**问题,无产阶级不能回避,不能默不做声。无产阶级不能不反对把被压迫民族强制地留在一个国家的疆界以内,这也就是说,要为自决权而斗争。无产阶级应当要求受"它的"民族压迫的殖民地和民族有政治分离的自由。否则无产阶级的国际主义就会始终是一句空话,被压迫民族的工人和压迫民族的工人之间的信任和阶级团结都将无从谈起,那些维护民族自决、却闭口不提受"他们自己的"民族压迫并被强制地留在"他们自己"国家内的民族的改良主义者和考茨基主义者的假面具就始终不会被揭穿。

另一方面,被压迫民族的社会党人必须特别维护和实行被压迫民族的工人与压迫民族的工人的充分的无条件的(包括组织上的)统一。否则在资产阶级的种种诡计、背叛和欺骗下,就不可能捍卫住无产阶级的独立政策和它同其他国家无产阶级的阶级团结。因为被压迫民族的资产阶级经常把民族解放的口号变成欺骗工人的手段:在对内政策上,它利用这些口号去同统治民族的资产阶级达成反动的协议(如在奥地利和俄国的波兰人同反动势力勾结起来,压迫犹太人和乌克兰人);在对外政策上,它竭力同相互对垒的帝国主义大国之一相勾结,来实现自己的掠夺目的(巴尔干小国政策等等)。

争取民族自由、反对某一帝国主义大国的斗争,在某种情况下可能被另一"大"国利用来达到它的同样的帝国主义目的,这种情况并不能使社会民主党拒绝承认民族自决权,正像资产阶级屡次利用共和制口号来达到政治欺骗和金融掠夺的目的(例如在罗曼语国家),并不能使社会民主党人放弃共和制的主张一样。①

---

① 不用说,如果认为从自决权中似乎会得出"保卫祖国"的结论,因而否认民族自决权,那是很可笑的。社会沙文主义者在1914—1916年间也同样有理由,即同样不严肃地拿民主派的任何一个要求(如拿它的共和制要求)和反对民族压迫的任何一种提法作借口,为"保卫祖国"辩护。马克思主义肯定在欧洲某些战争中,例如,在法国大革命或加里波第战争中保卫祖国,而否定在1914—1916年的帝国主义战争中保卫祖国,这两种结论都是在分析每次战争的具体历史特点后得出的,而决不是从什么"一般原则"或者从纲领的某一条文中得出的。

5. 民族问题上的马克思主义和
蒲鲁东主义

同小资产阶级民主派相反,马克思认为一切民主要求,毫无例外,都不是绝对的东西,而是资产阶级领导的人民群众反封建制斗争的历史表现。在这些要求中,每一项要求在某种情况下都能成为或者会成为资产阶级欺骗工人的工具。在这方面,把政治民主要求之一,即民族自决单独挑出来,同其余的要求对立起来,这在理论上是根本不对的。在实践上,无产阶级只有使自己争取一切民主要求(包括共和制的要求)的斗争服从于自己推翻资产阶级的革命斗争,才能保持住自己的独立。

另一方面,同那些借口"为了社会革命"而"否定"民族问题的蒲鲁东主义者相反,马克思主要着眼于各先进国家无产阶级阶级斗争的利益,而始终把压迫其他民族的民族是不能获得解放的①这个国际主义和社会主义的根本原则放在第一位。正是从德国工人革命运动的利益出发,马克思在1848年要求德国民主派一旦获得胜利以后宣布和实现受德国人压迫的各国人民的自由。**307** 正是从英国工人革命斗争着想,马克思在1869年要求爱尔兰从英国分离,他并且补充说:"即使分离以后还会成立联邦"②。马克思正是通过提出这样的要求,真正用国际主义精神教育了英国工人。正

---

① 见《马克思恩格斯文集》2009年人民出版社版第3卷第355页。——编者注
② 参看《马克思恩格斯全集》第1版第31卷第381页;《马克思恩格斯文集》2009年人民出版社版第10卷第316—317、314—315页。——编者注

是这样,他做到了用解决这个历史任务的革命方法来抵制机会主义者,抵制直到今天已经过了半个世纪还没有实现爱尔兰"改良"的资产阶级改良主义。正是这样,马克思做到了与叫嚷小民族的分离自由是空想的、不能实现的,叫嚷不但经济集中而且政治集中都是进步的那些资本辩护士针锋相对,**不是**从帝国主义的角度来坚持这种集中是进步的,坚持各民族不是在暴力的基础上,而是在所有国家的无产者自由联盟的基础上的接近。正是这样,马克思做到了在解决民族问题方面**也**用群众的革命行动抵制那种口头承认而且往往是假装承认民族平等和民族自决的态度。1914—1916年的帝国主义战争以及它所暴露出来的机会主义者和考茨基分子的伪善的奥吉亚斯牛圈**308**,鲜明地证实了马克思这个政策的正确性,这个政策应当成为所有先进国家的榜样,因为现在每个先进国家都在压迫其他民族。①

6. 三类国家对民族自决的态度

在这方面,应当把国家分为三大类:

第一,西欧的先进资本主义国家和美国。资产阶级进步的民

---

① 常常有人借口马克思对某些民族(如 1848 年的捷克人)的民族运动持否定态度,来否认根据马克思主义观点必须承认民族自决,例如,最近德国的沙文主义者伦施在《钟声》杂志**309**第 8 期和第 9 期上就是这样说的。但这是不对的,因为在1848 年,从历史上和政治上都有理由把民族分为"反动的"民族和革命民主的民族。马克思反对前者而维护后者**310**,这是对的。自决权是一种民主要求,它自然应当服从总的民主利益。在 1848 年和以后的年代,总的民主利益首先就是同沙皇制度作斗争。

族运动在这里早已结束。这些"大"民族每一个都在压迫殖民地的和本国的其他民族。这些统治民族的无产阶级的任务,和19世纪英国无产阶级对爱尔兰的任务是一样的。①

第二,欧洲东部:奥地利、巴尔干、特别是俄国。在这里,20世纪使资产阶级民主民族运动特别发展起来,使民族斗争特别尖锐起来。这些国家的无产阶级如果不坚持民族自决权,它无论在完成本国资产阶级民主改革方面或帮助其他国家的社会主义革命方面的任务都是不能完成的。在这里,特别困难而又特别重要的任务,就是把压迫民族的工人和被压迫民族的工人的阶级斗争汇合起来。

第三,中国、波斯、土耳其等半殖民地国家和所有殖民地。这些地方的人口共达10亿。在这里,资产阶级民主运动有的刚刚开始,有的远未完成。社会党人不但应当要求无条件地、无代价地立即解放殖民地,——而这个要求在政治上的表现正是承认自决权;社会党人还应当最坚决地支持这些国家的资产阶级民主的民族解放运动中最革命的分子,帮助他们的起义——如有机会,还要帮助他们的革命战争——,**反对**压迫他们的帝国主义列强。

---

① 在某些没有参加1914—1916年战争的小国,如荷兰和瑞士,资产阶级竭力利用"民族自决"的口号为参加帝国主义战争辩护。这是促使这些国家的社会民主党人否定自决的原因之一。人们维护无产阶级的正确政策,即否定在**帝国主义**战争中"保卫祖国",但用的论据不正确。结果,在理论上歪曲了马克思主义,而在实践上则表现出某种小民族的狭隘性,忘记了被"大国"民族奴役的各民族的**亿万**居民。哥尔特同志在他的《帝国主义、大战和社会民主党》这本出色的小册子中,不正确地否定了民族自决的原则,但是他正确地**运用了**这个原则,因为他要求荷属印度**立即**实行"政治的和**民族的**独立",并且揭露了拒绝提出这个要求并为这个要求而斗争的荷兰机会主义者。

7. 社会沙文主义和民族自决

帝国主义时代和1914—1916年的战争,特别提出了在各先进国家反对沙文主义和民族主义的斗争任务。社会沙文主义者,也就是说,那些把"保卫祖国"这个概念应用于反动的帝国主义战争并以此粉饰这场战争的机会主义者和考茨基分子,在民族自决问题上可以分为两大类。

一类是相当露骨的资产阶级奴仆,他们借口帝国主义和政治集中是进步的而赞成兼并,否认自决权,说它是空想的、虚幻的、小资产阶级的,等等。属于这一类的,有德国的库诺、帕尔乌斯和极端机会主义者,英国的一部分费边派[253]和工联[311]领袖,俄国的机会主义者谢姆柯夫斯基、李普曼、尤尔凯维奇等。

另一类是考茨基分子,其中也包括王德威尔得、列诺得尔及英法等国的许多和平主义者,他们主张同前一类人讲统一,而且在实践上和他们完全一致,他们维护自决权纯粹是口头上的和伪善的,因为他们认为要求政治分离自由是"非分的"("zu viel verlangt",这是考茨基在1915年5月21日《新时代》杂志[29]上用的字眼),他们不坚持压迫民族的社会党人必须采取革命的策略,反而抹杀他们的革命义务,为他们的机会主义辩护,帮助他们欺骗人民,对于把没有充分权利的民族强制地留在本国版图内的国家疆界问题,他们恰恰避而不谈,等等。

这两类人同样都是机会主义者,他们糟蹋马克思主义,根本理解不了马克思用爱尔兰的例子说明的策略的理论意义和现实迫切性。

至于讲到兼并,这个问题由于战争而变得特别迫切了。但是,什么是兼并呢?不难理解,反对兼并,要么就是归结为承认民族自决,要么就是停留在主张维护现状和敌视**一切**暴力、甚至革命的暴力的和平主义言词上。这种言词根本是虚伪的,是同马克思主义不相容的。

8. 无产阶级在最近将来的具体任务

社会主义革命可能在最近的将来爆发。在这种情况下,无产阶级将面临的刻不容缓的任务,就是夺取政权、剥夺银行和实行其他专政措施。资产阶级,特别是费边派和考茨基分子类型的知识分子,在这种时刻将会千方百计地破坏和阻止革命,强使革命止于有限的民主目标。在无产者已经开始冲击资产阶级政权基础的情况下,如果说**一切**纯民主要求都会在某种意义上起阻碍革命的作用的话,那么,在社会主义革命中,宣布和实现**一切**被压迫民族的自由(也就是它们的自决权)却非常迫切需要,就像 1848 年德国的或 1905 年俄国的资产阶级民主革命为获得胜利而迫切需要它一样。

然而,爆发社会主义革命,也许还要经过 5 年、10 年或者更多的时间。当务之急是要对群众进行革命教育,使社会沙文主义者和机会主义者无法留在工人政党内,使他们不能取得 1914—1916 年这样的胜利。社会党人应当向群众说明:如果英国社会党人不要求各殖民地和爱尔兰有分离的自由;德国社会党人不要求殖民地、阿尔萨斯人、丹麦人和波兰人有分离的自由,不把直接的革命宣传和群众性的革命行动也扩大到反对民族压迫的斗争方面去,不利用萨韦纳这类事件在压迫民族的无产阶级中进行最广泛的秘密宣传、举行街头游行示威和组织群众性的革命行动;俄国社会党人不要求芬兰、波兰、乌克兰等有分离的自由,如此等等,——这样的社会党人的言行就同沙文主义者一模一样,就同沾满了血污的帝国主义君主政府和帝国主义资产阶级的奴仆毫无二致。

9. 俄国社会民主党和波兰社会民主党及第二国际对自决的态度

俄国革命的社会民主党人和波兰社会民主党人在自决问题上的意见分歧,早在1903年的代表大会[312]上就表面化了。这次大会通过了俄国社会民主工党纲领,并且不顾波兰社会民主党代表团的反对,把承认民族自决权的第9条列入了这个纲领。此后,波兰社会民主党人从来没有以党的名义再提议把第9条从我们党的纲领中删掉,或代以其他条文。

在俄国,被压迫民族占全国人口57%以上,总数超过1亿人;这些民族多半居住在边区;这些民族的一部分在文化上高于大俄罗斯人。在俄国,政治制度的特点是特别野蛮,具有中世纪性质,资产阶级民主革命还没有完成。因此,在俄国,为了完成自己民主主义的和社会主义的任务,社会民主党必须承认受沙皇制度压迫的民族有从俄国自由分离的权利。我们党在1912年1月重建后,在1913年通过了一项决议[313],这项决议再次肯定了自决权,并且对其具体含义作了如上的解释。1914—1916年大俄罗斯沙文主义在资产阶级中间和机会主义社会党人(鲁巴诺维奇、普列汉诺夫和《我们的事业》杂志[314]等等)中间的猖獗,更加促使我们坚持这个要求,并且认为否定这个要求的人实际上就是在支持大俄罗斯沙文主义和沙皇制度。我们党声明,它对这种反对自决权的言行决不承担任何责任。

波兰社会民主党在民族问题上的立场的最新表述(波兰社会民主党在齐美尔瓦尔德代表会议[273]上的宣言)包含下列一些思想:

这个宣言痛斥德国政府和其他国家政府把"波兰地区"看做将要到来的赔偿赌博中的抵押品,"**剥夺波兰人民自己决定自己命运的可能**"。"波兰社会民主党坚决而严正地提出抗议,反对**重新瓜分**,反对**把一个完整的国家肢解成几部分……**" 宣言斥责那些把……"**解放被压迫民族的事业**"交给霍亨索伦王朝的社会党人。宣言深信只有参加这一即将到来的革命国际无产阶级的斗争,争取社会主义的斗争,"**才能打碎民族压迫的枷锁和消灭一切形式的异国统治,保证波兰人民能够在各民族的联盟中作为平等的一员获得全面的自由发展**"。宣言认为这场战争"**对波兰人**"来说是"**双重的骨肉相残的战争**"(1915年9月27日国际社会党委员会公报[315]第2号第15页;俄译文见《国际和战争》文集第97页)。

这些论点同承认民族自决权并没有什么实质上的区别,只不过它们的政治措辞比第二国际的大多数纲领和决议更加含糊不清。如果尝试用确切的政治措辞来表达这些思想并确定它们适用于资本主义制度还是只适用于社会主义制度,那就会更清楚地表明波兰社会民主党人否认民族自决是错误的。

1896年伦敦国际社会党代表大会承认民族自决的决议[316],应当根据上述各条作一些补充,指出:(1)这一要求在帝国主义时代特别迫切;(2)一切政治民主要求(其中包括这一要求)都有政治条件和阶级内容;(3)必须区分压迫民族的社会民主党人和被压迫民族的社会民主党人的具体任务;(4)机会主义者和考茨基分子承认自决是不彻底的,纯粹口头上的,因而从政治意义上来说是伪善的;(5)社会民主党人,尤其是大国民族(大俄罗斯人、英美人、德国人、法国人、意大利人、日本人等等)的社会民主党人,如不维护受"他们的"民族压迫的那些殖民地和民族的分离自由,实际上就是和沙文主义者一致;(6)必须使争取实现这一要求和一切根本的政治民主要求的斗争,服从于推翻资产阶级政府和实现社会主义的直接的群众革命斗争。

把某些小民族的观点,尤其是波兰社会民主党人(他们反对波兰资产阶级用民族主义口号欺骗人民,结果却走到了错误地否定自决的地步)的观点搬到第二国际中来,在理论上是错误的,是用蒲鲁东主义代替马克思主义,而在实践上则意味着不由自主地支持大国民族的最危险的沙文主义和机会主义。

俄国社会民主工党中央机关报
《社会民主党人报》编辑部

附言:在刚刚出版的1916年3月3日的《新时代》杂志上,考茨基公开向最肮脏的德意志沙文主义的代表奥斯特尔利茨伸出基督徒的和解之手。但为了向兴登堡和威廉二世效劳,却承认**俄属波兰**有这种自由,考茨基否认哈布斯堡王朝的奥地利的被压迫民族有分离自由,这是考茨基主义自我揭露的再好不过的事例!

载于1916年4月《先驱》杂志
第2期

选自《列宁全集》第2版第27卷
第254—268页

帝国主义是资本主义的最高阶段

(通俗的论述)[317]

(1916 年 1—6 月)

序　言

现在献给读者的这本小册子,是 1916 年春天我在苏黎世写成的。在那里的工作条件下,我自然感到法文和英文的参考书有些不足,俄文参考书尤其缺乏。但是,论述帝国主义的一本主要英文著作,即约·阿·霍布森的书[318],我还是利用了的,而且我认为是给了它应得的重视。

我写这本小册子的时候,是考虑到沙皇政府的书报检查的。因此,我不但要极严格地限制自己只作理论上的、特别是经济上的分析,而且在表述关于政治方面的几点必要的意见时,不得不极其谨慎,不得不用暗示的方法,用沙皇政府迫使一切革命者提笔写作"合法"著作时不得不采用的那种伊索式的——可恶的伊索式的——语言。

在目前这种自由的日子里,重读小册子里这些因顾虑沙皇政府的书报检查而说得走了样的、吞吞吐吐的、好像被铁钳子钳住了似的地方,真是感到十分难受。在谈到帝国主义是社会主义革命的前夜,谈到社会沙文主义(口头上的社会主义,实际上的沙文主义)完全背叛了社会主义、完全转到资产阶级方面,谈到工人运动的这种分裂是同帝国主义的客观条件相联系的等等问题时,我不得不用一种"奴隶的"语言,现在,只好请关心这类问题的读者去看我那些即将重新刊印的1914—1917年间在国外写的论文。这里要特别指出的是第119—120页上的一段文字①。当时为了用书报检查通得过的形式向读者说明,资本家以及转到资本家方面的社会沙文主义者(考茨基同他们进行的斗争是很不彻底的)怎样无耻地在兼并问题上撒谎,怎样无耻地**掩饰自己的**资本家的兼并政策,我不得不拿……日本作例子!细心的读者不难把日本换成俄国,把朝鲜换成芬兰、波兰、库尔兰、乌克兰、希瓦、布哈拉、爱斯兰和其他非大俄罗斯人居住的地区。

我希望我这本小册子能有助于理解帝国主义的经济实质这个基本经济问题,不研究这个问题,就根本不会懂得如何去认识现在的战争和现在的政治。

作 者

1917年4月26日于彼得格勒

---

① 见本卷第682页。——编者注

法文版和德文版序言[319]

一

我在俄文版序言里说过,1916 年写这本小册子的时候,是考虑到沙皇政府的书报检查的。现在我不可能把全文改写一遍,而且改写也未必适当,因为本书的主要任务,无论过去或现在,都是根据无可争辩的资产阶级统计的综合材料和各国资产阶级学者的自白,来说明 20 世纪初期,即第一次世界帝国主义大战前夜,全世界资本主义经济在其国际相互关系上的**总的情况**。

不改写对于先进资本主义国家的许多共产党人来说,在某种程度上甚至不无益处,因为他们根据这本**被沙皇书报检查机关认为合法的**书的例子可以看到,甚至像在目前的美国或在法国,在不久以前几乎所有的共产党人都被逮捕之后,还是有可能和有必要利用共产党人还保有的一点点合法机会,来揭露社会和平主义观点和"世界民主"幻想的极端虚伪性。而在这篇序言中,我只想对这本经过检查的书作一些最必要的补充。

二

本书证明,1914—1918 年的战争,从双方来说,都是帝国主义的(即侵略的、掠夺的、强盗的)战争,都是为了瓜分世界,为了瓜分和重新瓜分殖民地、金融资本的"势力范围"等等而进行的战争。

要知道,能够证明战争的真实社会性质,确切些说,证明战争的真实阶级性质的,自然不是战争的外交史,而是对**所有交战大国统治阶级的客观**情况的分析。为了说明这种客观情况,应当利用的,不是一些例子和个别的材料(社会生活现象极其复杂,随时都可以找到任何数量的例子或个别的材料来证实任何一个论点),而必须是关于**所有交战大国**和**全**世界的经济生活**基础**的材料的**总和**。

我在说明1876年和1914年**瓜分世界**的情况(第6章)以及说明1890年和1913年瓜分世界**铁路**的情况(第7章)时所引用的,正是这样一些驳不倒的综合材料。铁路是资本主义工业最主要的部门即煤炭工业和钢铁工业的结果,是世界贸易和资产阶级民主文明发展的结果和最显著的标志。本书前几章说明了铁路是怎样同大生产,同垄断组织,同辛迪加、卡特尔、托拉斯、银行,同金融寡头联系在一起的。铁路网的分布,这种分布的不平衡,铁路网发展的不平衡,是全世界现代资本主义即垄断资本主义造成的结果。这种结果表明,只要生产资料私有制还存在,在上述**这样的**经济基础上,帝国主义战争是绝对不可避免的。

建筑铁路似乎是一种普通的、自然的、民主的、文化的、传播文明的事业。在那些由于粉饰资本主义奴隶制而得到报酬的资产阶级教授看来,在小资产阶级庸人看来,建筑铁路就是这么一回事。实际上,资本主义的线索像千丝万缕的密网,把这种事业同整个生产资料私有制连结在一起,把这种建筑事业变成对**10亿**人(殖民地加半殖民地),即占世界人口半数以上的附属国人民,以及对"文明"国家资本的雇佣奴隶进行压迫的工具。

以小业主的劳动为基础的私有制,自由竞争,民主,——所有这些被资本家及其报刊用来欺骗工农的口号,都早已成为过去的东西。资本主义已成为极少数"先进"国对世界上绝大多数居民实行殖民压迫和金融扼杀的世界体系。瓜分这种"赃物"的是两三个世界上最强大的全身武装的强盗（美、英、日），他们把全世界卷入**他们**为瓜分**自己的**赃物而进行的战争。

三

君主制的德国强迫签订的布列斯特-里托夫斯克和约[320]，以及后来美、法这些"民主的"共和国和"自由的"英国强迫签订的更残暴得多、卑鄙得多的凡尔赛和约[321]，给人类做了一件天大的好事，它们把帝国主义雇用的文丐，把那些虽然自称为和平主义者和社会主义者，但是却歌颂"威尔逊主义"[322]，硬说在帝国主义条件下可能得到和平和改良的反动小市民，全都揭穿了。

英德两个金融强盗集团争夺赃物的战争留下的几千万尸体和残废者，以及上述这两个"和约"，空前迅速地唤醒了千百万受资产阶级压迫、蹂躏、欺骗、愚弄的民众。于是，在战争造成的全世界的经济破坏的基础上，世界革命危机日益发展，这个危机不管会经过多么长久而艰苦的周折，最后必将以无产阶级革命和这一革命的胜利而告终。

第二国际的巴塞尔宣言[207]在1912年所估计的正是1914年爆发的这样的战争，而不是一般战争（有各种各样的战争，也有革命的战争），——这个宣言现在仍是一个历史见证，它彻底揭露了第二国际英雄们的可耻破产和叛变行为。

因此，我现在把这篇宣言转载在本版的附录里，并且再次请读者注意：这篇宣言中确切、明白、直接地谈到这场即将到来的战争和无产阶级革命之间的联系的那些地方，第二国际的英雄们总是想方设法避开，就像小偷躲避他偷过东西的地方一样。

四

本书特别注意批判"考茨基主义"这一国际思潮,在世界各国代表这一思潮的是第二国际的"最有名的理论家"和领袖(在奥地利是奥托·鲍威尔及其一伙,在英国是拉姆赛·麦克唐纳等人,在法国是阿尔伯·托马等等,等等),以及一大批社会党人、改良主义者、和平主义者、资产阶级民主派和神父。

这个思潮,一方面是第二国际瓦解、腐烂的结果,另一方面是由于整个生活环境而被资产阶级偏见和民主偏见所俘虏的小资产者的意识形态的必然产物。

考茨基及其同伙的这类观点,正好完全背弃了这位著作家在几十年里,特别是在同社会主义运动中的机会主义(伯恩施坦、米勒兰、海德门、龚帕斯等人的机会主义)作斗争时所捍卫的那些马克思主义的革命原理。因此,现在"考茨基派"在全世界都同极端机会主义者(通过第二国际即黄色国际[323])和资产阶级政府(通过有社会党人参加的资产阶级联合政府)在政治实践上联合起来,这并不是偶然的。

在全世界日益发展的一般无产阶级革命运动,特别是共产主义运动,不能不分析和揭露"考茨基主义"的理论错误。所以要这样做,尤其是因为和平主义和一般"民主主义"在全世界还十分流行,这些思潮虽然丝毫不想冒充马克思主义,但是完全同考茨基及其一伙一样,也在掩饰帝国主义矛盾的深刻性和帝国主义产生革命危机的必然性。所以,无产阶级的政党必须同这些思潮作斗争,把受资产阶级愚弄的小业主和程度不同地处在小资产阶级生活条件下的千百万劳动者从资产阶级那里争取过来。

五

关于第八章——《资本主义的寄生性和腐朽》，有必要说几句话。在本书正文中已经指出：过去是"马克思主义者"、现在是考茨基的战友和"德国独立社会民主党"[324]的资产阶级改良主义政策主要代表人之一的希法亭，在这个问题上，比**露骨的**和平主义者和改良主义者英国人霍布森还后退了一步。现在，整个工人运动的国际性的分裂已经完全暴露出来了（第二国际和第三国际）。这两派之间的武装斗争和国内战争的事实也同样暴露出来了：在俄国，孟什维克和"社会革命党人"[130]支持高尔察克和邓尼金，反对布尔什维克；在德国，谢德曼分子和诺斯克及其一伙同资产阶级一起反对斯巴达克派[325]；在芬兰、波兰以及匈牙利等国也是如此。这个有世界历史意义的现象的经济基础是什么呢？

就是资本主义的寄生性和腐朽，而这是资本主义的最高历史阶段即帝国主义所特有的。正如本书所证明的，资本主义现在已经划分出**极少数**特别富强的国家（其人口不到世界人口的 $\frac{1}{10}$，即使按最"慷慨"和最夸大的计算，也不到 $\frac{1}{5}$），它们专靠"剪息票"来掠夺全世界。根据战前的价格和战前资产阶级的统计，资本输出的收入每年有 80 亿—100 亿法郎。现在当然更多得多了。

很明显，这种大量的**超额利润**（因为它是在资本家从"自己"国家工人身上榨取的利润之外得来的）**可以**用来**收买**工人领袖和工人贵族这个上层。那些"先进"国家的资本家也确实在收买他们，用直接的和间接的、公开的和隐蔽的办法千方百计地收买他们。

这个资产阶级化了的工人阶层即"工人贵族"阶层，这个按生活方式、工资数额和整个世界观说来已经完全小市民化的工人阶层,是第二国际的主要支柱,现在则是**资产阶级的**主要**社会支柱**(不是军事支柱)。因为这是**资产阶级在工人**运动**中**的真正**代理人**,是资本家阶级的工人帮办(labor lieutenants of the capitalist class),是改良主义和沙文主义的真正传播者。在无产阶级同资产阶级的国内战争中,他们有不少人必然会站在资产阶级方面,站在"凡尔赛派"**326**方面来反对"公社战士"。

如果不懂得这个现象的经济根源,如果不充分认识这个现象的政治意义和社会意义,那么,在解决共产主义运动和即将到来的社会革命的实践任务方面,就会一步也不能前进。

帝国主义是无产阶级社会革命的前夜。从 1917 年起,这已经在全世界范围内得到了证实。

尼·列宁

1920 年 7 月 6 日

在最近 15—20 年中,特别是在美西战争(1898 年)[327] 和英布战争(1899—1902 年)[328] 之后,新旧两大陆出版的经济学著作以及政治学著作,愈来愈多地用"帝国主义"这个概念来说明我们所处时代的特征了。1902 年,在伦敦和纽约出版了英国经济学家约·阿·霍布森的《帝国主义》一书。作者所持的是资产阶级社会改良主义与和平主义的观点,这同过去的马克思主义者卡·考茨基今天的立场实质上是一样的,但是,他对帝国主义的基本经济特点和政治特点作了一个很好很详尽的说明。1910 年,在维也纳出版了奥地利马克思主义者鲁道夫·希法亭的《金融资本》一书[329](俄译本 1912 年在莫斯科出版)。虽然作者在货币理论问题上有错误,并且书中有某种把马克思主义同机会主义调和起来的倾向,但是这本书对"资本主义发展的最新阶段"(希法亭这本书的副标题)作了一个极有价值的理论分析。实质上,近年来关于帝国主义问题的论述,特别是报刊上有关这个问题的大量文章中所谈的,以及各种决议,如 1912 年秋的开姆尼茨[230] 和巴塞尔两次代表大会的决议中所谈的,恐怕都没有超出这两位作者所阐述的,确切些说,所总结的那些思想的范围……

下面,我们准备对帝国主义的**基本**经济特点的联系和相互关系,作一个简要的、尽量通俗的阐述。至于非经济方面的问题,我们就不谈了,尽管这还是值得一谈的。所引资料的出处及其他注释并不是所有的读者都感兴趣的,所以放在本书的最后。①

一 生产集中和垄断

资本主义最典型的特点之一,就是工业蓬勃发展,生产集中于愈来愈大的企业的过程进行得非常迅速。现代工业调查提供了说明这一过程的最完备最确切的材料。

例如在德国,每 1 000 个工业企业中,雇用工人 50 人以上的大企业,1882 年有 3 个,1895 年有 6 个,1907 年有 9 个。每 100 个工人中,这些企业的工人分别占 22 人、30 人、37 人。但是生产集中的程度要比工人集中的程度大得多,因为在大企业中劳动的生产率要高得多。蒸汽机和电动机的材料可以说明这一点。拿德国所谓广义的工业(包括商业和交通运输业等在内)来说,情况如下:在 3 265 623 个企业中,大企业有 30 588 个,只占 0.9%。在 1 440 万工人中,它们的工人占 570 万,即占 39.4%;在 880 万蒸汽马力中,它们占有 660 万马力,即占 75.3%;在 150 万千瓦电力中,它们占有 120 万千瓦,即占 77.2%。

不到 1% 的企业,竟占有总数 $\frac{3}{4}$ 以上的蒸汽力和电力! 而 297 万个小企业(雇佣工人不超过 5 人的),即占总数 91% 的企业,却只占有 7% 的蒸汽力和电力! 几万个最大的企业就是一切,数百万个小企业算不了什么。

德国在 1907 年雇用工人 1 000 人和 1 000 人以上的企业,有 586 个。它们的工人几乎占总数的 $\frac{1}{10}$(138 万),它们的蒸汽力和

---

① 在本选集中,这些已分别移至当页正文下面作为脚注。——编者注

电力**几乎**占总数的⅓（32%）。① 下面我们可以看到，货币资本和银行使极少数最大企业的这种优势变成更强大的而且是名副其实的压倒优势，就是说，几百万中小"业主"，甚至一部分大"业主"，实际上完全受几百个金融富豪的奴役。

在另一个现代资本主义先进国家北美合众国，生产集中发展得更加迅猛。美国统计把狭义的工业单独列出，并且按全年产值的多少把这种企业分成几类。1904 年，产值在 100 万美元和 100 万美元以上的最大的企业有 1 900 个（占企业总数 216 180 个的 0.9%），它们有 140 万工人（占工人总数 550 万的 25.6%），产值为 56 亿美元（占总产值 148 亿美元的 38%）。5 年之后，即 1909 年，相应的数字如下：3 060 个企业（占企业总数 268 491 个的 1.1%），有 200 万工人（占工人总数 660 万的 30.5%），产值为 90 亿美元（占总产值 207 亿美元的 43.8%）。②

美国所有企业的全部产值，差不多有一半掌握在仅占企业总**数百分之一**的企业手里！而这 3 000 个大型企业包括 258 个工业部门。由此可见，集中发展到一定阶段，可以说就自然而然地走到垄断。因为几十个大型企业彼此之间容易达成协议；另一方面，正是企业的规模巨大造成了竞争的困难，产生了垄断的趋势。这种从竞争到垄断的转变，不说是最新资本主义经济中最重要的现象，也是最重要的现象之一，所以我们必须比较详细地谈一下。但是，我们首先应当消除一个可能产生的误会。

美国的统计材料说：在 250 个工业部门中有 3 000 个大型企业。似乎每个部门只有 12 个规模最大的企业。

① 数字是根据 1911 年《德意志帝国年鉴》**330**察恩的文章综合的。
② 《美国统计汇编（1912 年）》第 202 页。

但事实上并非如此。并不是每个工业部门都有大企业;另一方面,资本主义发展到了最高阶段,有一个极重要的特点,就是所谓**联合制**,即把不同的工业部门联合在一个企业中,这些部门或者是依次对原料进行加工(如把矿石炼成生铁,把生铁炼成钢,可能还用钢制造各种成品),或者是一个部门对另一个部门起辅助作用(如加工下脚料或副产品,生产包装用品,等等)。

希法亭写道:"联合制把各种行情拉平,从而保证联合企业有更稳定的利润率。第二,联合制导致贸易的消除。第三,联合制使技术改进有可能实现,因而与'单纯'企业〈即没有联合的企业〉相比,能够得到更多的利润。第四,联合制使联合企业的地位比'单纯'企业巩固,使它在原料跌价赶不上成品跌价的严重萧条〈营业呆滞,危机〉时期的竞争中得到加强。"①

德国资产阶级经济学家海曼写了一部描述德国钢铁工业中"混合"(即联合)企业的专著,他说:"单纯企业由于原料价格高、成品价格低而纷纷倒闭"。结果是:

"一方面剩下几个采煤量达几百万吨的大煤业公司,它们紧密地组成一个煤业辛迪加;其次,是同它们有密切联系的、组成钢铁辛迪加的一些大铸钢厂。这些大型企业每年生产40万吨〈一吨等于60普特〉钢,采掘大量的矿石和煤炭,生产钢制品,有1万个住在工厂区集体宿舍中的工人,有的还有自己专用的铁路和港口。这种大型企业是德国钢铁工业的典型代表。而且集中还在不断地发展。某些企业愈来愈大;同一工业部门或不同工业部门的企业结合为大型企业的愈来愈多,而且有柏林的6家大银行作它们的靠山和指挥者。德国采矿工业确切地证实了卡尔·马克思关

---

① 《金融资本》俄译本第286—287页。

于集中的学说是正确的;诚然,这里指的是用保护性的关税和运费率来保护采矿工业的国家。德国采矿工业已经成熟到可以被剥夺的地步了。"①

这就是一个诚实的(这是一个例外)资产阶级经济学家势必得出的结论。必须指出,他把德国似乎看得很特殊,因为德国工业受到高额保护关税的保护。但是这种情况只能加速集中,加速企业家垄断同盟卡特尔、辛迪加等等的形成。特别重要的是,在自由贸易的国家英国,集中**同样**导致垄断,尽管时间稍晚,形式也许有所不同。请看赫尔曼·莱维教授根据大不列颠经济发展材料写的专著《垄断组织——卡特尔和托拉斯》中的一段话:

"在大不列颠,正是企业的巨大规模和高度技术水平包含着垄断的趋势。一方面,由于集中的结果,对每一企业必须投入大量资本,因此,新企业在必要资本额方面面临着愈来愈高的要求,这就使新企业难以出现。另一方面(我们认为这一点更重要),每个新企业要想同集中所造成的那些大型企业并驾齐驱,就必须生产大量的过剩产品,而这些产品只有在需求异常增加的时候才能有利地销售出去,否则这种产品过剩就会使价格跌到无论对新工厂或各垄断同盟都不利的程度。"英国和那些有保护关税促进卡特尔化的国家不同,在这里,企业家垄断同盟卡特尔和托拉斯,多半是在互相竞争的主要企业的数目缩减到"一两打"的时候才产生的。"集中对产生大工业垄断组织的影响,在这里表现得十分明显。"②

在半个世纪以前马克思写《资本论》的时候,绝大多数经济学

---

① 汉斯·吉德翁·海曼《德国大钢铁工业中的混合企业》1904年斯图加特版第256、278—279页。

② 赫尔曼·莱维《垄断组织——卡特尔和托拉斯》1909年耶拿版第286、290、298页。

家都认为自由竞争是一种"自然规律"。官方学者曾经力图用缄默这种阴谋手段来扼杀马克思的著作,因为马克思对资本主义所作的理论和历史的分析,证明了自由竞争产生生产集中,而生产集中发展到一定阶段就导致垄断。现在,垄断已经成了事实。经济学家们正在写大堆大堆的著作,叙述垄断的某些表现,同时却继续齐声宣告:"马克思主义被驳倒了。"但是,英国有句谚语说得好:事实是顽强的东西,不管你愿意不愿意,你都得重视事实。事实证明:某些资本主义国家之间的差别,例如实行保护主义还是实行自由贸易,只能在垄断组织的形式上或产生的时间上引起一些非本质的差别,而生产集中产生垄断,则是现阶段资本主义发展的一般的和基本的规律。

对于欧洲,可以相当精确地确定新资本主义**最终**代替旧资本主义的时间是 20 世纪初。在最近出版的一本关于"垄断组织的形成"的历史的综合性著作中,我们看到有下面几段话:

"我们可以从 1860 年以前的时代里举出资本主义垄断组织的个别例子;从这些例子可以看出现在极常见的那些形式的萌芽;但是这一切无疑还是卡特尔的史前时期。现代垄断组织的真正开始,最早也不过是 19 世纪 60 年代的事。垄断组织的第一个大发展时期,是从 19 世纪 70 年代国际性的工业萧条开始,一直延续到 19 世纪 90 年代初期。""如果从欧洲范围来看,60 年代和 70 年代是自由竞争发展的顶点。当时,英国建成了它的那种旧式资本主义组织。在德国,这种组织同手工业和家庭工业展开了坚决的斗争,开始建立自己的存在形式。"

"大转变是从 1873 年的崩溃时期,确切些说,是从崩溃后的萧条时期开始的;这次萧条在欧洲经济史上持续了 22 年,只是在 80 年代初稍有间断,并在 1889 年左右出现过异常猛烈然而为时甚短的高涨。""在 1889—1890 年短促的高涨期间,人们大力组织卡特尔来利用行情。轻率的政策使价格比没有卡特尔时提高得更快更厉害,结果所有这些卡特尔差不多全都不光彩地埋葬在'崩溃这座坟墓'里了。后来又经过了 5 年不景气和价格低落的时期,但是这时笼罩在工业界的已经不是从前那种情绪了。人们已经不把萧条看成什么当然的事情,而认为它不过是有利的新行情到来之前的一种间歇。

于是卡特尔运动进入了第二个时期。卡特尔已经不是暂时的现象,而成了全部经济生活的基础之一。它占领一个又一个的工业部门,而首先是占领原料加工部门。早在 19 世纪 90 年代初,在组织焦炭辛迪加(后来的煤业辛迪加就是仿照它建立的)时,卡特尔就创造了后来基本上再没有发展的组织卡特尔的技术。19 世纪末的巨大高涨和 1900—1903 年的危机,至少在采矿和钢铁工业方面,都是第一次完全在卡特尔的标志下发生的。当时人们还觉得这是一种新现象,而现在社会上则普遍认为,经济生活的重大方面通常不受自由竞争的支配,是一种不言而喻的事情了。"①

综上所述,对垄断组织的历史可以作如下的概括:(1)19 世纪 60 年代和 70 年代是自由竞争发展的顶点即最高阶段。这时垄断组织还只是一种不明显的萌芽。(2)1873 年危机之后,卡特尔有一段很长的发展时期,但卡特尔在当时还是一种例外,还不稳固,还是一种暂时现象。(3)19 世纪末的高涨和 1900—1903 年的危机。这时卡特尔成了全部经济生活的基础之一。资本主义转化为

---

① 泰·福格尔施泰因《资本主义工业的金融组织和垄断组织的形成》,见《社会经济概论》1914 年蒂宾根版第 6 部分。参看同一作者所著《英美钢铁工业和纺织工业的组织形式》1910 年莱比锡版第 1 卷。

帝国主义。

卡特尔彼此商定销售条件和支付期限等等。它们彼此划分销售地区。它们规定所生产的产品的数量。它们确定价格。它们在各个企业之间分配利润,等等。

德国的卡特尔在1896年约有250个,在1905年有385个,参加卡特尔的企业约有12 000个[①]。但是,大家都承认,这是缩小了的数字。从上面引用的1907年的德国工业统计材料可以看出,单是这12 000个最大的企业,就集中了大约占总数一半以上的蒸汽力和电力。北美合众国的托拉斯在1900年是185个,在1907年是250个。美国的统计把所有的工业企业分为属于个人的和属于合伙商行、公司的。后者在1904年占企业总数的23.6%,在1909年占25.9%,即$\frac{1}{4}$以上。这些企业的工人,在1904年占工人总数的70.6%,在1909年占75.6%,即$\frac{3}{4}$;产值分别是109亿美元和163亿美元,即占总产值的73.7%和79%。

一个工业部门的生产总量,往往有十分之七八集中在卡特尔和托拉斯手中。莱茵—威斯特伐利亚煤业辛迪加在1893年成立时,集中了该地区总采煤量的86.7%,到1910年则已经达到95.4%[②]。这样造成的垄断,保证获得巨额的收入,并导致组成规模极大的技术生产单位。美国著名的煤油托拉斯(美孚油公司),是1900年成立的。"它的资本是15 000万美元。当时发行了1亿美元的普通股票和10 600万美元的优先股票。1900—1907年,每

[①] 里塞尔博士《德国大银行及其随着德国整个经济发展而来的集中》1912年第4版第149页;罗·利夫曼《卡特尔与托拉斯以及国民经济组织今后的发展》1910年第2版第25页。

[②] 弗里茨·克斯特纳博士《强迫加入组织。卡特尔与局外人斗争情况的研究》1912年柏林版第11页。

年支付的优先股票的股息分别为:48%、48%、45%、44%、36%、40%、40%、40%,共计36 700万美元。1882—1907年的纯利为88 900万美元,其中60 600万付股息,其余的作为后备资本。"①
"钢铁托拉斯(美国钢铁公司)所有企业的职工,在1907年达210 180人。德国采矿工业中最大的企业盖尔森基兴矿业公司(Gelsenkirchener Bergwerksgesellschaft)在1908年有46 048名职工。"②钢铁托拉斯在1902年就生产了900万吨钢③。它的钢产量在1901年占美国全部钢产量的66.3%,在1908年占56.1%④。它的矿石开采量,在1901年占43.9%,在1908年占46.3%。

美国政府专门委员会关于托拉斯的报告中说:"它比竞争者优越,是因为它的企业规模大,技术装备优良。烟草托拉斯从创办的时候起,就竭力在各方面大规模地采用机器来代替手工劳动。为此目的,它收买了与烟草加工多少有关的一切发明专利权,在这方面花费了巨额款项。有许多发明起初是不适用的,必须经过在托拉斯供职的工程师的改进。在1906年年底设立了两个分公司,专门收买发明专利权。为了同一目的,托拉斯又设立了自己的铸造厂、机器厂和修理厂。设在布鲁克莱恩的一个这样的工厂有大约300名工人;这个厂对有关生产纸烟、小雪茄、鼻烟、包装用的锡纸和烟盒等等的发明进行试验,在这里还对各种发明进行改进。"⑤"其他托

---

① 罗·利夫曼《参与和投资公司。对现代资本主义和有价证券业的研究》1909年耶拿第1版第212页。

② 同上,第218页。

③ 齐·契尔施基博士《卡特尔与托拉斯》1903年格丁根版第13页。

④ 泰·福格尔施泰因《组织形式》第275页。

⑤ 《专门委员会委员关于烟草工业联合公司的报告》1909年华盛顿版第266页。——引自保·塔弗尔博士《北美托拉斯及其对技术进步的影响》一书,1913年斯图加特版第48页。

拉斯也雇有所谓技术开发工程师（developping engineers），他们的任务就是发明新的生产方法，进行技术改良的试验。钢铁托拉斯给那些在提高技术或减少费用方面有发明创造的工程师和工人以高额奖金。"①

德国的大工业，例如近几十年来获得巨大发展的化学工业，也是这样组织技术改良工作的。到1908年，生产集中的过程已经在这个工业中造成了两大"集团"，它们也都按自己的方式逐步走向垄断。起初，这两个集团都是由两对大工厂组成的"双边联盟"，各有资本2 000万—2 100万马克：一对是美因河畔赫希斯特的前行东……颜料厂和美因河畔法兰克福的卡塞拉公司；另一对是路德维希港苯胺苏打厂和爱北斐特的前拜尔公司。后来，一个集团在1905年，另一个集团在1908年，又各同另一个大工厂达成了协议。结果构成了两个"三边联盟"，各有资本4 000万—5 000万马克，而且这两个"联盟"已经开始"接近"，"商定"价格等等。②

竞争转化为垄断。生产的社会化有了巨大的进展。就连技术发明和技术改进的过程也社会化了。

从前是各个业主自由竞争，他们是分散的，彼此毫不了解，他们进行生产都是为了在情况不明的市场上去销售，现在则完全不同了。集中已经达到了这样的程度，可以对本国的，甚至像下面所说的，对许多国家以至全世界所有的原料来源（例如蕴藏铁矿的土地）作出大致的估计。现在不但进行这样的估计，而且这些来源完全操纵在一些大垄断同盟的手里。这些同盟对市场的容量也

①　同上页脚注⑤，第48—49页。
②　里塞尔的上述著作第3版第547页及以下各页。据报纸报道（1916年6月），新近又成立了一个把德国整个化学工业联合起来的大型托拉斯。

进行大致的估计,并且根据协议"瓜分"这些市场。它们垄断熟练的劳动力,雇用最好的工程师,霸占交通线路和交通工具,如美国的铁路、欧美的轮船公司。帝国主义阶段的资本主义紧紧接近最全面的生产社会化,它不顾资本家的愿望与意识,可以说是把他们拖进一种从完全的竞争自由向完全的社会化过渡的新的社会秩序。

生产社会化了,但是占有仍然是私人的。社会化的生产资料仍旧是少数人的私有财产。在形式上被承认的自由竞争的一般架子依然存在,而少数垄断者对其余居民的压迫却更加百倍地沉重、显著和令人难以忍受了。

德国经济学家克斯特纳写了一本专论"卡特尔与局外人斗争情况"的著作,所谓"局外人",就是未加入卡特尔的企业家。他给这本著作取名为《强迫加入组织》,其实,如果不粉饰资本主义,就应当说是强迫服从垄断者同盟。单是看看垄断者同盟为了这种"组织"而采取的种种现代的、最新的、文明的斗争手段,也是大有教益的。这些手段有:(1)剥夺原料("……强迫加入卡特尔的主要手段之一");(2)用"同盟"方法剥夺劳动力(即资本家和工会订立合同,使工会只接受卡特尔化企业的工作);(3)剥夺运输;(4)剥夺销路;(5)同买主订立合同,使他们只同卡特尔发生买卖关系;(6)有计划地压低价格(为了使"局外人"即不服从垄断者的企业破产,不惜耗费巨资,在一段时间内按低于成本的价格出售商品。在汽油工业中就有过这样的例子:把价格从40马克压到22马克,差不多压低了一半!);(7)剥夺信贷;(8)宣布抵制。

现在已经不是小企业同大企业、技术落后的企业同技术先进的企业进行竞争。现在已经是垄断者在扼杀那些不屈服于垄断、不屈服于垄断的压迫和摆布的企业了。下面就是这一过程在一位资产阶级经济学家意识中的反映。

克斯特纳写道:"甚至在纯粹经济的活动方面,也在发生某种转变,原先意义上的商业活动转变为投机组织者的活动。获得最大成就的,不是最善于根据自己的技术和商业经验来判断购买者需要,找到并且可以说是'开发'潜在需求的商人,而是那些善于预先估计到,或者哪怕只是嗅到组织上的发展,嗅到某些企业与银行可能发生某种联系的投机天才〈?!〉……"

译成普通人的语言,这就是说:资本主义已经发展到这样的程度,商品生产虽然依旧"占统治地位",依旧被看做全部经济的基础,但实际上已经被破坏了,大部分利润都被那些干金融勾当的"天才"拿去了。这种金融勾当和欺骗行为的基础是生产社会化,人类历尽艰辛所达到的生产社会化这一巨大进步,却造福于……投机者。下面我们会看到,那些对资本帝国主义作小市民式的反动批评的人,怎样"根据这一点"而梦想**开倒车**,恢复"自由的"、"和平的"、"诚实的"竞争。

克斯特纳说:"由卡特尔的组成引起的价格长期上涨,至今还只出现在最重要的生产资料方面,特别是煤、铁和钾碱等方面,而在成品方面则从来没有过。随之而来的收益的增加,同样也只限于生产生产资料的工业。对此还要作一点补充:原料(而不是半成品)加工工业不仅因组成卡特尔而获得高额利润,使那些进一步加工半成品的工业受到损失,而且它还取得了对这一工业的一定的**统治关系**,这是自由竞争时代所没有的。"①

我们作了着重标记的几个字,说明了问题的实质,这个实质是资产阶级经济学家很不愿意而且很少承认的,也是以卡·考茨基为首的当代的机会主义辩护士所竭力支吾搪塞、避而不谈的。统

① 克斯特纳的上述著作第 254 页。

治关系和由此产生的强制,正是"资本主义发展的最新阶段"的典型现象,正是势力极大的经济垄断组织的形成所必然引起而且已经引起的结果。

我们再举一个说明卡特尔如何经营的例子。凡是可以把全部或主要的原料产地抓在手里的地方,卡特尔的产生和垄断组织的形成就特别容易。但是,如果以为在无法霸占原料产地的其他工业部门中不会产生垄断组织,那就错了。水泥工业的原料是到处都有的。但是在德国,就连这个工业也高度卡特尔化了。水泥厂联合成了区域性的辛迪加,如南德辛迪加、莱茵—威斯特伐利亚辛迪加等等。规定了垄断价格:成本为 180 马克的一车皮水泥,售价竟达 230—280 马克! 企业支付 12%—16% 的股息,而且不要忘记,现代的投机"天才"除分得股息之外,还能使大量的利润滚进自己的腰包。为了从如此盈利的工业部门中排除竞争,垄断者甚至使用各种诡计:散布谣言,说水泥工业情况很坏;在报上登匿名广告说,"资本家们! 当心,别在水泥业投资!";最后是收买没有参加辛迪加的"局外人"的企业,付给他们 6 万、8 万至 15 万马克的"出让费"①。垄断组织在一切地方用一切办法为自己开辟道路,从偿付"微薄的"出让费起,直到像美国那样"使用"炸药对付竞争者为止。

用卡特尔消除危机是拼命为资本主义涂脂抹粉的资产阶级经济学家的无稽之谈。相反,在几个工业部门中形成的垄断,使整个资本主义生产所特有的混乱现象更加厉害,更加严重。作为一般资本主义特点的农业和工业发展不相适应的现象,变得更加严重了。卡特尔化程度最高的所谓重工业,尤其是煤铁工业的特权地位,使其余工业部门"更加严重地缺乏计划性",正如论述"德国大银行与

① 　路·埃施韦格《水泥》,见 1909 年《银行》杂志 **331** 第 1 期第 115 页及以下各页。

工业的关系"的最佳著作之一的作者耶德尔斯所承认的那样[1]。

资本主义的无耻的辩护士利夫曼说:"国民经济愈发展,就愈是转向更带冒险性的企业或国外的企业,转向需要长时间才能发展的企业,或者转向那些只有地方意义的企业。"[2]冒险性的增大,归根到底是同资本的大量增加有关,资本可以说是漫溢出来而流向国外,如此等等。同时,技术的加速发展,又使国民经济各部门不相适应的因素、混乱和危机的因素日益增加。同一个利夫曼不得不承认说:"大概在不久的将来,人类又会碰到技术方面的一些也会影响到国民经济组织的大变革"……如电力、航空……"在发生这种根本性的经济变动的时候,通常而且照例会有很厉害的投机事业发展起来……"[3]

危机(各种各样的危机,最常见的是经济危机,但不是只有经济危机)又大大加强了集中和垄断的趋势。我们知道,1900年的危机,是现代垄断组织史上的转折点。关于这次危机的意义,耶德尔斯有一段非常值得注意的论断:

"遭到1900年危机的,除了各主要工业部门的大型企业以外,还有许多在今天说来结构上已经过时了的'单纯'企业〈即没有联合起来的企业〉,它们是乘着工业高涨的浪头浮上来的。价格的跌落,需求的减少,使这些'单纯'企业陷于灾难的境地,这种情况,大型的联合企业或者根本没有遇到过,或者仅仅在极短的时期内碰到过。因此,1900年的危机引起的工业集中,其程度远远超过了1873年的危机。1873年的危机虽然也起了一种淘汰作用,

---

[1] 耶德尔斯《德国大银行与工业的关系,特别是与冶金工业的关系》**332** 1905年莱比锡版第271页。

[2] 利夫曼《参与和投资公司》第434页。

[3] 同上,第465—466页。

使一些较好的企业保存下来,但是在当时的技术水平下,这种淘汰并没有能够使那些顺利地度过危机的企业获得垄断地位。长期地占据这种垄断地位的,是现在的钢铁工业和电力工业中的大型企业(因为它们的技术复杂,组织分布很广,资本雄厚),而且垄断程度很高;其次是机器制造业以及冶金工业、交通运输业等某些部门的企业,不过垄断程度较低。"[1]

垄断正是"资本主义发展的最新阶段"的最新成就。但是,如果我们不注意到银行的作用,那我们对于现代垄断组织的实际力量和意义的认识,就会是极不充分、极不完全和极其不足的。

二 银行和银行的新作用

银行基本的和原来的业务是在支付中起中介作用。这样,银行就把不活动的货币资本变为活动的即生利的资本,把各种各样的货币收入汇集起来交给资本家阶级支配。

随着银行业的发展及其集中于少数机构,银行就由中介人的普通角色发展成为势力极大的垄断者,它们支配着所有资本家和小业主的几乎全部的货币资本,以及本国和许多国家的大部分生产资料和原料产地。为数众多的普通中介人成为极少数垄断者的这种转变,是资本主义发展成为资本帝国主义的基本过程之一,因此,我们应当首先来谈一谈银行业的集中。

在1907—1908年度,德国所有资本在100万马克以上的股份银行,共有存款70亿马克;到1912—1913年度,已达98亿马克。

---

① 耶德尔斯的著作第108页。

5 年中增加了 40%，而且这新增加的 28 亿马克中，有 275 000 万马克属于 57 家资本在 1 000 万马克以上的银行。存款在大小银行中的分配情形如下①：

在存款总额中所占的百分比

	柏 林9 家大银行	其余 48 家资本在1 000 万马克以上的银行	115 家资本在100 万—1 000 万马克的银行	资本不到100 万马克的小银行
1907—1908 年度……	47	32.5	16.5	4
1912—1913 年度……	49	36	12	3

小银行被大银行排挤，大银行当中仅仅 9 家银行就差不多集中了所有存款的一半。但是，这里还有许多情况没有考虑进去，例如有许多小银行实际上成了大银行的分行，等等。关于这些下面就要讲到。

据舒尔采-格弗尼茨计算，1913 年底，存款总额约为 100 亿马克，而柏林 9 家大银行就占了 51 亿马克。[333]这位作者不仅注意到存款，而且注意到全部银行资本，他写道："1909 年年底，柏林 9 家**大银行及其附属银行**，支配着 113 亿马克，即约占德国银行资本总额的 83%。德意志银行（Deutsche Bank）**及其附属银行**支配着约 30 亿马克，与普鲁士国有铁路管理局同为旧大陆上资本聚集最多、而且分权程度很高的企业。"②

我们在提到"附属"银行的地方用了着重标记，因为这是最新资本主义集中的最重要的特点之一。大企业，尤其是大银行，不仅

---

① 阿尔弗勒德堡·兰斯堡《五年来的德国银行业》，见 1913 年《银行》杂志第 8 期第 728 页。

② 舒尔采-格弗尼茨《德国信用银行》，见《社会经济概论》1915 年蒂宾根版第 12 页和第 137 页。

直接吞并小企业,而且通过"参与"它们的资本、购买或交换股票,通过债务关系体系等等来"联合"它们,征服它们,吸收它们加入"自己的"集团,用术语说,就是加入自己的康采恩。利夫曼教授写了一本 500 页的大"著作",描述现代的参与和投资公司①,可惜,这本书里给那些往往未经消化的原始材料加上了十分低劣的"理论"推断。**334**关于这种"参与"制在集中方面造成的结果怎样,说得最清楚的是银行"活动家"里塞尔那本论德国大银行的著作**335**。但是,在引用他的材料之前,我们先举一个"参与"制的具体例子。

德意志银行集团,在所有大银行集团当中,不说是最大的集团,也是最大的集团之一。要弄清楚把这一集团所有的银行联系在一起的主要线索,应当区分第一级、第二级和第三级的"参与",或者说是第一级、第二级和第三级的依附(比较小的银行对德意志银行的依附)。具体情况如下②:

		第一级依附:	第二级依附:	第三级依附:
德意志银行	始终参与……	17 家银行;	其中有 9 家又参与 34 家银行;	其中有 4 家又参与 7 家银行
	不定期参与……	5 家银行;	——	——
	间或参与……	8 家银行;	其中有 5 家参与 14 家银行;	其中有 2 家参与 2 家银行
	共　计………	30 家银行;	其中有 14 家又参与 48 家银行;	其中有 6 家又参与 9 家银行

在"间或"隶属于德意志银行的 8 家"第一级依附"的银行中,有 3 家国外银行:一家是奥地利的(维也纳的联营银行——Bankverein),

---

① 罗·利夫曼《参与和投资公司。对现代资本主义和有价证券业的研究》1909 年耶拿第 1 版第 212 页。
② 阿尔弗勒德·兰斯堡《德国银行业中的参与制》,见 1910 年《银行》杂志第 1 期第 500 页。

两家是俄国的(西伯利亚商业银行和俄国对外贸易银行)。直接和间接地、全部和局部地加入德意志银行集团的,共有 87 家银行,这个集团所支配的资本,包括自己的和他人的,共有 20 亿—30 亿马克。

一家银行既然领导着这样一个集团,并且同其他 6 家稍小一点的银行达成协议,来办理公债之类的特别巨大、特别有利的金融业务,那么很明显,这家银行已经不仅仅扮演"中介人"的角色,而成了极少数垄断者的同盟。

从下面我们简略地摘引的里塞尔的统计材料可以看出,正是在 19 世纪末和 20 世纪初,德国银行业的集中发展得多么迅速:

柏林 6 家大银行拥有的机构

年份	在德国的分行	存款部和兑换所	始终参与的德国股份银行	机构总数[336]
1895……	16	14	1	42
1900……	21	40	8	80
1911……	104	276	63	450

我们看到,银行渠道的密网扩展得多么迅速,它布满全国,集中所有的资本和货币收入,把成千上万分散的经济变成一个统一的全国性的资本主义经济,并进而变成世界性的资本主义经济。舒尔采-格弗尼茨在上面那段引文中代表现代资产阶级政治经济学所说的那个"分权",实际上却是愈来愈多的从前比较"独立的"、确切些说是地方性的同外界隔绝的经济单位,隶属于一个统一的中心。其实,这是**集权**,是垄断巨头的作用、意义和实力的加强。

在比较老的资本主义国家中,这种"银行网"更密。英国,包括爱尔兰,1910 年所有银行的分行共有 7 151 个。其中 4 家大银行各有 400 个以上的分行(447 个至 689 个),另外还有 4 家大银行各有 200 多个分行,11 家银行各有 100 多个分行。

法国三家最大的银行里昂信贷银行、国民贴现银行和总公司[337]的业务和分行网发展的情形如下①：

	分 行 和 部 所 数 目			资　本　额 （单位百万法郎）	
	在地方上	在巴黎	共计	自有的	他人的
1870 年……	47	17	64	200	427
1890 年……	192	66	258	265	1 245
1909 年……	1 033	196	1 229	887	4 363

为了说明现代大银行"联系"的特点，里塞尔引用了德国和全世界最大的银行之一贴现公司（Disconto-Gesellschaft）（它的资本在1914年已经达到3亿马克）收发信件的统计数字：

	信　件　数　目	
	收到的	发出的
1852 年…………	6 135	6 292
1870 年…………	85 800	87 513
1900 年…………	533 102	626 043

巴黎大银行里昂信贷银行的账户数目：在 1875 年是 28 535 个，而在 1912 年就增加到 633 539 个。②

这些简单的数字，也许比长篇大论更能清楚地表明：随着资本的集中和银行周转额的增加，银行的作用根本改变了。分散的资本家合成了一个集体的资本家。银行为某些资本家办理往来账，似乎是在从事一种纯粹技术性的、完全辅助性的业务。而当这种业务的范围扩展到很大的时候，极少数垄断者就控制整个资本主义社会的工商业业务，就能通过银行的联系，通过往来账及其他金

---

① 欧根·考夫曼《法国银行业》1911 年蒂宾根版第 356 页和第 362 页。
② 让·莱斯居尔《法国储蓄业》1914 年巴黎版第 52 页。

融业务,首先**确切地了解**各个资本家的业务状况,然后加以**监督**,用扩大或减少、便利或阻难信贷的办法来影响他们,以至最后**完全决定**他们的命运,决定他们的收入,夺去他们的资本,或者使他们有可能迅速而大量地增加资本等等。

我们刚才谈到柏林的贴现公司有 3 亿马克的资本。贴现公司资本增加的经过,是柏林两家最大的银行——德意志银行和贴现公司争夺霸权斗争中的一幕。在 1870 年,德意志银行还是一家新银行,资本只有 1 500 万马克,贴现公司有 3 000 万马克。在 1908 年,前者有资本 2 亿,后者有资本 17 000 万。到 1914 年,前者的资本增加到 25 000 万,后者因为同另一家第一流的大银行沙夫豪森联合银行合并,资本就增加到了 3 亿。当然,在进行这种争夺霸权的斗争的同时,这两家银行也订立愈来愈频繁、愈来愈巩固的"协定"。这种发展的进程,使得那些在观察经济问题时决不越出最温和、最谨慎的资产阶级改良主义范围的银行专家,也不得不作出如下的结论。

德国的《银行》杂志就贴现公司资本增加到 3 亿马克这一点写道:"其他银行也会跟着走上这条道路的,现在在经济上统治着德国的 300 人,将会逐渐减到 50 人、25 人甚至更少一些。不要以为最新的集中运动将仅限于银行业。各个银行间的紧密联系,自然会使这些银行所保护的工业家的辛迪加也接近起来…… 会有一天,我们一觉醒来,将惊奇地发现我们面前尽是托拉斯,到那时我们必须以国家垄断来代替私人垄断。然而,除了听凭事情自由发展、让股票稍稍加速这种发展以外,我们实在是没有什么别的可以责备自己的。"①

这段话是资产阶级政论界束手无策的典型表现,而资产阶级

---

① 阿·兰斯堡《一家有 3 亿资本的银行》,见 1914 年《银行》杂志第 1 期第 426 页。

学术界不同的地方,就在于后者不那么坦率,力图掩饰事情的本质,让人只见树木,不见森林。看见集中的后果而感觉"惊奇","责备"资本主义德国的政府或资本主义的"社会"("我们"),害怕采用股票会"加速"集中,例如德国的一个"卡特尔问题"专家契尔施基就害怕美国托拉斯,"宁愿"要德国的卡特尔,因为德国的卡特尔似乎"不会像托拉斯那样过分地加速技术和经济的进步"①,——这难道不是束手无策的表现吗?

但是,事实终归是事实。德国没有托拉斯,"只"有卡特尔,但**统治**德国的,不超过 300 个资本巨头。而且这些巨头的人数还在不断地减少。在任何情况下,在一切资本主义国家,不管有什么样不同的银行法,银行总是大大地加强并加速资本集中和垄断组织形成的过程。

半个世纪以前马克思就在《资本论》里写过:"银行制度同时也提供了社会范围的公共簿记和生产资料的公共分配的形式,但只是形式而已。"(俄译本第 3 卷下册第 144 页②)我们所引用的关于银行资本的增长、关于最大银行的分支机构数目及其账户数目的增加等材料,都具体地让我们看到了**整个**资本家阶级的这种"公共簿记",而且不仅是资本家阶级的"公共簿记",因为银行所收集的(即使是暂时收集的),是各种各样的货币收入,其中也有小业主的,也有职员的,也有极少数上层工人的。"生产资料的公共分配",从形式上看来,是从现代银行中**生长出来的**;这种最大的银行在法国不过 3 家到 6 家,在德国有 6 家到 8 家,它们支配着几十亿几十亿的款额。但是,生产资料的这种分配,就其**内容**来

---

① 齐·契尔施基的上述著作第 128 页。

② 见《马克思恩格斯文集》2009 年人民出版社版第 7 卷第 686 页。——编者注

说,决不是"公共的",而是私人的,也就是说,是符合大资本(首先是最大的、垄断的资本)的利益的,因为大资本正是在民众挨饿,农业的整个发展无可救药地落后于工业的发展,工业中"重工业"向其他一切工业部门收取贡赋的条件下活动的。

在资本主义经济社会化方面,储金局和邮政机构开始同银行竞争,它们是更加"分权"的,也就是说,它们把更多的地区、更多的偏僻地方和更广大的居民群众纳入自己的势力范围。下面是美国的一个委员会收集的对比银行和储金局存款增加情况的统计材料[①]:

存 款 (单 位 十 亿 马 克)

	英 国		法 国		德 国		
	银行存款	储金局存款	银行存款	储金局存款	银行存款	信贷协会存款	储金局存款
1880 年………	8.4	1.6	?	0.9	0.5	0.4	2.6
1888 年………	12.4	2.0	1.5	2.1	1.1	0.4	4.5
1908 年………	23.2	4.2	3.7	4.2	7.1	2.2	13.9

储金局为了支付4%和4.25%的存款利息,就必须给自己的资本找到"有利的"投资场所,如从事票据、抵押等业务。银行和储金局之间的界限"日益消失"。例如波鸿和爱尔福特的商会,就要求"禁止"储金局经营票据贴现之类的"纯"银行业务,要求限制邮政机构经营"银行"业务[②]。银行大王好像是在担心国家垄断会不会从意料不到的地方悄悄地钻到他们身旁。不过,这种担心当然没有超出可以说是一个办事处的两个科长之间的竞争。因为储金局的几十亿资本,实际上归根到底是由**同一些**银行资本巨头们

---

① 美国全国金融委员会的材料,见1910年《银行》杂志第2期第1200页。

② 美国全国金融委员会的材料,见1913年《银行》杂志第811、1022页;1914年第713页。

支配的,这是一方面;另一方面,在资本主义社会里,国家的垄断不过是提高和保证某个工业部门快要破产的百万富翁的收入的一种手段罢了。

自由竞争占统治地位的旧资本主义,被垄断占统治地位的新资本主义所替代,还表现在交易所作用的降低上面。《银行》杂志写道:"交易所早已不再是必要的流通中介人了,它过去曾经是,因为过去银行还不能把发行的大部分有价证券推销到自己的顾客中间去。"①

"'任何银行都是交易所',——这是一句现代的名言。银行愈大,银行业的集中愈有进展,这句名言所包含的真理也愈多。"②"从前,在 70 年代,像年轻人那样放荡的交易所〈这是对 1873 年交易所的崩溃[338],对滥设投机公司的丑事[339]等等所作的一种"微妙的"暗示〉,开辟了德国的工业化时代,而现在银行和工业已经能'独立应付'了。我国大银行对交易所的统治……正表明德国是一个十分有组织的工业国。如果说这样就缩小了自动起作用的经济规律的作用范围,而大大扩大了通过银行进行有意识的调节的范围,那么少数领导人在国民经济方面所负的责任也就因此而大大加重了。"③——德国教授舒尔采-格弗尼茨就是这样写的,这位教授是德国帝国主义的辩护士,是各国帝国主义者眼中的权威,他力图抹杀一件"小事情",即这种通过银行进行的"有意识的调节",就是由极少数"十分有组织的"垄断者对大众的掠夺。资产阶级教授的任务不是暴露全部内幕,不是揭穿银行垄断者的种种

① 1914 年《银行》杂志第 1 期第 316 页。

② 奥斯卡尔·施蒂利希博士《货币银行业》1907 年柏林版第 169 页。

③ 舒尔采-格弗尼茨《德国信用银行》,见《社会经济概论》1915 年蒂宾根版第 101 页。

勾当,而是加以粉饰。

一位更有威望的经济学家和银行"活动家"里塞尔也完全一样,他用一些言之无物的空话来回避无可否认的事实:"交易所正在愈来愈失去为整个经济和有价证券流通所绝对必需的性能,即不仅作为汇集到它那里的各种经济运动的最准确的测量器,而且作为对这些经济运动几乎自动起作用的调节器。"[1]

换句话说,旧的资本主义,即绝对需要交易所作为自己的调节器的自由竞争的资本主义,正在成为过去。代替它的是新的资本主义,这种新的资本主义带有某种过渡性事物、某种自由竞争和垄断混合物的鲜明特征。人们自然要问,这种最新的资本主义是在**向哪里**"过渡"呢? 但这个问题资产阶级学者是不敢提出的。

"在30年前,不属于'工人'体力劳动范围以内的经济工作,$\frac{9}{10}$都是由自由竞争的企业家来做的。现在,这种经济上的脑力工作$\frac{9}{10}$都是由**职员们**来担任了。在这一发展中处于领先地位的是银行业。"[2]舒尔采-格弗尼茨的这种供认,使人们又再次触及这样一个问题:最新的资本主义,即帝国主义阶段的资本主义,究竟是向哪里去的过渡呢? — — —

在少数几个经过集中过程而仍然在整个资本主义经济中处于领先地位的银行中间,达成垄断协议、组织**银行托拉斯**的倾向自然愈来愈明显,愈来愈强烈。美国现在已经不是9家,而是**2家**最大的银行,即亿万富翁洛克菲勒和摩根的银行,控制着110亿马克的资本[3]。在德国,我们上面指出的贴现公司吞并沙夫豪森联合银行

---

① 里塞尔的上述著作第4版第629页。
② 舒尔采-格弗尼茨《德国信用银行》,见《社会经济概论》1915年蒂宾根版第151页。
③ 1912年《银行》杂志第1期第435页。

的事实,引起了代表交易所利益的《法兰克福报》[340] 如下的一段
评论:

"随着银行的日益集中,只能向愈来愈少的机构请求贷款了,
这就使大工业更加依赖于少数几个银行集团。在工业同金融界联
系密切的情况下,需要银行资本的那些工业公司活动的自由受到
了限制。因此,大工业带着错综复杂的感情看待银行的日益托拉
斯化〈联合成或转变为托拉斯〉;的确,我们已经多次看到各大银
行康采恩之间开始达成某种限制竞争的协议。"①

银行业发展的最新成就还是垄断。

说到银行和工业的密切联系,那么,正是在这一方面,银行的
新作用恐怕表现得最明显。银行给某个企业主贴现票据,给他开
立往来账户等等,这些业务单独地来看,一点也没有减少这个企业
主的独立性,银行也没有越出普通的中介人作用的范围。可是,如
果这些业务愈来愈频繁、愈来愈加强,如果银行把大量资本"收
集"在自己手里,如果办理某个企业的往来账使银行能够愈来愈
详细和充分地了解它的顾客的经济状况(事实上也确实如此),那
么,结果就是工业资本家愈来愈完全依赖于银行。

同时,银行同最大的工商业企业之间的所谓人事结合也发展
起来,双方通过占有股票,通过银行和工商业企业的经理互任对方
的监事(或董事),而日益融合起来。德国经济学家耶德尔斯搜集
了关于这种形式的资本集中和企业集中的极为详细的材料。柏林
6 家最大的银行由经理做代表,参加了 **344** 个工业公司,又由董事
做代表,参加了 **407** 个公司,一共参加了 **751** 个公司。它们在 **289**
个公司中各有两个监事,或者占据了监事长的位置。在这些工商

---

① 转引自舒尔采-格弗尼茨的著作,见《社会经济概论》第 155 页。

业公司中,有各种各样的行业,如保险业、交通运输业、饭馆、戏院、工艺美术业等等。另一方面,在这6家银行的监事会中(在1910年)有51个最大的工业家,其中有克虏伯公司的经理、大轮船公司汉堡—美洲包裹投递股份公司(Hamburg—Amerika)的经理等等。在1895—1910年间,这6家银行中的每一家银行都参加了替数百个(281个至419个)工业公司发行股票和债券的工作①。

除银行同工业的"人事结合"以外,还有这些或那些公司同政府的"人事结合"。耶德尔斯写道:"它们自愿把监事职位让给有声望的人物和过去的政府官吏,这些人可以使公司在同当局打交道的时候得到不少方便〈!!〉⋯⋯""在大银行的监事会里,常有国会议员或柏林市议会的议员。"

可见,所谓大资本主义垄断组织正在通过一切"自然的"和"超自然的"途径十分迅速地创立和发展起来。现代资本主义社会中几百个金融大王之间的某种分工正在有步骤地形成:

"除了某些大工业家活动范围的这种扩大〈如加入银行董事会等等〉以及地方银行经理分别专管某一工业区以外,大银行领导人的专业化也有所加强。这样的专业化,只有在整个银行企业的规模很大,尤其是在银行同工业的联系很广的时候,才能设想。这种分工是在两个方面进行的:一方面,把联系整个工业界的事情交给一个经理去做,作为他的专职;另一方面,每个经理都负责监督几个企业或几组在行业上、利益上彼此相近的企业〈资本主义已经发展到可以有组织地**监督**各个企业的程度了〉。某个经理专门管德国工业,甚至专门管德国西部的工业〈德国西部是德国工业最发达的区域〉,另一些经理则专门负责同外国和外国工业联系,了解工业家等

---

① 耶德尔斯的上述著作和里塞尔的上述著作。

等的个人的情况,掌管交易所业务等等。此外,银行的每个经理又往往专管某个地方或某个工业部门:有的主要是在电力公司监事会里工作,有的是在化学工厂、啤酒厂或制糖厂里工作,有的是在少数几个孤立的企业中工作,同时又参加保险公司监事会……总而言之,在大银行里,随着银行业务的扩大和业务种类的增多,领导人的分工无疑也就更加细密,其目的(和结果)是使他们稍微超出纯银行业务的范围,使他们对工业的一般问题以及各个工业部门的特殊问题更有判断力,更加懂行,培养他们在银行势力所及的工业部门中进行活动的能力。除了这一套办法以外,银行还竭力挑选熟悉工业的人物,挑选企业家、过去的官吏、特别是在铁路和采矿部门中工作过的官吏,来参加本银行的监事会"等等。①

在法国银行业里,也有这一类的机构,不过形式稍微有点不同。例如,法国三家最大的银行之一里昂信贷银行,设立了一个专门的金融情报收集部(service des études financières)。在那里工作的经常有 50 多个工程师、统计学家、经济学家和法学家等等。这个机构每年耗资 60 万—70 万法郎。它下面又分 8 个科:有的科专门收集工业企业情报,有的研究一般统计,有的研究铁路和轮船公司,有的研究证券,有的研究财务报告等等。②

这样,一方面是银行资本和工业资本日益融合,或者用尼·伊·布哈林的很恰当的说法,日益长合在一起,另一方面是银行发展成为具有真正"包罗一切的性质"的机构。我们认为有必要引用在这方面最有研究的作家耶德尔斯对这个问题的准确的说法:

---

① 耶德尔斯的上述著作第 156—157 页。
② 欧·考夫曼关于法国银行的文章,见 1909 年《银行》杂志第 2 期第 851 页及以下各页。

"我们考察了全部工业联系,结果发现那些为工业工作的金融机构具有**包罗一切的性质**。大银行同其他形式的银行相反,同某些著作中提出的银行应当专门从事某一方面业务或某一工业部门工作,以免丧失立脚点这样的要求相反,力求在尽可能不同的地区和行业同工业企业发生联系,力求消除各个地方或各个工业部门因各个企业历史情况不同而形成的资本分配不均现象。""一种趋势是使银行同工业的联系成为普遍的现象,另一种趋势是使这种联系更加巩固和加强;这两种趋势在六大银行中虽然没有完全实现,但是已经在同样程度上大规模地实现了。"

在工商界经常听到有人抱怨银行的"恐怖主义"。既然大银行像下面的例子所表明的那样"发号施令",那么听到这样的抱怨也就不奇怪了。1901 年 11 月 19 日,柏林所谓 **D** 字银行(4 家最大银行的名称都是以字母 **D** 开头的)之一,给西北德—中德水泥辛迪加管理处写了这样一封信:"兹阅贵处本月 18 日在某报上登载的通知,我们不得不考虑到贵辛迪加定于本月 30 日召开的全体大会,可能通过一些改革贵企业而为敝行所不能接受的决议。因此我们深感遗憾,不得不停发贵辛迪加所享有的贷款…… 但如此次大会不通过敝行不能接受的决议,并向敝行提出将来也不通过这种决议的相应保证,敝行仍愿就给予贵辛迪加以新的贷款问题举行谈判。"①

其实,这也是小资本对大资本的压迫发出的抱怨,不过这里列入"小"资本的是整整一个辛迪加罢了!大小资本之间过去的那种斗争,又在一个新的、高得多的发展阶段上重演了。当然,拥有亿万巨资的大银行企业,也能用从前远不能相比的办法来推动技

---

① 奥斯卡尔·施蒂利希博士《货币银行业》1907 年柏林版第 147 页。

术的进步。例如,银行设立了各种专门的技术研究会,研究成果当然只能由"友好的"工业企业来享用。这一类机构有电气铁路问题研究会、中央科学技术研究所等等。

大银行的领导人自己不会看不到,国民经济中正在出现一些新的情况,但是他们在这些情况面前束手无策。

耶德尔斯写道:"凡是近几年来注意大银行经理和监事人选变更情形的人,都不会不觉察到,权力逐渐转到了一些认为积极干预工业的总的发展是大银行必要的、愈来愈迫切的任务的人物手中,于是这些人和老的银行经理在业务方面,往往也在个人方面意见愈来愈分歧。实质的问题是:银行这种信贷机构会不会因为干预工业生产过程而受到损失,会不会因为从事这种同信贷中介作用毫不相干的业务,从事这种会使它比从前更受工业行情的盲目支配的业务,而牺牲掉自己的稳固的原则和可靠的利润。许多老的银行领导人都说会这样。但是,大部分年轻的领导人却认为积极干预工业问题是必然的,正像随着现代大工业的出现必然会产生大银行和最新的工业银行业一样。双方的意见只有一点相同,就是大家都认为大银行的新业务还没有什么固定的原则和具体的目的。"①

旧资本主义已经过时了。新资本主义是向某方面的过渡。想找到什么"固定的原则和具体的目的"来"调和"垄断和自由竞争,当然是办不到的事情。实践家的自白,听起来和舒尔采-格弗尼茨、利夫曼之流的"理论家"的颂扬完全不同,这些资本主义的辩护士是在用官场口吻颂扬"有组织的"资本主义的美妙。

大银行的"新业务"究竟是什么时候完全确立起来的,——对于这个重要问题,我们可以从耶德尔斯那里找到相当确切的答案:

---

① 耶德尔斯的上述著作第183—184页。

"工业企业间的联系及其新的内容、新的形式、新的机构即既集权又分权的大银行,成为国民经济的有代表性的现象,大概不会早于19世纪90年代;在某种意义上,甚至可以把这个起点推到1897年,当时许多企业实行了大'合并',从而根据银行的工业政策第一次采用了分权组织的新形式。也许还可以把这个起点推到更晚一些的时候,因为只有1900年的危机才大大加速了工业和银行业的集中过程,巩固了这个过程,第一次把同工业的关系变成大银行的真正垄断,并大大地密切了和加强了这种关系。"①

总之,20世纪是从旧资本主义到新资本主义,从一般资本统治到金融资本统治的转折点。

三 金融资本和金融寡头

希法亭写道:"愈来愈多的工业资本不属于使用这种资本的工业家了。工业家只有通过银行才能取得对资本的支配权,对于工业家来说,银行代表这种资本的所有者。另一方面,银行也必须把自己愈来愈多的资本固定在工业上。因此,银行愈来愈变成工业资本家。通过这种方式实际上变成了工业资本的银行资本,即货币形式的资本,我把它叫做金融资本。""金融资本就是由银行支配而由工业家运用的资本。"②

这个定义不完全的地方,就在于它没有指出最重要的因素之一,即生产和资本的集中发展到了会导致而且已经导致垄断的高度。但是,在希法亭的整个叙述中,尤其是在我摘引这个定义的这

---

① 耶德尔斯的上述著作第181页。
② 鲁·希法亭《金融资本》1912年莫斯科版第338—339页。

一章的前两章里,着重指出了**资本主义垄断组织**的作用。

生产的集中;从集中生长起来的垄断;银行和工业日益融合或者说长合在一起,——这就是金融资本产生的历史和这一概念的内容。

现在我们应当来叙述一下,在商品生产和私有制的一般环境里,资本主义垄断组织的"经营"怎样必然变为金融寡头的统治。应当指出,德国(而且不只是德国)资产阶级学术界的代表人物,如里塞尔、舒尔采-格弗尼茨、利夫曼等人,完全是帝国主义和金融资本的辩护士。对于寡头形成的"内幕",寡头所采用的手段,寡头所获得的"正当和不正当"收入的数量,寡头和议会的联系等等,他们不是去揭露,而是加以掩盖和粉饰。他们避开这些"棘手的问题",只讲一些堂皇而含糊的词句,号召银行经理们拿出"责任心",赞扬普鲁士官员们的"尽职精神",煞有介事地分析那些根本无关紧要的"监督"法案、"管理"法案的细枝末节,玩弄无谓的理论游戏,例如利夫曼教授居然写出了这样一个"科学的"定义:"······**商业是收集财富、保管财富、把财富供人支配的一种经营活动**"①(着重号和黑体是该教授著作中原有的)······　这样说来,商业在不知交换为何物的原始人那里就已经有了,而且在社会主义社会也将存在下去!

但是,有关金融寡头骇人听闻的统治的骇人听闻的事实是太触目惊心了,所以在一切资本主义国家,无论是美国、法国或德国,都出现了这样一些著作,这些著作虽然抱着**资产阶级的**观点,但毕竟还是对金融寡头作了近乎真实的描述和批评,当然是小市民式的批评。

应当作为主要之点提出来的是前面已经简略谈到的"参与制"。

---

① 　罗·利夫曼的上述著作第476页。

德国经济学家海曼大概是第一个注意到了这一点,请看他是怎样描述问题的实质的:

"领导人控制着总公司〈直译是"母亲公司"〉,总公司统治着依赖于它的公司〈"女儿公司"〉,后者又统治着'孙女公司',如此等等。这样,拥有不太多的资本,就可以统治巨大的生产部门。事实上,拥有50%的资本,往往就能控制整个股份公司,所以,一个领导人只要拥有100万资本,就能控制各孙女公司的800万资本。如果这样'交织'下去,那么拥有100万资本就能控制1 600万、3 200万以至更多的资本。"①

其实经验证明,只要占有40%的股票就能操纵一个股份公司的业务②,因为总有一部分分散的小股东实际上根本没有可能参加股东大会等等。虽然资产阶级的诡辩家和机会主义的"也是社会民主党人"都期望(或者要别人相信他们期望)股票占有的"民主化"会造成"资本的民主化",会加强小生产的作用和意义等等,可是实际上它不过是加强金融寡头实力的一种手段而已。因此,在比较先进的或比较老、比较"有经验的"资本主义国家里,法律准许发行票额较小的股票。德国法律不准许发行1 000马克以下的股票,所以德国金融巨头看见英国法律准许发行一英镑(等于20马克,约合10卢布)的股票,就很羡慕。1900年6月7日,德国最大的工业家和"金融大王"之一西门子,在帝国国会中声称:"一英镑的股票是不列颠帝国主义的基础。"③这个商人对于什么是帝国主义这一问题的理解,同那位被认为是俄国马克思主义创始人的不

---

① 汉斯·吉德翁·海曼《德国大钢铁工业中的混合企业》1904年斯图加特版第268—269页。

② 利夫曼《参与和投资公司》第1版第258页。

③ 舒尔采-格弗尼茨的话,见《社会经济概论》第5部分第2册第110页。

光彩的作家**341**比起来，显然要深刻得多，"马克思主义"得多，那位作家竟把帝国主义看成是某个民族的劣根性……

但是，"参与制"不仅使垄断者的权力大大增加，而且还使他们可以不受惩罚地、为所欲为地干一些见不得人的龌龊勾当，可以盘剥公众，因为母亲公司的领导人在形式上，在法律上对女儿公司是不担负责任的，女儿公司算是"独立的"，但是**一切事情**都可以**通过女儿公司**去"实施"。下面是我们从1914年德国《银行》杂志5月号抄下来的一个例子：

"卡塞尔的弹簧钢股份公司在几年以前算是德国最赚钱的企业之一。后来因为管理得很糟糕，股息从15%跌到0%。原来，董事会没有通知股东就出借了**600万马克**给自己的一个女儿公司哈西亚，而哈西亚的名义资本只有几十万马克。这笔几乎比母亲公司的股份资本大两倍的借款，根本没有记入母亲公司的资产负债表；在法律上，这样的隐瞒是完全合法的，而且可以隐瞒整整两年，因为这样做并不违反任何一条商业法。以负责人的资格在这种虚假的资产负债表上签字的监事长，至今仍旧是卡塞尔商会的会长。这笔借款被发现是个错误〈错误这两个字，作者应当加上引号〉，知道底细的人开始把'弹簧钢'的股票脱手而使股票价格几乎下跌了100%，在这以后很久，股东们才知道有借款给哈西亚公司这回事……

这个在股份公司里**极常见的、在资产负债表上玩弄平衡把戏的典型例子**，向我们说明为什么股份公司董事会干起冒险勾当来，心里要比私人企业家轻松得多。编制资产负债表的最新技术，不但使董事会能够把所干的冒险勾当瞒过普通的股东，而且使主要的当事人在冒险失败的时候，能够用及时出卖股票的办法来推卸责任，而私人企业家却要用自己的性命来为自己所做的一切事情负责……

许多股份公司的资产负债表,就跟中世纪一种有名的隐迹稿本一样,要先把上面写的字迹擦掉,才能发现下面的字迹,看出原稿的真实内容。"(隐迹稿本是涂掉原来的字迹、写上别的内容的一种羊皮稿本。)

"最简单、因而也是最常用的一种把资产负债表弄得令人捉摸不透的办法,是成立女儿公司或合并女儿公司,把一个统一的企业分成几部分。从各种合法的或非法的目的看来,这种办法的好处是十分明显的,所以现在不采用这种办法的大公司简直是一种例外。"①

作者举出了著名的电气总公司(即 A. E. G. ,这个公司我们以后还要讲到),作为极广泛地采用这种办法的最大垄断公司的例子。据 1912 年的计算,这个公司参与了 **175—200 个**公司,自然也就统治了这些公司,总共掌握了大约 **15 亿马克**的资本。②

好心的——即怀有维护和粉饰资本主义的好心的——教授和官员们用来吸引公众注意的种种有关监督、公布资产负债表、规定一定的资产负债表格式、设立监察机构等等的条例,在这里根本不能起什么作用。因为私有财产是神圣的,谁也不能禁止股票的买卖、交换和典押等等。

"参与制"在俄国大银行里发展到怎样的程度,可以根据欧·阿加德提供的材料作出判断。阿加德曾在俄华银行**342**任职 15年,他在 1914 年 5 月出版了一本书,书名不十分贴切,叫做《大银

---

① 路·埃施韦格《女儿公司》,见 1914 年《银行》杂志第 1 期第 545 页。
② 库尔特·海尼希《电力托拉斯之路》,见 1912 年《新时代》杂志**29**第 30 年卷第 2 册第 484 页。

行与世界市场》^①。作者把俄国大银行分为两大类:(**a**)"参与制"下的银行,(**b**)"独立的"银行,然而他把"独立"任意地解释为不依附于**国外**银行。作者又把第一类分为三小类:(1)德国参与的,(2)英国参与的,(3)法国参与的,即指分别属于这三个国家的最大的国外银行的"参与"和统治。作者把银行资本分为"生产性"的投资(投入工商业的)和"投机性"的投资(投入交易所业务和金融业务的),他抱着他那种小资产阶级改良主义的观点,认为在保存资本主义的条件下,似乎可以把第一种投资和第二种投资分开,并且消除第二种投资。

作者提供的材料如下:

各银行的资产(根据 1913 年 10—11 月的表报)

(单位百万卢布)

俄 国 银 行 种 类	所投的资本		
	生产性的	投机性的	共　　计
(a1)4 家银行:西伯利亚商业银行、俄罗斯银行、国际银行、贴现银行…	413.7	859.1	1 272.8
(a2)2 家银行:工商银行、俄英银行…	239.3	169.1	408.4
(a3)5 家银行:俄亚银行、圣彼得堡私人银行、亚速海—顿河银行、莫斯科联合银行、俄法商业银行……	711.8	661.2	1 373.0
(11 家银行)总　计……(a)=	1 364.8	1 689.4	3 054.2
(b)8 家银行:莫斯科商人银行、伏尔加—卡马银行、容克股份银行、圣彼得堡商业银行(前瓦韦尔贝尔格银行)、莫斯科银行(前里亚布申斯基银行)、莫斯科贴现银行、莫斯科商业银行、莫斯科私人银行……	504.2	391.1	895.3
(19 家银行)共　计…………	1 869.0	2 080.5	3 949.5

① 欧·阿加德《大银行与世界市场。从大银行对俄国国民经济和德俄两国关系的影响来看大银行在世界市场上的经济作用和政治作用》1914 年柏林版。

从这些材料看来,在近40亿卢布的大银行"活动"资本当中,有¾以上,即30多亿卢布属于实际上是作为国外银行的女儿公司的那些银行;它们主要是巴黎的银行(著名的三大银行:巴黎联合银行、巴黎荷兰银行、总公司)和柏林的银行(特别是德意志银行和贴现公司)。俄国两家最大的银行俄罗斯银行(俄国对外贸易银行)和国际银行(圣彼得堡国际商业银行),在1906—1912年间,把资本由4 400万卢布增加到9 800万卢布,把准备金由1 500万卢布增加到3 900万卢布,"其中有¾是德国的资本";前一家银行属于柏林德意志银行的康采恩,后一家银行属于柏林贴现公司的康采恩。善良的阿加德对于柏林的银行握有大部分股票而使俄国股东软弱无力,感到十分愤慨。自然,输出资本的国家总是捞到油水,例如柏林的德意志银行,在柏林发行西伯利亚商业银行的股票,把这些股票压存了一年,然后以193%的行情,即几乎高一倍的行情售出,"赚了"约600万卢布的利润,这就是希法亭所说的"创业利润"。

据该书作者计算,彼得堡各最大银行的全部"实力"为823 500万卢布,即将近82.5亿;同时作者又把各个国外银行的"参与",确切些说,各个国外银行的统治,划分如下:法国银行占55%,英国银行占10%,德国银行占35%。据作者计算,在这823 500万职能资本当中,有368 700万,即40%以上用于各辛迪加,即煤业公司、五金公司、石油工业辛迪加、冶金工业辛迪加、水泥工业辛迪加。可见,由于资本主义垄断组织的形成而造成的银行资本和工业资本的融合,在俄国也有了长足的进展。[343]

集中在少数人手里并且享有实际垄断权的金融资本,由于创办企业、发行有价证券、办理公债等等而获得大量的、愈来愈多的利润,巩固了金融寡头的统治,替垄断者向整个社会征收贡赋。下面是希法亭从美国托拉斯"经营"的无数实例中举出的一个例子：1887 年哈夫迈耶把 15 个小公司合并起来，成立了一个糖业托拉斯。这些小公司的资本总额为 650 万美元，而这个托拉斯的资本，按美国的说法，是"掺了水"的，竟估定为 5 000 万美元。这种"过度资本化"是预计到了将来的垄断利润的，正像美国的钢铁托拉斯预计到将来的垄断利润，就购买愈来愈多的蕴藏铁矿的土地一样。果然，这个糖业托拉斯规定了垄断价格，获得了巨额的收入，竟能为"掺水"**7 倍**的资本支付 10% 的股息，也就是**为创办托拉斯时实际投入的资本支付将近 70% 的股息**！到 1909 年，这个托拉斯的资本为 9 000 万美元。在 22 年内，资本增加了十倍以上。

　　法国的"金融寡头"的统治（《反对法国金融寡头》——利西斯一本名著的标题，1908 年出了第 5 版），只是在形式上稍有不同。4 家最大的银行在发行有价证券方面享有不是相对的垄断权，而是"绝对的垄断权"。事实上这是"大银行托拉斯"。垄断保证它们从发行证券获得垄断利润。在借债时，债务国所得到的通常不超过总额的 90% ；10% 被银行和其他中介人拿去了。银行从 4 亿法郎的中俄债券中得到 8% 的利润，从 8 亿法郎的俄国债券（1904 年）中得到 10% 的利润，从 6 250 万法郎的摩洛哥债券（1904 年）中得到 18.75% 的利润。资本主义的发展是从小规模的高利贷资本开始，而以大规模的高利贷资本结束。利西斯说："法国人是欧洲的高利贷者。"全部经济生活条件都由于资本主义的这种蜕化而发生深刻的变化。在人口、工商业和海运都发生停滞的情况下，"国家"却可以靠放高利贷发财。"代表 800 万法郎资本的 50 个人，能够支配 4 家银行的 **20 亿法郎**。"我们谈过的"参与"制度，也造成同样的结果：最大银行之一的总公司（Sociéte Générale）为女儿公司埃及精糖厂发行了 64 000 张债券。发行的行情是 150% ，就是说,银行在每一个卢布上赚了 50 个戈比。后来发现这个女儿公司的股息是虚拟的,这样就使"公众"损失了 9 000 万至 1 亿法郎;"总公司有一个经理是精糖厂的董事"。难怪这位作者不得不作出结论说:"法兰西共和国是金融君主国";"金融寡头统治一切,既控制着报刊,又控制着政府"。①

作为金融资本主要业务之一的有价证券发行业,盈利极大,对于金融寡头的发展和巩固起着重大的作用。德国的《银行》杂志写道:"在发行外国债券的时候担任中介人,能够获得很高的利润,国内没有任何一种生意能够获得哪怕是同它相近的利润。"②

"没有任何一种银行业务能够获得像发行业务那么高的利润。"根据《德国经济学家》杂志的材料,发行工业企业证券的利润每年平均如下:

1895 年——38.6%	1898 年——67.7%
1896 年——36.1%	1899 年——66.9%
1897 年——66.7%	1900 年——55.2%

"在 1891—1900 年的 10 年间,仅靠发行德国工业证券'赚到'的钱就有 **10 亿以上**。"③

在工业高涨时期,金融资本获得巨额利润,而在衰落时期,小企业和不稳固的企业纷纷倒闭,大银行就"参与"贱价收买这些企业,或者"参与"有利可图的"整理"和"改组"。在"整理"亏本的企业时,"把股份资本降低,也就是按照比较小的资本额来分配收

---

① 利西斯《反对法国金融寡头》1908 年巴黎第 5 版第 11、12、26、39、40、48 页。

② 1913 年《银行》杂志第 7 期第 630 页。

③ 施蒂利希的上述著作第 143 页和韦·桑巴特《19 世纪的德国国民经济》1909 年第 2 版第 526 页,附录 8。

入,以后就按照这个资本额来计算收入。如果收入降低到零,就吸收新的资本,这种新资本同收入比较少的旧资本结合起来,就能获得相当多的收入。"希法亭又补充道:"而且,所有这些整理和改组,对于银行有双重的意义:第一,这是有利可图的业务;第二,这是使经济拮据的公司依附于自己的好机会。"①

请看下面的例子。多特蒙德的联合矿业股份公司,是在1872年创办的。发行的股份资本将近4 000万马克,而在第一个年度获得12%的股息时,股票行情就涨到170%。金融资本捞到了油水,稍稍地赚了那么2 800万马克。在创办这个公司的时候,起主要作用的就是那个把资本很顺利地增加到3亿马克的德国最大的银行贴现公司。后来联合公司的股息降到了零。股东们只好同意"冲销"资本,也就是损失一部分资本,以免全部资本损失。经过多次"整理",在30年中,联合公司的账簿上消失了7 300多万马克。"现在,这个公司原先的股东们手里的股票价值,只有票面价值的5%了"②,而银行在每一次"整理"中却总是"赚钱"。

拿发展得很快的大城市近郊的土地来做投机生意,也是金融资本的一种特别盈利的业务。在这方面,银行的垄断同地租的垄断、也同交通运输业的垄断结合起来了,因为地价的上涨,以及土地能不能有利地分块出售等等,首先取决于同市中心的交通是否方便,而掌握交通运输业的,是通过参与制和分配经理职务同这些银行联系起来的大公司。结果就形成了《银行》杂志的撰稿人、专门研究土地买卖和抵押等业务的德国作家路·埃施韦格称做"泥潭"的局面:买卖城郊土地的狂热投机,建筑公司的倒闭(如柏林

---

① 《金融资本》第172页。
② 施蒂利希的上述著作第138页和利夫曼的上述著作第51页。

的波斯瓦—克诺尔公司的倒闭,这个公司靠了"最大最可靠的"德意志银行(Deutsche Bank)的帮助,弄到了1亿马克的巨款,而这家银行当然是通过"参与"制暗地里在背后进行了活动,结果银行"总共"损失了1 200万马克就脱身了),以及从空头的建筑公司那里一无所得的小业主和工人们的破产,同"廉洁的"柏林警察局和行政当局勾结起来把持颁发土地证和市议会建筑许可证的勾当,等等。①

欧洲的教授和善良的资产者一向装腔作势地对之表示痛心疾首的"美国风气",在金融资本时代简直成了各国各大城市流行的风气。

1914年初,在柏林传说要组织一个"运输业托拉斯",即由柏林的城市电气铁路公司、有轨电车公司和公共汽车公司这三个运输企业组成一个"利益共同体"。《银行》杂志写道:"当公共汽车公司的大部分股票转到其他两个运输公司手里的消息传出时,我们就知道有这种打算了。……完全可以相信,抱着这种目的的人希望通过统一调整运输业来节省一些费用,最终能使公众从中得到些好处。但是这个问题复杂化了,因为站在这个正在创建的运输业托拉斯背后的是这样一些银行,它们可以任意使自己所垄断的交通运输业服从自己的土地买卖的利益。只要回想一下下面这件事情,就会相信这种推测是十分自然的:在创办城市电气铁路公司的时候,鼓励创办该公司的那家大银行的利益就已经渗透进来了。就是说,这个运输企业的利益和土地买卖的利益交织在一起了。因为这条铁路的东线要经过银行的土地,当该路的建设已经

----

① 路·埃施韦格《泥潭》,见1913年《银行》杂志第952页;同上,1912年第1期第223页及以下各页。

有保证时,银行就把这些土地卖出去,使自己和几个合伙人获得了巨额的利润……"①

　　垄断既然已经形成,而且操纵着几十亿资本,它就绝对不可避免地要渗透到社会生活的**各个**方面去,而不管政治制度或其他任何"细节"如何。在德国经济著作中,通常是阿谀地赞美普鲁士官员的廉洁,而影射法国的巴拿马案件**344**或美国政界的贿赂风气。但是事实是,**甚至**专论德国银行业务的资产阶级书刊,也不得不经常谈到远远越出纯银行业务范围的事情,例如,针对官员们愈来愈多地转到银行去服务这件事,谈到了"钻进银行的欲望":"暗地里想在贝伦街〈柏林街名,德意志银行的所在地〉钻营一个肥缺的官员,他们的廉洁情况究竟怎样呢?"②《银行》杂志出版人阿尔弗勒德·兰斯堡在1909年写了《曲意逢迎的经济影响》一文,其中谈到威廉二世的巴勒斯坦之行,以及"此行的直接结果,即巴格达铁路**239**的建筑,这一不幸的'德意志进取精神的大事件',对于德国受'包围'一事应负的责任,比我们所犯的一切政治错误应负的责任还要大"(所谓"包围"是指爱德华七世力图孤立德国、用帝国主义的反德同盟圈来包围德国的政策)③。我们已经提过的这个杂志的撰稿人埃施韦格,在1911年写了一篇《财阀和官吏》的文章,揭露了一位德国官员弗尔克尔的事情。弗尔克尔当过卡特尔问题委员会的委员,并且很卖力气,不久以后他却在最大的卡特尔——钢铁辛迪加中得到了一个肥缺。这类决非偶然的事情,迫使这位资产阶级作家不得不承认说,"德国宪法所保证的经济自由,在经济生活的

---

① 《运输业托拉斯》,见1914年《银行》杂志第1期第89页。
② 《钻进银行的欲望》,见1909年《银行》杂志第1期第79页。
③ 同上,第301页。

许多方面,已经成了失去内容的空话",在现有的财阀统治下,"即使有最广泛的政治自由,也不能使我们免于变成非自由民的民族"①。

说到俄国,我们只举一个例子:几年以前,所有的报纸都登载过一个消息,说信用局局长达维多夫辞去了政府的职务,到一家大银行任职去了,按照合同,他在几年里所得的薪俸将超过100万卢布。信用局是个"统一全国所有信用机关业务"的机关,它给了首都各银行总数达8亿—10亿卢布的津贴。② ———

资本主义的一般特性,就是资本的占有同资本在生产中的运用相分离,货币资本同工业资本或者说生产资本相分离,全靠货币资本的收入为生的食利者同企业家及一切直接参与运用资本的人相分离。帝国主义,或者说金融资本的统治,是资本主义的最高阶段,这时候,这种分离达到了极大的程度。金融资本对其他一切形式的资本的优势,意味着食利者和金融寡头占统治地位,意味着少数拥有金融"实力"的国家处于和其余一切国家不同的特殊地位。至于这一过程进行到了怎样的程度,可以根据发行各种有价证券的统计材料来判断。

阿·奈马尔克在《国际统计研究所公报》③上发表了关于全世界发行证券的最详尽最完备的对照材料,后来这些材料曾屡次被经济学著作分别引用过。**346**现将4个10年中的总计分列如下:

10 年证券发行额(单位十亿法郎)

1871—1880 年 ·· 76. 1

---

① 1911 年《银行》杂志第 2 期第 825 页;1913 年第 2 期第 962 页。

② 欧·阿加德的上述著作第 202 页。

③ 《国际统计研究所公报》**345**1912 年海牙版第 19 卷第 2 册。第 2 栏关于各个小国家的材料,大致是按 1902 年的数目增加 20% 计算出来的。

1881—1890 年 ·· 64.5
1891—1900 年 ·· 100.4
1901—1910 年 ·· 197.8

在 19 世纪 70 年代,全世界证券发行总额增加了,特别是由于普法战争以及德国战后滥设投机公司时期发行债券而增加了。大体说来,在 19 世纪最后 3 个 10 年里,增加的速度比较起来还不算太快,直到 20 世纪的头 10 年才大为增加,10 年之内差不多增加了一倍。可见,20 世纪初,不仅在我们已经说过的垄断组织(卡特尔、辛迪加、托拉斯)的发展方面,而且在金融资本的增长方面,都是一个转折时期。

据奈马尔克计算,1910 年全世界有价证券的总额大约是8 150 亿法郎。他大致地减去了重复的数字,使这个数额缩小到5 750 亿至 6 000 亿法郎。下面是这个数额在各国分布的情形(这里取的总额是 6 000 亿):

1910 年有价证券数额(单位十亿法郎)

英国·········142	} 479	荷兰···············	12.5
美国·········132		比利时·············	7.5
法国·········110		西班牙·············	7.5
德国·········· 95		瑞士···············	6.25
俄国·········· 31		丹麦···············	3.75
奥匈帝国······· 24		瑞典、挪威、罗马尼亚等国·····	2.5
意大利········ 14		共计···············	600.0
日本·········· 12			

从这些数字一下子就可以看出,4 个最富的资本主义国家是多么突出,它们各有约 1 000 亿至 1 500 亿法郎的有价证券。在这4 个国家中有两个是最老的、殖民地最多的(这一点我们以下就要说到)资本主义国家——英国和法国,其余两个是在发展速度上

和资本主义垄断组织在生产中的普及程度上领先的资本主义国家——美国和德国。这4个国家一共有4 790亿法郎,约占全世界金融资本的80%。世界上其他各国,差不多都是这样或那样地成为这4个国家、这4个国际银行家、这4个世界金融资本的"台柱"的债务人和进贡者了。

现在,我们应当特别谈一下,资本输出在形成金融资本的依附和联系的国际网方面所起的作用。

四 资 本 输 出

对自由竞争占完全统治地位的旧资本主义来说,典型的是**商品输出**。对垄断占统治地位的最新资本主义来说,典型的则是**资本输出**。

资本主义是发展到最高阶段的商品生产,这时劳动力也成了商品。国内交换尤其是国际交换的发展,是资本主义的具有代表性的特征。在资本主义制度下,各个企业、各个工业部门和各个国家的发展必然是不平衡的,跳跃式的。起先,英国早于别国成为资本主义国家,到19世纪中叶,英国实行自由贸易,力图成为"世界工厂",由它供给各国成品,这些国家则供给它原料作为交换。但是英国的**这种**垄断,在19世纪最后的25年已经被打破了,因为当时有许多国家用"保护"关税来自卫,发展成为独立的资本主义国家。临近20世纪时,我们看到已经形成了另一种垄断:第一,所有发达的资本主义国家都有了资本家的垄断同盟;第二,少数积累了巨额资本的最富的国家处于垄断地位。在先进的国家里出现了大量的"过剩资本"。

　　假如资本主义能发展现在到处都远远落后于工业的农业，假如资本主义能提高在技术获得惊人进步的情况下仍然到处是半饥半饱、乞丐一般的人民大众的生活水平，那当然就不会有什么过剩资本了。用小资产阶级观点批评资本主义的人就常常提出这种"论据"。但是这样一来，资本主义就不成其为资本主义了，因为发展的不平衡和民众半饥半饱的生活水平，是这种生产方式的根本的、必然的条件和前提。只要资本主义还是资本主义，过剩的资本就不会用来提高本国民众的生活水平（因为这样会降低资本家的利润），而会输出国外，输出到落后的国家去，以提高利润。在这些落后国家里，利润通常都是很高的，因为那里资本少，地价比较贱，工资低，原料也便宜。其所以有输出资本的可能，是因为许多落后的国家已经卷入世界资本主义的流转，主要的铁路线已经建成或已经开始兴建，发展工业的起码条件已有保证等等。其所以有输出资本的必要，是因为在少数国家中资本主义"已经过度成熟"，"有利可图的"投资场所已经不够了（在农业不发达和群众贫困的条件下）。

　　下面是 3 个主要国家国外投资的大概数目①：

---

① 霍布森《帝国主义》1902 年伦敦版第 58 页；里塞尔的上述著作第 395 页和第 404 页；保·阿恩特的文章，见 1916 年《世界经济文汇》**347** 第 7 卷第 35 页；奈马尔克的文章，见公报；希法亭《金融资本》第 492 页；劳合-乔治 1915 年 5 月 4 日在下院的演说，见 1915 年 5 月 5 日《每日电讯》**348**；伯·哈尔姆斯《世界经济问题》1912 年耶拿版第 235 页及其他各页；齐格蒙德·施尔德尔博士《世界经济发展趋势》1912 年柏林版第 1 卷第 150 页；乔治·佩什《大不列颠……的投资》，见《皇家统计学会杂志》**241** 第 74 卷（1910—1911）第 167 页及以下各页；乔治·迪乌里奇《德国银行在国外的扩张及其同德国经济发展的联系》1909 年巴黎版第 84 页。

国外投资（单位十亿法郎）

年 份	英国	法国	德国
1862……………	3. 6	—	—
1872……………	15	10（1869 年）	—
1882……………	22	15（1880 年）	?
1893……………	42	20（1890 年）	?
1902……………	62	27—37	12. 5
1914……………	75—100	60	44

由此可见,资本输出是在 20 世纪初期才大大发展起来的。在大战前夜,3 个主要国家的国外投资已经达到 1 750 亿—2 000 亿法郎。按 5% 的低利率计算,这笔款额的收入一年可达 80 亿—100 亿法郎。这就是帝国主义压迫和剥削世界上大多数民族和国家的坚实基础,这就是极少数最富国家的资本主义寄生性的坚实基础!

这种国外投资在各国之间怎样分配,投在**什么地方**,对于这个问题只能作一个大概的回答,不过这个大概的回答也能说明现代帝国主义的某些一般的相互关系和联系:

国外投资在世界各洲分布的大概情况（1910 年前后）

	英国	法国（单位十亿马克）	德国	共计
欧洲…………………	4	23	18	45
美洲…………………	37	4	10	51
亚洲、非洲、澳洲………	29	8	7	44
总 计……	70	35	35	140

在英国,占第一位的是它的殖民地,它在美洲也有广大的殖民地（例如加拿大）,在亚洲等地就更不必说了。英国资本的大量输出,同大量的殖民地有最密切的联系。关于殖民地对帝国主义的意义,我们以后还要讲到。法国的情况不同。它的国外投资主要

是在欧洲,首先是在俄国(不下 100 亿法郎),并且多半是**借贷**资本即公债,而不是对工业企业的投资。法国帝国主义与英国殖民帝国主义不同,可以叫做高利贷帝国主义。德国又是另一种情况,它的殖民地不多,它的国外投资在欧美两洲之间分布得最平均。

资本输出在那些输入资本的国家中对资本主义的发展发生影响,大大加速这种发展。因此,如果说资本输出会在某种程度上引起输出国发展上的一些停滞,那也一定会有扩大和加深资本主义在全世界的进一步发展作为补偿的。

输出资本的国家几乎总有可能获得一定的"利益",这种利益的性质也就说明了金融资本和垄断组织的时代的特性。例如柏林的《银行》杂志在 1913 年 10 月写道:

"在国际的资本市场上,近来正在上演一出可以和阿里斯托芬的作品相媲美的喜剧。国外的很多国家,从西班牙到巴尔干,从俄国到阿根廷、巴西和中国,都在公开或秘密地向巨大的货币市场要求贷款,有时还要求得十分急迫。现在货币市场上的情况并不怎么美妙,政治前景也未可乐观。但是没有一个货币市场敢于拒绝贷款,唯恐邻居抢先同意贷款而换得某种报酬。在缔结这种国际契约时,债权人几乎总要占点便宜:获得贸易条约上的让步,开设煤站,建设港口,得到利益丰厚的租让,接受大炮订货。"①

金融资本造成了垄断组织的时代。而垄断组织则到处实行垄断的原则:利用"联系"来订立有利的契约,以代替开放的市场上的竞争。最常见的是,规定拿一部分贷款来购买债权国的产品,尤其是军用品、轮船等等,作为贷款的条件。法国在最近 20 年中(1890—1910 年)常常采用这种手段。资本输出成了鼓励商品输

---

① 1913 年《银行》杂志第 2 期第 1024—1025 页。

出的手段。在这种情况下,特别大的企业之间订立的契约,按照施尔德尔"婉转的"说法①,往往"接近于收买"。德国的克虏伯、法国的施奈德、英国的阿姆斯特朗,就是同大银行和政府关系密切、在缔结债约时不容易"撇开"的公司的典型。

法国贷款给俄国的时候,在1905年9月16日缔结的贸易条约上"压了"一下俄国,使俄国直到1917年为止作出相当的让步;在1911年8月19日同日本缔结贸易条约时,也是如此。奥地利同塞尔维亚的关税战争从1906年开始,一直继续到1911年,中间只有7个月的休战,这次关税战争部分是由奥地利和法国在供应塞尔维亚军用物资方面的竞争引起的。1912年1月,保尔·德沙内尔在议会里说,法国公司在1908—1911年间供给塞尔维亚的军用物资,价值达4 500万法郎。

奥匈帝国驻圣保罗(巴西)领事在报告中说:"巴西修筑铁路,大部分用的是法、比、英、德的资本;这些国家在办理有关修筑铁路的金融业务时已规定由它们供应铁路建筑材料。"

这样,金融资本的密网可以说确实是布满了全世界。在这方面起了很大作用的,是设在殖民地的银行及其分行。德国帝国主义者看到"老的"殖民国家在这方面特别"成功",真是羡慕之至。在1904年,英国有50家殖民地银行和2 279个分行(1910年有72家银行和5 449个分行),法国有20家殖民地银行和136个分行,荷兰有16家殖民地银行和68个分行,而德国"总共只有"13家殖民地银行和70个分行。② 美国资本家则羡慕英德两国的资本家,他们在1915年诉苦说:"在南美,5家德国银行有40个分行,5家英国银

---

① 施尔德尔的上述著作第346、350、371页。
② 里塞尔的上述著作第4版第375页和迪乌里奇的上述著作第283页。

行有 70 个分行……　最近 25 年来,英德两国在阿根廷、巴西和乌拉圭投资约 40 亿美元,从而支配了这 3 个国家全部贸易的 46%。"[①]

输出资本的国家已经把世界瓜分了,那是就瓜分一词的转义而言的。但是,金融资本还导致对世界的**直接的**瓜分。

五　资本家同盟瓜分世界

资本家的垄断同盟卡特尔、辛迪加、托拉斯,首先瓜分国内市场,把本国的生产差不多完全掌握在自己手里。但是在资本主义制度下,国内市场必然是同国外市场相联系的。资本主义早已造成了世界市场。所以随着资本输出的增加,随着最大垄断同盟的国外联系、殖民地联系和"势力范围"的极力扩大,这些垄断同盟就"自然地"走向达成世界性的协议,形成国际卡特尔。

这是全世界资本和生产集中的一个新的、比过去高得多的阶段。我们来看看这种超级垄断是怎样生长起来的。

电力工业是最能代表最新技术成就,代表 19 世纪**末**、20 世纪初的资本主义的一个工业部门。它在美国和德国这两个最先进的新兴资本主义国家里最发达。在德国,1900 年的危机对这个部门集中程度的提高发生了特别巨大的影响。在此之前已经同工业相当紧密地长合在一起的银行,在这个危机时期极大地加速和加深了较小企业的毁灭和它们被大企业吞并的过程。耶德尔斯写道:

---

① 1915 年 5 月《美国政治和社会科学学院年刊》**349** 第 59 卷第 301 页。在这卷第 331 页上又写着:据著名的统计学家佩什在最近一期的金融周报《统计学家报》**350** 上的计算,英、德、法、比、荷 5 国输出的资本总额是 400 亿美元,等于 2 000 亿法郎。

"银行停止援助的正是那些最需要援助的企业,这样就使那些同银行联系不够密切的公司,起初虽有蓬勃的发展,后来却遭到了无法挽救的破产。"①

结果,在1900年以后,集中有了长足的进展。1900年以前,电力工业中有七八个"集团",每个集团都由几个公司组成(总共有28个公司),这些集团背后各有2至11家银行。到1908—1912年时,所有这些集团已合并成两个甚至一个集团了。这个过程如下:

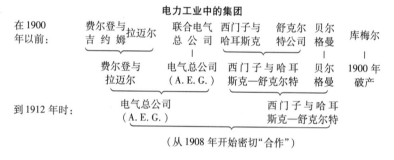

电力工业中的集团

在1900年以前：费尔登与吉约姆｜拉迈尔　　联合电气总公司｜　　西门子与哈耳斯克　　舒克尔特公司　　贝尔格曼　　库梅尔

费尔登与拉迈尔　　电气总公司(A.E.G.)　　西门子与哈耳斯克—舒克尔特　　贝尔格曼　　1900年破产

到1912年时：电气总公司(A.E.G.)　　西门子与哈耳斯克—舒克尔特

(从1908年开始密切"合作")

这样生长起来的著名的电气总公司(A.E.G.)统治着175—200个公司(通过"参与"制度),总共支配着约15亿马克的资本。单是它在国外的直接代表机构就有34个,其中有12个是股份公司,分设在10多个国家中。早在1904年,德国电力工业在国外的投资就有23 300万马克,其中有6 200万投在俄国。不言而喻,这个电气总公司是一个大型的"联合"企业,单是它的制造公司就有16个,制造各种各样的产品,从电缆和绝缘体,直到汽车和飞行器为止。

但是,欧洲的集中也就是美国集中过程的一个组成部分。当时的情况如下:

----

① 耶德尔斯的上述著作第232页。

	通用电气公司（General Electric Co）	
美国	汤普逊-霍斯东公司在欧洲创设了一个公司	爱迪生公司在欧洲创设了法国爱迪生公司，后者又把发明专利权转让给德国公司
德国	联合电气公司	电气总公司（A.E.G.）
	电气总公司（A.E.G.）	

于是形成了**两个**电力"大国"。海尼希在他的《电力托拉斯之路》一文中写道："世界上没有一个**完全**不依赖它们的电力公司。"关于这两个"托拉斯"的周转额和企业规模，下列数字可以使我们得到某种（远非完整的）概念：

	商品周转额（单位百万马克）	职员人数	纯　利（单位百万马克）
美国的通用电气公司（G.E.C.）…………	1907 年：252 1910 年：298	2 8000 3 2000	35.4 45.6
德国的电气总公司（A.E.G.）…………	1907 年：216 1911 年：362	30 700 60 800	14.5 21.7

1907 年，美德两国的托拉斯订立了瓜分世界的协定。竞争消除了。通用电气公司（G.E.C.）"获得了"美国和加拿大，电气总公司（A.E.G.）"分得了"德国、奥地利、俄国、荷兰、丹麦、瑞士、土耳其和巴尔干。还就女儿公司渗入新的工业部门和"新的"即尚未正式被瓜分的国家问题，订立了单独的（当然是秘密的）协定。此外还规定要互相交换发明和试验结果。①

这种实际上是统一的世界性托拉斯，支配着几十亿资本，在世

---

① 里塞尔的上述著作；迪乌里奇的上述著作第 239 页；库尔特·海尼希的上述文章。

界各地有"分支机构"、代表机构、代办处以及种种联系等等,要同这种托拉斯竞争,自然是十分困难的。但是,这两个强大的托拉斯瓜分世界的事实,当然并不排除对世界的**重新瓜分**,如果实力对比由于发展不平衡、战争、崩溃等等而发生变化的话。

煤油工业提供了企图实行这种重新瓜分,为重新瓜分而斗争的一个大有教益的例子。

耶德尔斯在1905年写道:"世界的煤油市场直到现在还被两大金融集团分占着:一个是洛克菲勒的美国煤油托拉斯(美孚油公司),一个是俄国巴库油田的老板路特希尔德和诺贝尔。这两个集团彼此有密切的联系,但是几年以来,它们的垄断地位一直受到五大敌人的威胁"①:(1)美国石油资源的枯竭;(2)巴库的曼塔舍夫公司的竞争;(3)奥地利的石油资源;(4)罗马尼亚的石油资源;(5)海外的石油资源,特别是荷兰殖民地的石油资源(极富足的塞缪尔公司和壳牌公司,它们同英国资本也有联系)。后面三个地区的企业是同最大的德意志银行为首的那些德国大银行有联系的。这些银行为了拥有"自己的"据点而有计划地独自发展煤油工业,例如在罗马尼亚。在罗马尼亚的煤油工业中,1907年有外国资本18 500万法郎,其中德国资本占7 400万。②

斗争开始了,这个斗争在经济著作中就叫做"瓜分世界"的斗争。一方面,洛克菲勒的煤油托拉斯想夺取**一切**,就在荷兰**本土**办了一个女儿公司,收买荷属印度③的石油资源,想以此来打击自己的主要敌人——英荷壳牌托拉斯。另一方面,德意志银行和其他

---

① 耶德尔斯的著作第192—193页。
② 迪乌里奇的著作第245—246页。
③ 即今印度尼西亚。——编者注

柏林银行力求把罗马尼亚"保持"在"自己手里",使罗马尼亚同俄国联合起来反对洛克菲勒。洛克菲勒拥有大得多的资本,又拥有运输煤油和供应煤油给消费者的出色的组织。斗争的结果势必是德意志银行完全失败,它果然在1907年完全失败了,这时德意志银行只有两条出路:或者是放弃自己的"煤油利益",损失数百万;或者是屈服。结果德意志银行选择了后者,同煤油托拉斯订立了一项对自己很不利的合同。按照这项合同,德意志银行保证"不做任何损害美国利益的事情",但同时又规定,如果德国通过国家煤油垄断法,这项合同即告失效。

于是一出"煤油喜剧"开演了。德国金融大王之一、德意志银行的经理冯·格温纳,通过自己的私人秘书施陶斯发动了一场主张煤油垄断的宣传。这家最大的柏林银行的整个庞大机构、一切广泛的"联系"都开动起来了,报刊上一片声嘶力竭的反对美国托拉斯"压制"的"爱国主义"叫喊声。1911年3月15日,帝国国会几乎是一致地通过了请政府制定煤油垄断法案的决议。政府欣然接受了这个"受众人欢迎的"主张。于是,德意志银行旨在欺骗它的美国对手并用国家垄断来振兴自己业务的这场赌博,好像是已经赢了。德国煤油大王已经做着一种获得不亚于俄国糖厂主的大量利润的美梦……　但是,第一,德国各大银行在分赃上彼此发生了争吵,贴现公司揭露了德意志银行的自私自利;第二,政府害怕同洛克菲勒斗争,因为德国是否能不通过洛克菲勒而获得煤油,还很成问题(罗马尼亚的生产率不高);第三,1913年,正赶上德国要拨款10亿来准备战争。垄断法案搁下来了。斗争的结果是,洛克菲勒的煤油托拉斯暂时获得了胜利。

柏林的《银行》杂志关于这点写道,德国只有实行电力垄断,用水力发出廉价的电力,才能同煤油托拉斯斗争。这个杂志又说:

但是,"电力垄断只有在生产者需要的时候才会实现,也就是说,只有在下一次电力工业大崩溃逼近、各私营电力工业康采恩现在在各处修建的已经从市政府和国家等等方面获得了某些垄断权的那些成本高的大电站不能获利的时候,才会实现。到那时候就只好使用水力;但是用水力发出廉价的电力也不能靠国家出钱来办,还是要交给'受国家监督的私人垄断组织'去经营,因为私营工业已经订立了许多契约……争得了巨额的补偿…… 以前钾碱的垄断是如此,现在煤油的垄断是如此,将来电力的垄断也是如此。我们那些被美妙的原则迷住了的国家社会主义者,现在总该明白:德国的垄断组织从来没有抱定过这样的目的,也没有达到过这样的结果,即为消费者带来好处或者哪怕是交给国家一部分企业利润,它们仅仅是为了用国家的钱来振兴快要破产的私营工业罢了。"①

德国资产阶级经济学家不得不作出这种宝贵的供认。这里我们清楚地看到,在金融资本时代,私人垄断组织和国家垄断组织是交织在一起的,实际上这两种垄断组织都不过是最大的垄断者之间为瓜分世界而进行的帝国主义斗争中的一些环节而已。

在商轮航运业中,集中的巨大发展也引起了对世界的瓜分。德国形成了两个最大的公司,即汉堡—美洲包裹投递股份公司和北德劳埃德公司,它们各有资本 2 亿马克(股票和债券),各有价值 18 500 万—18 900 万马克的轮船。另一方面,美国在 1903 年 1 月 1 日成立了所谓摩根托拉斯,即国际商轮公司,由美英两国的 9 个轮船公司合并而成,拥有资本 12 000 万美元(48 000 万马克)。就在 1903 年,两家德国大公司和这个美英托拉斯签订了一项为瓜分利润而瓜分世界的合同。德国的公司在英美之间的航线上退出

① 1912 年《银行》杂志第 2 期第 629、1036 页;1913 年第 1 期第 388 页。

了竞争。合同明确地规定了哪些港口"归"谁"使用",并且设立了一个共同的监察委员会等等。合同期定为 20 年,同时规定了一个附带条款:一旦发生战争,该合同即告废止。①

国际钢轨卡特尔形成的历史,也是大有教益的。早在 1884 年工业极为衰落的时候,英国、比利时、德国三国的钢轨制造厂就作过组织这种卡特尔的第一次尝试。它们议定不在缔约各国的国内市场上竞争,国外市场则按下列比例瓜分:英国占 66%,德国占 27%,比利时占 7%。印度完全归英国。对于一个没有参加缔结协议的英国公司,它们就合力进攻,其耗费由出售总额中拿出一部分来补偿。但是到了 1886 年,有两个英国公司退出了同盟,这个同盟也就瓦解了。值得注意的是,在后来几次工业高涨时期,始终没有达成过协议。

1904 年初,德国成立了钢铁辛迪加。1904 年 11 月,国际钢轨卡特尔又按下列比例恢复起来了:英国占 53.5%;德国占 28.83%;比利时占 17.67%。后来法国也加入了,它在第一、第二、第三年中所占份额分别为 4.8%、5.8%、6.4%,这是在 100% 以外,即以 104.8% 等等为基数的。1905 年,又有美国的钢铁托拉斯(钢铁公司)加入,随后奥地利和西班牙也加入了。福格尔施泰因在 1910 年写道:"现在,地面已经分完了,于是那些大用户,首先是国营铁路——既然世界已经被瓜分完毕而没有照顾它们的利益——,就可以像诗人一样生活在丘必特的天宫里了。"②

还要提一提 1909 年成立的国际锌业辛迪加,它把生产量在德、比、法、西、英五国的工厂集团之间作了明确的分配;还有国际火药托拉斯,用利夫曼的话来说,它是"德国所有炸药厂的最新式

---

① 里塞尔的上述著作第 125 页。
② 福格尔施泰因《组织形式》第 100 页。

的紧密同盟,后来这些炸药厂与法美两国用同样的方法组织起来的代那买特炸药工厂一起,可以说是共同瓜分了整个世界"①。

据利夫曼统计,德国所参加的国际卡特尔,在 1897 年共有将近 40 个,到 1910 年就已经接近 100 个了。

有些资产阶级作家(现在卡·考茨基也加入了他们的行列,他完全背叛了像他在 1909 年所采取的那种马克思主义的立场)认为,国际卡特尔作为资本国际化的最突出的表现之一,给人们带来了在资本主义制度下各民族间实现和平的希望。这种意见在理论上是十分荒谬的,在实践上则是一种诡辩,是用欺骗的手段为最恶劣的机会主义辩护。国际卡特尔表明了现在资本主义垄断组织已经发展到怎样的程度,资本家同盟是**为了什么**而互相斗争。后面这一点是最重要的,只有它才能向我们说明当前发生的事情的历史经济意义,因为斗争的**形式**由于各种比较局部的和暂时的原因,可能发生变化,而且经常在发生变化,但是,只要阶级存在,斗争的**实质**,斗争的阶级**内容**,是始终**不会**改变的。很明显,掩饰现代经济斗争的**内容**(瓜分世界),而强调这个斗争的这种或那种**形式**,这是符合比如说德国资产阶级的利益的(考茨基在理论见解方面实质上已经转到德国资产阶级那边去了,这点我们以后还要说到)。考茨基也犯了同样的错误。这里所说的当然不是德国资产阶级,而是全世界的资产阶级。资本家瓜分世界,并不是因为他们的心肠特别狠毒,而是因为集中已经达到这样的阶段,使他们不得不走上这条获取利润的道路;而且他们是"按资本"、"按实力"来瓜分世界的,在商品生产和资本主义制度下也不可能有其他的瓜分方法。实力则是随经济和政治的发展而变化的;要了解当前发

---

① 利夫曼《卡特尔与托拉斯》第 2 版第 161 页。

生的事情,就必须知道哪些问题要由实力的变化来解决,至于这些变化是"纯粹"经济的变化,还是**非**经济的(例如军事的)变化,却是次要的问题,丝毫不能改变对于资本主义最新时代的基本观点。拿资本家同盟互相进行斗争和订立契约的形式(今天是和平的,明天是非和平的,后天又是非和平的)问题来偷换斗争和协议的**内容**问题,就等于堕落成诡辩家。

最新资本主义时代向我们表明,资本家同盟之间**在**从经济上瓜分世界的**基础**上形成了一定的关系,而与此同时,与此相联系,各个政治同盟、各个国家之间在从领土上瓜分世界、争夺殖民地、"争夺经济领土"的基础上也形成了一定的关系。

六 大国瓜分世界

地理学家亚·苏潘在他的一本论述"欧洲殖民地的扩展"的书[1]中,对19世纪末的这种扩展情况,作了如下简短的总结:

属于欧洲殖民大国(包括美国在内)的土地面积所占的百分比

	1876 年	1900 年	增减数
在非洲………………	10.8%	90.4%	+79.6%
在波利尼西亚………	56.8%	98.9%	+42.1%
在亚洲………………	51.5%	56.6%	+5.1%
在澳洲………………	100.0%	100.0%	—
在美洲………………	27.5%	27.2%	-0.3%

苏潘得出结论说:"可见,这个时期的特点是瓜分非洲和波利尼西亚。"因为在亚洲和美洲,无主的土地,即不属于任何国家的

---

[1] 亚·苏潘《欧洲殖民地的扩展》1906 年版第 254 页。

土地已经没有了,所以应当扩大苏潘的结论,应当说,我们所考察的这个时期的特点是世界瓜分完毕。所谓完毕,并不是说不可能**重新瓜分**了——相反,重新瓜分是可能的,并且是不可避免的——,而是说在资本主义各国的殖民政策之下,我们这个行星上无主的土地都被霸占**完了**。世界已第一次被瓜分完毕,所以以后**只能**是重新瓜分,也就是从一个"主人"转归另一个"主人",而不是从无主的变为"有主的"。

可见,我们是处在一个同"资本主义发展的最新阶段"即金融资本密切联系的世界殖民政策的特殊时代。因此,首先必须较详细地研究一下实际材料,以便尽量确切地弄清楚这个时代和先前各个时代有什么不同,现在的情况究竟怎样。这里,首先就产生了两个事实问题:殖民政策的加强,争夺殖民地斗争的尖锐化,是不是恰好在金融资本时代出现的,在这方面,现在世界瓜分的情况究竟怎样。

美国作家莫里斯在他写的一本关于殖民史的著作中[①],对英、法、德三国在 19 世纪各个时期的殖民地面积的材料作了归纳。[351]现在把他所得出的结果简单列表如下:

殖 民 地 面 积

	英 国		法 国		德 国	
	面积	人口	面积	人口	面积	人口
	(单位百万	(单位	(单位百万	(单位	(单位百万	(单位
	平方英里)	百万)	平方英里)	百万)	平方英里)	百万)
年 份						
1815—1830 年	?	126.4	0.02	0.5	—	—
1860 年	2.5	145.1	0.2	3.4	—	—
1880 年	7.7	267.9	0.7	7.5	—	—
1899 年	9.3	309.0	3.7	56.4	1.0	14.7

---

① 亨利·C.莫里斯《殖民史》1900 年纽约版第 2 卷第 88 页;第 1 卷第 419 页;第 2 卷第 304 页。

英国特别加紧夺取殖民地是在 1860—1880 年这个时期,而且在 19 世纪最后 20 年还在大量地夺取。法德两国加紧夺取殖民地也正是在这 20 年间。我们在上面已经看到,垄断前的资本主义,即自由竞争占统治的资本主义,发展到顶点的时期是 19 世纪 60 年代和 70 年代。现在我们又看到,**正是在这个时期以后**,开始了夺取殖民地的大"高潮",瓜分世界领土的斗争达到了极其尖锐的程度。所以,毫无疑问,资本主义向垄断资本主义阶段的过渡,即向金融资本的过渡,**是同瓜分世界的斗争的尖锐化联系着的**。

霍布森在论述帝国主义的著作中,把 1884—1900 年这个时期划为欧洲主要国家加紧"扩张"(扩大领土)的时期。据他计算,在这个时期,英国夺得了 370 万平方英里的土地和 5 700 万人口,法国 360 万平方英里的土地和 3 650 万人口,德国 100 万平方英里的土地和 1 470 万人口,比利时 90 万平方英里的土地和 3 000 万人口,葡萄牙 80 万平方英里的土地和 900 万人口。在 19 世纪末,特别是自 19 世纪 80 年代以来,各资本主义国家拼命争夺殖民地,已是外交史和对外政策史上众所周知的事实。

在 1840—1860 年英国自由竞争最兴盛的时期,英国居于领导地位的资产阶级政治家是**反对**殖民政策的,他们认为殖民地的解放和完全脱离英国,是一件不可避免而且有益的事情。麦·贝尔在 1898 年发表的一篇论述"现代英国帝国主义"的文章①中指出,在 1852 年的时候,像迪斯累里这样一个一般说来是倾向于帝国主义的英国政治家,尚且说过:"殖民地是吊在我们脖子上的磨盘。"而到 19 世纪末,成为英国风云人物的,已经是公开鼓吹帝国主义、肆无忌惮地实行帝国主义政策的塞西尔·罗得斯和约瑟夫·

---

①　1898 年《新时代》杂志第 16 年卷第 1 册第 302 页。

张伯伦了!

　　值得注意的是,这些居于领导地位的英国资产阶级政治家当时就清楚地看到现代帝国主义的所谓纯粹经济根源和社会政治根源之间的联系。张伯伦鼓吹帝国主义是"正确、明智和经济的政策",他特别举出目前英国在世界市场上遇到的来自德国、美国、比利时的竞争。资本家说,挽救的办法是实行垄断,于是就创办卡特尔、辛迪加、托拉斯。资产阶级的政治领袖随声附和说,挽救的办法是实行垄断,于是就急急忙忙地去夺取世界上尚未瓜分的土地。据塞西尔·罗得斯的密友新闻记者斯特德说,1895 年罗得斯曾经同他谈到自己的帝国主义的主张,罗得斯说:"我昨天在伦敦东头〈工人区〉参加了一个失业工人的集会。我在那里听到了一片狂叫'面包,面包!'的喊声。在回家的路上,我反复思考着看到的情景,结果我比以前更相信帝国主义的重要了…… 我的一个夙愿就是解决社会问题,就是说,为了使联合王国 4 000 万居民免遭流血的内战,我们这些殖民主义政治家应当占领新的土地,来安置过剩的人口,为工厂和矿山生产的商品找到新的销售地区。我常常说,帝国就是吃饭问题。要是你不希望发生内战,你就应当成为帝国主义者。"①

　　百万富翁、金融大王、英布战争的罪魁塞西尔·罗得斯在 1895 年就是这样讲的。他对帝国主义的辩护只是比较粗俗,比较肆无忌惮,而实质上和马斯洛夫、休特古姆、波特列索夫、大卫诸先生以及那位俄国马克思主义创始人352等等的"理论"并没有什么不同。塞西尔·罗得斯是个比较诚实一点的社会沙文主义者……

　　为了对世界领土的瓜分情况和近几十年来这方面的变化作一

―――――――――

① 1898 年《新时代》杂志第 16 年卷第 1 册第 304 页。

个尽可能确切的描述,我们要利用苏潘在上述那部关于世界各大国殖民地问题的著作中提供的综合材料。苏潘选的是 1876 年和 1900 年,我们则选用 1876 年(这一年选得很恰当,因为正是到这个时候,垄断前阶段的西欧资本主义的发展,整个说来可以算是完成了)和 1914 年(用许布纳尔的《地理统计表》上的比较新的数字来代替苏潘的数字)。苏潘只列出了殖民地;我们认为,把关于非殖民国家和半殖民地的简略数字补充进去,对描绘瓜分世界的全貌是有益的。我们把波斯、中国和土耳其列入半殖民地,其中第一个国家差不多已经完全变成了殖民地,第二个和第三个国家正在变成殖民地。**353**

　　结果如下:

大国的殖民地
(面积单位百万平方公里,人口单位百万)

	殖民地				宗主国		共计	
	1876 年		1914 年		1914 年		1914 年	
	面积	人口	面积	人口	面积	人口	面积	人口
英国………	22.5	251.9	33.5	393.5	0.3	46.5	33.8	440.0
俄国………	17.0	15.9	17.4	33.2	5.4	136.2	22.8	169.4
法国………	0.9	6.0	10.6	55.5	0.5	39.6	11.1	95.1
德国………	—	—	2.9	12.3	0.5	64.9	3.4	77.2
美国………	—	—	0.3	9.7	9.4	97.0	9.7	106.7
日本………	—	—	0.3	19.2	0.4	53.0	0.7	72.2
6 个大国总计	40.4	273.8	65.0	523.4	16.5	437.2	81.5	960.6
其余大国(比利时、荷兰等)的殖民地 ………………							9.9	45.3
半殖民地(波斯、中国、土耳其) ………………							14.5	361.2
其余国家 ………………							28.0	289.9
全　球………………							133.9	1 657.0

　　我们从这里清楚看到在 19 世纪和 20 世纪之交世界被瓜分"完毕"的情况。1876 年以后,殖民地有极大的扩张:6 个最大的

大国的殖民地增加了一半以上,由 4 000 万平方公里增加到 6 500 万平方公里,增加了 2 500 万平方公里,比各宗主国的面积(1 650 万)多一半。有 3 个大国在 1876 年根本没有殖民地,另一个大国法国,当时也差不多没有。到 1914 年,这 4 个大国获得的殖民地面积为 1 410 万平方公里,即大致比欧洲面积还大一半,这些殖民地的人口差不多有 1 亿。殖民地的扩张是非常不平衡的。例如拿面积和人口都相差不远的法、德、日三国来比较,就可以看出,法国的殖民地(按面积来说)几乎比德日两国殖民地的总和多两倍。不过在我们所谈的这个时代的初期,法国金融资本的数量大概也比德日两国的总和多几倍。除纯粹的经济条件而外,地理和其他条件也在这些经济条件的基础上影响到殖民地的大小。近几十年来,在大工业、交换和金融资本的压力下,世界的均等化,即各国经济条件与生活条件的平均化,虽然进展得很快,但差别还是不小的。在上述 6 个国家中,我们看到,一方面有年轻的进步非常快的资本主义国家(美、德、日),另一方面有近来进步比前面几国慢得多的老的资本主义国家(法、英),另外还有一个经济上最落后的国家(俄国),这个国家的现代资本帝国主义可以说是被前资本主义关系的密网紧紧缠绕着。

除大国的殖民地以外,我们还列进了小国的小块殖民地。这些殖民地可以说是可能发生而且极可能发生的对殖民地的"重新瓜分"的最近目标。这些小国能够保持自己的殖民地,主要是因为大国之间存在着利益上的对立,存在着摩擦等等,妨碍了它们达到分赃的协议。至于"半殖民地"国家,它们是自然界和社会一切领域常见的过渡形式的例子。金融资本是一种存在于一切经济关系和一切国际关系中的巨大力量,可以说是起决定作用的力量,它甚至能够支配而且实际上已经支配着一些政治上完全独立的国家;这种例子我们马上就要讲到。不过,对金融资本最"方便"最有利的当然是使从属的国家和民族丧失政治独立**这样的**支配。半殖民地国家是这方面的"中间"形式的典型。显然,在金融资本时代,当世界上其他地方已经瓜分完毕的时候,争夺这些半附属国的斗争也就必然特别尖锐起来。

殖民政策和帝国主义在资本主义最新阶段以前,甚至在资本主义以前就已经有了。以奴隶制为基础的罗马就推行过殖民政策,实行过帝国主义。但是,"泛泛地"谈论帝国主义而忘记或忽视社会经济形态的根本区别,必然会变成最空洞的废话或吹嘘,就像把"大罗马和大不列颠"相提并论那样①。就是资本主义**过去各阶段的**资本主义殖民政策,同金融资本的殖民政策也是有重大差别的。

最新资本主义的基本特点是最大企业家的垄断同盟的统治。当这种垄断组织独自霸占了**所有**原料产地的时候,它们就巩固无比了。我们已经看到,资本家国际同盟怎样拼命地致力于剥夺对方进行竞争的一切可能,收买譬如蕴藏铁矿的土地或石油资源等等。只有占领殖民地,才能充分保证垄断组织自如地应付同竞争者的斗争中的各种意外事件,包括对方打算用国家垄断法来实行自卫这样的意外事件。资本主义愈发达,原料愈感缺乏,竞争和追逐全世界原料产地的斗争愈尖锐,抢占殖民地的斗争也就愈激烈。

施尔德尔写道:"可以作出一个在某些人看来也许是怪诞不经的论断,就是说,城市人口和工业人口的增长,在较近的将来与其说会遇到食品缺乏的障碍,远不如说会遇到工业原料缺乏的障碍。"例如木材(它变得日益昂贵)、皮革和纺织工业原料,都愈来

---

① 查·普·卢卡斯《大罗马和大不列颠》1912 年牛津版,或克罗美尔伯爵《古代帝国主义和现代帝国主义》1910 年伦敦版。

愈缺乏。"工业家同盟企图在整个世界经济的范围内造成农业和工业的平衡;1904 年几个主要工业国家的棉纺业工厂主同盟成立的国际同盟就是一个例子;后来在 1910 年,欧洲麻纺业厂主同盟也仿照它成立了一个同盟。"①

当然,资产阶级改良主义者,其中尤其是现在的考茨基主义者,总是企图贬低这种事实的意义,说不用"代价很大而且很危险的"殖民政策就"可以"在自由市场上取得原料,说"简单地"改善一下一般农业的条件就"可以"大大增加原料的供应。但是,这样说就成了替帝国主义辩护,替帝国主义涂脂抹粉,因为这样说就是忘记了最新资本主义的主要特点——垄断。自由市场愈来愈成为过去的事情,垄断性的辛迪加和托拉斯一天天地缩小自由市场,而"简单地"改善一下农业条件,就得改善民众的处境,提高工资,减少利润。可是,除了在甜蜜的改良主义者的幻想里,哪里会有能够关心民众的处境而不关心夺取殖民地的托拉斯呢?

对于金融资本来说,不仅已经发现的原料产地,而且可能有原料的地方,都是有意义的,因为当代技术发展异常迅速,今天无用的土地,要是明天找到新的方法(为了这个目的,大银行可以配备工程师和农艺师等等去进行专门的考察),要是投入大量资本,就会变成有用的土地。矿藏的勘探,加工和利用各种原料的新方法等等,也是如此。因此,金融资本必然力图扩大经济领土,甚至一般领土。托拉斯估计到将来"可能获得的"(而不是现有的)利润,估计到将来垄断的结果,把自己的财产按高一两倍的估价资本化;同样,金融资本也估计到可能获得的原料产地,唯恐在争夺世界上尚未瓜分的最后几块土地或重新瓜分已经瓜分了的一些土地的疯

---

① 施尔德尔的上述著作第38—42 页。

狂斗争中落后于他人,总想尽量夺取更多的土地,不管这是一些什
么样的土地,不管这些土地在什么地方,也不管采取什么手段。

英国资本家用尽一切办法竭力在**自己的**殖民地埃及发展棉花
生产(1904 年埃及的 230 万公顷耕地中,就有 60 万公顷,即¼以上
用来种植棉花),俄国资本家在**自己的**殖民地土耳其斯坦也这样
做,因为这样他们就能较容易地打败外国的竞争者,较容易地垄断
原料产地,成立一个实行"联合"生产、包揽棉花种植和加工的**各
个阶段**的、更经济更盈利的纺织业托拉斯。

资本输出的利益也同样地在推动人们去夺取殖民地,因为在
殖民地市场上,更容易(有时甚至只有在那里才可能)用垄断的手
段排除竞争者,保证由自己来供应,巩固相应的"联系"等等。

在金融资本的基础上生长起来的非经济的上层建筑,即金融
资本的政策和意识形态,加强了夺取殖民地的趋向。希法亭说得
很对:"金融资本要的不是自由,而是统治。"有一个法国资产阶级
作家好像是在发挥和补充上述塞西尔·罗得斯的思想①,他写道,
现代殖民政策除经济原因外,还应当加上社会原因:"愈来愈艰难
的生活不仅压迫着工人群众,而且压迫着中间阶级,因此在一切老
的文明国家中都积下了'一种危及社会安定的急躁、愤怒和憎恨
的情绪;应当为脱离一定阶级常轨的力量找到应用的场所,应当给
它在国外找到出路,以免在国内发生爆炸'。"②

既然谈到资本帝国主义时代的殖民政策,那就必须指出,金融
资本和同它相适应的国际政策,即归根到底是大国为了在经济上

---

① 见本卷第 642 页。——编者注
② 瓦尔《法国在殖民地》,转引自昂利·吕西埃《大洋洲的瓜分》1905 年巴黎版第
165 页。

和政治上瓜分世界而斗争的国际政策,造成了许多**过渡的**国家依附形式。这个时代的典型的国家形式不仅有两大类国家,即殖民地占有国和殖民地,而且有各种形式的附属国,它们在政治上、形式上是独立的,实际上却被金融和外交方面的依附关系的罗网缠绕着。上面我们已经说过一种形式——半殖民地。而阿根廷这样的国家则是另一种形式的典型。

舒尔采-格弗尼茨在一本论不列颠帝国主义的著作中写道:"南美,特别是阿根廷,在金融上如此依附于伦敦,应当说是几乎成了英国的商业殖民地。"[1]施尔德尔根据奥匈帝国驻布宜诺斯艾利斯的领事1909年的报告,确定英国在阿根廷的投资有875 000万法郎。不难设想,由于这笔投资,英国金融资本及其忠实"友人"英国外交,同阿根廷资产阶级,同阿根廷整个经济政治生活的领导人物有着多么巩固的联系。

葡萄牙的例子向我们表明了政治上独立而金融上和外交上不独立的另一种稍微不同的形式。葡萄牙是个独立的主权国家,但是实际上从西班牙王位继承战争(1701—1714年)起,这200多年来它始终处在英国的保护之下,英国为了加强它在反对自己的敌人西班牙和法国的斗争中的地位,保护了葡萄牙及其殖民地。英国以此换得了商业上的利益,换得了向葡萄牙及其殖民地输出商品、尤其是输出资本的优惠条件,换得了使用葡萄牙的港口、岛屿、电缆等等的便利。[2] 某些大国和小国之间的这种关系过去一向就有,但是在资本帝国主义时代,这种关系成了普遍的制度,成了"瓜分世界"的全

---

① 舒尔采-格弗尼茨《20世纪初的不列颠帝国主义和英国自由贸易》1906年莱比锡版第318页,以及萨尔托里乌斯·冯·瓦尔特斯豪森《国外投资的国民经济制度》1907年柏林版第46页。
② 施尔德尔的上述著作第1卷第160—161页。

部关系中的一部分,成了世界金融资本活动中的环节。

　　为了结束关于瓜分世界问题的讨论,我们还要指出下面一点。不但美西战争以后的美国著作和英布战争以后的英国著作,在19世纪末和20世纪初十分公开而明确地提出了这个问题,不但最"忌妒地"注视着"不列颠帝国主义"的德国著作经常在估计这个事实,而且在法国资产阶级著作中,就资产阶级可以达到的程度来说,问题也提得相当明确而广泛。让我们来引证历史学家德里奥的一段话,他在《19世纪末的政治问题和社会问题》一书中论述"大国与瓜分世界"的一章里写道:"近年来世界上所有未被占据的地方,除了中国以外,都被欧洲和北美的大国占据了。在这个基础上已经发生了某些冲突和势力变动,这一切预示着最近的将来会有更可怕的爆发。因为大家都得急急忙忙地干:凡是没有及时得到一份的国家,就可能永远得不到它的一份,永远不能参加对世界的大规模开拓,而这将是下一世纪即20世纪最重要的事实之一。所以近来全欧洲和美国都充满了殖民扩张和'帝国主义'的狂热,'帝国主义'成了19世纪末最突出的特点。"作者又补充说:"在这种瓜分世界的情况下,在这种疯狂追逐地球上的宝藏和巨大市场的角斗中,这个世纪即19世纪建立起来的各个帝国之间的力量对比,是与建立这些帝国的民族在欧洲所占的地位完全不相称的。在欧洲占优势的大国,即欧洲命运的主宰者,**并非**在全世界也占有同样的优势。因为强大的殖民实力和占有尚未查明的财富的希望,显然会反过来影响欧洲大国的力量对比,所以殖民地问题(也可以说是"帝国主义")这个已经改变了欧洲本身政治局面的问题,一定还会日甚一日地改变这个局面。"①

---

①　J.爱·德里奥《政治问题和社会问题》1900年巴黎版第299页。

七　帝国主义是资本主义的特殊阶段

现在我们应当试作一个总结,把以上关于帝国主义的论述归纳一下。帝国主义是作为一般资本主义基本特性的发展和直接继续而生长起来的。但是,只有在资本主义发展到一定的、很高的阶段,资本主义的某些基本特性开始转化成自己的对立面,从资本主义到更高级的社会经济结构的过渡时代的特点已经全面形成和暴露出来的时候,资本主义才变成了资本帝国主义。在这一过程中,经济上的基本事实,就是资本主义的自由竞争为资本主义的垄断所代替。自由竞争是资本主义和一般商品生产的基本特性;垄断是自由竞争的直接对立面,但是我们眼看着自由竞争开始转化为垄断:自由竞争造成大生产,排挤小生产,又用更大的生产来代替大生产,使生产和资本的集中达到这样的程度,以致从中产生了并且还在产生着垄断,即卡特尔、辛迪加、托拉斯以及同它们相融合的十来家支配着几十亿资金的银行的资本。同时,从自由竞争中生长起来的垄断并不消除自由竞争,而是凌驾于这种竞争之上,与之并存,因而产生许多特别尖锐特别剧烈的矛盾、摩擦和冲突。垄断是从资本主义到更高级的制度的过渡。

如果必须给帝国主义下一个尽量简短的定义,那就应当说,帝国主义是资本主义的垄断阶段。这样的定义能包括最主要之点,因为一方面,金融资本就是和工业家垄断同盟的资本融合起来的少数垄断性的最大银行的银行资本;另一方面,瓜分世界,就是由无阻碍地向未被任何一个资本主义大国占据的地区推行的殖民政策,过渡到垄断地占有已经瓜分完了的世界领土的殖民政策。

　　过于简短的定义虽然方便(因为它概括了主要之点),但是要从中分别推导出应当下定义的现象的那些最重要的特点,这样的定义毕竟是不够的。因此,如果不忘记所有定义都只有有条件的、相对的意义,永远也不能包括充分发展的现象一切方面的联系,就应当给帝国主义下这样一个定义,其中要包括帝国主义的如下五个基本特征:(1)生产和资本的集中发展到这样高的程度,以致造成了在经济生活中起决定作用的垄断组织;(2)银行资本和工业资本已经融合起来,在这个"金融资本的"基础上形成了金融寡头;(3)和商品输出不同的资本输出具有特别重要的意义;(4)瓜分世界的资本家国际垄断同盟已经形成;(5)最大资本主义大国已把世界上的领土瓜分完毕。帝国主义是发展到垄断组织和金融资本的统治已经确立、资本输出具有突出意义、国际托拉斯开始瓜分世界、一些最大的资本主义国家已把世界全部领土瓜分完毕这一阶段的资本主义。

　　下面我们还会看到,如果不仅注意到基本的、纯粹经济的概念(上述定义就只限于这些概念),而且注意到现阶段的资本主义同一般资本主义相比所占的历史地位,或者注意到帝国主义同工人运动中两个主要派别的关系,那就可以而且应当给帝国主义另外下一个定义。现在先必须指出,帝国主义,按上述意义来了解,无疑是资本主义发展的一个特殊阶段。为了使读者对于帝国主义有一个有充分根据的了解,我们故意尽量多引用了一些不得不承认最新资本主义经济中十分确凿的事实的**资产阶级**经济学家所发表的意见。为了同一目的,我们又引用了一些详细的统计材料,从中可以看出银行资本等究竟发展到了怎样的程度,看出量转化为质,发达的资本主义转化为帝国主义,究竟表现在什么地方。不用说,自然界和社会里的一切界限当然都是有条件的、变动的,如果去争论帝国主义究竟在哪一年或哪一个 10 年"最终"确立，那是荒唐的。

但是，我们不得不在帝国主义的定义问题上，首先同所谓第二国际时代(1889—1914 年这 25 年间)主要的马克思主义理论家卡·考茨基进行争论。在 1915 年，甚至早在 1914 年 11 月，考茨基就十分坚决地反对我们给帝国主义下的定义所表述的基本思想，他说不应当把帝国主义了解为一个经济上的"时期"或阶段，而应当了解为一种政策，即金融资本"比较爱好的"政策；不应当把帝国主义和"现代资本主义""等同起来"；如果把帝国主义了解为"现代资本主义的一切现象"(卡特尔、保护主义、金融家的统治、殖民政策)，那么帝国主义是资本主义所必需的这个问题就成了"最乏味的同义反复"，因为那样的话，"帝国主义就自然是资本主义生存所必需的了"，等等。为了最确切地表述考茨基的思想，我们引用他给帝国主义所下的定义，这个定义是直接反对我们所阐述的那些思想的实质的(因为，考茨基早已知道，多年来贯彻类似思想的德国马克思主义者阵营中所提出的反驳，正是马克思主义的一个派别所提出的反驳)。

考茨基的定义说：

"帝国主义是高度发达的工业资本主义的产物。帝国主义就是每个工业资本主义民族力图吞并或征服愈来愈多的**农业**〈黑体是考茨基用的〉区域，而不管那里居住的是什么民族。"①

这个定义是根本要不得的，因为它片面地，也就是任意地单单强调了一个民族问题(虽然这个问题无论就其本身还是就其对帝国

---

① 1914 年《新时代》杂志第 32 年卷第 2 册(1914 年 9 月 11 日)第 909 页；参看 1915 年第 2 册第 107 页及以下各页。

主义的关系来说,都是极其重要的),任意地和**错误地**把这个问题**单单**同兼并其他民族的那些国家的工业资本联系起来,又同样任意地和错误地突出了对农业区域的兼并。

帝国主义就是力图兼并,——考茨基的定义的**政治**方面归结起来就是这样。这是对的,但是极不完全,因为在政治方面,帝国主义是力图使用暴力和实行反动。不过在这里我们要研究的是考茨基**本人**纳入**他的**定义中的**经济**方面。考茨基定义的错误是十分明显的。帝国主义的特点,恰好**不是**工业资本**而是**金融资本。在法国,恰好是在工业资本削弱的情况下**金融**资本特别迅速的发展,从上一世纪 80 年代开始使兼并政策(殖民政策)极度加强起来,这并不是偶然的。帝国主义的特点恰好**不只是**力图兼并农业区域,甚至还力图兼并工业极发达的区域(德国对比利时的野心,法国对洛林的野心),因为第一,世界已经瓜分完了,在**重新瓜分**的时候,就不得不把手伸向**任何**一块土地;第二,帝国主义的重要特点,是几个大国争夺霸权,即争夺领土,其目的与其说是直接为了自己,不如说是为了削弱对方,破坏**对方的**霸权(比利时作为反英据点对德国来说特别重要,巴格达作为反德据点对英国来说也一样重要,如此等等)。

考茨基特地搬出、并且屡次搬出英国人来,似乎英国人确定的帝国主义一词的纯粹政治含义,是和他考茨基的意思相符的。现在就来看看英国人霍布森在他 1902 年出版的《帝国主义》一书中是怎样写的:

"新帝国主义和老帝国主义不同的地方在于:第一,一个日益强盛的帝国的野心,被几个互相竞争的帝国的理论和实践所代替,其中每个帝国都同样渴望政治扩张和贪图商业利益;第二,金融利益或投资利益统治着商业利益。"①

我们看到,考茨基笼统地搬出英国人来,是绝对没有事实根据的(他要搬的话,也只能是搬出那些庸俗的英国帝国主义者或帝国主义的公开辩护士)。我们看到,考茨基标榜自己在继续维护马克思主义,实际上比**社会自由主义者**霍布森还后退了一步,因为霍布森还**比较正确地**估计到现代帝国主义的两个"历史的具体的"(考茨基的定义恰好是对历史的具体性的嘲弄!)特点:(1)**几个帝国主义互相竞争**;(2)金融家比商人占优势。如果主要是工业国兼并农业国的问题,那就把商人抬上首要地位了。

考茨基的定义不仅是错误的和非马克思主义的,而且还成了全面背离马克思主义理论和马克思主义实践的那一整套观点的基础,这一点以后还要讲到。考茨基挑起的那种字面上的争论,即资本主义的最新阶段应当叫做帝国主义还是叫做金融资本阶段,是毫无意义的争论。随便你怎样叫都是一样。关键在于考茨基把帝国主义的政治同它的经济割裂开了,把兼并解释为金融资本"比较爱好的"政策,并且拿同一金融资本基础上的另一种似乎可能有的资产阶级政策和它对立。照这样说来,经济上的垄断是可以同政治上的非垄断、非暴力、非掠夺的行动方式相容的。照这样说来,瓜分世界领土(这种瓜分恰巧是在金融资本时代完成的并成了最大的资本主义国家现在互相竞争的特殊形式的基础)也是可以同非帝国主义的政策相容的。这样一来,就不是暴露资本主义最新阶段最根本的矛盾的深刻性,而是掩饰、缓和这些矛盾;这样一来,就不是马克思主义,而是资产阶级改良主义。

考茨基同德国的一个帝国主义和兼并政策的辩护士库诺争论

---

① 霍布森《帝国主义》1902 年伦敦版第 324 页。

过。库诺笨拙而又无耻地推论说:帝国主义是现代资本主义;资本主义的发展是不可避免的和进步的,所以帝国主义也是进步的,所以必须跪在帝国主义面前歌功颂德! 这种话就像民粹派在1894—1895年讽刺俄国马克思主义者的时候所说的那些话,说什么如果马克思主义者认为资本主义在俄国是不可避免的和进步的,那么他们就应当开起酒馆来培植资本主义。考茨基反驳库诺说:不对,帝国主义并不是现代资本主义,而只是现代资本主义政策的形式之一,我们可以而且应当同这种政策作斗争,同帝国主义,同兼并等等作斗争。

这种反驳好像很有道理,实际上却等于更巧妙更隐蔽地(因此是更危险地)宣传同帝国主义调和,因为同托拉斯和银行的政策"作斗争"而不触动托拉斯和银行的经济基础,那就不过是资产阶级的改良主义与和平主义,不过是一种善良而天真的愿望而已。不是充分暴露矛盾的深刻性,而是回避存在的矛盾,忘掉其中最重要的矛盾,——这就是考茨基的理论,它同马克思主义毫无共同之点。显然,这种"理论"只能用来维护同库诺之流保持统一的思想!

考茨基写道:"从纯粹经济的观点来看,资本主义不是不可能再经历一个新的阶段,即把卡特尔政策应用到对外政策上的超帝国主义的阶段"[1],也就是全世界各帝国主义彼此联合而不是互相斗争的阶段,在资本主义制度下停止战争的阶段,"实行国际联合的金融资本共同剥削世界"的阶段[2]。

关于这个"超帝国主义论",我们以后还要谈到,以便详细地说

[1] 1914年《新时代》杂志第32年卷第2册(1914年9月11日)第921页;参看1915年第2册第107页及以下各页。
[2] 1915年《新时代》杂志第1册(1915年4月30日)第144页。

明这个理论背弃马克思主义到了何等彻底而无可挽回的地步。现在,按照本书的总的计划,我们要看一看有关这个问题的确切的经济材料。"从纯粹经济的观点看来",这个"超帝国主义"究竟是可能实现的呢,还是超等废话?

如果纯粹经济的观点指的是一种"纯粹的"抽象概念,那么,说到底只能归结为这样一个论点:发展的趋势是走向垄断组织,因而也就是走向一个全世界的垄断组织,走向一个全世界的托拉斯。这是不容争辩的,不过也是毫无内容的,就好像说:"发展的趋势"是走向在实验室里生产食物。在这个意义上,超帝国主义"论"就如同什么"超农业论"一样是荒唐的。

如果谈金融资本时代的"纯粹经济"条件,是指 20 世纪初这个历史的具体时代,那么对于"超帝国主义"这种僵死的抽象概念(它完全是为了一个最反动的目的,就是使人不去注意**现有**矛盾的深刻性)的最好回答,就是拿现代世界经济的具体经济现实同它加以对比。考茨基关于超帝国主义的毫无内容的议论还鼓舞了那种十分错误的、为帝国主义辩护士助长声势的思想,似乎金融资本的统治是在**削弱**世界经济内部的不平衡和矛盾,其实金融资本的统治是在**加剧**这种不平衡和矛盾。[354]

理·卡尔韦尔在他写的《世界经济导论》[①]这本小册子里,对可以具体说明 19 世纪和 20 世纪之交世界经济内部相互关系的最重要的纯粹经济材料,作了归纳的尝试。他把整个世界分为 5 个"主要经济区域":(1)中欧区(除俄国和英国以外的整个欧洲);(2)不列颠区;(3)俄国区;(4)东亚区;(5)美洲区。同时他把殖民地列入所属国的"区域"内,而"撇开了"少数没有按上述区域划分的国家,例

---

① 理·卡尔韦尔《世界经济导论》1906 年柏林版。

如亚洲的波斯、阿富汗和阿拉伯，非洲的摩洛哥和阿比西尼亚等等。

现在把他所列出的这些区域的经济材料摘录如下：

世界主要 经济区域	面积 （单位 百万平 方公里）	人口 （单位 百万）	交通运输业		贸　易 （进出口 共　计） （单位十 亿马克）	工　　业		
			铁路 （单位 千公里）	商船 （单位 百万吨）		煤炭 产量 （单位 百万吨）	生铁 产量	棉纺织业 纱锭数目 （单位 百万）
(1)中欧区	27.6 (23.6)①	388 (146)①	204	8	41	251	15	26
(2)不　列 　颠　区	28.9 (28.6)①	398 (355)①	140	11	25	249	9	51
(3)俄国区	22	131	63	1	3	16	3	7
(4)东亚区	12	389	8	1	2	8	0.02	2
(5)美洲区	30	148	379	6	14	245	14	19

我们看到，有三个区域是资本主义高度发达（交通运输业、贸易和工业都十分发达）的区域，即中欧区、不列颠区和美洲区。其中德、英、美三国是统治着世界的国家。它们相互间的帝国主义竞争和斗争是非常尖锐的，因为德国的地区很小，殖民地又少，而"中欧区"的形成还有待于将来，现时它正在殊死的斗争中逐渐产生。目前整个欧洲的特征是政治上分散。相反，在不列颠区和美洲区，政治上却高度集中，但是它们之间又有极大的差别：前者有广大的殖民地，后者的殖民地却十分少。在殖民地，资本主义刚刚开始发展。争夺南美的斗争愈来愈尖锐。

有两个区域是资本主义不发达的区域，即俄国区和东亚区。前者人口密度极小，后者极大；前者政治上很集中，后者不集中。瓜分中国才刚刚开始，日美等国争夺中国的斗争愈来愈激烈。

请把考茨基关于"和平的"超帝国主义那种愚蠢可笑的胡说，

---

① 括号里是殖民地的面积和人口。

拿来同经济政治条件极不相同、各国发展速度等等极不一致、各帝国主义国家间存在着疯狂斗争的实际情形比较一下吧。难道这不是吓坏了的小市民想逃避可怕的现实的反动企图吗？难道被考茨基当做"超帝国主义"的胚胎的国际卡特尔（正像"可以"把在实验室里生产片剂说成是超农业的胚胎一样），不就是向我们表明瓜分世界和**重新瓜分**世界、由和平瓜分转为非和平瓜分、再由非和平瓜分转为和平瓜分的一个例子吗？难道从前同德国一起（例如在国际钢轨辛迪加或国际商轮航运业托拉斯里）和平地瓜分过整个世界的美国和其他国家的金融资本，现在不是在按照以完全非和平的方式改变着的新的实力对比**重新瓜分**世界吗？

金融资本和托拉斯不是削弱而是加强了世界经济各个部分在发展速度上的差异。既然实力对比发生了变化，那么**在资本主义制度下**，除了用**实力**来解决矛盾，还有什么别的办法呢？在铁路的统计中，我们可以看到说明整个世界经济中资本主义和金融资本发展速度不同的非常准确的材料。[①] 在帝国主义发展的最近几十年中，铁路长度变更的情形如下：

铁路长度（单位千公里）

	1890 年	1913 年	增　加　数
欧洲	224	346	+122
美国	268	411	+143
所有殖民地	82 ⎫	210 ⎫	+128 ⎫
亚美两洲的独立国和	⎬ 125	⎬ 347	⎬ +222
半独立国	43 ⎭	137 ⎭	+ 94 ⎭
共计	617	1 104	

[①] 　1915 年《德意志帝国统计年鉴》**355**；1892 年《铁路业文汇》**356**；关于 1890 年各国殖民地间铁路分布方面的某些详细情形，只能作一个大致的估计**357**。

可见,铁路发展得最快的是殖民地和亚美两洲的独立国(以及半独立国)。大家知道,这里是由四五个最大的资本主义国家的金融资本统治着一切,支配着一切。在殖民地及亚美两洲其他国家建筑 20 万公里的新铁路,这意味着在特别有利的条件下,在收入有特别的保证、铸钢厂可以获得厚利订货等等的条件下,新投入 400 多亿马克的资本。

资本主义在殖民地和海外国家发展得最快。在这些国家中出现了**新的**帝国主义大国(如日本)。全世界帝国主义之间的斗争尖锐起来了。金融资本从特别盈利的殖民地企业和海外企业得到的贡款日益增加。在瓜分这种"赃物"的时候,有极大一部分落到了那些在生产力发展的速度上并不是常常占第一位的国家手里。各最大的强国及其殖民地的铁路总长度如下:

(单位千公里)

	1890 年	1913 年	
美国……………………	268	413	+145
不列颠帝国…………………	107	208	+101
俄国……………………	32	78	+46
德国……………………	43	68	+25
法国……………………	41	63	+22
5 个大国共计……………	491	830	+339

可见,将近80%的铁路集中在 5 个最大的强国手中,但是这些铁路的**所有权**的集中程度,金融资本的集中程度,还要高得多,例如美、俄及其他国家铁路的大量股票和债券都属于英法两国的百万富翁。

英国靠自己的殖民地,把"自己的"铁路网增加了 10 万公里,比德国增加的多 3 倍。但是,谁都知道,这一时期德国生产力的发展,特别是煤炭和钢铁生产的发展,其速度之快是英国无法比拟的,更不必说法国和俄国了。1892 年,德国的生铁产量为 490 万吨,英国为 680 万吨;但是到 1912 年,已经是 1 760 万吨比 900 万吨,也就是说,德国永远地超过英国了![①] 试问,**在资本主义基础上**,要消除生产力发展和资本积累同金融资本对殖民地和"势力范围"的瓜分这两者之间不相适应的状况,除了用战争以外,还能有什么其他办法呢?

八　资本主义的寄生性和腐朽

　　现在我们还要来研究一下帝国主义的另一个非常重要的方面,大多数关于帝国主义的论述,对这个方面往往认识不足。马克思主义者希法亭的缺点之一,就是他在这一点上比非马克思主义者霍布森还后退了一步。我们说的就是帝国主义所特有的寄生性。

　　我们已经看到,帝国主义最深厚的经济基础就是垄断。这是资本主义的垄断,也就是说,这种垄断是从资本主义生长起来并且处在资本主义、商品生产和竞争的一般环境里,同这种一般环境始终有无法解决的矛盾。尽管如此,这种垄断还是同任何垄断一样,必然产生停滞和腐朽的趋向。在规定了(即使是暂时地)垄断价格的范围内,技术进步因而也是其他一切进步的动因,前进的动因,就在一定程度上消失了;其次**在经济上**也就有可能人为地阻碍技术进步。例如,美国有个姓欧文斯的发明了一种能引起制瓶业

---

①　并参看埃德加·克勒芒德《不列颠帝国同德意志帝国的经济关系》,该文载于 1914 年 7 月《皇家统计学会杂志》第 777 页及以下各页。

革命的制瓶机。德国制瓶工厂主的卡特尔收买了欧文斯的发明专利权,可是却把这个发明束之高阁,阻碍它的应用。当然,在资本主义制度下,垄断决不能完全地、长久地排除世界市场上的竞争(这也是超帝国主义论荒谬的原因之一)。用改良技术的办法可能降低生产费用和提高利润,这种可能性当然是促进着各种变化的。但是垄断所固有的停滞和腐朽的**趋势**仍旧在发生作用,而且在某些工业部门,在某些国家,在一定的时期,这种趋势还占上风。

垄断地占有特别广大、富饶或地理位置方便的殖民地,也起着同样的作用。

其次,帝国主义就是货币资本大量聚集于少数国家,其数额,如我们看到的,分别达到1 000亿—1 500亿法郎(有价证券)。于是,以"剪息票"为生,根本不参与任何企业经营、终日游手好闲的食利者阶级,确切些说,食利者阶层,就大大地增长起来。帝国主义最重要的经济基础之一——资本输出,更加使食利者阶层完完全全脱离了生产,给那种靠剥削几个海外国家和殖民地的劳动为生的整个国家打上了寄生性的烙印。

霍布森写道:"在1893年,不列颠在国外的投资,约占联合王国财富总额的15%。"[①]我们要指出,到1915年,这种资本又增加了大约一倍半。霍布森又说:"侵略性的帝国主义,要纳税人付出很高代价,对于工商业者来说殊少价值,……然而对于寻找投资场所的资本家〈在英语里,这个概念是用"investor"一词来表示的,意即"投资者",食利者〉,却是大量利润的来源。""据统计学家吉芬计算,1899年大不列颠从全部对外贸易和殖民地贸易(输入和输出)得到的全部年收入是1 800万英镑〈约合17 000万卢布〉,这

[①]　霍布森的书第59、62页。

是按贸易总额 8 亿英镑的 2.5% 推算出来的。"尽管这个数目不小,它却不能说明大不列颠侵略性的帝国主义。能够说明它的是9 000 万—10 000 万英镑从"投资"得到的收入,也就是食利者阶层的收入。

在世界上"贸易"最发达的国家,食利者的收入竟比对外贸易的收入高 **4 倍**! 这就是帝国主义和帝国主义寄生性的实质。

因此,"食利国"(Rentnerstaat)或高利贷国这一概念,就成了论述帝国主义的经济著作中通用的概念。世界分为极少数高利贷国和极大多数债务国。舒尔采-格弗尼茨写道:"在国外投资中占第一位的,是对政治上附属的或结盟的国家的投资:英国贷款给埃及、日本、中国和南美。在必要时,英国的海军就充当法警。英国的政治力量保护着英国,防止债务人造反。"[1] 萨尔托里乌斯·冯·瓦尔特斯豪森在他所著的《国外投资的国民经济制度》一书中,把荷兰当做"食利国"的典型,并且说现在英国和法国也正在成为这样的国家。[2] 施尔德尔认为英国、法国、德国、比利时和瑞士这 5 个工业国家,是"明显的债权国"。他没有把荷兰算进去,只是因为荷兰"工业不大发达"[3]。而美国仅仅是美洲的债权人。

舒尔采-格弗尼茨写道:"英国逐渐由工业国变成债权国。虽然工业生产和工业品出口有了绝对的增加,但是,利息、股息和发行证券、担任中介、进行投机等方面的收入,在整个国民经济中的相对意义愈来愈大了。依我看来,这个事实正是帝国主义繁荣的经济基础。债权人和债务人之间的关系,要比卖主和买主之间的

---

[1] 舒尔采-格弗尼茨《不列颠帝国主义》第 320 页及其他各页。

[2] 萨·冯·瓦尔特斯豪森《国外投资的国民经济制度》1907 年柏林版第 4 册。

[3] 施尔德尔的著作第 393 页。

关系更巩固些。"①关于德国的情形,柏林的《银行》杂志出版人阿·兰斯堡1911年在他的《德国是食利国》一文中写了如下一段话:"德国人喜欢讥笑法国人显露出来的那种渴望变为食利者的倾向。但是他们忘记了,就资产阶级来说,德国的情况同法国是愈来愈相像了。"②

食利国是寄生腐朽的资本主义的国家,这不能不影响到这种国家的一切社会政治条件,尤其是影响到工人运动的两个主要派别。为了尽量把这一点说清楚,我们还是引用霍布森的话。他是一个最"可靠的"证人,因为谁也不会疑心他偏袒"马克思主义的正统思想";另一方面他又是英国人,很了解这个殖民地最广大、金融资本最雄厚、帝国主义经验最丰富的国家的情况。

霍布森在对英布战争的印象很鲜明的情况下,描述了帝国主义同"金融家"利益的联系,以及"金融家"从承包、供应等业务获得的利润增加的情形,他说:"资本家是这一明显的寄生性政策的指挥者;但是同一动机对工人中间的特殊阶层也起作用。在很多城市中,最重要的工业部门都要依靠政府的订货;冶金工业和造船工业中心的帝国主义,也在不小的程度上可以归因于这个事实。"这位作者认为,有两种情况削弱了旧帝国的力量:(1)"经济寄生性";(2)用附属国的人民编成军队。"第一种情况是经济寄生习气,这种习气使得统治国利用占领地、殖民地和附属国来达到本国统治阶级发财致富的目的,来收买本国下层阶级,使他们安分守己。"我们要补充一句:为了在经济上有可能进行这样的收买,不管收买的形式如何,都必须有垄断高额利润。

---

① 舒尔采-格弗尼茨《不列颠帝国主义》第122页。
② 1911年《银行》杂志第1期第10—11页。

关于第二种情况,霍布森写道:"帝国主义盲目症的最奇怪的症候之一,就是大不列颠、法国等帝国主义国家走上这条道路时所抱的那种漫不经心的态度。在这方面走得最远的是大不列颠。我们征服印度帝国的大部分战斗都是我们用土著人编成的军队进行的;在印度和近来在埃及,庞大的常备军是由英国人担任指挥的;我们征服非洲的各次战争,除了征服南部非洲的以外,几乎都是由土著人替我们进行的。"

瓜分中国的前景,使霍布森作出了这样一种经济上的估计:"到那时,西欧大部分地区的面貌和性质,都将同现在有些国家的部分地区,如英格兰南部、里夫耶拉以及意大利和瑞士那些游人最盛、富人最多的地方一样,也会有极少数从远东取得股息和年金的富豪贵族,连同一批人数稍多的家臣和商人,为数更多的家仆以及从事运输和易腐坏产品最后加工的工人。主要的骨干工业部门就会消失,而大批的食品和半成品会作为贡品由亚非两洲源源而来。""西方国家更广泛的同盟,即欧洲大国联邦向我们展示的前途就是,这个联邦不仅不会推进全世界的文明事业,反而有造成西方寄生性的巨大危险:产生出这样一批先进的工业国家,这些国家的上层阶级从亚非两洲获得巨额的贡款,并且利用这种贡款来豢养大批驯服的家臣,他们不再从事大宗的农产品和工业品的生产,而是替个人服务,或者在新的金融贵族监督下从事次要的工业劳动。让那些漠视这种理论〈应当说:前途〉、认为这个理论不值得研究的人,去思考一下已经处于这种状态的目前英格兰南部各区的经济条件和社会条件吧。让他们想一想,一旦中国受这种金融家、'投资者'及其政治方面和工商业方面的职员的经济控制,使他们能从这个世界上所知道的最大的潜在富源汲取利润,以便在欧洲消费,这套方式将会扩展到怎样巨大的程度。当然,情况是极为复杂的,世界上各种力量的变化也难以逆料,所以不能很有把握地对未来作出某种唯一的预测。但是,现在支配着西欧帝国主义的那些势力,是在向着这个方向发展的。如果这些势力不遇到什么抵抗,不被引上另一个方面,它们就确实会朝着完成这一过程的方向努力。"①

作者说得完全对:**如果**帝国主义的力量不遇到抵抗,它就确实会走向这种结局。这里对于目前帝国主义情况下的"欧洲联邦"的意义,作了正确的估计。要补充的只有一点,就是**在**工人运动**内部**,目前在大多数国家暂时获得胜利的机会主义者,**也是**经常地一贯地朝着这个方向"努力"的。帝国主义意味着瓜分世界而不只是剥削中国一个国家,意味着极少数最富的国家享有垄断高额利润,所以,它们在经济上就有可能去收买无产阶级的上层,从而培植、形成和巩固机会主义。不过不要把反对帝国主义、特别是反对机会主义的那些力量忘掉,这些力量,社会自由主义者霍布森自然是看不到的。

德国机会主义者格尔哈德·希尔德布兰德过去因为替帝国主义辩护而被开除出党,现在满可以充当德国所谓"社会民主"党的领袖,他给霍布森作了一个很好的补充,鼓吹"西欧联邦"(俄国除外),以便"共同"行动……反对非洲黑人、反对"大伊斯兰教运动",以便维持"强大的陆海军",对付"中日联盟"②,等等。

舒尔采-格弗尼茨对"不列颠帝国主义"的描绘,向我们揭示了同样的寄生性特征。从 1865 年到 1898 年,英国的国民收入增加了大约 1 倍,而这一时期"来自国外"的收入却增加了 **8 倍**。如

---

① 霍布森的著作第 103、205、144、335、386 页。
② 格尔哈德·希尔德布兰德《工业统治地位和工业社会主义的动摇》1910 年版第 229 页及以下各页。

果说帝国主义的"功劳"是"教育黑人去劳动"(不用强制手段是不行的……),那么帝国主义的"危险"就在于,"欧洲将把体力劳动,起初把农业劳动和矿业劳动,然后把比较笨重的工业劳动,推给有色人种去干,自己则安然地当食利者,也许这样就为有色人种的经济解放以及后来的政治解放作好了准备"。

在英国,愈来愈多的土地不再用于农业生产,而成了专供富人运动作乐的场所。人们谈到苏格兰这个最贵族化的、用做打猎和其他运动的地方时,都说"它是靠自己的过去和卡内基先生〈美国亿万富翁〉生活的"。英国每年单是花在赛马和猎狐上面的费用,就有1 400万英镑(约合13 000万卢布)。英国食利者的人数约有100万。从事生产的人口的百分比日益下降:

	英国人口	主要工业部门的工人人数	工人在人口总数中所占的百分比
	(单 位 百 万)		
1851 年……	17.9	4.1	23%
1901 年……	32.5	4.9	15%

这位研究"20世纪初的不列颠帝国主义"的资产阶级学者谈到英国工人阶级的时候,不得不经常把工人"**上层**"和"**真正的无产阶级下层**"加以区别。上层中间有大批人参加合作社、工会、体育团体和许多教派。选举权是同这个阶层的地位相适应的,这种选举权在英国"还有**相当多的限制,以排除真正的无产阶级下层**"!!为了粉饰英国工人阶级的状况,人们通常只谈论在无产阶级中占**少数**的这个上层,例如,"失业问题主要是涉及伦敦和无产阶级下层,**这个下层是政治家们很少重视的**……"① 应当说资产

---

① 舒尔采-格弗尼茨《不列颠帝国主义》第301页。

阶级政客和"社会党人"机会主义者们很少重视。

从帝国主义国家移往国外的人数逐渐减少,从比较落后的、工资比较低的国家移入帝国主义国家的人数(流入的工人和移民)却逐渐增加,这也是与上面描述的一系列现象有关的帝国主义特点之一。据霍布森说,英国移往国外的人数从1884年起开始减少:1884年有242 000人,而1900年只有169 000人。德国移往国外的人数,在1881—1890年的10年中达到了最高峰,有1 453 000人,但是在后来的两个10年里,又减少到544 000人和341 000人。同时,从奥、意、俄及其他国家移入德国的工人却增加了。根据1907年的人口调查,德国有1 342 294个外国人,其中产业工人有440 800人,农业工人有257 329人。① 法国的采矿工业工人"很大一部分"是外国人——波兰人、意大利人和西班牙人②。在美国,从东欧和南欧移入的侨民做工资最低的工作,在升为监工和做工资最高的工作的工人中,美国工人所占的百分比最大。③ 帝国主义有一种趋势,就是在工人中间也分化出一些特权阶层,并且使他们脱离广大的无产阶级群众。

必须指出:在英国,帝国主义分裂工人、加强工人中间的机会主义、造成工人运动在一段时间内腐化的这种趋势,在19世纪末和20世纪初以前很久,就已经表现出来了。因为英国从19世纪中叶起,就具备了帝国主义的两大特点:拥有广大的殖民地;在世界市场上占垄断地位。马克思和恩格斯在几十年中一直密切注视着工人运动中的机会主义和英国资本主义的帝国主义特点之间的

---

① 《德意志帝国统计》第211卷。
② 亨盖尔《法国的投资》1913年斯图加特版。
③ 古尔维奇《移民与劳动》1913年纽约版。

这种联系。例如,恩格斯在 1858 年 10 月 7 日给马克思的信中说:
"英国无产阶级实际上日益资产阶级化了,因而这一所有民族中
最资产阶级化的民族,看来想把事情最终弄到这样的地步,即除了
资产阶级,它还要有资产阶级化的贵族和资产阶级化的无产阶级。
自然,对一个剥削全世界的民族来说,这在某种程度上是有道理
的。"过了将近¼世纪,恩格斯又在 1881 年 8 月 11 日写的信里说
到了"被中等阶级收买了的,或至少是领取中等阶级报酬的人所
领导的最坏的英国工联"。恩格斯在 1882 年 9 月 12 日给考茨基
的信中又说:"您问我:英国工人对殖民政策的想法如何? 这和他
们对一般政策的想法一样。这里没有工人政党,只有保守派和自
由主义激进派,工人十分安然地分享英国在世界市场上的垄断权
和英国的殖民地垄断权。"①(恩格斯在 1892 年为《英国工人阶级
状况》第 2 版所写的序言中,也叙述了同样的看法。②)

这里已经把原因和后果明白地指出来了。原因是:(1)这个
国家剥削全世界;(2)它在世界市场上占有垄断地位;(3)它拥有
殖民地垄断权。后果是:(1)英国一部分无产阶级已经资产阶级
化了;(2)英国一部分无产阶级受那些被资产阶级收买或至少是
领取资产阶级报酬的人领导。在 20 世纪初,帝国主义完成了极少
数国家对世界的瓜分,其中每个国家现在都剥削着(指榨取超额
利润)"全世界"的一部分,只是比英国在 1858 年剥削的地方稍小

---

① 《马克思和恩格斯通信集》第 2 卷第 290 页;第 4 卷第 433 页(见《马克思恩格斯文
集》2009 年人民出版社版第 10 卷第 164—165 页;参看《马克思恩格斯全集》第 1
版第 35 卷第 18 页。——编者注)。卡·考茨基《社会主义与殖民政策》1907 年柏
林版第 79 页;这本小册子是考茨基在很早很早以前,当他还是马克思主义者的时
候写的(书中所引的恩格斯 1882 年 9 月 12 日给考茨基的信,见《马克思恩格斯文
集》2009 年人民出版社版第 10 卷第 480—481 页。——编者注)。

② 见《马克思恩格斯文集》2009 年人民出版社版第 1 卷第 365—381 页。——编者注

一点;每一个国家都由于托拉斯、卡特尔、金融资本以及债权人对债务人的关系等等而在世界市场上占有垄断地位;每个国家都在一定程度上拥有殖民地垄断权(我们已经看到,世界上7 500万平方公里的**全部**殖民地中,有**6 500万**平方公里,即86%集中在6个大国手里;有**6 100万**平方公里,即81%集中在3个大国手里)。

现在局势的特点在于形成了以下这些经济政治条件:帝国主义已经从萌芽状态生长为统治的体系,资本主义垄断组织在国民经济和政治中居于首要地位,世界已经瓜分完毕;另一方面我们看到,作为整个20世纪初期特征的已经不是英国独占垄断权,而是少数帝国主义大国为分占垄断权而斗争。这些经济政治条件,不能不使机会主义同工人运动总的根本的利益更加不可调和。现在,机会主义已经不能像在19世纪后半期的英国那样,在一个国家的工人运动里取得完全胜利达几十年之久,但是它在许多国家里已经成熟,已经过度成熟,已经腐烂,并且作为社会沙文主义而同资产阶级的政策完全融合起来了。[①]

九 对帝国主义的批评

这里所说的对帝国主义的批评是指广义的批评,是指社会各阶级根据自己的一般意识形态对帝国主义政策所采取的态度。

[①] 波特列索夫之流、契恒凯里之流、马斯洛夫之流等等先生们所代表的俄国社会沙文主义,无论是它的公开形式,或是它的隐蔽形式(如齐赫泽、斯柯别列夫、阿克雪里罗得、马尔托夫等先生),都是从机会主义的俄国变种即从取消主义[151]生长起来的。

集中在少数人手里的大量金融资本,建立了非常广泛而细密的关系和联系网,从而不仅控制了大批中小资本家,而且控制了大批最小的资本家和小业主,这是一方面;另一方面,同另一些国家的金融家集团为瓜分世界和统治其他国家而进行着尖锐的斗争,——这一切使所有的有产阶级全都转到帝国主义方面去了。"普遍"迷恋于帝国主义的前途,疯狂地捍卫帝国主义,千方百计地美化帝国主义,——这就是当代的标志。帝国主义的意识形态也渗透到工人阶级里面去了。工人阶级和其他阶级之间并没有隔着一道万里长城。德国现在的所谓"社会民主"党的领袖,被人们公正地称为"社会帝国主义者",即口头上的社会主义者,实际上的帝国主义者,而霍布森早在1902年,就已经指出英国存在着属于机会主义"费边社"²⁵³的"费边帝国主义者"了。

资产阶级的学者和政论家替帝国主义辩护,通常都是采用比较隐蔽的方式,掩盖帝国主义的完全统治和帝国主义的深刻根源,竭力把局部的东西和次要的细节放在主要的地位,拼命用一些根本无关紧要的"改良"计划,诸如由警察监督托拉斯或银行等等,来转移人们对实质问题的注意。至于那些肆无忌惮的露骨的帝国主义者的言论却比较少见,这些人倒敢于承认改良帝国主义的基本特性的想法是荒谬的。

举个例子来说吧。一些德国帝国主义者在《世界经济文汇》这一刊物中,力图考察殖民地的民族解放运动,当然特别是那些非德属殖民地的民族解放运动。他们提到了印度的风潮和抗议运动,纳塔尔(南部非洲)的运动,荷属印度的运动等等。其中有人在评论一家英国刊物有关亚、非、欧三洲受外国统治的各民族代表于1910年6月28—30日举行的从属民族和种族代表会议的报道时,对会议上的演说作了这样的评价,他说:"据称,必须同帝国主义作斗争；统治国应当承认从属民族的独立权；国际法庭应当监督大国同弱小民族订立的条约的履行。除了表示这些天真的愿望以外，代表会议并没有继续前进。我们看不出他们对下面这个真理有丝毫的了解：帝国主义同目前形式的资本主义有不可分割的联系，所以〈!!〉同帝国主义作直接的斗争是没有希望的，除非仅限于反对某些特别可恶的过火现象。"①因为用改良主义的方法修改帝国主义的基础不过是一种欺骗，是一种"天真的愿望"，因为被压迫民族的资产阶级代表没有"继续"前进，所以压迫民族的资产阶级代表就"继续"**后退**了，后退到在标榜"科学性"的幌子下向帝国主义卑躬屈膝的地步。这也是一种"逻辑"！

　　能不能用改良主义的方法改变帝国主义的基础？是前进，去进一步加剧和加深帝国主义所产生的种种矛盾呢，还是后退，去缓和这些矛盾？这些问题是对帝国主义批评的根本问题。帝国主义在政治上的特点，是由金融寡头的压迫和自由竞争的消除引起的全面的反动和民族压迫的加强，所以在20世纪初期，几乎在所有帝国主义国家中都出现了反对帝国主义的小资产阶级民主派反对派。考茨基以及考茨基主义这一广泛的国际思潮背离马克思主义的地方，就在于考茨基不仅没有设法、没有能够使自己同这个经济上根本反动的小资产阶级改良主义反对派对立起来，反而在实践上和它同流合污。

　　1898年对西班牙的帝国主义战争，在美国引起了"反帝国主义者"，即资产阶级民主派的最后的莫希干人[358]的反对。他们把这次战争叫做"罪恶的"战争，认为兼并别国土地是违背宪法的，认为对菲律宾土著人领袖阿奎纳多的行为是"沙文主义者的欺

①　《世界经济文汇》第2卷第193页。

骗"(先答应阿奎纳多给菲律宾以自由,后来又派美国军队登陆,兼并了菲律宾),并且引用了林肯的话:"白人自己治理自己是自治;白人自己治理自己同时又治理别人,就不是自治而是专制。"[1]但是,既然这全部批评都不敢承认帝国主义同托拉斯、也就是同资本主义的基础有不可分割的联系,不敢同大资本主义及其发展所造成的力量站在一起,那么这种批评就始终是一种"天真的愿望"。

霍布森批评帝国主义的时候所采取的基本立场也是如此。霍布森否认"帝国主义的不可避免性",呼吁必须"提高"居民的"消费能力"(在资本主义制度下!),比考茨基还早。用小资产阶级的观点批评帝国主义,批评银行支配一切,批评金融寡头等等的,还有我们屡次引用过的阿加德、阿·兰斯堡、路·埃施韦格,在法国作家中有《英国与帝国主义》这本肤浅的书(1900年出版)的作者维克多·贝拉尔。所有这些人丝毫不想冒充马克思主义者,他们用自由竞争和民主来反对帝国主义,谴责势必引起冲突和战争的建筑巴格达铁路的计划,表示了维护和平的"天真的愿望"等等。最后还有从事国际证券发行统计的阿·奈马尔克,他在1912年计算出"国际"有价证券数达几千亿法郎的时候,不禁叫了起来:"难道可以设想和平会受到破坏吗?……有了这样大的数字,还会去冒险挑起战争吗?"[2]

资产阶级经济学家这样天真,倒没有什么奇怪,而且他们显得这样天真,"郑重其事地"谈论帝国主义制度下的和平,对他们反而**是有利的**。可是考茨基在1914年、1915年、1916年也采取了这种资产阶级改良主义的观点,硬说在和平问题上,"大家〈帝国主

---

① 约·帕图叶《美国帝国主义》1904年第戎版第272页。
② 《国际统计研究所公报》第19卷第2册第225页。

义者、所谓社会党人和社会和平主义者〉意见都是一致的",试问他还有一点马克思主义的气味吗？这不是分析和揭露帝国主义矛盾的深刻性,而不过是抱着一种改良主义的"天真的愿望",想撇开这些矛盾,回避这些矛盾。

下面是考茨基从经济上对帝国主义进行批评的典型例子。他举出 1872 年和 1912 年英国对埃及进出口的统计材料,看到这方面的进出口额比英国总的进出口额增长得慢。于是考茨基得出结论说:"我们没有任何根据认为,不用武力占领埃及而依靠单纯的经济因素的作用,英国同埃及的贸易就会增长得慢些。""资本扩张的意图""不通过帝国主义的暴力方法,而通过和平的民主能够实现得最好"。①

考茨基的这个论断,被他的俄国随从(也是俄国的一个为社会沙文主义者打掩护的人)斯佩克塔托尔先生用各种各样的调子重弹过的论断,是考茨基主义对帝国主义的批评的基础,所以我们必须较详细地谈一谈。我们从引证希法亭的言论开始,因为考茨基曾经多次(包括 1915 年 4 月那次在内)声称,希法亭的结论是"所有社会党人理论家一致同意的"。

希法亭写道:"无产阶级不应当用自由贸易时代的和敌视国家的那种已经落后的政策去反对向前发展了的资本主义政策。无产阶级对金融资本的经济政策的回答,对帝国主义的回答,不可能是贸易自由,而只能是社会主义。现在无产阶级政策的目的不可能是恢复自由竞争这样的理想(这种理想现在已经变成反动的理

---

① 考茨基《民族国家、帝国主义国家和国家联盟》1915 年纽伦堡版第 72 页和第 70 页。

想了），而只能是通过消除资本主义来彻底消灭竞争。"①

考茨基维护对金融资本时代来说是"反动的理想"，维护"和平的民主"和"单纯的经济因素的作用"，从而背离了马克思主义，因为这个理想**在客观上**是开倒车，是从垄断资本主义倒退到非垄断资本主义，是一种改良主义的骗局。

如果**不用**武力占领，如果没有帝国主义，没有金融资本，那么英国同埃及（或者同其他殖民地或半殖民地）的贸易"就会增长得"快些。这是什么意思？这是不是说，如果自由竞争没有受到任何垄断的限制，没有受到金融资本的"联系"或压迫（这也是垄断）的限制，没有受到某些国家垄断地占有殖民地的限制，那么资本主义就会发展得快些呢？

考茨基的论断不可能有别的意思，而**这个**"意思"却是毫无意思的。就假定**会这样**，如果没有任何垄断，自由竞争**会**使资本主义和贸易发展得更快些。但是，要知道贸易和资本主义发展得愈快，**产生**垄断的生产和资本的集中就愈是加强。况且垄断**已经**产生了，恰好是**从**自由竞争中产生出来的！即使现在垄断开始延缓发展，这也不能成为主张自由竞争的论据，因为在产生垄断以后自由竞争就不可能了。

不管你怎样把考茨基的论断翻来覆去地看，这里面除了反动性和资产阶级改良主义以外，没有任何别的东西。

即使把这种论断修改一下，像斯佩克塔托尔说的那样，现在英属殖民地同英国的贸易，比英属殖民地同其他国家的贸易发展得慢些，——这也挽救不了考茨基。因为打击英国的**也是**垄断，**也是**帝国主义，不过是其他国家的（美国的、德国的）垄断和帝国主义。

---

① 《金融资本》第567页。

大家知道,卡特尔导致了一种新型的、独特的保护关税,它所保护的(这一点恩格斯在《资本论》第3卷上就已经指出来了①)恰好是那些可供出口的物品。其次,大家知道,卡特尔和金融资本有一套"按倾销价格输出"的做法,也就是英国人所说的"抛售"的做法:卡特尔在国内按垄断的高价出卖产品,而在国外却按极低廉的价格销售,以便打倒自己的竞争者,把自己的生产扩大到最大限度等等。即使同英属殖民地的贸易,德国比英国发展得快些,那也只能证明德国帝国主义比英国帝国主义更新、更强大、更有组织、水平更高,而决不能证明自由贸易的"优越",因为这里并不是自由贸易同保护主义或殖民地附属关系作斗争,而是一个帝国主义同另一个帝国主义、一个垄断组织同另一个垄断组织、一个金融资本同另一个金融资本作斗争。德国帝国主义对英国帝国主义的优势,比殖民地疆界的屏障或保护关税的壁垒更厉害。如果由此得出**主张**自由贸易与"和平的民主"的"论据",那是庸俗的,是忘掉帝国主义的基本特点和特性,是用小市民的改良主义来代替马克思主义。

有趣的是,甚至资产阶级经济学家阿·兰斯堡,虽然也同考茨基一样对帝国主义作了小市民式的批评,但是他对贸易统计材料毕竟作了比较科学的整理。他并不是随便拿一个国家,也不是单拿一个殖民地来同其余国家比较,而是拿一个帝国主义国家的两种输出作比较:第一种是对在金融上依附于它、向它借钱的国家的输出,第二种是对在金融上独立的国家的输出。结果如下:

德国的输出（单位百万马克）

		1889 年	1908 年	增加的百分数
对在金融上依附于德国的国家的输出	罗马尼亚……………	48.2	70.8	+ 47%
	葡 萄 牙……………	19.0	32.8	+ 73%
	阿 根 廷……………	60.7	147.0	+143%
	巴 西……………	48.7	84.5	+ 73%
	智 利……………	28.3	52.4	+ 85%
	土 耳 其……………	29.9	64.0	+114%
	总 计……………	**234.8**	**451.5**	**+ 92%**
对在金融上不依附于德国的国家的输出	大不列颠……………	651.8	997.4	+ 53%
	法 国……………	210.2	437.9	+108%
	比 利 时……………	137.2	322.8	+135%
	瑞 士……………	177.4	401.1	+127%
	澳大利亚……………	21.2	64.5	+205%
	荷属印度……………	8.8	40.7	+363%
	总 计……………	**1 206.6**	**2 264.4**	**+ 87%**

兰斯堡没有作**总结**，所以他令人奇怪地没有察觉：**如果**这些数字能够证明什么的话，那只能证明他自己**不对**，因为对在金融上不独立的国家的输出，**毕竟**要比对在金融上独立的国家的输出增加得**快些**，虽然快得并不多（我们把"如果"两字加上着重标记，是因为兰斯堡的统计还是很不完全的）。

兰斯堡在考察输出和贷款的关系时写道：

"在1890—1891年度，罗马尼亚通过几家德国银行签订了一项债约。其实在前几年，这些德国银行就已经在提供这笔贷款了。这笔贷款主要是用来向德国购买铁路材料的。1891年德国对罗马尼亚的输出是 5 500 万马克。下一年就降到 3 940 万马克；以后断断续续地下降，到 1900 年一直降到 2 540 万马克。直到最近几年，因为有了两笔新的贷款，才又达到了 1891 年的水平。

　　德国对葡萄牙的输出，由于1888—1889年度的贷款而增加到2 110万马克（1890年），在以后两年内，又降到1 620万马克和740万马克，直到1903年才达到原先的水平。

　　德国同阿根廷贸易的材料更为明显。由于1888年和1890年的两次贷款，德国对阿根廷的输出在1889年达到了6 070万马克。两年后，输出只有1 860万马克，还不到过去的$\frac{1}{3}$。直到1901年，才达到并超过1889年的水平，这是同发行新的国家债券和市政债券，同出资兴建电力厂以及其他信贷业务有关的。

　　德国对智利的输出，由于1889年的贷款，增加到4 520万马克（1892年），一年后降到了2 250万马克。1906年通过德国几家银行签订了一项新的债约以后，输出又增加到8 470万马克（1907年），而到1908年又降到了5 240万马克。"[①]

　　兰斯堡从这些事实中得出了一种可笑的小市民说教：同贷款相联系的输出是多么不稳定、不均衡；把资本输出国外而不用来"自然地"、"和谐地"发展本国工业，是多么不好；办理外国债券时，克虏伯要付出几百万的酬金，代价是多么"巨大"，等等。但是事实清楚地说明：输出的增加，**恰好**是同金融资本的骗人勾当相联系的，金融资本并不关心什么资产阶级的说教，它要从一头牛身上剥下两张皮来：第一张皮是从贷款取得的利润，第二张皮是在**同一笔**贷款被用来购买克虏伯的产品或钢铁辛迪加的铁路材料等等时取得的利润。

　　再说一遍，我们决不认为兰斯堡的统计是完备的，但是必须加以引用，因为它比考茨基和斯佩克塔托尔的统计科学一些，因为兰

[①]　1909年《银行》杂志第2期第819页及以下各页。

斯堡提供了对待问题的正确方法。要议论金融资本在输出等等方面的作用,就要善于着重地、专门地说明输出同金融家骗人勾当的联系,同卡特尔产品的销售等等的联系。简单地拿殖民地同非殖民地比较,拿一个帝国主义同另一个帝国主义比较,拿一个半殖民地或殖民地(如埃及)同其余一切国家比较,那就正是回避和掩饰问题的**实质**。

考茨基在理论上对帝国主义进行的批评,其所以同马克思主义毫无共同之点,其所以只能用来鼓吹同机会主义者和社会沙文主义者保持和平和统一,就是因为这种批评恰恰回避和掩饰了帝国主义最深刻、最根本的矛盾:垄断同与之并存的自由竞争的矛盾,金融资本的庞大"业务"(以及巨额利润)同自由市场上"诚实的"买卖的矛盾,卡特尔、托拉斯同没有卡特尔化的工业的矛盾等等。

考茨基胡诌出来的那个臭名昭著的"超帝国主义"论,也具有完全相同的反动性质。请把考茨基在 1915 年关于这个问题的论断同霍布森在 1902 年的论断比较一下。

考茨基说:"……现在的帝国主义的政策会不会被一种新的超帝国主义的政策所取代,这种新的超帝国主义的政策,将以实行国际联合的金融资本共同剥削世界来代替各国金融资本的相互斗争。不管怎样,资本主义的这样一个新阶段是可以设想的。至于它能否实现,现在还没有足够的前提对此作出判断。"①

霍布森说:"基督教在各自占有若干未开化的属地的少数大联邦帝国里已经根深蒂固了,很多人觉得基督教正是现代趋势的最合理的发展,并且是这样一种发展,它最有希望在国际帝国主义

---

① 1915 年 4 月 30 日《新时代》杂志第 144 页。

的巩固的基础上达到永久的和平。"

被考茨基叫做超帝国主义的东西,也就是霍布森比他早13年叫做国际帝国主义的那个东西。除了用一个拉丁语词头代替另一个词头,编造出一个深奥的新词以外,考茨基的"科学"见解的唯一的进步,就是企图把霍布森所描写的东西,实质上是英国牧师的伪善言词,冒充为马克思主义。在英布战争以后,英国牧师这一高贵等级把主要力量用来**安慰**那些在南部非洲作战丧失了不少生命,并且为保证英国金融家有更高的利润而交纳了更高捐税的英国小市民和工人,这本来是很自然的。除了说帝国主义并不那么坏,说它很快就要成为能够保障永久和平的国际(或超)帝国主义,还能有什么更好的安慰呢? 不管英国的牧师或甜蜜的考茨基抱着什么样的善良意图,考茨基的"理论"的客观即真正的社会意义只有一个,就是拿资本主义制度下可能达到永久和平的希望,对群众进行最反动的安慰,其方法就是使人们不去注意现代的尖锐矛盾和尖锐问题,而去注意某种所谓新的将来的"超帝国主义"的虚假前途。在考茨基的"马克思主义"理论里,除了对群众的欺骗以外,没有任何别的东西。

其实只要同那些人人皆知的不容争辩的事实好好对比一下,就会清楚地知道,考茨基硬要德国工人(和各国工人)相信的那种前途是多么虚假。拿印度、印度支那和中国来说吧。谁都知道,这三个共有6亿—7亿人口的殖民地和半殖民地的国家,是受英、法、日、美等几个帝国主义大国的金融资本剥削的。假定这些帝国主义国家组成了几个彼此敌对的联盟,以保持或扩大它们在上述亚洲国家中的领地、利益和"势力范围",这将是一些"国际帝国主义的"或"超帝国主义的"联盟。假定**所有**帝国主义大国组成一个联盟来"和平"瓜分上述亚洲国家,这将是一种"实行国际联合的金融资本"。在20

世纪的历史上就有这种联盟的实际例子,如列强共同对付中国[359]就是这样。试问,在保存着资本主义的条件下(考茨基正是以这样的条件为前提的),"可以设想"这些联盟不是暂时的联盟吗?"可以设想"这些联盟会消除各种各样的摩擦、冲突和斗争吗?

只要明确地提出问题,就不能不给以否定的回答。因为在资本主义制度下,瓜分势力范围、利益和殖民地等等,除了以瓜分者的**实力**,也就是以整个经济、金融、军事等等的实力为根据外,**不可**能设想有其他的根据。而这些瓜分者的实力的变化又各不相同,因为在资本主义制度下,各个企业、各个托拉斯、各个工业部门、各个国家的发展不可能是**平衡的**。如果拿半个世纪以前德国的资本主义实力同当时英国的实力相比,那时德国还小得可怜;日本同俄国相比,也是如此。是否"可以设想"一二十年之后,帝国主义大国的实力对比依然**没有**变化呢? 绝对不可以。

所以,资本主义现实中的(而不是英国牧师或德国"马克思主义者"考茨基的庸俗的小市民幻想中的)"国际帝国主义的"或"超帝国主义的"联盟,不管形式如何,不管是一个帝国主义联盟去反对另一个帝国主义联盟,还是**所有**帝国主义大国结成一个总联盟,都**不可**避免地只会是两次战争之间的"喘息"。和平的联盟准备着战争,同时它又是从战争中生长出来的,两者互相制约,在世界经济和世界政治的帝国主义联系和相互关系这个**同一**基础上,形成和平斗争形式与非和平斗争形式的彼此交替。聪明绝顶的考茨基为了安定工人,使他们同投到资产阶级方面去的社会沙文主义者调和,就把一条链子上的这一环节同另一环节**割开**,把今天**所有**大国为了"安定"中国(请回忆一下对义和团起义的镇压)而结成的和平的(而且是超帝国主义的,甚至是超而又超的帝国主义的)联盟,同明天的、非和平的冲突割开,而这种非和平的冲突,又准备着后天"和平的"总联盟来瓜分譬如说土耳其，**如此等等**。考茨基不提帝国主义和平时期同帝国主义战争时期之间的活生生的联系，而把僵死的抽象概念献给工人，是为了使工人同他们那些僵死的领袖调和。

美国人希尔在他的《欧洲国际关系发展中的外交史》一书序言中，把现代外交史分为以下几个时期：(1)革命时代；(2)立宪运动；(3)当今的"商业帝国主义"时代①。另一个作家则把1870年以来的大不列颠"世界政策"史分为四个时期：(1)第一个亚洲时期(反对俄国在中亚朝印度方向扩张)；(2)非洲时期(大约在1885—1902年)，为了瓜分非洲而同法国斗争(1898年的"法索达"事件**360**，——差一点同法国作战)；(3)第二个亚洲时期(与日本缔约反对俄国)；(4)"欧洲"时期，主要是反对德国②。早在1905年，银行"活动家"里塞尔就说过："政治前哨战是在金融的基础上开展起来的。"他指出，法国金融资本在意大利进行活动，为法意两国的政治联盟作了准备；德英两国为了争夺波斯以及所有欧洲国家的资本为了贷款给中国而展开了斗争，等等。这就是"超帝国主义的"和平联盟同普通帝国主义的冲突有不可分割的联系的活生生的现实。

考茨基掩盖帝国主义的最深刻的矛盾，就必然会美化帝国主义，这在他对帝国主义政治特性的批评中也表现出来了。帝国主义是金融资本和垄断组织的时代，金融资本和垄断组织到处都带有统治的趋向而不是自由的趋向。这种趋势的结果，就是在一切政治制度下都发生全面的反动，这方面的矛盾也极端尖锐化。民

---

① 戴维·杰恩·希尔《欧洲国际关系发展中的外交史》第1卷第 X 页。
② 施尔德尔的上述著作第178页。

族压迫、兼并的趋向即破坏民族独立的趋向（因为兼并正是破坏民族自决）也变本加厉了。希法亭很正确地指出了帝国主义和民族压迫加剧之间的联系，他写道："在新开辟的地区，输入的资本加深了各种矛盾，引起那些有了民族自觉的人民对外来者的愈来愈强烈的反抗；这种反抗很容易发展成为反对外国资本的危险行动。旧的社会关系发生了根本的变革，各'史外民族'千年来的农村闭塞状态日益被破坏，他们正被卷到资本主义的漩涡中去。资本主义本身在逐渐地为被征服者提供解放的手段和方法。于是他们也就提出了欧洲民族曾经认为是至高无上的目标：建立统一的民族国家，作为争取经济自由和文化自由的手段。这种独立运动，使欧洲资本在它那些最有价值的、最有光辉前途的经营地区受到威胁；因此，欧洲资本只有不断地增加自己的兵力，才能维持自己的统治。"①

对此还要补充的是，帝国主义不仅在新开辟的地区，而且在原有地区也实行兼并，加紧民族压迫，因而也使反抗加剧起来。考茨基表示反对帝国主义加强政治上的反动，然而他不去说明在帝国主义时代决不能同机会主义者统一这个变得十分迫切的问题。他表示反对兼并，然而采取的却是毫不触犯机会主义者、最容易为机会主义者接受的方式。他是直接对德国听众说话的，然而他恰恰把最重要、最有现实意义的事实，例如德国兼并阿尔萨斯—洛林的事实掩盖起来。为了评价考茨基的这种"思想倾向"，我们来举一个例子。假定日本人指责美国人兼并菲律宾，试问会不会有很多人相信这是因为他根本反对兼并，而不是因为他自己想要兼并菲律宾呢？是不是应当承认，只有日本人起来反对日本兼并朝鲜，要求朝鲜有从日本分离的自由，才能认为这种反对兼并的"斗争"是

_____

① 《金融资本》第487页。

真挚的,政治上是诚实的呢?

考茨基对帝国主义的理论分析,以及他在经济上和政治上对帝国主义的批评,都**始终**贯穿着一种同马克思主义绝不相容的、掩饰和缓和最根本矛盾的精神,一种尽力把欧洲工人运动中同机会主义的正在破裂的统一保持下去的意图。

十　帝国主义的历史地位

我们已经看到,帝国主义就其经济实质来说,是垄断资本主义。这就决定了帝国主义的历史地位,因为在自由竞争的基础上、而且正是从自由竞争中生长起来的垄断,是从资本主义社会经济结构向更高级的结构的过渡。必须特别指出能够说明我们研究的这个时代的垄断的四种主要形式,或垄断资本主义的四种主要表现。

第一,垄断是从发展到很高阶段的生产集中生长起来的。这指的是资本家的垄断同盟卡特尔、辛迪加、托拉斯。我们看到,这些垄断同盟在现代经济生活中起着多么大的作用。到20世纪初,它们已经在各先进国家取得了完全的优势。如果说,最先走上卡特尔化道路的,是那些实行高额保护关税制的国家(德国和美国),那么实行自由贸易制的英国也同样表明了垄断由生产集中产生这个基本事实,不过稍微迟一点罢了。

第二,垄断导致加紧抢占最重要的原料产地,尤其是资本主义社会的基础工业部门,即卡特尔化程度最高的工业部门,如煤炭工业和钢铁工业所需要的原料产地。垄断地占有最重要的原料产地,大大加强了大资本的权力,加剧了卡特尔化的工业和没有卡特尔化的工业之间的矛盾。

第三，垄断是从银行生长起来的。银行已经由普通的中介企业变成了金融资本的垄断者。在任何一个最先进的资本主义国家中，为数不过三五家的最大银行实行工业资本同银行资本的"人事结合"，集中支配着占全国资本和货币收入很大部分的几十亿几十亿资金。金融寡头给现代资产阶级社会中所有一切经济机构和政治机构罩上了一层依附关系的密网，——这就是这种垄断的最突出的表现。

第四，垄断是从殖民政策生长起来的。在殖民政策的无数"旧的"动机以外，金融资本又增加了争夺原料产地、争夺资本输出、争夺"势力范围"（即进行有利的交易、取得租让、取得垄断利润等等的范围）直到争夺一般经济领土的动机。例如，当欧洲大国在非洲的殖民地占非洲面积十分之一的时候（那还是1876年的情况），殖民政策可以用非垄断的方式，用所谓"自由占领"土地的方式发展。但是，当非洲十分之九的面积已经被占领（到1900年时）、全世界已经瓜分完毕的时候，一个垄断地占有殖民地、因而使瓜分世界和重新瓜分世界的斗争特别尖锐起来的时代就不可避免地到来了。

垄断资本主义使资本主义的一切矛盾尖锐到什么程度，这是大家都知道的。只要指出物价高涨和卡特尔的压迫就够了。这种矛盾的尖锐化，是从全世界金融资本取得最终胜利时开始的过渡历史时期的最强大的动力。

垄断，寡头统治，统治趋向代替了自由趋向，极少数最富强的国家剥削愈来愈多的弱小国家，——这一切产生了帝国主义的这样一些特点，这些特点使人必须说帝国主义是寄生的或腐朽的资本主义。帝国主义的趋势之一，即形成为"食利国"、高利贷国的趋势愈来愈显著，这种国家的资产阶级愈来愈依靠输出资本和

"剪息票"为生。如果以为这一腐朽趋势排除了资本主义的迅速发展,那就错了。不,在帝国主义时代,某些工业部门,某些资产阶级阶层,某些国家,不同程度地时而表现出这种趋势,时而又表现出那种趋势。整个说来,资本主义的发展比从前要快得多,但是这种发展不仅一般地更不平衡了,而且这种不平衡还特别表现在某些资本最雄厚的国家(英国)的腐朽上面。

论述德国大银行的那本著作的作者里塞尔谈到德国经济发展的速度时说:"德国前一个时代(1848—1870 年)的进步并不太慢,但是同德国现时代(1870—1905 年)整个经济特别是银行业发展的速度比起来,就好像拿旧时邮车的速度同现代汽车的速度相比一样;现代汽车行驶之快,对于不小心的行人和坐汽车的人都是很危险的。"这个已经异常迅速地生长起来的金融资本,正因为生长得这样迅速,所以它不反对转向比较"安稳地"占有殖民地,而这些殖民地是要用不单是和平的手段从更富有的国家手里夺取的。美国近几十年来经济的发展比德国还要快,正因为如此,最新的美国资本主义的寄生性特征就表现得特别鲜明。另一方面,就拿共和派的美国资产阶级同君主派的日本或德国的资产阶级作比较,也可以看出:在帝国主义时代,它们之间极大的政治差别大大减弱了,这倒不是因为这种差别根本不重要,而是因为在所有这些场合谈的都是具有明显寄生性特征的资产阶级。

许多工业部门中的某一部门、许多国家中的某一国家的资本家获得了垄断高额利润,在经济上就有可能把工人中的某些部分,一时甚至是工人中数量相当可观的少数收买过去,把他们拉到该部门或该国家的资产阶级方面去反对其他一切部门或国家。帝国主义国家因瓜分世界而加剧的对抗,更加强了这种趋向。于是形成了帝国主义同机会主义的联系,这种联系在英国表现得最早而且最鲜明,因为某些帝国主义发展特点的出现,在英国比在其他国家早得多。有些作家,例如尔·马尔托夫,爱用一种"官场的乐观主义的"(同考茨基、胡斯曼一样)论断,来回避帝国主义同工人运动中的机会主义相联系这个现在特别引人注目的事实,说什么假如正是先进的资本主义会加强机会主义,或者,假如正是待遇最好的工人倾向于机会主义,那么反对资本主义的人们的事业就会没有希望了,等等。不要看错了这种"乐观主义"的意义:这是对机会主义的乐观主义,这是用来掩护机会主义的乐观主义。其实,机会主义特别迅速和特别可恶的发展,决不能保证机会主义取得巩固的胜利,正像健康的身体上的恶性脓疮的迅速发展,只能加速脓疮破口而使身体恢复健康一样。在这方面最危险的是这样一些人,他们不愿意了解:反对帝国主义的斗争,如果不同反对机会主义的斗争密切联系起来,就是空话和谎言。

根据以上对帝国主义的经济实质的全部论述可以得出一个结论,即应当说帝国主义是过渡的资本主义,或者更确切些说,是垂死的资本主义。在这一方面特别耐人寻味的是,资产阶级经济学家在描述最新资本主义时也常用"交织"、"不存在孤立状态"等等这样一些说法;他们也说什么银行"就其任务和发展而言,不是带有单纯私有经济性质的企业,而是日益超出单纯私有经济调节范围的企业"。而就是讲这话的里塞尔,却又非常郑重地宣称,马克思主义者关于"社会化"的"预言""并没有实现"!

"交织"这个说法说明了什么呢? 它只抓住了我们眼前发生的这个过程的最引人注目的一点。它表明观察者只看到一棵棵的树木而看不到森林。它盲目地复写表面的、偶然的、紊乱的现象。它暴露出观察者被原始材料压倒了,完全没有认识这些材料的含义和意义。股票的占有,私有者的关系,都是"偶然交织在一起的"。但是隐藏在这种交织现象底下的,构成这种交织现象的基础的,是正在变化的社会生产关系。既然大企业变得十分庞大,并且根据对大量材料的精确估计,有计划地组织原料的供应,其数量达几千万居民所必需的全部原料的$\frac{2}{3}$甚至$\frac{3}{4}$,既然运送这些原料到最便利的生产地点(有时彼此相距数百里数千里)是有步骤地进行的,既然原料的依次加工直到制成许多种成品的所有工序是由一个中心指挥的,既然这些产品分配给数千万数万万的消费者是按照一个计划进行的(在美、德两国,煤油都是由美国煤油托拉斯销售的),那就看得很清楚,摆在我们面前的就是生产的社会化,而决不是单纯的"交织";私有经济关系和私有制关系已经变成与内容不相适应的外壳了,如果人为地拖延消灭这个外壳的日子,那它就必然要腐烂,——它可能在腐烂状态中保持一个比较长的时期(在机会主义的脓疮迟迟不能治好的最坏情况下),但终究不可避免地要被消灭。

德国帝国主义的狂热崇拜者舒尔采-格弗尼茨惊叹道:

"如果领导德国银行的责任归根到底是落在十来个人身上,那么现在他们的活动对于人民福利说来,就比大多数国务大臣的活动还要重要〈在这里,把银行家、大臣、工业家和食利者"交织"的情形忘掉,是更有利的……〉……　如果把我们所看到的那些趋势的发展情况彻底想一番,那么结果就会是:一国的货币资本汇集在银行手里;银行又互相联合为卡特尔;一国寻找投资场所的资本都化为有价证券。到那时就会实现圣西门的天才预言:'现在生产的无政府状态是同经济关系的发展缺乏统一的调节这个事实相适应的,这种状态应当被有组织的生产所代替。指挥生产的将不是那些彼此隔离、互不依赖、不知道人们经济要求的企业家;这种事情将由某种社会机构来办理。有可能从更高的角度去观察广阔的社会经济领域的中央管理委员会,将把这种社会经济调节得有利于全社会,把生产资料交给适当的人运用,尤其是将设法使生产和消费经常处于协调的状态。现在有一种机构已经把某种组织经济工作的活动包括在自己的任务以内了,这种机构就是银行。'我们现在还远远没有实现圣西门的这些预言,但是我们已经走在实现这一预言的道路上:这是和马克思本人所设想的马克思主义不同的马克思主义,不过只是形式上不同。"①

这真是对马克思的一个绝妙的"反驳",这样就从马克思的精确科学分析倒退到圣西门的猜测上去了,那虽然是天才的猜测,但终究只是猜测而已。

1917 年年中在彼得格勒由生活和知识出版社印成单行本;法文版和德文版序言载于 1921 年《共产国际》杂志第 18 期

选自《列宁全集》第 2 版第 27 卷第 323—439 页

---

① 《社会经济概论》第 146 页。

论尤尼乌斯的小册子

（1916 年 7 月）

一本社会民主党的论述战争问题的小册子,没有迁就卑鄙的容克的书报检查,终于在德国秘密地出版了！作者显然属于党的"左翼激进"派,署名尤尼乌斯(拉丁文的意思是:年轻人),书名是《社会民主党的危机》。在附录里还刊印了"关于国际社会民主党的任务的提纲",这个提纲已经提交伯尔尼国际社会党委员会(ИСК)并刊载在该委员会公报的第 3 号上。[361] 提纲是"国际"派[325]起草的。该派在 1915 年春天出了一期名叫《国际》[233] 的杂志(其中载有蔡特金、梅林、罗·卢森堡、塔尔海默、敦克尔、施特勒贝尔等人的文章),在 1915—1916 年冬天召开了德国各个地区的社会民主党人的会议,通过了这个提纲。

作者在 1916 年 1 月 2 日写的引言中说,这本小册子写于 1915 年 4 月,在刊印时"未作任何修改"。一些"外部情况"的干扰,使这本小册子没有能早日出版。这本小册子与其说是阐明"社会民主党的危机",不如说是分析战争,驳斥那些说这场战争具有民族解放性质的奇谈怪论,证明这场战争无论从德国或其他大国方面来说都是帝国主义战争,并且对正式的党的行为进行革命的批评。尤尼乌斯这本写得非常生动的小册子,在反对已经转到资产阶级和容克方面去的德国旧社会民主党的斗争中,毫无疑问,已经起了而且还会起巨大的作用,因此,我们衷心地向作者表示敬意。

对于熟悉1914—1916年在国外用俄文刊印的社会民主党著作的俄国读者来说,尤尼乌斯的小册子根本没有提供任何新东西。人们在读这本小册子的时候,如果把这位德国的革命马克思主义者的论据,同例如我们党的中央委员会的宣言(1914年9—11月)①、伯尔尼决议(1915年3月)②以及许多关于决议的评论中所阐明的东西加以对照,那就只会深信尤尼乌斯的论据很不充分,而且他犯了两个错误。在对尤尼乌斯的缺点和错误进行批评以前,我们必须着重指出,我们这样做是为了进行马克思主义者不可缺少的自我批评,并且全面地检查那些应当成为第三国际思想基础的观点。尤尼乌斯的小册子,总的说来,是一部优秀的马克思主义著作,很可能,它的缺点在一定程度上带有偶然性。

尤尼乌斯的小册子的主要缺点,以及它比合法的(虽然出版以后立即遭到查禁的)《国际》杂志直接倒退了一步的地方,就是对社会沙文主义(作者既没有使用这个术语,也没有使用社会爱国主义这个不太确切的说法)同机会主义的联系只字未提。作者完全正确地谈到德国社会民主党的"投降"和破产、它的"正式领袖们"的"背叛",但没有继续前进。而《国际》杂志已经对"中派"即考茨基主义进行了批评,对它毫无气节、糟蹋马克思主义和对机会主义者卑躬屈膝的行为理所当然地大加嘲笑。这个杂志**已开始**揭露机会主义者的真面目,例如,公布了一件极其重要的事实:1914年8月4日机会主义者提出了最后通牒,声明他们已经决定在**任何**情况下都投票**赞成**军事拨款。无论是在尤尼乌斯的小册子里,还是在提纲中,都既**没有**提到机会主义,也**没有**提到考茨基主

---

① 见本卷第403—410页。——编者注
② 见《列宁全集》第2版第26卷第163—169页。——编者注

义！这在理论上是不正确的,因为不把"背叛"同机会主义这个有悠久历史,即有第二国际全部历史的**派别**联系起来,就无法**说明**这种"背叛"。这在政治实践中是错误的,因为不弄清公开的机会主义派(列金、大卫等)和隐蔽的机会主义派(考茨基之流)这**两个派别**的意义和作用,那就既不能了解"社会民主党的危机",也不能克服它。这和例如奥托·吕勒在 1916 年 1 月 12 日《前进报》上发表的一篇历史性的文章[362] 相比,是倒退了一步,因为吕勒在那篇文章中直接地、公开地论证了德国社会民主党的分裂是**不可避免的**(《前进报》编辑部只是重复考茨基的甜蜜的、伪善的词句来回答他,并没有找到任何一个真正的论据来否认**已经**存在两个党、而且无法把它们调和起来的事实)。这是极不彻底的,因为在"国际"派的提纲第 12 条里已经**直接**提到,"各主要国家的社会党的正式代表机构"已经"背叛"并且"转到资产阶级帝国主义政策的立场上",因而必须成立"新"国际。显然,谈论让德国旧社会民主党或对列金、大卫之流抱调和态度的党加入"新"国际,那是非常可笑的。

"国际"派为什么倒退了一步,我们不得而知。德国整个革命的马克思主义派的最大缺点,就是缺少一个团结一致的、不断贯彻自己的路线并根据新的任务教育群众的秘密组织,这样的组织无论对机会主义或对考茨基主义都一定会采取明确的立场。这一点所以必要,尤其是因为德国革命社会民主党人最后的两家日报,即《不来梅市民报》[363] 和不伦瑞克《人民之友报》[364] 现在已经被夺走了,这两家报纸都转到考茨基分子那边去了。只有一个派别即"德国国际社会党人"(I. S. D.)[365] 还坚守自己的岗位,这是任何人都清楚的。

看来,"国际"派中的某些人又滚到无原则的考茨基主义的泥潭里去了。例如,施特勒贝尔竟在《新时代》杂志[29] 上拍起伯恩施坦和考茨基的马屁来了！就在前几天，即 1916 年 7 月 15 日，他在报纸上发表一篇题为《和平主义与社会民主党》的文章，为考茨基的最庸俗的和平主义进行辩护。至于尤尼乌斯，他是最坚决反对考茨基的"废除武装"、"取消秘密外交"等等异想天开的计划的。在"国际"派中可能有两派：一派是革命的，另一派则向考茨基主义方面摇摆。

尤尼乌斯的第一个错误论点写进了"国际"派的提纲第 5 条："……在这猖狂的帝国主义的时代（纪元），不可能再有任何民族战争。民族利益只是欺骗的工具，以便让劳动人民群众为其死敌——帝国主义效劳……" 以这个论点结尾的第 5 条，一开头就说明了**这场**战争是帝国主义战争。根本否认民族战争，这可能是疏忽大意，或者是在强调**这场**战争是帝国主义战争而不是民族战争这个完全正确的思想时偶然说了过头话。但是，既然也可能有相反的情况，既然因有人胡说**这场**战争是民族战争，许多社会民主党人就错误地否认**任何**民族战争，所以不能不谈一谈这个错误。

尤尼乌斯强调"帝国主义环境"在**这场**战争中有决定性的影响，他说塞尔维亚背后有俄国，"塞尔维亚民族主义背后有俄国帝**国主义**"，并且说如果荷兰参战**也**是属于帝国主义性质的，因为第一，它要保卫自己的殖民地；第二，它会成为**帝国主义**联盟之一的成员国。这是完全正确的。就**这场**战争来说，这是不容争辩的。而且尤尼乌斯在这里特别强调指出：在他看来，最重要的是同"目前支配着社会民主党政策的""民族战争的幽灵"（第 81 页）进行斗争，所以不能不认为他的论断既是正确的，又是完全恰当的。

如果说有错误的话，那只是在于：夸大了这个真理，离开了必须具体这个马克思主义的要求，把对这场战争的估计搬到了帝国主义下可能发生的一切战争上去，忘记了**反对**帝国主义的民族运动。为"再也不可能有民族战争"这个论点辩护的唯一理由是:世界已经被极少数帝国主义"大"国瓜分完了,因此任何战争,即使起初是民族战争,也会由于触犯某一帝国主义大国或帝国主义联盟的利益而**转化**为帝国主义战争(尤尼乌斯的小册子第 81 页)。

这个理由显然是不正确的。不言而喻,马克思主义辩证法的基本原理是:自然界和社会中的一切界限都是有条件的和可变动的,没有**任何一种**现象不能在一定条件下转化为自己的对立面。民族战争**可能转化**为帝国主义战争,**反之亦然**。例如,法国大革命的几次战争起初是民族战争,而且确实是这样的战争。这些战争是革命的:保卫伟大的革命,反对反革命君主国联盟。但是,当拿破仑建立了法兰西帝国,奴役欧洲许多早已形成的、大的、有生命力的民族国家的时候,法国的民族战争便成了帝国主义战争,而这种帝国主义战争**又反过来**引起了**反对**拿破仑帝国主义的民族解放战争。

只有诡辩家才会以一种战争**可能转化**为另一种战争为理由,抹杀帝国主义战争和民族战争之间的差别。辩证法曾不止一次地被用做通向诡辩法的桥梁,在希腊哲学史上就有过这种情况。但是,我们始终是辩证论者,我们同诡辩论作斗争的办法,不是根本否认任何转化的可能性,而是在**某一事物**的环境和发展中对它进行具体分析。

至于说 1914—1916 年的这场帝国主义战争会转化为民族战争,这种可能性极小,因为代表**向前**发展的阶级是无产阶级,它在客观上力图把这场帝国主义战争转化为反对资产阶级的国内战争,其次还因为两个联盟的力量相差并不很大,而且国际金融资本到处造成了反动的资产阶级。但是,也不能宣布说这种转化是**不可能的**。假如欧洲无产阶级今后 20 来年还是软弱无力,**假如**目前这场战争的**结局**是拿破仑那样的人获得胜利,而许多有生命力的民族国家遭到奴役，**假如**欧洲以外的帝国主义（首先是日本和美国帝国主义）也能维持 20 来年，比如说没有由于发生日美战争而转到社会主义，那就可能在欧洲发生伟大的民族战争。这将是欧洲**倒退**几十年。这种可能性不大。但这并**不是**不可能的，因为设想世界历史会一帆风顺、按部就班地向前发展，不会有时出现大幅度的跃退，那是不辩证的，不科学的，在理论上是不正确的。

其次，在帝国主义时代，殖民地和半殖民地方面进行的民族战争不仅很有可能，而且是**不可避免的**。在殖民地和半殖民地（中国、土耳其、波斯），有将近 10 亿人口，即世界人口**一半以上**。那里的民族解放运动或者已经很强大，或者正在发展和成熟。任何战争都是政治通过另一种手段的继续。殖民地**反对**帝国主义的民族战争**必然**是它们的民族解放政治的继续。这种战争**可能**导致现在的帝国主义"大"国之间的帝国主义战争，但是也可能不导致，这要取决于许多情况。

例如，英法两国为了争夺殖民地打过七年战争**366**，也就是说，进行过帝国主义战争（这种战争无论在奴隶制的基础上和原始资本主义的基础上，还是在现代高度发达的资本主义的基础上都可能发生）。法国被打败，并且丧失了自己的一部分殖民地。几年以后，又发生了北美合众国反对英国一国的民族解放战争**367**。法国和西班牙当时自己仍占据着今天美国的某些部分，但出于对英国的仇恨，也就是说，为了自己的帝国主义利益，却同举行起义反对英国的合众国缔结了友好条约。法军同美军一起打英国人。我们看到这是一场民族解放战争，在这场战争中，帝国主义竞争是一个没有多大意义的附带因素，这同我们在 1914—1916 年战争中所看到的情况恰恰相反（在奥塞战争中，民族因素同决定一切的帝国主义竞赛相比，没有多大的意义）。由此可见，死板地运用帝国主义这个概念,并且由此得出"不可能"发生民族战争的结论,那是多么荒谬。比如波斯、印度和中国联合起来进行反对某些帝国主义大国的民族解放战争,是完全可能的而且可能性很大,因为它是从这些国家的民族解放运动中产生的,至于这种战争是否转化为目前帝国主义大国之间的帝国主义战争,这要取决于很多具体情况,担保这些情况一定会出现,那是很可笑的。

第三,即使在欧洲也不能认为民族战争在帝国主义时代不可能发生。"帝国主义时代"使目前这场战争成了帝国主义战争,它必然引起(在社会主义到来以前)新的帝国主义战争,它使目前各大国的政策成了彻头彻尾的帝国主义政策,但是,这个"时代"丝毫不排斥民族战争,例如,小国(假定是被兼并的或受民族压迫的国家)反对帝国主义大国的民族战争,它也不排斥东欧大规模的民族运动。例如,尤尼乌斯对奥地利的判断是很有见地的,他不仅估计到"经济"因素,而且估计到特殊的政治因素,指出"奥地利没有内在的生命力",认为"哈布斯堡王朝并不是资产阶级国家的政治组织,而只是由几个社会寄生虫集团组成的松散的辛迪加","奥匈帝国的灭亡在历史上不过是土耳其崩溃的继续,同时也是历史发展过程的要求"。至于某些巴尔干国家和俄国,情况也并不好些。如果各"大"国在这场战争中都弄得筋疲力竭,或者如果革命在俄国取得胜利,则完全可能发生民族战争,甚至胜利的民族战争。帝国主义大国的干涉实际上并不是在一切条件下都能实现的,这是一方面。而另一方面,如果有人"轻率地"说:小国反对大国的战争是没有希望的,那就必须指出:没有希望的战争也是战争;其次,"大国"内部的某些现象——如发生革命——可以使"没有希望的"战争成为很"有希望的"战争。

我们所以详细地分析所谓"再也不可能有民族战争"这个不

正确的论点,不仅是因为它在理论上显然是错误的。第三国际只有在非庸俗化的马克思主义基础上才能建立起来,因此,"左派"如果对马克思主义理论漠不关心,那当然是极其可悲的。而且这个错误在政治实践中也是极其有害的:人们会从这一错误出发去进行"废除武装"的荒谬宣传,因为似乎除了反动的战争以外再也不可能有任何战争;人们从这一错误出发会对民族运动持更荒谬的和简直是反动的漠视态度。当欧洲的"大"民族——压迫许多小民族和殖民地民族的民族——的成员,以貌似学者的姿态声称"再也不可能有民族战争"的时候,这种漠视态度就是沙文主义!**反对**帝国主义大国的民族战争不仅是可能的和可能性很大,而且是不可避免的、**进步的**、**革命的**,**诚然**,为了取得**胜利**,或者需要被压迫国家众多居民(我们举例提到的印度和中国就有几亿人口)的共同努力,或者需要国际形势中某些情况**特别**有利的配合(例如,帝国主义大国由于大伤元气、由于彼此打仗和对抗而无力进行干涉,如此等等),或者需要某一大国的无产阶级**同时**举行起义反对资产阶级(我们列举的情况中的最后一种对于无产阶级的胜利是最理想和最有利的)。

不过必须指出,如果责难尤尼乌斯对民族运动漠不关心,那是不公正的。他至少已经指出,社会民主党党团的罪过之一,就是对喀麦隆一个土著领袖因"叛变"(显然是因为他在战争爆发时企图举行起义)而被处死刑一事默不做声,他在另一个地方还专门(像列金先生、伦施先生以及诸如此类的仍把自己算做"社会民主党人"的坏蛋们)强调指出,殖民地民族也是民族。他极其肯定地说:"社会主义承认每个民族都有独立和自由的权利,都有独立掌握自己命运的权利";"国际社会主义承认自由、独立、平等的民族的权利,但是,只有它才能建立这样的民族,只有它才能实现民族自决权。而这个社会主义的口号〈作者说得很正确〉也和其他一切口号一样,不是为现存的事物辩护,而是指出道路,促使实行革命的、改造的、积极的无产阶级政策"(第 77 页和第 78 页)。因此,谁要是认为一切左派德国社会民主党人都像某些荷兰和波兰的社会民主党人那样,囿于狭小的眼界和面目全非的马克思主义,连社会主义下的民族自决也加以否认,那就大错特错了。荷兰人和波兰人犯**这个错误的特殊的**根源,我们在别处还要谈到。

尤尼乌斯的另一个错误论断,同保卫祖国问题有关。这是帝国主义战争期间一个重大的政治问题。尤尼乌斯使我们更加深信,我们党对这个问题的提法是唯一正确的:在这场帝国主义战争中,无产阶级反对保卫祖国,是**因为**这场战争具有掠夺、奴役和反动的性质,是**因为**有可能和有必要用争取社会主义的国内战争来对抗帝国主义战争(并竭力变帝国主义战争为国内战争)。尤尼乌斯一方面很好地揭露了目前这场战争的帝国主义性质,指出它不同于民族战争;可是另一方面,又犯了非常奇怪的错误,企图牵强附会地把民族纲领同**目前这场非**民族的战争扯在一起! 这听起来几乎令人难以置信,但却是事实。

资产阶级拼命叫喊外国"入侵",以便欺骗人民群众,掩盖战争的帝国主义性质,而带有列金和考茨基色彩的官方社会民主党人为了讨好资产阶级,特别热心地重复着这个"入侵"的论据。考茨基现在向那些天真而轻信的人保证说(包括通过俄国的组委会分子[294]斯佩克塔托尔),他从 1914 年年底就转到反对派方面来了,然而他却继续援引这个"论据"! 尤尼乌斯竭力驳斥这个论据,举了一些历史上极有教益的例子,来证明"入侵和阶级斗争在资产阶级历史上,并不像官方的神话所说的那样,是互相矛盾的,而是两者互为手段和表现的"。例子是:法国波旁王朝曾请求外国入侵以反对雅各宾党人,1871 年,资产者曾请求外国入侵以反

对巴黎公社。马克思在《法兰西内战》中写道:

"旧社会还能创造的最高英雄伟绩不过是民族战争,而这种战争如今被证明不过是政府用来骗人的东西,意在延缓阶级斗争,一旦阶级斗争爆发成内战,这种骗人的东西也就会立刻被抛在一边。"①

尤尼乌斯在引证 1793 年的例子时写道:"法国大革命是一切时代的典型例子。"他由此得出结论说:"因此,历来的经验证明,不是戒严状态,而是唤起人民群众的自尊心、英雄气概和道德力量的忘我的阶级斗争,才是保卫国家、抵御外敌的最好办法。"

尤尼乌斯的实际结论是:

"是的,社会民主党人有责任在严重的历史危机时保卫自己的国家。而社会民主党国会党团的重大罪过,也正在于它在 1914 年 8 月 4 日的宣言里庄严地宣布:'我们决不会在危急时刻不起来保卫我们的祖国',同时却又自食其言。它在最危急的时刻**没有起来**保卫祖国。因为在这个时刻它对祖国的首要义务是:向祖国指出这场帝国主义战争的真实内幕,揭穿掩盖这种危害祖国行为的爱国主义的和外交的种种谎言;大声地明确地声明,对德国人民来说,这场战争无论胜负都是灾难;竭力反对用实行戒严来扼杀祖国;宣布必须立即武装人民,让人民来决定战争与和平的问题;坚决要求在整个战争期间不断(连续)召开人民代表会议,以保证人民代表机关对政府、人民对人民代表机关的严格监督;要求立刻废除对一切政治权利的限制,因为只有自由的人民才能胜利地保卫自己的国家;最后,要用爱国主义者和民主主义者 1848 年的原来的真正民族的纲领,用马克思、恩格斯和拉萨尔的纲领,即统一的大德意志共和国的口号,来对抗帝国主义的战争纲领——旨在保存奥地利和土耳其,也就是保存欧洲和德国反动势力的纲领。这就是应当在全国面前展开的旗帜,它才是真正民族的、真正解放的旗帜,而且既符合德国的优良传统,也符合无产阶级的国际阶级政策"…… "可见,所谓祖国利益和无产阶级的国际团结难以兼得,是悲剧性的冲突促使我们的国会议员怀着'沉重

①　见《马克思恩格斯文集》2009 年人民出版社版第 3 卷第 179 页。——编者注

心情'站到了帝国主义战争的方面,这纯粹是一种想象,是一种资产阶级民族主义的虚构。相反地,无论在战争时期或和平时期,国家利益和无产阶级国际的阶级利益都是完全协调的,因为无论战争或和平都要求极其有力地展开阶级斗争,极其坚决地维护社会民主党的纲领。"

尤尼乌斯的论断就是如此。这些论断显然是错误的,我国沙皇制度的公开的和隐蔽的奴仆普列汉诺夫和契恒凯里先生,也许甚至还有马尔托夫和齐赫泽先生,都会幸灾乐祸地抓住尤尼乌斯的话,不去考虑理论上的真理,而是考虑如何脱身、灭迹、蒙蔽工人,因此,我们必须比较详细地来说明尤尼乌斯的错误的**理论**根源。

他建议用民族纲领来"对抗"帝国主义战争。他建议先进阶级要面向过去,而不要面向未来! 1793 年和 1848 年,无论在法国、德国或整个欧洲,**客观上**提上日程的都是**资产阶级**民主革命。同这种**客观的**历史情况相适应的,是"真正民族的"纲领,即当时民主派的民族的**资产阶级**纲领,在 1793 年,资产阶级和平民中最革命的分子曾经实行过这种纲领;而在 1848 年,马克思也代表整个先进的民主派宣布过这种纲领。当时**在客观上**同封建王朝战争相对抗的是革命民主战争、民族解放战争。那个时代的历史任务的内容就是这样的。

现在,对欧洲各先进的大国来说,**客观**情况不同了。要向前发展——如果撇开可能的、暂时的后退不说——只能走向**社会主义**社会,走向**社会主义革命**。从向前发展的观点看来,从先进阶级的观点看来,**客观上**能够对抗帝国主义资产阶级战争、高度发达的资本主义的战争的,只有**反对**资产阶级的战争,也就是说,首先是无产阶级和资产阶级争夺政权的国内战争,因为**没有**这种战争,就**不能**真正前进,其次是在一定的特殊条件下可能发生的保卫社会主义国家、反对资产阶级国家的战争。所以说,有些布尔什维克(好在只是个别的,并且立即被我们抛到号召派**368**那边去了)准备采取有条件地保卫祖国的观点,即在俄国革命胜利和共和制胜利的条件下保卫祖国的观点,他们虽然忠于布尔什维主义的**词句**,却背叛了它的**精神**;因为卷入欧洲各先进大国的帝国主义战争的俄国,即使有共和制的形式,它进行的也**还是帝国主义战争**!

尤尼乌斯说阶级斗争是对付入侵的最好手段,这只是运用了马克思辩证法的一半,他在正确的道路上迈出一步之后,马上又偏离了这条道路。马克思的辩证法要求对每一特殊的历史情况进行具体的分析。说阶级斗争是对付入侵的最好手段,这**无论**对推翻封建制度的资产阶级**或**对推翻资产阶级的无产阶级来说,都是正确的。正因为这对**任何**阶级压迫来说都是正确的,所以这**太一般化**,因而用在目前这种**特殊**的场合就**不够**了。反对资产阶级的国内战争**也是**一种阶级斗争,只有这种阶级斗争才会使欧洲(整个欧洲,而不是一个国家)避免入侵的危险。要是在1914—1916年间存在"大德意志共和国"的话,那它还会进行**同样的**帝国主义战争。

尤尼乌斯几乎得出了正确的答案和正确的口号:要进行争取社会主义、反对资产阶级的国内战争,但他似乎害怕彻底说出全部真理,而**向后**转了,陷入了在1914、1915、1916年间进行"民族战争"的幻想。如果不从理论方面,而纯粹从实践方面来看问题,那么尤尼乌斯的错误也是很明显的。德国的整个资产阶级社会、包括农民在内的各个阶级,都是**拥护**战争的(在俄国大概**也是**这样,至少是大多数富裕农民和中等农民以及很大一部分贫苦农民,显然都被资产阶级帝国主义所迷惑)。资产阶级武装到了牙齿。在这种情况下,"宣布"成立共和国、建立常设国会、由人民选举军官("**武装人民**")等等的纲领,**实际上就是"宣布"**(具有**不正确的革命纲领**的!)**革命**。

尤尼乌斯在这里说得完全对:革命是不能"制造"的。革命在1914—1916 年间提上了日程,革命潜伏在战争中,并从战争中**发展起来**。应当以革命阶级的名义"**宣布**"这一点,大胆地彻底地指出**它的纲领**:争取实现社会主义,而在战争时代,没有反对反动透顶的、罪恶的、使人民遭受无法形容的灾难的资产阶级的国内战争,这是不可能的。应当周密考虑出系统的、彻底的、实际的、**不论革命危机以何种**速度发展都是**绝对可行的**、适合于日益成熟的革命的行动。我们党的决议中已经指出这些行动:(1)投票反对军事拨款;(2)打破"国内和平";(3)建立秘密组织;(4)举行士兵联欢;(5)支持群众的一切革命行动。① **所有**这些步骤的顺利实现,**必然**会导致国内战争。

宣布伟大的历史性的纲领,毫无疑问,有巨大的意义,但不是宣布旧的、对1914—1916 年来说已过了时的德国民族纲领,而是要宣布无产阶级国际主义和社会主义的纲领。你们资产者为了掠夺而打仗;我们**一切**交战国工人向你们宣战,为社会主义而战,——这就是没有像列金、大卫、考茨基、普列汉诺夫、盖得、桑巴之流那样背叛了无产阶级的社会党人在 1914 年 8 月 4 日的国会演说中应当讲的内容。

看来,尤尼乌斯的错误可能是由双重错误的想法造成的。毫无疑问,尤尼乌斯是坚决反对帝国主义战争和坚决**拥护**革命策略的,不管普列汉诺夫先生们对尤尼乌斯的"护国主义"怎样幸灾乐祸,都抹杀不了这个**事实**。对于这种可能的和很有可能的诽谤,必须立即直截了当地给以回击。

但是,第一,尤尼乌斯没有完全摆脱德国社会民主党人、即使

① 见《列宁全集》第 2 版第 26 卷第 166 页。——编者注

是左派社会民主党人的"环境",那些人害怕分裂,害怕彻底说出革命的口号。① 这种害怕心理是错误的,德国左派社会民主党人应当消除而且**一定会消除**这种心理。他们在同社会沙文主义者的斗争过程中**一定会做到**这一点。他们正在坚定不移地、**一心一意地**同**本国**社会沙文主义者作斗争,他们同马尔托夫和齐赫泽这班先生的重大的、原则的根本区别就在这里。因为马尔托夫和齐赫泽这班先生(和斯柯别列夫一样)一只手摇着旗帜,向"各国的李卜克内西"致敬,另一只手却和契恒凯里和波特列索夫亲热拥抱!

第二,看来,尤尼乌斯想实现一种同孟什维克的臭名昭著的"阶段论"相类似的东西,想从革命纲领"最方便的"、"通俗的"、能为**小资产阶级**所接受的那一头**做起**。这好像是打算"蒙哄历史",蒙哄那些庸人。据说,谁也不会反对保卫真正祖国的**最好**办法,而真正的祖国就是大德意志共和国,保卫的最好办法**就是**建立民兵、常设国会等等。据说,这样的纲领一旦被采纳,它便会自然而然地导致下一个阶段,即社会主义革命。

大概就是这种推论自觉或半自觉地确定了尤尼乌斯的策略。不用说,这种推论是错误的。尤尼乌斯的小册子令人感觉到他是**一个孤独者**,他没有一批秘密组织中的同志,而秘密组织是习惯于透彻地考虑革命口号并经常用这些口号教育群众的。不过这种缺点——忘记这一点是很不对的——并不是尤尼乌斯个人的缺点,

---

① 尤尼乌斯谈到"胜利还是失败"这个问题时的议论,也有同样的错误。他的结论是:二者都不好(破产、军备扩充,等等)。这不是革命无产阶级的观点,而是和平主义的小资产者的观点。如果说到无产阶级的"革命干预"——虽然,无论尤尼乌斯或"国际"派的提纲都谈到这一点,可惜太一般化了——那就**必须从别的**观点提出问题:(1)不冒失败的危险,能不能进行"革命干预"? (2)不冒同样的危险,能不能打击**本国**的资产阶级和政府? (3)我们不是向来都说,而反动战争的历史经验不是也表明,失败会促进革命阶级的事业吗?

这是德国**所有**左派的软弱性造成的,因为他们被考茨基的虚伪、学究气、对机会主义者的"友好"这些卑鄙的东西从四面八方包围着。尤尼乌斯的拥护者**虽然**孤独无援,但是已经能够**着手**印发秘密传单并同考茨基主义作战了。他们也一定能够继续沿着正确的道路前进。

载于 1916 年 10 月《〈社会民主党人报〉文集》第 1 辑

选自《列宁全集》第 2 版第 28 卷第 1—15 页

帝国主义和社会主义
运动中的分裂

(1916 年 8 月 9 日〔22 日〕以前)

机会主义(以社会沙文主义形式出现的)对欧洲工人运动取得的异常可鄙的胜利,是否同帝国主义有联系呢?

这是当代社会主义运动中的根本问题。现在我们有可能而且应当来分析这个根本问题,因为我们在我们党的出版物上已经充分证明了如下两点:第一,我们这个时代和这场战争的帝国主义性质;第二,社会沙文主义同机会主义的不可分割的历史联系及其相同的思想政治内容。

首先必须给帝国主义下一个尽量确切和完备的定义。帝国主义是资本主义的特殊历史阶段。这个特点分三个方面:(1)帝国主义是垄断的资本主义;(2)帝国主义是寄生的或腐朽的资本主义;(3)帝国主义是垂死的资本主义。垄断代替自由竞争,是帝国主义的根本经济特征,是帝国主义的**实质**。垄断制表现为五种主要形式:(1)成立卡特尔、辛迪加和托拉斯;生产集中达到了产生这种资本家垄断同盟的阶段;(2)大银行占垄断地位,3—5 家大银行支配着美、法、德三国的全部经济生活;(3)**原料**产地被各托拉斯和金融寡头占据(金融资本是同银行资本融合的垄断工业资本);(4)国际卡特尔**开始**(在经济上)瓜分世界。这种国际卡特尔的数目已超过 **100 个**,它们控制着**整个**世界市场,并且"和睦地"进行瓜分(在战争还没有**重新**瓜分它以前)。资本输出作为一种非常典型的现象,和非垄断资本主义时期的商品输出不同,它同从经济上、从政治和领土上瓜分世界有着密切的联系;(5)从领土上瓜分世界(瓜分殖民地)**已经完毕**。

帝国主义,作为美洲和欧洲然后是亚洲的资本主义的最高阶段,截至1898—1914年这一时期已完全形成。美西战争[327](1898年),英布战争[328](1899—1902年),日俄战争[369](1904—1905年)以及欧洲1900年的经济危机,——这就是世界历史新时代的主要历史里程碑。

帝国主义是寄生的或腐朽的资本主义,这首先表现在腐朽的趋势上,这种趋势是生产资料私有制下的**一切**垄断所特有的现象。共和民主派的帝国主义资产阶级和君主反动派的帝国主义资产阶级之间的差别所以日益消失,正是因为两者都在活活地腐烂着(这决不排除资本主义在某些工业部门,在某些国家或在某些时期内惊人迅速的发展)。第二,资本主义的腐朽表现在以"剪息票"为生的资本家这一庞大**食利者**阶层的形成。英、美、法、德四个先进帝国主义国家各拥有1 000亿—1 500亿法郎的有价证券资本,就是说,各国每年的收入都不少于50亿—80亿法郎。第三,资本输出是加倍的寄生性。第四,"金融资本竭力追求的是统治,而不是自由。"政治上的**全面**反动是帝国主义的特性。行贿受贿之风猖獗,各种各样的巴拿马案件[344]层出不穷。第五,同兼并密切联系着的那种对被压迫民族的剥削,特别是极少数"大"国对殖民地的剥削,使"文明"世界愈来愈变成叮在数万万不文明的各族人民身上的寄生虫。罗马的无产者靠社会过活;现在的社会靠现代无产者过活。西斯蒙第这个深刻的见解,马克思曾特别加以强调①。帝国主义稍微改变了这种情况。帝国主义大国无产阶级

---

① 参看《马克思恩格斯文集》2009年人民出版社版第2卷第467页。——编者注

中的特权阶层,部分地也依靠数万万不文明的各族人民过活。

不难理解为什么帝国主义是**垂死的**资本主义,向社会主义**过渡**的资本主义,因为从资本主义中成长起来的垄断**已经**是资本主义的垂死状态,是它向社会主义过渡的开始。帝国主义造成的大规模的劳动**社会化**(即辩护士——资产阶级经济学家称之为"交织的现象"),其含义也是一样。

我们提出这样一个帝国主义定义,就不免要同卡·考茨基完全抵触,因为他否认帝国主义是"资本主义的一个阶段",而断定帝国主义是金融资本"比较爱好"的一种**政策**,是"工业"国力图兼并"农业"国的企图①。考茨基的这个定义在理论上完全是捏造出来的。帝国主义的特点恰恰**不**是工业资本的统治,而是金融资本的统治,恰恰**不单**是力图兼并农业国,而是力图兼并**一切**国家。考茨基**把**帝国主义的政治同它的经济**割裂开来**,把政治上的垄断制和经济上的垄断制割裂开来,为他的庸俗的资产阶级改良主义,如"废除武装"、"超帝国主义"之类的谬论扫清道路。捏造这种理论的全部用意和目的,无非是要掩饰帝国主义的**最深刻的**矛盾,从而为同帝国主义辩护士即露骨的社会沙文主义者和机会主义者讲"统一"的理论辩护。

考茨基的这种背弃马克思主义的行为,我们已在《社会民主党人报》[236]和《共产党人》杂志[370]上详细论述过了。我们俄国的考茨基主义者,以阿克雪里罗得和斯佩克塔托尔为首的"组委会分子"[294],包括马尔托夫而且在很大程度上也包括托洛茨基,都认为最

---

① "帝国主义是高度发达的工业资本主义的产物。帝国主义就是每个工业资本主义民族力图征服或吞并那愈来愈多的**农业**区域,而不管那里居住的是什么民族。"(考茨基于1914年9月11日在《新时代》杂志**29**上发表的论文)

好避开不谈考茨基主义这一思潮的问题。他们不敢维护考茨基在战时所写的东西,而只是吹捧考茨基(如阿克雪里罗得所写的一本德文小册子,组织委员会**曾答应**要用俄文出版)或援引几封考茨基的私人信件(如斯佩克塔托尔)来敷衍了事。考茨基在这些信件中硬说他属于反对派,而狡猾地试图完全否认自己的一切沙文主义言论。

应当指出,考茨基对帝国主义的这种无异于粉饰帝国主义的"见解",不仅比希法亭的《金融资本》一书倒退了(虽然希法亭本人现在极力维护考茨基,维护同社会沙文主义者的"统一"!),而且比**社会自由派**约·阿·霍布森也倒退了。这位英国经济学家丝毫不想以马克思主义者自居,但是他在1902年的著作①中却给帝国主义下了一个深刻得多的定义,对帝国主义的矛盾作了深刻得多的揭露。请看这位著作家(在他那里几乎可以找到考茨基的一切和平主义的和"调和主义的"庸俗论调)对于帝国主义寄生性这一极重要的问题所发表的言论吧:

霍布森认为,有两种情况削弱了旧帝国的力量:(1)"经济寄生性";(2)用附属国的人民编成军队。"第一种情况是经济寄生习气,这种习气使得统治国利用占领地、殖民地和附属国来达到本国统治阶级发财致富的目的,来收买本国下层阶级,使他们安分守己。"关于第二种情况,霍布森写道:

"帝国主义盲目症的最奇怪的症候之一〈这种关于帝国主义者的"盲目症"的调子从社会自由派霍布森口中唱出来,比从"马克思主义者"考茨基口中唱出来更加适当〉,就是大不列颠、法国等帝国主义国家走上这条道路时所抱的那种漫不经心的态度。在这方面走得最远的是大不列颠。我们征服印度帝国的大部分战斗都是我们用土著人编成的军队进行的;在印度和近来

---

① 约·阿·霍布森《帝国主义》1902年伦敦版。

在埃及,庞大的常备军是由英国人担任指挥的;我们征服非洲的各次战争,除了征服南部非洲的以外,几乎都是由土著人替我们进行的。"

瓜分中国的前景,使霍布森作出了这样一种经济上的估计:"到那时,西欧大部分地区的面貌和性质,都将同现在有些国家的部分地区,如英格兰南部、里夫耶拉以及意大利和瑞士那些游人最盛、富人最多的地方一样,也会有极少数从远东取得股息和年金的富豪贵族,连同一批人数稍多的家臣和商人,为数更多的家仆以及从事运输和易腐坏产品最后加工的工人。主要的骨干工业部门就会消失,而大批的食品和半成品会作为贡品由亚非两洲源源而来。""西方国家更广泛的同盟,即欧洲大国联邦向我们展示的前途就是,这个联邦不仅不会推进全世界的文明事业,反而有造成西方寄生性的巨大危险:产生出这样一批先进的工业国家,这些国家的上层阶级从亚非两洲获得巨额的贡款,并且利用这种贡款来豢养大批驯服的家臣,他们不再从事大宗的农产品和工业品的生产,而是替个人服务,或者在新的金融贵族监督下从事次要的工业劳动。让那些漠视这种理论〈应该说:前途〉、认为这个理论不值得研究的人,去思考一下已经处于这种状态的目前英格兰南部各区的经济条件和社会条件吧。让他们想一想,一旦中国受这种金融家、'投资者'〈食利者〉及其政治方面和工商业方面的职员的经济控制,使他们能从这个世界上所知道的最大的潜在富源汲取利润,以便在欧洲消费,这套方式将会扩展到怎样巨大的程度。当然,情况是极为复杂的,世界上各种力量的变化也难以逆料,所以不能很有把握地对未来作出某种唯一的预测。但是,现在支配着西欧帝国主义的那些势力,是在向着这个方向发展的。如果这些势力不遇到什么抵抗,不被引上另一个方面,它们就确实会朝着完成这一过程的方向努力。"

社会自由派霍布森看不到,**只有革命无产阶级**,而且**只有采取社会革命的形式**,才能实行这种"抵抗"。正因为如此他才是社会自由派! 不过,他早在 1902 年就精辟地分析了"欧洲联邦"问题(请考茨基主义者托洛茨基注意!)以及各国**伪善的考茨基主义者**所极力掩饰的种种事实的意义,即:**机会主义者**(社会沙文主义者)和帝国主义资产阶级一道,**正是**朝着靠剥削亚非两洲以建立帝国主义欧洲的方向而共同努力的;**机会主义者**在客观上是小资产阶级和工人阶级某些阶层的一部分,他们被帝国主义的超额利润所**收买**,已变成了资本主义的**看门狗**和工人运动的**败坏者**。

帝国主义资产阶级和现在战胜了(能长久吗?)工人运动的机会主义之间的这种极深刻的经济联系,我们不仅在一些论文中,而且在我们党的一些决议中都一再指出过。由此我们得出结论说,同社会沙文主义决裂是不可避免的。而我们的考茨基主义者却喜欢回避这个问题!例如,马尔托夫还在他所作的几次专题报告中就进行过诡辩,他的那番话登载在《组织委员会国外书记处通报》上(1916年4月10日第4号),原文如下:

> "……如果那些在智力发展方面最接近于'知识界'的最熟练工人竟也难免离开革命社会民主党而转到机会主义方面去,那么革命社会民主党的事业是很糟糕的,甚至是没有希望的……"

玩弄一下"难免"这个愚蠢字眼和某种"偷天换日"的把戏,就把**某些**工人阶层**转到**机会主义和帝国主义资产阶级方面去的**事实回避过去了**!而组织委员会的诡辩家们要**回避**的正是这一事实!他们用考茨基主义者希法亭以及其他许多人目前所炫耀的"官场的乐观主义"来支吾搪塞,说什么客观条件能保证无产阶级的统一和革命派的胜利!说什么他们都是些对无产阶级抱"乐观主义的人"!

其实,所有这些考茨基主义者,如希法亭、组委会分子以及马尔托夫之流,不过是……对**机会主义抱乐观主义**罢了。实质就在这里!

无产阶级是资本主义的产儿,是世界资本主义的产儿,而不仅仅是欧洲资本主义或帝国主义资本主义的产儿。当然,在世界范围内,"无产阶级"迟早——早50年或迟50年,从**这一**范围来看,这是一个小问题——"会"统一起来,而且革命社会民主党"必然"会在无产阶级中获得胜利。但是,考茨基主义者先生们,问题并不在这里,而在于**你们现在在欧洲各帝国主义国家中向机会主义者献媚**

讨好,而这些人对作为阶级的无产阶级说来是**异己分子**,是资产阶级的奴仆、代理人和资产阶级影响的传播者,**不摆脱**这些人,工人运动就始终是**资产阶级的工人运动**。你们鼓吹同机会主义者,即同列金、大卫之流,同普列汉诺夫、契恒凯里和波特列索夫之流"统一",这在客观上就是掩护帝国主义资产阶级利用它在工人运动中的得力代理人去**奴役**工人。革命社会民主党在世界范围内的胜利是绝对不可避免的,它正在到来而且必定到来,正在实现而且必定实现,但是这一胜利完全是**反对**你们的,它将是**击败**你们而取得的胜利。

当代工人运动中的两种倾向,甚至是**两个党派**,在1914—1916年间显然已经在全世界分道扬镳。**恩格斯和马克思在数十年**内,大约从1858年到1892年,**在英国仔细地考察**过这两个党派。

马克思和恩格斯两人都没有活到世界资本主义的帝国主义时代,因为这个时代最早也只能说是在1898—1900年间开始的。但是英国的特点是,它从19世纪中叶起至少就具备了帝国主义的**两大特征**:(1)拥有极广大的殖民地;(2)拥有垄断利润(因为它在世界市场上占垄断地位)。就这两点来说,英国当时是各资本主义国家中的一个例外,恩格斯和马克思在分析这一例外时非常明确地指出了这种现象和机会主义在英国工人运动中的胜利(暂时的胜利)之间的**联系**。

恩格斯在1858年10月7日给马克思的信中说:"英国无产阶级实际上日益资产阶级化了,因而这一所有民族中最资产阶级化的民族,看来想把事情最终弄到这样的地步,即**除了**资产阶级,它**还要有**资产阶级化的贵族和资产阶级化的无产阶级。自然,对一个剥削全世界的民族来说,这在某种程度上是有道理的。"[①]恩格

---

① 见《马克思恩格斯文集》2009年人民出版社版第10卷第165页。——编者注

斯在 1872 年 9 月 21 日给左尔格的信中写道:黑尔斯(Hales)在国际联合会委员会中掀起了轩然大波,竟提议公开谴责马克思,理由是马克思说过"英国工人领袖被收买了"①。马克思在 1874 年 8 月 4 日写信对左尔格说:"至于说到此地〈英国〉的城市工人,遗憾的只是那帮领袖都没有进入议会。不然这倒是摆脱那帮混蛋的一条最可靠的途径。"②恩格斯在 1881 年 8 月 11 日给马克思的信里说到了"被资产阶级收买了的,或至少是领取资产阶级报酬的人所领导的最坏的英国工联"。③ 恩格斯在 1882 年 9 月 12 日给考茨基的信中说:"您问我:英国工人对殖民政策的想法如何? 这和他们对一般政策的想法一样。这里没有工人政党,只有保守派和自由主义激进派,工人十分安然地分享英国在世界市场上的垄断权和英国的殖民地垄断权。"④

恩格斯在 1889 年 12 月 7 日写信对左尔格说:"……这里〈英国〉最可恶的,就是那种已经深入工人肺腑的资产阶级式的'体面'(respectability)……连我认为是他们中间最优秀的人物汤姆·曼也喜欢谈他将同市长大人共进早餐。只要把他们同法国人比较一下,就会发现革命有什么好处。"⑤他在 1890 年 4 月 19 日的信中说:"运动〈英国的工人阶级的运动〉正在向前发展,席卷着越来越广大的阶层,而且往往是那些至今处于停滞状态的**最底层**的〈黑体是恩格斯用的〉群众,在不久的将来,这些群众会猛然醒悟,**认识到自己的地位**,认识到原来正是他们自己才是一支伟大的运

---

① 参看《马克思恩格斯全集》第 1 版第 33 卷第 521 页。——编者注
② 同上书,第 637 页。——编者注
③ 参看《马克思恩格斯全集》第 1 版第 35 卷第 18 页。——编者注
④ 见《马克思恩格斯文集》2009 年人民出版社版第 10 卷第 480 页。——编者注
⑤ 同上书,第 576—577 页。——编者注

动着的力量。"①恩格斯在 1891 年 3 月 4 日写道:"分崩离析的码头工人工会失败了,战场上将只剩下一些**富足的**因而也是胆怯的'旧的'保守的工联……"② 他在 1891 年 9 月 14 日写道:在工联纽卡斯尔代表大会上,反对八小时工作制的旧工联主义者失败了,"而资产者的报纸承认**资产阶级工人政党**遭到了失败……"③(所有的黑体都是恩格斯用的)

恩格斯曾把他数十年来反复说明的这些思想在报刊上公开发表,他在 1892 年为《英国工人阶级状况》第 2 版所写的序言就证明了这一点。他在这个序言中谈到了"工人阶级中的贵族",谈到了"享有特权的少数工人"和"广大工人群众"相对立。工人阶级中间只有那些"享有特权和受到保护的区区少数",才获得了英国在 1848—1868 年间的特权地位所提供的"长期的利益",而"广大群众的状况至多也不过得到暂时的改善……" "随着英国工业垄断的破产,英国工人阶级就要失掉这种特权地位……" "新"工联即非熟练工人联合会的会员,"拥有一个无与伦比的优点:他们的心田还是一块处女地,丝毫没有沾染上传统的'体面的'资产阶级偏见,而那些处境较好的'旧工联主义者'却被这种偏见弄得昏头昏脑……"在英国被称为"所谓工人代表"中,"即在那些一心要把自己的工人本色淹没于自由主义海洋,以求得别人宽恕的人中……"④

我们之所以特意相当详细地摘引马克思和恩格斯的坦率的言论,是想使读者能够**全面**加以研究。这些言论是必须研究的,是值

---

① 参看《马克思恩格斯全集》第 1 版第 37 卷第 391 页。——编者注
② 参看《马克思恩格斯全集》第 1 版第 38 卷第 44 页。——编者注
③ 同上书,第 151 页。——编者注
④ 见《马克思恩格斯文集》2009 年人民出版社版第 1 卷第 375—380 页。——编者注

得细细玩味的。因为帝国主义时代的客观条件要求我们在工人运动中所采取的策略的**关键**,正是在这里。

考茨基在这里也企图"把水搅浑",用同机会主义者调和的甜言蜜语来偷换马克思主义。坦白的、天真的社会帝国主义者(如伦施之流)说德国进行战争是为了破坏英国的垄断,考茨基在同他们论战时,用来"**纠正**"这种明显的谎话的是另一种同样明显的谎话。他用娓娓动听的谎话代替厚颜无耻的谎话!他说,英国的**工业**垄断早就被打破了,早就被破坏了,因此已无可破坏也无须再破坏了。

这种论据的虚伪性何在呢?

第一,就在于避而不谈英国的**殖民地**垄断。而我们已经看到,恩格斯早在34年以前即1882年,就非常明白地指出了这种垄断!如果说英国的工业垄断已被破坏,那么其殖民地垄断不仅依然存在,而且还变本加厉了,因为全世界被瓜分完毕了!考茨基用甜蜜的谎言作幌子,偷运资产阶级和平主义者和机会主义小市民的货色,妄说"没有什么东西要通过打仗来争夺"。恰巧相反,现在对**资本家**来说不仅有要通过打仗来争夺的东西,而且如果想要保存资本主义,他们**不能不打仗**,因为**新兴的**帝国主义国家如果不用暴力手段来重新瓜分殖民地,就不能得到比较老的(**又比较弱的**)帝国主义列强现在享有的那些特权。

第二,为什么英国的垄断使机会主义在英国(暂时)获得了胜利呢?因为垄断提供**超额利润**,即超过全世界一般的、正常的资本主义利润的额外利润。从这种超额利润中,资本家**可以**拿出一部分(甚至是不小的一部分!)来收买**本国**工人,建立某种同盟(请回忆一下韦伯夫妇所描写的英国工联同它们的雇主的有名"同盟"吧),即一国的工人同本国资本家共同**反对**其他国家的同盟。英国的工业垄断早在19世纪末叶就被破坏了。这是无可争辩的。

但是破坏得**怎样**呢？是不是**一切**垄断都消失了呢？

如果情况是这样，考茨基的调和主义（同机会主义调和）"理论"倒会有些根据了。但问题就在于情况**并不是**这样。帝国主义**是垄断**的资本主义。每个卡特尔、托拉斯、辛迪加以及每家大银行，**都是**一种垄断组织。超额利润并没有消灭，它仍然存在。一个享有特权的财力雄厚的国家对其他**所有**国家的剥削仍然存在，并且更加厉害了。极少数富国——就独立的和真正庞大的"现代"财富来说，这样的国家只有四个，即英、法、美、德——把垄断扩展到无比广阔的范围，攫取着数亿以至数十亿**超额利润**，让别国数亿人民"驮着走"，为瓜分极丰富、极肥美、极稳当的赃物而互相搏斗着。

帝国主义的经济实质和政治实质就在于此，考茨基对帝国主义最深刻的矛盾加以掩盖，而不是加以揭露。

帝国主义"大"国的资产阶级，**能够**每年拿出一两亿法郎，**在经济上**收买"自己的"工人中间的上层分子，因为他们的**超额利润**大概有 10 亿之多。至于这点小恩小惠怎样分配给工人部长、"工人议员"（请回想一下恩格斯对这个概念的精辟分析）、军事工业委员会的工人代表[371]、工人官吏、狭隘行业工会工人以及职员等等，这是一个次要的问题。

在 1848—1868 年间，以及在稍后的一段时间内，在一定程度上只有英国享有垄断；**因此**机会主义能在英国得势数十年；**当时**任何其他国家既**没有**最丰富的殖民地，也**没有**工业垄断。

19 世纪的最后 30 多年，是向帝国主义新时代过渡的时期，这时享有垄断的已经**不是**一国的金融资本，而是为数很少的几个大国的金融资本。（在日本和俄国，对军事力量的垄断，对极广大领土和掠夺异族——如中国等等——的极便利条件的垄断，部分地填补了，部分地代替了现代最新金融资本的垄断。）由于这种不同的情况,从前英国的垄断**能够**存在几十年而**无人争夺**。现代金融资本的垄断却遇到了疯狂的争夺;帝国主义战争的时代开始了。从前**一个**国家的工人阶级可以被收买、被腐蚀几十年。现在这就很难办到了,甚至办不到了,但是**每一个**帝国主义"大"国都能够而且正在收买**人数较少的**(与1848—1868年间英国的情况相比较)"工人贵族"阶层。从前,"**资产阶级工人政党**"——用恩格斯的寓意极深的话来说——只能在一国内形成(因为当时只有一国拥有垄断),但是能维持很久。现在"**资产阶级工人政党**"在**所有**帝国主义国家里都成了**不可避免的**和典型的现象,但是由于各帝国主义国家为瓜分赃物而进行疯狂斗争,这种党未必能在许多国家里得势很久。因为,托拉斯、金融寡头和物价高涨等等虽然**提供**了收买一小撮上层分子的**可能性**,但是,对无产阶级和半无产阶级**群众**的打击、压迫、摧残和折磨却愈来愈厉害。

一方面,资产阶级和机会主义者力求把少数享有特权的最富的民族变为叮在他人身上的"永久"寄生虫,靠剥削黑人和印度人等等来"安享清福",用装备着精良的杀人武器的最新军国主义来压服他们。另一方面,比以前遭到更厉害的压迫和承受着帝国主义战争的一切痛苦的**群众**,却力求摆脱这种桎梏,推翻资产阶级。当前工人运动的历史必将在这两种趋势的斗争中逐渐展开。因为前一种趋势不是偶然的,而是在经济上"有根据的"。在**一切**国家里资产阶级都已经产生、养育和保有社会沙文主义者的"资产阶级工人政党"。像意大利的比索拉蒂之流的成形的、十足社会帝国主义者的党,同波特列索夫、格沃兹杰夫、布尔金、齐赫泽、斯柯别列夫之流的半成形的所谓的党,没有什么本质的区别。重要的是,工人贵族阶层分离出去而投靠资产阶级的过程,在经济上已经成熟并且已经完成了,而这种经济事实,这种阶级关系的变动,要为自己找到这样或那样的政治形式,是不怎么"费劲"的。

在上述经济基础上,现代资本主义的政治设施,如报刊、议会、各种社团和代表大会等等,就替那些恭顺驯良的改良主义和爱国主义的职工们,创造了一种同他们获得的经济上的特权和小恩小惠相适应的**政治上的**特权和小恩小惠。在内阁或军事工业委员会中,在议会和各种委员会中,在"堂堂正正的"合法报纸编辑部或同样堂堂正正的"唯资产阶级之命是听的"工会理事会中安排有油水的和稳当的职位,这就是帝国主义资产阶级用来诱惑和嘉奖"资产阶级工人政党"的代表人物及其拥护者的手段。

政治民主制的机构也是循着这一方向运转的。在我们这个时代不能没有选举;没有群众是行不通的,而在印刷发达和议会制盛行的时代,要让群众跟自己走,**就必须**有一套广泛施展、系统推行、周密布置的手法,来阿谀奉承、漫天撒谎、招摇撞骗、玩弄流行的时髦字眼、信口答应工人实行种种改良和办种种好事,——只要他们肯放弃推翻资产阶级的革命斗争。我把这套手法叫做劳合-乔治主义,因为英国大臣劳合-乔治是在一个拥有"资产阶级工人政党"的典型国家里玩弄这套手法的一位最高超最狡猾的代表。劳合-乔治是一个第一流的资产阶级生意人和滑头政客,是一个颇有声誉的演说家,他善于在工人听众面前乱吹一通,甚至讲一些最最革命的词句,他善于向驯良的工人大施恩惠,如许诺实行社会改良(保险等等),他出色地为资产阶级服务①,并且正是**在工人中间**替资产阶级服务,**正是**在无产阶级中间传播资产阶级影响,即在一

---

① 不久以前,我在一份英文杂志上读到劳合-乔治的一位政敌托利党人**372**写的一篇文章:《托利党人眼中的劳合-乔治》。战争擦亮了这位政敌的眼睛,使他看到劳合-乔治是资产阶级的一名多么出色的帮办! 托利党人已经同他和解了!

个最有必要而最难于在精神上征服群众的地方传播这种影响。

试问,劳合-乔治同谢德曼、列金、韩德逊、海德门、普列汉诺夫以及列诺得尔之流是否有很大的区别呢? 有人会反驳说,在后者中间有些人会回到马克思的革命社会主义方面来。这是可能的,但是如果从政治上即从大的方面来看,这是一种程度上的微不足道的区别。在今天的社会沙文主义领袖中间可能有个别人会回到无产阶级方面来。但是社会沙文主义或机会主义(这是一回事)的**流派**却不会消失,也不会"回到"革命无产阶级方面来。这个政治流派,这种"资产阶级工人政党",在马克思主义受到工人欢迎的一切地方,都会拿马克思的名字来赌咒发誓。要禁止他们这样做是不可能的,正如不能禁止一个商号使用任何一种商标、招牌和广告一样。历史上常有这种情形:那些在被压迫阶级中素享盛名的革命领袖逝世以后,他们的敌人便企图窃取他们的名字来欺骗被压迫阶级。

事实是,"资产阶级工人政党"这种政治现象在**一切**先进资本主义国家里都已经形成了,不同这些政党(或集团、流派等等,反正都是一回事)展开坚决无情的全面斗争,就根本谈不上反对帝国主义,也谈不上马克思主义和社会主义工人运动。俄国的齐赫泽党团[283]、《我们的事业》杂志[314]、《劳动呼声报》[373]以及国外的"组委会分子",都无非是**这样的**党的变种罢了。我们根本不能设想这些党派会在社会革命**以前**消失。恰巧相反,这个革命愈迫近,爆发得愈猛烈,革命进程的转变和飞跃愈急剧,革命的群众潮流反对机会主义的小市民潮流的斗争在工人运动中的作用也就愈大。考茨基主义根本不是什么独立的流派,因为它无论在群众中间或在投靠资产阶级的特权阶层中间,都没有根基。但是考茨基主义的危险,就在于它利用过去的观念,竭力使无产阶级同"资产阶级工人政党"调和,坚持前者和后者的统一,从而提高后者的威信。群众已经不再跟公开的社会沙文主义者走了:劳合-乔治在英国工人大会上受到了斥责,海德门退出了党,列诺得尔和谢德曼之流,波特列索夫和格沃兹杰夫之流全靠警察来保护。考茨基主义者暗中维护社会沙文主义者的行为,是再危险不过的了。

考茨基派惯用的诡辩之一,就是以"群众"为借口。他们说:我们不愿意脱离群众和群众组织!可是请想一想恩格斯对于这个问题的提法吧。英国工联这些"群众组织"在 19 世纪曾经拥护资产阶级工人政党。但是马克思和恩格斯并没有因此就同资产阶级工人政党调和,而是揭露它。他们没有忘记:(1)工联组织直接包括的只是**无产阶级的少数**。无论当时在英国或现在在德国,无产阶级中参加组织的人数不超过 $\frac{1}{5}$。决不能认真设想,在资本主义制度下可以把大多数无产者包括到组织中去。(2)——这是主要的——问题不在于参加组织的人数,而在于这个组织所采取的政策的客观实际意义:这个政策是代表群众利益,为群众服务,即为群众从资本主义下得到解放服务呢,还是代表少数人的利益,代表少数人同资本主义调和?这后一种情况正是 19 世纪的英国和现在的德国等等的真实情况。

恩格斯把"**最低层**的群众"即真正的多数同旧工联的"资产阶级工人政党"分开,同享有特权的少数分开,并且向这个**没有**沾染上"资产阶级式的体面"的真正多数发出号召。马克思主义策略的实质就在于此!

我们不可能(谁也不可能)估计到,无产阶级中间究竟有哪一部分人在现在或将来会跟着社会沙文主义者和机会主义者走。这只有斗争才能说明,只有社会主义革命才能最后解决。但是我们确实知道,在帝国主义战争中"主张保卫祖国的人"只**代表少数**。因此,我们如果愿意仍然成为社会主义者,就应该**下到**和**深入到**真正的群众中间去,反机会主义斗争的全部意义和全部内容就在于此。我们揭穿机会主义者和社会沙文主义者实际上背叛和出卖群众的利益,揭穿他们维护少数工人暂时的特权,揭穿他们传播资产阶级的思想和影响,揭穿他们实际上是资产阶级的同盟者和代理人,从而教育群众认清自己的真正的政治利益,在帝国主义战争和帝国主义休战交替的漫长而痛苦的过程中,为社会主义和革命进行斗争。

向群众说明必然而且必须同机会主义分裂,通过无情地反对机会主义的斗争来教育他们进行革命,依据战争的经验揭穿民族主义自由派工人政策的一切丑恶行径而不把它们掩盖起来,——这就是世界工人运动中唯一的马克思主义路线。

在下一篇文章里,我们试就这条同考茨基主义截然相反的路线的主要特点作一概括的说明。

载于1916年12月《〈社会民主党人报〉文集》第2辑

选自《列宁全集》第2版第28卷第69—85页

无产阶级革命的军事纲领³⁷⁴

（1916 年 8 月 9 日〔22 日〕以前）

在荷兰、斯堪的纳维亚和瑞士，在同社会沙文主义者编造的在这场帝国主义战争中"保卫祖国"的谎言作斗争的革命社会民主党人中间，有人主张取消社会民主党的最低纲领中的"民兵制"或"武装人民"这项旧条文，而代之以"废除武装"的新条文。《青年国际》杂志³⁷⁵已经就这个问题展开讨论，并且在第 3 期上发表了一篇主张废除武装的编辑部文章。很遗憾，罗·格里姆最近的提纲³⁷⁶也对废除武装这一思想作了让步。《新生活》杂志³⁷⁷和《先驱》杂志³⁷⁸展开了讨论。

现在我们就来研究一下主张废除武装的人的论点。

一

基本的论点是：要求废除武装，就是最明确、最坚决、最彻底地表示反对任何军国主义和任何战争。

可是，主张废除武装的人的基本错误恰恰在于这个基本论点。社会主义者如果还是社会主义者，就不能反对一切战争。

第一，社会主义者从来不是，而且永远不可能是革命战争的反对者。各帝国主义"大"国的资产阶级已经反动透顶了，所以我们认为**这个**资产阶级现在进行的战争是反动的、奴隶主的、罪恶的战争。而**反对**这个资产阶级的战争的情形又是怎样的呢？例如，受这个资产阶级压迫和支配的民族或殖民地民族争取自身解放的战争的情形又是怎样的呢？我们在"国际"派[325]的"提纲"第 5 条中看到这样一种说法："在这猖狂的帝国主义的时代，不可能再有任何民族战争。"这显然是不正确的。

20 世纪这个"猖狂的帝国主义"世纪的历史，充满了殖民地战争。但是我们欧洲人，压迫世界大多数民族的帝国主义者，从自己固有的卑鄙的欧洲沙文主义出发称之为"殖民地战争"的，往往是这些被压迫民族的民族战争或民族起义。帝国主义最基本的特性之一恰恰在于，它加速最落后的国家中的资本主义的发展，从而扩大和加剧反对民族压迫的斗争。这是事实。由此必然得出结论：帝国主义势必经常产生民族战争。**尤尼乌斯**在自己的小册子里赞成上述"提纲"，并说：在帝国主义时代，任何反对一个帝国主义大国的民族战争，都会导致同这个大国竞争的另一个帝国主义大国的介入，因此，任何民族战争也会转化为帝国主义战争。但是这个论点也是不正确的。这种情形是**可能的**，但并不总是如此。在1900—1914 年间，许多次殖民地战争走的就不是这条道路。如果我们声称，例如在当前这场战争结束以后（假如这场战争将以各交战国打得筋疲力竭而告结束），"不可能"有"任何"进步的革命的民族战争，如中国同印度、波斯、暹罗等国联合进行的反对大国的战争，那简直是可笑的。

否认在帝国主义条件下有发生民族战争的任何可能性，在理论上是不正确的，而且显然不符合历史事实，在实践上则无异于欧洲沙文主义：我们属于压迫欧洲、非洲、亚洲等数亿人的民族，我们应当对各个被压迫民族说，它们进行反对"我们"这些民族的战争是"不可能的"！

第二，国内战争也是战争。谁承认阶级斗争，谁就不能不承认国内战争，因为在任何阶级社会里，国内战争都是阶级斗争的自然的——在一定的情况下则是必然的——继续、发展和尖锐化。所有的大革命都证实了这一点。否认或忘记国内战争，就意味着陷入极端的机会主义和背弃社会主义革命。

第三，在一国取得胜利的社会主义决不能一下子根本排除一切战争。相反地，它预计到会有战争。资本主义的发展在各个国家是极不平衡的。而且在商品生产下也只能是这样。由此得出一个必然的结论：社会主义不能**在所有**国家**内**同时获得胜利。它将首先在一个或者几个国家内获得胜利，而其余的国家在一段时间内将仍然是资产阶级的或资产阶级以前的国家。这就不仅必然引起摩擦，而且必然引起其他各国资产阶级力图打垮社会主义国家中胜利的无产阶级的直接行动。在这种情况下发生的战争，从我们方面来说就会是正当的和正义的战争。这是争取社会主义、争取把其他各国人民从资产阶级压迫下解放出来的战争。恩格斯在1882年9月12日给考茨基的信中直接承认**已经胜利了的**社会主义有进行"自卫战争"的**可能性**①，他说得完全正确。他指的正是胜利了的无产阶级进行自卫以反对其他各国的资产阶级。

只有在我们推翻、彻底战胜并剥夺了全世界的而不只是一国的资产阶级之后，战争才会成为不可能的。如果我们恰恰回避或掩饰最重要的事情，即镇压资产阶级的反抗——在向社会主义**过渡**时最艰巨、最需要进行的斗争，那么，从科学的观点来看便是完全不正确的、完全不革命的。"社会"神父和机会主义者总是情愿

---

① 参看《马克思恩格斯文集》2009年人民出版社版第10卷第481页。——编者注

幻想未来的和平社会主义,而他们与革命社会民主党人不同的地方恰恰在于,他们不愿设想,不愿考虑为实现这个美好的未来而进行的残酷的阶级斗争和阶级**战争**。

我们决不应该受别人的言词的欺骗。例如,很多人痛恨"保卫祖国"这个概念,因为露骨的机会主义者和考茨基主义者用这个概念来遮盖和掩饰资产阶级在**这场**强盗战争中所说的谎话。这是事实。但不能由此得出结论说,我们应当不再考虑政治口号的意义。认可在这场战争中"保卫祖国",就意味着认为这场战争是符合无产阶级利益的"正义"战争,——如此而已,再没有别的意义。因为在任何战争中都不排除入侵。否定被压迫民族**方面**在它们**反对**帝国主义大国的战争中"保卫祖国",或者否定胜利了的无产阶级方面在**它**反对资产阶级国家的某个加利费的战争中"保卫祖国",那简直是愚蠢的。

如果忘记任何战争都不过是政治通过另一种手段的继续,那在理论上是完全错误的;现在的帝国主义战争是两个大国集团的帝国主义政治的继续,而这种政治是由帝国主义时代各种关系的总和所产生和培育的。但是这个时代又必然产生和培育反对民族压迫斗争的政治和无产阶级反对资产阶级斗争的政治,因此就可能有而且必然会有:第一,革命的民族起义和战争;第二,无产阶级**反对**资产阶级的战争和起义;第三,这两种革命战争的汇合等等。

二

此外,还要补充下面这个一般的考虑。被压迫阶级如果不努力获得有关武器的知识,学会使用武器,占有武器,那它只配被压迫,被虐待,被人当做奴隶对待。我们如果不想变成资产阶级和平主义者或机会主义者,就不能忘记,我们是生活在阶级社会里,除了进行阶级斗争之外,我们没有而且也不可能有其他摆脱这个社会的出路。在任何一个阶级社会里,不管它建立在奴隶制、农奴制或现在的雇佣奴隶制之上,**压迫阶级总是武装起来的**。不仅现在的常备军,而且**现在的**民兵,连瑞士的民兵也不例外,都是资产阶级**反对**无产阶级的武装。我认为,这个基本的道理用不着加以说明。只要指出**一切**资本主义国家发生罢工时都出动军队就够了。

武装资产阶级以反对无产阶级,这是现代资本主义社会的一个最重大、最基本和最重要的事实。面对这样的事实,有人竟劝告革命社会民主党人提出"废除武装"的"要求"! 这就等于完全放弃阶级斗争的观点和任何革命的念头。我们说:武装无产阶级,以便战胜、剥夺资产阶级,**并且解除其武装**,——这是革命阶级唯一可行的策略,这种策略是由资本主义军国主义的整个**客观发展**所准备、奠定和教给的。无产阶级只有把资产阶级的武装解除以后,才能销毁一切武器而不背弃自己的世界历史任务,无产阶级无疑会做到这一点,但**只能在那个时候**,决不能在那个时候以前。

如果说当前的战争在反动的社会神父和动辄哭泣的小资产者中间只会引起恐怖和惊慌,只会使他们厌恶一切使用武器的行为,厌恶死亡和流血等等,那么,相反地我们则说:资本主义社会历来就是**永无终结的恐怖**。如果说当前这场在一切战争中最反动的战争正在进行准备,使这个社会**以恐怖而终结**,那么我们就没有任何理由陷于绝望。现在大家都看到,正是资产阶级自己在准备一场唯一正当的革命战争,即反对帝国主义资产阶级的国内战争,在这种情况下,关于废除武装的说教、"要求"(正确些说,是梦想),客观上正是绝望的表现。

如果有谁认为这是一种"灰色的理论"、"干巴巴的理论",那我们就要提醒他注意两件具有世界历史意义的**事实**：一方面是托拉斯和妇女从事工厂劳动的作用；另一方面是1871年的巴黎公社和俄国1905年的十二月起义。

资产阶级的事业就是发展托拉斯,把儿童和妇女赶进工厂,在那里折磨他们,腐蚀他们,使他们过着极端贫困的生活。我们不"支持"这种发展,不"要求"这种发展,我们反对这种发展。但是**怎样**反对呢？我们知道,托拉斯和妇女从事工厂劳动是**进步的**。我们不愿意倒退到手工业,倒退到垄断前的资本主义和妇女从事家务劳动。要通过托拉斯等等前进,并且要超过它们走向社会主义！

这一论断只要相应地改变一下,就可适用于现在人民的军事化。今天,帝国主义的以及其他的资产阶级,不仅使全体人民而且使青年军事化。明天,它也许要使妇女军事化。对此我们回答说：那更好！快点前进吧！军事化进行得愈快,反对资本主义的武装起义就来得愈快。社会民主党人如果没有忘记巴黎公社的例子,那么怎么会被青年的军事化等等所吓倒而灰心丧气呢？这并不是什么"理论",也不是什么幻想,而是事实。如果社会民主党人竟无视一切经济的和政治的事实,开始对帝国主义时代和帝国主义**战争必然**会使**这些**事实重演表示怀疑,那就真会使人感到绝望。

有一位看到过巴黎公社的资产者,1871年5月曾在一家英国报纸上写道："如果法兰西民族都是妇女,那是一个多么可怕的民族啊！"[379]在公社时期,妇女和13岁以上的儿童同男子并肩战斗。在未来的推翻资产阶级的战斗中,也不可能不是这样。无产阶级的妇女决不会坐视武装精良的资产阶级去枪杀武装很差或手无寸铁的工人,她们会像1871年那样,再次拿起武器,而且从目前"被吓倒了的"或灰心丧气的民族中,正确些说,从目前与其说是被各国政府破坏不如说是被机会主义者破坏的工人运动中,虽然迟早不定,但无疑会产生一个革命无产阶级的"可怕的民族"的国际同盟。

现在军事化正在深入到全部社会生活中。军事化成为一切。帝国主义就是大国为瓜分和重新瓜分世界而进行的残酷斗争,因此它**必然**导致包括小国和中立国在内的一切国家的进一步军事化。对此无产阶级的妇女该怎么办呢?? 只是咒骂任何战争以及和军事有关的一切,只是要求废除武装吗? 真正革命的被压迫阶级的妇女,决不会甘心充当这种可耻的角色。她们会对自己的儿子说:"你快长大了。人家会给你枪。你要拿起枪来,好好地学习一切军事方面的东西——这是无产者所需要的,这并不是为了去打自己的兄弟,像在当前这场掠夺战争中所做的那样,像社会主义的叛徒劝你去做的那样,而是为了反对'自己'国家的资产阶级,为了不是靠善良的愿望,而是用战胜资产阶级和解除**它的**武装的办法来消灭剥削、贫困和战争。"

谁由于当前的战争而拒绝进行这种宣传——恰恰是这种宣传,——那他就最好干脆别说什么国际革命社会民主运动、社会革命、以战争反对战争的大话。

三

主张废除武装的人反对武装人民,其理由之一就是认为这个要求似乎容易导致对机会主义让步。我们已经考察了废除武装同阶级斗争和社会革命的关系这一最重要的问题。现在我们来考察一下废除武装的要求同机会主义的关系问题。不能接受这个要求的最重要原因之一,就是它和它必然产生的幻想会削弱和冲淡我们同机会主义的斗争。

毫无疑问,这个斗争已提上了国际的议事日程。反对帝国主义的斗争如果不同反对机会主义的斗争紧密地联系起来,那只是一句空话或欺人之谈。齐美尔瓦尔德[273]和昆塔尔[380]的主要缺点之一,第三国际的这些萌芽可能遭到失败的基本原因之一恰恰在于,关于同机会主义作斗争的问题甚至没有公开地提出,更不用说在必须同机会主义者决裂这个意义上加以解决了。机会主义在欧洲工人运动中暂时取得了胜利。在所有大国中都形成了两个主要的机会主义派别:第一,普列汉诺夫、谢德曼、列金、阿尔伯·托马以及桑巴、王德威尔得、海德门、韩德逊等先生们公开的、无耻的因而危险比较小的社会帝国主义。第二,隐蔽的、考茨基主义的机会主义,如德国的考茨基—哈阿兹派和"社会民主党工作小组"[381],法国的龙格、普雷斯曼、迈耶拉等人,英国的拉姆赛·麦克唐纳和"独立工党"[14]的其他首领,俄国的马尔托夫、齐赫泽等人,意大利的特雷维斯和其他一些所谓左派改良主义者。

公开的机会主义公开地直接地反对革命,反对正在开始的革命运动和革命爆发,同政府直接结成联盟,尽管这种联盟有各种不同的形式,从参加政府起到参加军事工业委员会[371](在俄国)止。隐蔽的机会主义者,即考茨基主义者对于工人运动更有害得多,更危险得多,因为他们用娓娓动听的"马克思主义的"词句与"和平"口号,把他们为自己同前一类人结成联盟和实行"统一"作辩护的行为掩盖起来,并且说得头头是道。反对这两种占统治地位的机会主义的斗争,应当在无产阶级政治的**一切**领域内,即在议会活动、工会、罢工和军事等等领域内进行。这两种占统治地位的机会主义的**主要特点**就是:对**革命的具体问题**以及**当前战争同革命的联系**的一般问题闭口不谈,加以掩盖或者在不触犯警察禁令的条件下"加以回答"。尽管**在**这场战争**之前**不久人们曾无数次非正式地指出过并且在巴塞尔宣言[207]中又正式明确地指出过**这场**即将到来的战争同无产阶级革命的联系，但他们还是这样做！废除武装的要求的主要缺点，恰恰在于它避开了革命的一切具体问题。也许主张废除武装的人赞成进行一种不要武装的完全新式的革命吧？

其次，我们决不反对争取改良的斗争。我们不想忽视这样一种令人失望的可能性，即尽管群众的不满和骚动多次爆发，尽管我们很努力，但是仍然没有从**这场**战争中产生革命，在这种最坏的情况下人类还会经历第二次帝国主义大战。我们赞成的是那种**也**应当反对机会主义者的改良纲领。假如我们把争取改良的斗争完全让给机会主义者，而自己却躲到某种"废除武装"的幻境中去，逃避可悲的现实，那他们只会感到高兴。"废除武装"就是逃避丑恶的现实，而决不是反对这种现实。

在这样的纲领中，我们大概会这样说："在 1914—1916 年的帝国主义战争中提出保卫祖国的口号，认可保卫祖国，这完全是用资产阶级的谎言去败坏工人运动。"这样具体地回答具体问题，比要求废除武装和拒绝"任何"保卫祖国，在理论上更加正确，对于无产阶级要有益得多，对于机会主义者来说会更加感到难以忍受！我们还可以补充说："所有帝国主义大国，即英、法、德、奥、俄、意、日、美等国的资产阶级都已经反动透顶了，他们处心积虑地力图统治世界，所以**这些**国家的**资产阶级**进行的**任何一次**战争，都只能是反动的战争。无产阶级不仅应当反对一切这样的战争，而且应当希望'自己的'政府在这样的战争中遭到失败，并利用这种失败去举行革命起义，——如果以阻止战争为目的的起义没有成功的话。"

关于民兵制问题，我们要说：我们不赞成资产阶级的民兵制，而只赞成无产阶级的民兵制。因此，我们不仅不用一个人和一文钱去帮助常备军,而且不去帮助资产阶级的民兵,即使在美国、瑞士、挪威等这样的国家里也应当如此,况且我们亲眼看到:在最自由的共和国(例如瑞士)内,特别是从1907年和1911年以来,民兵愈来愈普鲁士化,它已堕落到被用来镇压罢工者。我们可以要求:由人民选举军官,废除一切军法,外国工人和本国工人享有同等权利(这一条对于像瑞士这样的帝国主义国家尤其重要,因为它们无耻地剥削愈来愈多的外国工人,使他们处于无权的地位);其次,给予国内比如每一百居民以建立学习军事的自由团体的权利,自由选举教官,由国家支付薪金,等等。只有这样,无产阶级才能真正**为自己**而不是为奴隶主去学习军事,而这是完全符合无产阶级的利益的。俄国革命证明,革命运动的任何一次胜利,哪怕是局部的胜利,比如夺取了某个城市、某个工厂区、某一部分军队等等,都必然迫使胜利了的无产阶级**恰恰**要实现这样的纲领。

最后,单靠纲领当然永远不能战胜机会主义,要战胜它只能用行动。破产了的第二国际的一个最大的和致命的错误就在于,人们言行不符,昧着良心提倡虚伪和讲革命空话(请看考茨基之流今天对待巴塞尔宣言的态度)。废除武装作为一种社会思想,是由一定的社会环境产生的,并且能够影响社会环境,而不仅是某个人的古怪想法,显然,这种思想来源于个别小国的狭小的、例外的、"安静"生活条件,这些国家置身于世界的流血战争之外,并且希望这样继续下去。且看挪威那些主张废除武装的人的论点:我们国小兵少,我们无法反对大国(因此也就无法反对别人强迫我们去同某一大国集团结成帝国主义联盟……),我们希望在自己的偏僻的一隅安安静静地过日子,执行与世无争的政策,我们要求废除武装,成立有约束力的仲裁法庭,保持"永久"(大概是比利时那样的吧?)中立等等。

小国想站在一旁;小资产阶级企图远远离开世界上的大搏斗,利用自己的某种垄断地位来维持消极守旧的状态,——这就是使废除武装的思想能够在某些小国内收到一定的成效并得以传播的**客观**社会环境。当然,这种企图是幻想的和反动的,因为帝国主义总是要把小国卷进世界经济和世界政治的漩涡。

试以瑞士为例。它的帝国主义环境客观上决定了工人运动的两条路线:机会主义者力图同资产阶级联合起来,把瑞士变成一个民主共和制的联盟,以便从帝国主义资产阶级的游客身上捞取利润,并且得心应手地、安静地保持这种"安静的"垄断地位。我们瑞士的真正社会民主党人则力图利用瑞士的相对的自由和"国际"地位,来帮助欧洲各国工人政党中革命分子的亲密联盟获得胜利。值得庆幸的是瑞士没有"自己独立的"语言,而是讲三种世界语言,即与它毗邻的各交战国的语言。

如果瑞士党的两万个党员每周都能交纳两个生丁的"战时特别税",那我们每年就能得到两万法郎,——这个数目就足以使我们用三种语言为各交战国的工人和士兵定期出版各种印刷品,并且不顾各国总参谋部的禁令广为散发,说明关于工人日益愤慨、他们在战壕中联欢、他们希望用革命方式利用武器去反对"自己的"帝国主义资产阶级等等事实真相。

这一切都不是什么新奇的事情。像《哨兵报》[382]、《民权报》[260]、《伯尔尼哨兵报》[261]这几家优秀的报纸都已经在这样做,只可惜还做得不够。只有通过这样的活动,阿劳党代表大会[383]的出色的决议才不致仅仅是一个出色的决议。只要提出一个问题就够了:"废除武装"的要求是不是符合社会民主党工作的**这种**方针?

显然,不符合。废除武装客观上符合工人运动中机会主义的、狭隘民族的、受小国眼界限制的路线。废除武装客观上是小国地地道道民族的、特殊民族的纲领,而决不是国际革命社会民主党的国际性的纲领。

载于 1917 年 9 月和 10 月《青年国际》杂志第 9 期和第 10 期

选自《列宁全集》第 2 版第 28 卷第 86—97 页

论面目全非的马克思主义和
"帝国主义经济主义"³⁸⁴

（1916 年 8—9 月）

　　"如果革命的社会民主党自己不败坏自己,那就谁也败坏不了它。"每当马克思主义的某一重要理论原理或策略原理取得胜利或者才提到日程上来的时候,每当**除了**公开的真正的敌人,还有一些朋友也向马克思主义"扑来",拼命地败坏①——用俄语来说就是玷污——它,把它歪曲得面目全非的时候,我们总是回想起和注意到这句名言。在俄国社会民主运动的历史上,这种情况是屡见不鲜的。上一世纪 90 年代初期,随着马克思主义在革命运动中的胜利,出现了一种面目全非的马克思主义,即当时的"经济主义"或"罢工主义","火星派"如果不同它作长期斗争,就不能捍卫无产阶级理论和政策的基础,反击小资产阶级民粹主义和资产阶级自由主义。布尔什维主义的遭遇也是这样。它在 1905 年的群众性工人运动中取得了胜利,其原因之一是它在 1905 年秋天,在俄国革命进行最重要的搏斗的时期正确地运用了"抵制沙皇杜马"的口号³⁸⁵。可是在 1908—1910 年间,它却不得不经历——并且通过斗争战胜——那种面目全非的布尔什维主义,当时阿列克

---

① 此处用的是外来词"компрометировать",该词来自法语的"compromettre"。——编者注

辛斯基等人大吵大嚷,反对参加第三届杜马。**386**

现在的情况也是这样。承认**这场**战争是帝国主义战争,指出**它**同资本主义的帝国主义时代的深刻联系,这不但遇到一些严肃的反对者,也遇到了一些不严肃的朋友,对他们来说,帝国主义这个字眼已经成了"时髦的东西",他们把这个字眼**背得烂熟**,向工人灌输糊涂透顶的理论,重犯旧"经济主义"的一系列旧错误。资本主义胜利了,**因此**用不着在政治问题上动脑筋了,老"经济派"**268**在1894—1901年间就是这样推断的,他们甚至反对在俄国进行政治斗争。帝国主义胜利了,——**因此**用不着在政治民主问题上动脑筋了,当代的"帝国主义经济派"就是这样推断的。上面刊载的彼·基辅斯基的文章,就是这种情绪和这种面目全非的马克思主义的标本,它第一次试图把自1915年初起在我们党某些国外小组内出现的思想动摇作一稍微完整的书面叙述。

在当前社会主义运动的大危机中,马克思主义者坚决反对社会沙文主义并站在革命国际主义方面,如果"帝国主义经济主义"在他们中间传播开来,那就是对我们这个派别和我们党的一个最严重的打击,因为这会从内部,从它自己的队伍中败坏党,把党变成面目全非的马克思主义的代表者。因此,我们必须从彼·基辅斯基文章中数不胜数的错误里至少找出几个最主要的错误来加以详细讨论,尽管这样做"枯燥乏味",常常不得不十分浅显地重复那些细心而善于思考的读者早在我们1914年和1915年的文献中就已知道和明白了的起码道理。

我们先从彼·基辅斯基议论的"中心"点谈起,以便使读者能够立刻抓住"帝国主义经济主义"这个新派别的"实质"。

1. 马克思主义对战争和
"保卫祖国"的态度

　　彼·基辅斯基自己相信并且要读者相信,他**只是**"不同意"民族自决,即我们党纲的第9条。他非常气愤地试图驳回对他的如下指责:他在民主问题上根本背离了**全部**马克思主义,在某个根本问题上成了马克思主义的"叛徒"(用意恶毒的引号是彼·基辅斯基加的)。然而问题的实质在于,当我们的作者一开始谈论他仿佛是在局部的个别的问题上有不同意见时,当他一拿出论据和理由等等时,就立刻可以发现,他恰恰完全同马克思主义背道而驰。就拿彼·基辅斯基文章中的第2条(即第2节)来说吧。我们的作者宣布,"这个要求〈即民族自决〉会直接〈!!〉导致社会爱国主义",他还解释说,保卫祖国这个"背叛性的"口号是"可以完全符合〈!〉逻辑地〈!〉从民族自决权中推导出来的……"结论。在他看来,自决就是"认可法国和比利时社会爱国主义者的背叛行为,他们正在拿起武器保卫这种独立〈法国和比利时的民族国家的独立〉,也就是说,他们正在**做**'自决'拥护者仅仅在谈论的事情……""保卫祖国是我们最凶恶的敌人的武器库中的货色……""我们实在无法理解,怎么能**同时**既反对保卫祖国又主张自决,既反对祖国又保卫祖国。"

　　彼·基辅斯基就是这样写的。他显然没有理解我们关于反对在当前这场战争中保卫祖国这个口号的决议。我们只好把这些决议中写得一清二楚的地方提出来,再一次把这些明明白白的俄语含义讲清楚。

1915年3月,我们党在伯尔尼代表会议上通过了一项以《关于保卫祖国的口号》为题的决议。这项决议一开始就说:"**当前战争的真正实质就在于**"什么什么。

这里讲的是**当前**战争。用俄语不能说得比这更清楚的了。"真正实质"这几个字表明,必须把假象和真实、外表和本质、言论和行动区别开来。关于在这场战争中保卫祖国的说法,把1914—1916年间的帝国主义战争,为瓜分殖民地和掠夺他国领土等等而进行的战争伪装成民族战争。为了不致留下歪曲我们观点的一丝一毫的可能性,决议还专门补充了一段话,论述"**真正的**民族战争","**特别**〈请注意,特别不是仅仅的意思!〉是1789—1871年间发生的"民族战争。

决议说明,这些"真正"的民族战争,"其基础""是长期进行的大规模民族运动,反对专制制度和封建制度的斗争,推翻民族压迫……"①

看来,不是很清楚了吗? 目前的帝国主义战争是由帝国主义时代的种种条件造成的,这就是说,它不是偶然的现象,不是例外的现象,不是违背一般常规的现象。在这场战争中讲保卫祖国就是欺骗人民,因为这**不是**民族战争。在**真正的**民族战争中,"保卫祖国"一语则**完全不是欺骗,我们决不反对**。这种(真正的民族)战争"特别是"在1789—1871年间发生过。决议丝毫不否认现在也有发生这种战争的可能性,它说明应当怎样把真正的民族战争同用骗人的民族口号掩饰起来的帝国主义战争区别开来。也就是说,为了加以区别,必须研究战争的"基础"是不是"长期进行的大规模民族运动","推翻民族压迫"。

---

① 见《列宁全集》第2版第26卷第164—165页。——编者注

关于"和平主义"的决议直截了当地说:"社会民主党人不能否认革命战争的积极意义,这种战争不是帝国主义战争,而是像〈请注意这个"像"〉1789—1871 年期间那样为推翻民族压迫……而进行的战争。"①如果我们不承认民族战争在今天也是可能的,那么我们党 1915 年的决议会不会把 1789—1871 年间发生过的战争作为例子来谈论民族战争,并且指出我们并不否认那种战争的积极意义呢? 显然不会。

列宁和季诺维也夫的小册子《社会主义与战争》,是对我党决议的解释或通俗的说明。在这本小册子的第 5 页上写得非常清楚:"社会党人过去和现在"都**只是**在"推翻异族压迫"这个意义上"承认保卫祖国或防御性战争是合理的、进步的和正义的"。举了一个例子:波斯反对俄国"**等等**",并且指出:"这些战争就都是正义的、防御性的战争,而不管是谁首先发动进攻。任何一个社会党人都会希望被压迫的、附属的、主权不完整的国家战胜压迫者、奴隶主和掠夺者的'大'国。"②

小册子是在 1915 年 8 月出版的,有德文和法文版本。彼·基辅斯基对它很熟悉。无论彼·基辅斯基或任何别的人,都从没有向我们表示过异议,既没有反对关于保卫祖国的口号的决议,也没有反对关于和平主义的决议,也没有反对小册子中对这些决议的解释,一次也没有! 既然彼·基辅斯基从 1915 年 3 月起并没有反对我们党对战争的看法,而目前,在 1916 年 8 月,却在一篇论述自决的文章中,也就是在一篇仿佛是关于局部问题的文章中暴露出对**整个**问题的惊人无知,那么试问,我们说这位著作家根本不懂马

---

① 见《列宁全集》第 2 版第 26 卷第 168 页。——编者注
② 见本卷第 511—512 页。——编者注

克思主义,这是不是诽谤他呢?

彼·基辅斯基把保卫祖国的口号叫做"背叛性的"口号。我们可以平心静气地告诉他,谁如果只机械地重复口号,不去领会它的意义,对事物不作深入的思考,仅仅死记一些词句而不分析它们的含义,那么,**在这样的人**看来,**任何**口号都是而且将永远是"背叛性的"。

一般地说,"保卫祖国"是什么意思呢? 它是不是经济学或政治学等等领域中的某种科学的概念呢? 不是的。这只是**替战争辩护**的一种最流行的、常用的、有时简直是庸俗的说法。仅仅如此而已! 庸人们可以替**一切**战争辩护,说什么"我们在保卫祖国",只有这种行为才是"背叛性的",而马克思主义不会把自己降低到庸俗见解的水平,它要求历史地分析每一次战争,以便弄清楚能不能认为**这次**战争是进步的、有利于民主或无产阶级的,**在这个意义上**是正当的、正义的等等。

如果不善于历史地分析每一次战争的意义和内容,保卫祖国的口号就往往是对战争的一种庸俗的不自觉的辩护。

马克思主义作了这样的分析,它指出:**如果**战争的"真正实质",**譬如说**在于推翻异族压迫(这对 1789—1871 年间的欧洲来说是**特别**典型的),那么,从被压迫国家或民族方面说来,这场战争就是进步的。**如果**战争的"真正实质"是重新瓜分殖民地、分配赃物、掠夺别国领土(1914—1916 年间的战争就是这样的),那么保卫祖国的说法就是"欺骗人民的弥天大谎"。

怎样找出战争的"真正实质",怎样确定它呢? 战争是政治的继续。应当研究战前的政治,研究正在导致和已经导致战争的政治。如果政治是帝国主义的政治,就是说,它保护金融资本的利益,掠夺和压迫殖民地以及别人的国家,那么由这种政治产生的战争便是帝国主义战争。如果政治是民族解放的政治,就是说,它反映了反对民族压迫的群众运动,那么由这种政治产生的战争便是民族解放战争。

庸人们不懂得战争是"政治的继续",因此他们只会说什么"敌人侵犯","敌人侵入我国",而不去分析战争是**因为什么**、**由什么阶级**、为了**什么政治目的**进行的。彼·基辅斯基完全降低到这种庸人的水平,他说:看,德国人占领了比利时,可见,从自决观点看来,"比利时的社会爱国主义者是正确的";或者说:德国人占领了法国的一部分领土,可见,"盖得可以得意了",因为"打到本民族〈而不是异族〉居住的领土上来了"。

在庸人们看来,重要的是军队在**什么地方**,**现在**打胜仗的是谁。在马克思主义者看来,重要的是双方军队可能互有胜负的**这场战争**是**因为什么**而进行的。

当前这场战争是因为什么而进行的呢? 这一点在我们的决议中已经指出来了(根据交战国在战前**几十年**中实行的**政治**)。英、法、俄是为了保持已夺得的殖民地和掠夺土耳其等等而战。德国是为了夺取殖民地和独自掠夺土耳其等等而战。假定德国人甚至拿下巴黎和彼得堡,那么这场战争的性质会不会因此而改变呢? 丝毫不会。那时德国人的目的——更重要的是他们在胜利后推行的政治——是夺取殖民地,统治土耳其,夺取异族的领土,例如波兰等等,而决不是要对法国人或俄国人建立异族压迫。当前这场战争的真正实质不是民族战争,而是帝国主义战争。换句话说,战争的起因不是由于其中一方要推翻民族压迫,而另一方要维护这种压迫。战争是在两个压迫者集团即两伙强盗之间进行的,是为了确定怎样分赃、由谁来掠夺土耳其和各殖民地而进行的。

简单地说,**在**帝国主义大国(即压迫许多别的民族,迫使它们

紧紧依附于金融资本等等的大国）**之间**进行的或同它们**结成联盟**
进行的战争,是帝国主义战争。1914—1916 年间的战争就是这种
战争。在**这场**战争中,"保卫祖国"是欺人之谈,是替战争辩护。

被压迫者（例如殖民地人民）为**反对**帝国主义列强即实行压
迫的大国而进行的战争,是真正的民族战争。这种战争在今天也
是可能的。遭受民族压迫的国家为反对实行民族压迫的国家而
"保卫祖国",这不是欺人之谈,所以社会主义者**决不反对**在**这样
的**战争中"保卫祖国"。

民族自决也就是争取民族彻底解放、争取彻底独立和反对兼
并的斗争,社会主义者如果还是社会主义者,就**不能拒绝这种**斗
争,——不管它采取什么形式,直到起义或战争为止。

彼·基辅斯基以为他是在反对普列汉诺夫,据他说,正是普列
汉诺夫指出了民族自决同保卫祖国的联系! 彼·基辅斯基**相信了**
普列汉诺夫,以为这种联系**确实像**普列汉诺夫所描绘的**那样**[387]。
彼·基辅斯基既然相信了普列汉诺夫,于是就害怕起来了,认为必
须否认自决,以便摆脱普列汉诺夫的结论…… 对普列汉诺夫太
轻信了,同时也太害怕了,可是普列汉诺夫到底错在哪里,却一点
也没有**考虑**!

社会沙文主义者为了把这场战争说成是民族战争,就拿民族
自决作借口。同他们斗争的唯一正确的方法,就是要指出这场战
斗并不是为了民族解放,而是为了确定由哪一个大强盗来压迫**更
多的**民族。如果竟然否认**真正**为了民族解放而进行的战争,那就
是对马克思主义的最大歪曲。普列汉诺夫和法国社会沙文主义者
拿法国的共和制作为借口,来替"保卫"法国共和制、反对德国君
主制辩护。如果像彼·基辅斯基那样推论,那么我们就应当反对
共和制或反对**真正**为了捍卫共和制而进行的战争!! 德国社会沙

文主义者拿德国的普选制和普遍识字的义务教育作借口,来替"保卫"德国反对沙皇制度辩护。如果像基辅斯基那样推论,那么我们就应当或者反对普选制和普遍识字的教育,或者反对**真正**为了维护政治自由使之不被剥夺而进行的战争!

卡·考茨基在1914—1916年间的战争以前是马克思主义者,他的一系列极为重要的著作和言论将永远是马克思主义的典范。1910年8月26日,考茨基在《新时代》杂志[29]上曾就日益迫近的战争写道:

> "德英之间一旦发生战争,其争端将不是民主制度,而是世界霸权,即对全世界的剥削。在这个问题上,社会民主党人是不应当站在本国剥削者方面的。"(《新时代》杂志第28年卷第2册第776页)

这是精彩的马克思主义的表述,它同我们的表述完全一致,它彻底揭穿了离开马克思主义而去为社会沙文主义辩护的**今天的**考茨基,它十分清楚地阐明了马克思主义如何对待战争的原则(我们还要在刊物上谈到这个表述)。战争是政治的继续;因此,既然有争取民主的斗争,也就**可能**有争取民主的战争;民族自决只是民主要求之一,它和其他民主要求根本没有任何区别。简单地讲,"世界霸权"是帝国主义政治的内容,而帝国主义政治的继续便是帝国主义战争。拒绝在民主的战争中"保卫祖国",**即**拒绝参加民主的战争,这是荒谬的,这跟马克思主义毫无共同之处。把"保卫祖国"的概念运用于帝国主义战争,即把帝国主义战争说成是民主的战争,从而粉饰帝国主义战争,这就等于欺骗工人,投到反动资产阶级方面去。

2.“我们对新时代的理解”

引号里的这句话是彼·基辅斯基说的,他常常提到“新时代”。然而遗憾的是,在这里他的论断也是错误的。

我们党的一些决议说,这场战争是由帝国主义时代的一般条件造成的。我们运用马克思主义正确地指出了“时代”和“这场战争”的相互关系:要做一个马克思主义者,就必须具体地评价每一次战争。为什么在各大国之间——其中有许多国家在1789—1871年间曾经领导过争取民主的斗争——竟会而且必然会发生帝国主义战争,即按其政治意义来说是极端反动的、反民主的战争呢?要了解这一点,就必须了解帝国主义时代的一般条件,即各先进国家的资本主义已变为帝国主义的一般条件。

彼·基辅斯基完全曲解了“时代”和“这场战争”之间的这种关系。照他说来,要**具体地**谈,就是谈论“时代”!这恰巧不对。

1789—1871年那个时代,对于欧洲说来是一个特殊时代。这是无可争辩的。不了解那个时代的一般条件,就不能了解对于那个时代来说特别典型的任何一次民族解放战争。这是不是说,那个时代的**一切**战争都是民族解放战争呢?当然不是。这样说是极其荒唐的,是用可笑的死板公式代替对每一次战争的具体研究。在1789—1871年间,既发生过殖民地战争,也发生过压迫许多其他民族的反动帝国之间的战争。

试问,能不能从先进欧洲(以及美国)的资本主义已经进入帝国主义新时代这一事实得出结论说,现在只可能发生帝国主义战争呢?作这样的论断是荒谬的,这是不善于把某一具体现象和该时代可能发生的各种现象的总和区别开来。时代之所以称为时代,就是因为它包括所有的各种各样的现象和战争,这些现象和战争既有典型的也有不典型的,既有大的也有小的,既有先进国家所特有的也有落后国家所特有的。像彼·基辅斯基那样只是泛泛地谈论"时代",而回避这些具体问题,这就是滥用"时代"这个概念。为了不作无稽之谈,我们现在从许多例子中举出一个例子。但是首先必须指出,有**一个**左派集团,即德国的"国际"派[325],曾经在《伯尔尼执行委员会公报》[315]第 3 号(1916 年 2 月 29 日)中发表了一个提纲,并在第 5 条中作了如下一个显然错误的论断:"在这猖狂的帝国主义的时代,**不可能再有任何**民族战争。"我们在《〈社会民主党人报〉文集》中分析过这个论断①。这里只须指出,虽然一切关心国际运动的人老早就熟悉这个论点(我们早在 1916 年春天伯尔尼执行委员会扩大会议[388]上就反对过这个论点),可是直到现在**没有一个派别**重述过这个论点,接受过这个论点。彼·基辅斯基在 1916 年 8 月写他那篇文章时,也没有说过一句同这种论断或类似论断精神一致的话。

之所以必须指出这一点,是因为如果有人发表过这种论断或类似论断,那才谈得上理论上的分歧。既然**没有**提出过任何类似的论断,那我们只好说:这并不是对"时代"的另一种理解,不是什么理论上的分歧,而只是随口说出的一句话,只是滥用了"时代"这个词。

例如,彼·基辅斯基在他那篇文章的开头写道:"它〈自决〉岂不是同在火星上免费得到 10 000 俄亩土地的权利一样吗?对于这个问题,只能十分具体地,同对今天整个时代的估计联系起来加以回答。要知道,在发展当时

①　见本卷第 692—697 页。——编者注

那种水平的生产力的最好形式——民族国家的形成时代,民族自决权是一回事,在这种形式即民族国家形式已经成为生产力发展的桎梏时,民族自决权则是另一回事。在资本主义和民族国家确立的时代与民族国家正在灭亡、资本主义本身也处在灭亡前夜的时代之间,有很大的距离。抛开时间和空间而作'泛泛'之谈,这不是马克思主义者的事情。"

这段议论是歪曲地运用"帝国主义时代"这一概念的标本。正因为这个概念是新的和重要的,所以必须同这种歪曲作斗争!有人说民族国家的形式已经成为桎梏等等,这是指什么呢?是指各先进资本主义国家,首先是指德国、法国和英国,由于这些国家参加了这场战争,这场战争才首先成为帝国主义战争。在**这些**过去特别是在1789—1871年间曾经引导人类前进的国家里,民族国家形成的过程已经结束了,在**这些**国家里民族运动已经一去不复返了,要想恢复这种运动只能是荒谬绝伦的反动空想。法兰西人、英吉利人和德意志人的民族运动早已结束,在**那里**提到历史日程上来的是另一个问题:已获得解放的民族变成了压迫者民族,变成了处在"资本主义灭亡前夜"、实行帝国主义掠夺的民族。

而其他民族呢?

彼·基辅斯基像背诵记得烂熟的规则那样,重复说马克思主义者应当"具体地"谈问题,但他自己并不**运用**这条规则。我们在自己的提纲中特意提供了具体回答的范例,可是彼·基辅斯基却不愿意把我们的错误给我们指出来,如果他在这里发现了错误的话。

我们的提纲(第6条)指出,为了具体起见,在自决问题上至少应当区分**三类**不同的国家。(显然,在一个总的提纲里不能谈到每一个别的国家。)第一类是西欧(以及美洲)的各先进国家,在那里,民族运动是**过去的事情**。第二类是东欧,在那里,民族运动是**现在的事情**。第三类是半殖民地和殖民地,在那里,民族运动在很大程度上是**将来的事情**。①

这对不对呢？彼·基辅斯基本应把他的批评指向**这里**。然而他甚至没有觉察到,理论问题究竟**何在**！他没有看到,只要他还没有驳倒我们提纲(第6条)中的上述论点(要驳倒它是不可能的,因为它是正确的),他的关于"时代"的议论就像一个人"挥舞"宝剑而不出手攻击。

> 他在文章的末尾写道:"同弗·伊林的意见相反,我们认为,对于多数〈!〉西欧〈!〉国家来说,民族问题还没有解决……"

这岂不是说,法兰西人、西班牙人、英吉利人、荷兰人、德意志人、意大利人的民族运动并没有在17、18、19世纪或更早的时候完成吗？在文章开头,"帝国主义时代"这个概念被曲解成这样:似乎民族运动已经完成,而不仅是在西欧各先进国家里已经完成。同一篇文章的结尾却说,**正是**在西欧国家"民族问题"还"没有解决"！！这岂不是思想混乱吗？

在西欧各国民族运动是早已过去的事情。在英、法、德等国,"祖国"已经唱完自己的歌了,已经扮演过自己的历史角色了,**也就是说**,在那里,不可能再有进步的、能唤起新的人民群众参加新的经济生活和政治生活的民族运动了。在那里,提到历史日程上来的问题,不是从封建主义或从宗法制的蒙昧状态过渡到民族进步,过渡到文明的和政治上自由的祖国,而是从已经过时的、资本主义过度成熟的"祖国"过渡到社会主义。

东欧的情况则不同。譬如,对乌克兰人和白俄罗斯人来说,只有梦幻中住在火星上的人才会否认:这里的民族运动还没有完成,

---

① 见本卷第568—569页。——编者注

这里**还**正在唤醒民众掌握本族语言和本族语言的出版物（而这是资本主义获得充分发展、交换彻底渗入最后一家农户的必要条件和伴随物）。在这里，"祖国"**还**没有唱完自己的全部历史之歌。在这里，"保卫祖国"**还**可能是保卫民主、保卫本族语言和政治自由、反对压迫民族、反对中世纪制度，而今天英吉利人、法兰西人、德意志人和意大利人说什么在这场战争中保卫祖国，则是撒谎，因为他们实际上保卫的并**不是**本族语言，**不是**本民族发展的自由，而是他们作为奴隶主的权利、他们的殖民地、他们的金融资本在别国的"势力范围"等等。

在半殖民地和殖民地，民族运动的历史比在东欧还要年轻一些。

所谓"高度发达的国家"和帝国主义时代是指**什么**；俄国的"特殊"地位（彼·基辅斯基的文章第 2 章第 4 节的标题）以及并非俄国一国的"特殊"地位究竟**何在**；民族解放运动**在什么地方**是骗人的鬼话，**在什么地方**是活生生的和具有进步意义的现实，——对于这一切彼·基辅斯基一无所知。

3. 什么叫做经济分析？

反对自决的人的种种议论的焦点，就是借口说在一般资本主义或帝国主义的条件下它"不能实现"。"不能实现"这几个字，常常在各种各样的和不明确的意义上被使用。因此，我们在自己的提纲中要求像在任何一次理论争论中都必须做到的那样：弄清楚所谓"不能实现"是什么意思。我们不仅提出了问题，还作了解释。说**一切**民主要求在帝国主义时代"不能实现"，是指不经过多次革命在政治上难以实现或者不能实现。

说自决不能实现是指在经济上不可能,那是根本不对的。

我们的论点就是如此。理论分歧的焦点就在这里,这是我们的论敌在任何稍微严肃一点的争论中都必须十分重视的问题。

现在就来看一看彼·基辅斯基关于这个问题是怎样议论的吧。

他坚决反对把不能实现解释为由于政治原因而"难以实现"。他直接用经济上不可能这层意思来回答问题。

他写道:"这是不是说,自决在帝国主义时代不能实现,如同劳动货币在商品生产下不能实现一样呢?"彼·基辅斯基随即回答说:"是的,是这个意思!因为我们谈的正是'帝国主义'和'民族自决'这两个社会范畴之间的逻辑矛盾,如同劳动货币和商品生产这另外两个范畴之间存在着的逻辑矛盾一样。帝国主义是对自决的否定,任何魔术家都无法把自决和帝国主义结合起来。"

不管彼·基辅斯基用以挖苦我们的"魔术家"这个字眼多么吓人,我们还是应当向他指出,他根本不懂什么叫做经济分析。"逻辑矛盾"——当然,在正确的逻辑思维的条件下——**无论**在经济分析中**或**在政治分析中都是不应当有的。因此,在恰恰应当作经济分析**而不是**作政治分析的时候,搬出**一般**"逻辑矛盾"来搪塞,这无论如何是不适当的。**无论**经济因素**或**政治因素都属于"社会范畴"。可见,彼·基辅斯基虽然一开始就斩钉截铁地回答说,"是的,是这个意思"(就是说,自决不能实现,如同劳动货币在商品生产下不能实现**一样**),可是后来他实际上只是兜圈子,而没有作出经济分析。

怎样证明劳动货币在商品生产下不能实现呢?通过经济分析。这种分析也同一切分析一样,不容许有"逻辑矛盾",它运用的是经济的而且**仅仅是**经济的(而不是一般"社会的")范畴,并且从中得出劳动货币不能实现的结论。在《资本论》第1章中,根本没有谈到什么政治、政治形式或一般"社会范畴",这里所分析的**只是**经济因素,商品交换和商品交换的发展。经济分析表明(当然是用"逻辑"推理的方法),在商品生产下劳动货币不能实现。

彼·基辅斯基根本不想进行经济分析!他把帝国主义的经济本质同它的政治趋势**搅在一起**,这一点从他那篇文章第一节第一句话里就可以看出来。这句话是:

> "工业资本是前资本主义的生产和商业借贷资本的合成物。借贷资本曾为工业资本效劳。现在资本主义克服了各种形式的资本,产生一种最高级的、统一的资本即金融资本,因此,整个时代都可以称为金融资本时代,而与这种资本相应的对外政策体系便是帝国主义。"

从经济上来看,这整个定义都毫无用处,因为全是空话,而没有确切的经济范畴。但是现在我们不可能详细地谈这个问题。重要的是彼·基辅斯基把帝国主义称为"对外政策体系"。

第一,这实质上是错误地重述考茨基的错误思想。

第二,这纯粹是而且仅仅是给帝国主义下的政治定义。彼·基辅斯基想用帝国主义是"政策体系"这个定义来回避他曾经答应要作的**经济**分析,当时他说过,自决在帝国主义时代不能实现,即在经济上不能实现,如同劳动货币在商品生产下不能实现"**一样**"!①

考茨基在同左派争论时说:帝国主义"仅仅是对外**政策体系**"

---

① 彼·基辅斯基是否知道,马克思用一个多么不礼貌的字眼来称呼这样的"逻辑手法"?我们**决不对**彼·基辅斯基**使用**这个不礼貌的字眼,但不得不指出:把恰恰在进行争论的东西、恰恰还须要加以证明的东西随心所欲地塞进某一概念的**定义**中去,——马克思把这种称为"骗子手法"。

再说一遍,我们**不对**彼·基辅斯基使用马克思的这个不礼貌的用语。我们只是揭示他的错误的根源。(以上的文字在手稿上被勾去了。——俄文版编者注)

(即兼并政策体系),决不能把资本主义的某一经济阶段,某一发展梯级称为帝国主义。

考茨基错了。当然,作字眼上的争论是不明智的。禁止在这种或那种意义上使用帝国主义这个"字眼"是不可能的。但是,如果要进行讨论,就必须把概念弄清楚。

从经济上来看,帝国主义(或金融资本的"时代",问题不在于字眼)是资本主义发展的最高阶段,即这样一个阶段,此时生产已经达到巨大的和极为巨大的规模,以致**垄断代替了自由竞争**。帝国主义的**经济**本质就在于此。垄断既表现为托拉斯、辛迪加等等,也表现为大银行的莫大势力、原料产地的收买和银行资本的集中等等。一切都归结于经济垄断。

这种新的经济即垄断资本主义(帝国主义就是垄断资本主义)的政治上层建筑,就是**从民主转向政治反动**。民主适应于自由竞争。政治反动适应于垄断。鲁·希法亭在他的《金融资本》一书中说得好:"金融资本竭力追求的是统治,而不是自由。"

把"对外政策"和一般政策分开,或者甚至把对外政策和对内政策对立起来,是根本错误的、非马克思主义的、非科学的想法。帝国主义无论在对外或对内政策中,都同样力求破坏民主,实行反动。从这个意义上说,帝国主义无疑就是对**一般民主**即**一切民主**的"否定",而决不是对种种民主要求中的**一个要求**即民族自决的"否定"。

帝国主义既然"否定"民主,**同样**也"否定"民族问题上的民主(即民族自决)。所谓"同样",也就是说它力求破坏这种民主。在帝国主义时代实现这种民主与在帝国主义时代实现共和制、民兵制、由人民选举官吏等等,在同样的程度、同样的意义上更加困难(同垄断前资本主义相比)。根本谈不上"在经济上"不能实现。

　　大概,使彼·基辅斯基在这里犯错误的还有这样一个情况(除了完全不懂经济分析的要求而外):从庸人的观点看来,所谓兼并(即在违反居民意志的情况下吞并异族地区,即破坏民族自决)也就是金融资本向更广阔的经济领土"扩展"(扩张)。

　　不过,用庸人的概念是不能研究理论问题的。

　　从经济上说,帝国主义就是垄断资本主义。为了垄断一切,不仅要从国内市场(本国市场)上,同时还要从国外市场上,从全世界上把竞争者排除掉。"在金融资本的时代",有没有甚至在别国内排除竞争的**经济上的**可能性呢? 当然有,这种手段就是使竞争者在金融上处于依附地位,收买其原料产地以至全部企业。

　　美国的托拉斯是帝国主义即垄断资本主义经济的最高表现。为了排除竞争者,托拉斯不限于使用经济手段,而且还常常采取政治手段乃至刑事手段。但是,如果认为用纯粹经济的斗争方法在经济上不能实现托拉斯的垄断,那就大错特错了。相反地,现实处处证明这是"可以实现"的:托拉斯通过银行破坏竞争者的信用(托拉斯老板就是银行老板,因为收买了股票),托拉斯破坏竞争者的原料运输(托拉斯老板就是铁路老板,因为收买了股票),托拉斯在一定时期内把价格压低到成本以下,不惜为此付出数以百万计的代价,以便迫使竞争者破产,从而**收买**他的企业和原料产地(矿山、土地等等)。

　　这就是对托拉斯的实力和对它们的扩张所作的纯经济分析。这就是实行扩张的纯经济的途径:**收买**企业、工厂、原料产地。

　　一国的大金融资本也随时可以把别国即政治上独立的国家的竞争者的一切收买过去,而且它向来就是这样做的。这在经济上是完全可以实现的。不带政治"兼并"的经济"兼并"是**完全**"可以实现"的,并且屡见不鲜。你们在关于帝国主义的著作里随时都可以看到这样的说法,例如:阿根廷实际上是英国的"商业殖民地",葡萄牙实际上是英国的"附庸",等等。这是对的,因为在经济上依附英国银行,对英国负有债务,当地的铁路、矿山、土地被英国收买,等等,——这一切都使上述国家在经济意义上被英国所"兼并",但是并没有破坏这些国家的政治独立。

这些国家的政治独立就叫做民族自决。帝国主义力图破坏这种独立,因为在实行政治兼并的情况下,经济兼并往往更方便,更便宜(更容易收买官吏、取得承租权、实行有利的法令等等),更如意,更稳妥,——就像帝国主义力图用寡头政治代替一般民主一样。但是说什么在帝国主义时代自决**在经济上**"不能实现",这简直是胡说八道。

彼·基辅斯基用一种非常随便和轻率的方法来回避理论上的困难,用德语来说这叫做"信口开河",即青年学生在饮酒作乐时常有的(也是很自然的)胡吹乱扯。请看下面这个例子。

他写道:"普选制、八小时工作制以至共和制,**从逻辑上说**都是和帝国主义相容的,尽管帝国主义极不喜欢〈!!〉它们,所以实现起来就极为困难。"

诙谐的字眼有时可以使学术著作增色,假如在谈论一个重大问题时,**除了**这些字眼,还从经济和政治方面对种种概念进行分析的话,我们决不反对所谓帝国主义并不"喜欢"共和制这种信口开河的说法。彼·基辅斯基用信口开河代替这种分析,掩盖缺乏分析。

"帝国主义不喜欢共和制"这句话是什么意思呢?为什么会这样呢?

共和制是资本主义社会的政治上层建筑的可能形式之一,而且在现代条件下是最民主的形式。说帝国主义"不喜欢"共和制,这就是说帝国主义和民主之间有矛盾。很有可能,彼·基辅斯基"不喜欢"或者甚至"极不喜欢"我们的这个结论,但这个结论是不容置疑的。

其次,帝国主义和民主之间的这一矛盾是怎样一种性质的呢?是逻辑矛盾还是非逻辑矛盾呢? 彼·基辅斯基用"逻辑"这个字眼时,却没有想一想,因而也没有觉察到,这个字眼在这里**恰好**是用来替他**掩盖**他所谈论的**问题**(既掩盖读者的耳目,也掩盖作者的耳目)! 这个问题就是经济同政治的关系,帝国主义的经济条件和经济内容同政治形式之一的关系。在人的推论中出现的一切"矛盾",都是逻辑矛盾;这是空洞的同义反复。彼·基辅斯基用这种同义反复来回避问题的**实质**:这是两种**经济**现象或命题之间的"逻辑"矛盾(1)? 还是两种**政治**现象或命题之间的"逻辑"矛盾(2)? 或者是**经济**现象或命题同**政治**现象或命题之间的"逻辑"矛盾(3)?

要知道,问题的实质就在这里,因为提出的是在某种政治形式下在经济上不能实现还是可以实现的问题!

彼·基辅斯基如果不避开这个实质,他大概就会看到,帝国主义同共和制之间的矛盾,是最新资本主义(即垄断资本主义)的经济同一般政治民主之间的矛盾。因为彼·基辅斯基永远也不能证明,有哪一项重大的和根本的民主措施(由人民选举官吏或军官、实行最充分的结社集会自由等等),与共和制相比,同帝国主义之间的矛盾较小一些(也可以说,更为帝国主义所"喜欢")。

所以我们得出的正是**我们**在提纲中所坚持的那个论点:帝国主义同**所有一切**政治民主都是矛盾的,都是有"逻辑"矛盾的。彼·基辅斯基"不喜欢"我们的这个论点,因为它打破了彼·基辅斯基的不合逻辑的结构,但是有什么办法呢? 有些人仿佛要驳斥某些论点,其实暗中恰恰搬出这些论点,说什么"帝国主义不喜欢共和制",这难道能够令人容忍吗？

其次，为什么帝国主义不喜欢共和制呢？帝国主义怎样把自己的经济同共和制"结合起来"呢？

彼·基辅斯基没有考虑这个问题。现在我们不妨向他提一下恩格斯讲过的下面一段话。这里谈的是民主共和国。问题是这样提出的：在这种管理形式下财富能不能实行统治呢？就是说，问题正是关于经济和政治之间的"矛盾"。

恩格斯回答说："……民主共和国已经不再正式讲什么〈公民之间的〉财产差别了。在这种国家中，财富是间接地但也是更可靠地运用它的权力的。其形式一方面是直接收买官吏（美国是这方面的典型例子），另一方面是政府和交易所结成联盟……"①

这就是对于民主在资本主义制度下"可以实现"的问题所作的经济分析的范例，而自决在帝国主义制度下"可以实现"的问题，只是这个问题的一小部分！

民主共和国"在逻辑上"是同资本主义矛盾的，因为它"正式"宣布富人和穷人平等。这是经济制度和政治上层建筑之间的矛盾。帝国主义和共和制之间存在着同样的矛盾，而且这种矛盾被加深和加剧了，因为垄断代替了自由竞争，使一切政治自由都更加"难以"实现。

资本主义怎样和民主结合起来呢？通过间接地行使资本的无限权力！为此可以采取两种经济手段：（1）直接收买；（2）政府和交易所结成联盟。（在我们的提纲中，这一点是用如下的话表述的：在资产阶级制度下，金融资本可以"随意收买和贿赂任何政府和官吏"。）

---

① 见《马克思恩格斯文集》2009 年人民出版社版第 4 卷第 192 页。——编者注

既然商品生产、资产阶级、货币权力统治一切,因此在任何一种管理形式下,在任何一种民主制度下,收买(直接的或通过交易所)都是"可以实现"的。

试问,在帝国主义代替了资本主义,即垄断资本主义代替了垄断前的资本主义以后,我们所考察的这种关系起了什么变化呢?

唯一的变化就是交易所的权力加强了!因为金融资本是最大的、发展到垄断地步的、同银行资本融合起来的工业资本。大银行正在同交易所融合起来,吞并交易所。(在关于帝国主义的著作中常常谈到交易所的作用下降,但这只是从任何一个大银行本身就是交易所这个意义上说的。)

其次,既然一般"财富"完全能够通过收买和通过交易所来实现对任何民主共和国的统治,那么,彼·基辅斯基怎么能断言拥有亿万资本的托拉斯和银行的巨大财富,不能"实现"金融资本对别国,即对政治上独立的共和国的统治而不陷入可笑的"逻辑矛盾"呢??

怎么?在别国内收买官吏"不能实现"吗?或者"政府和交易所结成联盟",这仅仅是与本国政府结成联盟吗?

*　　　　*　　　　*

读者从这里可以看出,为了剖析和通俗地说明10行糊涂文字,需要写大约10个印刷页。我们不能这样详尽地分析彼·基辅斯基的每个论断——真的,他没有一个论断不是糊涂的!——而且也没有这个必要,因为对主要的问题已经作了分析。剩下的我们将大略提一下。

4. 挪威的例子

挪威在 1905 年即在帝国主义最猖狂的时代,"实现了"似乎是不能实现的自决权。因此,"不能实现"的说法不仅在理论上是荒谬的,而且也是可笑的。

彼·基辅斯基想反驳这一点,他挖苦我们是"唯理论者"(同这有何相干?唯理论者仅限于下论断,而且是抽象的论断,而我们指出了最具体的事实!彼·基辅斯基使用"唯理论者"这个外国字眼,恐怕正如他在自己文章的开头以"精炼的形式"提出自己的见解时使用"精炼的"这个词一样……怎样说得更委婉一些呢?……一样地不那么"恰当"吧?)。

彼·基辅斯基责备我们说,在我们看来"重要的是现象的外表,而不是真正实质"。那么我们就来考察一下真正实质吧。

反驳一开始就举了一个例子,说颁布反托拉斯法的事实并不能证明禁止托拉斯是不能实现的。完全正确,只是例子举得不恰当,因为它是**驳斥**彼·基辅斯基的。法律是一种政治措施,是一种政治。任何政治措施也不能禁止经济。不管波兰具有什么样的政治形式,不管它是沙皇俄国的一部分还是德国的一部分,不管它是自治区还是政治上独立的国家,这都不能禁止或消除波兰对帝国主义列强金融资本的依附和后者对波兰企业股票的收买。

挪威在 1905 年所"实现"的独立,仅仅是政治上的独立。它并不打算触及也不可能触及经济上的不独立。我们的提纲所说的正是这一点。我们指出,自决仅仅涉及政治,因此甚至提出经济上不能实现的问题,也是错误的。而彼·基辅斯基却搬出政治禁令对经济无能为力的例子来"反驳"我们！"反驳"得太妙了！

其次。

> "单凭一个甚至许多个关于小企业战胜大企业的例子，还不足以驳倒马克思的如下正确论点：资本主义发展的整个进程都伴随着生产的积聚和集中。"

这个论点也是以一个不恰当的**例子**为根据的。选择这样的例子，是为了转移人们（读者和作者）对争论的真正实质的注意。

我们的提纲指出，从劳动货币在资本主义制度下不能实现那种意义上来说自决在经济上不能实现，是不正确的。能够证明**劳动货币**能够实现的"例子"一个也举不出来。彼·基辅斯基默认我们在这一点上是正确的，因为他转而去对"不能实现"作**另外的**解释。

他为什么不直截了当地说出来呢？为什么不公开地、确切地提出**自己的**论点，说"自决就其经济上的可能性来说在资本主义制度下不能实现，它是同发展进程相抵触的，因而是反动的或者只是一个例外"呢？

因为作者只要一公开说出他的相反的论点，立刻就会揭穿自己，所以他只好遮遮掩掩。

无论我们的纲领或爱尔福特纲领[98]，都承认经济集中和大生产战胜小生产的规律。彼·基辅斯基隐瞒了一个事实，即两者都不承认政治集中或国家集中的规律。如果这同样是或者也算是一个规律，那么彼·基辅斯基为什么不加以阐述并建议把它补充到我们的纲领中去呢？他既然发现了国家集中这个新规律，发现了这个具有实际意义的、可以使我们纲领消除错误结论的规律，却又让我们保留一个不好的和不全面的纲领，他这样做对吗？

彼·基辅斯基对这个规律没有作任何表述，也没有建议要补充我们的纲领，因为他隐隐约约地感到，那样一来他就会成为笑柄。如果把这种观点公开表现出来,除大生产排挤小生产的规律之外又提出一个大国排挤小国的"**规律**"(与前一规律联在一起或相提并论),那时,人人都会对这种"帝国主义经济主义"的妙论哈哈大笑!

为了说明这一点,我们只向彼·基辅斯基提一个问题:为什么不带引号的经济主义者**不谈**现代托拉斯或大银行的"瓦解",不谈这种瓦解是可能的和能够实现的呢?为什么甚至一个带引号的"帝国主义经济主义者"也不得不承认大国瓦解是可能的和能够实现的,并且这还不仅是一般瓦解,而是例如,"小民族"(请注意这一点!)从俄国分离出去(彼·基辅斯基论文的第2章第4节)呢?

最后,为了更清楚地说明我们的作者扯到哪里去了,为了向他提出警告,我们必须指出,我们大家都公开承认大生产排挤小生产的规律,谁也不怕把"小企业战胜大企业"的个别"例子"叫做反动现象。直到现在还**没有一个**反对自决的人敢把挪威同瑞典分离叫做反动现象,虽然从1914年起我们就在著作中提出了这个问题。①

只要还保持着例如手工作业台,大生产就不能实现;认为使用机器的工厂可以"瓦解"为手工工场,那是极端荒谬的。建立大帝国的帝国主义趋势完全可以实现,并且在实践中常常通过一些在政治意义上独立自主的国家建立帝国主义联盟的形式来实现。这种联盟是可能的,它不仅表现为两国金融资本的经济结合,同时也表现为在帝国主义战争中的军事"合作"。**在帝国主义条件下**,民族斗争、民族起义和民族分离是完全"可以实现"的,并且已见诸行动,甚至变得更加剧烈,因为帝国主义不是阻止资本主义的发展

---

① 见《列宁全集》第2版第25卷第253—259页。——编者注

和人民群众民主意向的增长,而是**加剧**这种民主意向和托拉斯的反民主意向之间的对抗。

只有从"帝国主义经济主义"即面目全非的马克思主义的观点出发,才可以忽视帝国主义政治中的下列特殊现象:一方面,当前的帝国主义战争告诉我们一些事例,依靠金融联系和经济利益能使政治上独立的小国卷进大国之间的斗争(英国和葡萄牙)。另一方面,破坏无论在经济上或政治上都比自己的帝国主义"庇护者"软弱得多的小民族方面的民主制,结果不是引起起义(如爱尔兰),便是使整团整团的官兵投向敌方(如捷克人)。在这种情况下,从金融资本的观点来看,为了不使"自己的"军事行动有遭到破坏的危险,给予**某些**小民族以尽可能多的民主自由乃至实行国家独立,这不仅是"**可以实现**"的,而且对托拉斯,对**它们的**帝国主义政治,对**它们的**帝国主义战争,**有时是**直接**有利的**。忘记政治的和战略的相互关系的特点,不管适当不适当,一味背诵"帝国主义"这个记得烂熟的词,这决不是马克思主义。

关于挪威,彼·基辅斯基告诉我们说,第一,它"向来就是一个独立国家"。这是不对的,这种错误只能用作者的信口开河满不在乎和对政治问题的不重视来解释。挪威在1905年以前**不是**独立国家,它只享有非常广泛的自治权。瑞典只是**在挪威同它分离以后**才承认挪威是一个独立的国家。如果挪威"向来就是一个独立国家",那么瑞典政府就不可能在1905年10月26日向外国宣布,它现在承认挪威是一个独立国家。

第二,彼·基辅斯基用许多引文来证明:挪威朝西看,瑞典则是朝东看;在前者"起作用"的主要是英国金融资本,在后者——是德国金融资本,等等。他由此便得出一个扬扬得意的结论:"这个例子〈即挪威〉完全可以纳入我们的公式。"

请看,这就是"帝国主义经济主义"的逻辑典范! 我们的提纲指出,金融资本可以统治"任何"国家,"哪怕是独立国家",因此,说什么从金融资本的观点来看"不能实现"自决的一切论断,都是糊涂观念。人们给我们列举一些材料,这些材料都**证实**我们的关于别国金融资本**无论在挪威分离以前或在挪威分离以后**都始终起作用的论点,——他们却以为这是在**驳斥**我们!!

谈金融资本因而**忘记**政治问题,难道这就是谈论政治吗?

不是。政治问题决不会因为有人犯了"经济主义"的逻辑错误就不再存在。英国金融资本无论在挪威分离以前或分离以后,都一直在挪威"起作用"。德国金融资本在波兰同俄国分离以前,曾经在波兰"起作用",今后不管波兰处于**怎样的**政治地位,德国金融资本还会"起作用"。这个道理太简单了,甚至叫人不好意思重申,但是,既然有人连这个简单的道理都忘记了,那又有什么办法呢?

关于挪威的这种或那种地位、关于挪威从属瑞典、关于分离问题提出之后工人的态度等政治问题,会不会因此就不存在了呢?

彼·基辅斯基回避了这些问题,因为它们刺痛了"经济派"。但是,在实际生活中,这些问题以前存在,现在仍然存在。在实际生活中提出过这样的问题:不承认挪威有分离权的瑞典工人能不能当社会民主党的党员呢? **不能**。

瑞典贵族当时主张对挪威发动战争,牧师们也是如此。这一事实并不因为彼·基辅斯基"忘记"读挪威人民的历史就不存在。瑞典工人作为社会民主党党员,可以劝告挪威人投票反对分离(挪威于 1905 年 8 月 13 日就分离问题举行了全民投票,结果368 200 票赞成分离,184 票反对分离,参加投票的约占有投票权的人数的 80%)。可是,如果瑞典工人像瑞典贵族和瑞典资产阶级那样,否认挪威人有不通过瑞典人、不顾及瑞典人的意愿而自行解决这一问题的权利,那他们就是**社会沙文主义者**,就是**决不容许留在社会民主党内的恶棍。**

对我们的党纲第9条就应该这样来运用,而我们的"帝国主义经济主义者"却试图**跳过**这一条。先生们,你们要跳过去,就非投入沙文主义的怀抱不可!

而挪威工人呢? 从国际主义的观点看来,他们是否必须投票**赞成**分离呢? 根本不是。他们作为社会民主党党员,可以投票反对分离。他们只有向反对挪威有分离**自由**的瑞典黑帮工人伸出友谊之手,才是违背了自己作为社会民主党党员的义务。

有些人不愿意看到挪威工人和瑞典工人的地位之间的这一起码差别。不过他们既然**避开**我们直截了当地向他们提出的这一极其具体的政治问题,他们也就揭穿了自己。他们默不做声、借词推托,从而让出了阵地。

为了证明在俄国也可能发生"挪威"问题,我们特意提出一个论点:在**纯军事的**和战略的条件下,单独的波兰国家即使**现在**也是完全可以实现的。彼·基辅斯基想要"争论"一下,但是却没有做声!!

我们再补充一句,根据**纯**军事和战略的考虑,在**这场**帝国主义战争的某种结局下(如瑞典并入德国,德国人取得一半胜利),甚至芬兰也完全**可能**成为一个单独的国家,但这并不会破坏金融资本的任何一种业务的"可实现性",不会使收买芬兰铁路和其他企业股票的事情"不能实现"。①

---

① 如果在当前战争的一种结局下,在欧洲建立波兰、芬兰等新国家完全"可以实现"(同时丝毫不会破坏帝国主义的发展条件和它的实力,反而会**加强**金融资本的影响、联系和压力),那么,在战争的另一种结局下,建立匈牙利、捷克等新国家**同样**也"可以实现"。英帝国主义者现在已经在谋划自己一旦取得胜利时如何实现这

彼·基辅斯基想用惊人之语来掩饰他所讨厌的政治问题,这是他整篇"议论"的一大特色。他说:"……每一分钟〈在第 1 章第 2 节的末尾,一字不差地这样写着〉达摩克利斯剑[389]都可能掉下,断送'独立'工场〈"暗指"小小的瑞典和挪威〉的生机"。

照这么说来,真正的马克思主义想必是这样的:尽管**瑞典**政府曾把挪威从瑞典分离出去叫做"革命措施",但挪威这个独立的国家总共不过存在了 10 来年。既然我们读过希法亭的《金融资本》一书,并且把他的意思"理解"为"每一分钟"——要说就把话说到底! ——小国都可能消失,那么我们又何必去分析由此而产生的**政治**问题呢? 又何必去注意我们把马克思主义歪曲成"经济主义",把自己的政策变成了对道地的俄国沙文主义者的言论的随声附和呢?

俄国工人在 1905 年争取共和国,想必是犯了莫大的错误,因为无论法国的、英国的或其他什么国家的金融资本,早就动员起来要反对它,如果它出现了的话,"每一分钟"都可能用"达摩克利斯剑"将它砍掉!

*　　　　　*　　　　　*

"最低纲领中的民族自决要求……不是空想的:它并不同社会发展相抵触,因为它的实现并不会妨碍社会发展。"[390]彼·基辅斯基在其文章中作了关于挪威的"摘录"的那一节里,反驳马尔托夫的这段话。其实他的"摘录"一再**证实**下面这个尽人皆知的事

第二种结局。帝国主义时代既不会消灭各民族要求政治独立的意向,也不会消灭这种意向在世界帝国主义关系**范围**内的"可实现性"。**超出**这一范围,则无论俄国的共和制或世界任何地方的任何巨大的民主改革,不经过多次革命就"不能实现",没有社会主义就不能巩固。彼·基辅斯基对于帝国主义同民主之间的关系,简直是一窍不通。

实:挪威的"自决"和分离**并没有阻止**一般的发展,特别是金融资本业务的扩大,**也没有阻止**英国人对挪威的收买!

我们常常见到这样一些布尔什维克,例如1908—1910年间的阿列克辛斯基,他们**恰恰**在马尔托夫讲得正确的时候去反对他!这样的"盟友"千万不能要!

5. 关于"一元论和二元论"

彼·基辅斯基指责我们"对要求作了二元论的解释",他写道:

"国际的一元论的**行动**,被二元论的**宣传**所代替。"

统一的行动是同"二元论"的宣传相对立的,——这听起来似乎完全是马克思主义的、唯物主义的。可惜,我们如果仔细地研究一下,我们就必须说,这和杜林的"一元论"一样,是**口头上的**"一元论"。恩格斯在反对杜林的"一元论"时写道:"如果我把鞋刷子综合在哺乳动物的**统一**体中,那它决不会因此就长出乳腺来。"①

这就是说,只有那些在客观现实中是**统一**的事物、属性、现象和行动,才可以**称为**"统一的"。而我们的作者恰巧忘记了这件**小事情**!

第一,他认为我们的"二元论"就在于:我们向被压迫民族工人首先提出的要求(这里只是就民族问题而言),**不同于**我们对压迫民族工人的要求。

为了审查一下彼·基辅斯基在这里的"一元论"是不是杜林

---

① 见《马克思恩格斯文集》2009年人民出版社版第9卷第45页,黑体是列宁用的。——编者注

的"一元论",必须看一看**客观现实**中的情况是怎样的。

从民族问题的角度来看,压迫民族工人和被压迫民族工人的**实际**地位是不是一样的呢?

不,不一样。

(1)**在经济上有区别**:压迫民族的资产者用一贯加倍盘剥被压迫民族工人的办法取得**超额利润**,压迫国家的工人阶级有一部分人可以从中分享一点残羹剩饭。此外,经济资料表明,压迫民族工人当"工头"的百分数要比被压迫民族工人**高**,压迫民族工人升为工人阶级**贵族**的百分数也**大**①。这是事实。压迫民族工人**在一定程度上参与本国**资产阶级掠夺被压迫民族工人(和多数居民)的勾当。

(2)**在政治上有区别**:与被压迫民族工人比较,压迫民族工人在政治生活的许多方面都占**特权地位**。

(3)**在思想上**或精神上有区别:压迫民族工人无论在学校中或在实际生活中,总是受着一种轻视或蔑视被压迫民族工人的教育。例如,凡是在大俄罗斯人中间受过教育或生活过的大俄罗斯人,对这一点**都有体会**。

总之,在客观现实中**处处**都有差别,就是说,在不以个人意志和意识为转移的客观世界中,到处都有"二元论"。

既然如此,我们应当怎样看待彼·基辅斯基的所谓"国际的一元论的行动"这句话呢?

这是一句响亮的空话,如此而已。

国际实际上是由**分别**属于压迫民族和被压迫民族的工人组成

---

① 例如,可参看古尔维奇论美国移民和工人阶级状况的一部英文著作(《移民与劳动》)。

的,**为了使国际的行动统一**,就必须对两种不同的工人进行**不同的**宣传:从真正的(而不是杜林式的)"一元论"观点看来,从马克思的唯物主义观点看来,只能这样谈问题!

例子呢? 我们(两年多以前在合法刊物上!)已经举了关于挪威的例子,而且任何人也没有试图反驳我们。在从实际生活中举出的这一具体事例中,挪威工人和瑞典工人的**行动**所以是"一元论的"、统一的、国际主义的,**只是**由于瑞典工人**无条件地**坚持挪威的分离自由,而挪威工人则**有条件地**提出关于这次分离的问题。如果瑞典工人不是**无条件地**赞成挪威人的分离自由,那他们就成了**沙文主义者**,就成了想用暴力即战争把挪威"留住"的瑞典地主们的沙文主义同谋。如果挪威工人**不是有条件地**提出分离问题,即社会民主党党员也可以投票和宣传反对分离,那挪威工人就违背了国际主义者的义务,而陷入了狭隘的、**资产阶级的**挪威民族主义。为什么呢? 因为实行分离的是**资产阶级**,而不是无产阶级!因为挪威资产阶级(也同各国资产阶级一样)**总是**力求分裂本国和"异国"的工人! 因为在觉悟的工人看来,任何民主要求(其中也包括自决)都要**服从**社会主义的最高利益。譬如说,挪威同瑞典的分离势必或者可能引起英德之间的战争,**由于这种原因**,挪威工人就应当反对分离。而瑞典工人作为社会党人,**只有**在一贯地、彻底地、经常地**反对**瑞典政府而拥护挪威分离**自由**的情况下,才有权利和有可能在类似的场合进行反对分离的宣传。否则,挪威工人和挪威人民就**不相信**而且也**不能**相信瑞典工人的劝告是诚恳的。

反对自决的人倒霉的地方,就在于他们只会拿一些僵死的抽象概念来敷衍了事,而**不敢**彻底分析实际生活中任何一个具体的例子。我们的提纲已经具体指出,在纯军事和战略的种种条件一定的配合下,波兰新国家**现在**是完全"可以实现"的①。无论波兰人或者彼·基辅斯基,对这一点都没有表示过异议。但谁也不愿意**想一想**,从默认我们是正确的这一事实中得出的结论是什么。由此而得出的结论显然是:为了教育俄国人和波兰人采取"统一的行动",国际主义者**决不能**在两者中间进行同样的宣传。大俄罗斯(和德国)工人应当无条件地赞成波兰的分离自由,否则**在目前**他们**实际上**就成了尼古拉二世或兴登堡的奴仆。而波兰工人**只能**有条件地主张分离,因为想用某个帝国主义资产阶级的胜利来投机(像"弗腊克派"**172**那样),那就意味着充当**它**的奴仆。这种差别是国际的"一元论的行动"的条件,不了解这种差别,就等于不了解为了采取"一元论的行动"来反对比如莫斯科附近的沙皇军队,为什么革命军队必须从下诺夫哥罗德向西挺进,而从斯摩棱斯克向东挺进。

*　　　　*　　　　*

第二,我们这位杜林式一元论的新信徒指责我们没有注意在社会变革时期"国际的各个民族支部的最紧密的组织上的团结"。

彼·基辅斯基写道:在社会主义制度下,自决将消亡,因为那时国家也将消亡。这句话仿佛是专为反驳我们而写的!但是我们曾经用了**三行字**(我们的提纲的第1条的最后三行)说得清清楚楚:"民主也是一种国家形式,它将随着国家的消失而消失。"②彼·基辅斯基在他的文章的第3节(第1章)中,用**好几页**篇幅所重复的正是这个真理,——当然是为了"反驳"我们!——而且在重复时加以**歪曲**。他写道:"我们设想并且从来就设想,社会主义制度是一种严格民主〈!!?〉集中的经济体制,在这种体制下,国家

---

① 见本卷第562页。——编者注
② 见本卷第561页。——编者注

作为一部分居民统治另一部分居民的机构将会消失。"这是糊涂观点,因为民主**也**是"一部分居民对另一部分居民"的统治,**也**是一种国家。作者显然不了解社会主义胜利后国家**消亡**是怎么一回事,这个过程的条件是什么。

不过重要的还是他的有关社会革命时代的"反驳"。作者先拿"自决的信奉者"这个吓人的字眼骂了我们一顿,接着说:"我们设想这个过程〈即社会变革〉将是所有〈!!〉国家的无产者的统一行动,他们将打破资产阶级〈!!〉国家的疆界,拆掉界碑〈这同"打破国界"无关吗?〉,炸毁〈!!〉民族共同体并建立阶级共同体。"

请"信奉者"的严峻审判官恕我们直说:在这里讲了一大堆空话,可是根本看不到"思想"。

社会变革不可能是**所有**国家的无产者的统一行动,理由很简单:地球上的大多数国家和大多数居民,直到今天甚至还没有达到或者刚刚开始达到资本主义的发展阶段。关于这点我们在提纲第6条中已经讲了①,但是,彼·基辅斯基只是由于不经心或者不善于思考而"没有觉察到",我们提出这一条并不是无的放矢,而恰恰是为了驳斥那些把马克思主义歪曲得面目全非的言论。**只有西欧和北美各先进国家**才已成熟到可以实现社会主义的地步。彼·基辅斯基在恩格斯给考茨基的一封信[391](《〈社会民主党人报〉文集》[392])中可以读到对这种实在的而不只是许愿的"**思想**"的具体说明:幻想什么"**所有**国家的无产者的统一行动",就是把社会主义推迟到希腊的卡连德日[393],也就是使它"永无实现之日"。

不是所有国家的无产者,而是少数达到**先进**资本主义发展阶段的国家的无产者,将用统一行动实现社会主义。正因为彼·基

---

① 见本卷第568—569页。——编者注

辅斯基不懂这个道理,他才犯了错误。在**这些**先进国家(英、法、德等国)里,民族问题早就解决了,民族共同体早已过时了,**在客观上**已不存在"全民族的任务"。因此**现在**只有在这些国家里,才可以"炸毁"民族共同体,建立阶级共同体。

在**不发达**的国家里,在我们(我们的提纲第6条中)列为第二类和第三类的国家里,也就是在整个东欧和一切殖民地和半殖民地,情形就不同了。这里的民族通常**还**是受压迫的、资本主义不发达的民族。在这些民族中**客观上**还有全民族的任务,即**民主**的任务,**推翻异族压迫**的任务。

恩格斯曾拿印度作为这些民族的例子,他说,印度可能要进行一次反对胜利了的社会主义的革命①,——因为恩格斯同可笑的"帝国主义经济主义"大不相同,"帝国主义经济主义"认为,在先进国家中取得胜利的无产阶级,不必采取一定的**民主**措施,就可以"自然而然地"消灭各个地方的民族压迫。无产阶级将改造它取得了胜利的那些国家。这不能一下子做到,而且也不能一下子"战胜"资产阶级。我们在自己的提纲中特意着重指出了这一点,而彼·基辅斯基又没有想一想,我们在谈到民族问题的时候强调这一点,究竟是**为了什么**。

当先进国家的无产阶级在推翻资产阶级、击退它的反革命企图的时候,不发达的和被压迫的民族不会等待,不会停止生活,不会消失。既然它们甚至可以利用1915—1916年的这场战争——它同社会革命比较起来不过是帝国主义资产阶级的一次小小的危机——来发动起义(一些殖民地、爱尔兰),那么毫无疑问,它们更会利用各先进国家的国内战争这种**大危机**来发动起义。

---

① 参看《马克思恩格斯文集》2009年人民出版社版第10卷第480页。——编者注

社会革命的发生只能是指一个时代,其间既有各先进国家无产阶级同资产阶级的国内战争,又有不发达的、落后的和被压迫的民族所掀起的**一系列**民主的、革命的运动,其中包括民族解放运动。

为什么呢? 因为资本主义发展得不平衡,而客观现实使我们看到,除了高度发达的资本主义民族,还有许多在经济上不那么发达和完全不发达的民族。彼·基辅斯基根本没有从不同国家在经济上的成熟程度来考虑社会革命的**客观**条件,所以说,他指责**我们**"臆想出"某地应实行自决,实际上是诿过于人。

彼·基辅斯基煞费苦心地反复重述从马克思和恩格斯的著作中摘来的引文,说我们应当"不是从头脑中臆想出,而是通过头脑从现有的物质条件中发现"使人类摆脱这种或那种社会灾难的手段。每当我读到这些重复的引文时,总是不能不想起臭名昭著的"经济派",他们是这样无聊地……咀嚼着他们关于资本主义已在俄国获得胜利的"新发现"。彼·基辅斯基想用这些引文来"吓倒"我们,因为据说我们是从头脑中臆想出在帝国主义时代实行民族自决的条件! 不过恰巧在同一个彼·基辅斯基那里,我们却读到了如下一段"不小心的自供":

> "单是我们**反对**〈黑体是原作者用的〉保卫祖国这一事实,就再清楚不过地表明,我们将积极反抗一切对民族起义的镇压,因为我们将以此同我们的死敌——帝国主义进行斗争。"(彼·基辅斯基的文章的第2章第3节)

要批评一个有名的作者,要**答复**他,就不能不完整地引用他的文章的论点,哪怕是几个最主要的论点。但是,即使只是完整地引出彼·基辅斯基的一个论点,那也随时都可以发现,他的每一句话都有两三个歪曲马克思主义的错误和疏忽的地方!

(1)彼·基辅斯基没有注意到,民族起义**也**是"保卫祖国"!

任何人只要稍微思索一下,都会相信事情正是这样的,因为**任何**"起义的民族",都是为了"保卫"本民族不受压迫民族的压迫,都是为了保卫自己的语言、疆土和祖国。

一切民族压迫都引起**广大**人民**群众**的反抗,而遭受民族压迫的居民的一切反抗**趋势**,都是民族起义。如果说我们经常看到(特别在奥地利和俄国),被压迫民族的资产阶级**只是**空谈民族起义,实际上却背着本国人民**而且针对**本国人民,同压迫民族的资产阶级进行反动的交易,那么在这种情形下,革命的马克思主义者不应当批评民族运动,而应当反对缩小这一运动、使之庸俗化和把它歪曲为无谓争吵。顺便指出,奥地利和俄国的很多社会民主党人都忘记了这一点,他们把自己对许多细小的、庸俗的、微不足道的民族纠纷(例如,为了用哪种文字写的街名应当放在街名牌的上边、哪种文字应当放在下边而发生争吵和斗殴)所抱的**正当的**反感,变成否认支持民族斗争。我们不会"支持"什么摩纳哥公国成立共和国的喜剧式的把戏,也不会"支持"南美洲一些小国或太平洋某岛屿的"将军们"实行"共和的"冒险,但是我们不能因此就在重大的民主运动和社会主义运动中放弃共和国的口号。我们嘲笑而且应当嘲笑俄国和奥地利各民族间微不足道的民族纠纷和民族争吵,但是我们不能因此就不支持民族起义或一切重大的反民族压迫的全民斗争。

(2)如果在"帝国主义时代"民族起义是不可能的,那么彼·基辅斯基也就无权来谈论民族起义了。如果这种起义是可能的,那么他的一切关于"一元论"、关于我们"臆想出"一些在帝国主义条件下实现自决的例子等等无穷尽的空话,就**统统**不攻自破了。彼·基辅斯基自己在打自己的嘴巴。

如果"我们""积极反抗对民族起义的镇压"(彼·基辅斯基

"自己"认为这是可能的事情），那么这是什么意思呢？

　　这就是说，**行动**是双重的，如果用我们这位作者所用的文不对题的哲学术语来说，就是"二元论的"。（a）第一，遭受民族压迫的无产阶级和农民，同遭受民族压迫的资产阶级**一起采取反对**压迫民族的"行动"；（b）第二，压迫民族的无产阶级或其中有觉悟的一部分采取**反对**压迫民族的资产阶级和跟着它走的一切分子的"行动"。

　　彼·基辅斯基讲了许许多多反对"民族联盟"、民族"幻想"、民族主义"毒害"和"煽动民族仇恨"以及诸如此类的话，这全是空话，因为作者既然劝告压迫国家的无产阶级（我们不要忘记，作者认为这个无产阶级是一个了不起的力量）"积极反抗对民族起义的镇压"，他也就是在**煽动**民族仇恨，也就是在**支持**被压迫国家的工人"**同资产阶级的联盟**"。

　　（3）如果说在帝国主义条件下民族起义是可能的，那么民族战争也是可能的。从政治上说，这两者之间没有任何重大差别。军事史学家把起义也看做战争，这是完全正确的。彼·基辅斯基由于不加思索，不仅打了自己的嘴巴，而且也打了否认在帝国主义条件下有发生民族战争的**可能性**的尤尼乌斯和"国际"派的嘴巴。而否认这种可能性，就是否认帝国主义条件下民族自决的观点的唯一可以设想的理论基础。

　　（4）因为——什么是"民族"起义呢？就是力图实现被压迫民族的**政治**独立，即建立**单独**的民族国家的起义。

　　如果说压迫民族的无产阶级是一个了不起的力量（正如作者对帝国主义时代所预料的和应当预料的那样），那么，这个无产阶级下定决心，"积极反抗对民族起义的镇压"，这**是不是**对建立单独的民族国家的**促进**呢？当然是！

我们这位大胆否认自决"可以实现"的作者居然说,各先进国家的觉悟的无产阶级应当**促进**这个"不能实现的"措施的实现!

(5)**为什么**"我们"应当"积极反抗"对民族起义的镇压呢?彼·基辅斯基只举了一个理由:"因为我们将以此同我们的死敌——帝国主义进行斗争。"这个理由的全部**力量**,就在于"死"这个**有力的**字眼,总之,在作者那里论据的力量被代之以严厉的响亮的词句的力量,被代之以"把木橛钉入资产阶级发抖的躯体"这类符合阿列克辛斯基风格的漂亮话。

但是,彼·基辅斯基的这个论据是**不正确的**。帝国主义同资本主义一样,都是我们的"死"敌。这是事实。但是任何一个马克思主义者都不会忘记,资本主义比封建主义进步,而帝国主义又比垄断前的资本主义进步。这就是说,我们应当支持的**不是**任何一种反对帝国主义的斗争。我们**并不**支持反动阶级反对帝国主义的斗争,我们**并不**支持反动阶级反对帝国主义和资本主义的起义。

这就是说,如果作者承认必须援助被压迫民族的起义("积极反抗"镇压就是援助起义),那么他也就承认民族起义的**进步性**,承认在起义胜利后建立单独的新国家和划定新疆界等等的**进步性**。

作者简直**没有一个**政治论断是可以自圆其说的!

顺便指出,我们的提纲在《先驱》杂志[378]第 2 期上发表以后爆发的 1916 年的爱尔兰起义证明,说民族起义**甚至**在欧洲也可能发生,这决不是毫无根据的!

6. 彼·基辅斯基所涉及和歪曲了的其他政治问题

我们在自己的提纲中指出,所谓解放殖民地就是实行民族自决。欧洲人常常忘记殖民地人民**也**是民族,容忍这种"健忘"就是容忍沙文主义。

彼·基辅斯基"反驳"说:

"就无产阶级这个词的本义来说",在纯粹的殖民地"**没有无产阶级**"(第2章第3节末尾)。"既然如此,'自决'是向谁提出的呢?向殖民地的资产阶级?向费拉**394**?向农民?当然不是。**社会党人**〈黑体是彼·基辅斯基用的〉向殖民地提出自决口号,是荒唐的,因为向没有工人的国家提出工人党的口号,根本就是荒唐的。"

不管说我们观点"荒唐"的彼·基辅斯基多么气愤,我们还是不揣冒昧,恭恭敬敬地向他指出:他的论据是错误的。只有臭名昭著的"经济派"才认为,"工人党的口号"**仅仅**是向工人提出的。①不对,这些口号是向全体劳动居民、向全体人民提出的。我们党纲中的民主要求那一部分(彼·基辅斯基"根本"没有想一想它的意义),是专门向全体人民提出的,因此我们在党纲的这一部分里讲的是"人民"。②

---

① 我们劝彼·基辅斯基再读一读亚·马尔丁诺夫之流在1899—1901年间所写的东西。他在那里可以为"自己"找到许多论据。

② "民族自决"的某些可笑的反对者反驳我们的理由是:"民族"是被分成阶级的!我们常常对这些面目全非的马克思主义者指出,我们在党纲民主要求那一部分里谈的是"人民专制"。

我们估计殖民地和半殖民地有 10 亿人口,对于我们这个十分具体的说法,彼·基辅斯基根本无意反驳。在这 10 亿人口中,有 7 亿以上(中国、印度、波斯、埃及)属于**有**工人的国家。但是,在每个马克思主义者看来,即使向那些没有工人而只有奴隶主和奴隶等等的殖民地国家提出"自决",也不仅**不是**荒唐的,而且是**必须**的。彼·基辅斯基只要略微想一想,大概就会明白这个道理,同时也会懂得,"自决"向来就是"向"被压迫民族和压迫民族这**两种**民族提出的。

彼·基辅斯基的另一个"反驳"是:

> "因此,我们向殖民地只限于提出否定的口号,也就是说,只限于由社会党人对本国政府提出'从殖民地滚出去!'的要求。这个在资本主义范围内不能实现的要求,会加剧反对帝国主义的斗争,但是并不违背发展的趋势,因为社会主义社会不会占有殖民地。"

作者不能或者是不愿意多少考虑一下政治口号的理论内容,这简直令人吃惊!难道因为我们不使用理论上精确的政治术语而只用一些鼓动词句,问题就会有所改变吗?说"从殖民地滚出去",就是用鼓动的词句来避开理论的分析!我们党的任何一个鼓动员,在说到乌克兰、波兰、芬兰等等时,都有权对沙皇政府("自己的政府")说"从芬兰等等地区滚出去",但是,头脑清楚的鼓动员都懂得,不能仅仅为了"加剧"而提出肯定的或否定的口号。只有阿列克辛斯基式的人物才会坚持用"加剧"反对某种祸害的斗争的愿望来为"退出黑帮杜马"这个"否定的"口号作辩护。

加剧斗争是主观主义者的一句空话,他们忘记了:为了说明任何一个口号是正确的,马克思主义要求对**经济**现实、**政治**形势和这一口号的**政治**意义进行精确的分析。翻来覆去说这一点,真叫人不好意思,但是既然非这样不可,那又有什么办法呢?

用鼓动性的叫喊来打断对理论问题的理论争辩,这种阿列克辛斯基式的手法我们见得多了,这是拙劣的手法。"从殖民地滚出去"这个口号的政治内容和经济内容有一点而且只有一点:给殖民地民族分离自由,建立单独国家的自由! 彼·基辅斯基既然认为帝国主义的**一般**规律妨碍民族自决,使之成为空想、幻想等等,那么,怎能不加思索便认定世界上**多数**民族是这些一般规律中的例外呢? 显然,彼·基辅斯基的"理论"不过是对理论的一种讽刺罢了。

在大多数殖民地国家里,都有商品生产和资本主义,都有金融资本的千丝万缕的联系。既然从商品生产、资本主义和帝国主义的**角度看来**,"从殖民地滚出去"是一种"不科学"的,是已经被伦施、库诺等人**自己**"驳倒了"的"空想"要求,那又怎能向各帝国主义国家和政府提出这个要求呢?

作者在议论时没有动过一点**脑筋**!

作者没有想一想,所谓解放殖民地"不能实现",仅仅是指"不经多次革命就不能实现"。他没有想一想,**由于**欧洲实行社会主义革命,解放殖民地是可以实现的。他没有想一想,"社会主义社会"**不仅**"不会占有"殖民地,而且也**根本**"不会占有"被压迫民族。他没有想一想,在我们所考察的这个问题上,俄国"占有"波兰或土耳其斯坦,这无论在经济上或政治上都是**没有**差别的。他没有想一想,"社会主义社会"愿意"从殖民地滚出去",**仅仅**是指给它们自由分离的**权利**,**决**不是指**提倡它们分离**。

由于我们把分离权的问题和我们是不是提倡分离的问题区别开来,彼·基辅斯基就骂我们是"魔术家",为了向工人"科学地论证"这种见解,他写道:

"如果工人问一位宣传员,无产者应当怎样对待独立〈即乌克兰的政治独立〉问题,而他得到的回答是:社会党人争取分离权,但同时进行反对分离的宣传,那么工人会怎样想呢?"

我想,我可以对这个问题作出十分明确的答复。这就是,我认为任何头脑清楚的工人都会想:彼·基辅斯基**不善于思想**。

每一个头脑清楚的工人都会"想":正是这位彼·基辅斯基教我们工人喊"从殖民地滚出去"。这就是说,我们大俄罗斯工人应当要求本国政府滚出蒙古、土耳其斯坦和波斯,英国工人应当要求英国政府滚出埃及、印度和波斯等等。但是,难道这就意味着**我们无产者想要**同埃及的工人和费拉,同蒙古、土耳其斯坦或印度的工人和农民实行分离吗?难道这就意味着**我们**要劝告殖民地的劳动群众去同觉悟的欧洲无产阶级实行"分离"吗?完全不是这么回事。我们无论过去、现在或将来,一贯主张各先进国家的觉悟工人同**一切被压迫国家的工人、农民和奴隶最紧密地接近和融合**。我们一向劝告而且还将劝告一切被压迫国家(包括殖民地)的一切被压迫阶级**不要**同我们分离,而要尽可能紧密地同我们接近和融合。

如果我们要求本国政府滚出殖民地——不用鼓动性的空喊,而用确切的政治语言来说,就是要求它**给予**殖民地充分的分离**自由**,真正的**自决权**,如果我们一旦夺取了政权,我们自己一定要让这种权利实现,给予这种自由,那么,我们向现在的政府要求这一点而且我们自己在组成政府时将**做到**这一点,这**决**不是为了"提倡"实行分离,相反地,是为了促进和加速各民族的**民主的**接近和融合。我们要尽一切努力同蒙古人、波斯人、印度人、埃及人接近和融合,我们认为做到这一点是我们的义务和**切身利益**之所在,否则,欧洲的社会主义就将是**不巩固的**。我们要尽量给这些比我们更落后和更受压迫的人民以"无私的文化援助",用波兰社会民主党人的很好的说法来讲,就是帮助他们过渡到使用机器,减轻劳动,实行民主和社会主义。

如果我们要求给予蒙古人、波斯人、埃及人以及所有**一切被压**

迫的和没有充分权利的民族以分离自由,那么这决不是因为**我们主张**它们**分离**,而**仅仅是**因为我们主张**自由的**、**自愿的**接近和融合,但不主张强制的接近和融合。**仅仅**是因为这一点!

我们认为,在这方面,蒙古或埃及的农民和工人同波兰或芬兰的农民和工人之间的**唯一**差别,就在于后者发展程度高,他们在政治上比大俄罗斯人更有经验,在经济上更加训练有素,等等。因此,他们大概**很快**就会说服本国人民:他们现在仇恨充当刽子手的大俄罗斯人是合乎情理的,但是把这种仇恨转移到**社会主义**工人和社会主义俄国身上,那就不明智了;经济的利益以及国际主义和民主主义的本能和意识,都要求各民族在社会主义社会中尽快地接近和融合。因为波兰人和芬兰人都是具有高度文化的人,所以他们大概很快就会相信这种说法是正确的,而波兰和芬兰的分离在社会主义胜利以后,可能只实行一个短时期。文化落后得多的费拉、蒙古人和波斯人分离的时间可能要长一些,但是我们要像上面所说的那样,力求通过无私的文化援助来缩短分离的时间。

我们在对待波兰人和蒙古人方面,没有而且也不可能有**任何**别的差别。宣传民族分离自由同**我们**组成政府时坚决实现这种自由,同宣传民族的接近和融合,没有而且也不可能有**任何**"矛盾"。————

————我们确信,任何一个头脑清楚的工人、真正的社会主义者、真正的国际主义者,对于我们和彼·基辅斯基的争论①都会这样"想"的。

---

① 看来,彼·基辅斯基不过是继德国和荷兰的某些马克思主义者之后,**重复**"从殖民地滚出去"这个口号罢了,他不但没有考虑这个口号的理论内容和意义,而且也没有考虑俄国的具体特点。荷兰和德国的马克思主义者局限于"从殖民地滚出去"这个口号,在一定程度上是可以原谅的,因为第一,对多数**西欧**国家说来,民族压

　　一种主要的疑惑像一根红线贯穿着彼·基辅斯基的文章:既然整个发展的趋势是民族**融合**,为什么我们要宣传民族**分离**自由,并且要在掌握政权时实现这种自由呢? 我们回答说,其理由也同下面一点一样:虽然整个发展的趋势是消灭社会的一部分对另一部分的暴力统治,但是我们还是宣传并且在我们掌握政权时要实行无产阶级专政。专政就是社会的一部分对整个社会的统治,而且是直接依靠暴力的统治。为了推翻资产阶级并且击退它的反革命的尝试,必须建立无产阶级这个唯一彻底革命的阶级的专政。无产阶级专政问题具有如此重要的意义,以致凡是否认或仅仅在口头上承认无产阶级专政的人都不能当社会民主党的党员。然而不能否认,在某些情况下,作为例外,例如,在某一个小国家里,在它的大邻国已经完成社会革命之后,资产阶级和平地让出政权**是可能的**,如果它深信反抗已毫无希望,不如保住自己的脑袋。当然,更大的可能是,即使在各小国家里,不进行国内战争,社会主义也**不会**实现,因此,承认这种战争应当是国际社会民主党的**唯一**纲领,虽然对人使用暴力并不是我们的理想。这个道理只要作**相应的改变**(mutatis mutandis),同样可以适用于各个民族。我们主张民族融合,但是没有分离自由,**目前**便不能从强制的融合、从兼并过渡到自愿的融合。我们承认经济因素的主导作用(这完全正

　　迫的**典型**情况就是殖民地压迫,第二,在西欧各国,"殖民地"这个概念是特别清楚、明了和重要的。

　　　而在俄国呢? 它的特点恰恰在于:"**我们的**""**殖民地**"同"**我们的**"被压迫民族之间的差别是不清楚、不具体和不重要的!

　　　对于一个例如用德语写文章的马克思主义者来说,忘记了俄国的**这一**特点,是情有可原的,对于彼·基辅斯基来说,这就不可原谅了。一个不但愿意**重复**而且还愿意**思考**的俄国社会主义者必须懂得,对俄国说来,试图在被压迫民族和殖民地之间找出某种重大的差别,那是特别荒谬的。

确），但是像彼·基辅斯那样加以解释，那就是把马克思主义歪曲得面目全非。甚至现代帝国主义的托拉斯和银行，尽管在发达的资本主义的条件下到处同样不可避免，但在不同国家里其具体形式却并不相同。美、英、法、德这些先进的帝国主义国家的政治形式更加各不相同，虽然它们在本质上是一样的。在人类从今天的帝国主义走向明天的社会主义革命的道路上，同样会表现出这种多样性。一切民族都将走向社会主义，这是不可避免的，但是一切民族的走法却不会完全一样，在民主的这种或那种形式上，在无产阶级专政的这种或那种形态上，在社会生活各方面的社会主义改造的速度上，每个民族都会有自己的特点。再没有比"为了历史唯物主义"而一律用浅灰色给自己描绘**这**方面的未来，在理论上更贫乏，在实践上更可笑的了：这不过是苏兹达利城的拙劣绘画**395**而已。即使实际情况表明，**在**社会主义无产阶级取得初次胜利**以前**，获得解放和实行分离的仅占现在被压迫民族的$\frac{1}{500}$，**在**社会主义无产阶级在全球取得最后胜利**以前**（也就是说，在已经开始的社会主义革命的大变动时期），实行分离的同样只占被压迫民族的$\frac{1}{500}$，并且时间极其短暂，——**即使**在这种情况下，我们劝告工人现在不要让压迫民族中不承认和不宣传**一切**被压迫民族有分离自由的社会主义者跨进自己的社会民主党的大门，这无论在理论上或政治实践上都是对的。因为实际上我们不知道而且也不可能知道，在实践中到底有多少被压迫民族需要实行分离，以便贡献自己的一份力量，使得民主的**形式**和向社会主义过渡的**形式**多样化。至于现在否认分离自由，那在理论上是极端虚伪的，在实践上则是替压迫民族的沙文主义者效劳，这一点我们每天都了解到、看到和感觉到。

　　彼·基辅斯基在给我们前面所引的那段话所作的脚注中写道："我们强调指出，我们完全赞成'反对暴力兼并……'的要求。"

我们曾经说过,这个"要求"等于承认自决,如果不把这个要求归结为自决,就不可能正确地确定"兼并"这个概念,对我们这个十分明确的说法,作者根本不置可否! 大概他认为,为了进行争论只须提出论点和要求就够了,而不必加以证明吧!

他接着写道:"……总之,对一系列可以加强无产阶级反帝意识的要求,我们完全接受其**否定**的提法,何况在现存制度的基础上,根本不可能找出相应的**肯定的**提法。反对战争,但是不赞成民主的和平……"

不对,从头到尾都错了。作者读过我们的"和平主义与和平口号"这个决议(小册子《社会主义与战争》第44—45页①),看来,甚至同意这个决议,但显然并没有理解它。我们**赞成**民主的和平,只是提醒工人不要受人欺骗,似乎在现今的资产阶级政府的条件下,如决议中所说,"不经过多次革命",民主的和平也能实现。我们宣告,"抽象地"宣传和平,即**不考虑**各交战国**现有**政府的真实阶级本质,尤其是帝国主义本质,那就是蒙蔽工人。我们在《社会民主党人报》(第47号)的提纲中明确指出,在目前这场战争中,如果革命使我们党掌握了政权,党要立刻向各交战国建议缔结民主的和约。②

彼·基辅斯基为了让自己和别人相信他"仅仅"反对自决,并不反对一般民主,竟说我们"不赞成民主的和平"。这岂不可笑?

我们不必再一一分析彼·基辅斯基所举的其他例子了,因为不值得浪费篇幅来反驳这些只会使每个读者付之一笑的、极为幼稚的逻辑错误。社会民主党没有并且也不可能有任何一个"否定的"口号,只是为了"加强无产阶级的反帝意识",而不肯定地回答

---

① 见《列宁全集》第2版第26卷第167页。——编者注
② 见《列宁全集》第2版第27卷第55页。——编者注

社会民主党在自己执政时应当**怎样**解决有关的问题。不同某种肯定的解决办法配合起来的"否定的"口号,不会"加强"只会削弱意识,因为这样的口号是无谓的空谈,空洞的叫喊,没有内容的高调。

彼·基辅斯基不懂得"否定"或痛斥**政治**灾难和**经济**灾难的两种口号之间的区别。这种区别在于:一定的经济灾难是一般资本主义所固有的,不管它具有怎样的政治上层建筑;不消灭资本主义,在经济上就**不可能**消灭这些灾难,举不出任何一个例子来证明可能做到这一点。反之,政治灾难在于违背民主制,"在现存制度的基础上",即在资本主义制度下,民主制在经济上是完全可能的;在资本主义制度下,作为例外,在一个国家里实现它的这一部分,而在另一个国家里实现它的另一部分。作者又一次没有理解的,恰恰是可能实现一般民主的一般条件!

在离婚问题上也是如此。我们请读者回忆一下,在关于**民族**问题的争论中第一次接触到这个问题的是罗莎·卢森堡。她提出了一个完全合理的见解:我们社会民主党人集中派要维护国内(州或边疆区等等)的自治,就必须坚持由全国政权即全国国会决定重大国务问题,关于**离婚**的立法就属于这样的问题。离婚的例子清楚地表明,谁现在不要求充分的离婚自由,谁就不配做一个民主主义者和社会主义者,因为没有这种自由,被压迫的女性就会惨遭蹂躏,——虽然不难理解,承认有离开丈夫的**自由**,并不等于**号召**所有的妻子都离开丈夫!

彼·基辅斯基"反驳"说:

"如果在**这种**场合〈即妻子**想**离开丈夫〉,妻子**不能**实现自己的权利〈离婚权利〉,那么这种权利又有什么用处呢?或者,假使这一权利的实现取决于**第三者**的意志,或者更糟糕,取决于向这个妻子'求爱'的人的意志,那又怎么办呢?难道我们要争取宣布**这样的**权利吗?当然不是!"

　　这一反驳表明,他根本不了解**一般**民主同资本主义的关系。使被压迫阶级不能"实现"自己的民主权利的条件,在资本主义制度下是常见的,不是个别情形,而是典型现象。在资本主义制度下,离婚权多半是不能实现的,因为被压迫的女性在经济上受压迫,因为在资本主义制度下,不管有什么样的民主,妇女始终是"家庭女奴",是被关在卧室、育儿室和厨房里的女奴。在资本主义制度下,选举"自己的"人民法官、官吏、教师、陪审员等等的权利,同样多半是不能实现的,其原因就是工人和农民在经济上受压迫。关于民主共和国,情况也是如此:我们的党纲"宣布"民主共和国为"人民专制",虽然一切社会民主党人都很懂得,在资本主义制度下,连最民主的共和国也只是导致资产阶级收买官吏,导致交易所和政府结成联盟。

　　只有根本不会思考或根本不懂马克思主义的人,才会由此得出结论说:共和国毫无用处,离婚自由毫无用处,民主毫无用处,民族自决毫无用处! 马克思主义者却懂得,民主**并不**消除阶级压迫,而只是使阶级斗争变得更单纯,更广泛,更公开,更尖锐;我们需要的正是这一点。离婚自由愈充分,妇女就愈明白,使他们做"家庭奴隶"的根源是资本主义,而不是无权。国家制度愈民主,工人就愈明白,罪恶的根源是资本主义,而不是无权。民族平等愈充分(没有分离的自由,这种平等就**不是**充分的),被压迫民族的工人就愈明白,问题在于资本主义,而不在于无权。如此等等。

　　我们再说一遍:老是讲马克思主义的常识,真叫人不好意思,但是既然彼·基辅斯基不知道,那又有什么办法呢?

　　彼·基辅斯基关于离婚问题的议论,同组委会的一位国外书记谢姆柯夫斯基的论调(记得是在巴黎《呼声报》[238]上)如出一辙。后者议论道:不错,离婚自由并不等于号召所有的妻子都离开丈夫,但是,如果你向一位太太证明说,夫人,别人的丈夫个个都比您的丈夫强,那就会造成同样的结果!!

谢姆柯夫斯基发表这种议论时忘记了,性情古怪并不违背社会主义者和民主主义者的义务。谢姆柯夫斯基如果要使任何一位太太相信,别人的丈夫个个都比她的丈夫强,那谁也不会认为这就违背了民主主义者的义务;充其量人们只会说:在一个大党里难免有一些大怪人! 但是假定有一个否认离婚自由的人,例如向法庭、警察局或教会控告要跟他离婚的妻子,而谢姆柯夫斯基却想替这个人作辩护,并把他叫做民主主义者,那我们相信,谢姆柯夫斯基在国外书记处的多数同事虽然是一些蹩脚的社会主义者,但**甚至**连这些人也不会支持他!

谢姆柯夫斯基和彼·基辅斯基都"谈论了"离婚,都暴露了对问题的无知,回避了问题的实质,因为离婚权也像**所有**一切民主权利一样,在资本主义制度下是难以实现的,有条件的,有限制的,极其表面的,但是尽管如此,任何一个正派的社会民主党人不但不能把否认这一权利的人叫做社会主义者,甚至不能把他们叫做民主主义者。问题的全部实质就在这里。**一切**"民主制"就在于宣布和实现在资本主义制度下只能实现得很少和附带条件很多的"权利";不宣布这些权利,不立即为实现这些权利而斗争,不用这种斗争精神教育群众,社会主义是**不可能**实现的。

彼·基辅斯基不懂得这一点,又在自己的文章中回避了一个和他所研究的专题有关的重要问题。这个问题就是:我们社会民主党人**怎样**消灭民族压迫呢? 彼·基辅斯基讲了一些诸如世界将"洒遍鲜血"之类的空话(这与问题毫不相干),以此敷衍了事。实际上只有一点:社会主义革命什么都会解决! 或者像赞成彼·基辅斯基的观点的人常说的那样:自决在资本主义制度下是不可能的,而在社会主义制度下又是多余的。

这种观点在理论上是荒谬的。在政治实践上是沙文主义的。这样看问题就是不了解民主的意义。没有民主,就不可能有社会主义,这包括两个意思:(1)无产阶级如果不通过争取民主的斗争为社会主义革命作好准备,它就不能实现这个革命;(2)胜利了的社会主义如果不实行充分的民主,就不能保持它所取得的胜利,并且引导人类走向国家的消亡。因此,说自决在社会主义制度下是多余的,正像说民主在社会主义制度下是多余的一样,是十分荒谬、十分糊涂的。

自决在资本主义制度下并**不**比一般民主**更加**不可能,在社会主义制度下如果说它是多余的,则一般民主也**同样**是多余的。

经济变革为消灭**各**种政治压迫创造必要的前提。正因为如此,当提出的问题是**怎样**消灭民族压迫时,拿经济变革来支吾搪塞,这是不合逻辑的,不正确的。不实现经济变革,就不能消灭民族压迫。这是无可争辩的。但是,如果仅仅**限于**这一点,那就意味着陷入了可笑而又可怜的"帝国主义经济主义"。

必须实行民族**平等**,宣布、规定和实现各民族的平等"权利"。大概除彼·基辅斯基一个人之外,**所有的人都会**同意这一点。但是,正是在这里有一个人们常常回避的问题:否认有成立自己民族国家的**权利**,不就是否认平等吗?

当然是的。因此,彻底的**即**社会主义的民主派宣布、规定并且要实现这一权利,不这样就没有走向各民族完全自愿的接近和融合的道路。

7. 结论。阿列克辛斯基的手法

我们这里分析过的远不是彼·基辅斯基的全部论断,要**全部**加以分析,就必须写出一篇比本文长四倍的文章,因为作者的论断没有一个是正确的。他文章中**正确的东西**(如果数字没有差错的话),只有一个提供了关于银行数字的脚注。其余的一切,全是胡说八道,其中夹杂着一些空话,如"把木橛钉入发抖的躯体","我们不仅要审判凯旋的英雄,还要把他们判处死刑,消灭他们","新世界将在痛苦万状的痉挛中诞生","这里要谈的不是证书和法律,不是宣布各族人民自由,而是确立真正自由的关系、摧毁世世代代的奴隶制、消灭一般社会压迫特别是民族压迫"等等。

这些空话掩盖和反映出两件"事情":第一,它们的基础是"**帝国主义经济主义**""**思想**",这种"帝国主义经济主义"同臭名昭著的1894—1902年间的"经济主义"一样,把马克思主义歪曲得面目全非,对社会主义同民主制的关系一窍不通。

第二,我们在这些空话中亲眼看到阿列克辛斯基手法的再现,关于这一点我们要专门谈一谈,因为在彼·基辅斯基的文章中有整整一节(第2章第**5**节:《犹太人的特殊地位》),**完全**是按照这种手法写的。

从前,还在1907年伦敦代表大会期间,布尔什维克就摒弃了阿列克辛斯基,当时他为了回答理论上的论据,竟装出一副鼓动家的姿态,大喊大叫,文不对题地使用了一些反对一切剥削和压迫之类的响亮词句。"看啊,这简直是嚎叫了",——当时我们的代表们这样说。然而"嚎叫"并没给阿列克辛斯基带来什么好结果。

现在我们看到,彼·基辅斯基也在照样"嚎叫"。他不知道应当怎样回答提纲所提出的一系列理论问题和论据,于是装出一副鼓动家的姿态,开始大喊大叫,讲一些关于犹太人遭受压迫的空话,虽然每一个多少能够思考的人都明白,无论一般犹太人问题或彼·基辅斯基的一切"喊叫",都同论题根本没有一点关系。

阿列克辛斯基的手法决不会带来什么好结果。

载于 1924 年《星》杂志第 1 期和第 2 期

选自《列宁全集》第 2 版第 28 卷第 115—170 页

致伊·费·阿尔曼德(节选)

(1916 年 11 月 30 日)

亲爱的朋友:关于"保卫祖国"问题,我不知道我们之间有没有意见分歧。您认为我发表在《纪念马克思》文集上的那篇文章**396**和我目前的说法有矛盾,但又**没有**具体地**摘出**任何一处文字,因此使我难以回答。我手头没有《纪念马克思》文集。当然我不能一字不差地记得我在那里是怎么写的。没有当时的和目前的文章的**具体的**引文,我无法答复您所提出的**这种论据**。

总的说来,我觉得,您的论断多少有些片面性和形式主义。您抓住《共产党宣言》上的**一句话**(工人没有祖国)①,似乎打算无条件地运用它,**直到否定民族战争**。

马克思主义的全部精神,它的整个体系,要求人们对每一个原理都要(α)历史地,(β)都要同其他原理联系起来,(γ)都要同具体的历史经验联系起来加以考察。

祖国是一个历史概念。在为推翻民族压迫而斗争的时代,或者确切些说,在这样的**时期**,祖国是一回事;在民族运动早已结束的时期,祖国则是另一回事。关于祖国和保卫祖国的原理**不可能**对"三种类型的国家"(我们关于自决的提纲第 6 条)②都同样适

---

① 参看《马克思恩格斯文集》2009 年人民出版社版第 2 卷第 50 页。——编者注
② 见本卷第 568—569 页。——编者注

用,在一切条件下都同样适用。

《**共产党宣言**》指出,工人没有祖国。

这是对的。但是,那里**不仅仅**指出这一点。那里还指出,在民族国家形成的时期,无产阶级的作用有些不同。如果只抓住第一个原理(工人没有祖国),而**忘记了**它同第二个原理(工人组织成为民族的阶级,不过这不是资产阶级所理解的那个意思)①的**联系**,这将是天大的错误。

这种联系是什么呢? 我认为,这种联系就是,在**民主**运动中(在这样的时期,在这样的具体情况下)无产阶级不能拒绝支持这个运动(因而,也不能拒绝在民族战争中保卫祖国)。

马克思和恩格斯在《**共产党宣言**》中说:工人没有祖国。可是,同一个马克思曾经不止一次地**号召**进行**民族**战争:马克思在 1848 年,恩格斯在 1859 年(恩格斯在《波河与莱茵河》这本小册子的末尾直接激发德国人的**民族**感情,直接号召德国人进行民族**战争**)。**1891** 年,鉴于法国(布朗热)+亚历山大三世反对德国的战争当时已迫在眉睫,恩格斯曾**直接**承认要"保卫祖国"。②

马克思和恩格斯是不是今天说东,明天说西,头脑不清呢? 不是的。依我看,在民族战争中承认"保卫祖国"**完全**符合马克思主义。德国**社会民主党人**在 1891 年真的**应该**在反对布朗热+亚历山大三世的战争中保卫祖国,这会是一种独特的**民族**战争。

顺便提一下:我说这些,是在**重复**我在驳斥尤里的文章③中说过的东西。不知您为什么对这篇文章只字不提。我觉得,关于您

---

① 参看《马克思恩格斯文集》2009 年人民出版社版第 2 卷第 50 页。——编者注
② 参看《马克思恩格斯全集》第 1 版第 13 卷第 297—299 页;《马克思恩格斯文集》2009 年人民出版社版第 4 卷第 431—436 页。——编者注
③ 见本卷第 734—740 页。——编者注

在这里所提出的问题,**恰恰**在该文中有一系列论点透彻地(或者
几乎透彻地)说明了我对马克思主义的理解。

从苏黎世发往克拉伦(瑞士)
载于 1949 年《布尔什维克》
杂志第 1 期

选自《列宁全集》第 2 版第 47 卷
第 464—466 页

注　释

1　《马克思主义和修正主义》一文最初发表于《卡尔·马克思（1818—1883）》文集，署名弗拉·伊林。文集是为纪念马克思逝世二十五周年而编的，由克德罗夫出版社于 1908 年 10 月在彼得堡出版。除列宁的这篇文章外，文集还收有尤·涅夫佐罗夫的《卡·马克思的生平和活动》、尼·罗日柯夫的《卡尔·马克思和阶级斗争》、弗·巴扎罗夫的《论马克思主义的哲学基础问题》、罗·卢森堡的《纪念卡·马克思》、格·季诺维也夫的《马克思和恩格斯》、尤·加米涅夫的《从民主主义到社会主义》、普·奥尔洛夫斯基的《论俄国马克思主义的历史》、米·塔甘斯基的《马克思论俄国》等文。——1。

2　青年黑格尔派，也称左翼黑格尔派，是德国的一个唯心主义哲学派别，产生于 19 世纪 30—40 年代，是当时德国资产阶级激进派的思想代表。主要代表人物有阿·卢格、布·鲍威尔、大·施特劳斯、麦·施蒂纳等。马克思和恩格斯在《神圣家族》、《德意志意识形态》等著作中批判了青年黑格尔派。——2。

3　蒲鲁东主义是以法国无政府主义者皮·约·蒲鲁东为代表的小资产阶级社会主义流派，产生于 19 世纪 40 年代。蒲鲁东主义从小资产阶级立场出发批判资本主义所有制，把小商品生产和交换理想化，幻想使小资产阶级私有制永世长存。它主张建立"人民银行"和"交换银行"，认为它们能帮助工人购置生产资料，使之成为手工业者，并能保证他们"公平地"销售自己的产品。蒲鲁东主义反对任何国家和政府，否定任何权威和法律，宣扬阶级调和，反对政治斗争和暴力革命。马克思在《哲学的贫困》等著作中，对蒲鲁东主义作了彻底批判。列宁称蒲鲁东主义为不能领会工人阶级观点的市侩和庸人的痴想。蒲鲁东主义被资产阶级的理论家们广泛利用来鼓吹阶级调和。——2、553。

4　巴枯宁主义是以米·亚·巴枯宁为代表的无政府主义思潮，产生于 19

世纪 60 年代。巴枯宁主义者是小资产阶级革命性及其特有的极端个人主义的代表,鼓吹个人绝对自由,反对任何权威。他们认为国家是剥削和不平等的根源,要求废除一切国家,实行小生产者公社的完全自治,并把这些公社联合成自由的联邦(按巴枯宁主义者的说法就是实现"社会清算")。巴枯宁主义者反对马克思主义的社会革命学说,否定工人阶级的一切不直接导致"社会清算"的斗争形式,否认建立独立的工人政党的必要性,而主张由"优秀分子"组成的秘密革命团体去领导群众骚乱。19 世纪 60 年代末和 70 年代初,巴枯宁主义在当时经济上落后的西班牙、意大利、法国南部和瑞士的小资产阶级和一部分工人中得到传播。在巴枯宁主义影响下,也形成了俄国革命民粹主义的一个派别。

1868 年,巴枯宁在日内瓦建立了无政府主义者的国际组织——社会主义民主同盟。在同盟申请加入第一国际遭到拒绝以后,巴枯宁主义者采取对国际总委员会的决定阳奉阴违的办法,表面上宣布解散这个组织,而实际却继续保留,并于 1869 年 3 月以国际日内瓦支部的名义把它弄进了国际。巴枯宁主义者利用社会主义民主同盟的组织在国际内部进行了大量分裂和破坏活动,力图夺取国际总委员会的领导权,受到马克思和恩格斯的揭露和批判。1872 年 9 月 2—7 日举行的第一国际海牙代表大会把巴枯宁和另一位巴枯宁派首领詹·吉约姆开除出国际。19 世纪最后 25 年间,巴枯宁主义者蜕化成了脱离群众的小宗派。——2、417。

5 指法国、西班牙、意大利等西南欧国家。——2、255。

6 新康德主义者是在复活康德哲学的口号下宣扬主观唯心主义的资产阶级哲学派别。新康德主义 19 世纪中叶产生于德国,创始人是奥·李普曼和弗·阿·朗格等人。1865 年李普曼出版了《康德及其追随者》一书。该书每一章都以"回到康德那里去!"的口号结束。他还提出要纠正康德承认"自在之物"这一"根本错误"。朗格则企图用生理学来论证不可知论。新康德主义后来形成两大学派:马堡学派(赫·柯亨、保·格·纳托尔普等)和弗赖堡学派(威·文德尔班、亨·李凯尔特等)。前者企图利用自然科学的成就,特别是利用数学方法向物理学的渗透,来论证唯心主义;后者则把社会科学与自然科学对立起来,宣称历史现象有严格的独特性,不受任何规律性的支配。两个学派都用科学的逻辑根据问题来取代哲学的基本问题。新康德主义者从右边批判康德,宣布"自在之物"是认识所趋向的"极限概念"。他们否认物质世界的客观存在,认为认识的对象并不是自然界和社会的规律性,而仅仅是意识的现象。新康德主义的不可知论不是"羞羞答答的唯物主义",而是唯心主义的变种,断言科学没有力量认识和改变现实。新康德主义者公开反对马克思主义,用"伦理社会主义"来对抗马克思主义。他们依据自己的认识论,宣布社会主义是人类竭力追求但不可能达到的"道德理想"。新康德主义曾被爱·伯恩施坦、康·施米特等人利用来修正马克思主义。俄国的合法马克思主义者企图把新康德主义同马克思主义结合起来。格·瓦·普列汉诺夫、保·拉法格和弗·梅林都批判对马克思主义所作的新康德主义的修正。列宁揭露了新康德主义的反动实质并指出了它同其他资产阶级哲学流派(内在论者、马赫主义、实用主义等等)的联系。——3、28。

7　《关于马克思主义哲学的论丛》是一本哲学论文集,收载了7篇论文:弗·亚·巴扎罗夫的《现代的神秘主义和实在论》、雅·亚·别尔曼的《论辩证法》、阿·瓦·卢那察尔斯基的《无神论》、帕·索·尤什凯维奇的《从经验符号论观点看现代唯能论》、亚·亚·波格丹诺夫的《偶像之国和马克思主义哲学》、O. I. 格尔方德的《狄慈根的哲学和现代实证论》、谢·亚·苏沃洛夫的《社会哲学的基础》。该书由种子出版社于1908年在彼得堡出版。——4、11、12。

8　立宪民主党(正式名称为人民自由党)是俄国自由主义君主派资产阶级的主要政党,1905年10月成立。中央委员中多数是资产阶级知识分子、地方自治人士和自由派地主。主要活动家有帕·尼·米留可夫、谢·安·穆罗姆采夫、瓦·阿·马克拉柯夫、安·伊·盛加略夫、彼·伯·司徒卢威、约·弗·盖森等。立宪民主党提出一条与革命道路相对抗的和平的宪政发展道路,主张俄国实行立宪君主制和资产阶级的自由。在土地问题上,它主张将国家、皇室、皇族和寺院的土地分给无地和少地的农民;私有土地部分地转让,并且按"公平"价格给予补偿;解决土地问题的土地委员会由同等数量的地主和农民组成,并由官员充当他们之间的调解人。1906年春,它曾同政府进行参加内阁的秘密谈判,后来在国家杜马中自命为"负责任的反对派"。第一次世界大战期间,它支持沙皇政府的掠夺政策,曾同十月党等反动政党组成"进步同盟",要求成立责任内阁,即为资产阶级和地主所信任的政府,力图阻止革命并把战争进行到最后胜利。二月革命后,立宪民主党在资产阶级临时政府中居于领导地位,竭力阻挠土地问题、民族问题等基本问题的解决,并奉行继续帝国主义战争的政策。七月事变后,它支持科尔尼洛夫叛乱,阴谋建立军事独裁。十月革命胜利后,苏维埃政府于1917 年 11 月 28 日(12 月 11 日)宣布立宪民主党为"人民公敌的党"。该党随之转入地下,继续进行反革命活动,并参与白卫将军的武装叛乱。国内战争结束后,该党上层分子大多数逃亡国外。1921 年 5 月,该党在巴黎召开代表大会时分裂,作为统一的党不复存在。——7、162、241、255、271、389、408、449、529。

9 米勒兰主义是社会党人参加资产阶级政府的一种机会主义策略,因法国社会党人亚·埃·米勒兰于 1899 年参加瓦尔德克-卢梭的资产阶级政府而得名。列宁认为米勒兰主义是一种修正主义和叛卖行为,社会改良主义者参加资产阶级政府必定会充当资本家的傀儡,成为这个政府欺骗群众的工具。——7。

10 盖得派是 19 世纪 80 年代至 20 世纪初法国社会主义运动中以茹·盖得为首的一个派别,基本成员是 19 世纪 70 年代末团结在盖得创办的《平等报》周围的进步青年知识分子和先进工人。1879 年组成了法国工人党。1880 年 11 月在勒阿弗尔代表大会上制定了马克思主义纲领。在米勒兰事件上持反对加入资产阶级内阁的立场。1901 年与其他反入阁派一起组成法兰西社会党。盖得派为在法国传播马克思主义作出过重要贡献。1905 年法兰西社会党与饶勒斯派的法国社会党合并为统一的法国社会党(工人国际法国支部)。第一次世界大战爆发后,盖得和相当大一部分盖得派分子转到了社会沙文主义方面,盖得、马·桑巴参加了法国政府。1920 年,以马·加香为首的一部分左翼盖得派分子在建立法国共产党方面起了重要作用。——7、486。

11 饶勒斯派是 19 世纪末 20 世纪初法国社会主义运动中以让·饶勒斯为首的右翼改良派。饶勒斯派对马克思主义基本原理持修正态度,认为社会主义的胜利不会通过无产阶级同资产阶级的阶级斗争而取得,这一胜利将是民主主义思想繁荣的结果。他们还赞同蒲鲁东主义关于合作社的主张,认为在资本主义条件下合作社的发展有助于逐渐向社会主义过渡。在米勒兰事件上,饶勒斯派竭力为亚·埃·米勒兰参加资产阶级内阁的背叛行为辩护。1902 年,饶勒斯派成立了改良主义的法国社会党。1905 年该党和盖得派的法兰西社会党合并成统一的法国社会党(工人国际法国支部)。第一次世界大战期间,在法国社会党领导中占优势的饶勒斯派采取了社会沙文主义立场,公开支持帝国主义战争。——7、486。

12　布鲁斯派(可能派)是 19 世纪 80 年代至 20 世纪初法国社会主义运动中以保·布鲁斯等人为首的机会主义派别。该派起初是法国工人党中改良主义的一翼,1882 年法国工人党分裂后称为社会主义革命工人党,1883 年改称法国劳动社会联盟。该派否定无产阶级的革命纲领和革命策略,模糊工人运动的社会主义目的,主张把工人阶级的活动限制在资本主义制度下"可能"办到的范围内,因此也被称为可能派。1902 年,布鲁斯派同其他一些改良主义派别一起组成了以让·饶勒斯为首的法国社会党。

　　1905 年,法兰西社会党和法国社会党合并,统称法国社会党(工人国际法国支部)。——7。

13　社会民主联盟(S. D. F.)是英国的社会主义组织。这一组织是在民主联盟的基础上于 1884 年 8 月成立的。参加联盟的除改良主义者(亨·迈·海德门等)和无政府主义者外,还有一批革命的社会民主党人即马克思主义的拥护者(哈·奎尔奇、汤·曼、爱·艾威林、爱琳娜·马克思等),他们构成了英国社会主义运动的左翼。恩格斯曾尖锐地批评社会民主联盟有教条主义和宗派主义倾向,脱离英国群众性的工人运动并且忽视这一运动的特点。1884 年秋联盟发生分裂,联盟的左翼在 1884 年 12 月成立了独立的组织——社会主义同盟。1907 年,社会民主联盟改称英国社会民主党。1911 年,英国社会民主党与独立工党中的左派一起组成了英国社会党。——7。

14　独立工党是英国改良主义政党,1893 年 1 月成立。领导人有詹·哈第、拉·麦克唐纳、菲·斯诺登等。党员主要是一些新、旧工联的成员以及受费边派影响的知识分子和小资产阶级分子。独立工党从建党时起就采取资产阶级改良主义立场,把主要注意力放在议会斗争和同自由主义政党进行议会交易上。列宁称它是始终依附资产阶级的机会主义政党。1900 年,该党作为集体党员加入英国工党。——8、492、539、727。

15　整体派是 20 世纪初意大利社会党内的一个派别,整体社会主义的拥护者,其领袖是恩·费里。整体派在一些问题上同持机会主义立场的改良派进行了斗争。——8。

16　革命工团主义是 19 世纪末在一系列西欧国家工人运动中出现的一种

小资产阶级半无政府主义思潮。工团主义者否认工人阶级进行政治斗争的必要性,否认党的领导作用和无产阶级专政。他们认为,工会(工团)只要组织工人举行总罢工而不必进行革命,就能推翻资本主义,把生产的管理掌握在自己手里。列宁曾指出:"在西欧,革命工团主义在许多国家里是机会主义、改良主义和议会迷的直接的和必然的产物。"(见《列宁全集》第 2 版第 16 卷第 181 页)——8。

17　《向报告人提十个问题》是 1908 年 5 月上半月列宁在伦敦写的一份提纲。

　　1908 年 5 月,列宁为撰写《唯物主义和经验批判主义》一书,由日内瓦前往伦敦查阅当代哲学和自然科学文献。在哲学上持马赫主义立场的亚·亚·波格丹诺夫,阿·瓦·卢那察尔斯基等人乘机积极活动起来,他们借口批判"普列汉诺夫学派的唯物主义"来修正马克思主义哲学,企图证明布尔什维主义的哲学是波格丹诺夫发明的经验一元论这个马赫主义的变种,而不是辩证唯物主义。为了宣传他们的观点,波格丹诺夫定于 1908 年 5 月 15 日(28 日)在日内瓦作题为《一个哲学学派的奇遇》的哲学报告。列宁获悉这些情况后,写了这份提纲寄给布尔什维克中央和《无产者报》编辑部的成员约·费·杜勃洛文斯基,供他在波格丹诺夫的哲学报告会上发言使用。

　　杜勃洛文斯基根据列宁的提纲在报告会上尖锐地批判了波格丹诺夫和卢那察尔斯基等人的观点,宣布布尔什维主义与经验一元论毫无共同之处,造神说与辩证唯物主义根本不相容。他在准备发言时略去了列宁提纲中的第 7 个问题,并对第 2、3、10 个问题作了部分修改。——10。

18　指恩·马赫的《认识与谬误。研究心理学概要》一书,书前题有"献给威廉·舒佩以表示诚挚的敬意"的字样。该书于 1905 年在莱比锡第一次出版。

　　威廉·舒佩是内在论学派的主要代表。列宁对内在论学派的评论,见《列宁全集》第 2 版第 18 卷第 216—226 页。——11。

19　见帕·索·尤什凯维奇的《唯物主义和批判实在论。论马克思主义中的哲学派别》一书中的一章:《亚·波格丹诺夫的经验一元论》。该书由种子出版社于 1908 年在彼得堡出版。——11。

20　指约·彼得楚尔特的《从实证论观点来看世界问题》一书。——11。

21　关于这个问题,可参看列宁 1908 年 2 月 12 日(25 日)给马·高尔基的信(见《列宁全集》第 2 版第 45 卷第 178—185 页)。——11。

22　《唯物主义和经验批判主义(对一种反动哲学的批判)》一书是列宁 1908 年 2—10 月在日内瓦和伦敦写的,1909 年 5 月由莫斯科环节出版社出版,署名弗拉·伊林。这部著作的手稿和准备材料,至今没有找到。

　　本书是针对当时俄国知识界出现的一股修正马克思主义哲学的思潮而写的。早在 1906 年秋,列宁读了亚·亚·波格丹诺夫的《经验一元论》第 3 卷以后,就曾写了一封长达三个笔记本的关于哲学问题的信,并打算用《一个普通马克思主义者的哲学札记》为标题把它刊印出来(此信至今没有被发现)。1908 年初,俄国马赫主义者出版了一批书,特别是出版了《关于马克思主义哲学的论丛》一书,对辩证唯物主义公开进行修正。列宁读后异常愤慨,决定写一批文章或专门的小册子来批评这些新休谟主义和新贝克莱主义的修正主义者(参看列宁 1908 年 2 月 12 日(25 日)给高尔基的信和《马克思主义和修正主义》一文,见《列宁全集》第 2 版第 45 卷第 178—185 页;本卷第 1—9 页)。尽管列宁当时忙于《无产者报》的出版和党的其他工作,但他仍以巨大精力投入哲学的研究,并着手《唯物主义和经验批判主义》一书的写作。列宁主要是在日内瓦各图书馆从事研究和写作,而为了详细了解当代哲学和自然科学文献,还于 1908 年 5 月前往伦敦,在英国博物馆工作了一个月。1908 年 9 月底,《唯物主义和经验批判主义》一书基本完稿,只有《第四章第 1 节的补充　尼·加·车尔尼雪夫斯基是从哪一边批判康德主义的?》和一条关于埃里希·贝歇尔的《精密自然科学的哲学前提》的脚注(见《列宁全集》第 2 版第 18 卷第 376—379、303—304 页)是在以后补写的。《唯物主义和经验批判主义》一书是巨大研究工作的结晶,据查考,书中引用的不同作者的著作达 300 多种,其中一部分还是散见于各种杂志上的文章。

　　这部书的手稿迄今下落不明,但据克鲁姆比尤格尔回忆,该书初版对手稿几乎未作改动。该书是在阿·谢·苏沃林印刷厂排印的,列宁的姐姐安·伊·乌里扬诺娃-叶利扎罗娃担任校对,斯克沃尔佐夫-斯捷潘诺夫也参加了校对。列宁亲自看了这本书的校样。1909 年 5 月,《唯物主义和经验批判主义》一书出版,印数为 2 000 册。

　　《唯物主义和经验批判主义》一书出版后,受到马克思主义者的积极评价。1909 年 10 月 8 日《新时代》杂志刊登了这本书出版的消息。

1909 年 12 月斯大林在给《无产者报》编辑部的信中把这本书称做是"一部独特的马克思主义哲学(认识论)原理集成"。1909 年 6 月瓦·瓦·沃罗夫斯基在《敖德萨评论报》上发表的一篇短评中指出,这部著作"对俄国来说具有特别的价值"。至于格·瓦·普列汉诺夫,据弗·菲·哥林说,他"对这本书反应很好,尽管他在书中被狠狠地刺了一下"。

十月革命后,《唯物主义和经验批判主义》一书于 1920 年在俄国首次再版,印数为 3 万册。列宁的这部著作后来在全世界传播很广。我国于 20 世纪 30 年代初出版了它的第一个中文译本,以后又相继出版了多种中文译本。——12。

23 信仰主义与僧侣主义含义相同。本书使用这个词的由来如下:列宁在 1908 年 11 月 8 日给姐姐安·伊·乌里扬诺娃-叶利扎罗娃的信中写道:"……如果书报检查机关的检查很严格,可以把各处的'僧侣主义'一词都改为'信仰主义',并在注解中加以说明("信仰主义是一种以信仰代替知识或一般地赋予信仰以一定意义的学说")。"(见《列宁全集》第 2 版第 53 卷第 316 页)列宁还曾建议用一个专门术语"萨满主义"来代替僧侣主义,但乌里扬诺娃-叶利扎罗娃不赞成,她在 1909 年 1 月 27 日的信中写道:"改'萨满主义'已经晚了。再说这个词难道好一些吗?"(同上书,注 275)从《唯物主义和经验批判主义》一书的第 1 版中可以看到,"僧侣主义"一词大都改成了"信仰主义",但也有些地方没有改。信中所提到的注释放到了俄文第 1 版序言里,以后各版都保留未动。——13。

24 这里说的是在俄国 1905—1907 年革命失败后俄国社会民主工党内一部分知识分子中产生的一种宗教哲学思潮——造神说。这一思潮的主要代表人物是阿·瓦·卢那察尔斯基、弗·亚·巴扎罗夫等人。造神派主张把马克思主义和宗教调和起来,使科学社会主义带有宗教信仰的性质,鼓吹创立一种"无神的"新宗教,即"劳动宗教"。他们认为马克思主义的整个哲学就是宗教哲学,社会民主运动本身是"新的伟大的宗教力量",无产者应成为"新宗教的代表"。马·高尔基也曾一度追随造神派。

1909 年 6 月召开的《无产者报》扩大编辑部会议谴责了造神说,指出它是一种背离马克思主义原理的思潮,声明布尔什维克派同这种对科学社会主义的歪曲毫无共同之处。列宁在《唯物主义和经验批判主义》一书以及 1908 年 2—4 月、1913 年 11—12 月间给高尔基的信(见《列宁全集》第 2 版第 18、45、46 卷)中揭露了造神说的反马克思主义本质。——13、254、260。

25　看来是指弗·梅林给马克思和恩格斯发表在《新莱茵报》和《新莱茵报。政治经济评论》上的文章所写的注释(见《马克思和恩格斯在德国革命时代(1848—1850年)》文集1926年俄文版第3—86、287—289、293—307、511—512页)。梅林在1902年(即过50多年以后)注释马克思和恩格斯的这些文章时,指出其中的一些论点没有得到历史的证实。例如他说:"1850年2月,马克思和恩格斯曾预料巴黎无产阶级会举行起义,或者反动的东方大国会侵犯法国的首都,1850年4月,他们曾预料新的商业危机会到来,这两次他们都大错特错了。"——13。

26　指弗·伊·涅夫斯基的《辩证唯物主义和僵死反动派的哲学》一文(见《列宁全集》第2版第18卷第381—395页)。这篇文章是涅夫斯基受列宁委托而写的,曾作为附录载入《唯物主义和经验批判主义》一书第2版(1920年)。《列宁全集》俄文第2、3版第13卷《附录》也收载了此文,但《列宁全集》俄文第4版和第5版均未收载。涅夫斯基当时是斯维尔德洛夫共产主义大学校长。——15。

27　"无产阶级文化"是亚·亚·波格丹诺夫早在1909年提出的一种错误理论,基本主张是无产阶级必须创造一种和旧文化完全对立的"自己的"文化,首先是"自己的"哲学。这一理论,波格丹诺夫及其拥护者曾在意大利的卡普里岛(1909年)和博洛尼亚(1910—1911年)为俄国工人开办的学校里加以散布。十月社会主义革命胜利后,波格丹诺夫及其拥护者继续鼓吹这种观点,并通过无产阶级文化协会的活动加以贯彻。他们否认以往的文化遗产的意义,企图通过脱离实际生活的"实验室的道路"来创造"纯粹无产阶级的"文化。波格丹诺夫口头上承认马克思主义,实际上鼓吹马赫主义这种主观唯心主义哲学。

　　列宁对无产阶级文化协会的思想家们的反马克思主义观点进行了始终不渝的斗争。他在《关于无产阶级文化》这一决议草案中写道:"马克思主义这一革命无产阶级的意识形态赢得了世界历史性的意义,是因为它并没有抛弃资产阶级时代最宝贵的成就,相反却吸收和改造了两千多年来人类思想和文化发展中一切有价值的东西。只有在这个基础上,按照这个方向,在无产阶级专政(这是无产阶级反对一切剥削的最后的斗争)的实际经验的鼓舞下继续进行工作,才能认为是发展真正的无产阶级文化。"(见本版选集第4卷第299页)——15。

28　实证论是19世纪30年代产生于法国的哲学流派,是对18世纪法国唯物主义和无神论的反动。实证论者自命为"科学的哲学家",只承认"实证

的”、“确实的”事实,实际是只承认主观经验,认为科学只是主观经验的
描写。实证论的创始人奥·孔德把实证论等同于科学的思维,而科学思
维的任务,在他看来,就是描述和简化经验材料的联系。孔德反对神学,
但同时又认为必须有“新的宗教”。他把所有承认客观现实的存在和可
知性的理论都宣布为“形而上学”,企图证明实证论既“高于”唯物主义也
“高于”唯心主义。实证论在英国传播甚广,其主要代表人物是约·斯·
穆勒和赫·斯宾塞。穆勒的著作突出地表现了实证论哲学的经验主义,
表现了这一哲学拒绝对现实作哲学的解释。斯宾塞用大量自然科学材料
来论证实证论。他认为进化是万物的最高法则,但他形而上学地理解进
化,否认自然和社会中质的飞跃的可能性,认为进化的目标是确立普遍的
“力量均衡”。在社会学方面斯宾塞主张“社会有机论”,宣称各个社会集
团类似生物机体的不同器官,各自担任严格规定的职能,而为社会的不平
等作辩护。在 19 世纪下半叶,实证论在欧洲其他国家和美洲也相当
流行。

　　恩·马赫和理·阿芬那留斯的经验批判主义是实证论的进一步发
展。马赫主义者同早期实证论者有所不同的是更露骨地宣扬主观唯心主
义。他们的共同点是反对唯物主义,主张一种“摆脱了形而上学”(即摆
脱了唯物主义)的“纯粹经验”的哲学。

　　20 世纪 20 年代产生的新实证论是实证论发展的新阶段。新实证论
宣称哲学的基本问题是“妄命题”,而哲学科学的任务只是对科学语言作
“句法的”和“语义的”分析。——16。

29　《新时代》杂志(《Die Neue Zeit》)是德国社会民主党的理论刊物,1883—
　　　1923 年在斯图加特出版。1890 年 10 月前为月刊,后改为周刊。1917 年
　　　10 月以前编辑为卡·考茨基,以后为亨·库诺。1885—1895 年间,杂志
　　　发表过马克思和恩格斯的一些文章。恩格斯经常关心编辑部的工作,帮
　　　助它端正办刊方向。为杂志撰过稿的还有威·李卜克内西、保·拉法
　　　格、格·瓦·普列汉诺夫、罗·卢森堡、弗·梅林等国际工人运动活动家。
　　　《新时代》杂志在介绍马克思主义基本理论、宣传俄国 1905—1907 年革
　　　命等方面做了有益的工作。随着考茨基转到机会主义立场,1910 年以
　　　后,《新时代》杂志成了中派分子的刊物。在第一次世界大战期间,它持
　　　中派立场,实际上支持社会沙文主义者。——28、371、442、462、570、
　　　616、691、706、740。

30　百科全书派是 18 世纪法国的一批启蒙思想家,因出版《百科全书》(全称

是《百科全书或科学、艺术和工艺详解词典》,共 35 卷,1751—1780 年出版)而得名。德·狄德罗是该派的组织者和领导者,让·勒·达兰贝尔是狄德罗的最亲密的助手。保·昂·迪·霍尔巴赫、克·阿·爱尔维修、伏尔泰等积极参加了《百科全书》的出版工作。让·雅·卢梭参与了头几卷的编撰。《百科全书》的撰稿人包括各个知识领域的专家,其中有博物学家乔·路·勒·布丰和路·让·玛·多邦通,经济学家安·罗·雅·杜尔哥和弗·魁奈,工程师布朗热,医生保·约·巴尔泰斯,林学家勒鲁瓦,诗人和哲学家让·弗·圣朗贝尔等。这些人尽管在学术上和政治上持有不同的观点,但都坚决反对封建主义、教会、经院哲学以及封建等级制度,而积极反对唯心主义哲学的唯物主义者在他们中间起着主导作用。他们是革命资产阶级的思想家,为 18 世纪末法国资产阶级革命作了思想准备。恩格斯指出:"法国的唯物主义者并不是只批判宗教信仰问题;他们批判了当时的每一个科学传统或政治体制;为了证明他们的学说可以普遍应用,他们选择了最简便的方法:在他们以以得名的巨著《百科全书》中,他们大胆地把这一学说应用于所有的知识对象。这样,唯物主义就以其两种形式中的这种或那种形式——公开的唯物主义或自然神论,成为法国一切有教养的青年信奉的教义。"(见《马克思恩格斯文集》2009 年人民出版社版第 3 卷第 514 页)——30、250。

31　《新经院哲学评论》杂志(《Revue Néo-Scolastique》)是一种神学哲学刊物,1894 年由比利时天主教的高等哲学学院在卢万创办,首任编辑是枢机主教德·约·梅西耶。1946 年起改称《卢万哲学评论》。——44。

32　《斗争》杂志(《Der Kampf》)是奥地利社会民主党的机关刊物(月刊),1907—1934 年在维也纳出版。该杂志持机会主义的中派立场。担任过该杂志编辑的有:奥·鲍威尔、阿·布劳恩、卡·伦纳、弗·阿德勒等。——48。

33　《国际社会主义评论》杂志(《The International Socialist Review》)是美国的一种刊物(月刊),1900—1918 年在芝加哥出版。——48。

34　指弗·阿德勒的《辩证唯物主义和经验批判主义(弗里德里希·恩格斯)》一文。该文载于《历史唯物主义》文集(1908 年圣彼得堡版)。——48。

35　《科学的哲学季刊》(《Vierteljahrsschrift für wissenschaftliche Philosophie》)是经验批判主义者(马赫主义者)的杂志,1876—1916 年在莱比锡出版(1902 年起改名为《科学的哲学和社会学季刊》)。理·阿芬那留斯是该杂志的创办者和编辑。1896年阿芬那留斯逝世后,由恩·马赫协助出版。杂志的撰稿人有威·冯特、阿·黎尔、威·舒佩等。——53。

36 斯宾诺莎主义是17世纪荷兰唯物主义哲学家巴·斯宾诺莎的理论体系。斯宾诺莎认为,世上万物都是统一的无所不包的实体的表现(样态)。这种实体在时间上是永恒的,在空间上是无限的。它是自身原因,等同于"神或自然界"。实体的本质通过无数的质即属性表现出来,其中最重要的属性是广延性和思维。因果性是自然界各个现象相互联系的形式,是各个物体的直接相互作用,而各个物体的始因是实体。实体的一切样态,包括人在内,其活动完全是必然的。由于思维是普遍实体的属性之一,因此观念的联系和秩序同事物的联系和秩序在原则上是相同的,人认识世界的可能性是无限的。他认为认识有三种形式,即感性认识、知性认识和理性直觉认识,其中最可靠的是理性直觉认识。他还认为人的自由就在于对自然界的必然性和自己心灵的激情的认识。

斯宾诺莎主义不仅是唯物主义的也是无神论的一种形式。但是它把自然界等同于神,从而对神学作出了让步。它的唯物主义带有机械论的性质。斯宾诺莎主义的局限性是由当时的知识水平和荷兰资产阶级的局限性所决定的。后来,围绕着斯宾诺莎的哲学遗产展开了激烈的思想斗争,这一斗争延续到今天。唯心主义哲学力图歪曲斯宾诺莎主义的唯物主义实质。——57。

37 《哲学研究》杂志(«Philosophische Studien»)是德国唯心主义派别的刊物,主要研究心理学问题。1881—1903年由威·麦·冯特在莱比锡出版。1905年起改名为《心理学研究》杂志。——57。

38 彼特鲁什卡是俄国作家尼·瓦·果戈理的小说《死魂灵》中的主角乞乞科夫的跟丁。他爱看书,但不想了解书的内容,只对字母总会拼出字来感兴趣。——58。

39 出自俄国作家伊·安·克雷洛夫的寓言《山雀》。寓言说,山雀飞到海边,扬言要把大海烧干。山雀的吹牛,惹得满城风雨;大家纷纷来到海边,眼巴巴地看大海怎样燃烧起来。但是结果什么也没有发生。——60。

40 《思想》杂志(«Mind»)是英国的唯心主义派别的刊物(月刊),研究哲学和心理学问题,1876年起先后在伦敦和爱丁堡出版。该杂志的第一任编辑是罗伯逊教授。——67。

41 根据列宁书信可以证明,手稿上是"**较诚实的论敌**"。在《唯物主义和经验批判主义》第 1 版准备付印时,安·伊·乌里扬诺娃-叶利扎罗娃把这几个字改做"**较**有原则的论敌"。列宁不赞成这样改,他在 1909 年 2 月 27 日(3 月 12 日)写信给姐姐说:"凡是斥责波格丹诺夫、**卢那察尔斯基**一伙的地方,**请丝毫**也不要缓和。缓和是不行的。很遗憾,你把切尔诺夫同他们比起来是一个'较诚实的'论敌这句话勾掉了。这样语气就变了,同我的谴责的整个精神不符。关键问题在于:我们的马赫主义者都是马克思主义哲学方面的**不诚实的**、卑怯的敌人。"(见《列宁全集》第 2 版第 53 卷第 342 页)──72。

42　伏罗希洛夫是俄国作家伊·谢·屠格涅夫的长篇小说《烟》中的人物,是自诩渊博的书呆子和空谈家的典型。列宁在《土地问题和"马克思的批评家"》一文里也曾用这个形象来嘲笑维·米·切尔诺夫。他说:"大家还记得《烟》里面那位曾到国外游历过的年轻的俄国大学讲师吗? 他平时总是一声不吭,但有时心血来潮,又滔滔不绝地一连说出几十个、几百个大大小小的学者和名流的名字。我们这位博学多识的切尔诺夫先生同伏罗希洛夫一模一样,他把不学无术的考茨基彻底消灭掉了。"(见《列宁全集》第 2 版第 5 卷第 129—130 页)──74。

43　茜素是一种红色有机染料,原先是从茜草根中提取的。1868 年,德国化学家卡·格雷贝和卡·泰·李卜曼用化学方法取得了茜素。1869 年 1 月 11 日,他们在德国化学学会会议上宣读了人工合成茜素的报告。人工合成茜素的原料是蒽醌。蒽醌由蒽经硝酸、铬酸或空气氧化而成。蒽含于煤焦油中,在 270℃—400℃ 的温度下可以分解出来。──76。

44　怀疑论是对客观世界和客观真理是否存在和能否认识表示怀疑的唯心主义哲学流派,产生于公元前 4—前 3 世纪古希腊奴隶制发生危机的时代,其创始人是皮浪,最著名的代表是埃奈西德穆和塞克斯都·恩披里柯。古代怀疑论者从感觉论的前提出发,得出不可知论的结论。他们把感觉的主观性绝对化,认为人不能超出他自己的感觉范围,不能确定哪一种感觉是真的。他们宣称,对每一事物都可以有两种互相排斥的意见,即肯定和否定,因而我们关于事物的知识是不可靠的。他们要人们拒绝认识,对事物漠不关心,说这样就可以从怀疑中解脱出来,而达到心灵恬静即"无感"的境界。

　　在文艺复兴时代,法国哲学家米·蒙台涅、皮·沙朗和皮·培尔曾利用怀疑论来反对中世纪的经院哲学和教会。照马克思的说法,培尔"用怀疑论摧毁了形而上学,从而为在法国接受唯物主义和合乎健全理智的哲学作了准备",并宣告"**无神论社会**的来临"(见《马克思恩格斯文集》2009 年人民出版社版第 1 卷第 330 页)。相反,法国哲学家和数学家布·帕斯卡却用怀疑论反对理性认识,维护基督教。

18 世纪,怀疑论在大卫·休谟和伊·康德的不可知论中得到复活,戈·恩·舒尔采则试图使古代怀疑论现代化。新怀疑论十分明确地声称达到科学认识是不可能的。马赫主义者、新康德主义者和 19 世纪中至 20 世纪初的其他唯心主义哲学流派都利用怀疑论的论据。——90、557。

45 伊壁鸠鲁主义是公元前 4—前 3 世纪古希腊唯物主义哲学家伊壁鸠鲁及其门徒的学说。伊壁鸠鲁把哲学分为物理学、准则学(关于认识的学说)和伦理学。物理学的出发点是承认世界的物质统一性。伊壁鸠鲁发展了德谟克利特的原子说,认为自然界中只存在原子和虚空。原子不仅在大小和形状上有差异,而且在重量上也不相同。原子由于自身的重量而产生运动。原子在虚空中的运动形式是直线下降,但由于自身内部的原因而发生偏斜,因而发生原子的互相碰撞和粘附,这就是物质形成的开端。伊壁鸠鲁曾提出灵魂物质性的学说,认为灵魂是"散布在整个机体上的极薄的物体"。

伊壁鸠鲁在认识论上是唯物主义感觉论者。他继承和发展了德谟克利特的影像说,认为发自物体的极其细微的影像通过感觉器官而进入人的心灵,"一切感官都是真理的报道者";"概念依赖于感性知觉",是感觉多次重复的结果。他还认为感性知觉本身就是真理的标准,而谬误的根源则在于个别感觉的偶然性,或者过于匆忙地下判断。

伊壁鸠鲁认为哲学的目的是追求人的幸福,使人摆脱痛苦,得到快乐。但所谓快乐并不是指"放荡者的快乐或肉体享受的快乐",而是指"身体的无痛苦和灵魂的无纷扰"。他用原子论唯物主义的原理证明,人不应当对神和死亡恐惧。这种思想带有无神论的性质。——90。

46 这里说的是上帝创造世界的神话,见圣经《旧约全书。创世记》第 1—2 章。——92。

47 指马克思的《关于费尔巴哈的提纲》(1845 年),恩格斯的《路德维希·费尔巴哈和德国古典哲学的终结》(1888 年)和《〈社会主义从空想到科学的发展〉英文版导言》(1892 年)(见《马克思恩格斯文集》2009 年人民出版社版第 1 卷第 499—502 页,第 4 卷第 261—313 页,第 3 卷第 499—522 页)。——98。

48 指英国庸俗经济学家纳·威·西尼耳为反对缩短工作日而编造的"理

论"。他在《关于工厂法对棉纺织业的影响的书信》(1837年伦敦版)这本小册子中声称,工厂的全部纯利润是由最后一小时提供的;劳动时间每天缩短1小时,纯利润就会消失。马克思在《资本论》中批判了西尼耳的这种谬论(见《马克思恩格斯文集》2009年人民出版社版第5卷第258—265页)。——99。

49　《短篇哲学著作集》于1903年由狄茨出版社在斯图加特出版,共收入约·狄慈根1870—1878年发表在德国《人民国家报》和《前进报》上的7篇文章,还收入了他在1887年出版的一本小册子《一个社会主义者在认识论领域中的漫游》。

列宁在《短篇哲学著作集》一书上作了许多批注,其中很大一部分是在写作《唯物主义和经验批判主义》期间作的(见《列宁全集》第2版第55卷)。——99。

50　指弗·亚·巴扎罗夫在《现代的神秘主义和实在论》一文中提出的论点:"马赫、阿芬那留斯和其他许多人用来作为认识论基础的'费力最小'原则……无疑是认识论中的'马克思主义'倾向。在这点上,完全不是马克思主义者的马赫和阿芬那留斯比真正的马克思主义者格·瓦·普列汉诺夫的获生的跳跃的认识论更靠近马克思。"(见《关于马克思主义哲学的论丛》1908年俄文版第69页)——101。

51　《哲学评论》杂志(«Revue de Philosophie»)是法国的唯心主义刊物,由佩奥布创办,1900—1939年在巴黎出版。——111。

52　康康舞是法国的一种下流舞蹈,19世纪30年代出现在巴黎的大众舞会上,后来流行于咖啡馆舞台。——114。

53　《自然哲学年鉴》(«Annalen der Naturphilosophie»)是德国的实证论派别的杂志,1901—1921年由威·弗·奥斯特瓦尔德在莱比锡出版,撰稿人中有恩·马赫、保·福尔克曼、哈·赫夫丁等。——127。

54　《康德研究》杂志(«Kantstudien»)是德国新康德主义者的刊物,由汉·费英格创办,1897—1944年先后在汉堡、柏林、科隆出版(有间断),1954年复刊。解释和研究康德哲学著作的文章在该杂志上占有大量篇幅。新康德主义者和其他唯心主义派别的代表人物都给这个杂志撰稿。——128。

55　契玛拉是希腊神话中的一只狮头、羊身、蛇尾的怪兽。它口喷烈焰,形状丑陋可怕,经常从山洞里出来攫食人兽,烧毁庄稼,后为希腊英雄柏勒洛丰杀死。契玛拉常被人们用来比喻奇怪的、非现实的东西,或荒诞不经、不切实际的幻想。——129。

56 这里是借用法国作家让·巴·莫里哀的喜剧《不得已的医生》中的一句台词。在该剧中,一个樵夫冒充医生给财主女儿治病,竟把心脏和肝脏的位置说颠倒了。在事情败露之后,他又说什么"以前确是心在左面,肝在右面,不过我们把这一切都改了"。——129。

57 出自俄国作家伊·谢·屠格涅夫的长篇小说《父与子》(1862 年)。小说主人公巴扎罗夫作为俄国 19 世纪 60 年代的民主主义知识分子,痛恨贵族的风尚和习俗。他戳穿了贵族富媚阿金佐娃夫人的虚伪做作,指出她对她根本瞧不起的贵族姨妈——一个地位很高的贵族老处女——礼数周到,殷勤备至,只是为了抬高自己的身价,显示自己了不起。——131。

58 《自然科学》杂志(《Natural Science》)是一种评述科学新进展的刊物(月刊),1892—1899 年在伦敦出版。——146。

59 《哲学评论》杂志(《The Philosophical Review》)是美国唯心主义派别的刊物(双月刊),由舒尔曼创办,1892 年起出版。——146。

60 在《唯物主义和经验批判主义》第 1 版里,此处印的是:"引起的不仅是微笑。"列宁在 1909 年 3 月 21 日给姐姐安·伊·乌里扬诺娃-叶利扎罗娃的信中指出此处应为:引起的"不是微笑,而是憎恶",并要求务必把这一点列入勘误表(见《列宁全集》第 2 版第 53 卷第 344 页)。此书第 1 版所附的《重要勘误表》包括了这一更正。——150。

61 社会学中的主观方法是一种反科学的唯心主义的历史研究方法。这种方法否定社会发展的客观规律性,把历史归结为"杰出人物"的任意活动。19 世纪 30—40 年代,社会学中的主观主义学派的代表人物是德国青年黑格尔派的布·鲍威尔、大·施特劳斯、麦·施蒂纳等人。他们把人民说成是"没有批判能力的群氓",只能盲目追随"有批判头脑的个人"。马克思和恩格斯在《神圣家族》、《德意志意识形态》等著作中深刻而全面地批判了青年黑格尔派的观点。在 19 世纪下半叶的俄国,社会学中的主观方法的代表是彼·拉·拉甫罗夫和自由主义民粹派尼·康·米海洛夫斯基等人。列宁在《什么是"人民之友"以及他们如何攻击社会民主党人?》一文中批判了民粹派的主观社会学(见本版选集第 1 卷第 1—66 页)。——154。

62 《系统哲学文库》(《Archiv für systematische Philosophie》)是德国的唯心主义派别的杂志《哲学文库》的两个独立的分刊之一,1895—1931 年在柏林出版,第一任编辑是保·格·纳托尔普。1925 年起改名为《系统哲学和社会学文库》。该杂志用德文、法文、英文和意大利文刊载各国哲学思想代表人物的文章。——155。

63　指 19 世纪 70 年代后半期在德国社会民主党内形成的机会主义思潮,其主要代表是卡·赫希柏格、爱·伯恩施坦和卡·奥·施拉姆,他们都受杜林思想的影响。伯恩施坦和路·菲勒克、约·莫斯特等人一起在德国社会民主党的队伍中积极散布欧·杜林的折中主义观点。赫希柏格号召把社会主义变成以"正义感"为基础的"全人类的"运动,既包括被压迫者,也包括"上层阶级"的代表。菲勒克在柏林倡议建立了"摩尔俱乐部",在该俱乐部中杜林思想占支配地位,其宗旨是吸引"有教养的人"接受"社会主义",争取工人同资产阶级实行阶级合作。在 1878 年反社会党人非常法实施后,"摩尔俱乐部"的领导人转移到了苏黎世。在苏黎世创办德国社会民主党中央机关报的问题上,特别明显地表现了赫希柏格集团的机会主义性质。他们认为报纸不应贯彻执行党的政策,而只应进行社会主义理想的抽象宣传。

1879 年 7 月,赫希柏格编的《社会科学和社会政治年鉴》杂志刊登了《德国社会主义运动的回顾。评论箴言》一文,作者是赫希柏格、施拉姆和伯恩施坦("三个苏黎世人")。他们在文章中指责党由于攻击资产阶级而招来了非常法,要求党同资产阶级结成联盟并服从资产阶级,认为工人阶级不能靠自己的力量解放自己。马克思和恩格斯发表了著名的《通告信》,对他们进行了严厉批评(见《马克思恩格斯文集》2009 年人民出版社版第 3 卷第 477—485 页)。1880 年 8 月,德国社会民主党在瑞士召开的第一次秘密代表会议,决定撤销"三个苏黎世人"担任的党报编辑职务。赫希柏格和施拉姆后来退出了工人运动。伯恩施坦则暂时停止宣传机会主义,并成为德国社会民主党的领袖之一。1895 年恩格斯逝世后不久,伯恩施坦便公开修正马克思主义。他提出的"运动就是一切,最终目的算不了什么"这一机会主义口号,实际上是 1879 年那篇文章的基本论点的进一步发展。——166。

64　《社会主义者报》(«Le Socialiste»)是法国报纸(周报),1885 年由茹·盖得在巴黎创办。最初是法国工人党的机关报。1902—1905 年是法兰西社会党的机关报,1905 年起成为法国社会党的机关报。该报刊载过马克思和恩格斯的一些著作摘录,19 世纪末—20 世纪初发表过法国和国际工人运动的著名活动家(保·拉法格、威·李卜克内西、克·蔡特金、格·

瓦·普列汉诺夫等人)的文章和书信。1915 年停刊。——167。

65 耶稣会士即耶稣会的会员。耶稣会是天主教修会之一,是天主教内顽固反对宗教改革运动的主要集团。1534 年由西班牙人依纳爵·罗耀拉创立于巴黎,1540 年获罗马教皇保罗三世批准。——173。

66 《可怕的报复》是俄国作家尼·瓦·果戈理的一篇小说的篇名。小说中说的是哥萨克英雄丹尼洛·布鲁尔巴施阴魂报仇的故事。"可怕的报复"一语后来被人们广泛使用,但多带有讽刺和戏谑意味。——174。

67 此处是借用俄国作家伊·安·克雷洛夫的寓言《公鸡和珍珠》。寓言说,一只公鸡在粪堆上发现一颗珍珠,但它不知道珍珠的价值,却说这玩意儿还不如麦粒能填肚子。——180。

68 指帕·索·尤什凯维奇的《唯物主义和批判实在论》一书(1908 年圣彼得堡版)。——181。

69 1895 年,德国物理学家威·孔·伦琴发现了一种能穿透普通光不能透过的介质的短波电磁辐射,即 X 射线(也称伦琴射线)。

1896 年,法国物理学家安·昂·柏克勒尔在研究不同荧光物体对照相底片的作用时,发现铀盐能在黑暗中对照相底片发生作用。柏克勒尔的进一步实验证明,这种作用是由一种不同于伦琴射线的新的辐射引起的。这种射线被称为柏克勒尔射线。铀的放射性的发现是科学实验中认识放射性的开端。

1898 年,出生于波兰而在法国工作的物理学家居里夫人和她的丈夫法国物理学家比·居里发现了钋和镭这两种天然放射性元素,其中镭的射线比铀强 200 多万倍。

X 射线、柏克勒尔射线和镭的发现奠定了原子物理学发展的基础。——181。

70 这一发现是英国物理学家詹·克·麦克斯韦作出的。麦克斯韦在迈·法拉第工作的基础上,总结了 19 世纪中叶以前对电磁现象的研究成果,建立了电磁场的理论。依据这一理论,电磁场的变化是以光速传播的。1865 年,麦克斯韦根据自己的研究,得出光的本质是电磁波的结论。1887 年,德国物理学家亨·鲁·赫兹用实验证明了电磁波的存在,从而证实了麦克斯韦关于光是电磁波的结论。——181。

71 英国物理学家欧·卢瑟福和化学家弗·索迪在研究放射性的基础上于1902 年秋提出了放射性元素的嬗变理论。按照这一理论,放射性原子是不稳定的,它们自发地放射出射线和能量,而衰变成另一种放射性原子,直至成为稳定的原子。英国化学家威·拉姆赛在 1895 年从钇铀矿中分离出氦,1903 年又证明氦这种最轻的惰性气体是在镭的放射性衰变中不断放出的。1908 年卢瑟福通过实验测出镭以及其他放射性元素放射出的 α 粒子有两个正电荷,是双重电离的氦原子。——182。

72 以太最早是古希腊哲学家设想的一种介质,是构成宇宙和天体的最高元素。17 世纪,克·惠更斯在阐述光的波动说时又重新提出。当时认为,光是一种机械的弹性波,但由于光可以通过真空传播,所以必须假设存在着一种尚未经实验发现的介质,这种介质可借以传播光波,这就是以太。以太这一概念直到 19 世纪仍为人们所接受。到了 20 世纪初,随着相对论的建立和对场的进一步研究,以太成为过时的概念而不为采用。——182。

73 列宁在这里援引的法国物理学家昂·彭加勒对质量概念的论述是符合当时物理学发展水平的。随着电子的发现而来的电子理论的发展,使解释电子质量的性质有了可能。英国物理学家约·约·汤姆生曾提出一个假说,根据这个假说,电子自身的质量是由其电磁场的能量决定的(即电子的惯性有赖于场的惯性);于是引进了电子的电磁质量这一概念,这种质量依赖于电子运动的速度;而电子的力学质量,就像任何其他粒子的力学质量一样,被认为是不变的。研究电子电磁质量对速度依赖关系的实验本来应该发现力学质量的存在,但是瓦·考夫曼在 1901—1902 年进行的这种实验却意外地证明,电子的整个质量具有电磁的性质。由此得出了电子的力学质量消失的结论,而在以前力学质量被视为物质的不可分离的属性。这就成了种种所谓"物质在消失"的哲学思辨的根据。物理学的进一步发展(相对论)证明,力学质量也依赖于运动的速度,不能把电子的质量完全归结为电磁质量。——184。

74 《心理学年鉴》(《L'Année Psychologique》)是法国的一种心理学刊物,1895 年起在巴黎出版。它的出版者起初是阿·比纳,后来是昂·皮埃龙。——189。

75 这里说的是当时的原子结构概念,带有推测的性质。随着物理学的进步,以后人们对原子结构的认识有了很大的发展。1911 年,英国物理学家欧·卢瑟福根据用 α 粒子射击重金属箔的实验的结果,首次提出原子行星模型。按照这一模型,原子质量的大部分集中在一个带有正电荷的原子核中;每个原子有若干电子,其数量与其原子序数相等,这些电子沿圆形或椭圆形的轨道绕原子核运动,就像行星绕太阳运动那样。1913 年,丹麦物理学家尼·玻尔根据原子行星模型用经典运动规律和德国物理学家麦·卡·恩·路·普朗克的量子概念阐明了原子结构,提出了玻尔理论。按照这一理论,电子是循着许多分立的圆形轨道绕原子核运动的,在不同轨道上的电子各有确定的能量;当电子从外层轨道跳向内层轨道时便发射光子。后来电子沿轨道运动的概念被证明是不正确的,而为量子力学的几率分布概念所代替。依照这一概念,原子中的各个电子都处在各自的一定能量状态中;电子的能量愈大,它与核的平均距离就愈远;原子中的各个电子按其能量大小分布在不同距离的几个"壳层"中,而每一"壳层"容纳的电子数量是有限的。原子核则由核子(带正电的质子和不带电的中子)组成。根据现在的理解,正电子是电子的反粒子。它带的电量与电子相同,但符号相反。它的质量也与电子相同。正电子与电子相逢就发生湮灭而一起转变为两个光子。因此,在通常情况下正电子不能经久存在。正电子是英国物理学家保·狄拉克于 1928 年在理论上预言,而为美国物理学家卡·安德逊于 1932 年在宇宙射线实验中发现的。——191。

76 《科学总评》杂志即《理论科学和实用科学总评》杂志(«Revue générale des sciences pures et appliquées»),是法国的自然科学刊物(双周刊),1890 年起在巴黎出版。创办者是路·奥利维耶。——191。

77 这里是指力学质量。在经典物理学中,它被认为是物质的永恒不变的特性。关于质量概念的变化,参看注 73。——192。

78 火星派即《火星报》的拥护者。

《火星报》(«Искра»)是第一个全俄马克思主义的秘密报纸,由列宁创办。创刊号于 1900 年 12 月在莱比锡出版,以后各号的出版地点是慕尼黑、伦敦(1902 年 7 月起)和日内瓦(1903 年春起)。参加《火星报》编辑部的有:列宁、格·瓦·普列汉诺夫、尔·马尔托夫、亚·尼·波特列索夫、帕·波·阿克雪里罗得和维·伊·查苏利奇。编辑部的秘书起初是因·格·斯米多维奇,1901 年 4 月起由娜·康·克鲁普斯卡娅担任。列宁实际上是《火星报》的主编和领导者。他在《火星报》上发表了许多文章,阐述有关党的建设和俄国无产阶级的阶级斗争的基本问题,并评论国际生活中的重大事件。

《火星报》在国外出版后,秘密运往俄国翻印和传播。《火星报》成了团结党的力量、聚集和培养党的干部的中心。在俄国许多城市成立了俄国社会民主工党列宁火星派的小组和委员会。1902 年 1 月在萨马拉举行了火星派代表大会,建立了《火星报》俄国组织常设局。

《火星报》在建立俄国马克思主义政党方面起了重大的作用。在列宁的倡议和亲自参加下,《火星报》编辑部制定了党纲草案,筹备了俄国社会民主工党第二次代表大会。这次代表大会宣布《火星报》为党的中央机关报。

根据俄国社会民主工党第二次代表大会的决议,《火星报》编辑部改由列宁、普列汉诺夫、马尔托夫三人组成。但是马尔托夫坚持保留原来的六人编辑部,拒绝参加新的编辑部,因此《火星报》第 46—51 号是由列宁和普列汉诺夫二人编辑的。后来普列汉诺夫转到了孟什维主义的立场上,要求把原来的编辑都吸收进编辑部,列宁不同意这样做,于 1903 年 10 月 19 日(11 月 1 日)退出了编辑部。《火星报》第 52 号是由普列汉诺夫一人编辑的。1903 年 11 月 13 日(26 日),普列汉诺夫把原来的编辑全部增补进编辑部以后,《火星报》由普列汉诺夫、马尔托夫、阿克雪里罗得、查苏利奇和波特列索夫编辑。因此,从第 52 号起,《火星报》变成了孟什维克的机关报。人们将第 52 号以前的《火星报》称为旧《火星报》,而把孟什维克的《火星报》称为新《火星报》。

1905 年 5 月第 100 号以后,普列汉诺夫退出了编辑部。《火星报》于 1905 年 10 月停刊,最后一号是第 112 号。——201、543。

79　指经济派分子弗·彼·阿基莫夫在俄国社会民主工党第二次代表大会第 9 次会议(1903 年 7 月 22 日(8 月 4 日))上的发言。阿基莫夫在发言中批评《火星报》编辑部提出的党纲草案说:在讲党的任务的段落里"党和无产阶级这两个概念是完全分离和对立的,前者是积极活动的主体,后者则是党施加影响的消极人群。因此在草案的句子中党一词总是以主语出现,而无产阶级一词则以补语出现。"(见《俄国社会民主工党第二次代表大会。记录》1959 年俄文版第 127 页)阿基莫夫认为,这就表现出了一种使党脱离无产阶级利益的倾向。——201。

80　《一元论者》杂志(《The Monist》)是美国的唯心主义派别的哲学刊物,1890—1936 年在芝加哥出版。——203。

81　老年黑格尔派,又称右翼黑格尔派,是 19 世纪 30—40 年代黑格尔学派解体后形成的派别之一,代表人物是格·安·加布勒、海·欣里克斯、卡·罗生克兰茨等。老年黑格尔派在哲学上承袭了黑格尔的唯心主义体系,抛弃了他的辩证法,利用他关于宗教和哲学同一的论点,把黑格尔哲学解释为神学的唯理论形式;在政治上拥护封建等级制度,把普鲁士王国看做是"世界理性"的体现,反对资产阶级提出的关于信仰自由和政教分立的民主要求。——212。

82 《俄国财富》杂志(«Русское Богатство»)是俄国科学、文学和政治刊物。1876 年创办于莫斯科,同年年中迁至彼得堡。1879 年以前为旬刊,以后为月刊。1879 年起成为自由主义民粹派的刊物。1892 年以后由尼·康·米海洛夫斯基和弗·加·柯罗连科领导,成为自由主义民粹派的中心,在其周围聚集了一批后来成为社会革命党、人民社会党和历届国家杜马中的劳动派的著名成员的政论家。在 1893 年以后的几年中,曾同马克思主义者展开理论上的争论。为该杂志撰稿的也有一些现实主义作家。1906 年成为人民社会党的机关刊物。1914—1917 年 3 月以《俄国纪事》为刊名出版。1918 年被查封。——217、400。

83 马尔萨斯主义是指英国资产阶级经济学家托·马尔萨斯提出的人口理论。马尔萨斯在 1798 年出版的《人口原理。人口对社会未来进步的影响》一书中认为,在正常情况下,人口以几何级数率(1、2、4、8、16……)增长,而生活资料则以算术级数率(1、2、3、4、5……)增长,人口的增长超过生活资料的增长是一条"永恒的自然规律"。他用这一观点来解释资本主义制度下劳动人民遭受失业、贫困的原因,认为只有通过战争、瘟疫、贫困和罪恶等来抑制人口的增长,人口与生活资料的数量才能相适应。——225。

84 在列宁引用的卡·格律恩的书中,马克思给路德维希·费尔巴哈的这封信是 1843 年 10 月 20 日写的。实际上,这封信写于 1843 年 10 月 3 日(见《马克思恩格斯文集》2009 年人民出版社版第 10 卷第 10—12页)。——228。

85 《德法年鉴》杂志(«Deutsch-Französische Jahrbücher»)是马克思和阿·卢格合编的德文刊物,1844 年在巴黎出版。主要由于马克思和资产阶级激进派卢格之间有原则性的意见分歧,杂志只出了第 1—2 期合刊就停刊了。这一期《德法年鉴》载有马克思的《论犹太人问题》和《〈黑格尔法哲学批判〉导言》,恩格斯的《国民经济学批判大纲》和《英国状况。评托马斯·卡莱尔的〈过去和现在〉》。这些著作标志着马克思和恩格斯完成了从唯心主义向唯物主义、从革命民主主义向共产主义的转变。——228、415。

86　指恩格斯的《反杜林论》(1878 年)、《路德维希·费尔巴哈和德国古典哲学的终结》(1888 年)和《〈社会主义从空想到科学的发展〉英文版导言》(1892 年)(见《马克思恩格斯文集》2009 年人民出版社版第 9 卷第 3—398 页,第 4 卷第 261—313 页,第 3 卷第 499—522 页)。——229。

87　转向黑格尔是 19 世纪下半叶英国、美国和斯堪的纳维亚国家资产阶级哲学发展中的一个突出趋向。在英国,这种趋向是从 1865 年詹·哈·斯特林的《黑格尔的秘密》一书问世开始的。在垄断前资本主义转变为帝国主义时期,经验论哲学(耶·边沁、约·斯·穆勒、赫·斯宾塞)及其伦理个人主义的原则已经不符合英国资产阶级保守派的利益。黑格尔的绝对唯心主义具有从理论上论证宗教的广泛可能,因而引起了英国资产阶级思想家们的注意。于是一个称为"英国黑格尔派"的派别便应运而起,其代表人物是托·格林、爱·凯尔德和约·凯尔德兄弟、弗·布拉德莱等。他们极力反对唯物主义和自然科学,特别是反对达尔文主义。"英国黑格尔派"利用黑格尔学说的保守方面,抛弃它的唯理论和发展思想。黑格尔的辩证法被用来为不可知论作辩护。例如布拉德莱从人的思维的矛盾性质得出结论说,思维只在现象领域运动,因为存在的真正本质是不矛盾的、和谐的、绝对的。在社会学领域,"英国黑格尔派"论证建立强有力的中央集权国家的必要性,认为公民的利益要完全服从于这一国家。

在斯堪的纳维亚国家,黑格尔哲学的影响在 19 世纪下半叶也增强了。瑞典哲学家约·雅·波列留斯试图复活黑格尔主义,把它同占统治地位的主观唯心主义哲学(克·雅·博斯特隆、西·里宾格等)对立起来。挪威的黑格尔右派马·雅·蒙拉德、格·威·林格等用神秘主义精神解释黑格尔哲学,而背离它的唯理论,并企图使科学服从于宗教。——230。

88　实用主义是帝国主义时代资产阶级哲学(主要是美国哲学)的一个主观唯心主义派别,19 世纪 70 年代末产生于美国,取代了曾占统治地位的宗教哲学。实用主义的主要论点是查·皮尔斯在 1878 年提出的。19 世纪末至 20 世纪初,通过威·詹姆斯和斐·席勒的著作,实用主义形成了独立的哲学流派;约·杜威的工具主义是实用主义的进一步发展。

实用主义者认为哲学的中心问题是获得符合真理的知识,但是他们却完全歪曲了真理的概念。皮尔斯把认识看做是获得信念的纯粹心理过程。詹姆斯则拿"有用"、成功、有利等概念来取代作为现实在意识中的正确反映的真理概念。在他看来,任何概念,包括宗教概念在内,是不是真理,就看它们是否有用。杜威走得更远,他宣布所有科学理论、道德原则、社会设施都只是个人达到自己目的的"工具"。实用主义者认为知识的"真理性"(即有用性)的标准是经验。他们所谓的经验并不是人的社会实践,而是个人体验。他们把这种经验看做是唯一的实在,而宣布物质和精神这两个概念已经"陈旧"。实用主义者像马赫主义者一样,企图创立哲学中的"第三条路线",超越唯物主义和唯心主义,而实际上坚持的还是唯心主义。实用主义用"多元论"的观点来反对唯物主义一元论,认为宇宙中没有任何内部联系和规律性,而是像一种可以由个人按自己的方式、根据自己的个人体验来拼装的镶嵌画。根据当前需要,实用主义认为可以对同一事实作出不同的甚至矛盾的解释;它宣称不需要任何彻底性,只要对一个人有利,他既可以是决定论者,也可以是非决定论者,既可以承认神的存在,也可以否认神的存在。

实用主义曾经在美国广泛传播,几乎成了美国的官方哲学。从 20 世纪 40 年代开始,实用主义作为统一的独立的哲学派别在美国的地位开始下降,但它的基本精神仍起作用。实用主义在英国、意大利、德国、法国等国也在不同时期有过支持者。——234。

89 《国外周报》(«Gazette Etrangère»)是俄国侨民报纸,1908 年 3 月 16 日—4 月 13 日在日内瓦出版,共出了 4 号。报纸主要报道侨民的生活,也刊登有关俄国国内和国外事件的材料。该报第 2 号曾刊登 1908 年 3 月 18 日列宁在日内瓦国际大会上作的报告《公社的教训》。该报也刊登过亚·亚·波格丹诺夫、阿·瓦·卢那察尔斯基等人宣传"造神说"和马赫主义的文章。

列宁的引语摘自卢那察尔斯基的《简论现代俄国文学》(载于《国外周报》第 2、3 号)。——236。

90 《教育》杂志(«Образование»)是俄国一种合法的文学、科普和社会政治性刊物(月刊),1892—1909 年在彼得堡出版。初期由瓦·德·西波夫斯基和瓦·瓦·西波夫斯基主编,从 1896 年起由亚·雅·奥斯特罗戈尔斯基负责编辑。在 1902—1908 年间,该杂志刊载过社会民主党人的文章。——236。

91 《言语报》(«Речь»)是俄国立宪民主党的中央机关报(日报),1906 年 2 月 23 日(3 月 8 日)起在彼得堡出版,实际编辑是帕·尼·米留可夫和约·弗·盖森。积极参加该报工作的有马·莫·维纳维尔、帕·德·多尔戈鲁科夫、彼·伯·司徒卢威等。1917 年二月革命后,该报积极支持资产阶级临时政府的对内对外政策,反对布尔什维克。1917 年 10 月 26 日(11 月 8 日)被查封。后曾改用《我们的言语报》、《自由言语报》、《时代报》、《新言语报》和《我们时代报》等名称继续出版,1918 年 8 月最终被查封。——241、365、389。

92　引自尼·阿·涅克拉索夫的长诗《谁在俄罗斯能过好日子》(见《涅克拉索夫作品集》1950 年俄文版第 241 页)。——242。

93　劳动派(劳动团)是俄国国家杜马中的农民代表和民粹派知识分子代表组成的小资产阶级民主派集团,1906 年 4 月成立。领导人是阿·费·阿拉季因、斯·瓦·阿尼金等。劳动派要求废除一切等级限制和民族限制,实行自治机关的民主化,用普选制选举国家杜马。劳动派的土地纲领要求建立由官地、皇族土地、皇室土地、寺院土地以及超过劳动土地份额的私有土地组成的全民地产,由农民普选产生的地方土地委员会负责进行土地改革,这反映了全体农民的土地要求,但它同时又容许赎买土地,则是符合富裕农民阶层利益的。在国家杜马中,劳动派动摇于立宪民主党和布尔什维克之间。布尔什维克党支持劳动派的符合农民利益的社会经济要求,同时批评它在政治上的不坚定,可是劳动派始终没有成为彻底革命的农民组织。六三政变后,劳动派在地方上停止了活动。第一次世界大战期间,劳动派多数采取了沙文主义立场。二月革命后,劳动派积极支持资产阶级临时政府,1917 年 6 月与人民社会党合并为劳动人民社会党。十月革命后,劳动派站在资产阶级反革命势力方面。——244、271、286、291、297、530。

94　民意党是俄国土地和自由社分裂后产生的革命民粹派组织,于 1879 年 8 月建立。主要领导人是安·伊·热里雅鲍夫、亚·德·米哈伊洛夫、米·费·弗罗连柯、尼·亚·莫罗佐夫、维·尼·菲格涅尔、亚·亚·克维亚特科夫斯基、索·李·佩罗夫斯卡娅等。该党主张推翻专制制度,在其纲领中提出了广泛的民主改革的要求,如召开立宪会议,实现普选权,设置常设人民代表机关,实行言论、信仰、出版、集会等自由和广泛的村社自治,给人民以土地,给被压迫民族以自决权,用人民武装代替常备军等。但是民意党人把民主革命的任务和社会主义革命的任务混为一谈,认为在俄国可以超越资本主义,经过农民革命走向社会主义,并且认为俄国主要革命力量不是工人阶级而是农民。民意党人从积极的"英雄"和消极的"群氓"的错误理论出发,采取个人恐怖的活动方式,把暗杀沙皇政府的个别代表人物作为推翻沙皇专制制度的主要手段。他们在 1881 年 3

月 1 日(13 日)刺杀了沙皇亚历山大二世。由于理论上、策略上和斗争方法上的错误,在沙皇政府的严重摧残下,民意党在 1881 年以后就瓦解了。——244、289。

95 指穿灰色军服的沙俄士兵。——245。

96 正教院是俄国管理正教事务的最高国家机关,建立于 1721 年,当时称圣执政正教院,与参议院的地位相等。正教院管理的事项有:纯粹宗教性质的事务(解释教义、安排宗教仪式和祈祷等),教会行政和经济事项(任免教会负责人员、管理教会财产等),宗教法庭事项(镇压异教徒和分裂派教徒、管理宗教监狱、检查宗教书刊、审理神职人员案件等)。正教院成员由沙皇从高级宗教人士中任命,另外从世俗人士中任命正教院总监对正教院的活动进行监督。十月革命后,苏维埃政权撤销了正教院。正教院后来作为纯教会机构重新建立,是莫斯科和全俄总主教下的咨询机关。——247。

97 指俄国第三届国家杜马代表社会民主党人彼·伊·苏尔科夫在 1909 年 4 月 14 日(27 日)的杜马会议上讨论正教院预算案时的发言。1909 年 5 月 13 日(26 日)《无产者报》第 42 号"党内通讯"栏刊登的《社会民主党杜马党团内就社会民主党对宗教的态度问题的讨论》一文,引用了杜马党团讨论苏尔科夫发言稿的材料。——247。

98 爱尔福特纲领是指 1891 年 10 月举行的德国社会民主党爱尔福特代表大会通过的党纲。它取代了 1875 年的哥达纲领。爱尔福特纲领以马克思主义关于资本主义生产方式必然灭亡和被社会主义生产方式所代替的学说为基础,强调工人阶级必须进行政治斗争,指出了党作为这一斗争的领导者的作用。它从根本上说是一个马克思主义的纲领。但是,爱尔福特纲领也有严重缺点,其中最主要的是没有提到无产阶级专政是对社会实行社会主义改造的手段这一原理。纲领也没有提出推翻君主制、建立民主共和国、改造德国国家制度等要求。对此,恩格斯在《1891 年社会民主党纲领草案批判》(见《马克思恩格斯文集》2009 年人民出版社版第 4 卷第 403—421 页)中提出了批评意见。——249、755。

99 这句话出自古罗马诗人普·帕·斯塔齐乌斯的史诗《忒拜战纪》。——251。

100 《路标》是俄国立宪民主党政论家的文集,1909 年在莫斯科出版,收有尼·亚·别尔嘉耶夫、谢·尼·布尔加柯夫、米·奥·格尔申宗、亚·索·伊兹哥耶夫、波·亚·基斯嘉科夫斯基、彼·伯·司徒卢威和谢·

路·弗兰克等人的论述俄国知识分子的文章。在这些文章里,路标派妄图诋毁俄国解放运动的革命民主主义传统,贬低维·格·别林斯基、尼·亚·杜勃罗留波夫、尼·加·车尔尼雪夫斯基、德·伊·皮萨列夫等人的观点和活动。他们诬蔑1905年的革命运动,感谢沙皇政府"用自己的刺刀和牢狱"把资产阶级"从人民的狂暴中"拯救了出来。列宁在《论〈路标〉》一文中对立宪民主党黑帮分子的这一文集作了批判分析和政治评价(见《列宁全集》第2版第19卷第167—176页)。列宁把《路标》文集的纲领在哲学方面和政论方面同黑帮报纸《莫斯科新闻》的纲领相比拟,称该文集为自由派叛变行为的百科全书,是泼向民主派的一大股反动污水。——255。

101 布朗基主义者是19世纪法国工人运动中由杰出的革命家路·奥·布朗基领导的一个派别。布朗基主义者不了解无产阶级的历史使命,忽视同群众的联系,主张用密谋手段推翻资产阶级政府,建立革命政权,实行少数人的专政。马克思和列宁高度评价布朗基主义者的革命精神,同时坚决批判他们的密谋策略。

　　巴黎公社失败以后,1872年秋天,在伦敦的布朗基派公社流亡者发表了题为《国际和革命》的小册子,宣布拥护《共产党宣言》这个科学共产主义的纲领。对此,恩格斯曾不止一次地予以肯定(参看《马克思恩格斯文集》2009年人民出版社版第3卷第357—365页)。——255。

102 《无产者报》(«Пролетарий»)是俄国布尔什维克的秘密报纸,于1906年8月21日(9月3日)—1909年11月28日(12月11日)出版,共出了50号。该报由列宁主编,在不同时期参加编辑部的有亚·亚·波格丹诺夫、约·彼·戈尔登贝格、约·费·杜勃洛文斯基等。《无产者报》的头20号是在维堡排版送纸型到彼得堡印刷的,为保密起见,报上印的是在莫斯科出版。由于秘密报刊出版困难,从第21号起移至国外出版(第21—40号在日内瓦,第41—50号在巴黎出版)。《无产者报》是作为俄国社会民主工党莫斯科委员会和彼得堡委员会的机关报出版的,在头20号中有些号还同时作为莫斯科郊区委员会、彼尔姆委员会、库尔斯克委员会和喀山委员会的机关报出版,但它实际上是布尔什维克的中央机关报。该报共发表了100多篇列宁的文章和短评。《无产者报》第46号附刊上发表了1909年6月在巴黎举行的《无产者报》扩大编辑部会议的文件。在斯托雷平反动时期,《无产者报》在保存和巩固布尔什维克组织方面起了卓越的作用。根据俄国社会民主工党中央委员会1910年一月全体会议的决议,《无产者报》停刊。——257、259。

103 指捷·奥·别洛乌索夫1908年3月22日(4月4日)在第三届国家杜马讨论正教院预算案时提出的转入下一议程的动议。他在动议中承认宗教是"每个个人的私事"。1908年4月2日(15日)《无产者报》第28号的社论中曾指出别洛乌索夫的措辞是错误的。——257。

104 指《无产者报》扩大编辑部会议。

《无产者报》扩大编辑部会议于1909年6月8—17日(21—30日)在巴黎举行。参加会议的有《无产者报》"小型"编辑部成员列宁、格·叶·季诺维也夫、列·波·加米涅夫、亚·亚·波格丹诺夫,俄国社会民主工党中央委员会委员、候补委员约·彼·戈尔登贝格、约·费·杜勃洛文斯基(这两人也是"小型"编辑部成员)、阿·伊·李可夫、维·康·塔拉图塔、维·列·尚采尔,布尔什维克地方组织代表米·巴·托姆斯基(彼得堡)、弗·米·舒利亚季科夫(莫斯科地区)、尼·阿·斯克雷普尼克(乌拉尔)。出席会议的还有娜·康·克鲁普斯卡娅、阿·伊·柳比莫夫、俄国社会民主工党中央委员会俄国局秘书亚·巴·哥卢勃科夫、第三届国家杜马代表尼·古·波列塔耶夫。这次会议实际上是有地方代表参加的布尔什维克中央的一次全体会议。

会议是根据列宁的倡议召开的,并且是在他的领导下进行的。会议注意的中心是关于召回派和最后通牒派问题,这两派的代表是波格丹诺夫(马克西莫夫)和尚采尔(马拉)。在一些问题上他们得到舒利亚季科夫(多纳特)的支持。季诺维也夫、加米涅夫、李可夫和托姆斯基在一系列问题上采取了调和主义立场。

会议讨论了以下问题:关于召回主义和最后通牒主义;关于社会民主党内的造神说倾向;关于马克西莫夫就《走的不是一条路》一文(载于《无产者报》第42号)提出的抗议;关于在党的其他方面的工作中对杜马活动的态度;布尔什维克在党内的任务;关于在卡普里岛创办的党校;关于布尔什维克的代表会议;关于离开党单独召开布尔什维克代表大会或布尔什维克代表会议的鼓动;关于马克西莫夫分裂出去的问题。

会议坚决谴责了召回主义和最后通牒主义,号召所有布尔什维克同它们作不调和的斗争。会议也坚决谴责了造神说这种背离马克思主义原理的思潮,并责成《无产者报》编辑部同一切修正马克思主义哲学的表现进行斗争。会议谴责了召回派和造神派建立派别性的卡普里党校的行为。会议确认布尔什维克中央同孟什维克护党派接近的路线的正确性。

会议提醒布尔什维克不要进行召开"纯布尔什维克代表大会"的鼓动,因为这客观上将导致党的分裂。会议号召不停止同取消主义和修正主义的斗争,同时主张同党的所有组成部分接近,加速召开全党的代表会议和代表大会。由于波格丹诺夫拒绝服从会议决议,《无产者报》编辑部宣布不再对他的政治活动负责任,这实际上意味着把他从布尔什维克的队伍中开除出去。会议决议重申了俄国社会民主工党第五次代表大会关于利用国家杜马讲坛的性质和目的的决议,强调必须把工人阶级的所有合法的和半合法的组织变成由党的秘密支部领导的进行社会民主主义的宣传、鼓动和组织工作的据点。会议还通过了改组布尔什维克中央的决定,在决定中规定了中央的新的结构和任务。——259。

105　六三政变是指俄国沙皇政府在 1907 年 6 月 3 日(16 日)发动的反动政变,史称六三政变。政变前,沙皇政府保安部门捏造罪名,诬陷社会民主党国家杜马党团准备进行政变。沙皇政府随之要求审判社会民主党杜马代表,并且不待国家杜马调查委员会作出决定,就于 6 月 2 日(15 日)晚逮捕了他们。6 月 3 日(16 日),沙皇政府违反沙皇 1905 年 10 月 17 日宣言中作出的非经国家杜马同意不得颁布法律的诺言,颁布了解散第二届国家杜马和修改国家杜马选举条例的宣言。依照新的选举条例,农民和工人的复选人减少一半(农民复选人由占总数 44% 减到 22%,工人复选人由 4% 减到 2%),而地主和资产阶级的复选人则大大增加(地主和大资产阶级复选人共占总数 65%,其中地主复选人占 49.4%),这就保证了地主资产阶级的反革命同盟在第三届国家杜马中居统治地位。新的选举条例还剥夺了俄国亚洲部分土著居民以及某些省份的突厥民族的选举权,并削减了民族地区的杜马席位(高加索由 29 席减为 10 席,波兰王国由 37 席减为 14 席)。六三政变标志着 1905—1907 年革命的失败和反革命的暂时胜利,斯托雷平反动时期由此开始。——259、267。

106　指俄国社会民主工党第五次全国代表会议。

俄国社会民主工党第五次全国代表会议于 1908 年 12 月 21—27 日(1909 年 1 月 3—9 日)在巴黎举行。出席代表会议的有 24 名代表,其中有表决权的代表 16 名。列宁作为俄国社会民主工党中央委员会的代表出席代表会议,有发言权。代表会议的议程包括:俄国社会民主工党中央委员会、波兰社会民主党中央委员会、崩得中央委员会以及一些大的党组织的工作报告;目前政治形势和党的任务;关于社会民主党杜马党团;因政治情况变化而发生的组织问题;地方上各民族组织的统一;国外事务。

在代表会议上，布尔什维克就所有问题同孟什维克取消派进行了不调和的斗争，也同布尔什维克队伍中的召回派进行了斗争，并取得了重大的胜利。代表会议在关于工作报告的决议里，根据列宁的提议建议中央委员会维护党的统一，并号召同一切取消俄国社会民主工党而代之以不定形的合法联合体的企图进行坚决的斗争。由于代表会议须规定党在反动年代条件下的策略路线，讨论目前形势和党的任务就具有特别重要的意义。孟什维克企图撤销这一议程，未能得逞。会议听取了列宁作的《关于目前形势和党的任务的报告》(报告稿没有保存下来，但其主要思想已由列宁写入《走上大路》一文，见《列宁全集》第2版第17卷第329—339页)，并稍作修改通过了列宁提出的决议案。代表会议通过了布尔什维克关于党团活动的决议案，对党团活动进行了批评，同时也指出了纠正党团工作的具体措施。在组织问题上代表会议也通过了布尔什维克的决议案，其中指出党应当特别注意建立和巩固秘密的党组织，而同时利用各种各样的合法团体在群众中进行工作。在关于地方上各民族组织统一的问题上，代表会议否定了崩得所维护的联邦制原则。此外，代表会议也否决了孟什维克关于把中央委员会移到国内、取消中央委员会国外局以及把中央机关报移到国内等建议。

俄国社会民主工党第五次全国代表会议的意义在于它把党引上了大路，是在反革命胜利后俄国工人运动发展中的一个转折点。——259。

107 召回派是1908年在布尔什维克中间出现的一种机会主义集团，主要代表人物有亚·亚·波格丹诺夫、格·阿·阿列克辛斯基、安·弗·索柯洛夫(斯·沃尔斯基)、阿·瓦·卢那察尔斯基、马·尼·利亚多夫等。召回派以革命词句作掩护要求从第三届国家杜马中召回俄国社会民主党的代表，并停止党在合法和半合法组织中的工作，宣称在反动条件下党只应进行不合法的工作。召回派的变种最后通牒派则主张向社会民主党杜马党团发出最后通牒，要求党团必须无条件服从党中央委员会的决定，否则就把社会民主党杜马代表召回。召回派的政策使党脱离群众，把党变成为没有能力聚集力量迎接新的革命高潮的宗派组织。

1909年，召回派、最后通牒派和造神派组成发起小组，在意大利卡普里岛创办了一所实际上是反党派别中心的党校。1909年6月，布尔什维克机关报《无产者报》扩大编辑部会议斥责了召回派和最后通牒派，号召同这些背离革命马克思主义的倾向作最坚决的斗争，并把波格丹诺夫从布尔什维克队伍中开除出去。——260、282。

108　《社会民主党人呼声报》(《Голос Социал-Демократа»)是俄国孟什维克的
国外机关报,1908 年 2 月—1911 年 12 月先后在日内瓦和巴黎出版,共出
了 26 号(另外还于 1911 年 6 月—1912 年 7 月出了《〈社会民主党人呼声
报〉小报》6 号)。该报编辑是:帕·波·阿克雪里罗得、费·伊·唐
恩、尔·马尔托夫、亚·马尔丁诺夫和格·瓦·普列汉诺夫。《社会民主
党人呼声报》从创刊号起就维护取消派的立场,为他们的反党活动辩护。
普列汉诺夫于 1908 年 12 月与该报实际决裂,1909 年 5 月 13 日正式退出
该报编辑部。此后该报就彻底成为取消派的思想中心。——261。

109　《前进报》(《Vorwärts»)是德国社会民主党的中央机关报,1876 年 10 月在
莱比锡创刊,编辑是威·李卜克内西和威·哈森克莱维尔。1878 年 10
月反社会党人非常法颁布后被查禁。1890 年 10 月反社会党人非常法废
除后,德国社会民主党哈雷代表大会决定把 1884 年在柏林创办的《柏林
人民报》改名为《前进报》(全称是《前进。柏林人民报》),从 1891 年 1 月
起作为中央机关报在柏林出版,由李卜克内西任主编。恩格斯曾为《前
进报》撰稿,同机会主义的各种表现进行斗争。1895 年恩格斯逝世以后,
《前进报》逐渐转入党的右翼手中。它支持过俄国的经济派和孟什维克。
第一次世界大战期间持社会沙文主义立场。俄国十月革命以后,进行反
对苏维埃的宣传。1933 年停刊。——261、488。

110　指费·伊·唐恩以《社会民主党人呼声报》编辑部的名义在 1908 年 7 月
1 日《前进报》第 151 号上就涅·切列万宁的《革命中的无产阶级》一书
发表的声明。——261。

111　《20 世纪初俄国的社会运动》是孟什维克的文集,由尔·马尔托夫、彼·
巴·马斯洛夫和亚·尼·波特列索夫编辑,彼得堡公益出版社于 1909—
1914 年出版。原计划出 5 卷,实际上出了 4 卷。格·瓦·普列汉诺夫起
初曾参加编辑部,后因不同意把波特列索夫的取消主义文章《革命前时
期社会政治思想的演变》编入第 1 卷而于 1908 年秋退出。——261。

112　"高加索代表团"是指参加俄国社会民主工党第五次全国代表会议的孟
什维克取消派代表帕·波·阿克雪里罗得、费·伊·唐恩和诺·维·拉
米什维里。他们都持高加索区域委员会的委托书,故有此称。——261。

113　第三届杜马(第三届国家杜马)是根据 1907 年 6 月 3 日(16 日)沙皇解散
第二届杜马时颁布的新的选举条例在当年秋天选举、当年 11 月 1 日(14
日)召开的,存在到 1912 年 6 月 9 日(22 日)。这届杜马共有代表 442

人,先后任主席的有尼·阿·霍米亚科夫、亚·伊·古契柯夫(1910年3月起)和米·弗·罗将柯(1911年起),他们都是十月党人。这届杜马按其成分来说是黑帮—十月党人的杜马,是沙皇政府对俄国革命力量实行反革命的暴力和镇压政策的驯服工具。这届杜马的442名代表中,有右派147名,十月党人154名,立陶宛—白俄罗斯集团7名,波兰代表联盟11名,进步派28名,穆斯林集团8名,立宪民主党人54名,劳动派14名,社会民主党人19名。

第三届杜马全面支持沙皇政府在六三政变后的内外政策。它拨巨款给警察、宪兵、法院、监狱等部门,并通过了一个大大扩充了军队员额的兵役法案。第三届杜马的反动性在工人立法上表现得尤为明显,它把几个有关工人保险问题的法案搁置了3年,直到1911年在新的革命高潮到来的形势下才予以批准,但保险条件比1903年法案的规定还要苛刻。1912年3月5日(18日),杜马工人委员会否决了罢工自由法案,甚至不许把它提交杜马会议讨论。在土地问题上,第三届杜马完全支持斯托雷平的土地法,于1910年批准了以1906年11月9日(22日)法令为基础的土地法,而拒绝讨论农民代表提出的一切关于把土地分配给无地和少地农民的提案。在少数民族问题上,它积极支持沙皇政府的俄罗斯化政策,通过一连串的法律进一步限制少数民族的基本权利。在对外政策方面,它主张沙皇政府积极干涉巴尔干各国的内政,破坏东方各国的民族解放运动和革命。

第三届杜马的社会民主党党团,尽管工作条件极为恶劣,人数不多,在初期活动中犯过一些错误,但是在列宁的批评和帮助下,工作有所加强,在揭露第三届杜马的反人民政策和对无产阶级和农民进行政治教育等方面都做了大量的工作。——264。

114 《崩得评论》(《Отклики Бунда》)是崩得国外委员会的机关刊物(不定期),1909年3月—1911年2月在日内瓦出版,共出了5期。——266。

115 布里根杜马即沙皇政府宣布要在1906年1月中旬前召开的咨议性国家杜马。1905年8月6日(19日)沙皇颁布了有关建立国家杜马的诏书,与此同时,还颁布了《关于建立国家杜马的法令》和《国家杜马选举条例》。这些文件是由内务大臣亚·格·布里根任主席的特别委员会受沙皇之托起草的,所以这个拟建立的国家杜马被人们称做布里根杜马。根据这些文件的规定,在杜马选举中,只有地主、资本家和农民户主有选举权。居民的大多数——工人、贫苦农民、雇农、民主主义知识分子被剥夺了选举权。妇女、军人、学生、未满 25 岁的人和许多被压迫民族都被排除在选举之外。杜马只能作为沙皇属下的咨议性机构讨论某些问题,无权通过任何法律。布尔什维克号召工人和农民积极抵制布里根杜马。孟什维克则认为可以参加杜马选举并主张同自由派资产阶级合作。1905 年十月全俄政治罢工迫使沙皇颁布 10 月 17 日宣言,保证召开立法杜马。这样布里根杜马没有召开就被革命风暴扫除了。——267、479。

116　第一届杜马(第一届国家杜马,亦称维特杜马)是根据沙皇政府大臣会议主席谢·尤·维特制定的条例于 1906 年 4 月 27 日(5 月 10 日)召开的。

在 1905 年十月全俄政治罢工的冲击下,沙皇尼古拉二世被迫发表了 10 月 17 日宣言,宣布召开具有立法职能的国家杜马以代替布里根咨议性杜马,借以把国家引上君主立宪的发展道路。

1905 年 12 月 11 日(24 日),沙皇政府颁布了《关于修改国家杜马选举条例的命令》。第一届杜马选举于 1906 年 2—3 月举行。这次选举不是平等的、普遍的和直接的。布尔什维克宣布抵制,但没有成功。当杜马最终召集起来时,列宁要求利用杜马来进行革命的宣传鼓动并揭露杜马的本质。

第一届杜马共有代表 478 人,其中立宪民主党 179 名,自治派 63 名,十月党 16 名,无党派人士 105 名,劳动派 97 名,社会民主党 18 名。立宪民主党人占 $\frac{1}{3}$ 强。主席是立宪民主党人谢·安·穆罗姆采夫。第一届杜马讨论了人身不可侵犯、废除死刑、信仰和集会自由、公民权利平等等问题,但中心问题是土地问题。在杜马会议上提出的土地纲领主要有两个:一个是立宪民主党人于 5 月 8 日(21 日)提交的"42 人土地法案",它力图保持地主土地所有制,只允许通过"按公平价格"赎买的办法来强制地主转让主要用农民的耕畜和农具耕种的或已出租的土地;另一个是劳动派于 5 月 23 日(6 月 5 日)提交的"104 人土地法案",它要求建立全民地产,把超过劳动土地份额的地主土地及其他私有土地收归国有,按劳动份额平均使用土地。

第一届杜马尽管很软弱,它的决议尽管很不彻底,但仍不符合政府的愿望。1906 年 7 月 9 日(22 日)沙皇政府解散了第一届杜马。——267、401。

117　第二届杜马(第二届国家杜马)于 1907 年 2 月 20 日(3 月 5 日)召开,共有代表 518 人。主席是立宪民主党人费·亚·戈洛文。尽管当时俄国革命处于低潮时期,而且杜马选举是间接的、不平等的,但由于各政党间的界限比第一届杜马时期更为明显,群众的阶级觉悟较前提高,以及布尔什维克参加了选举,所以第二届杜马中左派力量有所加强。按政治集团来分,第二届杜马的组成是:右派即君主派和十月党54名,立宪民主党和靠近它的党派99名,各民族代表76名,无党派人士50名,哥萨克集团17名,人民社会党16名,社会革命党37名,劳动派104名,社会民主党65名。

同第一届杜马一样,第二届杜马的中心议题是土地问题。右派和十月党人捍卫1906年11月9日斯托雷平关于土地改革的法令。立宪民主党人大大删削了自己的土地法案,把强制转让土地的成分降到最低限度。劳动派在土地问题上仍然采取在第一届杜马中采取的立场。孟什维克占多数的社会民主党党团提出了土地地方公有化法案,布尔什维克则捍卫全部土地国有化纲领。除土地问题外,第二届杜马还讨论了预算、对饥民和失业工人的救济、大赦等问题。在第二届杜马中,布尔什维克执行与劳动派建立"左派联盟"的策略,孟什维克则执行支持立宪民主党人的机会主义策略。

1907年6月3日(16日)沙皇政府发动政变,解散了第二届杜马。——267。

118 十月党人是俄国十月党的成员。十月党(十月十七日同盟)代表和维护大工商业资本家和按资本主义方式经营的大地主的利益,属于自由派的右翼。该党于1905年11月成立,名称取自沙皇1905年10月17日宣言。十月党的主要领导人是大工业家和莫斯科房产主亚·伊·古契柯夫、大地主米·弗·罗将柯,活动家有彼·亚·葛伊甸、德·尼·希波夫、米·亚·斯塔霍维奇、尼·阿·霍米亚科夫等。十月党完全拥护沙皇政府的对内对外政策,支持政府镇压革命的一切行动,主张用调整租地、组织移民、协助农民退出村社等办法解决土地问题。第一次世界大战期间,它号召支持政府,后来参加了军事工业委员会的活动,曾同立宪民主党等结成"进步同盟",主张把帝国主义的掠夺战争进行到最后胜利,并通过温和的改革来阻止人民革命和维护君主制。二月革命后,该党参加了资产阶级临时政府。十月革命后,十月党人反对苏维埃政权,在白卫分子政府中担任要职。——268、389。

119 指1905年1月9日事件。

1905年1月9日事件是沙皇大规模枪杀彼得堡和平请愿工人的事件,史称"流血星期日"。1905年1月3日(16日),彼得堡普梯洛夫工厂爆发了罢工,1月7日(20日)罢工发展成全市总罢工。与俄国保安机关有联系的格·阿·加邦神父怀着挑衅的目的,建议工人列队前往冬宫向沙皇呈递请愿书。在讨论请愿书的工人集会上,布尔什维克进行解释工作,指出无产阶级只有进行革命斗争才能争得自己的权利。但工人对沙皇的信仰还很牢固,因此和平请愿未能被阻止。在这种情况下,布尔什维克通过了参加游行示威的决议。沙皇政府从外地调集4万名士兵和警察加强彼得堡的卫戍部队,并于1月8日(21日)批准了驱散请愿队伍的计划。1月9日(22日),14万工人手执圣像和沙皇像向宫廷广场进发。根据彼得堡总督弗拉基米尔·亚历山德罗维奇大公的命令,军队对手无寸铁的工人和他们的妻子儿女开枪,结果有1 000多人被打死,2 000多人受伤。沙皇的暴行引起了工人的极大愤怒,当天,彼得堡街头就出现了街垒,工人同军警发生了武装冲突。1月9日成了1905—1907年俄国第一次革命的起点。——269、504。

120 青年派是德国社会民主党内的一个小资产阶级的半无政府主义反对派,产生于1890年。核心成员是一些大学生和年轻的著作家,主要领导人有麦克斯·席佩耳、布鲁诺·维勒、保尔·康普斯迈耶尔、保尔·恩斯特等。青年派奉行"左"倾机会主义,否定议会斗争和改良性的立法活动,反对党的集中制领导,反对党同其他阶级和政党在一定条件下结成联盟。恩格斯同青年派进行了斗争。当青年派机关报《萨克森工人报》企图宣布恩格斯和反对派意见一致的时候,恩格斯给了他们有力回击,指出他们的理论观点是"被歪曲得面目全非的'马克思主义'"(见《马克思恩格斯文集》2009年人民出版社版第4卷第396页)。1891年10月,德国社会民主党爱尔福特代表大会把青年派的一部分领导人开除出党,从此结束了青年派在党内的活动。——277。

121 路标派是指俄国立宪民主党的著名政论家、自由派资产阶级的代表人物尼·亚·别尔嘉耶夫、谢·尼·布尔加柯夫、米·奥·格尔申宗、亚·索·伊兹哥耶夫、波·亚·基斯嘉科夫斯基、彼·伯·司徒卢威和谢·路·弗兰克。1909年春,他们把自己的论述俄国知识分子的一批文章编成文集在莫斯科出版,取名为《路标》,路标派这一名称即由此而来。关于《路标》文集,见注100。——280。

122 马赫主义即经验批判主义,是一种主观唯心主义的哲学流派,19世纪末—20世纪初在西欧广泛流行,创始人是奥地利物理学家、哲学家恩斯特·马赫和德国哲学家理查·阿芬那留斯。在斯托雷平反动年代,俄国社会民主党内有一部分知识分子接受经验批判主义的影响,出现了一些马赫主义者,其代表人物是孟什维克中的尼·瓦连廷诺夫、帕·索·尤什凯维奇和布尔什维克中的弗·亚·巴扎罗夫、亚·亚·波格丹诺夫、阿·瓦·卢那察尔斯基等人。俄国马赫主义者以发展马克思主义为幌子,实际上在修正马克思主义哲学原理。列宁在《唯物主义和经验批判主义》一书中揭露了经验批判主义的反动实质。——281。

123 马尼洛夫是俄国作家尼·瓦·果戈理的小说《死魂灵》中的一个地主。他生性怠惰,终日想入非非,崇尚空谈,刻意讲究虚伪客套。意为耽于幻想、无所作为的马尼洛夫精神一语即由此而来。——283。

124 指十二月党人。

十二月党人是俄国贵族革命家,因领导 1825 年 12 月 14 日(26 日)的彼得堡卫戍部队武装起义而得名。在起义前,十二月党人建立了三个秘密团体:1821 年成立的由尼·米·穆拉维约夫领导的、总部设在彼得堡的北方协会;同年在乌克兰第 2 集团军驻防区成立的由帕·伊·佩斯捷利领导的南方协会;1823 年成立的由安·伊·和彼·伊·波里索夫兄弟领导的斯拉夫人联合会。这三个集团的纲领都要求废除农奴制和限制沙皇专制。但是十二月党人害怕发生广泛的人民起义,因而企图通过没有人民群众参加的军事政变来实现自己的要求。1825 年 12 月 14 日(26 日),在向新沙皇尼古拉一世宣誓的当天上午,北方协会成员率领约 3 000 名同情十二月党人的士兵开进彼得堡参议院广场。他们计划用武力阻止参议院和国务会议向新沙皇宣誓,并迫使参议员签署告俄国人民的革命宣言,宣布推翻政府、废除农奴制、取消兵役义务、实现公民自由和召开立宪会议。但十二月党人的计划未能实现,因为尼古拉一世还在黎明以前,就使参议院和国务会议举行了宣誓。尼古拉一世并把忠于他的军队调到广场,包围了起义者,下令发射霰弹。当天傍晚起义被镇压了下去。据政府发表的显系缩小了的数字,在参议院广场有 70 多名"叛乱者"被打死。南方协会成员领导的切尔尼戈夫团于 1825 年 12 月 29 日(1826 年 1 月 10 日)在乌克兰举行起义,也于 1826 年 1 月 3 日(15 日)被沙皇军队镇压下去。

沙皇政府残酷惩处起义者,十二月党人的著名领导者佩斯捷利、谢·伊·穆拉维约夫-阿波斯托尔、孔·费·雷列耶夫、米·巴·别斯图热夫-留明和彼·格·卡霍夫斯基于 1826 年 7 月 13 日(25 日)被绞死,121 名十二月党人被流放西伯利亚,数百名军官和 4 000 名士兵被捕并受到惩罚。十二月党人起义对后来的俄国革命运动产生了很大影响。——283、450。

125 罗慕洛和瑞穆斯是罗马神话中的人物,西尔维亚和战神玛尔斯结合而生的一对孪生兄弟。他们生下不久被国王阿穆利乌斯投入台伯河,但河水把这对婴儿漂到岸边。战神玛尔斯派一只母狼把他们带入山洞,用狼奶喂养他们。他们长大后体格健壮,膂力过人,性格刚强,见义勇为,深得人民的爱戴。两人中的罗慕洛是罗马城的建造者。——283。

126 引自亚·伊·赫尔岑《终结和开始》(见《赫尔岑文集》1959 年莫斯科版第 16 卷第 171 页)。——283。

127 指国际工人协会。

国际工人协会(第一国际)是无产阶级第一个国际性的革命联合组织,1864 年 9 月 28 日在伦敦成立。马克思参与了国际工人协会的创建,是它的实际领袖,恩格斯参加了它的后期的领导工作。在马克思和恩格斯的指导下,国际工人协会领导了各国工人的经济斗争和政治斗争,积极支持了被压迫民族的解放运动,坚决地揭露和批判了蒲鲁东主义、巴枯宁主义、拉萨尔主义、工联主义等错误思潮,促进了各国工人的国际团结。国际工人协会在 1872 年海牙代表大会以后实际上已停止了活动,1876 年 7 月 15 日正式宣布解散。国际工人协会的历史意义在于它"奠定了工人国际组织的基础,使工人作好向资本进行革命进攻的准备"(见《列宁全集》第 2 版第 36 卷第 290 页)。——285。

128 参看亚·伊·赫尔岑《致老友书》(第 4 封和第 2 封信)(《赫尔岑文集》1960 年莫斯科版第 20 卷下册第 593、582 页)。——285。

129 村社是俄国农民共同使用土地的形式,其特点是在实行强制性的统一轮作的前提下,将耕地分给农户使用,森林、牧场则共同使用,不得分割。村社内实行连环保的制度。村社的土地定期重分,农民无权放弃土地和买卖土地。村社管理机构由选举产生。俄国村社从远古即已存在,在历史发展过程中逐渐成为俄国封建制度的基础。沙皇政府和地主利用村社对农民进行监视和掠夺,向农民榨取赋税,逼迫他们服徭役。

村社问题在俄国曾引起热烈争论,发表了大量有关的经济学文献。民粹派认为村社是俄国向社会主义发展的特殊道路的保证。他们企图证明俄国的村社农民是稳固的,村社能够保护农民,防止资本主义关系侵入他们的生活。早在 19 世纪 80 年代,格·瓦·普列汉诺夫就已指出民粹派的村社社会主义的幻想是站不住脚的。到了 90 年代,列宁粉碎了民粹派的理论,用大量的事实和统计材料说明资本主义关系在俄国农村是怎样发展的,资本是怎样侵入宗法制的村社、把农民分解为富农与贫苦农民两个对抗阶级的。

　　在 1905—1907 年革命中,村社曾被农民用做革命斗争的工具。地主和沙皇政府对村社的政策在这时发生了变化。1906 年 11 月 9 日,沙皇政府大臣会议主席彼·阿·斯托雷平颁布了摧毁村社、培植富农的土地法令,允许农民退出村社和出卖份地。这项法令颁布后的 9 年中,有 200多万农户退出了村社。但是,村社并未被彻底消灭,到 1916 年底,欧俄仍有三分之二的农户和五分之四的份地在村社里。村社在十月革命以后还存在很久,直到全盘集体化后才最终消失。——285。

130　社会革命党人是俄国最大的小资产阶级政党社会革命党的成员。该党是1901 年底—1902 年初由南方社会革命党、社会革命党人联合会、老民意党人小组、社会主义土地同盟等民粹派团体联合而成的。成立时的领导人有马·安·纳坦松、叶·康·布列什柯-布列什柯夫斯卡娅、尼·谢·鲁萨诺夫、维·米·切尔诺夫、米·拉·郭茨、格·安·格尔舒尼等,正式机关报是《革命俄国报》(1901—1904 年)和《俄国革命通报》杂志(1901—1905 年)。社会革命党人的理论观点是民粹主义和修正主义思想的折中混合物。他们否认无产阶级和农民之间的阶级差别,抹杀农民内部的矛盾,否认无产阶级在资产阶级民主革命中的领导作用。在土地问题上,社会革命党人主张消灭土地私有制,按照平均使用原则将土地交村社支配,发展各种合作社。在策略方面,社会革命党人采用了社会民主党人进行群众性鼓动的方法,但主要斗争方法还是搞个人恐怖。为了进行恐怖活动,该党建立了秘密的事实上脱离该党中央的战斗组织。

　　在 1905—1907 年俄国第一次革命中,社会革命党曾在农村开展焚烧地主庄园、夺取地主财产的所谓“土地恐怖”运动,并同其他政党一起参加武装起义和游击战,但也曾同资产阶级的解放社签订协议。在国家杜马中,该党动摇于社会民主党和立宪民主党之间。该党内部的不统一造成了 1906 年的分裂,其右翼和极左翼分别组成了人民社会党和最高纲领派社会革命党人联合会。在斯托雷平反动时期,社会革命党经历了思想上、组织上的严重危机。在第一次世界大战期间,社会革命党的大多数领导人采取了社会沙文主义的立场。1917 年二月革命后,社会革命党中央实行妥协主义和阶级调和的政策,党的领导人亚·

费·克伦斯基、尼·德·阿夫克森齐耶夫、切尔诺夫等参加了资产阶级临时政府。七月事变时期该党公开转向资产阶级方面。社会革命党中央的妥协政策造成党的分裂，左翼于 1917 年 12 月组成了一个独立政党——左派社会革命党。十月革命后，社会革命党人（右派和中派）公开进行反苏维埃的活动，在国内战争时期进行反对苏维埃政权的武装斗争，对共产党和苏维埃政权的领导人实行个人恐怖。内战结束后，他们在"没有共产党人参加的苏维埃"的口号下组织了一系列叛乱。1922年，社会革命党彻底瓦解。——285、408、468、530、581。

131　农民协会（全俄农民协会）是俄国 1905 年革命中产生的群众性的革命民主主义政治组织，于 1905 年 7 月 31 日—8 月 1 日（8 月 13—14 日）在莫斯科举行了成立大会。据 1905 年 10—12 月的统计，协会在欧俄有 470个乡级和村级组织，会员约 20 万人。协会的纲领性要求是：实现政治自由和在普选基础上立即召开立宪会议，支持抵制第一届国家杜马；废除土地私有制，由农民选出的委员会将土地分配给自力耕作的农民使用，同意对一部分私有土地给以补偿。农民协会曾与彼得堡工人代表苏维埃合作，它的地方组织在农民起义地区起了革命委员会的作用。农民协会从一开始就遭到警察镇压，1907 年初被解散。——286、291。

132　《钟声》杂志（《Колокол》）是亚·伊·赫尔岑和尼·普·奥格辽夫在国外（1857—1865 年在伦敦、1865—1867 年在日内瓦）出版的俄国革命刊物，最初为月刊，后来为不定期刊，共出了 245 期。该刊印数达 2 500 份，在俄国国内传播甚广。《钟声》杂志除刊登赫尔岑和奥格辽夫的文章外，还刊载各种材料和消息，报道俄国人民的生活状况和社会斗争，揭露沙皇当局的秘密计划和营私舞弊行为。《钟声》杂志最初阶段的纲领以赫尔岑创立的俄国农民社会主义理论为基础，极力鼓吹解放农民，提出废除书报检查制度和肉刑等民主主义要求。但它也有自由主义倾向，对沙皇抱有幻想。1861 年农民改革以后，《钟声》杂志便坚决站到革命民主派一边，登载赫尔岑和奥格辽夫尖锐谴责农民改革的文章以及俄国地下革命组织的传单、文件等。《钟声》杂志编辑部协助创立了土地和自由社，积极支持 1863—1864 年的波兰起义，从而与自由派最终决裂。——286。

133　《北极星》（《Полярная Звезда》）是一种文学政治文集，1855—1862 年由亚·伊·赫尔岑创办的自由俄罗斯印刷所在伦敦出版，最后一集于 1868年在日内瓦出版，共出了 8 集。前 3 集由赫尔岑主编，后几集由赫尔岑和尼·普·奥格辽夫主编。赫尔岑把文集取名为《北极星》并在文集封面上印了五位被判处死刑的十二月党人的画像,都意在强调他和十二月党人的革命继承关系(十二月党人亚·亚·别斯图热夫和孔·费·雷列耶夫曾在1823—1825年出版了一种叫做《北极星》的文学丛刊)。《北极星》文集刊登了大量有关十二月党人的资料,被检查机关查禁的亚·谢·普希金、雷列耶夫、米·尤·莱蒙托夫的诗,维·格·别林斯基致尼·瓦·果戈理的信,赫尔岑的文章和回忆录《往事与随想》,奥格辽夫的文章和诗等。《北极星》对俄国进步文学和社会思想的发展起了重要的作用。——286。

134 引自尼·普·奥格辽夫《祭文》(《奥格辽夫社会政治和哲学著作选》1952年莫斯科版第1卷第654页)。——287。

135 引自亚·伊·赫尔岑《尼·加·车尔尼雪夫斯基》(《赫尔岑文集》1959年莫斯科版第18卷第221页)。——287。

136 指波兰1863—1864年起义。这次反对沙皇专制制度、争取民族独立的起义,是由波兰王国的封建农奴制危机和社会矛盾、民族矛盾加剧而引起的。领导起义的是代表小贵族和小资产阶级利益的"红党"所组织的中央民族委员会,后改称临时民族政府。它同俄国革命组织土地和自由社中央委员会以及在伦敦的《钟声》杂志出版人建立了联系。它的纲领包含有波兰民族独立、一切男子不分宗教和出身一律平等、农民耕种的土地不付赎金完全归农民所有、废除徭役、国家出资给地主以补偿等要求。起义从1863年1月22日向俄军数十个据点发动攻击开始,很快席卷了波兰王国和立陶宛,并波及白俄罗斯和乌克兰部分地区。参加起义的有手工业者、工人、大学生、贵族知识分子、部分农民和宗教界人士等各阶层的居民。代表大土地贵族和大资产阶级利益的"白党"担心自己在社会上声誉扫地,也一度参加了斗争,并攫取了领导权。马克思对波兰起义极为重视,曾参与组织国际军团,支援起义。1864年5月,起义被沙皇军队镇压下去,数万名波兰爱国者被杀害、囚禁或流放西伯利亚。但是,起义迫使沙皇政府于1864年3月颁布了关于在波兰王国解放农奴的法令,因而在波兰历史上具有划时代的意义。——287。

137 引自亚·伊·赫尔岑《流言蜚语、烟黑、炭渣及其他》(《赫尔岑文集》1959年莫斯科版第18卷第35页)。——287。

138 引自亚·伊·赫尔岑1864年3月10日写的《给伊·谢·屠格涅夫的信》(《赫尔岑文集》1963年莫斯科版第27卷下册第455页)。——288。

139　引自《赫尔岑文集》1958 年莫斯科版第 14 卷第 233、411 页。——288。

140　引自《赫尔岑文集》1958 年莫斯科版第 15 卷第 85、344 页。——288。

141　指喀山省斯帕斯克县别兹德纳村农民起义。关于废除农奴制的条件的 1861 年 2 月 19 日宣言和条例的颁布,引起了农民的失望和愤怒。他们不相信宣读的条例文本是真的,认为地主和官吏把真正的宣言和条例藏起来了。1861 年春,在许多省都发生了农民骚动,而以别兹德纳村农民的暴动规模最大。领导这次运动的是别兹德纳村青年农民安东·彼得罗夫。在他的号召下,农民拒绝服徭役,拒绝向地主交纳代役租,拒绝在确定份地数量和义务范围的"规约"上签字,抢夺地主仓库里的粮食。骚动波及到喀山省斯帕斯克、奇斯托波尔、拉伊舍沃三县以及相邻的萨马拉省和辛比尔斯克省各县共 75 个村庄。别兹德纳村起义遭到了残酷的镇压。1861 年 4 月 12 日(24 日),根据阿普拉克辛将军的命令,向 4 000 名手无寸铁的农民群众开枪,据官方报告,被打死和因伤而死的共 91 人,伤 350 人以上。4 月 19 日(5 月 1 日),彼得罗夫被枪决。交付军事法庭审判的 16 个农民中,5 个被判处笞刑和不同期限的监禁。别兹德纳惨案在俄国社会各进步阶层中引起了广泛的反响。亚·伊·赫尔岑在《钟声》杂志上对别兹德纳惨案作了详细报道。——288。

142　引自亚·伊·赫尔岑《愚腐的主教、陈腐的政府和被欺骗的人民》(《赫尔岑文集》1958 年莫斯科版第 15 卷第 135—138 页)。——288。

143　指孙中山《中国革命的社会意义》一文(见《孙中山全集》1982 年中华书局版第 2 卷第 324—326 页)。该文是孙中山 1912 年 4 月 1 日《在南京中国同盟会会员饯别会的演说》的前半部分,译成法文后载于同年 7 月 11 日《人民报》,又从法文转译成俄文,同列宁的《中国的民主主义和民粹主义》一文一起载于 1912 年 7 月 15 日(28 日)《涅瓦明星报》第 17 号。——290。

144　《人民报》(《Le Peuple》)是比利时工人党的中央机关报(日报),1885 年起在布鲁塞尔出版。在比利时工人党改称为比利时社会党后,是比利时社会党的机关报。——290。

145　指法国工人党。

　　　　法国工人党是茹·盖得及其支持者根据 1879 年 10 月在马赛举行的工人社会主义者代表大会的决议建立的法国第一个马克思主义政党,这次代表大会通过了党的章程。1880 年 5 月,盖得赴伦敦同马克思、恩格斯和保·拉法格一起制定了法国工人党的纲领草案。纲领分为理论部分和实践部分(最低纲领)。纲领的理论部分是马克思起草的(见《马克思恩格斯文集》2009 年人民出版社版第 3 卷第 568—569 页)。1880年 11 月,在法国工人党勒阿弗尔代表大会上,这个纲领被确定为法国工人党的正式纲领。法国工人党后来与一些团体联合组成法兰西社会党。——303。

146 《马克思学说的历史命运》一文是为纪念马克思逝世三十周年而写的,发表于 1913 年 3 月 1 日(14 日)《真理报》第 50 号。——305。

147 《马克思主义的三个来源和三个组成部分》一文是为纪念马克思逝世三十周年而写的,发表于 1913 年 3 月《启蒙》杂志第 3 期。——309。

148 印度党即东印度党,是印度尼西亚的印尼-欧洲人(印度尼西亚人和欧洲人混血种)的政党,于 1912 年组成。因其纲领中反映了要求独立的愿望,成立后立即被荷兰殖民者所取缔。——316。

149 杰尔席莫尔达是俄国作家尼·瓦·果戈理的喜剧《钦差大臣》中的一个愚蠢粗野、动辄用拳头打人的警察,这里用做警察专制制度的代名词。——316。

150 指印度尼西亚的伊斯兰教联盟。该联盟于 1912 年成立,前身为"伊斯兰商业联合会"。第一次世界大战前夕,联盟发展成为反对殖民统治的群众性组织。——316。

151 取消派是俄国 1905—1907 年革命失败后在孟什维克中出现的一个派别。他们背弃党纲上的革命要求和党的革命口号,企图取消秘密的无产阶级政党,主张成立一个在合法范围内活动的"公开的工人党",因而被称为取消派。1912 年布拉格代表会议把取消派清除出党。——320、328、369、457、669。

152 《我们的曙光》杂志(«Наша Заря»)是俄国孟什维克取消派的合法的社会政治刊物(月刊),1910 年 1 月—1914 年 9 月在彼得堡出版。领导人是亚·尼·波特列索夫,撰稿人有帕·波·阿克雪里罗得、费·伊·唐恩、尔·马尔托夫、亚·马尔丁诺夫等。围绕着《我们的曙光》杂志形成了俄国取消派中心。第一次世界大战一开始,该杂志就采取了社会沙文主义立场。——320、492、524。

153 《启蒙》杂志(«Просвещение»)是俄国布尔什维克的合法的社会政治和文

学月刊,1911 年 12 月—1914 年 6 月在彼得堡出版,共出了 27 期。该杂志是根据列宁的倡议,为代替被沙皇政府查封的布尔什维克刊物——在莫斯科出版的《思想》杂志而创办的,受以列宁为首的国外编辑委员会的领导。出版杂志的实际工作,由俄国国内的编辑委员会负责。在不同时期参加国内编辑委员会的有:安·伊·乌里扬诺娃-叶利扎罗娃、列·米·米哈伊洛夫、米·斯·奥里明斯基、A. A. 里亚比宁、马·亚·萨韦利耶夫、尼·阿·斯克雷普尼克等。从 1913 年起,《启蒙》杂志文艺部由马·高尔基领导。《启蒙》杂志作为布尔什维克机关刊物,曾同取消派、召回派、托洛茨基分子和资产阶级民族主义者进行过斗争,登过列宁的 28 篇文章。第一次世界大战前夕,《启蒙》杂志被沙皇政府查封。1917 年秋复刊后,只出了一期(双刊号),登载了列宁的《布尔什维克能保持国家政权吗?》和《论修改党纲》两篇著作。——320、351、369。

154　《北方真理报》是《真理报》在 1913 年 8 月 1 日(14 日)—9 月 7 日(20 日)期间使用的名称。《真理报》用这个名称共出了 31 号。

《真理报》(《Правда》)是俄国布尔什维克的合法报纸(日报),根据俄国社会民主工党第六次(布拉格)全国代表会议的决定创办,1912 年 4 月 22 日(5 月 5 日)起在彼得堡出版。《真理报》是群众性的工人报纸,拥有大批工人通讯员和工人作者,靠工人自愿捐款出版,同时也是布尔什维克党的实际上的机关报。《真理报》编辑部还担负着党的很大一部分组织工作,如约见基层组织的代表,汇集各工厂党的工作的情况,转发党的指示等。在不同时期参加《真理报》编辑部工作的有斯大林、雅·米·斯维尔德洛夫、尼·尼·巴图林、维·米·莫洛托夫、米·斯·奥里明斯基、康·斯·叶列梅耶夫、米·伊·加里宁、尼·伊·波德沃伊斯基、马·亚·萨韦利耶夫、尼·阿·斯克雷普尼克、马·康·穆拉诺夫等。第四届国家杜马的布尔什维克代表积极参加了《真理报》的工作。列宁在国外领导《真理报》,他筹建编辑部,确定办报方针,组织撰稿力量,并经常给编辑部以工作指示。1912—1914 年,《真理报》刊登了 300 多篇列宁的文章。

《真理报》经常受到沙皇政府的迫害。1912—1914 年出版的总共 645 号报纸中,就有 190 号受到种种阻挠和压制。报纸被查封 8 次,每次都变换名称继续出版。1913 年先后改称《工人真理报》、《北方真理报》、《劳动真理报》、《拥护真理报》;1914 年相继改称《无产阶级真理报》、《真理之路报》、《工人日报》、《劳动的真理报》。1914 年 7 月 8 日(21 日),即在第一次世界大战前夕,沙皇政府下令禁止《真理报》出版。

1917 年二月革命后,《真理报》于 3 月 5 日(18 日)复刊,成为俄国社会民主工党中央委员会和彼得堡委员会的机关报。列宁于 4 月 3 日(16 日)回到俄国,5 日(18 日)就加入了编辑部,直接领导报纸工作。1917 年七月事变中,《真理报》编辑部于 7 月 5 日(18 日)被士官生捣毁。7 月 15 日(28 日),资产阶级临时政府正式下令查封《真理报》。7—10 月,该报不断受到资产阶级临时政府的迫害,先后改称《〈真理报〉小报》、《无产者报》、《工人日报》、《工人之路报》。1917 年 10 月 27 日(11 月 9 日),《真理报》恢复原名,继续作为俄国社会民主工党中央委员会的机关报出版。1918 年 3 月 16 日起,《真理报》改在莫斯科出版。——328、331、389、545。

155 三条鲸鱼意即三大支柱或三个要点,出典于关于开天辟地的俄国民间传说:地球是由三条鲸鱼的脊背支撑着的。布尔什维克常在合法报刊和公开集会上以"三条鲸鱼"暗指建立民主共和国、没收地主全部土地、实行八小时工作制这三个基本革命口号。——328。

156 指 1912 年 8 月 12—20 日(8 月 25 日—9 月 2 日)在维也纳召开的取消派代表会议。在代表会议上成立了反党的八月联盟,倡议者是列·达·托洛茨基。出席这次代表会议的代表共 29 名,29 人中只有 3 人来自俄国国内,其余都是同地方工作没有直接联系的侨民。普列汉诺夫派——孟什维克护党派拒绝出席这一会议。前进派代表出席后很快就退出了。代表会议通过的纲领没有提出成立民主共和国和没收地主土地的口号,没有提出民族自决权的要求,而仅仅提出了宪法改革、全权杜马、修订土地立法、结社自由、"民族文化自治"等自由派的要求。八月联盟还号召取消秘密的革命党。代表会议选出了试图与俄国社会民主工党中央委员会抗衡的组织委员会,但它在俄国国内只得到少数取消派小组、《光线报》和孟什维克七人团的承认。八月联盟成立后只经过一年多的时间就瓦解了。——329、548。

157 马克思主义者整体是为应付沙皇政府的书报检查而使用的替代语,意即俄国社会民主工党。——329。

158 指 1905 年 10 月 17 日(30 日)沙皇尼古拉二世迫于革命运动高涨的形势而颁布《关于完善国家制度的宣言》一事。10 月 17 日宣言是由被任命为大臣会议主席的谢·尤·维特起草的,其主要内容是许诺"赐予"居民以"公民自由的坚实基础",即人身不可侵犯和信仰、言论、集会、结社等自由;"视可能"吸收被剥夺选举权的阶层的居民(主要是工人和城市知识分子)参加国家杜马选举;承认国家杜马是立法机关,任何法律不经它的同意不能生效。宣言颁布后,沙皇政府又相应采取以下措施:实行最高执行权力集中化;将德·费·特列波夫免职,由彼·尼·杜尔诺沃代替亚·格·布里根任内务大臣;宣布大赦政治犯;废除对报刊的预先检查;制定新的选举法。在把革命运动镇压下去以后,沙皇政府很快就背弃了自己在宣言中宣布的诺言。——330。

159　《关于民族问题的批评意见》一文写于1913年10—12月,并于同年11月7日(20日)、12月7日(20日)、12月23日(1914年1月5日)发表在布尔什维克的合法刊物《启蒙》杂志第10、11、12期上。

　　在写这篇文章之前,列宁曾于1913年夏在瑞士的苏黎世、日内瓦、洛桑和伯尔尼等城市作过关于民族问题的专题报告,并于1913年秋在有党的工作者参加的俄国社会民主工党中央委员会波罗宁会议上作了关于民族问题的长篇报告。——331。

160　《时报》(《Di Zait》)是崩得的机关报(周报),1912年12月20日(1913年1月2日)—1914年5月5日(18日)用依地文在彼得堡出版。——331、402。

161　《钟声》杂志(《Дзвін》)是合法的资产阶级民族主义刊物(月刊),倾向孟什维克,1913年1月—1914年在基辅用乌克兰文出版,共出了18期。参加该杂志工作的有 В. П. 列文斯基、弗·基·温尼琴科、列·尤尔凯维奇(雷巴尔卡)、德·顿佐夫、西·瓦·佩特留拉、格·阿·阿列克辛斯基、帕·波·阿克雪里罗得、列·达·托洛茨基等人。第一次世界大战爆发后停刊。——331。

162　《俄罗斯言论报》(《Русское Слово》)是俄国报纸(日报),1895年起在莫斯科出版(第1号为试刊号,于1894年出版)。出版人是伊·德·瑟京,撰稿人有弗·米·多罗舍维奇(1902年起实际上为该报编辑)、亚·瓦·阿姆菲捷阿特罗夫、彼·德·博博雷金、弗·阿·吉利亚罗夫斯基、瓦·伊·涅米罗维奇-丹琴科等。该报表面上是无党派报纸,实际上持资产阶级自由派立场。1917年二月革命后完全支持资产阶级临时政府,拥护科尔尼洛夫叛乱。十月革命后不久被查封,其印刷厂被没收。1918年1月起,该报曾一度以《新言论报》和《我们的言论报》的名称出版。1918年7月最终被查封。——332。

163　崩得分子即崩得的成员。崩得是立陶宛、波兰和俄罗斯犹太工人总联盟

的简称,1897 年 9 月在维尔诺成立。参加这个组织的主要是俄国西部各
省的犹太手工业者。崩得在成立初期曾进行社会主义宣传,后来在争取
废除反犹太特别法律的斗争过程中滑到了民族主义立场上。在 1898 年
俄国社会民主工党第一次代表大会上,崩得作为只在专门涉及犹太无产
阶级的问题上独立的"自治组织",加入了俄国社会民主工党。在 1903
年俄国社会民主工党第二次代表大会上,崩得分子要求承认崩得是犹太
无产阶级的唯一代表。在代表大会否决了这个要求之后,崩得退出了党。
在 1906 年俄国社会民主工党第四次(统一)代表大会后,崩得重新加入
了党。从 1901 年起,崩得是俄国工人运动中民族主义和分离主义的代
表。它在党内一贯支持机会主义派别(经济派、孟什维克和取消派),反
对布尔什维克。第一次世界大战期间,崩得分子采取社会沙文主义立场。
1917 年二月革命后,崩得支持资产阶级临时政府。1918—1920 年外国武
装干涉和国内战争时期,崩得的领导人同反革命势力勾结在一起,而一般
的崩得分子则开始转变,主张同苏维埃政权合作。1921 年 3 月崩得自行
解散,部分成员加入俄国共产党(布)。——335、369、454。

164 犹太区是沙皇俄国当局在 18 世纪末规定的可以允许犹太人定居的区域,
包括俄罗斯帝国西部 15 个省,以及高加索和中亚细亚的一些地区,1917
年二月革命后被废除。——341。

165 百分比限额是指沙皇政府从 1887 年起实行的限制中等学校和高等学校
录取犹太人学生的办法。根据规定,在所谓"犹太区"内,中等学校和高
等学校录取的犹太人学生不得超过学生总数的 10%,在"犹太区"外限定
在 5% 以内,在莫斯科和彼得堡限定在 3% 以内。——341。

166 后背一词出自圣经中摩西见耶和华只能看到后背的传说(见《旧约全
书·出埃及记》第 33 章)。——342。

167 民族文化自治是奥地利社会民主党人奥·鲍威尔和卡·伦纳制定的资产
阶级民族主义的解决民族问题的纲领。俄国孟什维克取消派和崩得分子
都提出过民族文化自治的要求。列宁对民族文化自治的批判,另见《论
"民族文化"自治》(《列宁全集》第 2 版第 24 卷第 180—184 页)、《论民族
自决权》(《列宁全集》第 2 版第 25 卷第 223—285 页)等著作。斯大林的
《马克思主义和民族问题》一文(见《斯大林全集》第 2 卷第 289—358 页)
也批判了民族文化自治。——346、528、565。

168 指 1899 年 9 月 24—29 日在布隆(现捷克布尔诺)举行的奥地利社会民主

党代表大会。代表大会的中心议题是民族问题。在代表大会上提出了反映不同观点的两个决议案:一个是总的说来主张民族区域自治的党中央委员会的决议案;另一个是主张超地域的民族文化自治的南方斯拉夫社会民主党委员会的决议案。代表大会一致否决了民族文化自治纲领,通过了一个承认在奥地利国家范围内的民族自治的妥协决议(参看《关于奥地利和俄国的民族纲领的历史》一文,见《列宁全集》第 2 版第 24 卷第 339—341 页)。——348、382。

169　犹太社会主义工人党是俄国的小资产阶级民族主义组织,成立于 1906 年。该党的纲领基础是要求犹太人民族自治,即建立有全权决定俄国犹太人政治制度问题的超地域的犹太议会(因此该党亦称议会派)。犹太社会主义工人党在思想上同社会革命党人接近,并同他们一起反对俄国社会民主工党。——348。

170　贝利斯案件是沙皇政府和黑帮分子迫害俄国一个砖厂的营业员犹太人门·捷·贝利斯的冤案。贝利斯被控出于宗教仪式的目的杀害了信基督教的俄国男孩 A. 尤辛斯基,而真正的杀人犯却在司法大臣伊·格·舍格洛维托夫的庇护下逍遥法外。贝利斯案件的侦查工作从 1911 年持续到 1913 年。黑帮分子企图利用贝利斯案件进攻民主力量,并策动政变。俄国先进的知识分子以及一些外国社会活动家则仗义执言,为贝利斯辩护。1913 年 9—10 月在基辅对贝利斯案件进行审判。俄国许多城市举行了抗议罢工。布尔什维克还作好准备,一旦贝利斯被判刑,就在彼得堡举行总罢工。贝利斯终于被宣告无罪。——350。

171　指 1907 年 4 月 16—20 日在芬兰举行的俄国各民族社会主义政党代表会议。出席代表会议的有社会革命党和各民族与社会革命党相近的政党的代表。代表会议通过了关于每年召开一次各民族社会主义政党代表大会、关于组织专门的秘书处来执行会议的决议、关于各民族社会主义政党之间的相互关系和创办秘书处的定期机关刊物等决议。《1907 年 4 月 16—20 日俄国各民族社会主义政党代表会议记录》于 1908 年由圣彼得堡议会出版社出版。——350。

172　这里说的波兰社会党是指波兰社会党"革命派"(弗腊克派)(见《列宁全集》第 2 版第 24 卷第 341 页)。

　　波兰社会党是以波兰社会党人巴黎代表大会(1892 年 11 月)确定的纲领方针为基础于 1893 年成立的。这次代表大会提出了建立独立民主共和国、为争取人民群众的民主权利而斗争的口号,但是没有把这一斗争同俄国、德国和奥匈帝国的革命力量的斗争结合起来。该党右翼领导人约·皮尔苏茨基等认为恢复波兰国家的唯一道路是民族起义,而不是以无产阶级为领导的全俄反对沙皇的革命。从1905年2月起,以马·亨·瓦列茨基、费·雅·柯恩等为首的左派逐步在党内占了优势。他们反对皮尔苏茨基分子的民族主义及其恐怖主义和密谋策略,认为只有在全俄革命运动胜利基础上才能解决波兰劳动人民的民族解放和社会解放问题。1906年11月在维也纳召开的波兰社会党第九次代表大会把皮尔苏茨基及其拥护者开除出党,该党遂分裂为两个党:波兰社会党"左派"和所谓的波兰社会党"革命派"。

波兰社会党"左派"主张同全俄工人运动密切合作,可是它力图把波兰和俄国工人运动中除民族主义派别外的所有派别机械地联合起来。在1908—1910年期间,它主要通过工会、文教团体等合法组织进行活动。它不接受孟什维克的在反对专制制度斗争中领导权属于资产阶级的论点,可是与孟什维克合作,支持他们反对第四届国家杜马中的布尔什维克代表。第一次世界大战爆发后,该党持国际主义立场,参加了1915年的齐美尔瓦尔德会议和1916年的昆塔尔会议。该党欢迎俄国十月革命。1918年12月,该党同波兰王国和立陶宛社会民主党一起建立了波兰共产党。

波兰社会党"革命派"于1909年重新使用波兰社会党的名称,强调通过武装斗争争取波兰独立,但把这一斗争同无产阶级的阶级斗争割裂开来。从第一次世界大战开始起,该党的骨干分子参加了皮尔苏茨基站在奥德帝国主义一边搞的军事政治活动(成立波兰军团)。在战争期间,以皮尔苏茨基为首的一批领导骨干脱离该党。1917年俄国二月革命后,该党转而对德奥占领者采取反对立场,开展争取建立独立的民主共和国和进行社会改革的斗争。1918年波兰社会党参加创建独立的资产阶级波兰国家,1919年同原普鲁士占领区的波兰社会党和原奥地利占领区的加里西亚和西里西亚波兰社会民主党合并。该党不反对地主资产阶级波兰对苏维埃俄国的武装干涉,并于1920年7月参加了所谓国防联合政府。1926年该党支持皮尔苏茨基发动的政变,同年11月由于拒绝同推行"健全化"的当局合作而成为反对党。——350、764。

173 《光线报》(《Луч》)是俄国孟什维克取消派的合法报纸(日报),1912年9月16日(29日)—1913年7月5日(18日)在彼得堡出版,共出了237号。该报主要靠自由派捐款维持。对该报实行思想领导的是组成原国外取消派机关报《社会民主党人呼声报》编辑部的尔·马尔托夫、阿克雪里罗得、亚·马尔丁诺夫和唐恩。该报反对布尔什维克的革命策略,鼓吹建立所谓"公开的党"的机会主义口号,反对工人的革命的群众性罢工,企图修正党纲的最重要的论点。列宁称该报是叛徒的机关报。

1913 年 7 月 11 日(24 日)起,《光线报》依次改用《现代生活报》、《新工人报》、《北方工人报》和《我们的工人报》等名称出版。——351、545。

174 伯恩施坦派是国际工人运动中的修正主义派别,产生于 19 世纪末 20 世纪初。爱·伯恩施坦的《社会主义的前提和社会民主党的任务》(1899年)一书是伯恩施坦派思想体系的全面阐述。伯恩施坦派在哲学上否定辩证唯物主义和历史唯物主义,用庸俗进化论和诡辩论代替革命的辩证法;在政治经济学上修改马克思主义的剩余价值学说,竭力掩盖帝国主义的矛盾,否认资本主义制度的经济危机和政治危机;在政治上鼓吹阶级合作和资本主义和平长入社会主义,传播改良主义和机会主义思想,反对马克思主义的阶级斗争学说,特别是无产阶级革命和无产阶级专政的学说。伯恩施坦派得到了德国社会民主党右翼和第二国际其他一些政党的支持。在俄国,追随伯恩施坦派的有合法马克思主义者、经济派等。——351、486。

175 这里指的是发表在《启蒙》杂志上的斯大林的《马克思主义和民族问题》一文。该文第 4 章引用了奥地利社会民主党布隆代表大会通过的民族纲领的条文(见《斯大林全集》第 2 卷第 316—317 页)。参看《列宁全集》第 2 版第 24 卷第 453 页注 135。——352。

176 《新工人报》(《Новая Рабочая Газета》)是俄国孟什维克取消派的合法报纸(日报),1913 年 8 月 8 日(21 日)—1914 年 1 月 23 日(2 月 5 日)代替《现代生活报》在彼得堡出版,共出了 136 号。《新工人报》的实际编辑是费·伊·唐恩。——352、369。

177 列宁引用的这个材料摘自统计汇编《1911 年 1 月 18 日进行的帝国初等学校一日普查。第 1 编,第 2 册,圣彼得堡学区。阿尔汉格尔斯克省、沃洛格达省、诺夫哥罗德省、奥洛涅茨省、普斯科夫省和圣彼得堡省》1913 年圣彼得堡版第 72 页。——356。

178 《社会民主党评论》杂志(《Przeglad Socjaldemokratyczny》)是波兰社会民主党人在罗·卢森堡积极参加下办的刊物,于 1902—1904 年、1908—1910年在克拉科夫出版。——359、372。

179 日穆奇人是俄罗斯人和波兰人对居住在立陶宛西部的古立陶宛部落热迈

特人的称呼。——360。

180 《欧洲通报》杂志(《Вестник Европы》)是俄国资产阶级自由派的历史、政治和文学刊物,1866 年 3 月—1918 年 3 月在彼得堡出版。1866—1867 年为季刊,后改为月刊。先后参加编辑出版工作的有米·马·斯塔秀列维奇、马·马·柯瓦列夫斯基等。——362。

181 这里列宁说的是他准备写的《论民族自决权》一文。该文写于 1914 年 2—5 月,载于 1914 年 4—6 月《启蒙》杂志第 4、5、6 期(见《列宁全集》第 2 版第 25 卷第 223—285 页;节选部分见本卷第 369—402 页)。——364。

182 马·高尔基在 1913 年 9 月 22 日《俄罗斯言论报》第 219 号发表了《论卡拉玛卓夫气质》一文,以抗议莫斯科艺术剧院把费·米·陀思妥耶夫斯基的小说《魔鬼》改编成剧本。由于资产阶级报刊袒护陀思妥耶夫斯基,高尔基又在 1913 年 10 月 27 日《俄罗斯言论报》第 248 号上发表了题为《再论卡拉玛卓夫气质》的答辩文章。

高尔基的这篇文章被摘录转载于 10 月 28 日(11 月 10 日)《言语报》第 295 号,但缺少列宁在信中全文抄录的最后一段。次日,取消派《新工人报》第 69 号全文转载了高尔基的这篇文章。——365。

183 《忏悔》是马·高尔基 1908 年写的一部中篇小说,受造神说影响比较严重。——367。

184 《俄国思想》杂志(《Русская Мысль》)是俄国科学、文学和政治刊物(月刊),1880—1918 年在莫斯科出版。它起初是同情民粹主义的温和自由派的刊物。1905 年革命后成为立宪民主党的刊物,由彼·伯·司徒卢威和亚·亚·基泽韦捷尔编辑。十月革命后于 1918 年被查封。后由司徒卢威在国外复刊,成为白俄杂志,1921—1924 年、1927 年先后在索非亚、布拉格和巴黎出版。——367、379。

185 十二个民族的侵犯原来是指 1812 年拿破仑第一对俄国的进攻。据说拿破仑当时统率着一支民族成分十分复杂、操 12 种不同语言的军队。这里是借喻机会主义各派对马克思主义纲领的一致打击。——369。

186 《科学思想》杂志(《Научная Мысль》)是俄国孟什维克派的刊物,1908 年在里加出版。——371。

187 进步党人是俄国进步党的成员。该党是大资产阶级和按资本主义方式经营的地主的民族主义自由派政党,成立于 1912 年 11 月,它的核心是由和平革新党人和民主改革党人组成的第三届国家杜马中的"进步派",创建人有纺织工厂主亚·伊·柯诺瓦洛夫、地方自治人士伊·尼·叶弗列莫夫和格·叶·李沃夫等。该党纲领要点是:制定温和的宪法,实行细微的改革,建立责任内阁即对杜马负责的政府,镇压革命运动。列宁指出,进步党人按成分和意识形态来说是十月党人同立宪民主党人的混合物,这个党将成为"真正的"资本主义资产阶级的政党。

第一次世界大战期间,进步党人支持沙皇政府,倡议成立军事工业委员会。1915年夏,进步党同其他地主资产阶级政党联合组成"进步同盟",后于1916年退出。1917年二月革命后,进步党的一些首领加入了国家杜马临时委员会,后又加入了资产阶级临时政府。但这时进步党本身实际上已经瓦解。十月革命胜利后,进步党前领袖积极反对苏维埃政权。——389、449。

188　指1913年6月19—22日(7月2—5日)在利沃夫举行的全乌克兰大学生第二次代表大会。代表大会安排在伟大的乌克兰作家、学者、社会活动家、革命民主主义者伊万·弗兰科的纪念日举行。俄国的乌克兰大学生代表也参加了代表大会的工作。会上乌克兰社会民主党人德·顿佐夫作了《乌克兰青年和民族的现状》的报告。他坚持乌克兰独立这一口号。——390。

189　《工人真理报》(《Рабочая Правда》)是俄国布尔什维克党的中央机关报,1913年7月13日(26日)—8月1日(14日)代替被沙皇政府查封的《真理报》在彼得堡出版,共出了17号。

关于《真理报》,见注154。——390。

190　《道路报》(《Шляхи》)是乌克兰大学生联合会的机关报,持民族主义立场,1913年4月—1914年3月在利沃夫用乌克兰文出版。——390。

191　《无产阶级真理报》(《Пролетарская Правда》)是俄国布尔什维克党的中央机关报,1913年12月7日(20日)—1914年1月21日(2月3日)代替被沙皇政府查封的《真理报》在彼得堡出版,共出了34号。——391。

192　《新时报》(《Новое Время》)是俄国报纸,1868—1917年在彼得堡出版。出版人多次更换,政治方向也随之改变。1872—1873年采取进步自由主义的方针。1876—1912年由反动出版家阿·谢·苏沃林掌握,成为俄国最没有原则的报纸。1905年起是黑帮报纸。1917年二月革命后,完全支持资产阶级临时政府的反革命政策,攻击布尔什维克。1917年10月26

日(11月8日)被查封。——392。

193 《庶民报》(《Земщина》)是俄国黑帮报纸(日报),国家杜马极右派代表的机关报,1909年6月—1917年2月在彼得堡出版。——392。

194 抓走和不准出自俄国作家格·伊·乌斯宾斯基的特写《岗亭》。书中的主人公梅穆列佐夫是俄国某县城的岗警。在沙皇军队的野蛮训练下,他丧失了人的一切优良天性,"抓走"和"不准"成了他的口头禅。梅穆列佐夫这个形象是沙皇专制警察制度的化身。——393。

195 见俄国作家米·叶·萨尔蒂科夫-谢德林的随笔《在国外》。其中写道,1876年春他在法国听到一些法国自由派人士在热烈地谈论大赦巴黎公社战士的问题。他们一致认为大赦是公正而有益的措施,但在结束这个话题时,不约而同地都把食指伸到鼻子前,说了一声"mais"(即"但是"),就再也不说了。于是谢德林恍然大悟:原来法国人所说的"但是"就相当于俄国人所说的"耳朵不会高过额头",意思是根本不可能有这样的事情。——394。

196 《基辅思想报》(《Киевская Мысль》)是俄国资产阶级民主派的政治文学报纸(日报),1906—1918年在基辅出版。1915年以前,该报每周出版插图附刊一份;1917年起出晨刊和晚刊。该报的编辑是A.尼古拉耶夫和И.塔尔诺夫斯基。参加该报工作的社会民主党人主要是孟什维克,其中有亚·马尔丁诺夫、列·达·托洛茨基等。在第一次世界大战中,该报采取护国主义立场。——394。

197 人民社会党是1906年从俄国社会革命党右翼分裂出来的小资产阶级政党,领导人有尼·费·安年斯基、韦·亚·米雅柯金、阿·瓦·彼舍霍诺夫、弗·格·博哥拉兹、谢·雅·叶尔帕季耶夫斯基、瓦·伊·谢美夫斯基等。人民社会党提出"全部国家政权应归人民",即归从无产者到资产阶级知识分子的全体劳动者,主张对地主土地进行赎买和实行土地国有化,但不触动份地和经营"劳动经济"的私有土地。在俄国1905—1907年革命趋于低潮时,该党赞同立宪民主党的路线,六三政变后,因没有群众基础,实际上处于瓦解状态。二月革命后,该党开始恢复组织。1917年6月,同劳动派合并为劳动人民社会党。这个党代表富农利益,积极支持资产阶级临时政府,十月革命后参加反革命阴谋活动和武装叛乱,1918年后不复存在。——400。

198 《我们的工人报》(《Наша Рабочая Газета》)是俄国孟什维克取消派的合

法报纸（日报），1914年5月3日（16日）—7月在彼得堡出版。——401。

199　《战争和俄国社会民主党》是以俄国社会民主工党中央委员会名义发表的第一个表明布尔什维克党对待已爆发的帝国主义世界大战的态度的正式宣言，刊载于1914年11月1日俄国社会民主工党中央机关报《社会民主党人报》第33号，在俄国国内和国外得到广泛传播。1915年2月出版的俄国社会民主工党彼得堡委员会的报纸《无产者呼声报》创刊号全文刊载了这一宣言。宣言还曾作为阐述俄国社会民主工党对待战争的态度的正式文件寄给了社会党国际局以及英国、德国、法国、瑞典和瑞士的一些社会党报纸和中立国社会党人代表会议。1914年11月13日，瑞士社会民主党纳沙泰尔州组织机关报《哨兵报》第265号摘要发表了这篇宣言。——403。

200　1914年8月4日，社会民主党党团和资产阶级代表在帝国国会中一起投票赞成给帝国政府以50亿马克军事拨款，从而支持了威廉二世的帝国主义政策。后来查明，在国会开会前社会民主党党团讨论这个问题的时候，左派社会民主党人曾反对给政府提供军事拨款，但是他们屈服于社会民主党党团机会主义者多数的决定，在表决时投了赞成票。——405。

201　1914年8月4日，法国社会党人在议会中一致同意军事拨款，赞成戒严和实行战时书报检查，即禁止罢工、集会等等。8月底社会党人茹·盖得和马·桑巴，稍后还有阿·托马参加法兰西帝国政府（进入国防部）。在各部以及各城市自治机关中社会党人和工会领导人也积极支持资产阶级打这场战争。——405。

202　战争开始时，第四届国家杜马中的布尔什维克党团曾谋求同杜马中的孟什维克代表和劳动派代表采取共同的反战行动。同劳动派未能达成协议。同孟什维克党团则制定了共同的反对战争的宣言。1914年7月26日（8月8日），第四届国家杜马召开紧急会议讨论批准军事拨款问题。会上宣读了布尔什维克党团和孟什维克党团共同制定的宣言。在表决军事拨款问题时，布尔什维克党团拒绝投票赞成军事拨款，并退出了杜马会议厅。孟什维克党团采取了同样的行动。——406。

203　指俄国社会民主党彼得堡委员会在战争爆发后不久印发的一些反对帝国主义战争的秘密传单。——406。

204　《社会主义月刊》（《Sozialistische Monatshefte》）是德国机会主义者的主要刊物，也是国际修正主义者的刊物之一，1897—1933年在柏林出版。编辑和出版者为右翼社会民主党人约·布洛赫。撰稿人有爱·伯恩施坦、康·施米特、弗·赫茨、爱·大卫、沃·海涅、麦·席佩耳等。第一次世界大战期间,该刊物持社会沙文主义立场。——407、492、536。

205 斯图加特代表大会即国际社会党第七次代表大会,于 1907 年 8 月 18—24 日在斯图加特举行。出席代表大会的有来自 25 个国家的 886 名社会党和工会的代表。

俄国代表团包括社会民主党人 37 名、社会革命党人 21 名和工会代表 7 名。俄国代表团共有 20 张表决票。参加这次代表大会的布尔什维克代表有列宁、亚·亚·波格丹诺夫、约·彼·戈尔登贝格(梅什科夫斯基)、波·米·克努尼扬茨、马·马·李维诺夫、阿·瓦·卢那察尔斯基、尼·亚·谢马什柯、米·格·茨哈卡雅等人。列宁是第一次出席第二国际的代表大会。

代表大会审议了下列问题:军国主义和国际冲突;政党和工会的相互关系;殖民地问题;工人的侨居;妇女选举权。

在代表大会期间,列宁为团结国际社会党的左派力量做了大量工作,同机会主义者进行了坚决的斗争。代表大会的主要工作是在起草代表大会决议的各委员会中进行的。列宁参加了军国主义和国际冲突问题委员会的工作。在这个委员会讨论奥·倍倍尔提出的决议案时,列宁同罗·卢森堡和尔·马尔托夫一起对它提出了许多原则性的修改意见。其中最重要的修改意见是:"如果战争……爆发了的话,他们(指各国工人阶级及其在议会中的代表。——编者注)的责任是……竭尽全力利用战争引起的经济和政治危机唤醒各阶层人民的政治觉悟和加速推翻资产阶级的统治。"这一著名论点还为 1910 年哥本哈根代表大会所重申并写进了 1912 年巴塞尔代表大会的决议。列宁在 1916 年 12 月写的一篇关于对倍倍尔这一决议案的修改的短文中谈到了这一修改意见提出的经过(见《列宁全集》第 2 版第 28 卷第 301 页)。

列宁在两篇题为《斯图加特国际社会党代表大会》的文章中对这次代表大会各项决议起草和通过过程中的主要争论以及这次代表大会的意义作了扼要的介绍和评述(见《列宁全集》第 2 版第 16 卷第 64—75、79—85 页)。——407、454。

206 哥本哈根代表大会即国际社会党第八次代表大会,于 1910 年 8 月 28 日—9 月 3 日在哥本哈根举行。出席代表大会的有来自 33 个国家的 896 名代表。代表俄国社会民主工党出席代表大会的有列宁、格·瓦·普列汉诺夫、亚·米·柯伦泰、阿·瓦·卢那察尔斯基等。

　　代表大会的主要议题是:反对军国主义与战争、合作社与党的关系、国际团结和工会运动的统一等问题。代表大会选出了5个委员会,列宁参加了合作社问题委员会的工作。为了团结各国革命的马克思主义者,列宁倡议召开了出席大会的各国左派社会民主党人的会议。

　　代表大会通过的《仲裁法庭与裁军》这一决议重申了斯图加特代表大会的决议,要求各国社会党人利用战争引起的经济和政治危机来推翻资产阶级。决议还责成各国社会党及其议员在议会中提出下列要求:必须把各国间的一切冲突提交国际仲裁法庭解决;普遍裁军;取消秘密外交;主张各民族都有自治权并保护它们不受战争侵略和暴力镇压。决议号召各国工人反对战争的威胁。——407。

207　巴塞尔代表大会于1912年11月24—25日在巴塞尔举行。这是在巴尔干战争爆发、世界大战危险日益迫近的形势下召开的国际社会党非常代表大会。出席代表大会的有来自23个国家的555名代表,俄国社会民主工党的代表有6名。

　　代表大会只讨论了一个问题,即反对军国主义与战争威胁问题。在代表大会召开的当天,来自巴登、阿尔萨斯和瑞士各地的工人及与会代表在巴塞尔明斯特教堂举行了声势浩大的反战集会。11月25日,代表大会一致通过了《国际局势和社会民主党反对战争危险的统一行动》决议,德文本称《国际关于目前形势的宣言》,即著名的巴塞尔宣言。宣言谴责了各国资产阶级政府的备战活动,揭露了即将到来的战争的帝国主义性质,号召全世界工人积极展开反对帝国主义战争的斗争,并建议社会党人在帝国主义战争爆发时,利用战争造成的经济危机和政治危机,来进行社会主义革命。——407、454、518、579、728。

208　在列宁的手稿中,(11)和(12)原来是一条,后来列宁把该条的后半部分单列为(12),两条之间用分号断开。此处是按手稿翻译的(见《列宁全集》第2版第55卷第192页和第193页之间的插页)。——412。

209　《卡尔·马克思(传略和马克思主义概述)》一文是列宁为当时在俄国颇为驰名的《格拉纳特百科词典》写的一个词条。列宁于1914年春在加里西亚的波罗宁着手撰写这一词条(1918年单行本的序言中误为写于1913年,见本卷第413页),后因忙于党的工作和《真理报》的工作而不得不中途搁笔。直到1914年9月他移居伯尔尼以后,才又重新动笔。整个词条于11月初完稿,11月3日(16日)寄给了编辑部。

1915 年出版的《格拉纳特百科词典》(第 7 版)第 28 卷刊载了这一词条,署名为:弗·伊林。在书报检查的条件下,编辑部未刊出原稿中的《社会主义》和《无产阶级阶级斗争的策略》两节,并对原文作了某些修改。词条附有《马克思主义书目》。1918 年,波涛出版社根据《格拉纳特百科词典》的词条出版了《卡尔·马克思》一文的单行本,但没有附《马克思主义书目》。《卡尔·马克思》一文的全文于 1925 年第一次按手稿发表在俄共(布)中央列宁研究院出版的列宁《论马克思恩格斯及马克思主义》文集中。——413。

210 《莱茵报》即《莱茵政治、商业和工业日报》(《Rheinische Zeitung für Politik, Handel und Gewerbe»),是德国的一家日报,青年黑格尔派的喉舌,1842 年 1 月 1 日—1843 年 3 月 31 日在莱茵地区资产阶级自由派的支持下在科隆出版;创办人是伯·腊韦,编辑是腊韦和阿·鲁滕堡,发行负责人是路·舒尔茨和格·荣克。1842 年 4 月马克思开始为该报撰稿,同年 10 月成为报纸编辑。《莱茵报》也发表过许多恩格斯的文章。在马克思担任编辑期间,该报日益具有明显的革命民主主义性质并成为德国最重要的反对派报纸之一。普鲁士政府对该报进行了特别严格的检查,1843 年 4 月 1 日将其查封。——415。

211 指马克思的《摩泽尔记者的辩护》一文(参看《马克思恩格斯全集》第 1 版第 1 卷第 210—243 页)。——415。

212 共产主义者同盟是历史上第一个以科学社会主义为指导的无产阶级政党,1847 年在伦敦成立。共产主义者同盟的前身是 1836 年成立的正义者同盟,这是一个主要由德国工人和手工业者组成的德国政治流亡者秘密革命组织,后期也有其他国家的人参加。随着形势的发展,正义者同盟的领导成员逐步认识到必须使同盟摆脱旧的密谋传统和方式,并且确信马克思和恩格斯的理论是正确的,遂于 1847 年邀请马克思和恩格斯参加正义者同盟,协助同盟改组。1847 年 6 月,正义者同盟在伦敦召开代表大会,恩格斯出席了大会,按照他的倡议,同盟的名称改为共产主义者同盟,因此这次大会也是共产主义者同盟的第一次代表大会。大会批准了同盟的章程草案,并用"全世界无产者,联合起来!"的战斗口号取代了正义者同盟原来的"人人皆兄弟!"的口号。同年 11 月 29 日—12 月 8 日,同盟召开第二次代表大会,马克思和恩格斯出席了大会。大会通过了同盟的章程,并委托马克思和恩格斯起草同盟的纲领,这就是 1848 年 2 月问世的《共产党宣言》。

1848 年法国二月革命爆发后,同盟在巴黎成立新的中央委员会,马克思当选为中央委员会主席,恩格斯当选为中央委员。德国三月革命爆发后,马克思和恩格斯起草了共产主义者同盟在这次革命中的政治纲领《共产党在德国的要求》,并动员和组织同盟成员回国参加革命。他们在科隆创办《新莱茵报》,作为指导革命的中心。欧洲 1848—1849 年革命失败后,共产主义者同盟进行了改组并继续开展活动。1851 年同盟召开中央委员会非常会议,批判了维利希—沙佩尔宗派集团的冒险主义策略,并决定把中央委员会迁往科隆。在普鲁士政府策划的陷害共产主义者同盟盟员的科隆共产党人案件判决后,同盟于 1852 年 11 月 17 日宣布解散。同盟在宣传科学社会主义和培养无产阶级革命战士方面起了重要的作用;它的许多盟员后来积极参加了建立国际工人协会的活动。——416。

213　指 1848 年法国二月革命。——416。

214　指 1848 年奥地利和普鲁士三月革命。——416。

215　《新莱茵报》(《Neue Rheinische Zeitung»)是德国和欧洲革命民主派中无产阶级一翼的日报,1848 年 6 月 1 日—1849 年 5 月 19 日在科隆出版。马克思任该报的主编,编辑部成员恩格斯、恩·德朗克、斐·沃尔弗、威·沃尔弗、格·维尔特、斐·弗莱里格拉特、亨·毕尔格尔斯等都是共产主义者同盟的盟员。报纸编辑部作为无产阶级革命运动的领导核心,实际履行了共产主义者同盟中央委员会的职责。该报揭露反动的封建君主派和资产阶级反革命势力,主张彻底解决资产阶级民主革命的任务和用民主共和国的形式统一德国。该报创刊不久,就遭到反动当局的迫害,1848年 9—10 月间曾一度停刊。1849 年 5 月,普鲁士政府借口马克思没有普鲁士国籍而把他驱逐出境,并对其他编辑进行迫害,该报于 5 月 19 日被迫停刊。——416。

216　指 1849 年 6 月 13 日法国小资产阶级政党山岳党在巴黎组织的游行示威。法国总统路易·波拿巴为了取得天主教会对他的支持,公然出兵协助罗马教皇镇压意大利革命。山岳党遂在立法议会弹劾总统和内阁违宪,因为 1848 年宪法禁止使用法国军队去反对别国人民的自由。弹劾案被立法议会内的秩序党多数所否决。这次游行示威就是为此而举行的。秩序党内阁下令军队驱散了这次游行示威,并在这以后开始迫害民主主义者,其中包括外侨。——416。

217 指 1913 年在斯图加特出版的德文版《弗里德里希·恩格斯和卡尔·马克思通信集(1844—1883 年)》,共 4 卷。通信集收入了马克思和恩格斯的书信 1 500 封,是他们的理论遗产的重要组成部分。通信集还提供了这两位科学共产主义创始人的大量珍贵的生平资料和反映他们的组织活动和理论创作的丰富材料。列宁深入地研究了这部通信集,摘记了其中 300 封信的要点,摘抄了 15 封具有重要理论意义的信,并为一部分摘要编了名目索引。根据列宁笔记编成的《〈马克思和恩格斯通信集〉(1844—1883 年)提要》,已收入《列宁全集》第 2 版,列为第 58 卷。——416。

218 《福格特先生》这部抨击性著作是马克思对路易·波拿巴雇用的密探卡尔·福格特写的诽谤性小册子《我对〈总汇报〉的诉讼》的答复(参看《马克思恩格斯全集》第 1 版第 14 卷第 397—754 页)。——417。

219 指《国际工人协会成立宣言》(见《马克思恩格斯文集》2009 年人民出版社版第 3 卷第 3—15 页)。——417。

220 指第一国际海牙代表大会。

　　第一国际海牙代表大会即国际工人协会第五次代表大会,于 1872 年 9 月 2—7 日在海牙举行。出席大会的有 15 个全国性组织的 65 名代表。马克思和恩格斯出席并领导这次代表大会。这次代表大会是在马克思主义同无政府主义者进行激烈斗争的形势下召开的。代表大会的主要议程是关于总委员会的权力和关于无产阶级的政治活动这两个问题。大会通过了关于扩大总委员会的权力、关于总委员会会址迁往纽约、关于巴枯宁派秘密组织社会主义民主同盟的活动等问题的决议。这些决议大部分是马克思和恩格斯起草的。代表大会就无产阶级的政治活动这个问题通过的决议指出,无产阶级的伟大任务就是夺取政权,无产阶级应当组织独立的政党,以保证社会革命的胜利和达到消灭阶级的最终目的。大会从理论上、组织上揭露和清算了巴枯宁派反对无产阶级革命、破坏国际工人运动的种种活动,并把该派首领米·亚·巴枯宁和詹·吉约姆开除出国际。海牙代表大会的决议标志着马克思主义对无政府主义者的小资产阶级世界观的胜利,为后来建立各国工人阶级独立的政党奠定了基础。——417。

221 指 18 世纪意大利资产阶级经济学家斐迪南多·加利阿尼。——429。

222 宪章派是宪章运动的参加者。宪章运动是 19 世纪 30—50 年代英国无产阶级争取实行《人民宪章》的革命运动,是世界上第一次广泛的、真正群众性的、政治性的无产阶级革命运动。19世纪30年代,英国工人运动迅速高涨。伦敦工人协会于1836年成立,1837年起草了一份名为《人民宪章》的法案,1838年5月在伦敦公布。宪章提出六点政治要求:(一)凡年满21岁的男子皆有选举权;(二)实行无记名投票;(三)废除议员候选人的财产资格限制;(四)给当选议员支付薪俸;(五)议会每年改选一次;(六)平均分配选举区域,按选民人数产生代表。1840年7月成立了全国宪章派协会,这是工人运动史上第一个群众性的工人政党。宪章运动在1839、1842、1848年出现过三次高潮。三次请愿均被议会否决,运动也遭镇压。但宪章运动终究迫使英国统治阶级作了某些让步,并对欧洲工人运动的发展产生了重大的影响。马克思和恩格斯同宪章运动的左翼领袖乔·朱·哈尼、厄·琼斯保持联系,并积极支持宪章运动。——445。

223　克拉科夫起义是指1846年2月在波兰克拉科夫爆发的争取民族解放和民主的起义。这次起义是以波兰民主协会为首的各民族解放组织所策划的全波起义的一个部分。起义者于1846年2月20日占领了克拉科夫市,2月22日成立了波兰共和国国民政府。该政府发表宣言,号召全国人民起来反对俄、普、奥三个占领国,宣布废除封建义务,并许诺土地归农民所有而不用交纳赎金。这次起义在沙皇俄国和奥地利的联合打击下很快遭到失败,克拉科夫于3月3日失陷。马克思在克拉科夫起义两周年纪念大会上的演说中指出:"克拉科夫革命把民族问题和民主问题以及被压迫阶级的解放问题看做一回事,这就给整个欧洲作出了光辉的榜样。"(参看《马克思恩格斯全集》第1版第4卷第537页)——445。

224　反社会党人非常法(反社会党人法)即《反社会民主党企图危害治安法》,是德国俾斯麦政府从1878年10月21日起实行的镇压工人运动的反动法令。这个法令规定缔德国社会民主党和一切进步工人组织,查封工人刊物,没收社会主义书报,并可不经法律手续把革命者逮捕和驱逐出境。在反社会党人非常法实施期间,有1000多种书刊被查禁,300多个工人组织被解散,2000多人被监禁和驱逐。在工人运动压力下,反社会党人非常法于1890年10月1日被废除。——448。

225　各族人民的牢狱这句话源于法国作家和旅行家阿道夫·德·居斯蒂纳所著《1839年的俄国》一书。书中说:"这个帝国虽然幅员辽阔,其实却是一座牢狱,牢门的钥匙握在皇帝手中。"——449。

226　贵族联合会是农奴主-地主的反革命组织,于1906年5月在各省贵族协会第一次代表大会上成立,存在到1917年10月。成立该组织的主要目的是维护君主专制制度,维护大地主土地占有制和贵族特权。贵族联合会的领导人是阿·亚·鲍勃凌斯基伯爵、Н.Ф.卡萨特金-罗斯托夫斯基公爵、Д.А.奥尔苏菲耶夫伯爵、弗·米·普利什凯维奇等人。列宁称贵族联合会为"农奴主联合会"。贵族联合会的许多成员参加了国务会议和黑帮组织的领导中心。——450。

227 列宁引自尼·加·车尔尼雪夫斯基的小说《序幕》(见《车尔尼雪夫斯基全集》(15卷集)1949年莫斯科版第13卷第197页)。——450。

228 拉萨尔派是19世纪60—70年代德国工人运动中的机会主义派别,斐·拉萨尔的信徒,主要代表人物是约·巴·冯·施韦泽、威·哈森克莱维尔、威·哈赛尔曼等。该派的组织是1863年5月由拉萨尔创立的"全德工人联合会"。拉萨尔派反对暴力革命,认为只要进行议会斗争,争取普选权,就可以把普鲁士君主国家变为"自由的人民国家";主张在国家帮助下建立生产合作社,把资本主义和平地改造为社会主义;支持俾斯麦所奉行的在普鲁士领导下"自上而下"统一德国的政策。马克思和恩格斯曾多次批判拉萨尔主义的理论、策略和组织原则。1875年,拉萨尔派同爱森纳赫派合并成立了德国社会主义工人党。——452。

229 《新闻小报》即《崩得国外组织新闻小报》(«Информационный Листок Заграничной Организации Бунда»),是崩得的报纸,1911年6月—1916年6月在日内瓦出版,共出了11号。该报后来改名为《崩得国外委员会公报》继续出版。——454。

230 指德国社会民主党开姆尼茨代表大会于1912年9月20日通过的关于帝国主义和社会党人对战争的态度的决议。该决议谴责帝国主义政策,强调争取和平的重要性。决议指出:"虽然只有通过铲除资本主义经济方式才能彻底消灭帝国主义这个资本主义经济方式的产物,但不能放弃任何旨在减少其一般性危险作用的工作。党代表大会决心尽一切可能促成各民族之间的谅解和保卫和平。党代表大会要求通过国际协定来结束军备竞赛,因为它威胁和平,给人类带来可怕的灾难。……党代表大会希望,党员同志要全力以赴、孜孜不倦地为扩大觉悟了的无产阶级的政治、工会和合作社组织而奋斗,以便更强有力地反对专横跋扈的帝国主义,直到它被打倒为止。无产阶级的任务就是使已经发展到最高阶段的资本主义过渡到社会主义社会,以保障各国人民的持久和平、独立和自由。"——455、583。

231 《我们的言论报》(«Наше Слово»)是俄国孟什维克的报纸(日报),1915年1月—1916年9月在巴黎出版,以代替被查封的《呼声报》。——456、549。

232 指爱·大卫的小册子《社会民主党和保卫祖国》(1915年柏林版)。——456。

233 《国际》杂志(«Die Internationale»)是罗·卢森堡和弗·梅林创办的关于马克思主义实践与理论问题的刊物。该杂志第1期于1915年4月出版,刊载了卢森堡的《国际的重建》、梅林的《我们的导师和党机关的政策》、克·蔡特金的《为了和平》及其他文章。这期杂志在杜塞尔多夫印刷,印了9 000份。杂志纸型曾寄给伯尔尼的罗·格里姆,由他翻印向瑞士及其他国家传播。该杂志于1918年德国十一月革命之后复刊。希特勒上台后作为秘密刊物继续出版,至1939年停刊。

在《国际》杂志周围的德国左派社会民主党人于1916年组成了国际派,即斯巴达克派。国际派和"德国国际社会党人"在第一次世界大战期间同为德国社会民主党内的左翼反对派。——458、537、689。

234 三协约国(三国协约)是指与德、奥、意三国同盟相对立的英、法、俄三国帝国主义联盟。这个联盟的建立,始于1891—1893年缔结法俄同盟,中经1904年签订英法协定,而由1907年签订英俄协定最终完成。在第一次世界大战期间先后有美、日、意等20多个国家加入。十月革命后,协约国联盟的主要成员——英、法、美、日等国发动和组织了对苏维埃俄国的武装干涉。——458。

235 司徒卢威主义者即合法马克思主义者。司徒卢威主义是19世纪90年代出现在俄国自由派知识分子中的一种思想政治流派,其主要代表人物是彼·伯·司徒卢威。司徒卢威主义利用马克思经济学说中能为资产阶级所接受的个别论点为俄国资本主义的发展作论证。在批判小生产的维护者民粹派的同时,司徒卢威赞美资本主义,号召人们"承认自己的不文明并向资本主义学习",而抹杀资本主义的阶级矛盾。列宁敏锐地看出司徒卢威主义是国际修正主义的萌芽,它必然要发展成为资产阶级的民族自由主义。——460、523。

236 《社会民主党人报》(«Социал-Демократ»)是俄国社会民主工党秘密发行的中央机关报。1908年2月在俄国创刊,第2—32号(1909年2月—1913年12月)在巴黎出版,第33—58号(1914年11月—1917年1月)在日内瓦出版,总共出了58号,其中5号有附刊。根据俄国社会民主工党第五次代表大会选出的中央委员会的决定,该报编辑部由布尔什维克、孟什维克和波兰社会民主党人的代表组成。实际上该报的领导者是列宁。1911 年 6 月孟什维克尔·马尔托夫和费·伊·唐恩退出编辑部。同年 12 月起《社会民主党人报》由列宁主编。该报先后刊登过列宁的 80 多篇文章和短评。在斯托雷平反动时期和新的革命高涨年代,该报同取消派、召回派和托洛茨基分子进行了斗争,宣传了布尔什维克的路线,加强了党的统一和党与群众的联系。第一次世界大战期间,该报同国际机会主义、民族主义和沙文主义进行了斗争,反对帝国主义战争,团结各国坚持国际主义立场的社会民主党人,宣传布尔什维克在战争、和平和革命等问题上提出的口号,联合并加强了党的力量。该报在俄国国内和国外传播很广,影响很大。——463、551、706。

237 指俄国第一次资产阶级民主革命期间的 1905 年十月全俄政治罢工和十二月武装起义。

十月全俄政治罢工是俄国第一次革命的最重要阶段之一。1905 年 10 月 6 日(19 日),在一些铁路线的布尔什维克组织的代表决定共同举行罢工后,俄国社会民主工党莫斯科委员会号召莫斯科铁路枢纽各线从 10 月 7 日(20 日)正午起实行总罢工,全俄铁路工会中央常务局支持这一罢工。到 10 月 17 日(30 日),铁路罢工已发展成为全俄总罢工,参加罢工的人数达 200 万以上。在各大城市,工厂、交通运输部门、发电厂、邮电系统、机关、商店、学校都停止了工作。十月罢工的口号是:推翻专制制度、积极抵制布里根杜马、召集立宪会议和建立民主共和国。十月罢工扫除了布里根杜马,迫使沙皇于 10 月 17 日(30 日)颁布了允诺给予"公民自由"和召开"立宪"杜马的宣言。罢工显示了无产阶级运动的力量和声势,推动了农村和军队中革命斗争的展开。在十月罢工中,彼得堡及其他一些城市出现了工人代表苏维埃。十月总罢工持续了十多天,是十二月武装起义的序幕。关于十月罢工,参看列宁《全俄政治罢工》一文(《列宁全集》第 2 版第 12 卷第 1—4 页)。

十二月武装起义是俄国第一次革命的最高点。1905 年 12 月 5 日 (18 日),布尔什维克莫斯科市代表会议表达工人的意志,决定宣布总罢工并随即开始武装斗争。次日,布尔什维克领导的莫斯科苏维埃全体会议,通过了同样的决议。12 月 7 日(20 日),政治总罢工开始。12 月 10 日(23 日)罢工转为武装起义。起义的中心是普列斯尼亚区、莫斯科河南岸区、罗戈日-西蒙诺沃区和喀山铁路区。武装斗争持续了 9 天,莫斯科工人奋不顾身地进行战斗。但由于起义者缺乏武装斗争的经验、武器不足、同军队的联系不够、打防御战而没有打进攻战以及起义一开始布尔什维克莫斯科委员会的领导人员就遭逮捕等原因，莫斯科起义最终在沙皇政府从其他城市调来军队进行镇压之后遭到失败。1905 年 12 月—1906 年 1 月，继莫斯科之后俄国还有许多城市和地区举行了武装起义。这些零星分散的起义也都遭到了沙皇政府的残酷镇压。关于十二月武装起义，参看列宁《莫斯科起义的教训》一文（本版选集第 1 卷第 680—687 页）。——464。

238 《呼声报》（《Голос》）是孟什维克的报纸（日报），1914 年 9 月—1915 年 1 月在巴黎出版，头 5 号用《我们的呼声报》的名称。列·达·托洛茨基在该报起领导作用。参加该报工作的也有几个前布尔什维克。该报采取中派立场。1915 年 1 月《呼声报》被法国政府查封，接替它出版的是《我们的言论报》。——465、780。

239 巴格达铁路是 20 世纪初人们对连接博斯普鲁斯海峡和波斯湾的铁路线（全长约 2 400 公里）的通称。德国帝国主义为了向中近东扩张，从 19 世纪末就开始谋求修建这条铁路。1898 年，德皇威廉二世为此亲自访问了土耳其首都伊斯坦布尔。1903 年德国同土耳其正式签订了关于修建从科尼亚经巴格达到巴士拉的铁路的协定。这条铁路建成后可以把柏林、伊斯坦布尔、巴格达联系起来，使德国的势力延伸到波斯湾。这不仅威胁着英国在印度和埃及的殖民统治地位，而且同俄国在高加索和中亚的利益发生矛盾。因此，英俄法三国结成同盟来反对德国。这条铁路到第一次世界大战爆发时尚未建成，它是由英法两国的公司于 1934—1941 年最后修建完成的。——465、623。

240 《生活报》（《Жизнь》）是社会革命党的报纸，于 1915 年 3 月在巴黎开始出版，以代替当时被查封的《思想报》。该报后来迁到日内瓦出版，1916 年 1 月停刊。——468。

241 《皇家统计学会杂志》（《Journal of the Royal Statistical Society》）是英国刊物，1838 年起在伦敦出版。——473、627。

242 《经济学家》杂志（《The Economist》）是英国的政治和经济问题刊物（周刊），1843 年由詹·威尔逊在伦敦创办，大工业资产阶级的喉舌。——474。

243 套中人是俄国作家安·巴·契诃夫的同名小说的主人公别利科夫的绰号，是因循守旧、害怕变革的典型。——474。

244 出自德国诗人约·沃·歌德格言诗集《酬唱集》中的《悭吝》一诗。在这首诗里,歌德劝诫年轻人不要犹豫不决,不要成为灵魂空虚的怯懦的庸人。——478。

245 出典于俄国作家伊·安·克雷洛夫的寓言《杜鹃和公鸡》。寓言说,公鸡和杜鹃互相吹捧对方的歌喉如何美妙。杜鹃为什么厚着脸皮夸奖公鸡,就因为公鸡夸奖了它。列宁借用这一寓言讽刺第二国际的领袖们互相标榜,互相包庇。——485。

246 《社会主义》杂志(《Le Socialisme》)是法国社会党人茹·盖得创办和主编的刊物,1907 年至 1914 年 6 月在巴黎出版。——486。

247 1900 年 9 月 23—27 日第二国际在巴黎举行的第五次代表大会上讨论过米勒兰主义问题。代表大会通过了卡·考茨基提出的调和主义决议,其中说:"个别社会党人参加资产阶级政府,不能认为是夺取政权的正常开端",而只能认为是由于特别重要的情况"迫不得已采取的暂时性的特殊手段"。法国社会党人和其他国家的社会党人就利用这一条为他们在第一次世界大战期间参加帝国主义资产阶级政府辩护。

关于米勒兰主义,见注9。——486。

248 这里是借用圣经《新约全书·路加福音》第 18 章的话,其中说:"有两个人上殿里去祷告:一个是法利赛人,一个是税吏。法利赛人站着,自言自语地祷告说:'上帝啊,我感谢你,我不像别人,勒索,不义,奸淫,也不像这个税吏。……'"法利赛人在圣经中被认为是伪善者。——486。

249 指萨尔托里乌斯·冯·瓦尔特斯豪森的《国外投资的国民经济制度》一书(1907 年柏林版)。——490。

250 指库·里茨勒尔(即吕多费尔)的《当代世界政治的主要特征》一书(1913 年柏林版)。——490。

251 英国社会党是由英国社会民主党和其他一些社会主义团体合并组成的,1911 年在曼彻斯特成立。英国社会党是马克思主义的政治组织,但是由于带有宗派倾向,并且党员人数不多,因此未能在群众中展开广泛的宣传活动。第一次世界大战前夕和大战期间,党内国际主义派(威·加拉赫、约·马克林、阿·英克平、费·罗特施坦等)同以亨·海德门为首的社会沙文主义派展开了激烈的斗争。但是在国际主义派内部也有一些不彻底分子,他们在一系列问题上采取中派立场。1916 年 2 月英国社会党的一部分活动家创办的《号召报》对团结国际主义派起了重要作用。1916 年 4 月在索尔福德召开的英国社会党年会上,以马克林、英克平为首的多数代表谴责了海德门及其追随者的立场,迫使他们退出了党。该党从1916年起是工党的集体党员。1919年加入了共产国际。该党左翼是创建英国共产党的主要发起者。1920年该党的绝大多数地方组织加入了英国共产党。——492、540。

252　指英国工党。

英国工党成立于1900年,起初称劳工代表委员会,由工联、独立工党和费边社等组织联合组成,目的是把工人代表选入议会。1906年改称工党。工党的领导机关执行委员会同工联总理事会、合作党执行委员会共同组成所谓全国劳动委员。工党成立初期就成分来说是工人的政党(后来有大批小资产阶级分子加入),但就思想和政策来说是一个机会主义的组织。该党领导人从党成立时起就采取同资产阶级实行阶级合作的路线。第一次世界大战期间,工党领导机构多数人持沙文主义立场,工党领袖阿·韩德逊等参加了王国联合政府。——492。

253　费边派是1884年成立的英国改良主义组织费边社的成员,多为资产阶级知识分子,代表人物有悉·韦伯、比·韦伯、拉·麦克唐纳、肖伯纳、赫·威尔斯等。费边·马克西姆是古罗马统帅,以在第二次布匿战争(公元前218—前201年)中采取回避决战的缓进待机策略著称,费边社即以此人名字命名。费边派虽认为社会主义是经济发展的必然结果,但只承认渐进的发展道路。他们反对马克思主义的阶级斗争和无产阶级革命学说,鼓吹通过细微改良来逐渐改造社会,宣扬所谓"地方公有社会主义"(又译"市政社会主义")。1900年费边社加入工党(当时称劳工代表委员会),但仍保留自己的组织。在工党中,它一直起制定纲领原则和策略原则的思想中心的作用。第一次世界大战期间,费边派采取了社会沙文主义立场。关于费边派,参看列宁《社会民主党在1905—1907年俄国第一次革命中的土地纲领》第4章第7节和《英国的和平主义和英国的不爱理论》(《列宁全集》第2版第16卷第322—327页,第26卷第278—284页)。——492、570、670。

254　指布尔什维克。布尔什维克创办合法日报《真理报》。关于《真理报》,见注154。——492。

255　指意大利社会党。

意大利社会党于1892年8月在热那亚代表大会上成立,最初叫意大利劳动党,1893年改称意大利劳动社会党,1895年开始称意大利社会党。从该党成立起,党内的革命派就同机会主义派进行着尖锐的思想斗争。

1912 年在艾米利亚雷焦代表大会上,改良主义分子伊·博诺米、莱·比索拉蒂等被开除出党。从第一次世界大战爆发到 1915 年 5 月意大利参战,意大利社会党一直反对战争,提出了"反对战争,赞成中立!"的口号。1914 年 12 月,拥护资产阶级帝国主义政策、主张战争的叛徒集团(贝·墨索里尼等)被开除出党。意大利社会党人曾于 1914 年同瑞士社会党人一起在卢加诺召开了联合代表会议,并积极参加了齐美尔瓦尔德(1915 年)和昆塔尔(1916 年)国际社会党代表会议。但是,意大利社会党基本上采取中派立场。1916 年底意大利社会党在党内改良派的影响下走上了社会和平主义的道路。俄国十月社会主义革命胜利后,意大利社会党内的左翼力量增强。1919 年 10 月 5—8 日在波伦亚举行的意大利社会党第十六次代表大会通过了加入共产国际的决议,该党代表参加了共产国际第二次代表大会的工作。1921 年 1 月 15—21 日在里窝那举行的第十七次代表大会上,处于多数地位的中派拒绝同改良派决裂,拒绝完全承认加入共产国际的 21 项条件;该党左翼代表于 21 日退出代表大会并建立了意大利共产党。——492。

256 《每日先驱报》(《The Daily Herald》)是英国社会党的机关报,1912 年 4 月起在伦敦出版。从 1922 年起该报成为工党的机关报。——492。

257 《每日公民报》(《The Daily Citizen》)是英国工党、费边社和独立工党的机会主义联盟的机关报(日报),1912—1915 年在伦敦和曼彻斯特出版。——492。

258 紧密派即保加利亚社会民主工党(紧密社会党人),因主张建立紧密团结的党而得名,1903 年保加利亚社会民主工党分裂后成立。和它对立的派别叫宽广派,即保加利亚社会民主工党(宽广社会党人)。紧密派的创始人和领袖是季·布拉戈耶夫,后来的领导人为格·约·基尔科夫、格·米·季米特洛夫和瓦·彼·柯拉罗夫等。在第一次世界大战期间,紧密派反对帝国主义战争。1919 年,该派加入共产国际并创建了保加利亚共产党。——493、540。

259 《新时代》杂志(《Ново Време》)是保加利亚社会民主党中的革命派——紧密派的科学理论刊物,1897 年在普罗夫迪夫创刊,后来迁到索非亚出版。1903 年起是保加利亚社会民主工党(紧密社会党人)的机关刊物。该杂志的创办人和编辑是季·布拉戈耶夫。杂志曾于 1916 年 2 月停刊,1919 年复刊。1923 年被保加利亚政府查封。自 1947 年起,《新时代》杂志成为保加利亚共产党中央委员会的理论月刊。——493。

260　《民权报》(《Volksrecht»)是瑞士社会民主党、苏黎世州社会民主党组织和苏黎世工人联合会的机关报(日报),1898 年在苏黎世创刊。在第一次世界大战期间,该报刊登过一些有关工人运动的消息和齐美尔瓦尔德左派的文章。——493、730。

261　《伯尔尼哨兵报》(《Berner Tagwacht»)是瑞士社会民主党的机关报,于1893 年在伯尔尼创刊。1909—1918 年,罗·格里姆任该报主编。第一次世界大战初期,该报发表过卡·李卜克内西、弗·梅林及其他左派社会民主党人的文章。从 1917 年起,该报公开支持社会沙文主义者。——493、730。

262　《人道报》(《L'Humanité»)是法国日报,由让·饶勒斯于 1904 年创办。该报起初是法国社会党的机关报,在第一次世界大战期间为法国社会党极右翼所掌握,采取了社会沙文主义立场。1918 年该报由马·加香领导后,反对法国政府武装干涉苏维埃俄国的帝国主义政策。在法国社会党分裂和法国共产党成立后,从 1920 年 12 月起,该报成了法国共产党中央机关报。——493、540。

263　赫罗斯特拉特是公元前 4 世纪希腊人。据传说,他为了扬名于世,在公元前 356 年纵火焚毁了被称为世界七大奇观之一的以弗所城阿尔蒂米斯神殿。后来,赫罗斯特拉特的名字成了不择手段追求名声的人的通称。——494。

264　布鲁塞尔联盟(七三联盟)是反对布尔什维克的联盟,由取消派、托洛茨基分子、前进派、普列汉诺夫派、崩得分子和高加索区域委员会的代表在布鲁塞尔"统一"会议结束后组成。

　　布鲁塞尔"统一"会议是根据社会党国际局 1913 年十二月会议的决定于 1914 年 7 月 3—5 日(16—18 日)召开的。按照这个决定,召开会议是为了就恢复俄国社会民主工党统一的可能性问题"交换意见"。但是,早在 1914 年夏天,社会党国际局主席埃·王德威尔得访问彼得堡时,就同取消派的首领们商定:社会党国际局将不是充当调停者,而是充当布尔什维克和孟什维克之间分歧的仲裁人。列宁和布尔什维克知道,布鲁塞尔会议所追求的真正目的是要取消布尔什维克党,但是考虑到布尔什维克如拒绝参加,将会使俄国工人无法理解,因此还是派出了俄国社会民主工党中央委员会的代表团。代表团由伊·费·阿尔曼德(彼得罗娃)、米·费·弗拉基米尔斯基(卡姆斯基)和伊·费·波波夫(巴甫洛夫)三人组成。列宁当时住在波罗宁,同代表团保持着最密切的联系。

他指示代表团要采取进攻的立场,要牢牢记住社会党国际局是调停者,而不是法官,这是十二月会议决议宣布了的,谁也别想把别人意志强加于布尔什维克。

派代表参加布鲁塞尔会议的除俄国社会民主工党中央委员会外,还有 10 个团体和派别。会议充满着尖锐斗争,不得不把已通过的议程搁置一边。机会主义分子对列宁拟定的条件进行恶毒攻击。普列汉诺夫说这不是实现统一的条件,而是"新刑法条文"。王德威尔得声称,即使这些条件在俄国得到赞同,国际也不允许付诸实施。考茨基以社会党国际局的名义提出了关于俄国社会民主工党统一的决议案,断言俄国社会民主党内不存在妨碍统一的任何重大分歧。由于通过决议一事已超出会议的权限,布尔什维克和拉脱维亚社会民主党人拒绝参加表决。但社会党国际局的决议案仍以多数票通过。布尔什维克拒绝服从布鲁塞尔会议决议。

布鲁塞尔联盟没有存在多久就瓦解了。——494、548。

265 指卡·李卜克内西写的呼吁书《主要敌人在本国!》。该呼吁书刊登于 1915 年 5 月 31 日《伯尔尼哨兵报》第 123 号,标题是《强有力的警告》。——495。

266 《普鲁士年鉴》(《Preussische Jahrbücher》)是德国保守派的政治历史和文学月刊,1858—1935 年在柏林出版。——495、541。

267 出典于圣经《旧约全书·创世记》第 25 章。故事说,一天,雅各熬红豆汤,其兄以扫打猎回来,累得昏了,求雅各给他汤喝。雅各说,须把你的长子名分让给我。以扫就起了誓,出卖了自己的长子权。这个典故常被用来比喻因小失大。——498。

268 经济主义是 19 世纪末—20 世纪初俄国社会民主党内的机会主义派别经济派的主张,是国际机会主义的俄国变种。其代表人物是康·米·塔赫塔廖夫、谢·尼·普罗柯波维奇、叶·德·库斯柯娃、波·尼·克里切夫斯基、亚·萨·皮凯尔(亚·马尔丁诺夫)、弗·彼·马赫诺韦茨(阿基莫夫)等,经济派的主要报刊是《工人思想报》(1897—1902 年)和《工人事业》杂志(1899—1902 年)。

经济派主张工人阶级只进行争取提高工资、改善劳动条件等等的经济斗争,认为政治斗争是自由派资产阶级的事情。他们否认工人阶级政党的领导作用,崇拜工人运动的自发性,否定向工人运动灌输社会主义意识的必要性,维护分散的和手工业的小组活动方式,反对建立集中的工人阶级政党。经济主义有诱使工人阶级离开革命道路而沦为资产阶级政治附庸的危险。

列宁对经济派进行了始终不渝的斗争。他在《俄国社会民主党人抗议书》(见本版选集第 1 卷第 262—272 页)中尖锐地批判了经济派的纲领。列宁的《火星报》在同经济主义的斗争中发挥了重大作用。列宁的《怎么办?》一书(见《列宁全集》第 2 版第 6 卷第 1—183 页;节选部分见本版选集第 1 卷第 290— 458 页),从思想上彻底地粉碎了经济主义。——505、543、733。

269 《工人思想报》(《Рабочая Мысль》)是俄国经济派的报纸,1897 年 10 月—1902 年 12 月先后在彼得堡、柏林、华沙和日内瓦等地出版,共出了 16 号。头几号由"独立工人小组"发行,从第 5 号起成为彼得堡工人阶级解放斗争协会的机关报。参加该报编辑部的有尼·尼·洛霍夫-奥尔欣、康·米·塔赫塔廖夫、弗·巴·伊万申、阿·亚·雅库波娃等人。该报号召工人阶级为争取狭隘经济利益而斗争。它把经济斗争同政治斗争对立起来,认为政治斗争不在无产阶级任务之内,反对建立马克思主义的无产阶级政党,主张成立工联主义的合法组织。列宁在《俄国社会民主党中的倒退倾向》(见《列宁全集》第 2 版第 4 卷第 209—238 页)和《怎么办?》(见《列宁全集》第 2 版第 6 卷第 1—183 页;节选部分见本版选集第 1 卷第 290—458 页)等著作中批判了《工人思想报》的观点。——505。

270 《工人事业》杂志(《Рабочее Дело》)是俄国经济派的不定期杂志,国外俄国社会民主党人联合会的机关刊物,1899 年 4 月—1902 年 2 月在日内瓦出版,共出了 12 期(9 册)。该杂志的编辑部设在巴黎,担任编辑的有波·尼·克里切夫斯基、帕·费·捷普洛夫、弗·巴·伊万申和亚·马尔丁诺夫。该杂志支持所谓"批评自由"这一伯恩施坦主义口号,在俄国社会民主党的策略和组织问题上持机会主义立场。——505。

271 指爱·伯恩施坦、胡·哈阿兹和卡·考茨基的联名宣言《当务之急》。该宣言发表于 1915 年 6 月 19 日《莱比锡人民报》第 139 号,俄译文发表于 1915 年 6 月 25 日《我们的言论报》第 123 号。——506。

272 《社会主义与战争(俄国社会民主工党对战争的态度)》这本小册子写于 1915 年 7—8 月,即国际社会党第一次代表会议(齐美尔瓦尔德会议)召开的前夕。小册子是列宁和格·叶·季诺维也夫合写的,列宁撰写了小册子的主要部分(第 1 章和第 3、4 章的一部分),并且审定了全书。小册子还在书末作为附录收载了俄国社会民主工党中央委员会的宣言《战争和俄国社会民主党》、在《社会民主党人报》发表的列宁的《俄国社会民主工党国外支部代表会议》和这次代表会议的决议以及有党的工作者参加的俄国社会民主工党中央委员会波罗宁会议通过的关于民族问题的决议。

《社会主义与战争(俄国社会民主工党对战争的态度)》最初于1915年8月用俄文和德文出版,并且散发给了参加齐美尔瓦尔德会议的代表。齐美尔瓦尔德会议以后,小册子又在法国用法文出版,并在挪威左派社会民主党人的机关刊物上用挪威文全文发表。列宁还曾多次尝试用英文在美国出版,但未能实现。1917年十月革命后,这本小册子由彼得格勒工人和红军代表苏维埃于1918年在彼得格勒出版。——507。

273 齐美尔瓦尔德代表会议即国际社会党第一次代表会议,于1915年9月5—8日在齐美尔瓦尔德举行。这次会议是根据意大利和瑞士社会党人的倡议召开的。出席会议的有德国、法国、意大利、俄国、波兰、罗马尼亚、保加利亚、瑞典、挪威、荷兰、瑞士等11个欧洲国家的38名代表。大多数代表持中派立场。第二国际的两个最大的党德国社会民主党和法国社会党没有正式派代表参加会议。在出席会议的俄国代表中,列宁和格·叶·季诺维也夫代表俄国社会民主工党中央委员会,帕·波·阿克雪里罗得和尔·马尔托夫代表孟什维克的俄国社会民主工党组织委员会,维·米·切尔诺夫和马·安·纳坦松代表社会革命党。会上,以列宁为首的革命的国际主义者同以格·累德堡为首的考茨基主义多数派展开了尖锐的斗争。会议通过了专门委员会起草的宣言——《告欧洲无产者书》。代表会议多数派否决了左派提出的关于战争和社会民主党人的任务的决议草案和宣言草案。但是,由于列宁的坚持,在会议通过的宣言中还是写进了一些革命马克思主义的基本论点。会议还通过了德法两国代表团的共同宣言,通过了对战争牺牲者和因政治活动而遭受迫害的战士表示同情的决议,选举了齐美尔瓦尔德联盟的领导机关——国际社会党委员会。——509、573、727。

274 指威·李卜克内西在1891年德国社会民主党爱尔福特代表大会上的发言。——511。

275 引自卡·克劳塞维茨《论战争和用兵的遗著》第1卷第1篇第1章第24节(参看克劳塞维茨《战争论》1982年商务印书馆版第1卷第43页)。——515。

276　意大利于1915年退出同盟国而加入协约国,使三协约国成为四协约国。关于三协约国,见注234。——516。

277　1915年3月11日瑞士社会党人保·果雷在瑞士洛桑作了题为《正在死亡的社会主义和必将复兴的社会主义》的专题报告。当年,他把报告印成了小册子。详见列宁的《一位法裔社会党人诚实的呼声》(《列宁全集》第2版第27卷第10—18页)一文。——522。

278　布伦坦诺主义是19世纪70年代德国资产阶级经济学家路·布伦坦诺所倡导的改良主义学说。布伦坦诺是德国资产阶级政治经济学中的讲坛社会主义学派的主要代表人物之一。他鼓吹可以通过工人立法和组织工会在资本主义范围内克服社会矛盾,实现社会平等,解决工人的问题。列宁称布伦坦诺主义是一种只承认无产阶级的非革命的"阶级"斗争的自由派资产阶级学说(参看本版选集第3卷第587—588页)。——523。

279　社会党国际局是第二国际的常设的执行和通讯机关,根据1900年巴黎代表大会的决议成立,设在布鲁塞尔。社会党国际局由各国社会党代表组成。执行主席是埃·王德威尔得,书记是卡·胡斯曼。俄国社会民主党人参加社会党国际局的代表是格·瓦·普列汉诺夫和波·尼·克里切夫斯基。从1905年10月起,列宁代表俄国社会民主工党参加社会党国际局。1914年6月,根据列宁的建议,马·马·李维诺夫被任命为社会党国际局俄国代表。社会党国际局在第一次世界大战开始后实际上不再存在。——530。

280　指协约国社会党伦敦代表会议。

　　协约国社会党伦敦代表会议于1915年2月14日在伦敦召开。出席代表会议的有英、法、比、俄四国的社会沙文主义派和和平主义派的代表:英国独立工党的詹·基尔·哈第、詹·拉·麦克唐纳等,英国社会党、工党、费边社的代表;法国社会党的马·桑巴、爱·瓦扬、让·龙格、阿·托马、阿·孔佩尔-莫雷尔,法国劳动总联合会的莱·茹奥;比利时社会党的埃·王德威尔得等;俄国社会革命党的维·米·切尔诺夫、马·安·纳坦松(博勃罗夫)、伊·阿·鲁巴诺维奇。伊·米·马伊斯基代表孟什维克组织委员会出席了代表会议。

　　列入代表会议议程的问题有:(1)民族权利问题;(2)殖民地问题;(3)保障未来和平问题。

　　布尔什维克未被邀请参加代表会议。但是,李维诺夫受列宁委托为宣读俄国社会民主工党中央委员会的宣言而出席了代表会议。这篇宣言是以列宁拟定的草案为基础写成的。宣言要求社会党人退出资产阶级政府,同帝国主义者彻底决裂,坚决反对帝国主义政府,谴责投票赞成军事拨款的行为。在李维诺夫宣读宣言过程中,会议主席打断了他的发言并取消了他的发言权,声称会议宗旨不是批评各个党。李维诺夫交了一份书面宣言给主席团以后退出了代表会议。这篇宣言后来刊登于1915年3月29日俄国社会民主工党中央机关报《社会民主党人报》第40号。列宁对这次代表会议的评论,见《关于伦敦代表会议》和《谈伦敦代表会议》两文(《列宁全集》第2版第26卷第160—162、179—181页)。——530。

281 《新闻报》(《Новости》)是俄国社会革命党人的报纸(日报),1914年8月—1915年5月在巴黎出版。——530。

282 《无产者呼声报》(《Пролетарский Голос》)是俄国社会民主工党彼得堡委员会的秘密机关报,1915年2月—1916年12月在彼得格勒出版,共出了4号。最后一号被警察没收,抢救出来的只有为数不多的几份。该报创刊号曾刊登俄国社会民主工党中央委员会的宣言《战争和俄国社会民主党》。——532。

283 齐赫泽党团是指以尼·谢·齐赫泽为首的俄国第四届国家杜马中的孟什维克党团。在第一次世界大战期间,该党团采取中派立场,实际上全面支持俄国社会沙文主义者。列宁对齐赫泽党团的机会主义路线的批判,见《组织委员会和齐赫泽党团有自己的路线吗?》和《齐赫泽党团及其作用》(《列宁全集》第2版第27卷第270—275页,第28卷第296—300页)等文。——532、717。

284 考茨基的这段话及下页第一段中的话均引自他的小册子《国际观点和战争》(载于1915年《我们的事业》杂志第1、2期)。——536。

285 列宁引自维·阿德勒《希望的闪光》一文(载于1915年2月14日奥地利社会民主党中央机关报《工人报》(第45号))。——536。

286 列宁引自沃·海涅《德国社会民主党在德国人民中》一文(载于1915年7月8日《社会主义月刊》(第13期))。——536。

287 指德国和奥匈帝国社会民主党人于1915年4月在维也纳举行的代表会议。这次会议赞同德、奥社会民主党的领导人为战争辩护的社会沙文主义立场,并且声称这同工人争取和平的斗争中的国际团结并不矛盾。——537。

288　指卢加诺代表会议。

卢加诺代表会议是指1914年9月27日在卢加诺召开的意大利和瑞士两国社会党人联合代表会议,参加这次联合代表会议的有意大利社会党人扎·塞拉蒂、康·拉查理、奥·莫尔加利、菲·屠拉梯、维·莫迪利扬尼、安·巴拉巴诺娃等和瑞士社会民主党人罗·格里姆、保·普夫吕格尔等。这是在第一次世界大战期间召开的第一次试图恢复国际联系的社会党人代表会议。

卢加诺代表会议的决议采纳了列宁关于战争的提纲中的一些论点。但是会议没有支持布尔什维克关于变帝国主义战争为国内战争和使"自己的"政府在战争中失败的口号,不赞成同社会沙文主义者彻底决裂。代表会议号召社会党人采取各种办法,反对把战争继续扩大到其他国家,并委托瑞士社会民主党执行委员会和意大利社会党执行委员会一起筹备召开中立国社会党人代表大会来讨论国际局势。——537。

289　指哥本哈根代表会议。

哥本哈根代表会议即1915年1月17—18日在哥本哈根举行的中立国社会党人代表会议。出席这次会议的有瑞典、挪威、丹麦和荷兰社会党的代表。会议通过一个决议,建议中立国的社会民主党议员敦促本国政府在交战国之间充当调停人和加速恢复和平。——537。

290　指国际妇女社会党人代表会议。

国际妇女社会党人代表会议于1915年3月26—28日在伯尔尼举行。这次代表会议是根据《女工》杂志国外组织的倡议,在当时担任妇女社会党人国际局主席的克拉拉·蔡特金的直接参与下召开的。出席会议的有来自英国、德国、荷兰、法国、波兰、俄国、瑞士的妇女组织的29名代表。代表会议的全部筹备工作是由伊·费·阿尔曼德、娜·康·克鲁普斯卡娅等在列宁领导下进行的。列宁还为会议起草了决议草案(见《列宁全集》第2版第26卷第220—222页)。

但是代表会议的多数代表受中派影响,她们不讨论战争所引起的社会主义的总任务,而只限于讨论蔡特金的《关于妇女社会党人维护和平的国际行动》的报告。这个问题的决议案是蔡特金在英国和荷兰代表参与下起草的,具有中派主义性质。会议通过了这个决议,而否决了俄国社会民主工党中央委员会的代表提出的列宁起草的决议草案。——537。

291　指国际社会主义青年代表会议。

国际社会主义青年代表会议于1915年4月4—6日在伯尔尼举行。

出席代表会议的有保加利亚、德国、荷兰、丹麦、意大利、挪威、波兰、俄国、瑞士、瑞典共 10 个国家的青年组织的代表。代表会议的主要议题是战争和社会主义青年组织的任务。代表会议是在中派分子罗·格里姆的影响下组织和筹备的。

为了利用代表会议来团结青年国际主义分子,俄国社会民主工党中央委员会派伊·萨法罗夫参加代表会议。俄国社会民主工党中央委员会代表团把一份包含有布尔什维克关于战争问题的基本论点的决议草案提交会议审查。这一草案是根据列宁为国际妇女社会党人代表会议写的决议草案(见《列宁全集》第 2 版第 26 卷第 220—222 页)拟的。但是代表会议没有通过这个决议,而通过了根据中派的精神写的决议。

代表会议选出了社会主义青年国际局,通过了关于出版社会主义青年的国际机关刊物《青年国际》杂志的决议,并决定每年庆祝国际青年节。——537。

292　《光线》杂志(«Lichtstrahlen»)是德国社会民主党人左派集团——"德国国际社会党人"的机关刊物(月刊),1913—1921 年在柏林不定期出版。尤·博尔夏特任该杂志主编,参加杂志工作的还有安·潘涅库克、安·伊·巴拉巴诺娃等人。——537。

293　论坛派是 1907—1918 年荷兰左派社会民主党人的称谓,因办有《论坛报》而得名。领导人为戴·怀恩科普、赫·哥尔特、安·潘涅库克、罕·罗兰-霍尔斯特等。1907—1909 年,论坛派是荷兰社会民主工党内的左翼反对派,反对该党领导人的机会主义。1909 年 2 月,《论坛报》编辑怀恩科普等人被荷兰社会民主工党开除。同年 3 月,论坛派成立了荷兰社会民主党。在第一次世界大战期间,论坛派基本上持国际主义立场。1918 年 11 月,论坛派创建了荷兰共产党。——540。

294　组织委员会(简称组委会)是 1912 年在取消派的八月代表会议上成立的俄国孟什维克的领导中心。第一次世界大战期间,组委会采取了社会沙文主义立场,站在沙皇政府方面为战争辩护。组委会先后出版过《我们的曙光》、《我们的事业》、《事业》、《工人晨报》、《晨报》等报刊。1917 年 8 月孟什维克党选出中央委员会以后,组委会的职能即告终止。除了在俄国国内活动的组委会外,在国外还有一个组委会国外书记处。这个书记处由帕·波·阿克雪里罗得、伊·谢·阿斯特罗夫-波韦斯、尔·马尔托夫、亚·萨·马尔丁诺夫和谢·尤·谢姆柯夫斯基组成,持和中派相近的立场,实际上支持俄国的社会沙文主义者。书记处的机关刊物是

《俄国社会民主工党组织委员会国外书记处通报》,1915 年 2 月—1917
年 3 月在日内瓦出版,共出了 10 号。——542、697、706。

295 劳动解放社是俄国第一个马克思主义团体,由格·瓦·普列汉诺夫和
维·伊·查苏利奇、帕·波·阿克雪里罗得、列·格·捷依奇、瓦·尼·
伊格纳托夫于 1883 年 9 月在日内瓦建立。劳动解放社把马克思主义创
始人的许多重要著作译成俄文,在国外出版后秘密运到俄国,这对马克思
主义在俄国的传播起了巨大的作用。普列汉诺夫当时写的《社会主义与
政治斗争》、《我们的意见分歧》、《论一元论历史观之发展》等著作有力地
批判了民粹主义,用马克思主义的观点分析了俄国社会的现实和俄国革
命的一些基本问题。普列汉诺夫起草的劳动解放社的两个纲领草案——
1883 年的《社会民主主义的劳动解放社纲领》和 1885 年的《俄国社会民
主党人的纲领草案》,对于俄国社会民主党的建立具有重要意义,后一个
纲领草案的理论部分包含了马克思主义政党纲领的基本成分。劳动解放
社在团结俄国社会民主党的力量方面也做了许多工作。它还积极参加社
会民主党人的国际活动,和德、法、英等国的社会民主党都有接触。劳动解
放社以普列汉诺夫为代表对伯恩施坦主义进行了积极的斗争,在反对
俄国的经济派方面也起了重要作用。恩格斯曾给予劳动解放社的活动以
高度评价(参看《马克思恩格斯文集》2009 年人民出版社版第 10 卷第
532 页)。列宁认为劳动解放社的历史意义在于它从理论上为俄国社会
民主党奠定了基础,向着工人运动迈出了第一步;劳动解放社的主要缺点
是:它没有和工人运动结合起来,它的成员对俄国资本主义发展的特点缺
乏具体分析,对建立不同于第二国际各党的新型政党的特殊任务缺乏认
识等。劳动解放社于 1903 年 8 月在俄国社会民主工党第二次代表大会
上宣布解散。——543。

296 一月代表会议即俄国社会民主工党第六次全国代表会议,于 1912 年 1 月
5—17 日(18—30 日)在布拉格举行,也称布拉格代表会议。这次代表会
议有 20 多个党组织,即几乎所有在俄国进行活动的组织的代表参加,实
际上起了代表大会的作用。列宁领导了代表会议的工作,在会议上作了
关于目前形势和党的任务的报告和关于社会党国际局的工作的报告,起
草了所有重要问题的决议案。会议肯定俄国新的革命高涨已经开始,规
定了党在新的条件下的政治路线和策略。代表会议宣布取消派的所作所
为已使他们自己完全置身于党外,决定把他们清除出党。代表会议谴责
了国外反党集团——孟什维克呼声派、前进派和托洛茨基分子的活动,认

为必须在国外建立一个在中央委员会监督和领导下进行协助党的工作的统一的党组织。代表会议还通过了关于党的工作的性质和组织形式的决议,批准了列宁提出的党的组织章程草案。代表会议恢复了党,选出了中央委员会并由它重新建立了领导国内党组织实际工作的机关——中央委员会俄国局。这次会议对俄国社会民主工党这一新型政党的进一步发展,对巩固党的统一具有决定性意义。关于一月代表会议,参看《俄国社会民主工党第六次(布拉格)全国代表会议文献》,见《列宁全集》第2版第21卷。——545。

297 指《马克思主义和取消主义。关于现代工人运动的基本问题的论文集。第2册》一书,该书于1914年7月由党的波涛出版社出版。文集收载了列宁和其他一些人的反对取消派的文章。此处列宁是指他写的《工人阶级和工人报刊》和《工人对在国家杜马中成立俄国社会民主党工人党团的反应》两篇文章,其中载有关于工人捐款的详细材料(见《列宁全集》第2版第25卷第304—312、418—426页)。——546。

298 《莱比锡人民报》(《Leipziger Volkszeitung》)是德国社会民主党的报纸(日报),1894—1933年出版。该报最初属于该党左翼,弗·梅林和罗·卢森堡曾多年担任它的编辑。1917—1922年是德国独立社会民主党的机关报,1922年以后成为右翼社会民主党人的机关报。——546。

299 《国际通讯》杂志(《Internationale Korrespondenz》)是德国社会沙文主义者的周刊。1914年9月底—1918年10月1日在柏林出版。——549。

300 《现代世界》杂志(《Современный Мир》)是俄国文学、科学和政治刊物(月刊),1906年10月—1918年在彼得堡出版,编辑为尼·伊·约尔丹斯基等人。孟什维克格·瓦·普列汉诺夫、费·伊·唐恩、尔·马尔托夫等积极参加了该杂志的工作。布尔什维克在同普列汉诺夫派联盟期间以及在1914年初曾为该杂志撰稿。在第一次世界大战期间,《现代世界》杂志成了社会沙文主义者的刊物。——549。

301 《谈谈辩证法问题》一文写在《哲学》笔记本中,在《拉萨尔〈赫拉克利特的哲学〉一书摘要》和《亚里士多德〈形而上学〉一书摘要》之间,由于其中有引自《形而上学》的引文,所以有理由认为它是在列宁读过亚里士多德的这一著作以后写的。因此,《谈谈辩证法问题》是1914—1915年列宁研究哲学问题的独特总结。

列宁在这篇文章中分析了对立面的统一和斗争的辩证规律,形而上学的和辩证的发展观；分析了绝对和相对，抽象和具体，一般、特殊和个别，逻辑和历史等等范畴；揭示了认识过程的辩证性质；指出了唯心主义的认识论根源和阶级根源。——556。

302　伊万是俄国最常见的人名。

　　茹奇卡是俄语中看家狗的常用名字。——558。

303　此处见保·福尔克曼的《自然科学的认识论原理及其与当代精神生活的联系》一书第 2 版第 35 页。列宁关于该书的札记，见《列宁全集》第 2 版第 55 卷第 343—344 页。列宁在作黑格尔《哲学史讲演录》摘要时，也指出了类似的地方（同上书，第 207、219—220 页）。——559。

304　überschwenglich 可译为"过分的"、"过度的"、"无限的"、"过火"等等。这个词是约·狄慈根在分析绝对真理和相对真理、物质和精神等等之间的关系时使用的一个字眼（例如，见《列宁全集》第 2 版第 55 卷第 419—420、423 页）。列宁也在自己的一些著作中使用它来揭示对概念的辩证法的唯物主义的理解。例如，在《唯物主义和经验批判主义》中，列宁发展了恩格斯对哲学基本问题所作的表述，他写道："狄慈根在《漫游》中重复说，物质这个概念也应当包括思想。这是糊涂思想。因为这样一来，狄慈根自己所坚持的那种物质和精神、唯物主义和唯心主义在认识论上的对立就会失去意义。至于说到这种对立不应当是'无限的'、夸大的、形而上学的，这是不容争辩的（强调这一点是**辩证**唯物主义者狄慈根的巨大功绩）。这种相对对立的绝对必要性和绝对真理性的界限，正是确定认识论研究的**方向**的界限。如果在这些界限之外，把物质和精神即物理的东西和心理的东西的对立当做绝对的对立，那就是极大的错误。"（见《列宁全集》第 2 版第 18 卷第 257 页）列宁在《共产主义运动中的"左派"幼稚病》中也谈到真理的辩证性质（见《列宁全集》第 2 版第 39 卷第 42 页）。——560。

305　德雷福斯案件指 1894 年法国总参谋部尉级军官犹太人阿·德雷福斯被法国军界反动集团诬控为德国间谍而被军事法庭判处终身服苦役一事。法国反动集团利用这一案件煽动反犹太主义和沙文主义，攻击共和制和民主自由。在事实证明德雷福斯无罪后，当局仍坚决拒绝重审，引起广大群众强烈不满。法国社会党人和资产阶级民主派进步人士（包括埃·左拉、让·饶勒斯、阿·法朗士等）发动了声势浩大的运动，要求重审这一案件。在社会舆论压力下，1899 年瓦尔德克-卢梭政府撤销了德雷福斯案件，由共和国总统赦免了德雷福斯。但直到 1906 年 7 月，德雷福斯才被上诉法庭确认无罪,恢复了军职。——563。

306 萨韦纳事件发生在阿尔萨斯的萨韦纳市。1913 年 11 月,由于一个普鲁士军官粗暴侮辱阿尔萨斯人,该市爆发了当地居民(大多数是法国人)反对普鲁士军阀压迫的怒潮。——563。

307 这一论点是恩格斯在《布拉格起义》一文中提出的(参看《马克思恩格斯全集》第 1 版第 5 卷第 95 页)。列宁从弗·梅林编辑的《卡·马克思、弗·恩格斯和斐·拉萨尔的遗著》一书中引用了这一论点,而该书没有注明《布拉格起义》一文的作者是谁。——567。

308 奥吉亚斯牛圈出典于希腊神话。据说古希腊西部厄利斯的国王奥吉亚斯养牛 3 000 头,30 年来牛圈从未打扫,粪便堆积如山。奥吉亚斯的牛圈常被用来比喻藏垢纳污的地方。——568。

309 《钟声》杂志(《Die Glocke》)是德国社会民主党党员、社会沙文主义者亚·李·帕尔乌斯办的刊物(双周刊),1915—1925 年先后在慕尼黑和柏林出版。——568。

310 这里说的是恩格斯的《民主的泛斯拉夫主义》一文(参看《马克思恩格斯全集》第 1 版第 6 卷第 322—342 页)。列宁是从弗·梅林编辑的《卡·马克思、弗·恩格斯和斐·拉萨尔的遗著》中引用这篇文章的,而该书没有注明这篇文章的作者是谁。——568。

311 工联即英国及其自治领的工会。工联成员作为集体党员加入工党。在第一次世界大战期间,工联领导人大多数持社会沙文主义立场。工联思想家们否认建立无产阶级革命政党的必要性,实际上把工人政党的作用等同于工联的议会代表团。——570。

312 指俄国社会民主工党第二次代表大会。

俄国社会民主工党第二次代表大会于 1903 年 7 月 17 日(30 日)—8 月 10 日(23 日)先后在布鲁塞尔和伦敦举行。代表大会是《火星报》筹备的。列宁为代表大会起草了一系列文件,并详细拟定了代表大会的议程和议事规程。

出席代表大会的有 43 名有表决权的代表,他们代表着 26 个组织(劳动解放社、《火星报》组织、崩得国外委员会和中央委员会、俄国革命社会民主党人国外同盟、国外俄国社会民主党人联合会以及俄国社会民主党的 20 个地方委员会和联合会),共有 51 票(有些代表有两票)。出席代表大会的有发言权的代表共 14 名。代表大会的成分不一,其中有《火星报》的拥护者,也有《火星报》的反对者以及不坚定的动摇分子。

列宁被选入代表大会常务委员会,主持了多次会议,几乎就所有问题发了言。他还是纲领委员会、章程委员会和代表资格审查委员会的委员。

代表大会要解决的最重要的问题是批准党纲、党章以及选举党的中央领导机关。列宁及其拥护者在大会上同机会主义分子作了坚决的斗争。代表大会否决了机会主义分子要按照西欧各国社会民主党的纲领的精神来修改《火星报》编辑部制定的纲领草案的一切企图。大会先逐条讨论和通过党纲草案,然后由全体代表一致通过了整个纲领(有 1 票弃权)。在讨论党章时,会上就建党的组织原则问题展开了尖锐的斗争。由于得到反火星派和"泥潭派"(中派)的支持,尔·马尔托夫提出的为不坚定分子入党大开方便之门的党章第 1 条条文,以微弱的多数票为大会所通过。但是代表大会还是基本上批准了列宁制定的党章。

大会票数的划分起初是:火星派33 票,"泥潭派"(中派)10 票,反火星派 8 票(3 名工人事业派分子和 5 名崩得分子)。在彻底的火星派(列宁派)和"温和的"火星派(马尔托夫派)之间发生分裂后,彻底的火星派暂时处于少数地位。但是,8 月 5 日(18 日)7 名反火星派分子(2 名工人事业派分子和 5 名崩得分子)因不同意代表大会的决议而退出了大会。在选举中央机关时,得到反火星派分子和"泥潭派"的支持的马尔托夫派(共7 人)成为少数派,共有 20 票(马尔托夫派 9 票,"泥潭派"10 票,反火星派 1 票),而团结在列宁周围的 20 名彻底的火星派分子成为多数派,共有 24 票。列宁及其拥护者在选举中得到了胜利。代表大会选举列宁、马尔托夫和格·瓦·普列汉诺夫为中央机关报《火星报》编辑部成员,格·马·克尔日扎诺夫斯基、弗·威·林格尼克和弗·亚·诺斯科夫为中央委员会委员,普列汉诺夫为党总委员会委员。从此,列宁及其拥护者被称为布尔什维克(俄语多数派一词的音译),而机会主义分子则被称为孟什维克(俄语少数派一词的音译)。

俄国社会民主工党第二次代表大会具有重大的历史意义。列宁说:"布尔什维主义作为一种政治思潮,作为一个政党而存在,是从 1903 年开始的。"(见本版选集第 4 卷第 135 页)——572。

313 指列宁起草并由 1913 年 9 月 23 日—10 月 1 日(10 月 6—14 日)在波罗宁举行的有党的工作者参加的俄国社会民主工党中央委员会会议通过的关于民族问题的决议(见《列宁全集》第 2 版第 24 卷第 60—62 页;《苏联共产党代表大会、代表会议和中央全会决议汇编》1964 年人民出版社版第 1 分册第 405—407 页)。——572。

314 《我们的事业》杂志(《Наше Дело》)是俄国孟什维克取消派和社会沙文主义者的主要刊物(月刊),1915 年 1 月起在彼得格勒出版,以代替 1914 年 10 月被查封的《我们的曙光》杂志,共出了 6 期。——572、717。

315 指《伯尔尼国际社会党委员会。公报》。

《伯尔尼国际社会党委员会。公报》(《Internationale Sozialistische Komission zu Bern. Bulletin》)是国际社会党委员会的机关报,于 1915 年 9 月—1917 年 1 月在伯尔尼用德、法、英三种文字出版,共出了 6 号。

国际社会党委员会(I. S. K.)是齐美尔瓦尔德联盟的执行机构,在 1915 年 9 月 5—8 日举行的国际社会党第一次代表会议(齐美尔瓦尔德会议)上成立。组成委员会的是中派分子罗·格里姆、奥·莫尔加利、沙·奈恩以及担任译员的安·伊·巴拉巴诺娃。委员会设在伯尔尼。齐美尔瓦尔德代表会议之后不久,根据格里姆的建议,成立了国际社会党扩大委员会,参加扩大委员会的是同意齐美尔瓦尔德会议决议的各党的代表。代表俄国社会民主工党中央委员会参加扩大委员会的是列宁、伊·费·阿尔曼德和格·叶·季诺维也夫。——573、742。

316 1896 年伦敦国际社会党代表大会(第二国际第四次代表大会)通过的承认民族自决的决议说:"代表大会宣布,它主张一切民族有完全的自决权,它同情现在受到军事的、民族的或其他的专制制度压迫的一切国家的工人;大会号召所有这些国家的工人加入全世界有觉悟的工人队伍,以便和他们一起为打倒国际资本主义、实现国际社会民主党的目标而斗争。"列宁在《论民族自决权》一文中分析了这个决议(见《列宁全集》第 2 版第 25 卷第 259—263 页)。——573。

317 《帝国主义是资本主义的最高阶段(通俗的论述)》一书是列宁在 1916 年上半年写的。1915 年,根据马·高尔基的倡议,刚刚在彼得格勒成立的孤帆出版社准备出版一套题为《战前和战时的欧洲》的通俗丛书,并委托在巴黎的米·尼·波克罗夫斯基编辑这套丛书。波克罗夫斯基约请列宁撰写这套丛书中带导言性质即关于帝国主义的一种,列宁接受了这一建议。

列宁很早就注意到了资本主义发展中的新现象。他在 1895—1913 年写的一系列著作中都揭示和分析了帝国主义时代所具有的个别特征。他还非常注意论述资本主义的最新书籍的出版。第一次世界大战爆发后,出于领导革命斗争的需要,他从 1915 年中开始,在伯尔尼集中力量认真研究有关帝国主义的问题。他从 148 本书籍(德文书 106 本,法文书

23 本,英文书 17 本和俄文译本两本)和刊登在 49 种不同的期刊(德文 34
种,法文 7 种,英文 8 种)上的 232 篇文章(德文 206 篇,法文 13 篇,英文
13 篇)中作了共约 50 个印张的摘录、提要、笔记等等(这些资料于 1939
年用《关于帝国主义的笔记》的书名在苏联首次出版,见《列宁全集》第 2
版第 54 卷)。列宁研究、检验和科学地分析了浩瀚的实际资料,为写作
《帝国主义是资本主义的最高阶段》一书作了准备。

　　1916 年 1 月,列宁在伯尔尼开始撰写《帝国主义是资本主义的最高
阶段》一书。2 月列宁移居苏黎世,继续研究帝国主义问题和撰写此书。
他除了利用苏黎世州立图书馆的藏书外,还从其他城市借阅一些书籍。
1916 年 6 月 19 日(7 月 2 日)《帝国主义是资本主义的最高阶段》一书完
稿,列宁把手稿挂号寄给了波克罗夫斯基。

　　高尔基在 1916 年 9 月 29 日给波克罗夫斯基的信里说,列宁的这本
书"的确很出色",可单独出版。然而孤帆出版社编辑部中的孟什维克却
对列宁的书稿作了不少修改,如删去了对卡·考茨基和尔·马尔托夫的
尖锐批评,把列宁原用的"发展成为"一词(资本主义发展成为帝国主义)
改为"变成","反动性"一词("超帝国主义"论的反动性)改为"落后性"
等等。1916 年 11 月,《年鉴》以《最新资本主义》这一书名刊登了该书的
出版预告。1917 年中,这本书用《帝国主义是资本主义的最新阶段(通俗
的论述)》的书名在彼得格勒出版,书中附有列宁回国后于 1917 年 4 月
26 日写的序言。列宁 1920 年 7 月为本书法文版和德文版写的序言,对
本书内容作了一些重要的概括和补充。

　　1935 年,本书首次以《帝国主义是资本主义的最高阶段》为书名并按
照列宁手稿全文刊印于《列宁全集》俄文第 2、3 版第 19 卷。

　　在我国,《帝国主义是资本主义的最高阶段》一书早在 1925 年 2 月就
出版过以《帝国主义浅说》为书名的中译文单行本。——575。

318　指英国经济学家约·阿·霍布森的《帝国主义》一书。该书于 1902 年在
伦敦出版,列宁曾于 1904 年翻译过。列宁在《关于帝国主义的笔记》中
对它作了详细的分析和摘录(见《列宁全集》第 2 版第 54 卷第 450—484
页),指出该书"一般说来是有益的,特别有益的是它有助于揭露考茨基
主义在这一问题上的主要虚伪之处"(同上书,第 105 页)。列宁在利用
霍布森这部著作中的大量事实材料的同时,批判了他的改良主义的结论
和暗中维护帝国主义的企图。——575。

319　《帝国主义是资本主义的最高阶段》一书德文版于 1921 年出版,法文版于

1923 年出版。这篇专为法文版和德文版写的序言先以《帝国主义和资本主义》为题刊载于 1921 年 10 月《共产国际》杂志第 18 期。——577。

320 布列斯特-里托夫斯克和约是 1918 年 3 月 3 日苏维埃俄国在布列斯特-里托夫斯克同德国、奥匈帝国、保加利亚和土耳其签订的条约,3 月 15 日经全俄苏维埃第四次(非常)代表大会批准。和约共 14 条,另有一些附件。根据和约,苏维埃共和国同四国同盟之间停止战争状态。波兰、立陶宛全部、白俄罗斯和拉脱维亚部分地区脱离俄国。苏维埃俄国应从拉脱维亚和爱沙尼亚撤军,由德军进驻。德国保有里加湾和蒙海峡群岛。苏维埃军队撤离乌克兰、芬兰和奥兰群岛,并把阿尔达汉、卡尔斯和巴统各地区让与土耳其。苏维埃俄国总共丧失 100 万平方公里土地(含乌克兰)。此外,苏维埃俄国必须复员全部军队,承认乌克兰中央拉达同德国及其盟国缔结的和约,并须同中央拉达签订和约和确定俄国同乌克兰的边界。布列斯特和约恢复了对苏维埃俄国极其不利而对德国有利的 1904 年的关税税率。1918 年 8 月 27 日在柏林签订了俄德财政协定,规定俄国必须以各种形式向德国交付 60 亿马克的赔款。布列斯特和约是当时刚建立的苏维埃政权为了摆脱帝国主义战争,集中力量巩固十月革命取得的胜利而实行的一种革命的妥协。这个和约的签订,虽然使苏维埃俄国受到割地赔款的巨大损失,但是没有触动十月革命的根本成果,并为年轻的苏维埃共和国赢得了和平喘息时机去巩固无产阶级专政,整顿国家经济和建立正规红军,为后来击溃白卫军和帝国主义的武装干涉创造了条件。1918 年德国十一月革命推翻了威廉二世的政权。1918 年 11 月 13 日,全俄中央执行委员会宣布废除布列斯特和约。——579。

321 凡尔赛和约即第一次世界大战后英、法、意、日等国对德和约,于 1919 年 6 月 28 日在巴黎郊区凡尔赛宫签订。和约的主要内容是,德国将阿尔萨斯—洛林归还法国,萨尔煤矿归法国;德国的殖民地由英、法、日等国瓜分;德国向美、英、法等国交付巨额赔款;德国承认奥地利独立;限制德国军备,把莱茵河以东 50 公里的地区划为非军事区。中国虽是战胜国,但和约却把战前德国在山东的特权交给了日本。这种做法遭到了中国人民的强烈反对,中国代表因而没有在和约上签字。列宁认为凡尔赛和约"是一个闻所未闻的、掠夺性的和约,它把亿万人,其中包括最文明的一部分人,置于奴隶地位"(见《列宁全集》第 2 版第 39 卷第 352 页)。——579。

322　威尔逊主义指美国总统伍·威尔逊的一套用资产阶级和平主义和改良主义装扮起来的对内对外政策。1913 年威尔逊就任总统以后,进行了一些无损于资产阶级根本利益的"改革",实行了关税法、累进所得税法、反托拉斯法等等,同时残酷地镇压工人运动。第一次世界大战爆发后,他一方面发表"中立"宣言和"没有胜利的和平"的演说,另一方面加紧向拉丁美洲扩张。1917 年美国参战后,他又叫嚷"以战争拯救世界民主"。1918 年 1 月 8 日,他提出了所谓"十四点"和平纲领。在巴黎和会上,他参与制定了掠夺性的凡尔赛和约,并积极支持日本帝国主义侵略中国的要求。列宁在共产国际第二次代表大会上所作的《关于国际形势和共产国际基本任务的报告》中谈到了威尔逊主义的实质和威尔逊政策的破产(见《列宁全集》第 2 版第 39 卷第 212—213 页)。——579。

323　指伯尔尼国际。

　　伯尔尼国际是持社会沙文主义、机会主义和中派主义立场的各国社会民主党的首领们在 1919 年 2 月伯尔尼代表会议上成立的联盟。伯尔尼国际的领袖是卡·亚·布兰亭、卡·考茨基、爱·伯恩施坦、皮·列诺得尔等。他们力图恢复已于 1914 年瓦解的第二国际,阻挠革命和共产主义运动的发展,防止成立共产国际。他们敌视苏维埃俄国的无产阶级专政,颂扬资产阶级民主。1921 年 2 月,德国独立社会民主党、奥地利社会民主党、法国社会党、英国独立工党等退出伯尔尼国际,成立了维也纳国际(第二半国际)。1923 年 5 月,在革命斗争浪潮开始低落的形势下,伯尔尼国际同维也纳国际合并成为社会主义工人国际。——580。

324　德国独立社会民主党是中派政党,1917 年 4 月在哥达成立。代表人物是卡·考茨基、胡·哈阿兹、鲁·希法亭、格·累德堡等。基本核心是中派组织"工作小组"。该党以中派言词作掩护,宣传同公开的社会沙文主义者"团结",放弃阶级斗争。1917 年 4 月—1918 年底,斯巴达克派曾参加该党,但保持组织上和政治上的独立,继续进行秘密工作,并帮助工人党员摆脱中派领袖的影响。1920 年 10 月,德国独立社会民主党在该党哈雷代表大会上发生了分裂,很大一部分党员于 1920 年 12 月同德国共产党合并。右派分子单独成立了一个党,仍称德国独立社会民主党,存在到 1922 年。——581。

325　斯巴达克派(国际派)是德国左派社会民主党人的革命组织,第一次世界大战初期形成,创建人和领导人有卡·李卜克内西、罗·卢森堡、弗·梅林、克·蔡特金、尤·马尔赫列夫斯基、莱·约吉希斯(梯什卡)、威·皮克等。1915年4月,卢森堡和梅林创办了《国际》杂志,这个杂志是团结德国左派社会民主党人的主要中心。1916年1月1日,全德左派社会民主党人代表会议在柏林召开,会议决定正式成立组织,取名为国际派。代表会议通过了一个名为《指导原则》的文件,作为该派的纲领,这个文件是在卢森堡主持和李卜克内西、梅林、蔡特金参加下制定的。1916年—1918年10月,该派定期出版秘密刊物《政治书信》,署名斯巴达克,因此该派也被称为斯巴达克派。1917年4月,斯巴达克派加入了德国独立社会民主党,但保持组织上和政治上的独立。斯巴达克派在群众中进行革命宣传,组织反战活动,领导罢工,揭露世界大战的帝国主义性质和社会民主党机会主义领袖的叛卖行为。斯巴达克派在理论和策略问题上也犯过一些错误,列宁曾屡次给予批评和帮助。1918年11月,斯巴达克派改组为斯巴达克联盟,12月14日公布了联盟的纲领。1918年底,联盟退出了独立社会民主党,并在1918年12月30日—1919年1月1日举行的全德斯巴达克派和激进派代表会议上创建了德国共产党。——581、689、721、742。

326 凡尔赛派是指法国1871年巴黎公社起义胜利后在凡尔赛成立的以阿·梯也尔为首的反革命资产阶级政府的拥护者。凡尔赛派对公社战士实行极为残酷的镇压,是巴黎公社最凶狠的敌人。1871年后,凡尔赛派一词成了灭绝人性的反革命派的同义语。——582。

327 美西战争是指1898年美国对西班牙发动的战争。1898年4月,在古巴摆脱西班牙殖民统治的起义取得决定性胜利时,美国借口其战舰"缅因"号在哈瓦那港口被炸沉而对西班牙宣战,向西属殖民地发动进攻。7月,西班牙战败求和,12月在巴黎签订和约。西班牙将其殖民地菲律宾、关岛、波多黎各割让给美国。古巴形式上取得独立,实际上成为美国的保护国。列宁称这场战争为重新瓜分世界的第一次帝国主义战争。——583、705。

328 英布战争,亦称布尔战争,是指1899年10月—1902年5月英国对布尔人的战争。布尔人是南非荷兰移民的后裔,19世纪建立了德兰士瓦共和国和奥兰治自由邦。为了并吞这两个黄金和钻石矿藏丰富的国家,英国发动了这场战争。由于布尔人战败,这两个国家丧失了独立,1910年被并入英国自治领南非联邦。——583、705。

329 列宁在《帝国主义是资本主义的最高阶段》和《关于帝国主义的笔记》中,不止一次地引用过鲁·希法亭的《金融资本》一书。列宁在肯定这本书对帝国主义的理论分析的同时,也批评了作者在帝国主义的一些重要问题上的非马克思主义的论点和结论(参看《列宁全集》第 2 版第 54 卷第 369—375、694—695 页)。——583。

330　《德意志帝国年鉴》即《德意志帝国立法、行政和国民经济年鉴》(《Annalen des Deutschen Reichs für Gesetzgebung, Verwaltung und Volkswirtschaft》),是德国杂志,1868—1931 年先后在慕尼黑、莱比锡和柏林出版。——585。

331　《银行》杂志(《Die Bank》)是德国金融家的刊物,1908—1943 年在柏林出版。——595。

332　列宁在《关于帝国主义的笔记》中对奥·耶德尔斯《德国大银行与工业的关系,特别是与冶金工业的关系》一书作了详细的评述(见《列宁全集》第 2 版第 54 卷第 156—171 页)。——596。

333　列宁在《关于帝国主义的笔记》中对格·舒尔采-格弗尼茨的《德国信用银行》和《20 世纪初的不列颠帝国主义和英国自由贸易》两本书作了批判性评述（见《列宁全集》第 2 版第 54 卷第 37—51、496—512 页）。——598。

334　列宁在《关于帝国主义的笔记》中对罗·利夫曼《参与和投资公司。对现代资本主义和有价证券业的研究》一书作了批判性分析(见《列宁全集》第 2 版第 54 卷 414—423 页)。——599。

335　列宁利用了雅·里塞尔《德国大银行及其随着德国整个经济发展而来的集中》的两个版本;1910 年耶拿版和 1912 年耶拿版。在《关于帝国主义的笔记》中,列宁详细分析了该书中历年的实际材料(见《列宁全集》第 2 版第 54 卷第 382—412 页)。——599。

336　在原统计材料中,本栏数字是 4 类机构数字的总和,而列宁在本表中只列举了 3 类机构的数字。参看《列宁全集》第 2 版第 54 卷第 389 页。——600。

337　总公司在我国亦称法国兴业银行。——601。

338　1873 年交易所的崩溃发生在这年上半年。19 世纪 70 年代,信用扩张、滥设投机公司以及交易所投机达到空前规模。在工业以及商业都出现了世界经济危机的明显征兆的情况下,交易所投机还在继续发展。于是灾难终于在 1873 年 5 月 9 日降临到维也纳交易所。24 小时之内,股票贬值好几亿,破产的公司数目惊人。这一灾难即蔓延到德国和其他一些国家。恩格斯曾对这一事件作过评述(参看《马克思恩格斯全集》第 1 版第 19

卷第 193 页）。——605。

339 滥设投机公司的丑事指 19 世纪 70 年代初德国加紧创办股份公司的热潮。根据 1871 年法兰克福和约,德国从法国得到赔款 50 亿金法郎。德国资本家为了趁机牟取暴利,就在各地纷纷开设股份公司和银行企业,进行投机活动。从 1871 年下半年到 1874 年之间就成立了 857 个股份公司,等于前 20 年所建立的公司总数的 4 倍。恩格斯描述当时的情况说:"人们滥设股份公司或两合公司、银行、土地信用和动产信用机构、铁路建筑公司、各种工厂、造船厂、从事土地和建筑物投机的公司以及其他表面上叫做工业企业而实际上进行最无耻的投机活动的公司。……过度的投机活动最终造成了普遍的崩溃。"(参看《马克思恩格斯全集》第 1 版第 19 卷第 193 页)——605。

340 《法兰克福报》(《Frankfurter Zeitung》) 是德国交易所经纪人的报纸(日报),1856—1943 年在美因河畔法兰克福出版。——607。

341 指格·瓦·普列汉诺夫。普列汉诺夫关于帝国主义问题的看法见他的《论战争》文集,该文集于大战期间在彼得格勒出版。——615。

342 俄华银行以及它同北方银行合并后成立的俄亚银行过去在我国都被称为"华俄道胜银行"。——616。

343 由于《帝国主义是资本主义的最高阶段》一书是准备作为合法读物在沙皇俄国出版的,所以书中对俄国帝国主义的分析比较简略。在《关于帝国主义的笔记》中,列宁除了使用欧·阿加德的《大银行与世界市场。从大银行对俄国国民经济和德俄两国关系的影响来看大银行在世界市场上的经济作用和政治作用》一书外,还利用了 A. H. 扎克《俄国工业中的德国人和德国资本》和 B. 伊施哈尼安《俄国国民经济中的外国成分》这两本书中的资料(见《列宁全集》第 2 版第 54 卷第 106—127、264—266、291—292 页)。此外,《关于帝国主义的笔记》中还包含有其他大量论述俄国垄断资本主义的材料和列宁对俄国帝国主义各个方面的评价。——618。

344 法国的巴拿马案件是指法兰西第三共和国时期的一个大的贪污贿赂案。1879 年法国为开凿穿过巴拿马地峡的运河而成立了巴拿马运河公司,由苏伊士运河建筑师斐·莱塞普斯任董事长。1881 年工程开工,由于管理不善和贪污舞弊,公司发生资金困难。公司负责人乃向政府和有关人员行贿,以进行股票投机。1888 年公司破产,几十万股票持有者在经济上受到重大损失。1893 年议会大选前,这一贿赂事件被揭露,受贿者有总理、部长、议员等多人,结果引起了一场政治风潮。为掩盖真相,法国政府匆忙宣告被控告的官员和议员无罪,只有一些次要人物被判有罪。1894 年该公司改组;1903 年公司把运河开凿权卖给了美国。后来"巴拿马"一词就成了官商勾结进行诈骗的代名词。——623、705。

345　《国际统计研究所公报》(《Bulletin de l'Institut International de Statistique》)于 1885—1912 年在海牙出版。——624。

346　列宁在《关于帝国主义的笔记》中将阿·奈马尔克在《国际统计研究所公报》上列举的有关全世界的证券发行和各国占有有价证券的资料同他引自瓦·措林格尔《国际有价证券转移对照表》中的资料加以比较和核对,并作出了自己的计算(见《列宁全集》第 2 版第 54 卷第 140—146、430—431 页)。——624。

347　《世界经济文汇》(《Weltwirtschaftliches Archiv》)是德国基尔大学世界经济研究所的刊物,1913 年起在耶拿出版。——627。

348　《每日电讯》(《The Daily Telegraph》)是英国报纸(日报),1855 年在伦敦创刊,起初是自由派的报纸,从 19 世纪 80 年代起成为保守派的报纸。1937 年同《晨邮报》合并成为《每日电讯和晨邮报》。——627。

349　《美国政治和社会科学学院年刊》(《The Annals of the American Academy of Political and Social Science》)是美国杂志,1890 年起在费城出版。——631。

350　《统计学家报》(《The Statist》)是英国保守派的经济和政治问题周报,1878 年起在伦敦出版。——631。

351　列宁在《关于帝国主义的笔记》中摘引了亨·C.莫里斯的《从上古到今日的殖民史》一书中的统计资料,认为该书汇集的统计材料很有趣。列宁根据该书提供的资料,计算出了说明各资本主义大国的殖民地占有情况的具体数字(见《列宁全集》第 2 版第 54 卷第 268—275 页)。——640。

352　指格·瓦·普列汉诺夫。——642。

353　列宁对亚·苏潘的资料和奥·许布纳尔的《地理统计表》的详细分析,见《列宁全集》第 2 版第 54 卷第 322—336 页。——643。

354　列宁在《关于帝国主义的笔记》中对卡·考茨基及其他考茨基分子关于帝国主义的观点作了批判性分析(见《列宁全集》第 2 版第 54 卷第 105—

106、193—195、285—291 页）。——656。

355 《德意志帝国统计年鉴》（《Statistisches Jahrbuch für das Deutsche Reich》）
是德国杂志,1880—1941 年在柏林出版。——658。

356 《铁路业文汇》（《Archiv für Eisenbahnwesen»）是德国公共工程部机关刊
物,1878—1943 年在柏林出版。——658。

357 从《关于帝国主义的笔记》引用的材料中可以看出,列宁如何根据各方面
的资料收集和整理了 1890 年和 1913 年不同国家（大国、独立国和半独立
国、殖民地）铁路网发展的详尽数字（见《列宁全集》第 2 版第 54 卷第
536—544、545—550 页）。他将这一研究的结果概括在两张简表之中（见
本卷第 658—659 页）。——658。

358 最后的莫希干人一语源出美国作家詹·费·库珀的小说《最后一个莫希
干人》。小说描写北美印第安土著中的莫希干人在欧洲殖民主义者奴役
和欺骗下最终灭绝的故事。后来人们常用"最后的莫希干人"来比喻某
一社会集团或某一组织、派别的最后的代表人物。——671。

359 指八国联军镇压中国义和团起义和帝国主义列强强迫清政府签订辛丑条
约（辛丑议定书）。该条约于 1901 年 9 月 7 日由清政府全权代表奕劻和
李鸿章同英、美、俄、德、日、奥、法、意、西、荷、比 11 个国家的代表在北京
签订。——680。

360 指 1898 年 9 月英、法两国殖民军队在法索达（位于苏丹南部,现名科多
克）武装对峙的事件。这一冲突是由英、法两国争夺非洲殖民地的斗争
引起的。英国为巩固自己在埃及的统治,以最后通牒方式要求法军撤离
法索达。法国因处境不利,又恐在对英作战时德国乘机进攻,被迫于
1899 年 3 月 21 日同英国签订了放弃尼罗河上游的协定,但它也取得了
乍得湖和过去双方一直有争议的瓦达伊地区作为补偿。——681。

361 这个提纲即《指导原则》（见注 325）,载于 1916 年 2 月《伯尔尼国际社会
党委员会。公报》第 3 号,标题为《德国同志们的建议》。它规定了第一
次世界大战期间德国左派社会民主党人在一些重要的理论和政治问题上
的立场。

　　关于国际社会党委员会及《伯尔尼国际社会党委员会。公报》,见注
315。——689。

362 指 1916 年 1 月 12 日《前进报》第 11 号登载的奥·吕勒的声明《论党的分

裂》。他在声明中指出德国社会民主党的分裂是不可避免的。《前进报》编辑部在发表吕勒声明的同时发表了一篇编辑部文章,声称尽管把吕勒的声明全文照登,但它认为声明中所提出的争论问题不仅为时过早,而且完全是无的放矢。

关于《前进报》,见注 109。——691。

363 《不来梅市民报》(《Bremer Bürger-Zeitung》)是德国社会民主党报纸(日报),于 1890—1919 年出版。1916 年以前是不来梅左派社会民主党人的报纸。1916 年,德国社会民主党中央施加压力,迫使当地党组织改组该报编辑部。同年该报转到了考茨基分子和谢德曼分子手里。——691。

364 《人民之友报》(《Volksfreund》)是德国社会民主党报纸(日报),1871 年在不伦瑞克创刊。1914—1915 年该报实际上是德国左派社会民主党人的机关报。1916 年该报转到了考茨基分子手里。——691。

365 "德国国际社会党人"(I.S.D.)是第一次世界大战期间围绕着在柏林出版的《光线》杂志而组成的德国左派社会民主党人集团,它公开反对战争和机会主义,在同社会沙文主义派和中派划清界限方面持最彻底的立场。在齐美尔瓦尔德会议上,该集团代表尤·博尔夏特在齐美尔瓦尔德左派的决议草案上签了名。但该集团与群众缺乏广泛联系,不久就瓦解了。——691。

366 指 1756—1763 年以英国、普鲁士、汉诺威为一方和以法国、俄国、奥地利、萨克森、瑞典、西班牙为另一方在欧洲、美洲、印度和海上进行的战争,史称七年战争。这次战争的结果之一是,英国获得了法属北美殖民地并确立了在印度的优势,成为海上霸主。——694。

367 指美国独立战争。

美国独立战争即 1775—1783 年北美独立战争,是 13 个英属北美殖民地推翻英国殖民统治,争取民族独立的战争。七年战争后英国加强对北美殖民地的压迫和剥削,激起当地新兴资产阶级和人民群众的反抗。1774 年北美殖民地代表召开第一届大陆会议,通过呈交英王的请愿书和抵制英货的法案。1775 年 4 月 19 日,战争在列克星敦爆发,5 月 10 日在费城召开的第二届大陆会议决定组织大陆军,任命华盛顿为总司令。1776 年 7 月 4 日在进行反英战争中的大陆会议通过《独立宣言》,宣告美利坚合众国成立。1781 年 10 月,英军主力被击溃后,在约克镇被迫投降,交战双方最终于 1783 年 9 月签订了巴黎和约。在条约中英国正式承认美国独立,取得胜利的北美人民建立了美洲第一个资产阶级共和国。——694。

368 号召派是指《号召报》集团的拥护者。《号召报》集团是1915年9月由孟什维克和社会革命党人组成的,持极端的社会沙文主义立场。该集团于1915年10月—1917年3月在巴黎出版周报《号召报》。《号召报》的领导人有格·瓦·普列汉诺夫、格·阿·阿列克辛斯基、伊·布纳柯夫、尼·德·阿夫克森齐耶夫等。——700。

369 日俄战争是指1904—1905年日本和沙皇俄国为重新分割在中国东北和朝鲜的权益而进行的帝国主义战争。战场主要在中国东北境内,以沙皇俄国的失败而告终。1905年8月23日(9月5日)俄国和日本签订了朴次茅斯和约。战后,日本取代了沙俄在中国东北的支配地位。——705。

370 《共产党人》杂志(《Коммунист》)是列宁创办的,由《社会民主党人报》编辑部和资助杂志的格·列·皮达可夫、叶·波·博什共同出版,尼·伊·布哈林参加了杂志编辑部。杂志于1915年9月在日内瓦出了一期合刊,刊载了列宁的三篇文章:《第二国际的破产》、《一位法裔社会党人诚实的呼声》和《意大利的帝国主义和社会主义》。列宁曾打算把《共产党人》杂志办成左派社会民主党人的国际机关刊物,为此力求吸收波兰左派社会民主党人(卡·拉狄克)和荷兰左派社会民主党人参加杂志的工作。可是在杂志筹办期间,《社会民主党人报》编辑部和布哈林、皮达可夫、博什之间很快就发生了严重的意见分歧。杂志创刊以后,分歧愈益加剧。这些分歧涉及对民主要求的作用和整个最低纲领的作用的估计。而拉狄克也与布哈林等结成联盟反对《社会民主党人报》编辑部。根据列宁的提议,《共产党人》杂志只出这一期就停刊了(参看《列宁全集》第2版第27卷第307—309页)。《社会民主党人报》编辑部随后出版了《〈社会民主党人报〉文集》来代替这个刊物。

关于《共产党人》杂志的创办以及处理同布哈林、皮达可夫、博什之间的分歧问题,可看列宁1916年3月(11日以后)、1916年5月(6—13日之间)给亚·加·施略普尼柯夫的信,1916年5月21日给格·叶·季诺维也夫的信,1916年6月(17日以前)给施略普尼柯夫的信和1916年11月30日给伊·费·阿尔曼德的信(见《列宁全集》第2版第47卷第270—275、315—318、328—332、350—353、464—470页)。——706。

371 指军事工业委员会里的工人团。

军事工业委员会是第一次世界大战时期俄国资产阶级的组织。这一组织是根据 1915 年 5 月第九次全俄工商界代表大会的决议建立的,其目的是把供应军火的工厂主联合起来,动员工业企业为战争需要服务,在政治上则对沙皇政府施加压力,并把工人阶级置于资产阶级影响之下。1915 年 7 月,军事工业委员会召开了第一次代表大会。这次大会除讨论经济问题外,还提出了建立得到国家杜马信任的政府等政治问题。大会选出十月党人亚·伊·古契柯夫(任主席)和进步党人亚·伊·柯诺瓦洛夫为首的中央军事工业委员会。同年 7 月,军事工业委员会的领导人在孟什维克和社会革命党的支持下,开始在委员会内建立工人团。布尔什维克在大多数工人的支持下对工人团的选举进行了抵制。在 244 个地方军事工业委员会中,只有 76 个委员会进行了选举,成立了工人团的委员会则只有 58 个。中央军事工业委员会内组织了以孟什维克库·安·格沃兹杰夫为首的工人团。1917 年二月革命后,中央军事工业委员会的领导人在临时政府中担任部长职务,委员会成了资产阶级反对工人阶级的组织。十月革命胜利后,苏维埃政府曾试图利用军事工业委员会里的专家来整顿被战争破坏了的生产,遭到了资产阶级上层的反抗。1918 年 7 月 24 日,军事工业委员会被撤销。——714、727。

372 指英国保守党人。

保守党是英国大资产阶级和大土地贵族的政党,于 19 世纪 50 年代末—60 年代初在老托利党基础上形成。在英国向帝国主义阶段过渡的时期,保守党继续维护土地贵族利益,同时也逐步变成垄断资本的政党。保守党在英国多次执掌政权。——716。

373 《劳动呼声报》(《Голос Труда》)是俄国孟什维克的合法报纸,1916 年接替被查封的《我们的呼声报》在萨马拉出版,共出了 3 号。——717。

374 《无产阶级革命的军事纲领》一文(列宁在通信中称之为《论废除武装》)是用德文写的。根据列宁 1916 年 8 月间给格·叶·季诺维也夫的信(见《列宁全集》第 2 版第 47 卷),本文应写于 1916 年 8 月 9 日以前。本文原拟在瑞士、瑞典和挪威的左派社会民主党人的刊物上发表,但是当时没有刊登出来。同年 9 月,列宁用俄文加以改写,以《论“废除武装”的口号》为题发表于 1916 年 12 月出版的《〈社会民主党人报〉文集》第 2 辑(见《列宁全集》第 2 版第 28 卷第 171—181 页)。

本文最初的德文原稿到 1917 年 9 月和 10 月,才在国际社会主义青年组织联盟的机关刊物《青年国际》杂志的第 9 期和第 10 期上发表出来。杂志编辑部给文章加了如下按语:“现在,当列宁成为一位大家谈得最多的俄国革命活动家的时候,下面登载的这位钢铁般的老革命家的一篇阐明他的大部分政治纲领的文章,会引起人们特殊的兴味。本文是列宁1917年4月离开苏黎世前不久送交本刊编辑部的。"《无产阶级革命的军事纲领》这一标题看来是《青年国际》杂志编辑部加的。——720。

375 《青年国际》杂志(«Jugend-Internationale»)是靠拢齐美尔瓦尔德左派的国际社会主义青年组织联盟的机关刊物,1915年9月—1918年5月在苏黎世出版,威·明岑贝格任编辑。列宁在《青年国际(短评)》一文中对它作了评价(见《列宁全集》第2版第28卷第287—291页)。1919—1941年,该杂志是青年共产国际执行委员会的机关刊物。——720。

376 指罗·格里姆拟的关于军事问题的提纲。该提纲载于1916年7月14日和17日《格留特利盟员报》第162号和第164号。

    由于瑞士被卷入战争的危险日益增大,瑞士社会民主党内就对战争的态度问题展开了一场争论。根据瑞士社会民主党执行委员会1916年4月的委托,该党著名活动家格里姆、古·弥勒、沙·奈恩、保·伯·普夫吕格尔等分别在《伯尔尼哨兵报》、《民权报》、《格留特利盟员报》上发表文章或提纲,表明自己对这一问题的见解。列宁密切注视这场争论的发展。他对争论材料的批注,见《列宁文集》俄文版第17卷。——720。

377 《新生活》杂志(«Neues Leben»)是瑞士社会民主党的机关刊物(月刊),1915年1月—1917年12月在伯尔尼出版。该杂志宣传齐美尔瓦尔德右派的观点,从1917年初起采取社会沙文主义的立场。——720。

378 《先驱》杂志(«Vorbote»)是齐美尔瓦尔德左派的理论机关刊物,用德文在伯尔尼出版,共出了两期:1916年1月第1期和同年4月第2期。该杂志的正式出版人是罕·罗兰-霍尔斯特和安·潘涅库克。列宁参与了杂志的创办和把第1期译成法文的组织工作。杂志曾就民族自决权和"废除武装"口号问题展开讨论。杂志刊载过列宁的《机会主义与第二国际的破产》和《社会主义革命和民族自决权(提纲)》两文。——720、770。

379 这段话见于1871年5月英国《每日新闻报》,普·奥·利沙加勒《1871年公社史》曾经引用(见该书1962年三联书店版第211页)。——725。

380 指昆塔尔代表会议。

    昆塔尔代表会议即国际社会党第二次代表会议,于1916年4月24日在伯尔尼开幕,以后的会议于4月25—30日在瑞士的一个山村昆塔尔举行。出席会议的有来自俄国、德国、法国、意大利、瑞士、波兰、塞尔维亚和葡萄牙等国的 40 多名代表。出席会议的俄国代表是:以列宁为首的俄国社会民主工党中央委员会的 3 名代表、孟什维克组织委员会的 2 名代表和社会革命党左翼的 3 名代表。

代表会议讨论了下列问题:为结束战争而斗争;无产阶级对和平问题的态度;鼓动和宣传;议会活动;群众斗争;召集社会党国际局。

由于列宁和布尔什维克在会议前做了大量工作,左翼力量在这次会议上比在齐美尔瓦尔德代表会议上有所增强。齐美尔瓦尔德左派在昆塔尔代表会议上共有代表 12 名,而在某些问题上可以获得 12—19 票,即几乎占了半数。这反映了国际工人运动中力量对比发生了有利于国际主义的变化。在昆塔尔代表会议期间,列宁主持了一系列左派会议,讨论《俄国社会民主工党中央委员会向社会党第二次代表会议提出的提案》。列宁成功地把左派团结了起来,以便在会议上同考茨基主义多数派进行共同的、有组织的斗争。齐美尔瓦尔德左派制定并提出了和平问题的决议草案。这个草案包括了列宁的基本原则。代表会议的右派多数被迫在一系列问题上追随左派,但他们继续反对同社会沙文主义者决裂。

会议围绕对召集社会党国际局的态度问题展开了极其激烈的斗争。列宁参加了关于召集社会党国际局问题的委员会。经过左派的努力,会议对一项谴责社会党国际局的工作、但不反对召集社会党国际局的决议作了如下补充:社会党国际局一旦召集,即应召开国际社会党扩大委员会会议来讨论齐美尔瓦尔德联盟代表的共同行动的问题。代表会议通过了关于为争取和平斗争问题的决议,并通过了《告遭破产和受迫害的人民书》。由于法国议会党团少数派投票赞成军事拨款,齐美尔瓦尔德左派在代表会议上发表声明,指出这种行为同社会主义、同反战斗争是不相容的。

尽管昆塔尔代表会议没有通过变帝国主义战争为国内战争、使"自己的"帝国主义政府在战争中失败、建立第三国际等布尔什维主义的基本原则,列宁认为这次代表会议的工作仍然是前进的一步。昆塔尔代表会议促进了国际主义分子的团结。这些国际主义分子后来组成了第三国际即共产国际的核心。——727。

381 社会民主党工作小组("工作小组")是德国的中派组织,由一些脱离了社会民主党帝国国会党团的议员组成,1916 年 3 月成立。领导人为胡·哈阿兹、格·累德堡和威·迪特曼。曾出版《活页文选》,1916 年 4 月以前还在《前进报》编辑部中占优势。中派分子被排除出《前进报》以后,社会民主党工作小组把在柏林出版的《消息小报》作为自己的中央机关报。

社会民主党工作小组得到柏林党组织中多数人的支持,是 1917 年 4 月成立的德国独立社会民主党的基本核心。——727。

382 《哨兵报》(《La Sentinelle》)是纳沙泰尔州(瑞士法语区)瑞士社会民主党组织的机关报,1890 年创刊于绍德封。1906—1910 年曾停刊。在第一次世界大战期间,该报持国际主义立场。1914 年 11 月 13 日该报第 265 号曾摘要发表了俄国社会民主党中央委员会宣言《战争和俄国社会民主党》。——730。

383 指 1915 年 11 月 20—21 日在阿劳举行的瑞士社会民主党代表大会。这次代表大会的中心议题是瑞士社会民主党对齐美尔瓦尔德联盟的态度问题。围绕这个问题,瑞士社会民主党内的三派——反齐美尔瓦尔德派(海·格罗伊利希、保·伯·普夫吕格尔等)、齐美尔瓦尔德右派的拥护者(罗·格里姆、厄·保·格拉贝等)和齐美尔瓦尔德左派的拥护者(弗·普拉滕、恩·诺布斯等)——展开了斗争。格里姆提出了一个决议案,建议瑞士社会民主党加入齐美尔瓦尔德联盟并赞同齐美尔瓦尔德右派的政治路线。瑞士左派社会民主党人以洛桑支部名义对格里姆的决议案提出修正案,建议承认展开群众性的反战革命斗争是必要的,并声明只有胜利的无产阶级革命才能结束帝国主义战争。在格里姆的压力下,洛桑支部撤回了这个修正案,可是由瑞士社会民主党的一个组织选派参加代表大会并拥有表决权的布尔什维克莫·马·哈里东诺夫重新把它提了出来。格里姆及其拥护者从策略上考虑支持了修正案。结果,左派的修正案以 258 票对 141 票的多数被通过。——730。

384 《论面目全非的马克思主义和“帝国主义经济主义”》一文原来准备和格·列·皮达可夫的《金融资本主义时代的无产阶级和“民族自决权”》一起在《〈社会民主党人报〉文集》第 3 辑发表。关于这一点,该文集第 2 辑曾有预告,并且正因为如此,在文章引言部分里写了“上面刊载的彼·基辅斯基的文章”等语(见本卷第 733 页)。这篇文章虽因文集第 3 辑未能出版而在当时没有发表,但在侨居国外的布尔什维克和国际左派社会民主党人中仍广为人知。这是因为文章写完后,很快就抄寄给了一些布尔什维克,如尼·达·基克纳泽、维·阿·卡尔宾斯基、伊·费·阿尔曼德等人。现在还保存有这篇文章当时的手抄稿和一份经列宁修改过的打字稿(参看列宁 1916 年 10 月(5 日以后)给亚·加·施略普尼柯夫的信和 1916 年 10 月底—11 月初给基克纳泽的信,见《列宁全集》第 2 版第 47 卷第 434—438、452—453 页)。——732。

385 指抵制布里根杜马一事。关于布里根杜马，见注 115。——732。

386 这里说的是召回派和最后通牒派（见注 107）。——733。

387 参看格·瓦·普列汉诺夫 1914 年在巴黎出版的《论战争》一书。书中写道："社会民主党的纲领承认国内各民族有自决权。难道它承认这一点是从每一国家的无产阶级都可以并且应当对自己祖国的命运漠不关心这种考虑出发的吗？"——739。

388 指 1916 年 2 月 5—9 日在伯尔尼举行的国际社会党扩大委员会会议。出席这次会议的有来自德国、俄国、意大利、挪威、奥地利、波兰、瑞士、保加利亚、罗马尼亚等国的 22 名代表。会议的组成表明力量对比的变化有利于左派，但是多数与会者仍是中派。

列宁积极地参加了会议的工作，起草《关于召开社会党第二次代表会议的决议草案》和代表团关于会议代表资格条件的建议（见《列宁全集》第 2 版第 27 卷第 240—242 页），并代表布尔什维克、波兰王国和立陶宛社会民主党边疆区执行委员会声明反对邀请卡·考茨基、胡·哈阿兹和爱·伯恩施坦参加国际社会党第二次代表会议。

会议通过了《告所属政党和团体书》。这封通告信采纳了布尔什维克和左派社会民主党人的一些修改意见，谴责了社会党人参加资产阶级政府、在帝国主义战争中"保卫祖国"以及投票赞成军事拨款等行为，指出必须支持工人运动和组织反对帝国主义战争的群众性的革命行动，但没有提出与社会沙文主义和机会主义决裂的要求。齐美尔瓦尔德左派的代表在表决时声明，虽然他们并不是对通告信的每一条都感到满意，但还是投赞成票，因为它比齐美尔瓦尔德会议的决议前进了一步。

会议也讨论了列宁提出的《关于召开社会党第二次代表会议的决议草案》，通过了它的一系列条文，同时确定了召开国际社会党第二次代表会议的日期。——742。

389 达摩克利斯剑出典于古希腊传说：叙拉古暴君迪奥尼修斯一世用一根马尾系着一把利剑挂于自己的宝座上方，命羡慕他的权势和尊荣的达摩克利斯坐在宝座上。达摩克利斯顿时吓得面色苍白，如坐针毡，赶快祈求国王恩准离座。后来人们常用达摩克利斯剑来譬喻时刻存在的威胁或迫在眉睫的危险。——760。

390 见尔·马尔托夫《从"民族自决权"中得出的结论是什么》一文（1916 年 1 月 17 日《我们的呼声报》）。——760。

391　指恩格斯1882年9月12日给考茨基的信(参看《马克思恩格斯全集》第1版第35卷第351—354页;节选部分见《马克思恩格斯文集》2009年人民出版社版第10卷第480—481页)。列宁在《关于自决问题的争论总结》一文中引用过这封信(见《列宁全集》第2版第28卷第16—57页);列宁的这篇文章首次发表于1916年10月《〈社会民主党人报〉文集》第1辑。——765。

392　《〈社会民主党人报〉文集》(《Сборник Социал-Демократа》)是列宁创办的刊物,由《社会民主党人报》编辑部在日内瓦出版。文集总共出了两辑:1916年10月的第1辑和1916年12月的第2辑。两辑刊载了列宁的下列文章:《社会主义革命和民族自决权(提纲)》、《论尤尼乌斯的小册子》、《关于自决问题的争论总结》、《论"废除武装"的口号》、《帝国主义和社会主义运动中的分裂》、《青年国际》、《为机会主义辩白是徒劳的》、《齐赫泽党团及其作用》。第3辑稿件虽已备齐,但因经费不足,未能出版。这一辑预定发表列宁的《论面目全非的马克思主义和"帝国主义经济主义"》一文。——765。

393　希腊的卡连德日意为没有限期。古罗马历法把每月初一称为卡连德日(亦译朔日)。罗马人偿还债务、履行契约等都以卡连德日为限期。希腊历法中根本没有卡连德日。因此,延缓到希腊的卡连德日,就等于说无限期地推迟,永无实现之日。——765。

394　费拉是阿拉伯国家的定居农民,农村居民中地位最低的被剥削阶级。——771。

395　苏兹达利是俄国弗拉基米尔省的一个县。该县所产圣像质量甚差,但售价低廉,因而大量行销于民间。——777。

396　指《马克思主义和修正主义》(见本卷第1—9页)。——785。

人 名 索 引

A

阿·马·——见高尔基,马克西姆。

阿德勒,弗里德里希(弗里茨)(Adler, Friedrich (Fritz) 1879—1960)——奥地利社会民主党右翼领袖之一,"奥地利马克思主义"理论家,第二半国际和社会主义工人国际的组织者和领袖之一;维·阿德勒的儿子。1907—1911年任苏黎世大学理论物理学讲师。在哲学上是经验批判主义的信徒,主张以马赫主义哲学"补充"马克思主义。1911年起任奥地利社会民主党书记。第一次世界大战期间主张社会民主党对帝国主义战争保持"中立"和促使战争早日结束。1914年8月辞去书记职务。1916年10月21日因枪杀奥匈帝国首相卡·施图尔克伯爵被捕。1918年重新担任党的书记,走上改良主义道路。1923—1939年任社会主义工人国际书记。——48、53、60、214。

阿德勒,维克多(Adler, Victor 1852—1918)——奥地利社会民主党创建人和领袖之一。早年是资产阶级激进派,19世纪80年代中期参加工人运动。曾同恩格斯有通信联系。是1888年12月31日—1889年1月1日奥地利社会民主党成立大会上通过的党纲的主要起草人之一。第一次世界大战期间持中派立场,鼓吹阶级和平,反对工人阶级的革命发动。——536。

阿恩——见饶尔丹尼亚,诺伊·尼古拉耶维奇。

阿恩特,保尔(Arndt, Paul)——《法国资本的实力》一文的作者。——627。

阿尔曼德,伊涅萨·费多罗夫娜(Арманд, Инесса Фёдоровна 1874—1920)——1904年加入俄国社会民主工党,长期从事国际共产主义运动和妇女运动。——785—787。

阿芬那留斯,理查(Avenarius, Richard 1843—1896)——德国哲学家,主观唯心主义者,经验批判主义创始人之一。否认物质世界的客观存在,认为"只有感觉才能被设想为存在着的东西"。——16、21、22、34、35、37、43—44、45、46、47、48、49、50—52、53、55、56—57、58—60、61—63、64—71、

85、87、96、105—106、107—114、119、121、123、126、128、131、151、153、157—
158、160、162、163、168、176、180、225、231、233—234、236—237、239。

阿基莫夫(**马赫诺韦茨**),弗拉基米尔·彼得罗维奇(Акимов(Махновец),
Владимир Петрович 1872—1921)——俄国社会民主党人,经济派代表人
物。19世纪90年代中期加入彼得堡民意社。曾是国外俄国社会民主党
人联合会的领导人之一。1903年代表联合会出席了俄国社会民主工党第
二次代表大会,是反火星派分子,会后成为孟什维克极右翼代表。1907年
脱离政治活动。——201。

阿加德,欧根(Agahd, Eugene)——德国经济学家,在俄华银行工作过15年,
任总稽核。——616、617、618、624、672。

阿克雪里罗得,柳博芙·伊萨科夫娜(正统派)(Аксельрод, Любовь
Исааковна(Ортодокс)1868—1946)——俄国哲学家和文艺学家,社会民
主主义运动参加者。曾加入国外俄国社会民主党人联合会。1903年俄国
社会民主工党第二次代表大会后,起初加入布尔什维克,后转向孟什维克。
第一次世界大战期间持社会沙文主义立场。1918年起不再积极参加政治
活动。主要著作有《哲学论文集》(1906年)等。——218。

阿克雪里罗得,帕维尔·波里索维奇(Аксельрод, Павел Борисович 1850—
1928)——俄国孟什维克领袖之一。1883年参与创建劳动解放社。1900
年起是《火星报》和《曙光》杂志编辑部成员。俄国社会民主工党第二次代
表大会后是孟什维主义的思想家。1905年提出召开广泛的工人代表大会
的取消主义观点。斯托雷平反动时期和新的革命高涨年代是取消派的思
想领袖。第一次世界大战期间持社会沙文主义立场;曾参加齐美尔瓦尔德
代表会议和昆塔尔代表会议,属于右翼。1917年二月革命后任彼得格勒
苏维埃执行委员会委员,支持资产阶级临时政府。十月革命后侨居国外,
敌视苏维埃政权,鼓吹武装干涉苏维埃俄国。——261、457、459、464、
465、485、531、542、669、706—707。

阿奎纳多,埃米利奥(Aguinaldo, Emilio 1869—1964)——菲律宾共和国总统
(1899—1901)。——671—672。

阿拉克切耶夫,阿列克谢·安德列耶维奇(Аракчеев, Алексей Андреевич
1769—1834)——沙皇专制制度最反动的代表人物之一,将军,亚历山大一
世的权臣。1808年起任陆军大臣,1810年起任国务会议军事局主
席。——283。

阿列克辛斯基,格里戈里·阿列克谢耶维奇(Алексинский, Григорий
Алексеевич 生于1879年)——俄国社会民主党人,后蜕化为反革命分子。

斯托雷平反动时期是召回派分子,"前进"集团的组织者之一。第一次世界大战期间是社会沙文主义者,曾为好几家资产阶级报纸撰稿。1917年加入孟什维克统一派,持反革命立场;七月事变期间伙同特务机关伪造文件诬陷列宁和布尔什维克。——492、547—549、732—733、761、772—773、783。

阿姆斯特朗(Armstrong)——英国军事工业公司"阿姆斯特朗—威特沃思"公司的代表,该公司由威廉·乔治·阿姆斯特朗(1810—1900)创办,存在到1937年。——630。

阿塞扎,J.(Assézat,J.)——30。

埃伦博根,威廉(Ellenbogen,Wilhelm 1863—1951)——奥地利社会民主党右翼领袖之一,民族文化自治论的拥护者。第一次世界大战期间是社会沙文主义者。曾任工商业部长;推行纵容法西斯主义的政策。——351。

埃奈西德穆(克诺索斯的)(Aenesidemus of Knossos 公元前1世纪)——古希腊晚期怀疑论代表之一。——101。

埃施韦格,路德维希(Eschwege,Ludwig)——德国经济学家,德国《银行》杂志的撰稿人,在该杂志上发表过一些有关金融资本问题的文章。——595、616、621、622、623、672。

艾瓦德,奥斯卡尔(**弗里德兰德,奥斯卡尔**)(Ewald,Oskar(Friedländer,Oskar)生于1881年)——奥地利新康德主义哲学家。主要著作有《经验批判主义的创始人理查·阿芬那留斯》(1905)等。——57、70。

艾威林,爱德华(Aveling,Edward 1851—1898)——英国社会民主主义者,作家和政论家;马克思的小女儿爱琳娜的伴侣。1884年起为社会民主联盟盟员,后为社会主义同盟创建人之一。80年代末—90年代初是非熟练工人和失业工人群众运动的组织者之一。第二国际多次代表大会代表。马克思《资本论》第1卷和恩格斯《社会主义从空想到科学的发展》英文版的译者之一。——418。

爱德华七世(Edward VII 1841—1910)——英国国王(1901—1910)。——623。

昂利,勒内(Henry,René 生于1871年)——法国巴黎社会政治科学高等学校教授,1907年在伯尔尼出版的《瑞士与语言问题》一书的作者。——354。

奥斯特尔利茨,弗里德里希(Austerlitz,Friedrich 1862—1931)——奥地利社会民主党领袖之一,该党中央机关报《工人报》主编,议员。第一次世界大战期间持社会沙文主义立场。——574。

奥斯特瓦尔德,威廉·弗里德里希(Ostwald,Wilhelm Friedrich 1853—1932)——德国自然科学家,唯心主义哲学家,唯能论的创始人。——

46、55、130、174、185、200、201—205、234—235。

B

巴达耶夫,阿列克谢·叶戈罗维奇(Бадаев, Алексей Егорович 1883—1951)——1904 年加入俄国社会民主工党。1912 年为第四届国家杜马代表,是中央委员会俄国局成员。因进行反对帝国主义战争的革命活动,1914 年 11 月被捕,1915 年流放图鲁汉斯克边疆区。——534。

巴克斯,厄内斯特·贝尔福特(Bax, Ernest Belfort 1854—1926)——英国社会党人,历史学家和哲学家。1911 年英国社会党成立后,是该党的领导人之一。1916 年被开除出党。宣传过马克思主义,同时也犯过唯心主义性质的错误。——111。

巴枯宁,米哈伊尔·亚历山德罗维奇(Бакунин, Михаил Александрович 1814—1876)——俄国革命者,无政府主义和民粹主义创始人和理论家之一。宣称个人"绝对自由"是整个人类发展的最高目的,国家是产生一切不平等的根源;否定包括无产阶级专政在内的一切国家。1840 年起侨居国外,曾参加德国 1848—1849 年革命。1849 年因参与领导德累斯顿起义被判死刑,后改为终身监禁。1851 年被引渡给沙皇政府。1861 年从西伯利亚流放地逃往伦敦。1868 年参加第一国际活动后,在国际内部组织秘密团体——社会主义民主同盟,妄图夺取总委员会的领导权。1872 年在海牙代表大会上被开除出第一国际。——285、417。

巴索克——见美列涅夫斯基,马里安·伊万诺维奇。

巴扎罗夫,弗·(**鲁德涅夫,弗拉基米尔·亚历山德罗维奇**)(Базаров, В.(Руднев, Владимир Александрович)1874—1939)——俄国哲学家和经济学家。1896 年参加社会民主主义运动。1904—1907 年是布尔什维克。斯托雷平反动时期背弃布尔什维主义,宣传造神说和经验批判主义。1917 年是孟什维克国际主义者,半孟什维克的《新生活报》的编辑之一;反对十月革命。——4、12、16、17、20、70、72、101—102、131、147、160、219—220、236。

鲍勃凌斯基,弗拉基米尔·阿列克谢耶维奇(Бобринский, Владимир Алексеевич 生于 1868 年)——俄国大地主和大糖厂主,伯爵,反动的政治活动家。——451、452。

鲍狄埃,欧仁(Pottier, Eugène 1816—1887)——法国诗人,第一国际活动家,巴黎公社委员,《国际歌》的作者。——302—304。

鲍曼,尤利乌斯(Baumann, Julius 1837—1916)——德国格丁根大学哲学教授

（1869 年起），把主观唯心主义和唯物主义成分结合起来的折中主义者。——155。

鲍威尔，奥托（Bauer, Otto 1882—1938）——奥地利社会民主党和第二国际领袖之一，"奥地利马克思主义"理论家。同卡·伦纳一起提出资产阶级民族主义的民族文化自治论。敌视俄国十月革命。1918 年 11 月—1919 年 7 月任奥地利共和国外交部长。1920 年起为国民议会议员。第二半国际和社会主义工人国际的组织者和领袖之一。——341、350、371、372、528、565、580。

鲍威尔，布鲁诺（Bauer, Bruno 1809—1882）——德国唯心主义哲学家，青年黑格尔派的主要代表人物，资产阶级激进派。1866 年后成为民族自由党人。在基督教史方面著作甚多。——414、415。

贝尔，麦克斯（Beer, Max 1864—1943）——德国社会主义史学家。——641。

贝尔格尔，埃尔温（Belger, Erwin 1875—1919 至 1922 之间）——德国政论家，君主派分子和沙文主义者，德国帝国主义的辩护士。第一次世界大战前是贵族和资产阶级君主派联盟代表人物的反动政治组织"反社会民主党人帝国联盟"的总书记。——490。

贝克莱，乔治（Berkeley, George 1685—1753）——英国哲学家，主观唯心主义者，英国主教。否认物质即"有形实体"的客观存在，认为物是"感觉的组合"。贝克莱哲学是经验批判主义和其他一些资产阶级哲学派别的理论来源之一。——17—28、30—31、33—34、37、38、39、40、43、47、48、61、63、65、67、79、85、146、155、157、159、160、162、163、165、214、239、559。

贝拉，昂利（Pellat, Henri 1850—1909）——法国物理学家，因电学方面的著作而闻名。——191。

贝拉尔，维克多（Bérard, Victor 1864—1931）——法国经济学家、政论家和语文学家。——672。

贝歇尔，埃里希（Becher, Eriech 1882—1929）——德国哲学家。早期从不彻底的唯物主义立场批判恩·马赫和威·奥斯特瓦尔德的主观唯心主义观点。后来转到唯心主义立场，维护活力论。——155—156。

倍倍尔，奥古斯特（Bebel, August 1840—1913）——德国工人运动和国际工人运动活动家，马克思和恩格斯的朋友和战友。1867 年当选为德国工人协会联合会主席。1869 年与威·李卜克内西共同创建了德国社会民主工党（爱森纳赫派）。多次当选国会议员，利用国会讲坛揭露帝国政府反动的内外政策，支持巴黎公社。第二国际的创建人和领袖之一。90 年代和 20 世纪初同党内的改良主义和修正主义进行斗争，反对伯恩施坦及其拥护者对马克思主义理论的歪曲和庸俗化。——519。

本特利,J. 麦迪逊(Bentley, J. Madison 1870—1955)——美国心理学家和哲学家,1912 年起任康奈尔大学教授。——146。

比龙,厄内斯特·约翰(Бирон, Эрнест Иоганн 1690—1772)——俄国女皇安娜·伊万诺夫娜的宠臣。他无官职,但能左右俄国的国内政策和部分对外政策。在国内建立恐怖制度,推行国家机器德意志化的政策。1740 年失宠。——283。

比斯利,爱德华·斯宾塞(Beesly, Edward Spencer 1831—1915)——英国历史学家和实证论哲学家。在英国宣传法国实证论哲学家奥·孔德的思想,并把孔德的著作译成英文。曾任 1864 年 9 月 28 日国际工人协会(第一国际)成立大会的主席。——229。

比索拉蒂,莱奥尼达(Bissolati, Leonida 1857—1920)——意大利社会党创建人和右翼改良派领袖之一。第一次世界大战期间是社会沙文主义者,主张意大利站在协约国方面参战。1916—1918 年参加政府,任不管部大臣。——492、531、535、715。

彼得楚尔特,约瑟夫(Petzoldt, Joseph 1862—1929)——德国哲学家,主观唯心主义者,恩·马赫和理·阿芬那留斯的门徒。反对科学社会主义。——11、21、37、51—52、58、62、88、96、108、114、123—126、134、136、151、153、236—237。

彼得罗夫,安东(**西多罗夫,安东·彼得维奇**)(Петров, Антон(Сидоров, Антон Петрович)1824—1861)——俄国喀山省斯帕斯克县别兹德纳村的农奴,曾领导当地农民起义,以抗议 1861 年的"农民改革"。起义失败后,被判处枪决。——288。

彼得罗夫斯基,格里戈里·伊万诺维奇(Петровский, Григорий Иванович 1878—1958)——19 世纪 90 年代参加俄国社会民主主义运动。俄国第一次革命期间是叶卡捷琳诺斯拉夫工人运动的领导人之一。第四届国家杜马叶卡捷琳诺斯拉夫省工人代表,布尔什维克杜马党团主席。因进行反对帝国主义战争的革命活动,1914 年 11 月被捕,1915 年流放图鲁汉斯克边疆区,并在那里继续进行革命活动。1919—1938 年任全乌克兰中央执行委员会主席。1922—1937 年为苏联中央执行委员会主席之一。1921 年在党的第十次代表大会上当选为中央委员。——534。

彼舍霍诺夫,阿列克谢·瓦西里耶维奇(Пешехонов, Алексей Васильевич 1867—1933)——俄国政论家。19 世纪 90 年代为自由主义民粹派分子。1906 年起是小资产阶级政党"人民社会党"的领袖之一。1917 年 5—8 月任临时政府粮食部长,后任预备议会副主席。十月革命后反对苏维埃政权。——400。

俾斯麦,奥托·爱德华·莱奥波德(Bismarck, Otto Eduard Leopold 1815—1898)——普鲁士和德国国务活动家和外交家,普鲁士容克的代表。曾任驻彼得堡大使(1859—1862)和驻巴黎大使(1862),普鲁士首相(1862—1872 和 1873—1890),北德意志联邦首相(1867—1871)和德意志帝国首相(1871—1890)。1870 年发动普法战争,1871 年支持法国资产阶级镇压巴黎公社。主张在普鲁士领导下"自上而下"统一德国。曾采取一系列内政措施,捍卫容克和大资产阶级的联盟。1878 年颁布反社会党人非常法。——100、249、405、447、452。

毕尔生,卡尔(Pearson, Karl 1857—1936)——英国数学家、生物学家和唯心主义哲学家。在哲学上是马赫主义者,否认自然规律的客观性,反对唯物主义世界观。——47—48、106、107、122、145—146、147、190—191、199、206、208、234。

毕希纳,弗里德里希·卡尔·克里斯蒂安·路德维希(Büchner, Friedrich Karl Christian Ludwig 1824—1899)——德国生理学家和哲学家,庸俗唯物主义的主要代表之一,资产阶级改良主义者。—— 43、175—177、179、180、197、225、229、421。

毕雍,弗朗索瓦(Pillon, François 1830—1914)——法国新康德主义哲学家,法国最著名的新康德主义代表、新批判主义者沙·雷努维埃的学生。1890年起主编《哲学年鉴》,并在该年鉴上发表过一些文章。——29—30、174。

别尔嘉耶夫,尼古拉·亚历山德罗维奇(Бердяев, Николай Александрович 1874—1948)——俄国唯心主义哲学家和神秘主义者。1905 年加入立宪民主党。在早期著作中倾向合法马克思主义,用新康德主义修正马克思的学说,后来公开反对马克思主义。斯托雷平反动时期是寻神说的代表人物。曾参与编撰《路标》文集。——350。

别尔曼,雅柯夫·亚历山德罗维奇(Берман, Яков Александрович 1868—1933)——俄国社会民主党人,法学家和哲学家。1905—1907 年革命期间,起初追随孟什维克,后来转向布尔什维克。他的哲学观点是形而上学唯物主义和实用主义的混合物。——12、72、153、211。

别尔托夫——见普列汉诺夫,格奥尔吉·瓦连廷诺维奇。

别洛乌索夫,捷连季·奥西波维奇(Белоусов, Терентий Осипович 生于 1875年)——俄国孟什维克取消派分子,第三届国家杜马伊尔库茨克省代表,在杜马中被选入预算和土地委员会。后脱离政治活动,在莫斯科合作社组织中工作。——257。

波格丹诺夫，亚·（马林诺夫斯基，亚历山大·亚历山德罗维奇）（Богданов, А.（Малиновский, Александр Александрович）1873—1928）——俄国社会民主党人，哲学家，社会学家，经济学家。1903 年成为布尔什维克。斯托雷平反动时期背离布尔什维主义，领导召回派，是"前进"集团的领袖。在哲学上宣扬经验一元论。第一次世界大战期间持国际主义立场。十月革命后是共产主义科学院院士。——4、11、12、15、16、17、21、22、43、46、53—56、62—63、72、81—86、91—94、96、97、103、107、110、114、129—130、149、151、160、168—174、175、193—194、200、201、203—204、205—207、217—226、227、234、238。

波旁王朝（Bourbons）——指 1589—1792、1814—1815 和 1815—1830 年的法国王朝。——697。

波特列索夫，亚历山大·尼古拉耶维奇（Потресов, Александр Николаевич 1869—1934）——俄国孟什维克领袖之一。1896 年加入彼得堡工人阶级解放斗争协会。曾参与创办《火星报》和《曙光》杂志。俄国社会民主工党第二次代表大会后是孟什维克刊物的主要撰稿人和领导人。斯托雷平反动时期和新的革命高涨年代是取消派思想家。第一次世界大战期间是社会沙文主义者。十月革命后侨居国外。——261、262、263、466、503、531、545、642、669、702、710、715、718。

波义耳，罗伯特（Boyle, Robert 1627—1691）——英国化学家和物理学家，1680—1691 年任伦敦皇家学会会长。1662 年发现气体体积与压力成反比的定律，后被称为波义耳—马略特定律。他的哲学观点是机械唯物主义成分同神学的结合。——94。

玻耳兹曼，路德维希（Boltzmann, Ludwig 1844—1906）——奥地利物理学家。晚年讲授自然哲学。在哲学上持机械唯物主义立场，批判马赫主义者的主观唯心主义和威·奥斯特瓦尔德的唯能论。——195。

伯恩哈德，路德维希（Bernhard, Ludwig 1875—1935）——德国经济学家和政论家。——400。

伯恩施坦，爱德华（Bernstein, Eduard 1850—1932）——德国社会民主党和第二国际右翼领袖之一，修正主义的代表人物。1879 年在《社会科学和社会政治年鉴》上发表同卡·赫希柏格和卡·施拉姆合写的《德国社会主义运动的回顾》一文，指责党的革命策略，主张放弃革命斗争，受到马克思和恩格斯的严厉批评。1881—1890 年任党的中央机关报《社会民主党人报》编辑。1899 年发表《社会主义的前提和社会民主党的任务》一书，从经济、政治和哲学方面对马克思主义的理论和策略作了全面的修正。第一次世界大战期间持中派立场。1919年公开转到右派方面。——2、7、506、580、691—692。

柏克勒尔,安托万·昂利(Becquerel, Antoine-Henri 1852—1908)——法国物理学家。在光学、电学、磁学、光化学、电化学、气象学等方面写有许多科学著作。——181。

柏拉图(**阿里斯托克**)(Platon(Aristocles)约公元前427—前347)——古希腊哲学家,古代哲学中客观唯心主义派别的创始人,奴隶主贵族的思想家。——89、559。

柏姆-巴维克,欧根·冯(Böhm-Bawerk, Eugen von 1851—1914)——奥地利经济学家,奥地利学派的代表人物。系统地论证了边际效用价值论,企图推翻马克思的劳动价值论。——4、6。

博林,威廉·安德列亚斯(Bolin, Wilhelm Andreas 1835—1924)——芬兰历史学家,唯物主义哲学家,路·费尔巴哈的追随者。和弗·约德尔一起出版了《费尔巴哈全集》第2版。——164。

布尔采夫,弗拉基米尔·李沃维奇(Бурцев, Владимир Львович 1862—1942)——俄国政论家和出版家。19世纪80年代是俄国民意党人。第一次世界大战期间是狂热的沙文主义者。1915年回国,反对布尔什维克。十月革命后侨居国外。——449、530。

布尔金(**谢苗诺夫**),费多尔·阿法纳西耶维奇(Булкин(Семенов), Федор Афанасьевич 生于1888年)——1904年加入俄国社会民主工党,孟什维克。斯托雷平反动时期和新的革命高涨年代是取消派分子。第一次世界大战期间是护国派分子,在诺夫哥罗德等地的军事工业委员会工作。后脱离孟什维克,加入俄共(布)。——715。

布哈林,尼古拉·伊万诺维奇(Бухарин, Николай Иванович 1888—1938)——1906年加入俄国社会民主工党。1917年二月革命后当选为莫斯科苏维埃执行委员会委员。党的第六次代表大会(1917)起为中央委员。1917年10月起任莫斯科军事革命委员会委员,参与领导莫斯科的武装起义。同年12月起任《真理报》主编。1918年初反对签订布列斯特和约,是"左派共产主义者"集团的领袖。1919年3月当选为党中央政治局候补委员。1919年共产国际成立后任共产国际执行委员会和主席团委员。1920—1921年工会问题争论期间领导"缓冲"派。1924年6月当选为党中央政治局委员。——609。

布兰亭,卡尔·亚尔马(Branting, Karl Hjalmar 1860—1925)——瑞典社会民主

党和第二国际创建人和领袖之一,持机会主义立场。1887—1917 年(有间断)任瑞典社会民主党中央机关报《社会民主党人报》编辑。第一次世界大战期间是社会沙文主义者。1917 年支持武装干涉苏维埃俄国。——492。

布朗热,若尔日·厄内斯特(Boulanger, Georges-Ernest 1837—1891)——法国将军。为了在法国建立自己的军事专政,打着对德国进行复仇战争的旗号,领导法国沙文主义运动。——786。

布雷斯福德,亨利·诺埃尔(Brailsford, Henry Noel 1873—1958)——英国政论家,和平主义者。支持巴尔干、爱尔兰、埃及和印度的民族解放运动。1907 年加入独立工党。第一次世界大战爆发后是和平主义的民主监督联合会的领导人之一。——465。

布鲁凯尔,路易·德(Brouckère, Louis de 1870—1951)——比利时工人党领袖和理论家之一,第一次世界大战前领导该党左翼,大战期间是社会沙文主义者,战后是工人党总委员会常务局成员和第二国际执行委员会委员。——8。

布吕纳蒂埃尔,斐迪南(Brunetière, Ferdinand 1849—1906)——法国评论家、历史学家和文艺学家。企图把自然科学方法首先是达尔文的进化论运用于文学史。政治上持保守观点,后转向公开的反动立场,想恢复天主教会的权力。——208。

布洛赫尔,爱德华(Blocher, Edward 生于 1870 年)——德国神父。德国瑞士语言学会的创建人之一,写有一些学术论文。——354。

C

蔡特金,克拉拉(Zetkin, Clara 1857—1933)——德国工人运动和国际工人运动活动家,德国共产党创建人之一,国际社会主义妇女运动领袖之一。1881 年加入德国社会民主党。1889 年积极参加第二国际成立大会的筹备工作。第一次世界大战期间持国际主义立场,反对社会沙文主义。1916 年参与组织国际派(后改称斯巴达克派和斯巴达克联盟)。1921 年起先后当选为共产国际执行委员会委员和主席团委员,领导国际妇女书记处。——539、689。

察恩,弗里德里希(Zahn, Friedrich 1869—1946)——《从 1905 年人口统计和 1907 年职业与企业统计看德国经济的发展》一文的作者。——585。

车尔尼雪夫斯基,尼古拉·加甫里洛维奇(Чернышевский, Николай Гаврилович 1828—1889)——俄国革命民主主义者和空想社会主义者,作家,文学评论家,哲学家;俄国社会民主主义先驱之一,俄国 19 世纪 60 年代革命运动的领袖和思想鼓舞者。——286—287、289、345、450。

D

达尔文,查理·罗伯特(Darwin, Charles Robert 1809—1882)——英国博物学家,进化论的奠基人。——224。

达兰贝尔,让·勒龙德(D' Alembert, Jean Le Rond 1717—1783)——法国数学家和启蒙运动哲学家。在数学上主要研究微分方程理论。在哲学上是不彻底的唯物主义者。——31—32。

达维多夫,列昂尼德·费多罗维奇(Давыдов, Леонид Федорович)——俄国圣彼得堡信用局局长,银行投机家。——624。

大卫,爱德华(David, Eduard 1863—1930)——德国社会民主党右翼领袖之一,经济学家;德国机会主义者的主要刊物《社会主义月刊》创办人之一。公开修正马克思主义关于土地问题的学说,否认资本主义经济规律在农业中的作用。第一次世界大战期间是社会沙文主义者。1919 年 2 月任魏玛共和国国民议会第一任议长。—— 456、486、500、519、549、642、691、701、710。

德拉哥马诺夫,米哈伊尔·彼得罗维奇(Драгоманов, Михаил Петрович 1841—1895)——乌克兰历史学家,民间创作研究家和政论家,资产阶级自由派代表人物之一。乌克兰民族解放运动温和派著名领导人之一,主张民族文化自治。——358。

德莱齐,弗朗西斯(Delaisi, Francis 生于 1873 年)——法国经济学家,工团主义者和和平主义者。揭露金融寡头的统治和第一次世界大战的掠夺性质,但反对阶级斗争和国际主义,鼓吹"社会团结"论。——458。

德里奥,J. 爱德华(Driault, J. Edouard)——法国历史学家。——649。

德谟克利特(阿布德拉的)(Democritus 约公元前 460—前 370)——古希腊唯物主义哲学家,原子论创始人之一。——89、559。

德沙内尔,保尔(Deschanel, Paul 1856—1922)——法国政论家。1889—1919年为众议员,并多次担任众议院议长。——630。

邓尼金,安东·伊万诺维奇(Деникин, Антон Иванович 1872—1947)——俄国沙皇军队中将(1916),反革命首领之一。十月革命后参与组建白卫志愿军,1918 年 4 月起任志愿军司令。国内战争时期充当协约国的傀儡,1919 年 1 月起任"南俄武装力量"总司令。反革命叛乱失败后流亡国外。——581。

狄慈根,约瑟夫(Dietzgen, Joseph 1828—1888)——德国社会民主党人,哲学家,制革工人。在哲学上独立地得出了辩证唯物主义的结论。——16、95、99、118—119、123、136、176、179—180、192、197—198、231—233、236—237、560。

狄德罗,德尼(Diderot,Denis 1713—1784)——法国唯物主义哲学家和无神论者,作家和艺术理论家,18 世纪法国资产阶级启蒙运动的著名代表人物,百科全书派的领袖。——30—32、34、41、43、85。

狄奈-德涅斯,约瑟夫(Diner-Dénes,Josef 1857—1937)——匈牙利政论家,社会学家和艺术学家,社会民主党人。——181—182。

迪马,沙尔(Dumas,Charles 生于 1883 年)——法国新闻工作者和政论家,社会党人,众议员。曾为法国和其他国家的社会主义报刊撰稿。第一次世界大战期间是社会沙文主义者。——456。

迪斯累里,本杰明,比肯斯菲尔德伯爵(Disraeli,Benjamin,Earl of Beaconsfield 1804—1881)——英国保守党领袖,著作家。曾任财政大臣和首相。推行殖民扩张政策。——641。

迪乌里奇,乔治(Diouritch,Georges)——《德国银行在国外的扩张及其同德国经济发展的联系》(1909)一书的作者。——627、630、633、634。

笛卡儿,勒奈(Descartes,René 1596—1650)——法国二元论哲学家,数学家,物理学家和生理学家,解析几何的奠基人。——31、559。

杜勃罗留波夫,尼古拉·亚历山德罗维奇(Добролюбов,Николай Александрович 1836—1861)——俄国革命民主主义者,文学评论家,唯物主义哲学家,车尔尼雪夫斯基最亲密的朋友和战友。与赫尔岑、别林斯基和车尔尼雪夫斯基同为俄国社会民主主义的先驱。——286。

杜冈-巴拉诺夫斯基,米哈伊尔·伊万诺维奇(Туган-Барановский,Михаил Иванович 1865—1919)——俄国经济学家和历史学家。19 世纪 90 年代是合法马克思主义的代表人物。20 世纪初起公开维护资本主义,修正马克思主义的基本原理,成了"马克思的批评家"。——350。

杜恒,皮埃尔·莫里斯·玛丽(Duhem,Pierre-Maurice-Marie 1861—1916)——法国理论物理学家、哲学家和自然科学史家。写了一些物理学史方面的著作,在认识论上是马赫主义者。——48、188、206、212—215、234。

杜林,欧根·卡尔(Dühring,Eugen Karl 1833—1921)——德国哲学家和经济学家。1863—1877 年为柏林大学非公聘讲师。70 年代起以"社会主义改革家"自居,反对马克思主义,妄图创立新的理论体系。在哲学上把唯心主义、庸俗唯物主义和实证论混合在一起;在政治经济学方面反对马克思的劳动价值学说和剩余价值学说;在社会主义理论方面以资产阶级改良主义精神阐述自己的社会主义体系,反对科学社会主义。——2、4、36—37、91—94、135—136、137—141、149、166、171—172、175、178—180、225、229、247—248、255、761。

敦克尔,凯特(Duncker,Käte 1871—1953)——德国社会主义妇女运动活动家。第一次世界大战期间持国际主义立场;1915 年为《国际》杂志撰稿,是国际派(后改称斯巴达克派和斯巴达克联盟)的成员。曾参加德国共产党的创建工作。——689。

顿佐夫,德米特里(Донцов,Дмитрий 生于 1883 年)——小资产阶级的乌克兰社会民主工党党员。第一次世界大战期间参与组建民族主义的乌克兰解放协会。——341、344、390。

多尔戈鲁科夫,帕维尔·德米特里耶维奇(Долгоруков,Павел Дмитриевич 1866—1930)——俄国公爵,大地主。立宪民主党创建人之一。第二届国家杜马立宪民主党党团主席。十月革命后反对苏维埃政权。——450。

E

恩格斯,弗里德里希(Engels,Friedrich 1820—1895)——科学共产主义创始人之一,世界无产阶级的领袖和导师,马克思的亲密战友。——2、4、10、11、12、13、16、27—28、36—37、42—43、47、51、56、59—60、62、72—79、82、86、87、91—94、95、97、98、99、102、107、108、112、117—118、120—121、123、127、128、135、137—139、145、146—149、150—153、160、165—166、167、168、169、172、175—180、181—183、185—186、192、193、194、197、200、211、212、213、217、225、227—231、236—237、239、247—251、256—257、278、300、305、310、376、413—417、419—421、422—423、424、426、436、441、442、443—444、446—447、451、466、467—468、515、519、526、528、556、667—668、675、710—718、722、752、761、765—767、786。

F

斐洛(亚历山大里亚的)(Philo of Alexandria 约公元前 20—公元 54)——亚历山大里亚学派犹太人宗教哲学的主要代表。企图把犹太教信仰同柏拉图主义和斯多葛主义结合起来。斐洛的神秘主义对基督教神学有很大影响。——556。

费尔巴哈,路德维希·安德列亚斯(Feuerbach,Ludwig Andreas 1804—1872)——德国唯物主义哲学家和无神论者,德国古典哲学代表人物之一,德国资产阶级最激进的民主主义阶层的思想家。费尔巴哈的唯物主义是马克思主义哲学的理论来源之一。——16、43、47、73、75、78、79—80、90、97、98、102、103、115—116、120—121、123、129、137、139、163—165、168、175—176、179、207、225、228、231、236—237、247、250、255、284、310、414、418—421、478、559。

费舍，库诺（Fischer，Kuno 1824—1907）——德国哲学史家，黑格尔主义者，多卷本的《近代哲学史》的作者。——160。

费希纳，古斯塔夫·泰奥多尔（Fechner，Gustav Theodor 1801—1887）——德国自然科学家，唯心主义哲学家，1834年起任莱比锡大学物理学教授。在哲学上受弗·谢林的影响，企图把唯心主义和宗教同他的科学发现的自发唯物主义性质调和起来。——229。

费希特，约翰·哥特利布（Fichte，Johann Gottlieb 1762—1814）——德国古典哲学的代表之一，主观唯心主义者。——30、65、69、101、102、105—106、110、113、158、159—160、162—164、171。

冯特，威廉·麦克斯（Wundt，Wilhelm Max 1832—1920）——德国哲学家和心理学家，实验心理学奠基人之一。是唯心主义者、信仰主义者和唯意志论者。——57—59、62、63、66、67、110、112、113、114、120、134、156。

弗尔克尔（Völker）——德国政府官员，后为德国钢业联合公司的领导人。——623。

弗拉基米罗夫（舍印芬克尔），米龙·康斯坦丁诺维奇（列·弗拉·）（Владимиров（Шейнфинкель），Мирон Константинович（Л. Вл.）1879—1925）——1903年加入俄国社会民主工党，布尔什维克。1911年脱离布尔什维克。第一次世界大战期间参加托洛茨基在巴黎发行的《我们的言论报》的工作。1917年二月革命后回国，参加区联派，在党的第六次代表大会上随区联派集体加入布尔什维克党。——386。

弗兰克，阿道夫（Franck，Adolphe 1809—1893）——法国唯心主义哲学家，和其他一些哲学家合编了一部哲学辞典。——90。

弗兰克，菲力浦（Frank，Philipp 生于1884年）——现代新实证论哲学家和物理学家。——127。

弗雷泽，亚历山大·坎贝尔（Fraser，Alexander Campbell 1819—1914）——英国哲学家，爱丁堡大学逻辑学教授，乔·贝克莱的信徒和贝克莱著作的出版人。——18、24—28。

弗里茨——见阿德勒，弗里德里希。

弗里德兰德，奥·——见艾斯瓦德，奥斯卡尔。

福尔克曼，保尔（Volkmann，Paul 1856—约1938）——德国理论物理学教授，

在哲学上是唯心主义者和折中主义者。写过一些自然科学认识论方面的
著作。——128、559。

福格尔施泰因，泰奥多尔（Vogelstein，Theodor 生于 1880 年）——德国经济学
家，《资本主义工业的金融组织和垄断组织的形成》、《现代大工业中的资
本主义组织形式》等著作的作者。——589、591、637。

福格特，卡尔（Vogt，Karl 1817—1895）——德国自然科学家，庸俗唯物主义的
主要代表之一，小资产阶级民主主义者。在动物学、地质学和生理学方面
有不少著述。——43、176、225、421。

G

盖得，茹尔（**巴西尔，马蒂厄**）（Guesde，Jules（Basile，Mathieu）1845—
1922）——法国工人党创建人之一，第二国际的组织者和领袖之一。巴黎
公社失败后曾一度追随无政府主义者。在马克思和恩格斯影响下逐步转
向马克思主义。20 世纪初逐渐转向中派立场。第一次世界大战一开始即
采取社会沙文主义立场，参加了法国资产阶级政府。1920 年法国社会党
分裂后，支持少数派立场，反对加入共产国际。——455— 456、484—
486、497、701、738。

甘凯维奇，尼古拉（Ганкевич，Николай 生于 1869 年）——加里西亚乌克兰社
会民主工党的创建人之一。1914—1917 年是设在利沃夫的"乌克兰总拉
达"的成员。——382。

高尔察克，亚历山大·瓦西里耶维奇（Колчак，Александр Васильевич 1873—
1920）——俄国沙皇海军上将（1916），反革命首领之一。国内战争时期充
当协约国的傀儡。1918 年 11 月在外国武装干涉者支持下发动政变，在西
伯利亚、乌拉尔和远东建立军事专政，自封为"俄国最高执政"和陆海军最
高统帅。反革命叛乱失败后被俘，并被枪决。——581。

高尔基，马克西姆（**彼什科夫，阿列克谢·马克西莫维奇**；阿·马·）
（Горький，Максим（Пешков，Алексей Максимович，А. М.）1868—
1936）——苏联作家和社会活动家，社会主义现实主义文学的奠基人，苏联
文学的创始人。——365—368。

戈尔德布拉特——见麦迭姆，弗拉基米尔·达维多维奇。

哥尔特，赫尔曼（Gorter，Herman 1864—1927）——荷兰左派社会民主党人，诗
人和政论家。1897 年加入荷兰社会民主工党。荷兰社会民主工党左翼刊
物《论坛报》的创办人之一，第一次世界大战期间是国际主义者，齐美尔瓦
尔德左派的拥护者。1918 年参与创建荷兰共产党，曾参加共产国际的工

作,采取极左的宗派主义立场。——492、524、569。

格尔方德,O. И.(Гельфонд, О. И. 1863—1942)——《关于马克思主义哲学的论丛》(1908)的作者之一。19世纪80年代末起参加革命运动。他的哲学观点是唯物主义和不可知论的杂烩。——12、118—119。

格拉斯曼,赫尔曼·君特(Grassmann, Hermann Günther 1809—1877)——德国数学家、物理学家和语文学家。在哲学观点上接近唯物主义。——133。

格里戈里——见季诺维也夫,格里戈里·叶夫谢耶维奇。

格里姆,罗伯特(Grimm, Robert 1881—1958)——瑞士社会民主党和第二国际领袖之一。1909—1918年任《伯尔尼哨兵报》主编。第一次世界大战期间是中派分子,齐美尔瓦尔德代表会议和昆塔尔代表会议主席,国际社会党委员会主席。——493、720。

格律恩,卡尔(Grün, Karl 1817—1887)——德国政论家,"真正的社会主义"的主要代表之一。——165、228。

格罗伊利希,海尔曼(Greulich, Hermann 1842—1925)——瑞士社会民主党创建人之一,该党右翼领袖,第二国际改良派领袖之一。1887—1925年任瑞士工人联合会书记。第一次世界大战期间是社会沙文主义者,反对齐美尔瓦尔德左派。——493。

格温纳,阿尔图尔(Gwinner, Arthur 1856—1931)——德国大金融家。1894—1919年任德意志银行经理,后任德意志银行和贴现公司的银行联合公司监事会副会长。——635。

格沃兹杰夫,库兹马·安东诺维奇(Гвоздев, Кузьма Антонович 生于1883年)——俄国孟什维克取消派分子。第一次世界大战期间是社会沙文主义者,中央军事工业委员会工人团主席。1917年二月革命后任彼得格勒苏维埃执行委员会委员,在临时政府中先后任劳动部副部长和部长。——715、718。

龚帕斯,赛米尔(Gompers, Samuel 1850—1924)——美国劳工联合会第一任主席(1886),并担任此职直至逝世(1895年除外)。第一次世界大战期间是社会沙文主义者。敌视俄国十月革命和苏维埃俄国。——580。

古尔维奇,伊萨克·阿道福维奇(Гурвич, Исаак Адольфович 1860—1924)——俄国经济学家。早年参加民粹派活动。后来移居美国,积极参加美国工会运动和民主运动。20世纪初成为修正主义者。他的著作《农民向西伯利亚的迁移》,特别是《俄国农村的经济状况》(1892),得到列宁的高度评价。——667、762。

古列维奇,埃马努伊尔·李沃维奇(斯米尔诺夫,叶·)(Гуревич, Эммануил

哈特曼,爱德华(Hartmann,Eduard 1842—1906)——德国唯心主义哲学家,神秘主义者,阿·叔本华的信徒。反对科学社会主义理论。——61。

海德门,亨利·迈尔斯(Hyndman,Henry Mayers 1842—1921)——英国社会党人。1881 年创建民主联盟(1884 年改组为社会民主联盟),担任领导职务,直至 1892 年。1900—1910 年是社会党国际局成员。1911 年参与创建英国社会党,领导该党机会主义派。第一次世界大战期间是社会沙文主义者。1916 年英国社会党代表大会谴责他的社会沙文主义立场后,退出社会党。敌视俄国十月革命,赞成武装干涉苏维埃俄国。—— 455—456、458、464、484—486、580、717—718、727。

海克尔,恩斯特(Haeckel,Ernst 1834—1919)——德国自然科学家,著名生物学家,达尔文主义者。反对自然科学中的唯心主义,积极同神秘主义和僧侣主义作斗争。——41、136。

海曼,汉斯·吉德翁(Heymann,Hans Gideon)——德国经济学家。——586—587、614。

海姆,鲁道夫(Haym,Rudolf 1821—1901)——德国哲学史家和文学史家。——115。

海尼希,库尔特(Heinig,Kurt 1886—1956)——德国社会民主党人,经济学家和政论家。——616、633。

海涅,沃尔弗冈(Heine,Wolfgang 1861—1944)——德国右派社会民主党人。1898 年被选入帝国国会,但不久因拒绝参加社会民主党人组织的政治游行而被撤销当选证书。曾为《社会主义月刊》撰稿。第一次世界大战期间是社会沙文主义者。——486、535、536、538。

海因策,麦克斯(Heinze,Max 1835—1909)——德国哲学史家,莱比锡大学哲学教授(1875 年起)。曾修订和出版弗·宇伯威格的《哲学史概论》(5—9版)。——156。

亥姆霍兹,海尔曼·路德维希·斐迪南(Helmholtz,Hermann Ludwig Ferdinand 1821—1894)——德国自然科学家。在物理学和生理学的各个领域都写一些有重大价值的著作。在哲学上是自发的、不彻底的唯物主义者。——188、189、195。

韩德逊,阿瑟(Henderson,Arthur 1863—1935)——英国工党和工会运动领袖之一。1914—1917 年任工党议会党团主席,1911—1934 年任工党书记。第一次世界大战期间是社会沙文主义者。1915—1917 年先后参加阿斯奎斯政府和劳合-乔治政府,任教育大臣、邮政大臣和不管部大臣等职。1919年参与组织伯尔尼国际。1923 年起任社会主义工人国际执行委员会主席。多次参加英国资产阶级政府。——503、717、727。

赫尔岑,亚历山大·伊万诺维奇(Герцен, Александр Иванович 1812—1870)——俄国革命民主主义者,作家和哲学家。——283—289、291。

赫拉克利特(Herakleitos 约公元前 540—前 480)——古希腊唯物主义哲学家,辩证法的奠基人之一。——556、559。

赫林,艾瓦德(Hering, Ewald 1834—1918)——德国生理学家。以感觉器官生理学方面的著作而享有盛名。在哲学上倾向唯心主义,赞同二元论的心理生理平行论。——149。

赫尼格斯瓦尔德,理查(Hönigswald, Richard 1875—1947)——德国新康德主义哲学家,阿·黎尔的"批判实在论"的信徒。主要著作有《马赫哲学批判》(1903)、《休谟关于外部世界的实在性的学说》(1904)等。——17、133。

赫胥黎,托马斯·亨利(Huxley, Thomas Henry 1825—1895)——英国博物学家,达尔文的好友和达尔文学说的普及者。在哲学上是自发的"羞羞答答的"(恩格斯语)唯物主义者,但却否认唯物主义,自称是不可知论者。——30、229—231、420。

赫兹,亨利希·鲁道夫(Hertz, Heinrich Rudolf 1857—1894)——德国物理学家,在哲学上是自发的不彻底的唯物主义者。——195。

黑尔斯,约翰(Hales, John 生于 1839 年)——英国针织工业工会主席。是第一国际总委员会委员,曾任国际总委员会书记。1873 年 5 月被总委员会开除出国际。——711。

黑格尔,乔治·威廉·弗里德里希(Hegel, Georg Wilhelm Friedrich 1770—1831)——德国哲学家,客观唯心主义者,德国古典哲学的主要代表。黑格尔的唯心主义辩证法是马克思主义哲学的理论来源之一。——3、70、74、75、86、87、97、150、153、155、169—171、175、180、213、228—229、230、284、310、414、419—420、421—423、465—466、556、558—559。

亨盖尔,汉斯(Henger, Hans)——《法国对有价证券的投资,特别是对工商业的投资》一书的作者。——667。

亨尼施,康拉德(Haenisch, Konrad 1876—1925)——德国社会民主党人,政论家。普鲁士邦议会议员。第一次世界大战期间是德国社会沙文主义思想家之一。——486。

侯里欧克,乔治·杰科布(Holyoake, George Jacob 1817—1906)——英国合作社运动活动家,改良主义者。曾追随宪章派和欧文派。主张同资产阶级激进派密切合作,赞成工人既参与合作社企业分红,又参与资本主义企业分红的理论。——445。

胡斯曼,卡米耶(Huysmans, Camille 1871—1968)——比利时工人运动最早的活动家之一,比利时社会党领导人之一,语文学教授,新闻工作者。1905—1922年任第二国际社会党国际局书记。第一次世界大战期间持中派立场,实际上领导社会党国际局。——686。

华德,詹姆斯(Ward, James 1843—1925)——英国心理学家,唯心主义哲学家和神秘主义者。企图利用物理学的发现来反对唯物主义,维护宗教。主要著作有《自然主义和不可知论》(1889)等。——134、233、235、237。

霍布森,约翰·阿特金森(Hobson, John Atkinson 1858—1940)——英国经济学家,资产阶级改良主义者和和平主义者。——575、581、583、627、641、653—654、660—661、663—665、667、670、672、678—679、707—708。

霍尔巴赫,保尔·昂利·迪特里希(Holbach, Paul-Henri Dietrich 1723—1789)——法国唯物主义哲学家,无神论者,18世纪法国资产阶级启蒙运动思想家之一。——176、559。

霍格伦,卡尔·塞特·康斯坦丁(Höglund, Carl Zeth Konstantin 1884—1956)——瑞典社会民主党人,瑞典社会民主主义运动和青年社会主义运动的左翼领袖。1908—1918年任《警钟报》编辑。第一次世界大战期间是国际主义者,参加齐美尔瓦尔德左派。1917年参与创建瑞典共产党,1917年和1919—1924年任该党主席。——493、540。

霍亨索伦王朝(Hohenzollern)——勃兰登堡选帝侯世家(1415—1701),普鲁士王朝(1701—1918)和德意志皇朝(1871—1918)。——573。

J

基尔霍夫,古斯塔夫·罗伯特(Kirchhoff, Gustav Robert 1824—1887)——德国物理学家。在电动力学和物理学其他学科方面的研究对科学的发展具有重要意义。在哲学上是自然科学唯物主义的代表。——133、188、195。

基辅斯基,彼·——见皮达可夫,格奥尔吉·列昂尼多维奇。

基佐,弗朗索瓦·皮埃尔·吉约姆(Guizot, François-Pierre-Guillaume 1787—1874)——法国历史学家和国务活动家。七月王朝时期历任内务大臣、教育大臣、外交大臣和首相。资产阶级阶级斗争理论的创立者之一。——426。

吉芬,罗伯特(Giffen, Robert 1837—1910)——英国经济学家和统计学家。——465、661。

吉约姆,詹姆斯(Guillaume, James 1844—1916)——瑞士无政府主义者,巴枯宁的拥护者,政论家。第一国际会员、国际一些代表大会的参加者。巴枯

理·阿芬那留斯的学生。——62—63、108、112—114。

卡维林,康斯坦丁·德米特里耶维奇(Кавелин, Константин Дмитриевич 1818—1885)——俄国资产阶级自由派政论家,历史学家和实证论哲学家。在1861年农民改革的准备和进行期间,反对革命民主主义运动,赞成专制政府的反动政策。——287。

凯约,约瑟夫(Caillaux, Joseph 1863—1944)——法国资产阶级激进党领袖之一。第一次世界大战前曾任财政部长、内阁总理和内务部长。在对外政策方面主张同德国接近,1911年缔结了关于瓜分非洲殖民地势力范围和允许德国资本进入法国交易所的法德协定。第一次世界大战期间继续谋求同德国和解,因而遭到本国反德的沙文主义集团的反对。——465。

康德,伊曼努尔(Kant, Immanuel 1724—1804)——德国哲学家,德国古典唯心主义哲学奠基人。康德哲学的特点是调和唯物主义和唯心主义。——3、21、27、73、74、75、76—77、86、87、96、98、101、117、120、123、126、127、128、130—131、133—134、140、146—147、155、157—168、175、178、207、229、239、420、559。

考茨基,卡尔(Kautsky, Karl 1854—1938)——德国社会民主党和第二国际的领袖和主要理论家之一。从19世纪80年代到20世纪初写过一些宣传和解释马克思主义的著作。1883—1917年任德国社会民主党理论刊物《新时代》杂志主编。曾参与起草1891年德国社会民主党纲领(爱尔福特纲领)。1910年后逐渐转到机会主义立场,成为中派领袖。第一次世界大战前夕提出超帝国主义论,大战期间打着中派旗号支持帝国主义战争。1917年参与建立德国独立社会民主党,1922年拥护该党右翼与德国社会民主党合并。1918年后发表《无产阶级专政》等书,攻击俄国十月革命,反对无产阶级专政。——75、167、341、352—353、371—374、376、386、388、455—459、460—464、466、467—469、470—473、474—480、481—488、493—497、498、501—503、504—506、518、519、523、525、536—537、538—539、548、570、574、576、580、581、583、594、638、652—658、668、671—675、677—683、686、691—692、697、701、703、706—707、711、713、714、722、729、740、747—748、765。

考夫曼,欧根(Kaufmann, Eugen)——《法国银行业》一书和《法国大储蓄银行的组织》一文的作者。——601、609。

柯尔佐夫,德·(金兹堡,波里斯·阿布拉莫维奇;谢多夫,尔·)(Кольцов, Д.(Гинзбург, Борис Абрамович, Седов, Л.)1863—1920)——俄国社会民主党人。俄国社会民主工党第二次代表大会后是孟什维克骨干分子,为一些孟什维克报刊撰稿。斯托雷平反动时期和新的革命高涨年代持取消派立场。第一次世界大战期间是社会沙文主义者。敌视十月革命。——328。

柯亨,赫尔曼(Cohen,Hermann 1842—1918)——德国唯心主义哲学家,数学家,新康德主义马堡学派创始人。——74、210。

科科什金,费多尔·费多罗维奇(Кокошкин,Федор Федорович 1871—1918)——俄国立宪民主党领袖之一。1917 年二月革命后在临时政府中任部长。十月革命后反对苏维埃政权。——394—395、397、399—400。

科柳巴金,亚历山大·米哈伊洛维奇(Колюбакин,Александр Михайлович 1868—1915)——俄国地方自治活动家,资产阶级自由派分子,立宪民主党人。——394。

科内利乌斯,汉斯(Cornelius,Hans 1863—1947)——德国哲学家,主观唯心主义者。力图用内在论者的哲学和威·詹姆斯的实用主义来补充马赫主义,在马赫主义和新实证论之间起了中介作用。——173—174、236。

科斯特罗夫——见饶尔丹尼亚,诺伊·尼古拉耶维奇。

科索夫斯基,弗拉基米尔(**列文松,M. Я.**)(Косовский,Владимир (Левинсон,М. Я.)1879—1941)——崩得创建人和领袖之一。1903 年俄国社会民主工党第二次代表大会后成为孟什维克。斯托雷平反动时期和新的革命高涨年代为孟什维克取消派刊物《我们的曙光》杂志和《光线报》撰稿。第一次世界大战期间是社会沙文主义者,采取亲德立场。敌视十月革命,革命后侨居国外。——401—402、454、503。

科特利亚尔,Г. А.(Котляр,Г. А.)——马赫《感觉的分析》俄译本的译者。——38。

科韦拉尔特——见万科韦拉尔特,扬·弗朗斯。

克莱因佩特,汉斯(Kleinpeter,Hans 1869—1916)——奥地利哲学家,主观唯心主义者,马赫主义传播者。——155、174、189。

克劳塞维茨,卡尔(Clausewitz,Karl 1780—1831)——德国军事理论家和军事史学家,普鲁士将军。主要著作《战争论》曾被译成多种文字,对世界军事理论有很大影响。——466、467、515。

克勒芒德,埃德加(Crammond,Edgar)——《不列颠帝国同德意志帝国的经济关系》一文的作者。——660。

克里斯坦,埃特宾(Kristan 1867—1953)——斯洛文尼亚作家和新闻工作者。第一次世界大战前是斯洛文尼亚社会民主党领袖之一。1914 年侨居美国,在南斯拉夫劳动者侨民中开展工作,是斯洛文尼亚民主党人联合会主席。——351。

克列斯托夫尼科夫，格里戈里·亚历山德罗维奇（Крестовников, Григорий Александрович 生于 1855）——俄国大企业主和交易所经纪人。莫斯科商业银行董事长，莫斯科交易所委员会主席，工商界代表大会委员会委员。——450。

克虏伯家族（Krupp）——德国最大的军火工业垄断资本家家族，领导德国主要军火库之一的军火钢铁康采恩。该康采恩是由弗里德里希·克虏伯（1787—1826）于 1811 年开办的克虏伯铸钢厂发展而成的。靠军火生产发家，曾积极参与准备第一次世界大战，在战争中获得巨额利润。——608、630、677。

克鲁泡特金，彼得·阿列克谢耶维奇（Кропоткин, Петр Алексеевич 1842—1921）——俄国无政府主义的主要活动家和理论家之一，公爵。1872 年出国，在瑞士加入第一国际，属巴枯宁派。回国后作为无政府主义者参加了民粹主义运动。第一次世界大战期间是沙文主义者。承认十月革命的历史意义，并呼吁欧洲工人制止对苏维埃俄国的武装干涉。——449、530。

克伦斯基，亚历山大·费多罗维奇（Керенский, Александр Федорович 1881—1970）——俄国社会革命党人，资产阶级临时政府首脑。第四届国家杜马代表，劳动派党团领袖。第一次世界大战期间是护国派分子。1917 年二月革命后任彼得格勒工兵代表苏维埃副主席、国家杜马临时委员会委员。在临时政府中任司法部长、陆海军部长、总理兼最高总司令。1917 年 11 月 7 日彼得格勒爆发武装起义时，从首都逃往前线，纠集部队向彼得格勒进犯，失败后逃亡巴黎。1922—1932 年编辑《白日》周刊。——530。

克罗美尔，伊夫林·巴林（Cromer, Evelyn Baring 1841—1917）——《古代帝国主义和现代帝国主义》（1910）一书的作者。——645。

克斯特纳，弗里茨（Kestner, Fritz）——德国经济学家。——590、593—594。

孔德，奥古斯特（Comte, Auguste 1798—1857）——法国哲学家和社会学家，实证论创始人。——228。

孔狄亚克，埃蒂耶纳·博诺（Condillac, Étienne-Bonnot 1715—1780）——法国感觉论哲学家，自然神论者，天主教神父。孔狄亚克的感觉论是 18 世纪法国唯物主义的理论来源之一。——31。

库达舍夫，伊万·亚历山德罗维奇（Кудашев, Иван Александрович 生于 1859 年）——俄国外交官。1911—1916 年任俄国驻比利时大使。1914 年曾参与起草埃·王德威尔得给俄国第四届国家杜马社会民主党党团的电报，该电报呼吁停止反对沙皇制度的斗争和支持对德战争。——533。

库格曼,路德维希(Kugelmann, Ludwig 1828—1902)——德国社会民主主义者,医生,马克思和恩格斯的朋友。曾参加德国 1848—1849 年革命。1865年起为第一国际会员。曾协助马克思出版和传播《资本论》。1862—1874年间经常和马克思通信,反映德国情况。——95、224、229、447。

库诺,亨利希(Cunow, Heinrich 1862—1936)——德国社会民主党的理论家,历史学家、社会学家和民族志学家。早年倾向马克思主义,后成为修正主义者。第一次世界大战期间是社会沙文主义者。——459、460—461、463、469、480、505、570、654—655、773。

库特列尔,尼古拉·尼古拉耶维奇(Кутлер, Николай Николаевич 1859—1924)——俄国立宪民主党领袖之一。曾任财政部定额税务司司长,1905—1906 年任土地规划和农业管理总署署长。十月革命后在财政人民委员部和国家银行管理委员会工作。——450。

L

拉波波特,沙尔(Rappoport, Charles 1865—1941)——法国社会党人,在哲学上是康德主义者。——166。

拉布里奥拉,阿尔图罗(Labriola, Arturo 1873—1959)——意大利政治活动家,法学家和经济学家,意大利工团主义运动的领袖之一。第一次世界大战期间采取沙文主义立场。——8。

拉狄克,卡尔·伯恩哈多维奇(Радек, Карл Бернгардович 1885—1939)——20 世纪初参加加里西亚、波兰和德国的社会民主主义运动。1917 年加入俄国社会民主工党(布)。第一次世界大战期间持国际主义立场。十月革命后在外交人民委员部工作。1918 年是"左派共产主义者"。1920—1924年任共产国际执行委员会书记、委员和主席团委员。在党的第八次至第十二次代表大会上当选为中央委员。——460。

拉法格,保尔(Lafargue, Paul 1842—1911)——法国工人运动和国际工人运动活动家,第一国际总委员会委员,法国工人党和第二国际创建人之一,马克思主义的理论家和宣传家。马克思的女儿劳拉的丈夫。——166—167、418。

拉法格,劳拉(Lafargue, Laura 1845—1911)——法国工人运动活动家。马克思的二女儿,保·拉法格的妻子。为在法国传播马克思主义做了很多工作;与丈夫一起把马克思和恩格斯的一些重要著作译成了法文。——418。

拉葛德尔,于贝尔(Lagardelle, Hubert 生于 1874 年)——法国小资产阶级政治活动家,无政府工团主义者。曾担任社会政治杂志《社会主义运动》的编辑。——8。

拉赫美托夫,恩·(**布柳姆,O. B.**)(Рахметов, H.(Блюм, O. B.)生于 1886
年)——俄国社会民主党人,孟什维克。曾从事哲学题材的著述活动,参
加拉脱维亚边疆区社会民主党编辑委员会,为《劳动呼声报》撰稿。——
11、173。

拉吉舍夫,亚历山大·尼古拉耶维奇(Радищев, Александр Николаевич
1749—1802)——俄国作家,革命的启蒙思想家。——450。

拉柯夫斯基,克里斯蒂安·格奥尔吉耶维奇(Раковский, Христиан
Георгиевич 1873—1941)——生于保加利亚。曾参加保加利亚、罗马尼
亚、瑞士、法国的社会民主主义运动。第一次世界大战期间是中派分子,参
加齐美尔瓦尔德派。1917 年加入俄国社会民主工党(布)。十月革命后担
任党和苏维埃的工作。——524。

拉摩,约瑟夫(Larmor, Joseph 1857—1942)——英国物理学家和数学家。他
在电子理论方面的著作有重大意义。——188、195。

拉姆赛,威廉(Ramsay, William 1852—1916)——英国化学家和物理学
家。——215。

拉萨尔,斐迪南(Lassalle, Ferdinand 1825—1864)——德国小资产阶级社会主
义者,全德工人联合会的创始人之一和主席(1863)。在德国工人运动中
创立了一个机会主义派别——拉萨尔派。支持俾斯麦所奉行的在普鲁士
领导下"自上而下"统一德国的政策。宣传超阶级的国家观点。在哲学上
是唯心主义者和折中主义者。——376、417、446—447、478、556。

拉斯,恩斯特(Laas, Ernst 1837—1885)——德国实证论哲学家。与理·阿芬
那留斯同时论证主体和客体有不可分割的联系,把客体看做是个人意识或
一般意识的内容。——74。

拉瓦锡,安东·洛朗(Lavoisier, Antoine-Laurent 1743—1794)——法国化学
家。和米·瓦·罗蒙诺索夫同时确立了化学变化中质量守恒原理。在哲
学上拥护法国启蒙运动者的唯物主义观点。——183。

拉维斯泰因,威廉·万(万拉维斯泰因)(Ravesteijn, Willem van(Van-Ravesteijn)
生于 1876 年)——荷兰社会党人。1900 年加入荷兰社会民主工党,属该
党左翼。后被开除出党。1918 年加入荷兰共产党,后因脱离共产主义运
动而被除名。——315。

莱尔,雷金纳德·约翰(Ryle, Reginald John 1854—1922)——英国自然科学
家。曾在 1892 年《自然科学》杂志第 6 期上发表《劳埃德·摩根教授论
〈科学入门〉》一文,为卡·毕尔生的唯心主义观点辩护。——146—147。

教,把神说成是一种"实在概念"。——67、143、163、171、207。

雷努维埃,沙尔·贝尔纳(Renouvier,Charles Bernard 1815—1903)——法国哲学家,唯心主义者和折中主义者,新批判主义哲学学派的主要代表。他的哲学理论是休谟的现象论和康德的先验论的结合。——29、30、174。

雷特尔恩(Рейтерн 死于 1861 年)——沙俄上校,因不愿参与枪杀华沙示威群众而自杀。——288。

黎尔,阿洛伊斯(Riehl,Alois 1844—1924)——德国新康德主义哲学家。试图对康德学说作"实在论的"解释以适应现代自然科学。——74、109。

李卜克内西,卡尔(Liebknecht,Karl 1871—1919)——德国社会民主党左翼领袖之一,德国共产党创建人之一;威·李卜克内西的儿子。第一次世界大战期间持国际主义立场,反对支持本国政府进行掠夺战争,是国际派(后改称斯巴达克派和斯巴达克联盟)的组织者和领导人之一。1919 年 1 月柏林工人斗争被镇压后,于 15 日被捕,当天惨遭杀害。——500、509、549。

李卜克内西,威廉(Liebknecht,Wilhelm 1826—1900)——德国工人运动和国际工人运动活动家,德国社会民主党的创建人和领袖之一,马克思和恩格斯的朋友和战友。第一国际成立后,成为国际的革命思想的热心宣传者和国际的德国支部组织者之一。1869 年与奥·倍倍尔共同创建了德国社会民主工党(爱森纳赫派),任党的中央机关报《人民国家报》编辑。1875 年积极促成爱森纳赫派和拉萨尔派的合并。在反社会党人非常法施行期间与倍倍尔一起领导党的地下工作和斗争。1890 年起任党的中央机关报《前进报》主编,直至逝世。是第二国际的组织者之一。——447、511、519。

李嘉图,大卫(Ricardo,David 1772—1823)——英国经济学家,资产阶级古典政治经济学最著名的代表人物。——312、435。

李普曼,弗·(**格尔什,П. М.**)(Либман,Ф.(Герш,П. М.)生于 1882 年)——著名的崩得分子,1911 年进入崩得中央委员会,是《崩得评论》编辑部成员,追随取消派。第一次世界大战期间支持沙皇政府的兼并政策。——331、335、339—340、352、354—355、357、364、369—370、374、391—392、397、402、570。

里茨勒尔,库尔特(吕多费尔)(Riezler,Kurt(Ruedorffer)1882—1955)——德国外交家,哲学家,政论家,资产阶级自由主义君主派代表人物之一。1915—1917 年是德国首相贝特曼-霍尔韦格的顾问,积极支持首相所推行的在帝国主义战争中同德国社会民主党机会主义派实行合作的政策。写有一些关于世界政治问题的著作。——490。

里塞尔,雅科布(Riesser,Jacob 1853—1932)——德国经济学家和银行家。

1916—1928 年为国会议员。写有一些为帝国主义和金融资本辩护的著作。——590、592、599—601、606、608、613、627、630、633、637、681、685、686。

里希，奥古斯托（Righi, Augusto 1850—1921）——意大利物理学家，因其电学和磁学著作而闻名。在哲学观点上是自发的唯物主义者。——190、191、194。

利夫曼，罗伯特（Liefmann, Robert 1874—1941）——德国经济学家，教授，写有一些关于经济和社会问题的著作。——590、591、596、599、611、613、614、621、637—638。

利西斯（**勒太耶尔，欧仁**）（Lysis（Letailleur, Eugène））——法国经济学家，写有一些关于金融问题和政治问题的著作。——619—620。

列·弗拉·——见弗拉基米罗夫，米龙·康斯坦丁诺维奇。

列金，卡尔（Legien, Karl 1861—1920）——德国右派社会民主党人，德国工会领袖之一。第一次世界大战期间是社会沙文主义者。1918 年德国十一月革命期间同其他右派社会民主党人一起推行镇压革命运动的政策。——487、495、498—503、549、691、696—697、701、710、717、727。

列诺得尔，皮埃尔（Renaudel, Pierre 1871—1935）——法国社会党右翼领袖之一。1915—1918 年任《人道报》社长。第一次世界大战期间是社会沙文主义者。反对社会党参加共产国际，主张社会党人参加资产阶级政府。——570、717—718。

列谢维奇，弗拉基米尔·维克多罗维奇（Лесевич, Владимир Викторович 1837—1905）——俄国实证论哲学家。19 世纪 80—90 年代追随自由主义民粹派，曾为《俄国财富》杂志撰稿。认为必须在新康德主义认识论特别是经验批判主义认识论的基础上改革旧实证论，把经验批判主义看做哲学思想发展的顶峰。——52、154。

林肯，阿伯拉罕（Lincoln, Abraham 1809—1865）——美国共和党领袖之一，美国总统（1861—1865）。主张维护联邦统一，逐步废除奴隶制度。美国内战时期，在人民群众推动下实行一系列革命民主改革，颁布《宅地法》和《解放黑奴宣言》，使战争成为群众性的革命斗争，保证了战争的胜利。——672。

柳卡斯——见卢卡斯，查理·普雷斯特伍德。

龙格，让（Longuet, Jean 1876—1938）——法国社会党和第二国际领袖之一，政论家；沙尔·龙格和燕妮·马克思的儿子。第一次世界大战期间持中派和平主义立场。是法国中派分子的报纸《人民报》的创办人（1916）和编辑之一。1920 年起是法国社会党中派领袖之一。1921 年起是第二半国际执行委员会委员。——418、727。

龙格，沙尔（Longuet, Charles 1839—1903）——法国工人运动活动家，蒲鲁东主

义者;马克思的女儿燕妮的丈夫。1865 年加入第一国际。1866—1867 年和
1871—1872 年是第一国际总委员会委员,多次参加第一国际代表大会。
1871 年 4 月当选为巴黎公社委员。80 年代一度参加法国工人党中的机会主
义派别"可能派"。——418。

龙格,燕妮(Longuet,Jenny 1844—1883)——马克思的大女儿,沙尔·龙格的妻
子。曾撰文维护爱尔兰芬尼社社员,给流亡国外的巴黎公社战士以帮
助。——418。

卢格,阿尔诺德(Ruge,Arnold 1802—1880)——德国政论家,青年黑格尔派,资
产阶级激进派。1843—1844 年同马克思一起在巴黎筹办并出版《德法年鉴》
杂志,不久与马克思分道扬镳。1866 年后成为民族自由党人,写文章支持俾
斯麦所奉行的在普鲁士领导下"自上而下"统一德国的政策。——415。

卢卡舍维奇(**图恰普斯基**),帕维尔·卢基奇(Лукашевич(Тучапский),Павел
Лукич 1869—1922)——1893 年参加俄国革命运动,基辅工人阶级解放斗争
协会成员。乌克兰社会民主联盟("斯皮尔卡")中央委员会委员,该联盟于
1905 年 4 月加入俄国社会民主工党孟什维克派。"斯皮尔卡"分裂后,在孟
什维克中工作。——342。

卢卡斯(柳卡斯),查理·普雷斯特伍德(Lucas,Charles Prestwood 1853—
1931)——英国殖民部官员和历史学家,《大罗马和大不列颠》(1912)一书的
作者。——490、645。

卢那察尔斯基,阿纳托利·瓦西里耶维奇(Луначарский,Анатолий Васильевич
1875—1933)——19 世纪 90 年代初参加俄国社会民主主义运动。俄国社会
民主工党第二次代表大会后是布尔什维克。曾先后参加布尔什维克的《前进
报》、《无产者报》和《新生活报》编辑部。斯托雷平反动时期脱离布尔什维
克,参加"前进"集团;在哲学上宣扬造神说和马赫主义。第一次世界大战期
间持国际主义立场。十月革命后到 1929 年任教育人民委员。在艺术和文学
方面著述很多。——12—13、150、151、235—238、254。

卢森堡,罗莎(尤尼乌斯)(Luxemburg,Rosa(Junius)1871—1919)——德国社会
民主党和第二国际左翼领袖、理论家,德国共产党创建人之一。生于波兰。
曾参加俄国第一次革命(在华沙)。斯托雷平反动时期和新的革命高涨年代
对取消派采取调和主义态度。第一次世界大战期间持国际主义立场,是建立
国际派(后改称斯巴达克派和斯巴达克联盟)的发起人之一。1919 年 1 月柏
林工人斗争被镇压后,于 15 日被捕,当天惨遭杀害。——359—361、364、
369—374、376—378、379—382、383、385—387、388—389、391、394、396、
399、458、479、484、689—703、721、769、779。

鲁巴诺维奇,伊里亚·阿道福维奇(Рубанович, Илья Адольфович 1860—1920)——俄国社会革命党领袖之一,社会党国际局成员。第一次世界大战期间是社会沙文主义者。十月革命后反对苏维埃政权。——449、530、572。

路加,埃米尔(Lucka, Emil 1877—1941)——奥地利作家和康德主义哲学家。——128、156。

吕多费尔——见里茨勒尔,库尔特。

吕勒,奥托(Rühle, Otto 1874—1943)——德国左派社会民主党人,政论家和教育家。第一次世界大战期间持国际主义立场,在国会中投票反对军事拨款。——691。

吕西埃,昂利(Russier, Henri)——《大洋洲的瓜分》(1905)一书的作者。——647。

伦纳,卡尔(Renner, Karl 1870—1950)——奥地利社会民主党右翼领袖,"奥地利马克思主义"理论家。同奥·鲍威尔一起提出资产阶级民族主义的民族文化自治论。第一次世界大战期间是社会沙文主义者。1918—1920年任奥地利共和国总理。——528、564。

伦施,保尔(Lensch, Paul 1873—1926)——德国社会民主党人。1905—1913年任德国社会民主党左翼机关报《莱比锡人民报》编辑。第一次世界大战爆发后转向社会沙文主义立场。战后任鲁尔工业巨头主办的《德意志总汇报》主编。——461、469、486、519、568、696、773。

罗伯斯比尔,马克西米利安·玛丽·伊西多尔(Robespierre, Maximilien-Marie-Isidore 1758—1794)——18世纪末法国资产阶级革命的活动家,雅各宾派领袖。革命政府的首脑(1793—1794)。——166、468。

罗得斯,塞西尔·约翰(Rhodes, Cecil John 1853—1902)——英国殖民政策的积极推行者,鼓吹帝国主义扩张;英国侵占南非和中非领土后以他的名字将被占领的部分领土命名为罗得西亚。1890—1896年任开普殖民地总理;1899—1902年英布战争的主要策动者之一。——641—642、647。

罗季切夫,费多尔·伊兹迈洛维奇(Родичев, Федор Измаилович 1853—1932)——俄国地主,地方自治运动活动家,立宪民主党领袖之一,该党中央委员。1904—1905年地方自治人士代表大会的参加者。第一届至第四届国家杜马代表。十月革命后为白俄流亡分子。——450。

罗兰-霍尔斯特,罕丽达(Roland Holst, Henriette 1869—1952)——荷兰左派社会党人,女作家。曾从事组织妇女联合会的工作。1907—1909年属于论坛派。第一次世界大战初期持中派立场,后转向国际主义,曾参加齐美尔瓦尔德左派理论刊物《先驱》杂志的出版工作。——523。

罗曼诺夫王朝（Романовы）——俄国皇朝（1613—1917）。——288、529。

罗普申，维·——见萨文柯夫，波里斯·维克多罗维奇。

洛贝尔图斯–亚格措夫，约翰·卡尔（Rodbertus-Jagetzow, Johann Karl 1805—1875）——德国经济学家，国家社会主义理论家，资产阶级化的普鲁士贵族利益的表达者，大地主。认为劳动和资本的矛盾可以通过普鲁士容克王朝实行的一系列改革得到解决；经济危机的原因在于人民群众的消费不足；地租是由于农业中不存在原料的耗费而形成的超额收入。——294、435。

洛克，约翰（Locke, John 1632—1704）——英国唯物主义经验论哲学家。提出基本上是唯物主义的感觉认识论，认为经验是知识的唯一来源，感觉是外部世界作用于感官的结果。早期资产阶级天赋人权理论的代表。——24、85。

洛克菲勒，约翰·戴维森（Rockefeller, John Davison 1839—1937）——美国石油大王，洛克菲勒财团的创始人。洛克菲勒家族曾控制美国大通银行、纽约花旗银行等大银行。对美国内外政策有重大影响。——606、634、635。

洛仑茨，亨德里克·安东（Lorentz, Hendrik Antoon 1853—1928）——荷兰物理学家。在哲学观点上是唯物主义者，反对物理学中的各种唯心主义表现。——188、195。

洛帕廷，列夫·米哈伊洛维奇（Лопатин, Лев Михайлович 1855—1920）——俄国唯心主义哲学家，莫斯科大学教授，莫斯科心理学学会主席，1894 年起任《哲学和心理学问题》杂志编辑。在哲学观点上追随神秘主义者弗·谢·索洛维约夫，鼓吹唯灵论，认为论证"灵魂不死"是哲学的迫切问题之一，力图说明灵魂是具有意志自由的创造本原。——206、235。

洛治，奥利弗·约瑟夫（Lodge, Oliver Joseph 1851—1940）——英国物理学家。写有许多物理学著作。在哲学观点上是唯心主义者和神秘主义者，反对唯物主义，企图利用自然科学的发现来维护宗教。——191。

M

马尔丁诺夫，亚历山大（皮凯尔，亚历山大·萨莫伊洛维奇）（Мартынов, Александр（Пиккер, Александр Самойлович）1865—1935）——俄国经济派领袖之一，孟什维克活动家，后为共产党员。1900 年侨居国外，参加经济派的《工人事业》杂志编辑部，反对列宁的《火星报》。在俄国社会民主工党第二次代表大会上是国外俄国社会民主党人联合会的代表，反火星派分子，会后成为孟什维克。斯托雷平反动时期和新的革命高涨年代是取消派分子，参加取消派的机关报《社会民主党人呼声报》编辑部。第一次世界大战期间持中派立场。十月革命后脱离孟什维克。1923 年加入俄共

376、413—448、451、452、453、457、466、467—468、470、479、482—483、485、510、515、519—520、525、528、558—559、564、567—568、570、586—588、603、667—668、688、698、699、700、705、710—712、717—718、747、763、767、786。

马克思（冯·威斯特华伦），燕妮（Marx（von Westphalen），Jenny 1814—1881）——马克思的妻子,他的忠实朋友和助手。——415、418。

马克思-艾威林,爱琳娜（Marx-Aveling, Eleanor 1855—1898）——英国社会主义同盟(1884)和英国独立工党(1893)的创建人之一。马克思的小女儿。马克思逝世后,在恩格斯的直接领导下积极参加非熟练工人的群众运动,是1889年伦敦码头工人大罢工的组织者之一。第二国际多次代表大会代表。整理和发表了马克思的著作《工资、价格和利润》以及马克思关于东方问题的一系列文章,著有关于马克思和恩格斯的回忆录。——418。

马肯森,奥古斯特（Mackensen, August 1849—1945）——德国元帅(1915),德国帝国主义军阀的代表人物。1870—1871年普法战争的参加者。第一次世界大战初期在东普鲁士指挥帝国第17军,后在东线任德国集团军司令和德奥集团军群司令。——539。

马宁,С. Л.（Манин, С. Л.）——崩得分子,1913年为孟什维克取消派的《光线报》撰稿。——351。

马斯洛夫,彼得·巴甫洛维奇（Маслов, Петр Павлович 1867—1946）——俄国经济学家,社会民主党人。写有一些土地问题著作,修正马克思主义政治经济学原理。俄国社会民主工党第二次代表大会后是孟什维克;曾提出孟什维克的土地地方公有化纲领。斯托雷平反动时期和新的革命高涨年代是取消派分子。第一次世界大战期间是社会沙文主义者。十月革命后脱离政治活动。——408、449、531、642、669。

马志尼,朱泽培（Mazzini, Giuseppe 1805—1872）——意大利统一时期的资产阶级革命家,民族解放运动中民主派的领袖和思想家之一。早年参加秘密革命组织"烧炭党"。积极参加1848年革命,是1849年罗马共和国政府的首脑。1860年支持加里波第对西西里的远征。——417。

迈耶拉,巴泰勒米（Mayéras, Barthelemy 生于1879年）——法国社会党人,新闻工作者。1914—1919年为众议员。第一次世界大战期间持中派和平主义立场,积极为《人民报》和法国中派的其他报刊撰稿。曾任法国社会党执行委员会委员,赞成同党内公开的社会沙文主义者保持统一。——727。

麦迭姆（格林贝格），弗拉基米尔·达维多维奇（戈尔德布拉特）（Медем（Гринберг），Владимир Давидович（Гольдблат）1879—1923）——崩得领袖

之一。1903 年起为崩得国外委员会委员，代表该委员会出席了俄国社会民主工党第二次代表大会；在会上是反火星派分子。1906 年当选为崩得中央委员，曾参加俄国社会民主工党第五次（伦敦）代表大会，支持孟什维克。——361—362。

麦克斯韦，詹姆斯·克拉克（Maxwell, James Clerk 1831—1879）——英国物理学家。创立了电磁场理论和光电磁理论。在哲学上是机械的、不彻底的唯物主义者。——188、195。

麦克唐纳，詹姆斯·拉姆赛（MacDonald, James Ramsay 1866—1937）——英国工党创建人和领袖之一。1906—1909 年任独立工党主席。1911—1914 年和1922—1931 年任工党议会党团主席。推行机会主义政策，鼓吹阶级合作和资本主义逐渐长入社会主义的理论。第一次世界大战初期采取和平主义立场，后来公开支持劳合-乔治政府进行帝国主义战争。1918—1920 年竭力破坏英国工人反对武装干涉苏维埃俄国的斗争。1924 年出任第一届工党政府首相。——580、727。

曼，汤姆（Mann, Tom 1856—1941）——1885 年加入英国社会民主联盟。80 年代末积极参加新工联运动，领导过多次罢工。1893 年参与创建独立工党，属该党左翼。第一次世界大战期间持国际主义立场。积极组织英国工人反对武装干涉苏维埃俄国的斗争。后来是英国共产党的创建人之一。——711。

梅林，弗兰茨（Mehring, Franz 1846—1919）——德国社会民主党左翼领袖和理论家之一，历史学家和政论家，德国共产党创建人之一。曾任德国社会民主党的理论刊物《新时代》杂志撰稿人和编辑，《莱比锡人民报》主编，反对第二国际的机会主义和修正主义，批判考茨基主义。第一次世界大战爆发后是国际派（后改称斯巴达克派和斯巴达克联盟）的组织者和领导人之一。主要著作有《德国社会民主党史》、《马克思传》等。——13、458、479、484、689。

梅姆列佐夫（Мымрецов）——395。

美列涅夫斯基，马里安·伊万诺维奇（巴索克；索柯洛夫斯基）（Меленевский, Мариан Иванович（Басок, Соколовский）1879—1938）——乌克兰小资产阶级民族主义者，孟什维克，乌克兰社会民主主义组织"斯皮尔卡"的领导人之一。第一次世界大战期间是资产阶级民族主义组织"乌克兰解放协会"的骨干分子。十月革命后从事经济工作。——342。

弥勒，约翰奈斯·彼得（Müller, Johannes Peter 1801—1858）——德国自然科学家。最新生理学的创始者。从事中枢神经系统和感觉器官的研究，提出感官殊能律，把感觉看做是人的感官的内在能的表现结果，按照康德主义得出外

部世界不可认识的结论。写有生理学、比较解剖学、胚胎学和组织学方面的
著作。——207。

米尔柏格,阿尔图尔（Mülberger, Arthur 1847—1907）——德国小资产阶级政论
家,蒲鲁东主义者。曾为赫希柏格出版的改良主义的《未来》杂志撰稿,写过
一些关于法国和德国社会思想史方面的著作。——2。

米海洛夫斯基,尼古拉·康斯坦丁诺维奇（Михайловский, Николай
Константинович 1842—1904）——俄国自由主义民粹派理论家,政论家,文
学批评家,实证论哲学家,社会学主观学派代表人物。1868 年起为《祖国纪
事》杂志撰稿。1879 年与民意党接近。1882 年以后写了一系列谈"英雄"与
"群氓"问题的文章,建立了完整的"英雄"与"群氓"的理论体系。1892 年起
任《俄国财富》杂志编辑,在该杂志上与俄国马克思主义者进行激烈的论
战。——222。

米勒兰,亚历山大·埃蒂耶纳（Millerand, Alexandre Étienne 1859—1943）——法
国国务活动家,法国社会党和第二国际的机会主义代表人物。1885 年起多
次当选议员。原属资产阶级激进派。90 年代初参加法国社会主义运动,领
导运动中的机会主义派。1899 年参加瓦尔德克-卢梭内阁,任工商业部长,
这是有史以来社会党人第一次参加资产阶级政府。1904 年被开除出法国
社会党。1909—1915 年先后任公共工程部长和陆军部长。1920 年 1—9 月
任总理兼外交部长,1920 年 9 月—1924 年 6 月任总统。俄国十月革命后是
武装干涉苏维埃俄国的策划者之一。——468、580。

米涅,弗朗索瓦·奥古斯特·玛丽（Mignet, François-Auguste-Marie 1796—
1884）——法国历史学家,资产阶级阶级斗争理论的创立者之一。写有《法
国革命史》等历史著作。——426。

缅施科夫,米哈伊尔·奥西波维奇（Меньшиков, Михаил Осипович 1859—
1919）——俄国政论家,黑帮报纸《新时报》的撰稿人。十月革命后反对苏维
埃政权,1919 年被枪决。——69—70、89、449。

摩根,康韦·劳埃德（Morgan, Conwy Lloyd 1852—1936）——英国生物学家,心
理学家和哲学家。早期持唯物主义立场,后来成为现代英国资产阶级哲学中
的一个唯心主义派别——"倏忽进化"学派的代表人物,认为世界上有某种
"内在力量"（上帝）在起作用。——41、146。

摩根,约翰·皮尔庞特（Morgan, John Pierpont 1867—1943）——美国金融巨头,
摩根财团的金融中心、美国最大的一家银行——摩根公司的首脑。摩根公司
后来发展成庞大的国际性金融资本集团。摩根财团对美国的内外政策有重
大影响。——606。

N

拿破仑第一（**波拿巴**）（Napoléon I（Bonaparte）1769—1821）——法国皇帝（1804—1814、1815）。——91、97、103、145、693。

拿破仑第三（**波拿巴，路易**）（Napoléon III（Bonaparte，Louis）1808—1873）——法国皇帝（1852—1870），拿破仑第一的侄子。法国1848年革命失败后被选为法兰西共和国总统。1851年12月2日发动政变，1852年12月称帝。在位期间屡次发动侵略战争，包括同英国一起发动侵略中国的第二次鸦片战争。1870年9月4日巴黎革命时被废黜。——284、468、511、519。

纳希姆松，米龙·伊萨科维奇（斯佩克塔托尔）（Нахимсон, Мирон Исаакович（Спектатор）1880—1938）——俄国经济学家和政论家。1899—1921年是崩得分子。第一次世界大战期间持中派立场。——673、674、677、697、706—707。

奈马尔克，阿尔弗勒德（Neymarck，Alfred 1848—1921）——法国经济统计学家。——624—625、627、672。

尼古拉二世（**罗曼诺夫**）（Николай II（Романов）1868—1918）——俄国最后一个皇帝，亚历山大三世的儿子。1894年即位，1917年二月革命时被推翻。1918年被枪决。——406、449、451—452、467、509、764。

涅夫斯基，弗拉基米尔·伊万诺维奇（**克里沃博科夫，费奥多西·伊万诺维奇**）（Невский, Владимир Иванович（Кривобоков, Феодосий Иванович）1876—1937）——19世纪90年代参加俄国社会民主主义运动，布尔什维克。积极参加了1905—1907年革命，屡遭沙皇政府迫害。1913年被增补为党中央候补委员。十月革命后曾任交通人民委员、全俄中央执行委员会主席团副主席、斯维尔德洛夫共产主义大学校长等职。——15。

涅纳罗科莫夫，格奥尔吉·彼得罗维奇（Ненарокомов, Георгий Петрович 生于1874年）——沙俄高等法院检察官。1915年2月沙皇当局审讯第四届国家杜马布尔什维克代表时充当起诉人。——534。

牛顿，伊萨克（Newton，Isaac 1642—1727）——英国物理学家、天文学家和数学家，经典力学的创始人。万有引力定律的发现者。在哲学观点上是自发的唯物主义者。——141、184、208。

诺斯克，古斯塔夫（Noske，Gustav 1868—1946）——德国社会民主党右翼领袖之一。第一次世界大战期间是社会沙文主义者。1918年12月任人民代表委员会负责国防的委员，镇压1919年柏林等地的工人斗争。1919年2月—1920年3月任国防部长，卡普叛乱平息后被迫辞职。1920—1933年任普鲁士汉诺威省省长。——581。

O

欧文斯,迈克尔·约瑟夫(Owens, Michael Joseph 1859—1923)——美国制瓶机发明人,后来成了这一行业的企业家。——660—661。

P

帕尔乌斯(**格尔方德,亚历山大·李沃维奇**)(Парвус(Гельфанд, Александр Львович)1869—1924)——生于俄国,19 世纪 80 年代移居国外。90 年代末起在德国社会民主党内工作,属该党左翼。20 世纪初参加俄国社会民主工党的工作,为《火星报》撰稿。俄国社会民主工党第二次代表大会后支持孟什维克的组织路线。1905 年回到俄国,为孟什维克的《开端报》撰稿;同托洛茨基一起提出"不断革命论"。第一次世界大战期间是社会沙文主义者。1915 年起在柏林出版《钟声》杂志。——570。

帕图叶,约瑟夫(Patouillet, Joseph)——法国经济学家,《美国帝国主义》(1904)一书的作者。——672。

潘涅库克,安东尼(Pannekoek, Antonie 1873—1960)——荷兰工人运动活动家,天文学家。1907 年是荷兰社会民主工党左翼刊物《论坛报》创办人之一。1909 年参与创建荷兰社会民主党。1910 年起与德国左派社会民主党人关系密切,积极为他们的报刊撰稿。第一次世界大战期间是国际主义者,曾参加齐美尔瓦尔德左派理论刊物《先驱》杂志的出版工作。1918—1921 年是荷兰共产党党员,参加共产国际的工作。20 年代初是极左的德国共产主义工人党领袖之一。后退出共产党,脱离政治活动。——273、275、277、460、492、524。

佩什,乔治(Paish, George 1867—1957)——英国经济学家和统计学家,和平主义者。1914—1916 年任英国国库(财政部)财政和经济问题顾问。一些经济学会和统计学会的主席和会员。写有一系列关于世界经济和政治问题的著作。——465、473、627、631。

彭加勒,昂利(Poincaré, Henri 1854—1912)——法国数学家和物理学家。在哲学上接近马赫主义,约定论者。——25、48、126—127、145、183—184、187—188、194、206、208、211、213、234—235。

彭加勒,雷蒙(Poincaré, Raymond 1860—1934)——法国国务活动家。曾任总理兼外交部长(1912—1913)、总统(1913—1920)。推行军国主义政策,极力策划第一次世界大战。俄国十月革命后是武装干涉苏维埃俄国的策划者之一。1922—1924 年和 1926—1929 年任总理,力主分割德国,妄图建立法国在欧洲的霸权。——406。

皮达可夫,格奥尔吉·列昂尼多维奇(基辅斯基,彼·;尤里)(Пятаков, Георгий Леонидович(Киевский, П. , Юрий)1890—1937)——1910 年加入俄国社会民主工党。1914—1917 年先后侨居瑞士和瑞典。1917 年二月革命后任党的基辅委员会主席和基辅工人代表苏维埃执行委员会委员。1918 年 12 月任乌克兰临时工农政府主席。1919 年后担任过一些集团军的革命军事委员会委员。1920—1923 年任顿巴斯中央煤炭工业管理局局长、国家计划委员会和最高国民经济委员会副主席、租让总委员会主席。1920—1921 年工会问题争论期间支持托洛茨基纲领。——733、734、736、740、741—745、746—753、754—760、761—770、771—774、775—782、783、784、786。

皮浪(Pyrrhon 约公元前 360—前 270)——古希腊哲学家,古代怀疑论创始人。认为客观真理是不可认识的,宣扬逃避和漠视实际生活。——101、167。

蒲鲁东,皮埃尔·约瑟夫(Proudhon, Pierre-Joseph 1809—1865)——法国政论家,经济学家,社会学家,小资产阶级思想家,无政府主义理论的创始人之一。——346、416、417。

普雷斯曼,阿德里安(Pressemanne, Adrien 1879—1929)——法国社会党人。1912 年是法国社会党常驻社会党国际局的代表。第一次世界大战期间持中派立场。——727。

普利什凯维奇,弗拉基米尔·米特罗范诺维奇(Пуришкевич, Владимир Митрофанович 1870—1920)——俄国大地主,黑帮反动分子,君主派。俄罗斯人民同盟和米迦勒天使长同盟的组织者之一。第一次世界大战期间鼓吹把战争进行到"最后胜利"。1917 年二月革命后主张恢复君主制。十月革命后竭力反对苏维埃政权,是 1917 年 11 月初被揭露的军官反革命阴谋的策划者。——162、297—299、333—334、338、341、344—345、350、393、397、399—401、451—452。

普列汉诺夫,格奥尔吉·瓦连廷诺维奇(别尔托夫)(Плеханов, Георгий Валентинович(Бельтов)1856—1918)——俄国早期的马克思主义理论家。1883 年创建俄国第一个马克思主义团体——劳动解放社。翻译和介绍了马克思和恩格斯的著作,对马克思主义在俄国的传播起了重要作用;写过不少优秀的马克思主义著作,批判民粹主义、合法马克思主义、经济主义、伯恩施坦主义、马赫主义。20 世纪初是《火星报》和《曙光》杂志编辑部成员。曾参与制定俄国社会民主工党纲领草案和参加党的第二次代表大会的筹备工作。在代表大会上属火星派多数派,会后逐渐转向孟什维克,后来成为孟什维克和第二国际机会主义领袖之一。1905—1907年革命时期反对列宁的民主革命的策略。斯托雷平反动时期和新的革命高涨年代反对取消主义,领导孟什维克护党派。第一次世界大战期间持社会沙文主义立场。1917年二月革命后支持资产阶级临时政府。对十月革命持否定态度,但拒绝支持反革命。——3—4、16、17、20、53、72、73、74、75、78、79、82、101—102、107、112—115、160、175、182、261、262、263、345、392、408、449、453、456—458、461、463—464、465—469、484—486、492、494、497、505、516、519、523、525、535、536、542、547—549、556、559、572、699、701、710、717、727、739。

Q

齐赫泽,尼古拉·谢苗诺维奇(Чхеидзе, Николай Семенович 1864—1926)——俄国孟什维克领袖之一。第四届国家杜马孟什维克党团主席。第一次世界大战期间是中派分子。1917年二月革命后任国家杜马临时委员会委员、彼得格勒工兵代表苏维埃主席和第一届中央执行委员会主席,极力支持资产阶级临时政府。十月革命后任格鲁吉亚立宪会议主席。1921年格鲁吉亚建立苏维埃政权后流亡法国。——532、535、545、669、699、702、715、727。

齐亨,泰奥多尔(Ziehen, Theodor 1862—1950)——德国唯心主义哲学家,生理学家和精神病学家。是经验批判主义和内在论哲学的信徒。——174。

契尔施基,齐格弗里特(Tschierschky, Siegfried 生于1872年)——德国经济学家,曾在一些托拉斯和辛迪加做实际工作。著有《卡特尔与托拉斯》一书,曾出版《卡特尔评论》杂志。——591、603。

契恒凯里,阿卡基·伊万诺维奇(Чхенкели, Акакий Иванович 1874—1959)——格鲁吉亚孟什维克领袖之一。斯托雷平反动时期和新的革命高涨年代是取消派分子。第一次世界大战期间是社会沙文主义者。1917年二月革命后是临时政府驻外高加索的代表。1918年4月任外高加索临时政府主席,后任格鲁吉亚孟什维克政府外交部长。1921年格鲁吉亚建立苏维埃政权后成为白俄流亡分子。——549、669、699、702、710。

乔治,亨利(George, Henry 1839—1897)——美国经济学家和社会活动家。19世纪70年代起致力于土地改革运动。认为人民贫困的根本原因是人民被剥夺了土地;否认劳动和资本之间的对抗,认为资本产生利润是自然规律;

主张由资产阶级国家实行全部土地国有化,然后把土地租给个人。——294。

切尔诺夫,维克多·米哈伊洛维奇(加尔德宁,尤·)(Чернов, Виктор Михайлович(Гарденин, Ю.)1873—1952)——俄国社会革命党领袖和理论家之一。曾撰文反对马克思主义,企图证明马克思的理论不适用于农业。第一次世界大战期间持社会沙文主义立场,曾参加齐美尔瓦尔德代表会议和昆塔尔代表会议。1917 年 5—8 月任临时政府农业部长,对夺取地主土地的农民实行残酷镇压。敌视十月革命,参与策划反苏维埃叛乱。1918 年 1 月任立宪会议主席。1920 年流亡国外,继续反对苏维埃政权。——16、72—76、78—79、88、93、96、149、154、217、468。

切列万宁,涅·(利普金,费多尔·安德列耶维奇)(Череванин, Н.(Липкин, Федор Андреевич)1868—1938)——俄国政论家,"马克思的批评家",后为孟什维克领袖之一,取消派分子。1912 年反布尔什维克的八月代表会议后是孟什维克领导中心——组织委员会的成员。第一次世界大战期间是社会沙文主义者。敌视十月革命。——261、262、531、545。

R

饶尔丹尼亚,诺伊·尼古拉耶维奇(阿恩;科斯特罗夫)(Жордания, Ной Николаевич(Ан, Костров)1869—1953)——俄国社会民主党人,俄国社会民主工党第二次代表大会后为高加索孟什维克的领袖。斯托雷平反动时期和新的革命高涨年代形式上参加孟什维克护党派,实际上支持取消派。第一次世界大战期间是社会沙文主义者。1917 年二月革命后任梯弗利斯工人代表苏维埃主席。1918—1921 年是格鲁吉亚孟什维克政府主席。1921 年格鲁吉亚建立苏维埃政权后成为白俄流亡分子。——548。

热里雅鲍夫,安德列·伊万诺维奇(Желябов, Андрей Иванович 1851—1881)——俄国民意党的组织者和领袖。是民粹派中最早认识到必须同沙皇专制制度进行政治斗争的人之一。在他的倡议下,1880 年俄国创办了第一家工人报纸《工人报》。但不理解工人阶级的历史作用,把个人恐怖活动看做是推翻沙皇制度的主要手段,多次组织谋刺亚历山大二世的活动。1881 年 4 月在彼得堡被处以绞刑。——468。

S

萨尔蒂科夫-谢德林,米哈伊尔·叶夫格拉福维奇(萨尔蒂科夫,米·叶·;谢德林,尼·)(Салтыков-Щедрин, Михаил Евграфович(Салтыков, М. Е.,

Щедрин, Н.)1826—1889)——俄国讽刺作家,革命民主主义者。——394。

萨尔托里乌斯·冯·瓦尔特斯豪森,奥古斯特(Sartorius von Waltershausen,
August 1852—1938)——德国经济学家,德国帝国主义的辩护士。1888—
1918 年任斯特拉斯堡大学教授。写有一些关于世界经济和政治问题的著
作。——490、648、662。

萨兰德拉,安东尼奥(Salandra, Antonio 1853—1931)——意大利工业垄断组织
和大地主的"自由联盟"的极右翼领袖之一。曾任农业大臣、财政大臣和国
库大臣。1914—1916 年任意大利内阁首相,1915 年领导意大利参加协约国
一方作战。曾代表意大利参加巴黎和会和国际联盟。——468。

萨文柯夫,波里斯·维克多罗维奇(罗普申,维·)(Савинков, Борис
Викторович(Ропшин, В.)1879—1925)——俄国社会革命党领袖之一,作
家。接近经济派——工人思想派,为《工人事业》杂志撰稿。1903—1906 年
是社会革命党"战斗组织"的领导人之一,多次参加恐怖活动。第一次世界
大战期间是社会沙文主义者。1917 年二月革命后任临时政府驻最高总司
令大本营的委员、陆军部副部长等职。十月革命后是一系列反革命叛乱的
组织者。1924 年被捕。1925 年在狱中自杀。——468。

萨文科,阿纳托利·伊万诺维奇(Савенко, Анатолий Иванович 生于 1874
年)——俄国资产阶级民族主义者,政论家,大地主。1908 年在基辅创办俄
罗斯民族主义者俱乐部。曾为黑帮报纸《新时代》和《基辅人报》撰稿。十
月革命后反对苏维埃国家,后为白俄流亡分子。——395。

塞克斯都·恩披里柯(Sextus Empiricus 2 世纪下半叶)——古希腊哲学家和
医生,古代怀疑论的著名代表。否定认识真理的可能性,反对任何"独断
的"判断和道德原则,断言人不应该有任何信念,把信念看做是谋取幸福的
主要障碍。——101。

桑巴,马赛尔(Sembat, Marcel 1862—1922)——法国社会党改良派领袖之一,
新闻工作者。第一次世界大战期间是社会沙文主义者。1914 年 8 月—
1917 年 9 月任法国"国防政府"公共工程部长。1915 年 2 月参加协约国社
会党伦敦代表会议,会议目的是在社会沙文主义纲领的基础上实现协约国
社会党的联合。——494、503、535、539、701、727。

桑巴特,韦尔纳(Sombart, Werner 1863—1941)——德国经济学家和社会学
家。他的早期著作受到马克思主义的影响,后来反对历史唯物主义和马克
思的经济学说,否认社会发展的一般规律,强调精神的决定性作用,把资本
主义描绘成一种协调的经济体系。——620。

沙佩尔,卡尔(Schapper, Karl 1812—1870)——德国工人运动和国际工人运动

活动家。1836—1837 年参与创建正义者同盟,1840 年参与创建伦敦德意志工人教育协会。后为共产主义者同盟中央委员会委员、科隆工人联合会的领导人之一。德国 1848—1849 年革命失败后,他和奥·维利希一起领导从共产主义者同盟中分裂出去的冒险主义宗派集团。1865 年被增补进第一国际总委员会。——446。

圣西门,昂利·克洛德(Saint-Simon,Henri Claude 1760—1825)——法国空想社会主义者。——688。

施蒂利希,奥斯卡尔(Stillich,Oskar 生于 1872 年)——《货币银行业》(1907)一书的作者。——605、610、620、621。

施尔德尔,齐格蒙德(Schilder,Sigmond 死于 1932 年)——德国经济学家,曾任商业博物馆秘书。写有《世界经济发展趋势》、《世界大战的世界经济前提》等著作。——627、630、645、646、648、662、681。

施奈德(Schneider)——法国金融巨头家族,对法国的经济和政治生活有巨大影响。——630。

施泰因,洛伦茨(Stein,Lorenz 1815—1890)——德国国家法专家,哲学家,经济学家。他从黑格尔的唯心主义学说出发,把唯心主义和唯物主义折中地混杂在自己的世界观里。——423。

施陶斯,埃米尔·格奥尔格(Stauß,Emil Ceorg 生于 1877 年)——德国金融家和银行家。1898 年在德意志银行任职;从 1906 年至第一次世界大战结束,主管该银行的石油公司。1915 年起是德意志银行和贴现公司的董事和监事。——635。

施特勒贝尔,亨利希(Ströbel,Heinrich 1869—1945)——德国社会民主党人,中派分子。1905—1916 年任德国社会民主党中央机关报《前进报》编委。第一次世界大战初期反对社会沙文主义和帝国主义战争,属于国际派,在国际派中代表向考茨基主义方面动摇的流派。1916 年完全转向考茨基主义立场。——495、689、691。

施韦格勒,阿尔伯特(Schwegler,Albert 1819—1857)——德国神学家、哲学家、语文学家和历史学家。曾将亚里士多德的《形而上学》译成德文。——90、558。

叔本华,阿尔图尔(Schopenhauer,Arthur 1788—1860)——德国主观唯心主义哲学家,非理性主义和悲观主义的鼓吹者。叔本华的唯意志论对帝国主义时代资产阶级哲学的发展有重大影响。——155、171。

舒伯特-索尔登,理查(Schubert-Soldern,Richard 1852—1935)——德国哲学教授,内在论哲学代表;曾参加德国《内在论哲学杂志》的出版工作。——

T

会主义派别领袖之一,政论家。1904 年加入德国社会民主党。第一次世界大战期间持国际主义立场,1914—1916 年任社会民主党《人民之友报》编辑;曾参加国际派(后改称斯巴达克派和斯巴达克联盟)。1916—1918年曾参与出版反对帝国主义战争和社会沙文主义的秘密鼓动材料《斯巴达克通信》。——689。

塔弗尔,保尔(Tafel,Paul)——《北美托拉斯及其对技术进步的影响》(1913)一书的作者。——591。

汤姆生,威廉,开尔文男爵(Thomson,William,Baron Kelvin 1824—1907)——英国物理学家。在热力学、电学和磁学等方面的著作具有重要意义。——188、195。

汤姆生,约瑟夫·约翰(Thomson,Joseph John 1856—1940)——英国物理学家。以电学和磁学方面的著作而闻名。在哲学观点上是自发的唯物主义者。——191。

唐恩(**古尔维奇**),费多尔·伊里奇(Дан(Гурвич),Федор Ильич 1871—1947)——俄国孟什维克领袖之一。斯托雷平反动时期和新的革命高涨年代在国外领导取消派,编辑取消派的《社会民主党人呼声报》。第一次世界大战期间是社会沙文主义者。1917 年二月革命后任彼得格勒苏维埃执行委员会委员和第一届中央执行委员会主席团委员,支持资产阶级临时政府。十月革命后反对苏维埃政权,1922 年被驱逐出境。——261、320。

特雷维斯,克劳狄奥(Treves,Claudio 1868—1933)——意大利社会党改良派领袖之一。第一次世界大战期间是中派分子,反对意大利参战。敌视俄国十月革命。——727。

特鲁别茨科伊,叶夫根尼·尼古拉耶维奇(Трубецкой,Евгений Николаевич 1863—1920)——俄国资产阶级自由派思想家,宗教哲学家。在沙皇政府镇压 1905—1907 年革命和建立斯托雷平体制的过程中起过重要作用。十月革命后反对苏维埃政权,是邓尼金的骨干分子。——379。

特鲁尔斯特拉,彼得·耶莱斯(Troelstra,Pieter Jelles 1860—1930)——荷兰右派社会党人。荷兰社会民主工党创建人和领袖之一。1897—1925 年(有间断)任该党议会党团主席。20 世纪初转向机会主义立场。第一次世界大战期间是亲德的社会沙文主义者。——492、539。

梯也尔,阿道夫(Thiers,Adolphe 1797—1877)——法国国务活动家,历史学家。七月王朝时期历任参事院院长、内务大臣、外交大臣和首相。第二共和国时期是秩序党领袖之一,制宪议会和立法议会议员。1870 年 9 月 4 日第二帝国垮台后,成为资产阶级"国防政府"实际领导人之一,1871 年 2 月

就任第三共和国政府首脑,1871—1873 年任共和国总统。镇压巴黎公社
的刽子手。——426。

梯叶里,奥古斯坦(Thierry, Augustin 1795—1856)——法国历史学家,资产阶
级阶级斗争理论的创立者之一。——426。

屠格涅夫,伊万·谢尔盖耶维奇(Тургенев, Иван Сергеевич 1818—
1883)——俄国作家。——74、287—288。

托尔斯泰,列夫·尼古拉耶维奇(Толстой, Лев Николаевич 1828—
1910)——俄国作家。——241—246。

托洛茨基(**勃朗施坦**),列夫·达维多维奇(Троцкий(Бронштейн), Лев
Давидович 1879—1940)——19 世纪 90 年代参加俄国社会民主主义运动。
在俄国社会民主工党第二次代表大会上是西伯利亚联合会的代表,属火星
派少数派。1905 年同亚·帕尔乌斯一起提出和鼓吹"不断革命论"。1912
年组织"八月联盟"。第一次世界大战期间持中派立场。1917 年二月革命
后参加区联派,在党的第六次代表大会上随区联派集体加入布尔什维克
党,当选为中央委员。1917 年 10 月 10 日被选入中央政治局。参加十月武
装起义的领导工作。十月革命后任外交人民委员、陆海军人民委员、共和
国革命军事委员会主席和交通人民委员等职。参与组建红军。曾被选为
党中央政治局委员和共产国际执行委员会委员。1920—1921 年挑起关于
工会问题的争论。——399、523、547—549、706、708。

托马,阿尔伯(Thomas, Albert 1878—1932)——法国右派社会党人。第一次
世界大战期间是社会沙文主义者。曾参加资产阶级政府,任军需部长。俄
国 1917 年二月革命后到该国鼓吹继续进行战争。1919 年是伯尔尼国际
的组织者之一。1920—1932 年任国际联盟国际劳工组织的主席。——
580、727。

陀思妥耶夫斯基,费多尔·米哈伊洛维奇(Достоевский, Федор Михайлович
1821—1881)——俄国作家。——365。

W

瓦尔,莫里斯(Wahl, Maurice)——《法国在殖民地》一书的作者。——647。

瓦连廷诺夫,尼·(**沃尔斯基,尼古拉·弗拉基斯拉沃维奇**)(Валентинов, Н.
(Вольский, Николай Владиславович) 1879—1964)——俄国孟什维克,新
闻工作者,马赫主义哲学家。俄国社会民主工党第二次代表大会后站在布
尔什维克一边,1904 年转向孟什维克,编辑孟什维克的一些杂志。斯托雷
平反动时期是取消派分子;在哲学上修正马克思主义,维护马赫和阿芬那

留斯的主观唯心主义观点。——11、12、16、33—34、72、110、114、149、160、173、175、190、193、194、205。

瓦扬,爱德华·玛丽(Vaillant,Édouard-Marie 1840—1915)——法国布朗基主义者,第二国际左翼领袖之一。在反对米勒兰主义斗争中与盖得派接近,是1901年盖得派与布朗基派合并为法兰西社会党的发起人之一。1905—1915年是法国社会党(1905年建立)的领导人之一。第一次世界大战期间持社会沙文主义立场。——484—486、493、535、540。

万科韦拉尔特,扬·弗朗斯(科韦拉尔特)(Van Cauwelaert,Jan Frans(Cauwelaert)生于1880年)——比利时法学家。担任过外交职务,为内阁大臣。1905—1907年曾在《新经院哲学评论》杂志上发表过几篇唯心主义哲学文章。——44、56、110。

万拉维斯泰因——见拉维斯泰因,威廉·万。

王德威尔得,埃米尔(Vandervelde,Émile 1866—1938)——比利时工人党领袖,第二国际的机会主义代表人物。1900年起任第二国际常设机构——社会党国际局主席。第一次世界大战爆发后成为社会沙文主义者,是大战期间欧洲国家中第一个参加资产阶级政府的社会党人。1918年起历任司法大臣、外交大臣、公共卫生大臣、副首相等职。敌视俄国十月革命,支持武装干涉苏维埃俄国。——8、458、494、503、533—534、536、539—540、548、570、574、727。

威廉二世(**霍亨索伦**)(Wilhelm II(Hohenzollern)1859—1941)——普鲁士国王和德国皇帝(1888—1918)。——403、467、574、623。

威斯特华伦,斐迪南·奥托·威廉·亨宁(Westphalen,Ferdinand Otto Wilhelm Henning 1799—1876)——普鲁士国务活动家,曾任内务大臣(1850—1858)。马克思夫人燕妮的异母哥哥。——415。

韦伯,比阿特里萨(Webb,Beatrice 1858—1943)——英国经济学家和社会活动家,悉尼·韦伯的妻子。曾在伦敦一些企业中研究工人劳动条件,担任与失业和妇女地位问题相关的一些政府委员会的委员。——713。

韦伯,悉尼·詹姆斯(Webb,Sidney James 1859—1947)——英国经济学家和社会活动家,工联主义和所谓费边社会主义的理论家,费边社的创建人和领导人之一。1915—1925年代表费边社参加工党全国执行委员会。与其妻比阿特里萨·韦伯合写过许多关于英国工人运动的历史和理论方面的著作。第一次世界大战期间持社会沙文主义立场。——713。

维利,鲁道夫(Willy,Rudolph 1855—1920)——德国马赫主义哲学家,理·阿芬那留斯的学生。——44、56、71、126。

维利希,奥古斯特(Willich, August 1810—1878)——普鲁士军官,1847 年因
　　政治信仰退伍,同年加入共产主义者同盟。1849 年巴登-普法尔茨起义时
　　指挥志愿军部队。是 1850 年从共产主义者同盟分裂出去的冒险主义宗派
　　集团的领袖之一。1853 年移居美国,参加美国内战(1861—1865),在北方
　　军队中担任多种指挥职务。——446。
乌尔维格,路易(Houllevigue, Louis 1863—1944)——法国物理学家。主要著
　　作有《科学的进化》(1908)、《物质》(1913)等。——189。

X

西门子,格奥尔格·冯(Siemens, Georg von 1839—1901)——德国最大的工业
　　家和金融大王之一。1870 年开办德意志银行,任经理。普鲁士议会议员
　　和帝国国会议员。——614。
西尼耳,纳索·威廉(Senior, Nassau William 1790—1864)——英国庸俗经济
　　学家。倡导"节欲论"并极力反对缩短工作日。在多届政府的劳动和工业
　　问题委员会中担任领导职务。——99。
西斯蒙第,让·沙尔·莱奥纳尔·西蒙德·德(Sismondi, Jean-Charles-
　　Léonard Simonde de 1773—1842)——瑞士经济学家和历史学家,政治经济
　　学中浪漫学派的代表人物,小资产阶级社会主义者。——705。
希本,约翰·格里尔(Hibben, John Grier 1861—1933)——美国唯心主义哲学
　　家,逻辑学家。——203。
希尔,戴维·杰恩(Hill, David Jayne 1850—1932)——美国历史学家和外交
　　家,三卷本《欧洲国际关系发展中的外交史》一书的作者。——681。
希尔德布兰德,格尔哈德(Hildebrand, Gerhard)——德国经济学家,政论家,
　　德国社会民主党党员;1912 年因持机会主义立场被开除出党。——665。
希法亭,鲁道夫(Hilferding, Rudolf 1877—1941)——奥地利社会民主党、德国
　　社会民主党和第二国际领袖之一,"奥地利马克思主义"理论家。1907—
　　1915 年任德国社会民主党中央机关报《前进报》编辑。1910 年发表《金融资
　　本》一书。第一次世界大战期间是中派分子,主张同社会帝国主义者统一。
　　战后公开修正马克思主义,为国家垄断资本主义辩护。1917 年起为德国独
　　立社会民主党领袖之一。敌视苏维埃政权和无产阶级专政。——581、
　　583、586、612、618—619、621、627、647、660、673、682、707、709、748、760。
谢德林,尼·——见萨尔蒂科夫-谢德林,米哈伊尔·叶夫格拉福维奇。
谢德曼,菲力浦(Scheidemann, Philipp 1865—1939)——德国社会民主党右翼
　　领袖之一。1917—1918 年是德国社会民主党执行委员会主席之一。第一

次世界大战期间是社会沙文主义者。1918 年 10 月参加巴登亲王马克斯的君主制政府,任国务大臣。1918 年德国十一月革命期间参加所谓的人民代表委员会,借助旧军队镇压革命。1919 年 2—6 月任魏玛共和国联合政府总理。——487、495、503、504、539、581、717—718、727。

谢多夫,尔·——见柯尔佐夫,德·。

谢尔诺-索洛维耶奇,亚历山大·亚历山德罗维奇(Серно-Соловьевич, Александр Александрович 1838—1869)——俄国 19 世纪 60 年代革命民主主义运动活动家,车尔尼雪夫斯基的追随者。俄国平民知识分子的秘密革命团体"土地和自由社"(1861 年成立)的组织者和领导人之一。写过《我们的家事》一文,激烈抨击赫尔岑向自由主义动摇。1867 年起是第一国际日内瓦支部成员,和马克思有过通信联系。——286。

谢林,弗里德里希·威廉·约瑟夫(Schelling, Friedrich Wilhelm Joseph 1775—1854)——德国唯心主义哲学家,德国古典哲学的代表。曾创立客观唯心主义的"同一哲学"。后期成为普鲁士王国的御用思想家,宣传宗教神秘主义的"启示哲学"。——228。

谢姆柯夫斯基,谢·(**勃朗施坦,谢苗·尤利耶维奇**)(Семковский, С. (Бронштейн, Семен Юльевич)1882—1937)——俄国社会民主党人,孟什维克。曾加入托洛茨基的维也纳《真理报》编辑部,为孟什维克取消派报刊和外国社会民主党人的报刊撰稿;反对民族自决权。第一次世界大战期间是中派分子,孟什维克组织委员会国外书记处成员。1920 年同孟什维克决裂。——352、354、364、369—370、374、385、391—392、397、399、570、780—781。

兴登堡,保尔(Hindenburg, Paul 1847—1934)——德国元帅(1914)。第一次世界大战期间曾任东普鲁士的德军第 8 集团军司令、东线部队司令、总参谋长等职。1918 年参与镇压德国十一月革命,是武装干涉苏维埃俄国的策划者之一。——539、574、764。

休谟,大卫(Hume, David 1711—1776)——英国哲学家,主观唯心主义者,不可知论者;历史学家和经济学家。承认感觉是认识的基础,认为认识的任务就是组合初步的感觉和由感觉形成的概念。否认唯物主义的因果观,认为外部世界的存在问题是无法解决的。——10、27—30、48、61、63、73、74、75、76、77、86—87、96、98、101、102、116、120、121、123、126、127—128、131、146、148、157、158、160、162、165、167、214、229、239、420、559。

休特古姆,阿尔伯特(Südekum, Albert 1871—1944)——德国社会民主党右翼领袖之一,修正主义者。1900—1918 年是帝国国会议员。第一次世界大战期间是社会沙文主义者。在殖民地问题上宣扬帝国主义观点,反对工人阶级的革命运动。——462、480、484、494—496、503、504、506、535、538、542、642。

许布纳尔,奥托(Hübner, Otto 1818—1877)——地理统计年鉴《世界各国地理统计表》的编者和出版者。——643。

<h2 style="text-align:center">Y</h2>

亚里士多德(Aristoteles 公元前384—前322)——古希腊哲学家和学者。他的著作几乎涉及当时的一切知识领域。在哲学上动摇于唯物主义和唯心主义之间。——556、558。

亚历山大二世(**罗曼诺夫**)(Александр II(Романов)1818—1881)——俄国皇帝(1855—1881)。——286、287、511、519。

亚历山大三世(**罗曼诺夫**)(Александр III(Романов)1845—1894)——俄国皇帝(1881—1894)。——786。

耶德尔斯,奥托(Jeidels, Otto)——德国经济学家,著有《德国大银行与工业的关系,特别是与冶金工业的关系》。——596、597、607—609、611—612、631—632、634。

耶鲁萨伦姆,威廉(Jerusalem, Wilhelm 1854—1923)——奥地利唯心主义哲学家,心理学家。主要著作有《心理学教科书》(1888)、《哲学引论》(1899)、《批判的唯心主义和纯粹的逻辑》(1905)等。——110。

叶尔曼斯基,阿·(**科甘,奥西普·阿尔卡季耶维奇;古什卡**)(Ерманский,A.(Коган, Осип Аркадьевич, Гушка)1866—1941)——俄国社会民主党人,孟什维克。斯托雷平反动时期和新的革命高涨年代是取消派分子,积极为孟什维克报刊撰稿。曾参加第三届国家杜马社会民主党党团的工作。1918年是孟什维克中央委员。1921年退出孟什维克党,在莫斯科从事学术工作。——320—322、323—326。

叶夫洛吉(**格奥尔吉耶夫斯基,瓦西里**)(Евлогий(Георгиевский, Василий)生于1868年)——俄国君主派分子,黑帮组织"俄罗斯人民同盟"的领导人之一。——100。

伊壁鸠鲁(Epikouros 约公元前342—前270)——古希腊唯物主义哲学家,无神论者,德谟克利特的追随者。——414。

伊兹哥耶夫(**兰德**),亚历山大·索洛蒙诺维奇(Изгоев(Ланде),Александр Соломонович 生于1872年)——俄国政论家,立宪民主党思想家。早年是合法马克思主义者,一度成为社会民主党人,1905年转向立宪民主党。曾为立宪民主党的《言语报》、《南方札记》和《俄国思想》杂志撰稿,参加过《路标》文集的工作。——367。

Z

《列宁选集》第三版编辑人员

选材、编辑和	林基洲	岑鼎山	何宏江	丁世俊	杨祝华
资料编写	郭值京	江显藩	刘彦章	李永全	项国兰
	高晓惠	王丽华	王锦文	孔熙忠	

名目索引编制	许易森	韦清豪	翟民刚	岑鼎山	何宏江
	刘彦章	丁世俊	孔令钊	韩　英	王士云
	李桂兰	刘燕明	赵国顺	李京洲	薛春华
	门三姗	孙凌齐			

《列宁选集》第三版修订版编辑人员

翟民刚　李京洲　高晓惠　张海滨　赵国顺　任建华　刘燕明
李桂兰　门三姗　韩　英　侯静娜　李宏梅　曲延明　彭晓宇

本卷正文和资料修订　赵国顺　任建华　韩　英　侯静娜

全卷审定　韦建桦　顾锦屏　王学东

责任编辑：郇中建
装帧设计：曹　春
版式设计：周方亚　程凤琴
责任校对：张　彦　阎　宓
责任印制：贲　菲　周文雁

图书在版编目（CIP）数据

列宁选集　第二卷/中共中央马克思恩格斯列宁斯大林著作编译局编译.
-北京：人民出版社，2012.9（2021.1重印）
ISBN 978－7－01－010653－3
Ⅰ.列…　Ⅱ.中…　Ⅲ.列宁著作-选集　Ⅳ.A21
中国版本图书馆 CIP 数据核字（2012）第 015936 号

书　　　名　列宁选集
　　　　　　LIENING XUANJI
　　　　　　第二卷
编 译 者　中共中央马克思恩格斯列宁斯大林著作编译局
出版发行　人民出版社
　　　　　　（北京市东城区隆福寺街 99 号　邮编 100706）
邮购电话　（010）65250042　65289539
经　　销　新华书店
印　　刷　北京新华印刷有限公司
版　　次　2012 年 9 月第 3 版修订版　2021 年 1 月北京第 7 次印刷
开　　本　880 毫米×1230 毫米 1/32
印　　张　30.25
字　　数　780 千字
印　　数　66,001－76,000 册
书　　号　ISBN 978－7－01－010653－3
定　　价　75.00 元

ISBN 978-7-01-010653-3
9 787010 106533 >